중대재해처벌법
해설과 대응

송인택 · 안병익 · 이태승 · 정재욱 · 윤상호

박영사

추 천 사

2022년 1월 27일부터 시행된 「중대재해 처벌 등에 관한 법률」에 관한 해설서의 출간은 그 의미가 매우 크다.

집필진은 산업재해 업무를 다뤄본 경험이 있는 검찰 출신 변호사들로 구성되어 그 전문성을 높이고 있다. 집필진은 사업주와 경영책임자등에 대한 처벌을 언급하면서도 재해예방에 대한 정부의 책임도 강조하고 있다. 정부 차원의 각급 유관 기관이 유기적으로 연계된 재해예방 시스템 구축의 중요성을 강조하는 부분은 정치가와 공무원들이 관심을 가져야 할 부분이다.

책 전반에 걸쳐 집필진은 사업주·경영책임자등과 근로자 모두에게 공정한 법 적용과 해석이 이루어져야 함을 강조하고 있다. 처벌 등 사후대책만큼이나 사전대비의 중요성도 함께 강조하고 있다. 특히 집필진은 조문의 해설에서 더 나아가 안전보건 조직체계의 구성, 시스템 구축 및 실질화 방안 등 본 법의 준수를 위해 사업주·경영책임자등이 준비해야 할 대응방안까지 제시함으로써 중대재해에 대한 실질적이고도 효과적인 예방을 위한 방안을 설명하고 있다.

사업주·경영책임자등과 근로자, 정치가와 행정가 그리고 법조인 등에게 一讀을 권하는 바이다.

2022년 3월
고려대학교 법학전문대학원 박세민 교수

머 리 말

    2021. 1. 26. 공포된 「중대재해 처벌 등에 관한 법률」이 2022. 1. 27.부터 시행되었고, 법 시행에 관하여 입법 당시부터 제기되어 온 각계의 우려와 위헌론 등은 수그러들 기미가 없어 보인다.

    사업주에 대한 처벌강화를 통하여 산업재해를 예방하려는 산업안전보건법이 그 목적달성에 실패하였음은 객관적 현실인 만큼, 중대재해처벌법은 산업재해 등의 발생원인부터 먼저 분석하고 충분한 토론과 의견수렴을 거쳐 중대재해 예방이라는 목적을 달성할 수 있도록 제정되어야 했으나, 노동계 등의 요구에 밀려 제대로 된 검토 없이 급조되었다. 그 결과 중대재해 예방이라는 본래의 목적을 달성할 수 있을지 의문이고, 오히려 산업안전보건법과 중첩되어 산업안전보건법의 규범력마저 크게 저하시킨 것은 아닌지 우려하지 않을 수 없게 되었다.

    졸속으로 제정된 중대재해처벌법은 죄형법정주의와 책임주의 등 헌법의 기본 이념과 충돌하기도 하고, 재해를 예방하고 그 위험으로부터 국민을 보호하기 위하여 노력하여야 한다는 국가의 역할(헌법 제34조 제6항)은 사실상 외면되었는가 하면, 중대재해가 가장 많이 발생하는 사업장들에 대하여 규모가 작다는 이유만으로 적용을 유예 내지 면제해 준 이상한 법률이 되었다.

    법률이 가지는 근본적 문제점에 더하여 시행령 등 하위법령 제정 과정도 학계와 법조계 등 여러 분야 전문가의 우려와 비판을 충분히 수렴하지 못하였다. 그 시행령도 법률 시행을 불과 3개월 앞둔 2021. 10. 5.에서야 뒤늦게 제정되었고 고용노동부 등 관계부처의 해설서와 매뉴얼도 수정이 거듭되어 법률을 지켜야 할 일선의 혼란은 크게 증폭되었다. 그 결과, 수범자인 국민이 과연 법령의 내용을 충분히 이해할 수 있는지, 법령 준수를 위해 필요한 준비기간이 제대로 주어졌는지 매우 의문인 상황에서 중대재해처벌법의 시행을 맞게 된 것이다.

    지금까지 발생한 중대재해의 주요 원인은 기업의 안전대책 미흡이었지만 정부의 안전관리 시스템 부재도 이에 못지않았으며, 재해자의 안전의식 결여가 복합된 경우도 적지 않았다. 그런데도 중대재해처벌법의 태도는 기업과 그 최고 경영진에게 다른 형벌법규에 비해 과도할 정도로 높은 형벌을 부과하는 방법으로 중대재해 문제를 해결하겠다는 취지여서 중대재해의 예방이라는 입법목적과 중대재해의 근절이라는 국민의 요구에 부응하기가 쉽지 않아 보인다.

집필진은 중대재해처벌법의 시행을 맞아 이 법의 시행에 따른 대처방안을 고민하는 분들의 어려움과 요구에 조금이나마 보탬이 되려는 생각에서 산업재해와 시민재해 사건에 대한 실무경험과 법률지식 등을 살려 중대재해처벌법에 대한 해설과 대응 방안을 책으로 펴내게 되었다. 특히, 중대재해처벌법이 대표이사 등 경영책임자등을 처벌하기 위한 특별형법이고, 수사와 재판에 적용되는 형사처벌 법률임에도 안전담당자들의 업무로만 잘못 인식하는 안이한 접근을 일깨워 보려고 나름 노력하였다.

단순한 조문 해설에 그치지 않고 위헌 소지 등 중대재해처벌법이 안고 있는 여러 문제점과 국가의 역할 부재 등 정책에 대한 문제도 비중 있게 다루었다. 이 법률에 대하여 막연한 공포감을 느끼는 기업인들이 제대로 준비만 하면 중대재해를 예방하고 형사책임을 면할 수 있음을 알리기 위하여 나름대로 심도 있는 토의를 거쳐 준비한 대응 방안도 제시하였다. 아직 부족한 부분은 추가로 연구와 검토를 거쳐 보완해 나갈 예정이다.

바쁜 와중에도 산업재해 분야에서 오랜 수사 경험을 바탕으로 자료의 수집·분석과 토론에 휴일까지 반납하며 공동집필에 흔쾌히 참여해 준 안병익 변호사, 이태승 변호사, 윤상호 변호사, 정재욱 변호사께 감사의 인사를 드린다.

또한 이 책의 발간을 위해 애써주신 박영사 안상준 대표, 조성호 이사, 편집을 위해 노고를 아끼지 않으신 김선민 이사, 심성보 편집위원께도 깊은 감사를 드린다.

아무쪼록 정부와 기업, 근로자가 다 함께 노력하여 중대재해를 근원적으로 차단할 수 있게 되기를 염원하고, 중대재해 예방이라는 중대재해처벌법의 입법목적 달성에 이 책이 조금이나마 도움이 되었으면 하는 바람이다.

2022년 3월
집필진 대표 변호사 송인택

차 례

◑ 제1부 중대재해처벌법 해설

제1편 총론

제 2 편 주요 개념

제3편　조치의무와 처벌, 보칙과 부칙

제 4 편 중요사건 처리 결과와 무죄사례

◑ 제2부 중대재해처벌법 대응

제 1 부

중대재해처벌법 해설

총 론

제 1 장 개 관

1. 재해로부터 안전할 헌법상 권리

　　재해와 관련된 헌법규정을 살펴보면, 모든 국민은 건강하고 쾌적한 환경에서 생활할 권리가 있고(헌법 제35조 제1항), 근로의 권리를 갖고 있으며(헌법 제32조 제1항), 타인의 범죄행위로 인한 생명·신체에 대한 피해에 대하여 국가로부터 구조를 받을 권리가 있다(헌법 제30조). 국가에게는 재해를 예방하고 그 위험으로부터 국민을 보호하기 위하여 노력하여야 하는 의무가 있다(헌법 제34조 제6항).

　　특히 헌법재판소는 '근로의 권리는 일할 자리에 관한 권리만이 아니라 일할 환경에 관한 권리도 함께 내포하고 있는바, 일할 환경에 관한 권리는 인간의 존엄성에 대한 침해를 방어하기 위한 자유권적 기본권의 성격도 갖고 있어 건강한 작업환경, 일에 대한 정당한 보수, 합리적인 근로조건의 보장 등을 요구할 수 있는 권리 등을 포함한다'고 판시[1]함으로써 안전한 환경에서 근무하고 생활할 수 있는 권리가 헌법상의 기본권임을 명백히 선언하고 있다.

---

1 헌법재판소 2007. 8. 30. 선고 2004헌마670 결정

즉 중대재해를 포함한 각종 재해의 위험으로부터 안전을 보장받을 국민의 권리는 헌법으로 보장되는 권리이고, 국가는 각종 재해로부터 국민의 재산과 신체의 안전을 보호해야 할 의무를 부담한다. 따라서 근로현장에서의 산업재해는 물론 인체에 해로운 원료나 제조물, 공중교통수단이나 공중이용시설과 관계되는 각종 재해를 예방하고, 위험을 감소시켜야 하는 궁극적 책임은 국가에게 있으므로 사업주와 경영책임자등에게만 민형사상의 책임을 강화할 것이 아니라 재해를 당한 국민과 그 유가족이 국가에게 민사적 책임을 추궁할 수 있는 제도가 도입되었을 때 비로소 헌법 정신에 부합하는 국가의 재해예방책무가 이행되었다고 볼 수 있을 것이다.

2. 산업화·도시화에 따른 대형 안전사고의 방지 필요성

인간의 생명은 무엇보다도 소중하고, 최우선적으로 보호해야 함은 시대를 불문하고 모두가 추구해야 할 소중한 가치이다. 천재지변이나 전쟁, 범죄 등등 인간의 생명과 신체의 안전을 침해하는 원인들을 차단하고 제거함으로써 국민의 생명과 안전을 보호해야 하는 국가의 의무는 산업화, 도시화로 특징지어지는 현대사회에서 안전사고 발생빈도가 증가하고 그 규모도 대형화함에 따라 더욱 중요한 위치를 차지하게 되었고, 나라마다 안전사고 예방을 위하여 다양한 형태의 제도와 정책을 발전시켜 오고 있다.

기술의 발전으로 기계와 산업설비는 대형화되고, 고층빌딩과 터널 등 고소작업과 밀폐공간에서의 작업 같은 위험한 환경에서의 작업이 크게 늘었다. 과학의 발전으로 각종 화학물질의 사용이 늘어났고, 그중 특히 유해성이 있는 화학물질인 유독물질[2] 등의 사용 또한 증가됨에 따라 이를 원료로 사용하는 제품의 생산과 유통과정에서 일반시민과 근로자의 생명과 신체에 대한 위험도 비례하여 증가하고 있다.

그런데, 재해예방을 위한 역대 정부의 다양한 정책과 노력에도 불구하고

---

2 화학물질의 등록 및 평가에 관한 법률(약칭 화학물질등록평가법) 제2조 정의규정 참조

성수대교 붕괴사고, 삼풍백화점 붕괴사고, 대구지하철 가스 폭발사고, 서해 훼리호 침몰사고, 충주호 유람선 화재사고, 세월호 침몰사고 등 공중이용시설 또는 공중교통수단에서의 대형 인명사고는 잊을 만하면 또 발생하곤 했다. 주거를 해결할 수 없는 경제적 약자들은 오피스텔과 고시원 같은 상업시설을 주거공간으로 사용하는 사례가 일반화되어 있다. 주거공간도 이제는 아파트, 주상복합건물 등으로 나날이 고층화되고 있다. 이런 가운데 의정부 대봉그린아파트 화재사고, 군포 백두한양아파트 화재사고, 종로 고시원 화재사고 등 주거공간의 화재사고로 인한 인명사고[3]가 크게 늘고 있다.

또한 이천 냉동창고 화재사고, 구미 불산누출 사건, 가습기 살균제 피해 사건, 건축현장에서의 크고 작은 추락 및 붕괴사고, 각종 화학물질 유출사건, 유해성 물질의 잘못된 사용으로 인한 인명피해 사건 등 다양한 재해와 사고들이 끊이지 않고 있다. 대형 인명피해 사고가 발생했다는 뉴스를 접할 때마다 국민들 사이에 안전사회에 대한 갈증은 누적되어 왔고, 급기야 세월호 침몰 사고에서는 정부에 대한 원망으로 폭발하기도 하였다.

특히 세월호 침몰사고와 가습기 살균제 피해 사건에서는 발생 원인, 수습 과정, 후속 조치 등 사실관계와 책임 소재를 규명하기 위하여 '사회적 참사의 진상규명 및 안전사회 건설 등을 위한 특별법'이 제정되기도 하였다.

▌연도별 산업안전사고 재해자 및 사망자 통계[4]

구분	2015	2016	2017	2018	2019	2020
사고 재해자	90,129	90,656	89,848	90,832	94,047	92,383
사고 사망자 (재해자 중 사망률)	955 (1.05%)	969 (1.06%)	964 (1.07%)	971 (1.06%)	855 (0.91%)	882 (0.95%)

3 소방청 2012~2020년 주택화재 발생현황 통계에 의하면, 발생건수 69,809건(전체화재 379,348건), 사망 1,304명(전체 2,819명)으로 주택화재 발생률은 18%인 반면 화재 사망자 비율은 절반에 가까운 46%가 주택화재에서 발생하고 있다.
4 고용노동부 산업재해발생현황, 한국산업안전보건공단 홈페이지 내 자료마당 참조

3. 중대재해 예방을 위한 국가의 정책 방향

가. 종전의 처벌 경향

2021. 1. 26. 제정된 중대재해 처벌 등에 관한 법률(약칭 '중대재해처벌법')이 중대산업재해와 중대시민재해로 구분하여 규율하고 있듯이 우리나라는 크게 산업현장에서 발생한 산업재해를 산업안전보건법위반죄로, 원료 또는 제조물의 결함 또는 공중이용시설 또는 공중교통수단에서 발생한 재해를 형법상 업무상 과실치사상죄로 의율하여 대처하여 왔고, 대처 방법도 사전예방보다는 사후 처벌주의 정책으로 일관하면서 처벌의 강도를 계속 높여 온 것이 현실이다.

그 결과 사고예방을 위한 시민의식 함양, 국가 차원의 위험관리시스템 강화, 안전관리 전문기관의 육성, 사업주와 근로자의 쌍방향 안전불감 문화 개선, 안전조치 불이행 근로자에 대한 제재, 근로자의 안전조치 요구권 도입과 합리적 노력을 한 사업주에 대한 면책제도의 도입,[5] 안전을 위한 투자에 대한 국가의 직접적 보상 등 사전예방을 위한 종합적이고 체계적인 정책개발과 예산투입은 언제나 후순위 정책으로 밀려 왔다.

정부는 당장의 치적으로 내세우기 좋은 사후 처벌주의에 편향된 정책을 고집하고, 수사기관은 어떻게든 관계된 사업주와 중간간부들을 한 명이라도

---

[5] 산업안전보건법은 제51조(사업주의 작업중지)에서 산업재해가 발생할 급박한 위험이 있을 경우 사업주의 작업중지 및 근로자 대피조치 의무를 규정하고, 제52조(근로자의 작업중지)에서 근로자의 작업중지 및 대피 권리를 규정하고 있을 뿐 위험한 작업공정에서 법이 요구하는 안전조치가 미흡하더라도 근로자에게 안전조치를 요구할 권리, 이른바 안전조치 요구권을 인정하지 않고 있다. 안전조치가 미흡하여 위험성이 있더라도 급박한 위험이 닥치기 전까지는 작업을 계속해야 한다.
그런데 표준작업지도서와 위험성평가를 통한 안전조치는 완벽할 수 없고, 작업공정은 현장 상황에 따라 수시로 변동되기도 한다. 게다가 사고는 예상치 못한 곳에서도 발생한다는 경험칙에 비추어 중대재해를 좀 더 완벽하게 예방하려면 현장에서 직접 작업을 하는 근로자에게 안전조치를 요구할 수 있는 권리를 보장하여야 할 것이다.
이제는 근로자의 안전조치 요구권을 표준작업지도서와 안전조치 매뉴얼을 지킨 사업주에 대한 면책제도와 연계하여 함께 도입하는 방안을 진지하게 검토해 볼 필요가 있다. 정부는 제도적 기반을 마련하고, 사업주와 근로자는 현장에서 상호 신뢰 하에 중대재해 예방을 위한 노력을 함께 기울여 나가야 할 것이기 때문이다.

더 많이 입건하고 구속시켜 노동단체와 언론 등의 흥분에 편승한 실적쌓기로 접근해 온 것이 현실이다. 사업주의 주장이 무엇인지, 재해자의 과실은 없었는지 등을 공정하게 살피고, 실질적 재발방지 대책에 대하여 진지하게 검토하는 이성적 판단절차는 재판 과정에서나 겨우 이루어지고 있을 뿐이다.

유독 안전재해 분야에 있어서만큼은 예견 가능하고 이행 가능한 안전조치 내용을 구체화해야 한다는 죄형법정주의의 정신은 퇴보된 지 오래되었다. "책임 없으면 형벌 없다"는 헌법의 대원칙에도 불구하고 재해의 원인과 사업주에게 물어야 할 합당한 책임의 정도에 대한 분석은 뒷전인 채, 사업주에게 고의적 책임은 없고 과실 책임만 있더라도, 특히 그 과실의 정도가 경미하더라도 "모든 재해사고에 있어서 악의 근본은 사업주"라는 인식을 완전히 벗어버리지 못하고 있다고 해도 과언이 아니다.

그 결과 사실상 결과책임주의, 경과실 엄벌주의에 입각한 처벌 강화로 흐르다 보니 국가가 과하려는 형벌만큼 책임이 없다며 엄벌주의에 승복하지 못하는 경우가 다반사이고, 그 처벌에 따른 벌금 등은 재해예방을 위한 비용으로 바로 투입되지 않고 국가의 일반재정으로 편입될 뿐이다.

나. 사후 처벌주의

사후 처벌주의는 본질상 사고의 책임을 누구에게 물을 것인가에만 집중할 뿐 재발방지를 위한 진솔한 개선책 마련은 뒷전일 수밖에 없다. 언론도 대중이 관심을 갖는 뉴스를 통한 광고수입이 우선일 수밖에 없다 보니, 지탄받아야 할 나쁜 자가 누구인가를 앞다투어 보도하는 데 그친다. 정부가 재해예방 시스템 확립에 앞장서지 않고, 사후 처벌주의 정책만을 고집하는 한, 사고예방을 위한 대책 마련은 정부가 아닌 사업주의 책임으로 돌아가고, 재발방지 대안은 미흡하며, 안전재해는 반복되고, 기업 등 사업주에 대한 처벌만 점점 더 강화되는 악순환만 반복될 뿐이다.

물론 생명보다 경제적 이익만 중시하는 악덕 사업주로 인하여 발생한 중대재해에 대하여는 그 재해를 유발한 책임이 있는 사업주와 경영책임자등을 엄벌함이 마땅하다. 그러나 실무경험에 비추어 보면 특별안전점검 등을

통한 위험성 점검에도 불구하고 아무도 지적하지 못했던 원인에 의하여 중
대재해가 발생하는 등 전문가조차 찾아내지 못하는 위험에서 오는 중대재해
도 존재한다는 점을 부인하기 어렵다.

　중대재해를 효과적이고 실질적으로 예방하려면 먼저 작업공정의 어디에
어떤 위험성이 있는지가 제대로 분석되고, 현장의 작업자와 최고 경영진까지
그 위험성이 공유되어야 한다. 이와 같은 선행절차가 이루어지고 나서 재해
예방을 위한 필요한 안전조치가 무엇인지 도출하여 그 안전조치들이 실질적
으로 이행되고, 안전교육이 충실하게 이루어져야 하며, 안전교육 내용대로
작업현장에서 작업공정이 진행되어야 하고, 작업현장에 대한 감시와 검증도
병행되어야 한다. 근로자와 마찬가지로 대다수의 사업주와 경영책임자등은
안전조치 미흡으로 인한 중대재해 발생을 원하지 않는다. 작업자도 경영책임
자등도 위험을 제대로 파악하지 못하여, 그리고 여기에 더해진 안전불감증으
로 인하여 사고가 발생하는 것이다.

　그런데 전국의 고용노동청 및 지청에는 근로감독관들이 배치되어 있고,
한국산업안전보건공단이 있음에도 불구하고 근로자나 사업주가 해당 작업공
정의 위험성 분석을 의뢰하였을 때 위험성 분석을 제대로 해낼 능력을 갖추
었는지 의문이다. 고용노동부는 중대재해가 연간 일정 건수 이상 발생한 사
업장에 대하여 조업중단 조치를 한 다음 모든 공정에 대하여 오랜 기간 동안
많은 전문인력을 투입하여 특별안전점검을 실시하고 있으나, 그 결과를 살펴
보면 사소한 잘못만을 지적하는 보여주기식 안전점검이 대부분이라는 비판
도 있다. 모든 공정에 대하여 위험성 평가를 하는 것이 실질적으로 어렵다는
것은 국가기관이 할 변명이 될 수는 없다. 연간 수행되는 모든 공정에 대한
자료를 제출하도록 요구할 수 있음에도 일이 많거나 인력이 부족해서 못했
다고 한다면 그것은 산업현장에서 작업자의 안전을 보장해야 할 국가의 책
무를 저버리는 변명에 불과하다. 국가의 안전관리 시스템이 제대로 갖추어지
지 못하여 전문가조차 위험성을 제대로 찾아내지 못하고, 그로 인하여 근로
자가 위험에 방치되어 있다가 중대재해를 당하는 경우가 있음을 직시하고,
정부가 나서서 그 대책을 마련하여야 한다.

중대재해를 실질적으로 예방하려면 사업주나 근로자가 중대재해 발생 위험을 발굴해 달라고 의뢰할 수 있도록 국가는 예산을 투입하여 누구나 믿고 맡길 수 있는 위험성 분석 전문기관부터 양성해 놓아야 한다. 그동안 수없이 특별안전점검을 실시하였음에도 불구하고 해당 작업공정에서 중대재해 발생위험을 왜 인지해내지 못한 것인지, 특별안전점검에 소홀하거나 부족한 점은 없었는지 국가 차원에서의 분석이 선행되었어야 한다. 근로자도 경영자도 인지하지 못했고, 국가의 전문기관조차 인지해내지 못하는 위험으로 인한 사고라면 경영책임자등에게 중한 형사책임을 묻는 것은 곤란하고, 위험성 분석을 의뢰해보지도 않고 스스로 가볍게 판단하여 사고를 낸 사업주와 경영책임자등을 엄벌함이 책임주의에 부합하기 때문이다.

국가가 정책방향을 잘못 설정하는 바람에 아직도 누구나 믿고 의뢰할 위험성 분석 전문기관이 충분히 구축되어 있지 못하여 생산현장의 근로자가 위험에 방치되어 중대재해로 이어지는 현실은 시급히 개선되어야 한다. 안전보건진단기관들이나 위험성 분석 전문기관들이 있기는 하나 그 역량부족 내지 한계로 인하여 중대재해가 차단되지 않는 것인지 정확히 실태점검을 하지 않고 사고가 발생한 이후에 위험성 분석이 미흡했던 부분을 사업주의 탓으로 돌려 처벌의 강도를 높이는 방식으로 접근하는 것은, 법 적용의 실무에서는 사실상의 결과책임을 추궁하는 쪽으로 흐르게 되어, 중대재해 예방 효과를 거두기가 어렵다.

대표적인 중대시민재해라 할 수 있는 세월호 침몰사고로 무엇을 배웠고, 앞으로 재발방지를 위한 시스템 개혁이 충분히 이루어졌는지 여부에 대하여 깊은 의문이 든다는 일각의 지적은 시사하는 바가 크다. 이들은 재발방지를 위해서는 종전의 유사한 사고들의 원인이 무엇인지 규명하고, 감항능력이 없는 여객선은 출항할 수 없도록 출항 전 통제를 강화했어야 함에도, 해양수산부가 서해훼리호 침몰사건의 교훈을 몰각하고 출항하려는 선박에 대한 감항능력 통제권을 경쟁과 대립관계의 해경에게는 절대로 줄 수 없다는 조직이기주의에 집착한 나머지, 감항능력 통제의 대상인 해운사들(정확히는 해운사들이 만든 이익단체인 해운조합)에게 위임함으로써 세월호의 출항을 가능하게 했던 정부의 잘못도 사고의 한 원인이라고 비판한다. 오히려 세월호 참사에도 불구하고 내륙 깊숙이 위치한 선박안전기술공단에 또다시 맡겨 감항능력에 대한 현장에서의 실질적 통제를 포기한 것이 세월호 같은 대형참사를 예방하기 위한 국가의 대책이고, 이것이 우리나라 관료제도의 한계이자, 정책의 현주소라고 비판하고 있다.

산업화에 있어서 우리보다 앞서 발전한 선진외국에서 산업재해 피해가 낮은 이유는 재해가 발생하면 우리나라보다 사업주를 손쉽게 처벌할 수 있도록 범죄구성 요건을 폭넓게 완화하거나 형량을 크게 높였기 때문이 결코 아닐 것이다. 선진외국에서는 공사를 할 때 안전조치가 하나라도 문제되면 그것이 해결될 때까지 모든 공사를 중단시키더라는 경험자들의 진술에 비추어 산업재해를 예방하기 위한 진지한 연구와 정책개발, 사업주와 근로자와 시민 모두가 적극 참여하는 시스템이 정착되다 보니 안전수칙이 최일선 현장에서 철저하게 이행되고 있기 때문일 것이다. 진정으로 후진국형 시민재해 사고나 산업재해로 인한 인명손실을 예방하려면 안전조치가 현장에서 제대로 이행될 수 있는 이행시스템 확립이 우선되어야 하고, 그동안 고집해왔던 사후 처벌주의, 경과실엄벌주의를 강화하는 입법과 여론몰이는 재고되어야 한다.

그러나, 우리나라는 그동안 사후 처벌주의만 고집하다 보니, 입법을 하기 전에 제일 먼저 했어야 할 사고발생의 원인 분석과 사고예방을 위한 진솔한 대책 마련은 후순위로 밀려왔고, 득표의 유불리만 따지는 당리당략적 입장에서 국회는 안전사고의 책임을 사업주와 경영책임자등에게 더 강하게 묻는 입법으로 화답하였다는 비판에 귀를 기울일 필요가 있다.

중대재해처벌법을 몇 년간 시행한 후에도 중대재해가 획기적으로 감소하는 정책효과가 없다면, 죄형법정주의와 책임주의라는 헌법상의 대원칙에 부합하지 않을 뿐만 아니라 형벌체계 간의 균형조차 파괴한 포퓰리즘적 형벌만능주의, 경과실엄벌주의에 입각한 법이라는 비판을 받고 있는 중대재해처벌법은 실패한 입법임을 인정해야 할 것이다.

다. 국가 소극주의

일선의 기업들은 물론 많은 전문가들이 중대재해처벌법의 제정이 중대재해 예방에 효과적일지 큰 의문을 갖고 있고, 차분한 조사와 연구 없이 표심을 얻고자 밀어붙인 입법과정에 대해서도 불만을 갖고 있다. 법 시행에 들어가기도 전에 곳곳에서 기존에 있었던 중대재해조차 포섭하지 못하는 반쪽짜리 법이라는 비판이 일고 있다. 예컨대 화재사고는 대다수의 시민들이 사망의 위험에 노출되는 사고임에도 불구하고 이를 전혀 고려하지 않고 엉뚱하게도 실내공기질 관리법에 의하여 중대재해처벌법의 적용대상을 선정하였고, 공동주택과 오피스텔은 아예 적용대상에서 제외하는 등 현재의 중대재해처벌법은 포항 노인요양원 사고, 의정부 아파트 화재사고, 미국 플로리다 아파트 붕괴사고와 같은 시민재해 예방에 손을 놓고 있다. 중대재해 발생 후에 어떻게 처벌할 것인가로 소극적 접근을 하다 보면, 현실에서 근로자와 시민이 처한 중대재해 위험을 발굴하기가 쉽지 않고, 사후 약방문 식의 대책이 될 수밖에 없는 것이다. 어느 국민이 중대재해를 야기했는지 탓할 것이 아니라 국가가 먼저 나서서 중대재해 위험을 찾아내 이를 차단하기 위하여 솔선수범하는 정책전환이 필요하다.

현행 중대재해처벌법의 문제가 드러나 법개정을 추진할 때에는 처벌주의가 아닌 예방주의, 국가 솔선주의로 정책을 전환하여 과거의 안전재해 사례를 폭넓고 심도 있게 검토하여 제도를 마련하고, 안전 관련 예산을 획기적으로 증액하여, 시민들의 안전의식을 함양하고 안전관리 전문기관을 육성하며, 국가 차원의 위험관리스템을 강화하여 사업주와 근로자, 시민 모두에게 실질적으로 도움이 되는 법으로 거듭나야 할 것으로 보인다.

라. 법리에 따른 실효적 정책이 아닌 감정에 편승한 포퓰리즘 정책

1) 산업안전보건법의 형해화

중대재해처벌법 입법과정을 돌이켜 보면, 안전의식 고취와 안전투자에 대한 보전 등을 통한 사전예방 정책을 병행 추진하고, 엄벌주의를 강화한다고 하지만 사업주에 대한 형사처벌을 크게 강화한 20번째 전면개정 산업안전보건법을 제대로 시행해보지도 않고 여론에 떠밀려 또다시 '중대재해 결과가 있으면 사업주와 경영책임자등을 엄벌한다'는 시각에서 중대재해처벌법 법안 제정 논의가 시작된 것이 사실이다.

급하게 입법이 추진되다 보니 법률을 제정하기에 앞서 역대 중대재해 사고들에 대하여 그 사고원인에 대한 분석과 합리적 재발방지책이 무엇인지에 대한 연혁적, 심층적 연구 없이 형사처벌에서 인과관계 추정 조항까지 넣겠다는 등의 입법논의가 국회에서 이루어졌고, 중대재해라는 이유만으로 사업주보다 재해자의 과실이 더 많은 경우조차, 사업주를 최장 45년의 징역형으로 처벌할 수 있는 입법이 이루어졌다.[6] 사업주의 책임과 형벌을 크게 강화하여 막 시행에 들어간 산업안전보건법의 성과를 분석해 보기도 전에 중대재해처벌법을 제정함으로써 산업안전보건법을 형해화시키는 결과를 가져오고 말았다.

2) 고의범과 과실범이 구별되지 않음으로 인한 사업주의 불만

종래 산업안전보건법위반죄에 관한 수사와 재판 등 형사실무에 있어서 검찰이나 법원은 고의범[7]인 산업안전보건법위반죄와 과실범인 업무상과실치사죄를 하나의 부작위로 두 개의 죄가 성립하고 두 죄 간에는 상상적 경합범의 관계에 있다고 해석해 왔다.

게다가 산업안전보건기준에 관한 규칙이 정한 조치의무를 고의로 위반한 경우를 처벌한다고 하지만 그 조치의무가 명확성과 구체성이 떨어지는

---

6 중대재해처벌법 제4조 또는 제5조를 위반하여 중대산업재해에 이르게 한 사업주 또는 경영책임자등은 1년 이상의 징역 또는 10억 원 이하의 벌금에 처하고(중대재해처벌법 제6조 제1항), 유기징역은 1개월 이상 30년 이하이나 형을 가중하는 때에는 50년까지로 한다(형법 제42조). 그런데 중대재해처벌법 제6조 제3항에 따르면 형 확정 후 5년 이내에 재발된 경우, 형의 2분의 1까지 가중되고, 징역 30년에 대해 2분의 1을 가중하면 45년이므로 그 때 징역형의 범위는 1년 6월 이상 45년 이하가 된다.

7 안전조치가 취해지지 아니한 채 작업을 하도록 지시하거나 안전조치를 취하지 않은 상태로 작업을 하도록 방치한 경우에만 성립하는 고의범이다(대법원 2007. 3. 29. 선고 2006도8874 판결).

포괄적 규정이 많아 수사담당자 등이 산업안전사건 처리경험이 많지 않은 경우에는 산업안전사범이 고의범인지 과실범인지 혼동하는 경우가 있을 정도라고 한다.[8]

사업주들은 국가가 재해자의 안전불감증과 지시받고 교육받은 안전조치를 이행하지 않을 경우까지도 대비하여 사업주에게만 과도하게 안전조치를 요구하고 있다고 불만이다. 그 조치를 다하지 못한 부작위를 처벌하면서 고의로도 범했고, 과실로도 범했다며 이중의 처벌을 하고 있다고 한다.

산업안전보건기준에 관한 규칙에 따라 신호수를 배치하였음에도 그 신호수의 잘못으로 사고가 났을 때, 신호수에 대한 교육이 부실하였다고 형사책임을 묻는 것은 신호수가 잘못할 경우까지 예상하고 사고발생을 방지할 조치를 해야 한다며 책임을 묻는 식이라고 항변한다.

고용노동부는 일정 규모 이상의 산업재해가 발생한 사업장에 대하여 상당 기간 안전보건 특별감독을 실시하는데, 이때 다른 지역 고용노동청 감독관과 한국산업안전보건공단 인력, 대학교수 등 수십 명의 전문 인력이 투입되고, 해당 사고 공정은 물론 그 사업장 내 다른 공정까지 모두 특별감독 대상에 포함된다고 한다.

그러나 같은 기업 같은 사업장에서 산업재해가 반복되는 사례를 찾는 것은 어려운 일이 아니다.[9] 특별감독 후에도 해당 사업장에서 산업재해가 다시 발생하였다는 것은 다수의 전문 인력이 투입된 특별감독에서도 찾아내지 못하는 위험영역이 존재할 수 있음을 의미한다고 할 것이다. 따라서 누구도 예상치 못하였고 막을 수도 없는 사고였으므로 억울하다는 사업주의 항변이 있는 경우 이를 귀담아들어야 할 필요가 있는 것이다.

사업주들은 법에서 요구하는 조치를 다하지 못한 부작위는 대부분 과실이고, 가사 사업주에 따라서는 미필적 고의가 인정되는 경우가 있다 하더라

---

8 한국산업안전보건공단 연구용역보고서 '산업안전보건법 위반 범죄에 대한 법 적용상 문제점 및 개선방안(이진국 아주대학교 교수)' 관련 2022. 1. 23.자 한겨레신문 「대법원 "산안법 위반은 고의범" 판례에도, 하급심은 "과실범"」 언론보도 참조
9 고용노동부, 2021. 6. 29.자 「㈜○○건설 본사 및 전국현장 감독 결과 발표」 보도자료

도 기본적으로 과실범이면 과실범으로 처벌해야 한다고 한다. 한편으로는 고의범, 한편으로는 과실범 두 가지 죄가 모두 성립하여 중한 고의범의 형으로 처벌하는 법원에 강한 불만을 표출한다.

3) 형벌과 책임 비례의 원칙에 배치

법안의 제안자들이 중대재해처벌법을 도입해야 한다고 설명한 이유를 보면, 종래의 중대재해사고에 대한 선고 형량이 국민의 법감정에 비해 턱없이 낮기 때문(이탄희 의원 대표발의안, 임이자 의원 대표발의안), 또는 업무상과실치사죄로 사업주를 처벌하기가 까다롭기 때문(강은미 의원 대표발의안, 박주민 의원 대표발의안)이라고 한다. 게다가 5개 발의안 모두가 "~ 기업처벌법"이라는 이름으로 발의된 것을 보면 중대재해처벌법 제정을 주도한 국회의원들은 중대재해가 기업만의 책임이라는 편향된 인식을 저변에 깔고 있는 것은 아닌지 의문이 들 정도다.

한편 대법원도 2021년 산업안전보건법위반 범죄에 대한 새 양형기준안을 마련하면서 특별가중영역의 경우 종래 10개월~5년 3개월이던 것을 징역 2년~7년으로, 다수범의 경우 종래 10개월~7년 10개월 15일이던 것을 2년~10년 6개월로, 가중규정이 없던 5년 내 재범의 경우 3년~10년 6개월로 형량범위를 가중하는 방향으로 변경하고, 상당금액 공탁이라는 감경인자를 삭제하며, 유사사고 반복, 다수피해자 발생, 5년 내 재범 시에는 가중 처벌하도록 권고하고 있다. 위와 같이 대법원까지 가세한 엄벌주의로 인하여 중대재해처벌법이 공포 후 시행되기 전까지의 1년 동안에도 이미 산업안전보건법위반죄이나 업무상과실치사상죄에 의한 산업재해에 대한 처벌은 크게 강화되었다. 선고형량 하한이 징역 3년 이상인 경우에는 집행유예 선고를 기대하기 어려워 기업에게는 안전비용뿐만 아니라 종전에 없던 법무비용까지 가중되게 되었다는 불만이 경영계를 중심으로 대두되고 있다.

실무상 법정형에 비하여 낮은 형벌이 선고되는 경우는 일반적으로 다른 형벌체계와의 불균형과 책임주의 관점에서 피고인에게 법정형만큼의 책임을 묻기가 부적절할 때 일어나는 흔한 현상이다. 즉 형벌이 과중하기 때문이다.

사업주를 처벌하기 어려운 상황은 실무에서 작은 규모의 기업에서는 문제되지 않는다. 작은 규모의 기업은 최고경영자가 직접 안전업무까지도 총괄하기 때문이다. 대기업은 업무구조상 현장에서 벌어진 일에 대하여 최고경영자가 직접적인 업무를 수행하지 않는 것이 대부분이다.

입법안들이 가고자 했던 것처럼 가장 쉽게 사업의 최고경영자를 처벌하려면 중대재해라는 나쁜 결과가 나온 이상 사업주와 경영책임자등을 모두 처벌한다는 형벌법규를 제정하면 되지 않겠냐고 생각할 수도 있겠으나, 그런 법률은 우리 헌법 아래에서 존립할 수 없다. 책임주의에 명백히 반하는 전근대적 발상일 뿐이다.

다시 말해 업무상과실치사상죄나 산업안전보건법위반죄의 처벌 형량이 약해서가 아니라 형사법의 대원칙인 책임주의와 죄형법정주의를 적용받아야 하고, 다른 범죄들과 형벌의 불균형을 초래할 정도로 이미 산업안전사범을 엄벌하고 있다는 시각도 존재하고 있음을 감안해야 한다면, 사업주와 경영책임자등을 처벌할 수 있기만 하면 책임주의나 인과관계[10] 등 형사법의 기본원칙을 무시하는 법률도 도입할 수 있다는 위험한 발상을 할 수 없었을 것이다.

4) 명확성의 원칙에 배치

박범계 의원 대표발의안의 "형사처벌이 확대되는 만큼 명확성의 원칙 측면에서 유해·위험 방지의무, 안전조치 및 보건조치 의무의 내용을 법률에 명확하게 규정할 필요가 있다"는 제안이 반영되지 않고, 구체적 조치의무의 내용을 대통령령으로 위임한 것은 그러한 관점에서 매우 아쉽다.[11] 앞으로는

---

[10] 일정한 경우 유해·위험방지의무, 안전조치 및 보건조치 의무를 위반하여 중대산업재해 등이 발생한 것으로 추정하고 있는 법률제정안들의 규정은 범죄의 입증은 형사소송의 대원칙에 따라 검사가 하여야 한다는 측면에서 타당하지 않으니 인과관계 추정 규정을 삭제해야 한다는 박범계 의원 대표발의안 지적내용이 반영된 것은 매우 다행이다.

[11] 그런데 아이러니하게도 조치의무를 명확하게 규정할 필요가 있다고 제안했던 박범계 의원조차 정작 법무부장관이 되어 시행령을 제정함에 있어서는 후술하는 바와 같이 명확성의 원칙 측면이나 기대가능성 측면에서 낙제점인 시행령 제정을 주도하였다. 일각에서는 수준 이하의 시행령이라는 비난도 있지만 법 시행 후 위헌결정이 나와 중대재해처벌법이 형해화되는 경우에는 시행령을 명확하게 규정해 달라는 각계의 요구를 뿌리친 법무부와 고용노동부 장관들이 그 책임을 부담하여야 할 것이다.

중대재해에 대하여 처벌 형량이 매우 강화된 만큼 종전처럼 재해자와 합의하고 적당히 벌금을 납부하는 것으로 마무리하는 기업의 관행은 사라지고, 수사와 재판에서 죄형법정주의 명확성의 원칙과 책임주의 위반이라는 헌법적 다툼은 크게 증가할 것으로 예상된다.

또한 도급인이 수급인의 작업과정에 개입하면 파견근로자 보호 등에 관한 법률(약칭 파견법)위반으로 처벌해왔으면서도 이를 그대로 둔 채, 수급인의 작업과정에서 중대재해가 발생하면 도급인의 경영책임자등을 수급인의 작업공정이 안전하게 이루어지도록 관여하지 않은 책임을 물어 엄벌하겠다는 중대재해처벌법을 제정한 것은, 사업주와 경영책임자등에게 안전관리를 위해 수급인의 작업공정에 개입하면 파견법위반으로, 방치하면 중대재해처벌법위반으로 처벌하려는 것 아니냐는 혼선을 주고 있다는 비판도 있음을 입법자는 귀담아 들어야 할 것이다.

한편으로는 억울한 옥살이를 했다는 생각에 기업을 일굴 의욕까지 잃어버리는 기업인 등이 나타나고, 다른 한편에서는 엄벌에 처해진 기업인 등을 보고 당장 정의감을 느끼는 사람도 있을지 모르지만, 장기적으로 경제에 악영향을 미치는 악법이 되지 않을까 걱정하지 않을 수 없다.

이왕 제정된 이상 그 시행일 전에 문제점을 보완하고 개선하는 개정작업이 시급하다는 각계의 지적에도 불구하고 정부는 시행령 제정만을 강행한 끝에 2021. 10. 5.에서야 뒤늦게 사업주 등이 해야 할 조치의무를 규정한 중대재해 처벌 등에 관한 법률 시행령(약칭: 중대재해처벌법 시행령, 이하 "시행령"이라 한다)을 제정하였다. 그러나 내용의 적정성을 떠나 형사법으로 갖추어야 할 최소한의 명확성의 원칙조차 지키지 않았고, 정부 전산화 작업도 수년에 걸쳐 이루어졌음을 아는 공무원들이 중대재해처벌법 시행일인 2022. 1. 27.까지 불과 113일을 앞둔 시점에서 시행령을 제정함으로써 수범자인 사업주와 경영책임자등은 법령에서 하라는 조치의무가 무엇인지를 어렴풋이나마 알게 되었다. 이는 정부가 시행령에서 규정한 조치의무를 불과 단기간 내에 완성하라고 사업주와 경영책임자등에게 다그치는 것이어서 형법적 관점에서 큰 문제라 아니할 수 없다.

고용노동부는 "수급인의 근로자와 노무 제공자를 포함하여 모든 일하는 사람들에게 유해·위험 요인이 무엇인지 확인하고, 이를 원천적으로 제거하고 통제하기 위한 수단과 절차를 마련하며, 현장에서 확실한 이행을 뒷받침할 수 있는 조직, 인력, 예산 및 모니터링체계까지 갖추어야 한다"고 요구한다.[12] 고용노동부의 요구수준에 맞추어 필요한 체계를 만들고, 인력과 예산을 확보하며 숨은 위험까지 모두 발굴하여 유해·위험요인 근절조치를 마련하고 직원들을 교육시키는 것은 단기간 내에 하기 어려운 일이다.

국토교통부, 환경부, 소방청 등 소관의 중대시민재해 부분은 산업재해와 달리 새로 도입된 개념이어서 기업들이 무엇을 어떻게 할지 알기 어려워 더 오랜 시간이 소요될 수밖에 없다. 또 이행 및 점검을 위한 별도의 시스템을 구축하려면 최소 수개월 이상 발주와 용역기간이 필요할 것이다. 그런데도 법 시행일인 2022. 1. 27.까지 불과 113일을 앞둔 시점에서야 시행령을 제정하고서는 법 시행일 이전까지 안전시스템을 구축하지 않으면 1년 이상, 가중처벌시 45년 이하의 징역형으로 처벌할 수 있다고 강요하는 것은 시행령 내용의 모호함을 떠나 기업이 준비할 수 있는 시간조차 제대로 주지 않고 국민에게 형벌을 가하겠다는 것과 다름없다.

법 시행 초기에 발생한 중대재해처벌법위반 사건은 헌법재판소와 법원에서 위헌성이 다투어질 소지가 높아, 만일 사업주와 경영책임자등이 구속된 후 위헌 결정이 있게 되면 해당 판·검사의 도의적 책임을 넘어 국가의 책임 문제로까지 귀결될 것으로 보인다.

5) 다발 사업장의 면제·유예로 인한 방향성 상실

중대재해처벌법은 산재사망사고의 상당부분을 차지하는 상시 근로자 5명 미만을 사용하는 사업장을 제외하였고, 50명 미만의 사업 내지 사업장, 건설공사금액 50억 원 미만의 사업 내지 사업장에 대하여 3년간 적용을 유예하였는데, 산업재해가 가장 많이 발생하는 사업장들에 대하여 적용을 유예

---

12 고용노동부 2021. 11. 17. 발간 「중대재해처벌법 해설 ─ 중대산업재해 관련 ─」, p. 43 참조

내지 면제한 것이므로 그러한 법률을 제정하여 산업재해 예방에 적절한 효과를 기대할 수 있을 것인지 의문이다. 통계에서 보듯이 사망 산업재해사고 중 그 점유율이 무려 75% 이상에 달하는 상시 근로자 50명 미만 사업장에 대해 적용을 유예한 중대재해처벌법의 시행으로 무엇이 달라진다는 것인지 중대재해처벌법의 적용 유예 내지 면제 규정으로 인하여 그 입법목적은 무색해져 버렸다.

또한 중대산업재해가 가장 많이 발생하는 중소규모 사업주에 대한 적용 유예 내지 면제로 인하여, 이들에게는 안전의식을 고취해야 한다는 경각심조차 주지 못한 채 중소 사업주에게 도급을 준 대형 사업주와 경영책임자등에게 대신 형사책임을 묻는 법이 되어 버렸다.

즉 강한 형벌을 부과함으로써 사망 등 중대재해를 예방하겠다고 제정한 법률이 입법자의 자의에 의하여 그 입법 목적 달성을 스스로 포기하는 방향으로 입법되었고, 그 결과 특히 도급의 경우 책임에 비례하여 형벌을 받아야 한다는 책임주의 원칙과 공정성에 반하는 매우 회의적인 입법이 되고 만 것이다.

▌연도별 사업장 규모별 사고 재해자 및 사망자 수[13]

[2020년도 사업장 규모별 사고 재해자 및 사망자 수]　　　　(단위: 명)

구분	5인 미만	5~49인	50~99인	100~299인	300~999인	1,000인 이상
근로자수	3,005,960	8,272,899	1,979,709	2,523,122	1,708,100	1,486,155
재해자수	31,159	41,524	6,679	6,715	3,880	2,426
사망자수	312	402	53	78	23	14
점유율	312/882 (35.4%)	402/882 (45.6%)	53/882 (6.0%)	78/882 (8.8%)	23/882 (2.6%)	14/882 (1.6%)

---

13 고용노동부 산업재해발생현황, 한국산업안전보건공단 홈페이지 내 자료마당 참조

[2019년도 사업장 규모별 사고 재해자 및 사망자 수]　　（단위: 명）

구분	5인 미만	5~49인	50~99인	100~299인	300~999인	1,000인 이상
근로자수	2,998,744	8,166,782	1,942,824	2,459,398	1,679,624	1,479,788
재해자수	31,871	43,720	6,550	6,442	3,180	2,284
사망자수	301	359	70	77	37	11
점유율	301/855 (35.2%)	359/855 (42.0%)	70/855 (8.2%)	79/855 (9.2%)	37/855 (4.3%)	11/855 (1.3%)

[2018년도 사업장 규모별 사고 재해자 및 사망자 수]　　（단위: 명）

구분	5인 미만	5~49인	50~99인	100~299인	300~999인	1,000인 이상
근로자수	3,030,676	8,306,786	28,956	15,712	1,701,468	1,553,030
재해자수	30,624	43,485	6,185	5,857	2,781	1,900
사망자수	322	423	53	104	46	23
점유율	322/971 (33.2%)	423/971 (43.6%)	53/971 (5.5%)	104/971 (10.7%)	37/971 (3.8%)	23/971 (2.7%)

[2017년도 사업장 규모별 사고 재해자 및 사망자 수]　　（단위: 명）

구분	5인 미만	5~49인	50~99인	100~299인	300~999인	1,000인 이상
근로자수	2,813,885	8,069,832	1,921,118	2,500,364	1,700,950	1,553,993
재해자수	28,016	39,619	5,365	4,404	1,913	1,348
사망자수	292	444	77	85	47	19
점유율	292/964 (30.3%)	444/964 (46.1%)	77/964 (8.0%)	85/964 (8.8%)	47/964 (4.9%)	19/964 (2.0%)

[2016년도 사업장 규모별 사고 재해자 및 사망자 수]　　（단위: 명）

구분	5인 미만	5~49인	50~99인	100~299인	300~999인	1,000인 이상
근로자수	2,736,477	7,938,346	1,911,811	2,513,015	1,733,042	1,599,025
재해자수	28,016	41,650	5,587	4,321	1,691	1,425
사망자수	301	404	95	97	51	21
점유율	301/969 (31.1%)	404/969 (41.7%)	95/969 (9.8%)	97/969 (10.0%)	51/969 (5.3%)	21/969 (2.2%)

제 2 장 입법 목적 · 배경 및 입법과정

1. 입법 목적 및 배경

> 제1조(목적) 이 법은 사업 또는 사업장, 공중이용시설 및 공중교통수단을 운영하
> 거나 인체에 해로운 원료나 제조물을 취급하면서 안전·보건 조치의무를 위반하
> 여 인명피해를 발생하게 한 사업주, 경영책임자, 공무원 및 법인의 처벌 등을 규
> 정함으로써 중대재해를 예방하고 시민과 종사자의 생명과 신체를 보호함을 목적
> 으로 한다.

중대재해처벌법은 후술하는 중대산업재해와 중대시민재해가 발생한 경
우, 법률이나 대통령령에서 규정한 안전·보건조치 의무를 위반한 사실이 인
정되면 종래의 산업안전보건법에서 형사책임을 묻던 산업안전보건관리책임
자가 아니더라도 사업주와 경영책임자등을 새롭게 중죄로 처벌하고, 법인에
대한 벌금형을 대폭 강화하며, 사업주 또는 경영책임자등이 고의 또는 중과
실로 중대재해처벌법이 정한 의무를 위반하여 중대재해를 발생하게 한 경우
에는 손해액의 5배까지 징벌적 배상책임을 지움으로써 중대재해를 예방하고
시민과 종사자의 생명과 신체를 보호함에 그 목적이 있다.

법제사법위원회 대안제안 이유를 보면, 현대중공업 아르곤가스 질식 사
망사고,[14] 태안화력발전소 압사사고, 물류창고 건설현장 화재사고와 함께 가
습기 살균제 피해사건 및 세월호 침몰사고와 같은 시민재해로 인한 사망사
고 발생 등이 사회적 문제로 지적되어 왔고, 이에 사업주, 법인 또는 기관 등

---

[14] 대형파이프 외부에서 아르곤용접 작업 중 근로자 1명이 대형파이프 안으로 들어갔다가
아르곤가스에 질식하여 사망한 사건으로 용접작업 중에는 파이프 안으로의 진입이 금지
되어 있어 같이 일하던 다른 용접작업자들조차 재해자가 파이프 안으로 진입한 이유를
모르는 사안으로, 아르곤 용접작업이 밀폐공간에서의 작업인지 여부가 형사재판의 쟁점
이 되고 있는 판결미확정 사건이다.

이 운영하는 사업장 등에서 발생한 중대산업재해와 공중이용시설 또는 공중교통수단을 운영하거나 위험한 원료 및 제조물을 취급하면서 안전·보건 조치의무를 위반하여 인명사고가 발생한 중대시민재해의 경우, 사업주와 경영책임자 및 법인 등을 처벌함으로써 근로자를 포함한 종사자와 일반 시민의 안전권을 확보하고, 기업의 조직문화 또는 안전관리 시스템 미비로 인해 일어나는 중대재해사고를 사전에 예방하려는 것이라고 분명히 못 박고 있다.

그러나 각종 중대재해의 원인이 사업주와 경영책임자 및 법인에게만 있다는 시각이 과연 실체에 부합하고 중대재해 사고 방지에 가장 효율적인 대안인지는 실무 경험에 비추어 의문이고, 이 법을 통해서 의도한 만큼 중대재해 방지의 효과를 거둘 수 있을지에 대해서도 매우 회의적이다.

그동안 우리나라는 해방 이후 개별 법령에서 근로자의 근무환경 및 작업조건 등에 대하여 규정하다가 1953년 근로기준법을 제정하면서 근로안전관리규칙과 근로보건관리규칙을 제정하고 산업재해에 대처해 오던 중, 중화학공업의 발전 등 급속한 산업화로 대형 산업재해가 빈발하고 작업환경이 다양해짐에 따라 새로운 산업환경에 적합한 산업재해 예방을 위하여 1981. 12. 31. 법률 제3532호(1982. 7. 1. 시행)로 산업안전보건법을 제정하여 근로자의 안전 및 보건을 증진하기 위한 본격적인 조치를 취하기 시작하였다.

그 후 2019. 1. 15. 법률 제16272호(2021. 1. 16. 시행)로 전면 개정되기까지 산업재해 발생 시 책임자의 처벌에 중점을 두고 여러 차례 법률이 개정되어 왔고, 특히 위 2019. 1. 15. 법률 제16272호(2021. 1. 16. 시행)로 전면 개정한 산업안전보건법은 근로자의 안전 및 보건을 위한 것에서 노무를 제공하는 자의 안전 및 보건을 위한 것으로 그 보호대상을 크게 확대하여 특수형태근로종사자(법 제77조), 온라인 플랫폼을 기반으로 한 배달원(법 제78조), 가맹사업자와 그 소속 근로자(법 제79조)에 대한 안전·보건 조치의무를 신설하고, 중대재해 사망사고로 형이 확정된 후 5년 이내에 다시 중대재해를 저지른 자는 그 형의 2분의 1까지 가중하여 처벌하도록 하는 등 제정 수준으로 큰 폭의 개정이 있었다.

그런데 경영계와 일부 학자들의 반대에도 불구하고 졸속개정이라는 비

판까지 받아가며 전면 개정한 새 산업안전보건법이 시행도 되기 전에 정의
당 강은미 의원이 2020. 6. 11. 발의한 「중대재해에 대한 기업 및 책임자 처
벌 등에 관한 법률안」이 기폭제가 되어, 국회 앞에서 중대재해자 가족 등의
단식 농성에 힘입고, 다가오는 서울시장 보궐선거를 위한 여야의 입장과 맞
물려 초스피드로 법제사법위원회 대안이 만들어지고, 2021. 1. 8. 국회에서
「중대재해 처벌 등에 관한 법률」이 통과되고, 2021. 1. 19. 국무회의 의결을
거쳐 2021. 1. 26. 공포되고, 2022. 1. 27.부터 시행에 들어가게 되었다.

공중출입장소 등과 산업현장에서 국민의 안전을 무시하고 이윤을 추구
하는 사업주를 선처해주어야 한다고 생각하는 법률가는 어디에도 없다. 안전
을 무시한 이윤추구는 더 이상 설 자리가 없음은 이미 국민적 합의이고, 안
전을 무시한 책임이 있는 사업주와 경영책임자등은 엄벌받아 마땅하다.

그러나 2021. 11. 19.부터 시행되는 고용노동부령 제337호 산업안전보건
기준에 관한 규칙은 물론 종전의 해당 고용노동부령에 대하여도 늘 지적되
어 왔듯이, 안전이론과 실제, 조치의무의 실효성에 많은 의문이 제기되어 왔
고, 명확성의 원칙과 책임주의에 반한다는 일부 학자들과 경영계의 지적이
다 옳은 것은 아니겠지만, 수사와 재판실무에서 책임에 비례한 형벌을 부과
하려다 보니 징역형보다는 벌금형으로 끝나는 경우가 허다했다.

이러한 사정을 잘 아는 실무가의 입장에서 볼 때 형사처벌의 기준이 되
는 구체적 조치의무를 법률로 규정하지 않고 대통령령으로 조치의무 내용을
규정하도록 위임한 것은 아쉬운 일이었다.

한편 죄형법정주의의 명확성의 원칙과 책임주의에 부합하게 시행령이
제정되어야 한다는 지적이 많았음에도 불구하고, 그러한 지적을 무시한 채
시행령조차도 포괄적이고 불명확하게 조치의무를 규정함으로써 이 법을 집
행할 수사기관이 자의적으로 해석할 우려가 높고, 명확성의 원칙에 반하며,
예측가능성도 없어 위헌성 문제에서 자유롭지 못할 것으로 보인다.

2. 각 입법발의안 요지[15]

가. 강은미 의원 대표발의안

1) 제안이유

강은미 의원 대표발의안은 대부분의 대형재해 사건의 원인을 특정 노동자 개인의 위법행위의 결과가 아니라 기업 내 위험관리시스템의 부재와 이윤 중심의 조직문화에서 찾고 있고, 이를 예방하기 위해 기업이 경제적·조직적·제도적으로 안전관리를 실시하도록 만드는 입법의 필요성을 주장한다. 기존 관련 법안인「산업안전보건법」상의 책임과「형법」상 업무상과실치사죄를 적용해 경영책임자를 처벌하는 것에 있어 상당한 어려움이 있었기 때문에 기업 등이 사업장이나 불특정다수의 시민이 이용하는 시설 등에 대한 위험방지의무를 위반하거나, 위험한 원료 및 제조물을 취급하면서 안전관리·보건위생상 조치의무를 위반하여 인명사고가 발생한 경우에 대해 사업주와 경영책임자 및 기업 자체에 대한 형사책임을 물을 수 있는 특별법을 제정하자는 것이다. 이를 통해 헌법이 보장하는 노동자 및 시민의 안전권을 확보하고, 기업의 조직문화 또는 안전관리시스템 미비로 인해 일어나는 중대재해사고를 사전에 방지하고자 함이 목적이다.

2) 주요내용

발의안의 주요내용으로는 사업주 및 경영책임자등은 사업주나 법인 또는 기관이 소유·운영·관리하는 사업장, 공중이용시설, 공중교통수단에서 종사자나 이용자 등이 생명·신체의 안전 또는 보건위생상의 위해를 입지 않

---

15 강은미 의원을 필두로 5개의 입법안과 1개의 청원안이 제출되었고, 법사위에서는 법사위 대안을 만들어 본회의에 상정하였다. 그 과정에서 각 입법안에서 무게를 두었던 부분들이 법사위 대안에서 채택되지 않았다는 등의 이유로 법률안이 본회의를 통과하자마자, 경영계의 강력한 반대 속에서 제정된 중대재해 처벌 등에 관한 법률은 경영계는 물론 제안자들로부터도 졸속입법이라는 비난을 받은 특이한 법률이다.

도록 하고, 그 사업장에서 취급하거나 생산·제조·판매·유통 중인 원료나 제조물로 인하여 종사자나 이용자 등이 생명·신체의 안전 또는 보건상의 위해를 입지 않도록 할 유해·위험방지의무를 부담하는 안(안 제3조)이 포함되어 있다.

또한, 사업주 및 경영책임자등이 이 법에 따른 유해·위험방지의무를 위반하여 사람을 사상에 이르게 한 때에는 사업주 및 경영책임자등을 형사처벌하며, 해당 법인 또는 기관에게도 별도로 벌금을 부과하고 허가 취소 등의 행정제재를 부과할 수 있도록 한다(안 제5조 및 제6조). 경영책임자뿐 아니라 감독 또는 인·허가 권한이 있는 공무원의 방임으로 인해 재해사고가 발생할 경우 공무원에게도 형사책임을 물을 수 있는데, 법령상 사업장이나 공중이용시설 및 공중교통수단에 대한 유해·위험방지 감독 또는 건축 및 사용에 대한 인·허가 권한이 있는 기관의 장 또는 상급자로서 해당 직무를 게을리하거나 의무를 위반하여 사람이 사망 등 중대재해에 이르게 하는 데 기여한 공무원은 1년 이상 15년 이하의 징역 또는 3천만 원 이상 3억 원 이하의 벌금에 처한다(안 제7조).

나. 박주민 의원 대표발의안

1) 제안이유

지속적으로 발생하는 산업재해와 시민재해가 사회적 문제로 인식되어 왔고, 태안화력발전소 압사사고, 한익스프레스 물류창고 건설현장 화재사고, 4·16 세월호 사건 등의 대형재해는 안전불감 조직문화에 기인하므로 이를 예방하기 위해서는 가벼운 벌금과 과태료 부과가 아니라, 제도적 안전조치 설계와 책임자에 대한 강력한 형사처벌이 필요하다는 입장이다. 이를 위해 경영책임자에게 책임을 묻기 어려운 현행법의 제도적 문제를 개선하고 위험한 원료 및 제조물을 취급하거나 불특정다수의 시민이 이용하는 시설에 대한 책임을 가지고 있음에도 안전·보건조치 의무를 위반하여 발생하는 중대재해사고를 사전에 방지하는 안전장치를 마련할 의도로 특별법 제정을 촉구하는 것이며, 이를 통해 헌법이 보장하는 시민의 안전권 확보를 이룰 수 있다고 한다.

2) 주요내용

발의안의 주요내용으로는 사업주 또는 경영책임자등은 사업주나 기관 또는 법인이 소유, 운영, 관리하거나 발주한 사업 또는 사업장에서 종사자의 생명, 신체의 안전 또는 보건상의 위해를 입지 않도록 위험을 방지할 의무가 있고, 위 안전조치 및 보건조치 의무의 경우 사업주나 법인 또는 기관이 제3자에게 임대, 용역, 도급 등을 행한 경우 또는 법령에 따라 해당 시설이나 설비 등이 위탁되어 수탁자가 그 운영, 관리책임을 지게 된 경우에는 해당 제3자 또는 수탁자와 그 사업주나 경영책임자등이 공동으로 안전조치 및 보건조치 의무를 부담한다는 조항(안 제3조 및 제4조)이 있다. 또한, 성립요건에 있어서 일정한 요건이 충족되는 경우에는 사업주 또는 경영책임자등이 위험방지 의무를 위반한 행위로 인하여 중대산업재해가 발생한 것으로 추정한다(안 제5조). 사업주 또는 경영책임자등은 소유, 관리 또는 운영하는 사업장에서 생산 및 유통되는 원료나 제조물로 인한 공중위험의 발생 또는 공중이용시설 및 공중교통시설에서의 공중 위험의 발생 방지 의무를 부담한다(안 제9조).

다. 이탄희 의원 대표발의안

1) 제안이유

박주민 의원이 대표 발의한 「중대재해에 대한 기업 및 정부 책임자 처벌법안」에 양형절차 조항을 추가한 발의안으로, 중대재해에 대한 처벌 강화 효과 실현을 위해 공판절차 이분화와 국민양형위원 지정 등 양형절차 개선을 제안하고 있다.

2) 주요내용

주요내용으로는 사업주 또는 경영책임자등이 안전조치 및 보건조치의무를 위반하여 사람을 사망에 이르게 하거나 공무원이 그 권한과 관련된 주의의무를 위반하여 중대재해를 야기한 때에는 유죄 선고 뒤 따로 형의 선고를 위한 선고 기일을 지정하고, 법원이 양형심리를 위한 국민양형위원을 지정해 심의에 회부하게 하는 등 공판절차 이분화와 국민양형위원 지정 절차를 마련하는 안(안 제17조 및 제18조)이 있다.

라. 임이자 의원 대표발의안

1) 제안이유

산업재해에 대한 기존의 처벌은 사업주와 기업의 안전·보건관리 의무 위반행위에 비해 낮았기 때문에 이를 방치하는 결과를 낳았다고 평가하고, 그 전제 위에서 사업주와 기업에게 강도 높은 책임을 묻는 특별법 제정을 통해 사업주와 기업이 안전관리체계를 강화하도록 유도하고 중대 재해 예방효과를 높이고자 한다는 입장이다.

2) 주요내용

해당 발의안은 다른 법률안들과 마찬가지로 사업주와 기업에게 안전 및 보건 재해 예방에 대한 책임을 강화함으로써 산업 분야에서 노무를 제공하는 자와 시민의 생명과 신체적 안전을 보호하고, 보건의 유지·증진함을 목적으로 한다(안 제1조). 국가 또는 지방자치단체는 사업주 또는 기업이 안전·보건에 필요한 조치에 드는 비용의 전부 또는 일부를 지원할 수 있으며(안 제4조), 안전 및 보건 의무를 위반하여 3명 이상의 사망자가 발생한 사업주 또는 경영책임자, 기업에게 100억 원 이하의 과징금을 부과하는 안(안 제5조)을 포함한다. 더불어, 법무부장관은 중대 재해에 따른 사업주와 기업의 처벌 결과와 사업주와 기업에 대한 허가취소 등의 제재 조치 결과를 공표할 수 있다(안 제9조).

마. 박범계 의원 대표발의안

1) 제안이유

해당 발의안은 현행 법률상 안전·보건 관련 의무위반에 대한 처벌이 매우 가볍다는 점을 지적하면서 현행법만으로는 헌법에 보장된 시민의 안전권에 대한 침해를 막을 수 없다고 판단하여 안전 및 보건 조치의무 위반행위에 대한 처벌 강화를 통해 중대 재해 예방을 시도한다. 다만, 이전에 발의된 법률안에 대해 해당 의무의 내용이 법률에서 명확하게 규정될 필요가 있다는 점을 인식하여 '안전·보건조치 등 의무'의 내용을 '각종 안전·보건상의 위험을 방지하기 위하여 제정된 이 법 또는 각 개별법에서 정하고 있는 안전 또는 보건을 위한 관리, 조치, 감독, 검사, 대응 등의 의무'로 명확히 규정하고자 한다. 더불어, 형사소송의 대원칙에 따라 공소가 제기된 범죄사실에 대한 증명책임은 검사에게 있으므로 이전 발의안들이 도입을 주장하는 '유해·위험방지의무', '안전조치 및 보건조치의무'를 위반하여 중대산업재해 등이 발생한 것으로 추정하자는 규정을 삭제할 것을 제안한다.

2) 주요내용

주요내용으로는 '안전·보건조치등 의무'란 각종 안전·보건상의 위험을 방지하기 위하여 제정된 이 법 또는 각 개별법에서 정하고 있는 안전 또는 보건을 위한 관리, 조치, 감독, 검사, 대응 등의 의무를 말한다는 조항이 있으며(안 제2조 제7호), 사업주 또는 경영책임자등이 안전·보건조치 등 의무를 위반하여 사람을 사망에 이르게 한 경우 등에는 2년 이상의 유기징역에 처하는 등 형사처벌에 처하고, 사업주 또는 경영책임자등이 제5조의 위반행위를 하는 등의 경우 법인에게도 벌금형을 부과한다(안 제5조 및 안 제6조).

3. 입법 과정

【입법과정】
2017.4. 　정의당 노회찬 의원, 재해에 대한 기업 및 정부책임자 처벌에 관한 특별법안 발의
2020.06.11. 정의당 강은미 의원, 중대재해에 대한 기업 및 책임자 처벌 등에 관한 법률안 발의
2020.11.12. 민주당 박주민 의원, 중대재해에 대한 기업 및 정부 책임자 처벌법안

	발의
2020.11.17.	민주당 이탄희 의원, 중대재해에 대한 기업 및 정부 책임자 처벌법안 발의
2020.12.01.	국민의힘 임이자 의원, 중대재해 예방을 위한 기업의 책임 강화에 관한 법률안 발의
2020.12.14.	더불어민주당 박범계 의원, 중대재해에 대한 기업 및 정부 책임자 처벌법안 발의
2020.12.28.	정부, 발의법안에 대한 정부부처 협의안 제출
2020.09.22.	김미숙 외 10만 인, 안전한 일터와 사회를 위한 중대재해기업처벌법제정에 관한 청원
2021.01.07.	법제사법위원회 법안심사제1소위원회, 위원회 대안 마련
2021.01.08.	법안심사제1소위원회 대안을 법제사법위원회 대안으로 본회의에 제안하기로 의결
2021.01.08.	국회 본회의 의결

입법과정에서 가장 쟁점이 되었던 것은, 중앙행정기관을 포함시킬 것인지, 영세사업자 등 적용 면제 사업장이나 유예 사업장을 둘 것인지, 죄형법정주의의 명확성의 원칙에 부합하도록 조치의무를 법률로 규정할 것인지 대통령령으로 조치의무를 규정하도록 위임할 수 있는지 여부 등이었다.

중대시민재해의 적용범위에서도 소상공인과 교육시설을 제외하고, 논의의 중점은 5명 미만 사업장의 사업주에 대해서 중대산업재해의 적용을 배제할 것인가로 옮겨갔다.

중대산업재해의 대부분(사망자의 75% 내외)은 50명 미만의 사업장에서 발생하고 있다. 그럼에도 중소벤처기업부의 강력한 반대로 앞으로 6개월이든 1년이든 5명 미만 사업장의 중대재해가 줄어들지 않으면 이 법을 개정하는 데 동의하겠냐는 윤호중 위원장의 질문에 추미애 법무부장관, 강성천 중소벤처기업부차관, 박화진 고용노동부차관 모두 일정기간 시행결과를 본 다음 개정이 필요하다면 개정해야 한다고 답하여 그때 가서 개정하는 것으로 하고, 일단은 중대재해처벌법의 적용범위에서 5명 미만 사업장을 제외시키고, 50명 미만의 사업장에 대해서는 3년간 적용을 유예하기로 하였다.[16] 결과적으로 사망사고 등 중대산업재해가 가장 많이 발생하는 50명 미만의 사업장을 모두 적용대상에서 제외 또는 유예함으로써 왜 만들어진 법인지 모를 이상한 입법이 되어버렸다.

한편, 국회의원들이 제출한 법안들은 사업장 대표나 경영주체의 의무가 구체적으로 무엇인지 표시되지 않아 상당히 우려가 있는 법안이었다고 추미애 법무부장관마저 지적했을 정도로 죄형법정주의상 문제가 있었고, 구체적으로 어떤 조치를 하지 않았을 때 책임을 지게 할 것인지 논의한 끝에 의무를 네 가지로 명확히 하였다고 한다. 그러나 법무부 소관 법안이 되었지만 추미애 법무부장관이 '법무부는 전문지식이 없으니 현장을 잘 알고 있는 고용노동부나 산업통상자원부, 중소벤처기업부에서 재해예방에 필요한 사업장별 매뉴얼을 만들어 달라'고 고백했던 것처럼, 법안 마련 당시부터 이미 죄형법정주의 원칙에 부합하는 구체적인 조치의무를 담아낼 수 있을지 매우 걱정스러운 법률이었다.

위반을 하였을 때 형벌이 과해지는 금지행위는 알기 쉽고, 구체적이어야 하고, 그 공포와 시행 사이의 기간도 국민들이 제대로 알 수 있고 법위반이 발생하지 않도록 조직과 시스템을 개선할 수 있도록 충분한 기간을 주어 공포되어야 함은 법령의 기본이다. 그런 의미에서 법무부, 고용노동부 등 관련 부처에서 자체연구, 입법예고, 관계기관 의견수렴, 공청회 등 법률에서 정한 충분한 의견수렴 절차를 거쳐 시행령을 제정할 시간적 여유도 없었거니와, 구체적 조치의무를 확정할 전문지식도 부족하다는 것은 당시에도 큰 문제로 보였다. 특히 시행령에 위임된 중요한 조치의무 2가지는 일반 형법처럼 즉시 시행해도 될 금지의무가 아니라 작위의무이기 때문에 예산과 인력을 준비할 충분한 시간이 필요했다. 그런 준비와 조치에 시간과 예산이 필요함에도 법 시행 직전에 시행령을 제정한다면 의무사항을 이행하기 위한 수범자들의 노력 자체를 불가능하게 만드는 것이 되어 위헌 소지는 물론 입법저항만 초래할 것을 염려하였으나, 실제로 그렇게 되고 말았다.

---

16 국회 제383회 법제사법위원회 전체회의 회의록, 2021. 1. 8, p. 23

4. 법안 제정과정에서의 경영계와 노동계의 입장

가. 경영계

　　경영계는 강은미 의원(정의당), 박주민 의원(더불어민주당)이 기업 등이 유해·위험방지 의무를 위반하여 인명사고가 발생하면 사업주와 경영책임자, 법인을 강력하게 형사처벌하는 것을 주요내용으로 「중대재해기업처벌법안」을 대표 발의하자, 한국경영자총협회 등 30개 경제단체 및 업종별 협회를 통해 이미 산업안전보건법상의 사업주 처벌형량이 세계 최고임에도 위 법안들은 전 세계에서 유례를 찾아볼 수 없는 강한 제재규정들을 포함하고 있어 과잉금지의 원칙에 위배되는 입법일 뿐만 아니라, 산업안전보건문제 해결을 위한 예방적 대책보다는 사후처벌 위주로 접근하여 정책적 효과성도 낮고, 오히려 기업의 적극적·능동적인 안전경영 추진을 위축할 우려가 있다며 강력한 반대의견을 표명하였다.

　　경제단체들은 기존의 산업안전정책에 대하여도 불만이었다. ⓐ 사업주의 관리범위 한계를 벗어난 과도한 책임과 처벌이 부과되고 있다고 지적하였다. 규제 내용의 명확성이 떨어지고 구체적인 행동기준을 제공하지 못하여 감독기관이 법 준수 여부를 자의적으로 판단할 소지가 크며, 안전 관련 법률마다 각각 규제를 하다 보니 규제가 중복되고, 사업주와 현장의 안전관리책임자 간의 이행할 의무에 구분이 없이 최종책임자라는 이유로 사고발생에 대한 책임이 모두 사업주에게 귀속되며, 산업재해의 발생은 복합적인 원인에 의한 것인데도 정부가 그 책임을 일방적으로 사업주에게만 지우고 있다고 하였다. ⓑ 또한 현행 산업안전보건법이 원·하청간 사업체계와 관리범위 한계를 무시하고 원청에게 과도한 책임과 처벌을 부과하고 있다고 지적하였다. 원·하청은 독립적인 주체임에도 불구하고 원청과 하청에게 각각 별도의 의무와 책임을 부과하는 선진외국과 달리 현행 산업안전보건법처럼 원청에게 하청근로자의 안전관리를 전적으로 책임지도록 하는 것은 책임의 혼선과 현장 안전관리의 실행력만 떨어뜨릴 뿐 사고예방에 효과적이지 못하다고 하였다. ⓒ 작업위험은 산업현장의 특성에 맞게 전문적인 산재예방체계를 구축해야 함에도 그 규정이 획일적이고 일반적이어서 현장에 부합하지 않음은 물론 산재감소 효과가 전혀 검증되지 않은 불합리한 규제가 지속적으로 양산되고 있다고 지적하였다. 또한 사고원인에 대한 심층적·전문적 분석이 미비하여 사전예방 정책으로 이어지지 않고 있고, 민간시장의 전문적이고 체계적인 안전보건서비스가 제공될 수 있는 시스템이 미약하여 기업에서 요구하는 안전보건서비스를 제공받고 싶어도 받기 어려운 상황이며, 산재예방을 위한 기술 및 작업환경 표준을 개발하여 주어야 할 정부도 불과 19개 지침을 마련해 놓았을 뿐 그것도 2006년에 개정한 이후로 손도 대지 않고 있는 등 정부의 책임을 방기하고 있다고 비판하였다. ⓓ 그 결과 중소기업의 경우 재무구조나 시설 및 인적 한계로 인하여 현재의 산업안전보건법상의 안전규제를 감당하기가 현실적으로 매우 어려운 실정이라고 하면서, 통계적으로도 안전사고의 대부분은 50명 미만의 소기업에서 발생하고 있는 만큼 과도한 처벌강화 입법은 지양되어야 한다고 주장하였다. 대안으로는 사업장 내 역할과 책임에 걸맞은 체계적인 사전예방 안전관리 시스템 정착, 산업현장 특성에 따른 심층적·전문적인 산재예방체계 구축 및 정책추진 강화를 제시하였다. 특히 처벌 위주보다는 인센티브를 통해 자발적인 안전관리 강화를 유도해야 하고, 안전보건 전문가 육성, 중소기업에 안전관리 정부지원 확대가 필요하다고 하였다.[17]

나. 노동계

이에 반하여 노동계는 사업주에 대한 책임강화를 위한 즉각적인 입법을 촉구하였다. 특히 중대재해기업처벌법제정운동본부는 2020. 11. 26. '국회는 국민이 청원한 중대재해기업처벌법, 즉각 통과시켜라. 막을 수 있는 반복되는 죽음 외면하는 더불어민주당은 각성하고 법안 제정에 당장 협조하라'고 성명서를 발표하였다. 노동계는 캐나다와 호주 등 외국의 기업처벌법 사례를 들어 외국의 경우 경영실패에 기인한 중대재해 발생시 경영책임자에게 한국

---

17 2020. 11. 19. 한국경영자총협회 등 30개 경영단체 공동건의, 「중대재해기업처벌법안」

보다 더 포괄적 의무와 책임을 부여하고 있다는 사실을 강조하였다. 더불어, 민주노총은 2020. 12. 29. '중대재해의 범위부터 사업장 규모에 따른 유예적용, 위험의 외주화에 대한 경영책임자의 면탈, 인과관계 추정의 삭제와 공무원 처벌의 형해화 등 핵심이 빠진 누더기 법안으로 정말 안전한 나라를 만들 수 있다고 보는가? 이게 중대재해기업면제법이지 중대재해기업처벌법인가? 집어치우고 10만의 노동자, 시민이 발의한 원안이 온전하게 반영된 정부안을 제출하라'는 입장을 발표하였다. 경제정의실천시민연합도 2020. 12. 29. '친재벌법안은 거대의석을 통해 일사천리로 통과시키던 여당이 중대재해기업처벌법에 있어서는 시간만 끌고 있다. 더불어민주당이 법안 심사와 논의 과정에서 정부안을 받아들인다면 중대재해기업 보호자라는 비판을 받고 있는 정부와 같이 국민들로부터 거센 저항과 비판을 받을 것이다. 더불어민주당을 비롯한 국회는 법안의 취지대로 노동자의 안전을 지키고 중대재해를 막을 수 있도록 실효성 있게 개정하여야 한다'고 성명을 발표하였다. 노동계는 정부안에 대하여 중대재해 발생에 대한 책임자의 범위에서 중앙행정기관의 장과 지방자치단체의 장을 삭제하고, 50명에서 100명 미만 사업장에 법적용을 2년간 유예하는 방안을 추가하고, 징벌적 손해배상을 5배 이하로 후퇴시켰다고 강력하게 반발하였다. 법안이 통과되면서 한국노총은 5명 미만의 사업장을 제외한 것을 이유로 5명 미만 사업장 노동자에 대한 차별법이라고 비판성명[18]을 낼 정도로 노동계는 적용 면제와 유예에 강력히 반대하였다.

5. 적용범위 제외 관련 주요 쟁점

가. 학교 제외 여부

여러 법안의 발의 당시 국회의원 대표발의안들은 "공중이용시설"에서 학교를 제외하고 있지 않았으나, 학교의 경우 학생을 대상으로 하는 교육시설이기 때문에 불특정 다수가 이용하는 공중이용시설이라고 볼 수 없다는

---

[18] 2021. 1. 8.자 한국노동조합총연맹 성명서 참조

교육부의 의견[19]이 받아들여져 중대시민재해에서 적용을 제외하기로 결정되었다. 하지만 중대시민재해와는 별개로 교육부의 중대산업재해 적용범위 제외에 대한 건의는 받아들여지지 않았다. 이에 한국교원단체총연합회 등을 중심으로 학교장을 경영책임자와 동일시하는 것은 부당하다며 강력한 반대가 나오게 되었다.

중대산업재해 적용에서 학교를 제외하여야 한다는 반대론의 근거는 ① 학교에서 실시하는 사업의 대부분은 조례 등 규정에 따라 상급 기관에서 부여한 업무가 대부분이고 학교장이 전적으로 책임지고 결정을 내리는 경우가 드물다는 점,[20] ② 학교장은 학교에서 실시하는 5천만 원 이내 또는 1억 원 미만 공사의 발주책임자가 되는데, 학교 보수공사의 경우 학교장 재량에 의하기보다는 상급기관의 허가와 지시가 있어야 가능한 점, ③ 「교육시설 등의 안전 및 유지관리 등에 관한 법률」에 의하면, 교육시설의 장은 안전점검 또는 정밀안전진단을 실시하지 아니하거나 성실하게 수행하지 아니함으로써 교육시설에 중대한 파손을 야기하여 공공의 위험을 발생하게 한 경우에 3년 이하의 징역 또는 3천만 원 이하의 벌금에, 그로 인하여 사람을 죽거나 다치게 한 경우에는 5년 이하의 징역에 처하고 있는 점[21] 등 이미 안전관리 및 유지관리 등에 있어 책임을 지고 있기 때문에 중대재해처벌법으로 학교장을 처벌하는 것은 이중 삼중의 처벌 우려가 있다는 점을 들고 있다.

더불어, 학교적용 제외에 찬성하는 의원측도 해당 법안의 입법취지를 근거로 사적영역에 대한 규제로서의 성격이 강하기 때문에 공적영역인 학교를 제외하는 것이 입법취지에 부합하다는 점[22]을 들어 학교의 특수성을 고려하여 중대재해처벌법이 아닌 기존 법안을 보완하는 방식으로 나아갈 것을 건

---

19 제383회 법제사법위원회 법안심사제1소위원회 회의록 제4호, 국회사무처, 2021. 1. 5, p. 71

20 한국교원단체총연합회, 「중대재해 처벌 등에 관한 법률」상 학교 포함 제외를 위한 한국교총 건의

21 「교육시설 등의 안전 및 유지관리 등에 관한 법률」 제52조

22 제383회 법제사법위원회 법안심사제1소위원회 회의록 제5호, 국회사무처 2021. 1. 6, p. 41

의하였다.

그러나 학교가 중대산업재해 적용범위에서 제외될 경우 다른 공공기관들 모두 제외되어야 하는 문제가 발생하기 때문에 법사위 법안심사소위원회 제5차 회의에서 그 건의가 받아들여지지 않아 학교를 포함한 공공기관에 모두 적용하기로 하였다.

나. 공무원 처벌규정 존치 여부

임이자 의원 대표발의안을 제외한 더불어민주당 및 정의당 소속 국회의원들의 대표발의안은 모두 형법 등과 다른 공무원에 대한 가중처벌 조항을 포함하고 있었다. 과거 대형 재난과 사고 발생 사례에서 말단 공무원만 처벌이 되는 소위 '꼬리 자르기'의 문제로 인해 유사 재난과 사고가 반복된다는 문제의식에서 해당 조항이 발의되었다.

법사위 논의과정에서 공무원은 자신의 조직을 책임져야 하는 기업경영자와는 다르기 때문에 공무원에게 직접적인 안전의무를 부과하는 것은 부당하다며 공무원이 책임져야 하는 책임의무의 범위를 주의의무, 인허가 권한으로 제한하고, 이러한 의무를 위반했을 때 처벌하자는 제안이 등장하게 되었다.[23]

예를 들면, 정의당 강은미 의원 발의안에서는 제7조에서 '공무원의 처벌'이라는 제목으로 공중이용시설이나 공중교통수단의 안전보건 감독이나 건축 및 사용에서의 인허가, 원료나 제조물의 안전보건 조치와 관련된 인허가와 관련하여 권한이 있는 기관의 장 또는 상급자로서 직무를 게을리하거나 의무를 위반하여 사람의 사망 등 중대재해에 이르게 하는 데 기여한 공무원은 1년 이상 15년 이하의 징역 또는 3천만 원 이상 3억 원 이하의 벌금에 처한다는 규정 등이 그것이다.

그러나 지방자치단체장들과 전국시장·군수·구청장협의회에서도 공무원을 포함시키는 것은 자기책임 원칙에 배치되며, 공무원에게 지나친 책임을

---

23 제382회 법제사법위원회 법안심사제1소위원회 회의록 제13호, 국회사무처 2020. 12. 2, pp. 18~19

묻게 된다면 소극행정이 생길 우려가 있다고 지적[24]하며 반대하였다.

결국, 형법 등 기본 법률과 다른 별도의 공무원에 대한 가중 처벌규정을 두는 조항은 채택되지 않았고, 중대산업재해나 중대시민재해를 책임지는 경영책임자의 범위에는 중앙행정기관의 장, 지방자치단체의 장, 지방공기업의 장과 공공기관의 장이 모두 포함되는 것으로 입법되었다(중대재해처벌법 제2조 제9호 나목, 이하 법으로 표기한 것은 중대재해처벌법을 의미한다).

한편, 시민단체 등은 공무원에 대한 가중처벌 등 특별규정의 입법이 무산된 점에 대하여 기업의 편의를 봐주거나 유착으로 인해 기업에 불법으로 인허가를 내줘 산업재해와 시민재해를 야기한 공무원에 대한 처벌이 어려워졌다며 법이 제정되었어도 만족스럽지 못하다고 비판하였다. 이들은 중대재해처벌법으로는 세월호, 스텔라데이지호 등 선박 증·개축 허가를 한 정부 부처나, 공무원과 병원의 뇌물 수수로 인한 건물 인허가로 발생한 장성 요양병원 화재 참사에서 공무원에게 책임을 물어 처벌하는 것이 여전히 어렵다고 비판하였다.[25]

다. 5명 미만 사업장 제외 여부

중대재해처벌법안 입법논의 과정에서 5명 미만 사업장에 적용하게 되면 선진국에서 유례를 찾아볼 수 없을 정도의 과도한 형벌 규정이라는 지적과 함께 중소기업의 경우 재정이 열악하고, 인력이 부족하여 결국 중소기업들에게 가혹한 처벌이 집중되어 기업의 존립 자체가 어려울 수 있다는 우려가 제기되었다.[26] 그 결과, 5명 미만 사업장의 경우 처벌만으로는 중대산업재해를 막을 수 없다는 의견과 작은 영세업체가 준비할 수 있도록 도와주어야 한다는 의견이 반영되어 중대산업재해는 5명 미만의 사업장에 대하여는 조치의무와 처벌규정을 적용하지 않고, 중대시민재해도 일정한 영역에서는 10명 미

---

24 제383회 법제사법위원회 회의록, p. 34
25 명숙 인권운동네트워크 바람 상임활동가, 중대재해처벌법 제정됐지만 아무도 웃을 수 없었다, 한겨레 21, 2021. 1. 17. (http://h21.hani.co.kr/arti/society/society_general/49823. html)
26 제382회 법제사법위원회 회의록 제13호, 국회사무처, 2020. 12. 2, p. 15

만 소상인까지 처벌 대상에서 제외되게 되었다.

다만, 5명 미만 사업장이 전체 산재 사망사고에서 차지하는 비율이 20% 이상으로 상당히 높은 편이고,[27] 5명 미만 사업장 적용제외와 50명 미만 사업장에 대한 적용 유예는 나중에 처벌을 피하기 위해 가짜 50명 미만, 가짜 5명 미만 사업장을 야기할 수 있어 실효성 있는 처벌로 이어지기 어렵다는 지적[28]이 일자, 5명 미만 사업장에 대해 법 시행 후 중대재해 감소 추이를 살펴보면서 필요하면 포함시킬지 여부를 다시 검토하겠다는 것으로 정리되었다.

라. 인과관계 추정 여부

산업재해의 경우 입증이 어렵다는 특징이 있어 이를 보완하고자 박주민 의원 대표 발의안에 인과관계 추정 조항이 포함되면서, 입증책임이 검사에게 있다는 형사절차의 기본원칙에 반한다는 반대의견이 강력히 표출되었다.

〈박주민 의원 대표발의안〉

제5조(인과관계의 추정) 다음 각 호의 어느 하나에 해당하는 경우에는 사업주 또는 경영책임자 등이 위험방지의무를 위반한 행위로 인하여 중대산업재해가 발생한 것으로 추정한다.

1. 당해 사고 이전 5년간 사업주 또는 경영책임자 등이 제3조가 정하고 있는 의무와 관련된 법을 위반한 사실이 수사기관 또는 관련 행정청에 의해 3회 이상 확인된 경우

2. 사업주 또는 경영책임자 등이 당해 사고에 관한 증거를 인멸하거나 현장을 훼손하는 등 사고 원인 규명, 진상조사, 수사 등을 방해한 사실이 확인되거나 다른 사람으로 하여금 이러한 행위를 하도록 지시 또는 방조한 사실이 확인되는 경우[29]

하지만, 형사재판에서 범죄사실의 인정은 엄격한 증명이 요구되는데 중

---

27 제383회 법제사법위원회 회의록 제5호, 국회사무처, 2021. 1. 6, p. 30

28 전국민주노동조합총연맹, 「국회 본회의 통과 중대재해기업처벌법 제정에 대한 민주노총 입장」

29 박주민 의원 대표발의, 중대재해에 대한 기업 및 정부 책임자 처벌법안, 2020

대재해 사고에 대한 인과관계 추정이 인정된다면 무죄추정의 원칙에 반할 소지가 있고,[30] (박주민 의원)발의안에 포함된 인과관계 추정 사유들은 인과관계 인정을 위한 사실 구성요건이나 원인과 결과 간의 개연성에 관한 것이 아니라 이전의 범죄 전력, 종료 전력 등 구성요건과는 무관한 사실들을 전제로 한 것인데다가, 과거에 5년간 3회 이상 법 위반이 확인된 경우 중대사고 발생시 사업주가 의무를 위반한 행위로 인하여 중대재해가 발생한 것으로 인과관계를 추정하는 것은 당해 중대사고의 원인이 과거의 법 위반과 관련이 없을 수도 있다는 점에서 성향 책임을 규정한 것에 지나지 않는다는 비판[31]이 제기되었고, 법안은 기존 법체계에 부합해야 하는 것인데 사고현장에 대한 증거인멸을 인과관계 추정으로 전환시켜 처벌하는 것은 기존 형사사법체계와 맞지 않는다는 의견이 등장하고 경영계와 형사법 전문가들을 중심으로 무리한 입법이라는 평가를 받게 되어 제외되게 되었다.

제 3 장 중대재해처벌법 후속 입법 및 시행령 제정 경과

1. 법률개정 관련

가. 한국경영자총협회 등 7개 단체의 법 개정 건의

한국경영자총협회 등 7개 단체[32]는 2021. 3. 25.경 중대재해처벌법과 관련하여 ① 불명확한 경영책임자 의무규정과 과도한 처벌 등 여전히 많은 문

---

30 제382회 법제사법위원회 법안심사제1소위원회 회의록 제1호, 국회사무처, 2020년 12. 24, p. 18

31 제382회 법제사법위원회 법안심사제1소위원회 회의록 제13호, 국회사무처, 2020. 12. 2, p. 16

32 ① 한국경영자총협회, ② 대한상공회의소, ③ 중소기업중앙회, ④ 한국무역협회, ⑤ 전국경제인연합회, ⑥ 한국중견기업연합회, ⑦ 대한건설협회

제점 내포, ② 내년 법률 시행을 앞두고 많은 논란과 부작용 초래 예상, ③ 법률 시행 전 모호하거나 법체계에 어긋나는 규정의 재개정이 필요, ④ 중대재해 예방효과 극대화를 위해 종사자에 대한 안전·보건의무부여 및 위반 시 처벌규정 신설필요 등을 이유로 보완입법을 요청하였다.[33]

한국경영자총협회 등 7개 단체가 보완입법을 요청한 사항의 주요 내용은 다음과 같다.

---

① 중대산업재해의 정의에서 사망자는 '동시에 2명 이상 또는 1년 이내에 2명 이상 발생'으로, 질병자는 '6개월 이상 치료가 필요한 대통령령으로 정하는 급성중독 질병자가 1년 이내 5명 이상 발생'으로 엄격하게 규정하여 한다.

② 원청 경영책임자의 의무규정이 포괄적이고 모호하여 「명확성의 원칙」에 반하므로 의무범위를 명확히 하고 구체적인 내용은 시행령에 정하도록 위임근거를 마련해야 한다.

③ 경영책임자에 대한 법정형의 상한을 설정하는 방식(ㅇ년 이하 징역)으로 변경해야 하고 일정한 요건을 전제로 면책규정을 마련할 필요가 있다.

④ 법인의 책임을 고려한 벌금액 하향 및 배상 책임의 범위 조정(3배 이내)이 필요하다.

⑤ 사업주 및 경영책임자등의 안전 및 보건 확보의무 준수조치를 종사자가 따를 수 있도록 '의무규정 신설 및 위반 시 벌칙규정(과태료) 마련'의 필요가 있다.

⑥ 산업현장의 준비기간을 고려하여 법률 시행시기를 공포 후 2년 후(2023. 1. 27)로 연장하여야 한다.

나. 법률개정으로 근로감독관에게 중대산업재해 수사권 부여

국회 환경노동위원회 소속 국민의힘 박대수 의원(비례대표)은 2021. 4. 21. 중대재해처벌법위반 중 중대산업재해 범죄에 관하여 특별사법경찰관인 고용노동청 근로감독관이 수사할 수 있도록 「사법경찰관리의 직무를 수행할

---

[33] 한국경영자총협회, 「경총 등 7개 경제단체, '중대재해 처벌 등에 관한 법률' 보완입법 요청사항 국회 법사위 및 관계부처 제출」 보도자료, 한국경영자총협회 홈페이지 2021. 3. 29. 등록 참조

자와 그 직무범위에 관한 법률」일부 개정안을 발의하였고, 법사위에서 다른 개정안과 함께 심의하는 과정에서 박대출 의원의 안을 중심으로 법사위 대안이 마련되고, 2021. 12. 10. 국회에서 개정안이 가결되었다.

개정된 내용은 중대재해처벌법 시행에 맞추어 2022. 1. 27.부터, 「사법경찰관리의 직무를 수행할 자와 그 직무범위에 관한 법률」제6조의2 제1항 제18호를 신설하여, 고용노동청 근로감독관의 직무범위에 '중대재해 처벌 등에 관한 법률(제6조 및 제7조만 해당한다)'이 추가된 것으로 이로써 중대산업재해 사건에 대한 수사권 문제는 일응 해결되었다.

다. 입찰참가 제한 관련 입법

정의당 이은주, 장혜영 의원은 2021. 4. 29. 2022년 1월부터 시행 예정인 「중대재해 처벌 등에 관한 법률」에 따른 안전 및 보건 확보 의무 위반업자에 대해서도 입찰참가자격을 제한할 필요가 있고, 현재 「국가를 당사자로 하는 계약에 관한 법률 시행령」에서 규정하고 있는 「산업안전보건법」에 따른 안전 및 보건 조치 의무 위반업자에 대한 입찰참가자격을 제한하는 규정을 둘 필요가 있다면서, 「산업안전보건법」에 따른 안전 및 보건 조치 의무를 위반하여 산업재해를 발생하게 한 자 및 「중대재해 처벌 등에 관한 법률」에 따른 안전 및 보건 확보 의무를 위반하여 중대재해를 발생하게 한 자에 대한 입찰참가자격을 제한하는 「국가를 당사자로 하는 계약에 관한 법률」일부 개정안을 대표 발의하였다.

한편, 국회 행정안전위원회 소속 이해식 더불어민주당 의원은 2021. 4. 14. 중대재해처벌법이 본회의를 통과하였는데, 기존 「국가를 당사자로 하는 계약에 관한 법률」에서 「산업안전보건법」에 따른 안전 및 보건 조치 의무를 위반하여 산업재해를 발생하게 한 자에 대한 입찰 제한이 불과 5개월에서 1년 7개월 미만으로 되어 있어 현실에 맞게 입찰참가자격 제한을 강화할 필요가 있다면서 역시 「국가를 당사자로 하는 계약에 관한 법률」일부 개정안을 대표 발의하였다.

두 법안 모두 향후 필요한 중대재해 예방을 위한 조치의무를 이행하지 않아 사업주 또는 경영책임자등이 중대재해처벌법위반으로 처벌받는 경우, 그 업체의 국가나 지방자치단체 등의 입찰참가자격 제한을 강화하려는 취지의 입법으로서 중대재해처벌법 자체의 개정은 아니나, 중대재해처벌법위반 기업에 대한 형사적 제재 이외에 국가 등에 대한 입찰참가자격 제한을 강화하려는 것이다.

라. 건설안전특별법 제정 추진 상황

　민주당 김교흥 의원 등 36인이 2021. 6. 16. 발의하였던 건설안전특별법안은 발주·설계·시공·감리 등 모든 공사 주체들에게 안전 책임을 부여하여 각 단계마다 공사 주체들이 안전관리 책임을 이행해야 하고, 이를 소홀히 해 노동자가 사망에 이르면 7년 이하의 징역 또는 1억 원 이하의 벌금형에 처하도록 한 법안인데, 중대재해처벌법과 그 내용이 겹친다는 건설업계의 강력한 반대 등으로 그동안 입법에 큰 진전이 없이 국토교통위원회에 계류 중이었다.
　그러나, 2022. 1. 11. 발생한 광주광역시 화정동 아파트 외벽 붕괴사고를 계기로 민주당에서 입법을 본격화하고 있고, 노형욱 교통부장관도 2022. 1. 18. 열린 긴급 건설안전 점검회의에서 "건설산업이 국민들로부터 신뢰를 회복하기 위해서는 단기적인 이익과 공기단축보다는 안전을 최우선으로 하는 기본 원칙이 반드시 세워져야 한다. 중대재해처벌법 시행을 위한 철저한 준비와 함께 국회에 계류 중인 건설안전특별법 제정이 시급하다"고 밝힌 만큼 노동계에서 도입을 요구하는 건설안전특별법 제정 논의가 본격화될 전망이다.

2. 중대재해처벌법 시행령 제정 경과

　2022. 1. 27.부터 중대재해처벌법이 시행되는 것과 관련하여 고용노동부는 경영계와 노동계 등의 의견을 충분히 수렴하여 중대재해처벌법 시행령안을 가급적 2021년 상반기 중에 마련한다는 입장이었으나, 여러 로펌이나 관련 학회 등에서 중대재해처벌법 시행령 제정과 관련된 토론회 등이 지속적으로 진행되고 있는데도 정작 시행령 제정작업은 늦어지다가 2021. 7. 12. 법

무부 등 6개 부처 명의로「중대재해 처벌 등에 관한 법률 시행령」제정안이 입법예고되었고, 직업성 질병자의 범위 등에서 경영계[34]와 노동계[35]의 반발 속에서 2021. 9. 28. 국무회의에서「중대재해 처벌 등에 관한 법률 시행령」이 심의·의결되고, 같은 해 10. 5. 공포되었다.

제4장 법적 성격

1. 고의범

중대재해처벌법은 사업주와 경영책임자등에게 "종사자의 안전·보건상 유해 또는 위험을 방지하기 위하여 필요한 이행 및 관리상의 조치(법 제4조, 제5조)", "생산·제조·판매·유통 중인 원료나 제조물의 설계, 제조, 관리상의 결함으로 인하거나, 공중이용시설 또는 공중교통수단의 설계, 설치, 관리상의 결함으로 인한 이용자 또는 그 밖의 사람의 생명, 신체의 안전을 위하여 필요한 이행 및 관리상의 조치(법 제9조)"를 하여야 한다고 규정하고, 그 조치에 관한 구체적인 사항은 대통령령으로 정하도록 위임하는 형식을 취하면서 제6조에서 제4조 또는 제5조를 위반하여 중대산업재해에 이르게 한 사업주와 경영책임자등을, 제10조에서 제9조를 위반하여 중대시민재해에 이르게 한 사업주와 경영책임자등을 처벌하도록 규정하고 있어 중대재해처벌법위반죄가 산업안전보건법위반죄처럼 고의범만 처벌하는 것인지 아니면 종래의 시민재해처럼 업무상과실치사상죄로도 처벌한다는 것인지, 고의범이든 과실

---

34 한국경영자총협회,「경총 등 36개 경제단체 및 업종협 협회, 중대재해처벌법 시행령 제정안에 대한 경제계 공동건의서 정부 제출」보도자료, 한국경영자총협회 홈페이지 2021. 8. 23. 등록 참조

35 권영국 변호사,「릴레이 기고-중대재해처벌법 시행령 무엇이 문제인가(1) 경영자의 책임을 면책하지 마라」, 2021. 8. 11.자 경향신문(인터넷)

범이든 묻지 아니하고 모두 처벌한다는 것인지가 문제된다.

중대재해처벌법을 제정하여 법이 요구하는 조치를 취하지 않아 중대재해를 발생시킨 사업주 등에게 1년 이상 최장 45년 이하의 징역형으로 처벌함에 있어서 그 행위유형이 고의범인지 과실범인지 아니면 둘 다 포함하는 것인지에 대하여 입법과정에서 제대로 된 논의가 없었기 때문이다.

같은 규정 형식의 산업안전보건법위반죄에 대하여 대법원은 이미 오래전부터 고의범임을 명백히 하고 있다는 점과 처벌형량이 과실범을 포함하는 것으로 해석할 경우 과잉금지의 원칙에 반하여 위헌소지가 있다는 점 등을 볼 때 중대산업재해에 대한 중대재해처벌법위반죄는 조치의무를 고의로 위반한 경우에 성립하는 고의범36으로 해석하는 것에 이견이 없을 것으로 보인다.

법무부와 고용노동부가 2021. 12. 1. 중대재해 예방을 위한 법적 쟁점과 사례를 중심으로 다룬 공동학술대회를 한국프레스센터에서 개최했고, 이날 박범계 법무장관은 "무엇보다도 책임에 상응하는 국민의 법감정에 맞는 처벌이 이뤄질 수 있도록 양형 기준을 재정립하고 새로운 유형의 위험에 있어 주의의무와 인과관계에 대한 연구를 지속적으로 해 나갈 필요가 있다고 생각한다"며 "중형주의나 엄벌주의만이 능사라는 얘기는 아니지만 상습적 중과실, 악의적 과실로 인한 중대재해에 대해서는 단호하고 엄정하게 대처해야 할 것"이라고 발표하였고, 위 세미나에 참석한 법원 부장판사는 "중대 산업재해가 발생했을 때 수사기관은 모호한 위반 여부와 인과관계를 파헤치기 위해 광범위한 수사를 진행하고 검찰은 애매한 사안도 적극적으로 해석해 비교적 폭 넓게 기소할 것"이라며 "법원의 경우 애매할 때는 피고인의 이익으로 맞추는 형사법의 기본 원칙에 따라 최대한 소극적으로 해석해 경영책임자등의 의무 위반이 매우 명확하고 그 의무 위반과 중대산업재해 발생 사이의 인과관계도 매우 명확한 경우에 한정해 유죄를 인정할 수밖에 없는 상

---

36 고용노동부도 법 제4조 또는 제조의 의무 위반과 그 의무불이행에 대한 고의(미필적 고의를 포함함), 사망이나 부상 또는 질병의 발생이라는 결과의 발생, 그 의무위반과 결과발생 사이의 인과관계가 인정되어야 한다고 해설하여 고의범임을 명확히 하고 있다(고용노동부 2021. 11. 17. 발간 「중대재해처벌법 해설 - 중대산업재해 관련 -」, p. 113 참조).

황이 반복될 것"이라는 예측을 내놨다는 보도[37]에서 보는 바와 같이 중대재해처벌법 시행과정에서 수사기관의 과실범의 고의범화로 인한 대혼란을 우려하지 않을 수 없다.

특히 시민재해의 경우는 여태까지 대부분 업무상과실치사상죄로 처벌해 왔었기 때문에 수사기관이나 법원이 중대재해처벌법에서 요구하는 관리상의 조치의무를 위반한 개인사업주와 경영책임자등에게 시민재해발생에 대한 책임을 물을 때 종전처럼 과실범으로 해석할지, 고의범으로 해석할지 중대한 전환점에 서 있다고 볼 수 있다.

돌이켜보면 국회에서 입법을 함에 있어서 산업안전보건법위반죄에 대한 대법원의 기존 판례와 법률이론을 제대로 반영함으로써 저항감을 최소화하지 못한 것은 매우 아쉽다고 할 수 있다. 즉 고의로 위반한 경우와 과실로 위반한 경우를 중대재해처벌법에서 나누어 규정하고 형벌도 따로 정했으면 경영계의 반발을 최소화하고 책임주의 법리에도 보다 부합하는 법률이 되지 않았겠나 싶다.

참고로 현행 중대재해처벌법과 같은 규정 형식의 산업안전보건법위반죄에 대하여 대법원은 '피고인이 자신이 운영하는 사업장에서 안전상의 위험성이 있는 작업을 안전조치를 취하지 않은 채 하도록 지시하거나, 그 안전조치가 취해지지 않은 상태에서 위 작업이 이루어지고 있다는 사실을 알면서도 이를 방치하는 등 그 위반행위가 사업주에 의하여 이루어졌다고 인정되는 경우에 한하여 성립하는 것이지, 단지 사업주의 사업장에서 위와 같은 위험성이 있는 작업이 필요한 안전조치가 취해지지 않고 이루어졌다는 사실만으로 성립하는 것은 아니라고 할 것이다'라고 판시한 바 있다.[38]

실무에서는 확정적 고의가 확인된 중대재해에 대하여는 수사와 재판과정에서 입증에 아무런 어려움이 없을 것이고, 다만 고의에는 확정적 고의뿐만 아니라 미필적 고의를 포함한다는 점에서 대부분의 다툼은 미필적 고의

---

37 정민혁, '시행 코앞 중대재해처벌법 … 실제 다룰 법조계 생각은?' 안전신문, 2021. 12. 1. 기사 참조
38 대법원 2007. 3. 29. 선고 2006도8874 판결

가 입증되는가의 영역에서 벌어지게 될 것으로 예상된다.

산업안전보건법위반죄에 관한 판례도 사업장에서 개별적·구체적으로 작업을 지시하지 않았더라도 사업장에서 안전조치가 취해지지 않은 상태에서의 작업이 이루어지고 있고, 향후 그러한 작업이 계속될 것이라는 사정을 미필적으로 인식하고서도 이를 방치한 경우에는 고의를 인정하고 있다.[39] 종래의 산업안전보건법 체제 아래에서의 수사와 재판 실무에서는 작업의 내용이나 공정상 예상 가능한 사고인지 여부, 사고 이전에 관련 조치의무 위반의 이력 등에 비추어 본 예견가능성, 재해자 스스로가 위험을 자초하였는지 여부, 사고 관련 지침 내지 매뉴얼이 존재하는지 및 그 지침 내지 매뉴얼이 평상시에 준수되고 있었는지 여부, 사고 이전에 관련 안전교육이 실질적으로 이루어져 왔는지 여부, 재해 근로자의 근무기간 및 숙련 정도는 안전보건관리책임자등에게 미필적 고의가 있었는지 여부를 판단할 때 중요한 쟁점이 되어 왔었다.

그러나 산업안전보건법은 개별 작업이나 생산공정 수행 중 고용노동부령인 산업안전보건기준에 관한 규칙에서 요구하는 안전조치를 이행하지 아니하여 근로자를 사망에 이르게 하였음을 이유로 처벌하는 형식이었고, 업무상과실치사죄는 사고예방을 위한 업무상의 주의의무를 위반한 과실이 있다는 이유로 처벌하는 형식이었던 반면에, 중대재해처벌법은 그와 같은 구체적 안전사고에 있어서 사업주와 경영책임자등이 중대재해처벌법에서 요구하는 인사와 예산 등 안전보건관리체계의 구축 및 그 이행에 관한 조치와 안전·보건 관계 법령에 따른 의무이행에 필요한 조치 등 경영책임자등에게 부과된 중대재해처벌법상의 관리상의 조치 불이행에 대하여 책임을 묻는 것이어서 그 구성요건 자체가 다르다. 또 과실범으로 해석하기에는 그 법정형이 비례의 원칙에 부합하지도 않는다. 따라서 산업재해든 시민재해든 중대재해처벌법위반죄는 고의범으로 해석하지 않을 수 없다.

개별 공정의 진행상황에 대하여 몰랐다거나 안전보건관리책임자의 소관

---

[39] 대법원 2010. 11. 25. 선고 2009도11906 판결

사항이어서 몰랐다는 주장을 하더라도 사업주와 경영책임자등에게 중대재해처벌법이 요구하는 시스템 구축 등의 관리상의 조치가 없었다면 법의 부지를 주장하는 것과 같아서 사업주와 경영책임자등에게 고의가 인정될 것이라는 점을 유의하여야 한다.

게다가 경찰의 종래 수사관행에 비추어 이들은 중대산업재해가 발생하면 중대재해처벌법위반의 점에 대하여 고용노동청의 특별사법경찰관들의 수사와 별도로 경찰은 업무상과실치사상죄 수사를 개시할 것으로 보이고, 고용노동청 특별사법경찰관이 수사한 산업안전보건법위반죄와 경찰이 수사한 업무상과실치사죄를 상상적 경합관계에 있다고 의율해왔던 검찰과 법원의 태도에 비추어 볼 때 경찰은 시민재해이든, 산업재해이든 중대재해처벌법과 그 시행령상의 조치의무를 이행하지 못한 데에 고의와는 별도로 업무상의 과실이 있다고 형사책임을 물을 소지도 농후하다.

이렇게 되면 관리상의 조치의무를 새롭게 부담하는 사업주 또는 경영책임자등에게는 중대재해처벌법의 시행으로 인하여 업무상 과실을 인정하기 위한 주의의무의 범위가 종전과 달리 더 넓어진다고 볼 수 있다. 그리고 경영책임자등의 지시를 받아 조치의무를 이행해야 하는 안전보건관리책임자 등 실무자들에게도 업무상 과실을 인정하기 위한 주의의무의 범위가 함께 넓어진다고 볼 수 있을 것이다. 결국 사업주 또는 경영책임자등이 중대재해처벌법에서 요구하는 조치의무를 고의로 이행하지 아니하여 중대산업재해에 이르게 한 경우 중대재해처벌법위반죄가 성립함과 동시에 더 넓어진 주의의무를 위반하였음을 이유로 한 형법상 업무상과실치사상죄도 성립할 것이다. 안전보건관리책임자 등 산업안전보건법의 적용을 받는 실무자들 역시 종전보다 더 넓은 범위에서 산업안전보건법위반죄와 형법상 업무상과실치사상죄가 동시에 성립할 가능성이 커질 것으로 보인다.

2. 부작위범

중대재해처벌법 제6조와 제10조는 사업주와 경영책임자등에게 안전·보건 조치의무를 부여하고, 이를 이행하지 않아 중대재해가 발생한 경우를 처벌한다. 즉 부작위범의 형식으로 규정하고 있다.

동일한 부작위에 대하여 법원은 업무상과실치사죄와 산업안전보건법위반죄가 각각 성립하고 그 두 죄 사이에는 상상적 경합관계에 있다고 해석하고 있다. 수범자인 기업인 등 사업주들도 대부분 사망의 결과가 자신의 고의에 의한 미조치 때문임을 부정한다. 오히려 사고예방에 필요한 조치를 다했음에도 산업안전보건기준에 관한 규칙이 현실적으로 지키기 어려울 정도의 과도한 조치를 요구하였기 때문이라거나 과실로 그 요구에 부응하지 못했기 때문이라고 생각하며, 산재사망사고에 대한 엄벌주의에 강한 불만을 갖고 있는 것이 현실이다.

두 죄 간에 처벌형량 상한선이 같았던 종전에도 저항이 심했었는데, 중대재해처벌법 제정으로 이제 국가는 징역 1년 이상에서부터 가중처벌 시 징역 45년까지 처벌을 하게 되었다. 이에 대하여 사업주들은 5년 이하의 금고까지 처벌하는 업무상과실치사죄의 적용도 승복하기 어려운데 모든 산재사고가 사업주의 고의에 의한 부작위로 발생한 것처럼 호도하는 것은 부당하다며 반발하는 상황이어서 중대재해처벌법에 대한 저항감은 더욱 심해질 것으로 보인다.

특히 사망의 결과뿐만 아니라 상해의 경우에도 모두 중대재해처벌법으로 엄벌할 수 있게 되었으므로 책임주의 측면에서나 행위론 측면에서도 업무상과실치사상죄와의 상상적 경합범이라는 해석은 이제 재고되어야 한다고 본다. 이를 상상적 경합범으로 해석하게 되면 수범자인 사업주들의 반감과 불복만 가중시킬 뿐이다.

더 큰 문제는 기존의 산업안전보건기준에 관한 규칙이 사업주의 의무사항으로 규정되어 있으나, 명확성이 떨어져 사업주의 구체적 행동기준으로 제대로 작동하지 못하고 있고, 수사기관 등 법집행기관은 위 규칙의 준수여부에 대하여 여론의 눈치를 보면서 자의적 판단을 할 소지가 높다는 의구심을 갖고 있어서 산업안전보건법 적용과정에서도 산업안전보건기준에 관한 규칙이 적정한 기준인지 여부에 대하여 사업주 주들의 불만이 누적되어 왔다는 점이다.

중대재해처벌법 제정과정에서 이러한 문제점은 그대로 드러났고, 사업주 등이 취해야 할 이행 및 관리상의 조치에 관한 구체적인 사항 중 중요한 부분을 대통령령으로 정한다고 위임하여 법제사법위원회에서 추미애 법무부장관이 언급한 바와 같이, 고용노동부, 국토교통부, 환경부, 산업통상자원부, 공정거래위원회 등 현장을 잘 아는 부처가 주도하여 2021. 10. 5. 뒤늦게 시행령이 제정되었는데, 조치의무의 모호함 등으로 사업주와 경영책임자등의 불만은 전혀 해소되지 못했다.

중대재해처벌법 시행령은 죄형법정주의 명확성의 원칙에 충실하게 제정되어야 하므로 중대재해처벌법 실무연구회에서는 법무부의 역할이 그 어느 때보다도 중요함을 강조하며, 그 이행에 시간과 예산과 전문인력이 필요한 작위의무를 규정하고 불이행에 대하여 높은 형벌을 과하는 형사특별법 시행령인 만큼 조치의무를 명확하고 구체적으로 규정하고, 그 준비시간을 충분히 주지 않게 되면 불가능을 요구하는 것과 같아서 법 시행 초기부터 위헌소송이 발생될 우려가 있다고 지적했었다. 그러나 시행령 입법예고안은 "적정한 (예산, 업무)", "필요한 조치", "충분하게, 충실하게", "개선할 수 있는", "필요하다고 인정/판단되는 경우", "적절히" 등 사람에 따라 그 해석이 달리될 수 있을 정도로 불명확한 표현을 사용하여 각계의 비판을 자초하였다. 차라리 법시행 시기를 연기함이 바람직하다는 중대재해처벌법 실무연구회의 지적에도 불구하고 시행령 제정작업을 강행한 끝에 2021. 10. 5. 제정되기는 하였으나, 시행령이 요구하는 구체적 조치를 준비할 시간이 물리적으로 크게 부족하게 되었고, 특히 형사처벌의 전제 의무를 구체화함에 있어서 그 기준을 명확하게 제시하지 못한 문제점으로 인하여 '무엇을 해야 하는지'를 건전한 상식과 통상적 법감정을 가진 일반인이 알기 어려워 위헌시비를 벗어나기가 쉽지 않아 보인다.

3. 결과범

중대산업재해든 중대시민재해든 법률이 요구하는 조치의무를 이행하지 않았다 하더라도 사망 또는 부상의 결과가 발생하지 않는 한 범죄를 구성하지 않으므로 당연히 결과범에 해당한다. 따라서 조치의무 위반과 결과발생 사이에 인과관계가 있어야 하는가가 문제되고, 법률제정 단계에서 엄벌로 가기 위한 입증의 편의를 위하여 인과관계 추정규정을 두자는 입법안이 제출되기도 하였었다. 산업안전보건법과 달리 중대재해처벌법은 중대재해가 발생하였을 때 사업주와 경영책임자등이 요구되는 조치의무를 이행하지 않았음만 입증되면 그 불이행과 재해와의 사이에 직접적 인과관계가 없더라도 중대재해처벌법위반으로 처벌할 수 있다고 해석하려는 시도도 있을 것으로 보인다.

그러나, 중대재해처벌법은 제1조에서 규정한 바와 같이 안전·보건 조치의무를 위반하여 인명피해를 발생하게 한 사업주, 경영책임자, 공무원 및 법인을 처벌하려는 법이고, 제2조에서는 중대재해 적용범위를 중대산업재해와 중대시민재해로 구분하고, 사망 또는 일정한 치료가 필요한 부상자나 질병에 걸린 자가 2명 또는 3명 이상의 인명피해가 있을 것을 요건으로 중대산업재해와 중대시민재해를 정의하고 있다. 사업주와 경영책임자등에 대한 처벌조항인 제6조와 제10조의 규정형식도 " ~ 중대산업재해에 이르게 한 자는 ~ " 이라고 규정함으로써 중대재해처벌법위반죄는 중대재해라는 결과발생을 전제로 한 결과범임을 명확히 하고 있다. 즉 결과발생을 필요로 하지 않는 위험범인 산업안전보건법 제168조의 안전보건조치의무 위반죄와 같은 형식의 처벌규정이 아닌 이상 인과관계가 필요 없는 결과책임을 물으려는 시도는 책임주의와 죄형법정주의에 반하는 해석으로 보아야 한다.

결과범인 이상 당연히 사업주 등의 조치의무 위반과 사망 등 인명피해라는 결과 사이에 인과관계가 인정되어야만 범죄가 성립한다. 종래 산업안전보건법위반죄에 있어서 조치의무위반과 재해사고 발생과의 사이에 인과관계

가 부정되어 무죄가 선고된 사례가 많이 누적되어 있듯이, 인과관계의 문제
는 앞으로 중대재해처벌법위반죄에 있어서도 실무상 많은 다툼이 벌어질 영
역이다.

참고로 산업안전보건위반죄 성립과 관련하여 인과관계 인정여부가 쟁점
이 되어 무죄가 선고된 판례들 중에서 3가지 사례를 소개하여 보면 아래와
같다.

---

① 밀폐공간인 하수관 공사를 시행하던 공사 현장소장이 감시인 지정, 공기호흡
기 지급, 작업 시작 전 공기상태 점검 등의 보건조치를 취하지 않아 하수관에
서 작업 중이던 소속 근로자가 쓰러져 하수관 내에 있던 하수를 흡입하여 사
망한 사안에서, '부검결과 익사 또는 산소결핍을 시사하는 소견이 발견되지
않은 점, 피해자에게 간질 병력이 있었고 간질 병력은 부검을 통한 조직검사
로 확인되지 않는 경우가 대부분인 점, 사고발생 3일 후 사고 장소에서 측정
된 산소농도가 양호하였던 점, 사고 당시 기온이 낮았던 점 등을 종합하면 간
질로 인하여 사망하였을 가능성을 배제할 수 없으므로 피고인의 보건조치의
무위반과 사망의 결과 사이에 인과관계가 없다는 이유로 무죄를 선고한 사례
(대법원 2014. 5. 29. 선고 2014도78 판결)
② 벌목 중 예상과 달리 경사면 위쪽으로 나무가 쓰러지면서 근로자를 덮친 사
고에서 대피로나 대피장소를 마련하였다고 하더라도 이 건과 같이 예상하기
어려운 방향으로 나무가 쓰러지는 경우 이를 피하기는 어려웠을 것으로 보이
므로 대피로와 대피장소를 정하지 아니한 것과 본건 사고 발생 사이에 인과
관계를 인정하기 어렵다고 무죄를 선고한 사례(대법원 2016. 4. 28. 선고 2016
도2463 판결)
③ 천장의 전등 교체작업 중 감전되어 추락 사망한 사건에서 부검감정서상 사인
은 감전이고, 추락 과정에서의 외상은 사인으로 보기 어려운 점을 이유로 추
락방지조치의무 위반과 사망 사이에 인과관계가 없다고 무죄를 선고한 사례
(의정부지방법원 2011. 1. 13. 선고 2010노2384 판결)

4. 신분범

중대재해처벌법위반죄는 중대산업재해든 중대시민재해든 사업주와 경영책임자등을 처벌하는 범죄이다. 이와 같은 신분을 갖고 있는 자가 중대재해를 예방할 수 있음에도 법과 시행령이 요구하는 사고예방을 위한 조치를 고의로 이행하지 않았다는 것이 불법의 핵심요소이다. 따라서 이러한 예방가능성 있는 신분이 없는 자는 범죄의 주체가 될 수 없다.

법 제5조에서 도급, 용역, 위탁 등을 행한 경우에도 사업주와 경영책임자등은 법 제4조의 조치를 취하여야 하고, 이를 위반하여 법에서 규정하는 사망이나 부상 또는 질병이라는 결과가 발생하면 법 제6조에서 형사처벌을 하도록 규정하면서도 건설공사 발주자를 제6조의 적용대상에서 제외되는 것으로 보려는 이유도 실질적으로 건설공사를 수행하지 않기 때문에 사고를 예방할 신분이 없기 때문이다.

그러나 건설공사 발주자가 장비와 자재를 공급하고 시공사는 발주자의 감독 하에 단순히 공사만 진행하는 관계에 있다거나 발주자가 공기단축을 강요하는 등 해당 공사에 대한 실질적 지배관계가 인정될 경우에 수사기관은 실질적 지배관계에 있는 건설공사 발주자를 사실상 도급에 해당한다거나 최소한 신분범에 대한 공범이라는 논리로 형사책임을 물으려 할 것이다.[40]

5. 허용된 위험과 신뢰의 원칙

중대재해처벌법이 사업주와 경영책임자등에게 작위의무를 폭넓게 부여하고 위를 위반하였을 때 엄한 형벌을 부과하는 것은 중대재해 예방이 가능한 신분에 있었음에도 작위의무를 고의 또는 미필적 고의로 이행하지 않았다는 것에서 근거한다.

---

40 이에 대하여는 제3편 조치의무와 처벌, 보칙과 부칙 제1장 중대산업재해, 2. 도급, 용역, 위탁 등 관계에서의 안전 및 보건 확보의무 편에서 상세하게 다룬다.

그러나 종래 산업안전보건법 실무에서 특히 수사기관은 일터에서 사람이 일하다가 죽었다는 것만 강조하는 사회적 분위기에 동조하여 산업재해에 대하여 신뢰의 원칙을 적용함에 있어서 인색한 면이 있었고, 그 결과 안전장구를 지급하고 안전교육을 시행했음에도 재해자가 이를 지키지 않아 중대재해를 당한 경우처럼 재해자의 과실이 훨씬 커서 안전보건관리책임자 등의 신뢰를 보호할 필요가 있는 사건에서조차 형사책임을 묻는 경우가 빈번했다.

한편 고도의 기술사회에서는 예견가능성과 회피가능성이 있었다는 이유만으로 결과에 대하여 책임을 물어서는 안 되고, 일정한 경우에는 과실범의 구성요건에서 제외하자는 '허용된 위험'이론이 오래전부터 학설과 판례로 논의되어 왔고, 그 결과 교통사고 실무에 있어서 신뢰의 원칙은 구성요건 조각사유로 확고하게 자리 잡은 지 오래되었다. 과실범에 있어서도 모든 사람이 교통법규를 준수할 것으로 믿었으면 비록 상대방이 교통법규를 준수하지 않을 경우까지 예견하고 사고예방조치를 취할 필요가 없다는 신뢰의 원칙이 적용된 지 오래인데, 고의가 과실보다 더 엄격하고 좁은 개념인 이상 중대재해사고에 대한 예방 가능성과 고의 내지 미필적 고의에 의한 부작위 책임을 물음에 있어서 신뢰의 원칙은 사업주와 경영책임자등에게도 폭넓게 적용되어야 할 것이다. 수사기관과 법원의 전향적 태도가 필요해 보인다.

제 5 장 다른 법률과의 관계

1. 산업안전보건법위반죄와의 관계

큰 회사가 아니면 대표이사가 안전보건관리(총괄)책임자를 겸하는 경우[41]

---

[41] 대표이사와 안전보건관리책임자의 겸직에 대하여는 제2부 대응 편에서 상세하게 다룬다.

가 많은데, 이 경우 중대재해가 발생하였을 때 중대재해처벌법과 산업안전보건법의 적용관계가 문제될 수밖에 없다.

박주민 의원 대표발의안에서는 중대재해처벌법 우선 적용 규정이 있었으나 중대재해처벌법에서 그와 같은 정리규정이 도입되지 않았기 때문에 산업안전보건법위반죄와의 관계에서 법조경합의 관계에 있다고 할 것인지, 아니면 두 죄가 각각 성립하고, 둘 사이의 관계에 대하여 상상적 경합의 관계에 있다고 볼 것인지, 조치의무가 달라 구성요건도 다르므로 실체적 경합관계에 있다고 할 것인지 법리적으로 의견이 나뉠 수 있을 것이다.

그러나 이와 같은 해석론은 시행령이 제정되고 구체적 조치의무가 서로 다르게 규정됨으로써 더 이상의 논의의 실익은 없어 보인다. 중대재해처벌법위반죄와 산업안전보건법위반죄는 실체적 경합관계에 있다고 보아야 하고, 실체적 경합관계에 있으므로 중한 형인 중대재해처벌법에서 정한 법정형에 산업안전보건법위반죄의 최고형량 7년을 더한 37년까지 가중처벌될 수 있어 그 법정형이 너무 높게 되는 문제가 있는 것은 사실이지만, 이러한 고민은 실무 운용과정 특히 법원의 재판 과정에서 양형의 문제로 해결될 것으로 보인다.

구 분	산업안전보건법	중대재해처벌법(중대산업재해)
형사 책임의 주체 (행위자)	사업주(개인사업주+법인) ※ 법인의 경우 법인의 대표자, 사용인, 대리인 등 조치의무 위반의 고의를 인정할 수 있는 자가형사책임의 주체가 됨	사업주 또는 경영책임자등 ※ 법인의 경우 대표이사 등 '경영책임자등'은 안전보건관리책임자와 별도로 형사책임의 주체가 됨
보호 대상	근로자, 수급인의 근로자, 법정 특수형태 근로종사자	근로자, 노무제공자, 수급인, 수급인의 근로자 및 노무제공자
적용 범위	모든 사업장	5명 미만 사업장 적용 제외 (개인사업자, 50명 미만 사업장은 3년 후 시행)
재해 정의	◆ 중대재해(산업재해) ① 사망자 1명 이상 ② 3개월 이상 요양이 필요한 부상자 동시 2명 이상 ③ 부상자 또는 직업성 질병자 동시 10명 이상	◆ 중대산업재해 ① 사망자 1명 이상 ② 동일한 사고로 6개월 이상 치료가 필요한 부상자 2명 이상 ③ 동일한 유해요인으로 급성중독 등 직업성질병자 1년 내 3명 이상

	*산업재해: 노무를 제공하는 자가 노무와 관계되는 건설물, 설비 등에 의하거나 작업 또는 업무로 인하여 사망·부상·질병	※ 중대시민재해 ① 사망자 1명 이상 ② 동일한 사고로 2개월 이상 치료가 필요한 부상자 10명 이상 ③ 동일한 원인으로 3개월 이상 질병자가 10명 이상
의무 내용	◆ 사업주의 안전조치 ① 프레스·공작기계 등 위험기계나 폭발성 물질등 위험물질 사용 시 ② 굴착·발파 등 위험한 작업시 ③ 추락하거나 붕괴할 우려가 있는 등 위험한 장소에서 작업시 ◆ 사업주의 보건조치 ① 유해가스나 병원체 등 위험물질 ② 신체에 부담을 주는 등 위험한 작업 ③ 환기·청결 등 적정기준 유지 ⇒ 「산업안전보건기준에 관한 규칙(약칭: 안전보건규칙)」에서 안전 및 보건조치 구체적 규정	◆ 안전·보건 확보 의무 ① 인사, 예산 포함 안전보건관리체계의 구축 및 이행에 관한 조치 ② 재해 재발방지 대책의 수립 및 이행에 관한 조치 ③ 중앙행정기관 등이 관계 법령에 따라 시정 등을 명한 사항 이행에 관한 조치 ④ 안전·보건 관계 법령상 의무이행에 필요한 관리상의 조치 ⇒ ①, ④ 구체적 사항은 시행령 위임
처벌 수준	◆ 사업주, 안전보건관리담당자 등 (사망) 7년 이하 징역 또는 1억 원 이하 벌금 (안전·보건조치위반) 5년 이하 징역 또는 5천만 원 이하 벌금 ◆ 법인 또는 개인(사용자) (사망) 50억 원 이하 벌금 (안전·보건조치위반) 5천만 원 이하 벌금	◆ 사업주, 경영책임자등 (사망) 1년 이상 징역 또는 10억 원 이하 벌금 (병과 가능) (부상·질병) 7년 이하 징역 또는 1억 원 이하 벌금 ◆ 법인 또는 기관 (사망) 50억 원 이하 벌금 (부상·질병) 10억 원 이하 벌금

2. 업무상과실치사상죄와의 관계

가. 죄수

종래 산업재해가 발생하면 형사절차는 고용노동청 근로감독관의 산업안전보건법위반죄 수사와 일반 경찰의 업무상과실치사상죄 수사가 동시에 진행되었고, 검찰과 법원[42]은 두 죄를 상상적 경합범이라고 보고 있었다. 즉 수

[42] 대법원 1991. 12. 10. 선고 91도2642 판결, 대법원 2010. 11. 11. 선고 2009도13252 판결

사실무에서 고용노동청의 근로감독관은 특별사법경찰관의 자격으로 산업안전보건법위반 사건으로 수사하고, 경찰은 형법의 업무상과실치사상죄로 수사한 후, 각각 검사의 지휘를 받아 송치하고, 검사는 각각의 사건을 송치받아 가급적 두 사건을 모아서 한꺼번에 처리하거나, 경우에 따라서는 별도로 처리하기도 하는데, 고의범인 산업안전보건법위반죄와 과실범인 형법상의 업무상과실치사상죄를 하나의 행위가 2개의 범죄에 해당하는 상상적 경합으로 해석하여 온 것이 판례였다. 따라서 중대재해처벌법위반죄와 업무상과실치사상죄의 죄수에 대하여 대부분의 실무가들은 상상적 경합범으로 해석할 것으로 예상된다.

그러나 위와 같은 통설과 판례에도 불구하고 실무상으로는 공소장 또는 판결문 등에서 고의범인 산업안전보건법위반죄의 범죄사실이 과실범과 혼동하여 기재되는 경우도 있는 등 문제가 있었고, 이는 과실범을 너무 과중하게 처벌하는 것이라며 엄벌주의에 대한 강한 저항을 초래하게 된 원인이었음을 지적하지 않을 수 없다.

즉 산업안전보건법상의 조치의무가 그 이행을 다하기가 너무 어렵다보니 고의에 의한 부작위와 과실에 의한 부작위가 하나의 행위로 포섭되어 결국 위반자에게 과실범이라는 확신을 주고 있었던 것이다.

이러한 문제는 같은 고의범 형식의 중대재해처벌법위반죄와 업무상과실치사상죄의 관계에 있어서도 마찬가지인데, 그 형벌이 크게 강화[43]된 이상 중대재해처벌법위반죄의 처벌형량에 대한 저항을 해소하는 측면에서도, 행위론에 입각해서 보더라도, 고의행위와 과실행위가 동일한 부작위로서 각각 별개의 범죄가 성립하고 둘 사이는 상상적 경합관계에 있다고 보는 그동안의 판례와 통설은 문제가 있어 보인다.

과실범인 업무상과실치사상죄의 인정범위가 산업안전보건법위반죄보다 넓은 것이 사실이지만 산업안전보건법에서 요구하는 조치의무가 매우 폭넓

등 다수

[43] 중대재해의 경우 최고 30년 징역형인 반면, 업무상과실치사죄는 5년 이하의 금고형으로 처벌하도록 되어 있어 무려 6배나 형량이 강화되었다.

다 보니, 실무에서 대부분의 경우에는 하나의 위반행위로 평가되기 마련이다. 적어도 동일한 사망사고에 대하여 고의에 의한 산업안전보건법위반죄와 과실에 기인한 업무상과실치사죄가 모두 성립하고 둘의 죄수관계는 상상적 경합범이라고 처벌하는 실무관행은 국민의 법감정과 부합하지 않는 만큼 상상적 경합범으로 해석하는 판례는 재고되어야 할 때가 되었다. 차라리 법감정에 충실하도록 법조경합의 관계로 보고 부작위가 고의에 의한 것일 때에만 중대재해처벌법위반죄로 처벌하고, 과실로 인한 경우에만 형법을 적용함으로써 고의에 의한 범죄와 과실에 의한 범죄가 동시에 성립한다는 해석은 피해야 할 것으로 보인다.

나. 중대재해처벌법상의 조치의무 위반과 업무상의 과실

고용노동부도 그 해설서에서 중대산업재해를 고의범으로 해석[44]하고 있듯이 조치의무를 고의로 위반하였을 때에만 중대재해처벌법위반죄가 성립함에 이론이 없는 것 같다. 그런데 산업재해이든 시민재해이든 중대재해처벌법은 개인사업주와 경영책임자등에게 ① 재해예방에 필요한 인력 및 예산 등 안전보건관리체계의 구축 및 그 이행에 관한 조치, ② 재해 발생 시 재발방지 대책의 수립 및 그 이행에 관한 조치, ③ 행정기관의 시정명령 등의 이행에 관한 조치, ④ 안전·보건 관계 법령에 따른 의무이행에 필요한 관리상의 조치를 요구하며, 위 ①, ④에 대하여는 세부사항을 시행령에서 정하도록 규정하고 있는데, 조치의무의 주체만 경영책임자등으로 정해져 명확할 뿐 조치의 내용과 조치의 정도는 매우 포괄적이다. 그 결과 구체적으로 무엇을 어느 정도까지 하라는 것인지 고의책임을 묻기가 그리 쉬운 일이 아니다.

특히 그동안 업무상과실치사상죄로만 의율되던 시민재해를 중대재해처벌법이라는 이름으로 산업재해와 함께 규정하다 보니 중대시민재해가 고의범인지, 종전처럼 과실범인지, 고의범이라면 산업재해에 대한 통설과 판례의 취지대로 고의범인 중대재해처벌법위반죄와 과실범인 업무상과실치사상죄의

---

44 고용노동부 2021. 11. 17. 발간 「중대재해처벌법 해설 - 중대산업재해 관련 -」, p. 113 참조

상상적 경합관계로 해석할지가 문제될 수밖에 없다.

성수대교 붕괴사고나 삼풍백화점 붕괴사고, 대구지하철 화재사고 등에서 보여준 바와 같이 대형 중대시민재해가 발생하면 검찰은 강력부나 형사부 검사들로 특별수사단을 편성하여 사고발생에 책임이 있는 사람들을 개별법위반과 업무상과실치사상죄를 물어 구속수사를 원칙으로 수사해 왔다. 안전·보건 관련 각 개별법에서 안전보건에 관한 조치의무를 규정하고 있었고, 그러한 조치의무 외에도 사고예방에 필요한 업무상의 주의의무를 발굴하는 것이 수사능력이었고, 수사성패를 좌우했다. 그러다 보니 이제부터는 시민재해에 대하여 기존의 의율내용에 중대재해처벌법위반이 추가됨으로써 중대재해처벌법위반죄를 과실범으로 해석하려는 견해도 있을 것으로 보인다. 그러나 시민재해에 대한 중대재해처벌법위반죄는 구체적 조치의무를 이행할 직원 등에 대한 관리상의 조치의무를 다하였는지 여부로 경영책임자등에 대한 책임을 묻는 특별형법이므로 종전의 업무상과실치사상죄와는 구성요건이 달라졌고, 매우 높아진 법정형에 비추어 과실범에 대한 형량강화가 아니라고 보아야 하므로 시민재해에 대한 중대재해처벌법위반죄는 중대산업재해와 마찬가지로 고의범으로 해석하여야 할 것이다. 다만, 이와 같은 해석의 오류를 해소하고, 입법저항을 없애기 위해서는 고의에 의한 중대재해와 업무상과실에 의한 중대재해로 나누어 구성요건을 정하고 법정형을 차등하는 입법적 해결을 검토할 필요가 있다.

한편 그간의 경험에 비추어 볼 때 중대재해가 발생하면 사업주나 경영책임자등을 비난하며 엄벌을 촉구하는 여론이 강하게 일어나 그 재해의 원인이 무엇인지, 사업주 또는 경영책임자등에게 비난가능성과 예방가능성이 있는지 여부보다는 책임자에 대한 엄벌 쪽으로 관심이 모아졌고, 시일이 지나면 여론이 가라앉아 더 이상 그 영향을 받지 아니하고 재판에서 죄형법정주의의 대원칙 하에 형사책임의 유무가 가려지게 된다.

수사기관은 중대재해가 발생하면 역으로 사고발생에 영향을 끼친 원인을 추적하게 되는데, 경영책임자등이 법령상의 조치의무를 이행하기는 했겠지만, 앞서 설명한 바와 같이 조치의무 내용과 정도가 포괄적이다 보니 그 이행의 정도가 불충분하거나 여러 가지 사유가 겹쳐서 사고가 난 것으로 드러나기 마련이다. 앞서 설명한 바와 같이 경영책임자의 조치의무 불이행에 대하여 고의를 인정하기 어렵고 과실만 인정되는 경우 '중대재해처벌법이 요구하는 조치의무를 이행하지 못한 업무상의 과실'이라는 논리로 형법 제268조 업무상과실치사상죄로 의율할 수 있을 것인지가 문제된다.[45]

경찰은 중대재해 발생 사업장의 경영책임자등에게 책임을 물으라는 여론에 편승하여 중대재해처벌법상의 조치의무를 다하지 않은 업무상의 과실을 이유로 형법 제268조 업무상과실치사상죄로 중대산업재해에 대한 수사에 개입하려고 할 것으로 보인다. 게다가 2021. 12. 1. 한국프레스센터에서 있었던 법무부·고용노동부 주최 「중대재해처벌법 시행대비 공동학술대회」에서 박범계 법무부장관은 "책임에 상응하고 국민의 법 감정에 맞는 처벌이 이루어질 수 있도록 양형기준을 재정립하고, 상습적 중과실, 악의적 과실로 인한 중대재해에 대해 엄정하게 대처해야 할 것"이라며 법보다는 국민의 법감정에 기초하여 과실로 인한 중대재해에도 엄정한 형사적 대책을 주문[46]한 만큼 경찰은 시민재해는 물론 산업재해에 대하여도 업무상과실치사상죄로 수사할 가능성이 농후하다.

검찰과 법원 실무에서도 중대재해처벌법과 그 시행령에서 요구한 조치를 했음에도 중대재해가 발생한 대다수의 사건에서 여론을 살필 수밖에 없으므로 안전보건관계자와 별도로 경영책임자등에 대하여도 형법상의 업무상과실치사상죄로 기소할 여지가 있다.

이렇게 되면 개별 사안에 따라 구체적 주의의무 위반으로 인정될 것인지 여부에 따라 달라는 지겠지만 중대재해처벌위반죄와 업무상과실치사상죄를 상상적 경합범으로 의율함으로써 지나치게 처벌영역이 확장될 우려가 있다.

---

45 중대산업재해가 발생하면 경찰은 안전보건관리책임자에 대해서는 종전처럼 근로감독관의 산업안전보건법위반 사건 수사와는 별도로 형법 제268조의 업무상과실치사상죄로 독자 수사를 한 다음 검찰에 송치하게 되는데, 경영책임자등에 대한 중대재해처벌법위반 사건을 근로감독관이 수사하더라도 과실범은 경찰소관이라는 논리로 경찰도 경영책임자에 대하여 업무상과실치사상죄로 별도로 수사할 것으로 보이기 때문이다.

46 2021. 12. 1.자 「법무부·고용노동부 중대재해처벌법 시행 대비 공동학술대회 개최 보도자료」 참조

제 6 장　중대재해처벌법위반죄 수사기관

1. 검찰의 수사권 여부

　　문재인 정부의 검찰개혁으로 2021. 1.부터는 6개 범죄 이외에는 검찰의 수사권이 없다. 즉 형사소송법을 개정하여 검사의 경찰에 대한 수사지휘권을 폐지하고, 검찰청법 제4조에서는 부패범죄와 경제범죄 등 대통령령이 정하는 범죄, 경찰공무원의 범죄, 그리고 이와 직접 관련성이 있는 범죄에 대하여만 수사개시를 할 수 있다고 규정하고 있다.

　　2021년도에 큰 논란이 되었던 LH직원 부동산투기 문제가 공분을 일으켜 검사를 투입하여 수사하라는 요구가 일어났듯이 사회적 관심을 집중시킬 대형 안전재해 사고에 검찰이 특별수사팀을 꾸려 직접 수사할 수 있는지 여부가 문제되고 있다.

　　한편, 검사가 수사개시를 할 수 있는 범죄를 규정하는「검사의 수사개시 범죄 범위에 관한 규정」(대통령령) 제2조 제6호는 "대형참사범죄:「재난 및 안전관리기본법」 제3조 제1호 나목에 따른 사회재난이 발생한 경우 그 재난과 관련하여 범한 죄"라고 규정하고 있다.

　　또한「재난 및 안전관리 기본법」 제3조 제1호 나목에서는 "사회재난: 화재·붕괴·폭발·교통사고(항공사고 및 해상사고를 포함한다)·화생방사고·환경오염사고 등으로 인하여 발생하는 대통령령으로 정하는 규모 이상의 피해와 국가핵심기반의 마비,「감염병의 예방 및 관리에 관한 법률」에 따른 감염병 또는「가축전염병예방법」에 따른 가축전염병의 확산,「미세먼지 저감 및 관리에 관한 특별법」에 따른 미세먼지 등으로 인한 피해"라고 규정하고 있으며,「재난 및 안전관리 기본법 시행령」 제2조에서 재난의 범위에 대하여「재난 및 안전관리 기본법」 제3조 제1호 나목에서 "대통령령으로 정하는 규모 이상의 피해"란 국가 또는 지방자치단체 차원의 대처가 필요한 인명 또는 재산의 피해(제1호)와 그 밖에 제1호의 피해에 준하는 것으로서 행정안전부장관이 재난관리를 위하여 필요하다고 인정하는 피해(제2호)라고 규정하고 있다.

결국, 검사가 수사개시를 할 수 있는 대통령령으로 정하는 규모 이상의 피해가 객관적으로 명백하게 사전적으로 규정되지 않음으로써 검사가 수사개시를 할 수 있는 사회재난의 범위가 명백하지 않는 결과가 되었다. 결국 일정한 재해가 발생된 경우, 검찰에서 독자적으로 수사개시를 할 수 있는지에 대하여 논란이 발생될 것으로 보인다.

2. 고용노동부와 경찰의 수사권

「사법경찰관리의 직무를 수행할 자와 그 직무범위에 관한 법률」(약칭 사법경찰직무법) 제6조의2에서는 고용노동청의 근로감독관이 산업안전보건법위반 수사를 담당한다고 규정하고 있어, 기존의 산업재해사고, 특히 사망사고 등의 중대재해 사건의 수사는 특별사법경찰관인 고용노동청 근로감독관들이 산업안전보건법위반으로 수사를 진행하였다. 그와 동시에 경찰도 형법상 업무상과실치사상 혐의로 수사를 진행하면서 사실상 고용노동청의 근로감독관과 경찰이 동시에 이중으로 수사를 진행하는 것이 통상의 관행이었다.

검사의 경찰에 대한 수사지휘권이 있던 과거에는 검사가 고용노동청 근로감독관과 경찰을 동시에 지휘할 수 있는 결과, 고용노동청과 경찰의 수사를 모두 지휘하면서 마무리한 후, 동시에 기소하는 경우도 있었고, 산업안전보건법위반이나 업무상과실치사상 중 하나의 범죄가 먼저 기소된 후, 두 범죄의 상상적 경합 관계라는 해석에 의하여 기소된 공소사실에 대한 공소장변경을 하면서, 다른 범죄는 공소권없음 처분을 하는 상황도 종종 발생되곤 했다.

2021. 1. 1. 시행된 개정 형사소송법에 따라서, 검사는 기존 경찰에 대하여는 수사지휘권이 없고, 특별사법경찰관인 고용노동청 근로감독관에 대하여는 수사지휘권을 가지고 있는 상황인바, 수사실무에서는 개정된 법령에 따른 검사와 경찰의 수사협의체에 고용노동청 근로감독관도 함께 참여하여 검사가

경찰과는 협의, 근로감독관과는 지휘하는 형태로 진행되고 있다고 한다.

중대재해처벌법 제정 당시에는 수사관할기관에 관하여 별도의 규정을 두지 않는 바람에 중대재해처벌법위반 사건에 대한 수사관할권이 일반경찰에게 있는 것인지, 특별사법경찰관인 고용노동청 근로감독관에게 있는 것인지가 문제되었었고, 법 제정 직후인 2021. 1. 27.자 법률신문에서 이러한 문제점의 본질을 잘 지적하고 비판하는 기사가 게시된 적도 있었다.[47]

〈법률신문 2021. 1. 27.자〉

노동자가 사망하는 산업재해 발생 시 안전조치 의무를 제대로 이행하지 않은 사업주나 경영책임자를 1년 이상의 징역 등으로 형사처벌하는 '중대재해 처벌 등에 관한 법률'이 내년 1월 27일부터 시행되지만, 중대재해 사건 수사주체에 대한 명확한 규정이 없어 혼선이 예상된다. 검사의 지휘를 받는 근로감독관에게 사법경찰관 직무권한을 위임한 산업안전보건법과 달리 중대재해처벌법에는 이 같은 규정이 없어 공백상태라 수사 전문성 등이 우려되기 때문이다. 현행 일반법체계에 따르면 대형 화재·붕괴·폭발사고 등 대형참사 사건에 해당하지 않는 한 검·경 수사권 조정에 따라 1차 수사권을 가진 경찰이 관련 사건을 모두 맡아야 하는 상황이라 후속 입법 등을 통해 관련 법제를 정비해야 한다는 지적이 나오고 있다.

고용노동부는 9일 발표한 '2021년도 산업안전보건감독 종합계획'에서 "건설현장에서 중대재해가 발생하면 본사 감독을 연계하고, 반복해서 중대재해가 발생하면 해당 업체의 본사가 관할하는 전국 공사현장의 60% 이상을 동시 감독하겠다"고 밝혔다. 최근 현대중공업에서 근로자가 철판에 깔려 사망하는 등 사고가 잇따르자 관련 감독을 강화하겠다는 것이다.

고용노동부는 "유해·위험 물질 취급작업을 도급한 사업장에 대해서는 산업안전보건법으로 규정한 도급 승인을 제대로 받아 안전보건관리 계획을 준수하고 있는지 여부를 주로 감독하겠다"고 했다. 경영진의 책임에 대해서는 "2,324개 기업을 '안전보건계획' 수립 및 이사회 승인 대상으로 정하고, 올해 상반기까지 이들 기업의 계획 수립 여부를 점검하겠다"고 강조했다. 지역별 위험업종에 따라서는

---

47 강한·박솔잎, '검사 빠진 중대재해사건 수사 제대로 될까', 법률신문 2021. 1. 27.자

지방노동청이 자체적으로 실시하는 중점감독을 확대·강화한다.

중대재해처벌법은 사업주나 경영책임자등의 안전 및 보건 확보의무를 규정하고, 의무 위반으로 인명사고가 나는 등 중대재해가 발생한 경우 해당 사업주와 경영책임자등을 형사처벌한다는 점을 명시한 것이 골자다. 하지만 정작 중대재해처벌법 위반 행위를 수사할 주체에 대해서는 별다른 규정을 두고 있지 않다.

수사권조정에 따라 1차수사권 가진 경찰이 맡는 상황

현행 사법경찰관리의 직무를 수행할 자와 그 직무범위에 관한 법률은 각 지역 지방검찰청 검사장이 특별사법경찰관을 지명할 수 있도록 하는 한편, 근로감독관은 산업안전보건법 등 16개 법률에 규정된 범죄에 대해 사법경찰관의 직무를 수행한다고 규정하고 있다. 하지만 중대재해처벌법 위반 사건에 대해서는 수사주체를 명시한 규정이 없다. 중대재해처벌법에도 관련 규정이 없다.

국회 관계자는 "지난 1월 임시국회에서 중대재해처벌법 제정안을 처리하면서 논란이 많아 수사주체에 대한 논의는 깊이 있게 이뤄지지 못했다"고 말했다. 또 다른 국회 관계자는 "수사주체와 관련한 명시적인 규정은 없지만, 중대산업재해에 대해서는 고용노동부가, 중대시민재해에 대해서는 경찰이 주관기관이 되는 것으로 합의가 이뤄진 것으로 안다"고 전했다.

중대재해처벌법에 수사주체 관련 명확한 규정 없어

법조계에서는 수사권 조정으로 검사의 실질적 지휘통제를 받는 사건의 범위가 축소된 상황에서 이 같은 입법공백이 수사 현장에 초래할 혼선을 우려하는 목소리가 높다. 이대로라면 산업재해 사건 등에 전문성을 갖춘 특별사법경찰인 근로감독관과 관련 법리에 강점을 지닌 검찰 모두 중대재해처벌법 관련 사건 수사에서 배제될 수밖에 없어 '부실 수사 문제' 등이 제기될 수도 있다.

한 대형로펌 변호사는 "중대재해처벌법은 사업주나 경영책임자등에 대한 엄중한 처벌을 규정하고 있지만 구체적으로 처벌대상이 어디까지인지, 필요한 안전보건 조치의 범위가 어디까지인지 등이 명확하지 않다"며 "더구나 기존 산업안전보건법 위반 행위와의 관계도 명확하지 않은 상태에서 누가 수사를 담당하게 될지도 구체적으로 정해지지 않아 우려된다"고 말했다.

근로감독관·경찰 투 트랙 나서면 과잉수사 우려도

또 다른 로펌 변호사는 "사용자가 중대재해처벌법상 처벌을 피하려면 산업안전보건법상 의무를 다하도록 되어 있다"며 "고용노동부 소관인 산업안전보건법은 시행령을 합친 법 규정만 1,200여 개에 달해 방대하고 복잡하다. 경찰이 전적으로 이런 사건들을 모두 맡아 제대로 처리할 수 있을지 수사역량 등에 의구심이 많다"고 지적했다.

산업재해 사건 분야 전문가인 한 변호사는 "근로감독관의 조사와 경찰의 수사가 투 트랙으로 이뤄지면서 과잉수사가 벌어질 우려도 있다"며 "반대로 관련 기관들이 까다로운 사건을 서로 미룰 경우 사건이 장기화되고 부실수사 논란이 제기될 가능성도 높다"고 분석했다.

검사 출신의 한 변호사는 "산업재해 사건에는 변수가 다양하기 때문에 근로감독관의 조사를 검사가 지휘하는 방식으로 운영됐던 것"이라며 "관련 사건을 다뤄보지 않은 경찰이 제대로 대응할지, 수사공백이 발생하지는 않을지, 수사과정에서 인권침해가 없을지 의문"이라고 했다. 그러면서 "경찰이 독자적으로 수사하는 구조로 바꾸려면 시스템이 선제적으로 구축됐어야 했다. 졸속입법 과정에서 시스템에 대한 검토가 등한시돼 안타깝다"고 비판했다.

강한·박솔잎 기자

누가 수사관할권을 갖느냐는 검사의 수사지휘권이 특별사법경찰관인 고용노동부 근로감독관에게는 미치지만 경찰에 대하여는 검사의 수사지휘권이 폐지됨으로써 경찰이 검사의 통제를 받지 아니하고 마음대로 수사를 개시하고 진행하며 종결할 수 있게 되었기 때문에 경찰의 과잉수사를 우려하는 사업주와 경영책임자등에게는 매우 중요한 관심사항이 되고 있었다.

앞서 본 바와 같이 근로기준법에 규정된 근로감독관에게 그의 관할 구역에서 발생하는 중대재해처벌법 제6조(중대산업재해 사업주와 경영책임자등의 처벌) 및 제7조(중대산업재해 양벌규정)와 산업재해보상보험법의 일부 규정에 대한 수사권을 부여하는 사법경찰직무법이 개정되어 사법경찰직무법 제6조의2 제1항 제18호에 '「중대재해 처벌 등에 관한 법률」(제6조 및 제7조만 해당한다)'이 추가되었고, 위 개정된 사법경찰직무법이 2022. 1. 27.부터 시행됨으로써 고용노동청 근로감독관이 특별사법경찰관의 자격으로 중대재해처벌법 제6조 및 제7조에 규정된 중대산업재해와 관련 사업주 및 경영책임자, 그리고 법인과 기관에 대한 수사를 진행할 수 있는 법적 근거는 마련되었다.

그런데 근로기준법 제105조는 '사법경찰권 행사자의 제한'이라는 표목으로 "이 법이나 그 밖의 노동 관계 법령에 따른 현장조사, 서류의 제출, 심문 등의 수사는 검사와 근로감독관이 전담하여 수행한다. 다만, 근로감독관의 직무에 관한 범죄의 수사는 그러하지 아니하다"라고 규정하여, 근로기준법과 그 밖의 '노동 관계 법령'에 대하여는 일반 경찰의 수사권을 제한하고 있다. 결국 사법경찰직무법 제6조의2 제1항 제18호의 개정과 근로기준법 제105조 규정을 종합하여 보면, 중대산업재해에 의한 중대재해처벌법 제6조 및 제7조 위반 사건은 고용노동청의 근로감독관과 검사만이 수사를 할 수 있고, 일반 경찰은 수사를 할 수 없는 것으로 해석된다.

제 7 장 중대재해처벌법의 위헌성

1. 책임주의, 비례의 원칙 및 과잉금지의 원칙

'책임 없으면 형벌 없다'라는 헌법상의 책임주의 원칙은 국가가 개인에게 형벌을 부과하는 데 있어서 어떠한 경우에도 지켜져야 할 법치국가 형사법의 기본원리다. 나아가 책임이 있더라도 의무위반의 정도와 부과되는 형벌 등 제재 사이에는 적정한 비례관계가 유지되어야 한다. 형벌은 입법자의 입법형성의 자유의 범위 내에 속하는 입법정책의 문제(헌법재판소 1998. 11. 26. 선고 97헌바67 결정)이나, 입법형성권은 무제한적인 것이 아니라 어느 범죄에 대한 법정형이 지나치게 가혹하여 헌법상의 평등의 원리나 과잉입법금지의 원칙에 반하는 경우에는 헌법에 반하므로, 형의 일종인 몰수·추징도 지나치게 가혹할 경우 과잉금지원칙 등에 위반되어 헌법에 위반된다(헌법재판소 1995. 11. 30. 선고 94헌가3 결정).

헌법상 비례의 원칙은 행위자의 책임과 법정형 사이의 관계에서 준수되어야 하며, 이는 주형뿐만 아니라 부가형에 있어서도 마찬가지라 할 것이므로 몰수·추징 조항이 입법목적 달성을 위한 적절한 수단이라고 하더라도 범죄의 죄질 및 행위자의 책임에 비하여 지나치게 가혹한 것이거나 현저히 형벌체계상의 균형을 잃어서는 안 된다.

그런 측면에서 중대재해처벌법 제4조 및 제5조와 제9조가 종사자에 대한 안전 및 보건 확보의무의 수범자에서 법인사업주를 제외하였음에도 불구하고 경영책임자등의 의무 위반행위를 이유로 법인에 대하여 벌금형을 과하도록 한 중대재해처벌법 제7조와 제11조는 헌법상 책임주의 원칙에 위반되는 조항이라고 할 것이다. 이와 관련된 자세한 설명은 뒤에서 다루기로 한다.

게다가 중대재해처벌법 제6조, 제10조가 고의범이라고는 하나 판례에 의하면 업무상과실범과 상상적 경합관계여서 고의범이기도 하고 과실범이기도 한 하나의 행위에 대하여 기본 법정형만으로도 중대재해처벌법에서 업무상과실치사상죄보다 최고형량이 무려 6배나 높게 최고 징역 30년까지 처벌하는 것은 헌법상의 평등의 원칙이나 과잉입법금지의 원칙에 반한다며 경영계를 중심으로 강력한 반대가 있었다. 산업재해에 대하여 산업안전보건법위반죄와 업무상과실치사상죄가 상상적 경합관계에 있다고 해석하는 통설과 판례처럼 중대재해처벌법위반죄와 업무상과실치사상죄의 죄수를 상상적 경합관계로 해석할 가능성이 많아 사업 또는 사업장이나 공중이용시설 또는 공중교통수단에서의 종사자·시민의 생명과 신체를 보호할 필요성이 있다고 하여 업무상과실범이기도 한 행위를 중대재해처벌법상으로는 고의범이라는 논리로 처벌형량을 극단적으로 상향시켜 최고형을 징역 30년, 판결확정 후 5년 내 재범의 경우에는 최고 징역 45년까지 처벌할 수 있게 한 것은 문제가 있어 보인다.

예를 들어 10원짜리 동전의 뒷면에 다보탑이, 앞면에 10원이라고 새겨져 있는데 값어치는 앞면이든 뒷면이든 같은 10원짜리 동전이다. 다보탑이

새겨진 뒷면을 보여주면 값어치가 60원이 되는 것이 아니다. 이것이 평범한 국민들, 이 법의 수범자들이 느끼는 상식이다. 형벌은 입법자의 입법형성의 자유의 범위 내에 속하는 입법정책의 문제(헌법재판소 1998. 11. 26. 선고 97헌바67 결정)이나, 입법형성권은 무제한적인 것이 아니라 어느 범죄에 대한 법정형이 지나치게 가혹하여 헌법상의 평등의 원리나 과잉입법금지의 원칙에 반하는 경우에는 헌법에 위반된다는 헌법재판소의 결정을 간과한 포퓰리즘 입법이라는 비판을 받아 마땅하다. 책임주의에 부합하도록 중대재해 발생에 대한 책임을 묻는 근거를 고의와 과실로 구분하여 그 형량을 따로 정하는 법개정이 필요하다.

참고로 병역거부자 인적사항 공개와 관련한 판결을 소개하면 다음과 같다.

병무청장이 여호와의 증인 신도로서 현역 입영 또는 소집통지를 받고도 병역법 제88조에서 정한 기간 이내에 입영하지 않거나 소집에 응하지 않은 甲 등 병역의무 기피자들의 인적사항을 병무청 홈페이지에 게시한 사안에서, 병역법 제81조의2에서 병역기피자의 인적사항 등을 공개하자는 취지는 병역의무 기피를 방지하고 성실한 병역의무의 이행을 확보하기 위한 것이고, 그러한 입법 목적을 달성할 여지가 없어 공개의 실익이 없는 경우에 대해서까지 인적사항을 공개한다면 비례의 원칙을 위반하여 재량권을 일탈·남용한 것인데, 甲 등 병역의무를 거부한 사람들에게 대부분 1년 6월의 실형이 선고되었지만, 甲 등은 여전히 종교적 양심을 이유로 현역입영 등 병역의무의 이행을 거부하여 수사 또는 재판을 받고 있거나 받게 될 예정이고, 위 처분으로 甲 등이 병역의무의 이행에 관한 입장을 바꿀 것이라고 기대하기도 어려운 사정을 고려하면, 위 처분은 원래의 입법목적 달성에 기여하지 못하고 오로지 甲 등에게 사회적 불명예와 고통을 가하는 처벌수단으로만 기능하고 있는 것으로 보이므로 甲 등에 대하여 인적사항 등을 공개하는 위 처분은 비례의 원칙을 위반하여 재량권을 일탈·남용한 것으로서 위법하다(서울행정법원 2018. 2. 9. 선고 2017구합59581 판결).

2. 죄형법정주의 명확성의 원칙

죄형법정주의의 원칙은 법률이 처벌하고자 하는 행위가 무엇이며 그에 대한 형벌이 어떠한 것인지를 누구나 예견할 수 있고, 그에 따라 자신의 행위를 결정할 수 있게끔 구성요건을 명확하게 규정할 것을 요구한다. 형벌법규의 내용이 애매모호하거나 추상적이어서 불명확하면 무엇이 금지된 행위인지를 국민이 알 수 없어 법을 지키기가 어려울 뿐만 아니라, 범죄의 성립 여부가 법관의 자의적인 해석에 맡겨져서 죄형법정주의에 의하여 국민의 자유와 권리를 보장하려는 법치주의 이념은 실현될 수 없기 때문이다(헌법재판소 1996. 12. 26. 선고 93헌바65 결정).

이러한 원칙하에 헌법재판소는 ① 공익을 해할 목적으로 전기통신설비에 의하여 공연히 허위의 통신을 한 자를 처벌하는 전기통신기본법 제47조 제1항에 대하여 표현의 자유에 대한 제한입법이며 형벌조항에 해당하므로 엄격한 의미의 명확성의 원칙이 적용된다면서, 여기서의 "공익"은 형벌조항의 구성요건으로서 구체적인 표지를 정하고 있는 것이 아니라 헌법상의 기본권 제한에 필요한 최소한의 요건 또는 헌법상 언론·출판의 자유의 한계를 그대로 법률에 옮겨놓은 것에 불과할 정도로 그 의미가 불명확하고 추상적이어서 어떤 표현행위가 공익을 해하는 것인지, 아닌지에 대한 판단은 사람마다의 가치관, 윤리관에 따라 크게 달라질 수밖에 없으며 법률전문가라도 통상적인 해석을 통하여 그 의미내용이 객관적으로 확정될 수 있다고 보기 어렵다는 이유로 표현의 자유에서 요구하는 명확성의 요청 및 죄형법정주의의 명확성의 원칙에 위배하여 헌법에 위배된다고 위헌결정(헌법재판소 2010. 12. 28. 선고 2008헌바157 결정)을 한 바 있고, ② 농업협동조합의 임원선거에 있어 정관이 정하는 행위 외의 선거운동을 한 경우 이를 형사처벌하도록 하는 농업협동조합법 제50조 제4항 부분은 조합원에 한하지 않고 모든 국민을 수범자로 하는 형벌조항이며, 또 금지되고 허용되는 선거운동이 무엇인지 여부가 형사처벌의 구성요건에 관련되는 주요사항임에도 불구하고, 그에 대한 결정을 입법자인 국회가 스스로 정하지 않고 헌법이 위임입법의 형식으로 예정하고 있지도 않은 특수법인의 정관에 위임하는 것은 사실상 그 정관 작성권자에게 처벌법규의 내용을 형성할 권한을 준 것이나 다름없으므로, 정관에 구성요건을 위임하고 있는 이 사건 법률조항은 범죄와 형벌에 관하여는 입법부가 제정한 형식적 의미의 법률로써 정하여야 한다는 죄형법정주의의 원칙에 비추어 허용되기 어렵고, '누구든지 임원선거와 관련하여 다음 각 호의 방법 중 정관이 정하는 행위 외의 선거운동을 할 수 없다'라고 되어 있는 규정만으로는 정관이 정하는 행위 외의 선거운동이 과연 어느 범위의 선거운동을 말하는지에 관하여 구체적으로 알 수 없고, 법원의 해석으로도 이 사건 법률조항의 의미내용을 명확하게 파악할 수가 없어 헌법상 죄형법정주의의 원칙에 위배된다고 결정(헌법재판소 2010. 7. 29. 선고 2008헌바106 결정)한 바 있으며, ③ 구노동조합법 제46조의3 중 처벌법규 부분인 "단체협약에 … 위반한 자"라고만 규정함으로써 범죄구성요건의 외피만 설정하였을 뿐 구성요건의 실질적 내용을 직접 규정하지 아니하고 모두 단체협약에 위임하고 있어 죄형법정주의의 기본적 요청인 '법률'주의에 위배되고, 그 구성요건도 지나치게 애매하고 광범위하여 죄형법정주의의 명확성의 원칙에 위배된다고 결정(헌법재판소 1998. 3. 26. 선고 96헌가20 결정)한 바 있다.

이러한 죄형법정주의의 명확성의 원칙 관점에서 중대재해처벌법에서 구성요건으로 규정한 재해의 개념에 어떤 문제가 있는지 살펴보면 다음과 같다.

가. 중대산업재해, 중대시민재해 기준의 불명확성

산업안전보건법에서는 노무를 제공하는 자가 업무에 관계되는 건설물·설비·원재료·가스·증기·분진 등에 의하거나 작업 또는 그 밖의 업무로 인하여 사망 또는 부상하거나 질병에 걸리는 것을 산업재해로 규정하고, 중대재해란 산업재해 중 사망 등 재해의 정도가 심하거나 다수의 재해자가 발생한 경우로서 고용노동부령으로 정하는 재해를 말한다고 규정(산업안전보건법 제2조 제1,2호)하고 있다.

산업안전보건법 시행규칙 제3조는 고용노동부령으로 정하는 재해란 ① 사망자가 1명 이상 발생한 재해, ② 3개월 이상의 요양이 필요한 부상자가 동시에 2명 이상 발생한 재해, ③ 부상자 또는 직업성 질병자가 동시에 10명 이상 발생한 재해를 의미한다고 규정하고 있다.

그러나 중대재해처벌법은 중대재해를 중대산업재해와 중대시민재해를 말한다고 규정(법 제2조 제1호)하여, 산업안전보건법상의 중대재해와 다른 새로운 구성요건적 개념을 도입하였다.

또한 **중대산업재해**는 산업안전보건법 제2조 제1호에 따른 산업재해 중 ① 사망자가 1명 이상 발생하거나, ② 동일한 사고로 6개월 이상 치료가 필요한 부상자가 2명 이상 발생하거나(3개월 이상 6개월 미만의 기간 동안 치료가 필요한 부상자가 2명 이상 발생한 경우에는 산업안전보건법이 적용됨), ③ 동일한 유해요인으로 급성중독 등 대통령령으로 정하는 직업성 질병자가 1년 이내에 3명 이상 발생한 재해로 규정하고 있다(법 제2조 제2호). 따라서 해당 직업성 질병은 대통령령으로 규정하도록 위임하였지만 산업안전보건법에서 요구하는 발병의 동시성이 필요 없게 되었고, 매 연도별 기준으로 3명 이상 발생하면 중대산업재해로 의율하도록 되어 있다.

중대시민재해는 특정 원료 또는 제조물, 공중이용시설 또는 공중교통수단의 설계, 제조, 설치, 관리상의 결함을 원인으로 하여 발생한 재해로서 ① 사망자가 1명 이상 발생하거나, ② 동일한 사고로 2개월 이상 치료가 필요한 부상자가 10명 이상 발생하거나, ③ 동일한 원인으로 3개월 이상 치료가 필요한 질병자가 10명 이상 발생한 결과를 야기한 재해로서 중대산업재해에 해당하지 않는 재해라고 규정하고 있다(법 제2조 제3호).

문제는 중대산업재해든 중대시민재해든 중대재해처벌법이 중대재해 개념을 형벌법규로 새롭게 규정함에 있어서 종래 고용노동부령에 있던 기준을 법률가적 검토 없이 중대재해처벌법상의 구성요건적 개념으로 무비판적으로 승격시켰다는 점이다.[48] 징역 30년, 가중처벌 시 징역 45년까지 중형으로 다스리게 될 중대재해인지 여부를 판별하는 기준을 의사의 예상 치료기간으로 정한 것은 엄청난 실수이고, 즉시 개정되지 않으면 법 적용 일선에서는 큰 혼란을 초래할 죄형법정주의의 명확성의 원칙에 명백히 반하는 규정이라 할

---

[48] 산업안전보건법 시행규칙 제3조는 「고용노동부령으로 정하는 재해란 ① 사망자가 1명 이상 발생한 재해, ② 3개월 이상의 요양이 필요한 부상자가 동시에 2명 이상 발생한 재해, ③ 부상자 또는 직업성 질병자가 동시에 10명 이상 발생한 재해를 의미한다」고 규정하고 있다.

것이다. 산재사건 전문 병원과 근로복지공단의 관계자를 상대로 초진 진단보다 예상 진료기간이 늘어나는 추가진단서 발급실태를 들어봤어야 했다. 의사마다 다르게 진단을 내릴 수 있다는 점과 법률로 규정해야 하는 구성요건을 의사에게 위임하는 것이 가능한 것인지가 문제될 수밖에 없다는 점을 간과한 것으로 보인다.

의료법상 의사는 환자가 아프다고 하면 진료를 하고 진료를 하였으면 진단서를 발부할 의무(의료법 제17조 제3항)가 있으므로 의료법이나 의료현장에서 말하는 상해(보다 정확히 표현하면 진료에 필요한 예상기간)와 형벌법규에서의 상해는 본질적으로 다른 개념이다. 대한의사협회에서 '진단서 작성 및 발급지침'이라는 규정을 만들어 운용되고 있으나 전국의 의료인이 객관적으로 동일한 기준에 따라서 진단을 내리고 있다고 보기도 어렵고, 환자들의 부주의 등으로 치료기간이 장기화되는 경우 등 엄중한 형사처벌의 기준으로서 치료기간의 객관성을 담보하기에는 아직 여러모로 부족한 상황이다. 실무에서 늘 고민하게 되는 주관적 상해 피해를 호소하는 속칭 가짜환자인지 여부와 추가진단을 어느 정도 인정할 것인가의 문제, 특히 현재의 개념규정으로는 통상적으로 예상 치료기간이 최소 수개월인 정신과적 예상치료기간도 중대재해의 상해진단 기간으로 포섭할 수밖에 없는데 법제사법위원회 등 국회의 논의과정에 그런 점을 고려한 흔적은 전혀 없어 보인다. 형법이 상해와 중상해로 규정하고 있을 뿐 의사가 예상하는 치료기간에 따라 처벌형량을 세분하여 규정하지 않고 있는 이유를 한 번쯤 생각해봤어야 했다. 의사마다 다른, 그것도 객관적 결과가 아니라 주관적 예상을 기준으로 경합범 가중 없이도 법정형 1년 이상 30년까지의 징역형에 처해지게 되므로 과거[49]와 달리 누구도 그 처벌에 승복하지 않을 것으로 보인다. 지금까지 사업주들이 예상

---

[49] 종래의 산업안전보건법에서는 중대재해라는 이유 그 자체로 처벌형량을 규정하지 않고, 중대재해 발생시 고용노동부장관에게 사업주의 보고의무 위반, 작업중지명령 위반, 안전보건개선계획의 수립·시행, 그 밖의 필요한 조치 명령권, 발생원인조사권을 부여하고, 이를 방해하고 위반하였을 때 형사처벌을 하고 있었다(산업안전보건법 제168조 제1호, 54조 제1항/산업안전보건법 제168조 제2호, 제55조 제1, 2항/산업안전보건법 제170조 2호, 제56조 참조).

치료기간으로 중대재해를 정의한 고용노동부령을 다투지 않았던 이유는 사망에 이르게 한 경우가 아니면 중대재해라는 이유만으로 처벌하지 않았기 때문이다. 실무에서 양형참작의 사유에 불과했던 예상 치료기간을 중대재해처벌법을 제정하면서 유례없이 엄청난 형벌을 가하는 중대재해 범죄의 구성요건에 편입시킨 것은 죄형법정주의의 명확성의 원칙을 몰각한 실수로 보인다.

입법정책적 관점에서 중대재해를 고의로 발생시킨 경우와 과실로 발생시킨 경우를 구분하고, 그 처벌형량도 그 각 행위유형에 따라 다른 형벌체계를 고려하고 책임주의와 비례의 원칙에 부합하도록 개정하는 방안을 진지하게 검토해야 할 것으로 보인다.

참고로 대한의사협회에서 2014년에 어느 수사기관에 보낸 교통사고 환자에 대한 전치 2~3주 이하 진단서 관련 질의 회신을 요약하면, ① 어떠한 방법으로도 교묘한 꾀병을 완벽하게 가려낼 수는 없고, 환자의 증상호소에 전적으로 의존해야 하는 경우, 원인행위와 결과발생 사이에 시간차가 존재하는 경우에는 꾀병을 가려내는 데에 한계가 있으며, 이와 같은 보상성 신경증은 교통사고나 산업재해와 관련하여 보험사 등으로부터 보상을 받고자 하는 사람에게서 나타나는 현상으로 질환이 없는데도 당해 질환의 증상을 호소하는 상태이고, ② 의사는 최선의 진료를 위하여 환자에게 진단서를 발급해 주고 있고, 진단서에 기재된 사항에 대해 다툼이 발생하는 경우에는 양 당사자 간에 재판이라는 법률적 절차를 통하여 해결하고 있는데, 의료법이 환자의 치료받을 권리를 보장하기 위하여 진단서 발급의무를 부여하는 것은 의학적 의미의 상해와 법률적 의미의 상해가 상이한 개념이기 때문이라는 취지이다.

나. 조치의무 내용·정도의 불명확성

중대재해처벌법 제4조 제2항은 사업주 또는 경영책임자등이 그 사업 또는 사업장에서 종사자의 안전·보건상 유해 또는 위험을 방지하기 위하여 취해야 할 이행 및 관리상의 조치에 관한 구체적인 사항은 대통령령으로 정한다고 규정하고 있고, 제9조 제4항은 사업주 또는 경영책임자등이 실질적으로 지배·운영·관리하는 사업 또는 사업장에서 생산·제조·판매·유통 중인 원료나 제조물의 설계, 제조, 관리상의 결함으로 인한 그 이용자 또는 그 밖의 사람의 생명, 신체의 안전을 위하여 취해야 할 이행 및 관리상의 조치와 공중이용시설 또는 공중교통수단의 설계, 설치, 관리상의 결함으로 인한 그 이용자 또는 그 밖의 사람의 생명, 신체의 안전을 위하여 취해야 할 이행 및 관리상의 조치에 대한 구체적인 사항은 대통령령으로 정한다고 규정하고 있다. 즉 어떤 조치의무를 어느 정도까지 다하지 않았을 때 처벌할 것인지를 대통령령에서 정하도록 위임하고 있다.

중대재해처벌법은 확정적 고의보다는 미필적 고의 내지 과실범의 성격이 짙음에도 처벌형량이 우리 형벌 체계에서 유례가 없을 정도의 중형을 부과하는 법이므로 처벌하는 금지행위가 무엇인지를 법률에서 구체적으로 규정함이 바람직하다. 그렇지만 처벌에 관한 규정을 적용대상이나 적용 범위에 대하여 법률에 대강의 요건을 정하고 구체적인 내용은 대통령령으로 위임하는 것에 대한 합헌 결정이 이미 있고, 유사한 입법형식도 다수 존재하므로 중대재해처벌법이 이행 및 관리상의 조치에 대한 구체적인 사항을 대통령령으로 위임한 것 자체는 문제가 없다.

문제는 중대재해처벌법이 형벌에 관한 법률이기 때문에 그렇게 위임을 하더라도 수범자로 하여금 금지되는 것이 무엇이고, 요구하는 것이 무엇인지, 그 이행의 정도가 어디까지인지를 명확하게 규정함으로써, 수사기관이나 법원에서 자의적으로 적용할 수 있는 여지가 없도록 구체적으로 규정해야만 한다.

2020. 12.경 추미애 법무부장관이 중대재해처벌 입법 과정에서 법제사법위원회에서 토로하였듯이 법무부는 구체적 현장에서의 중대재해 방지를 위한 세심한 업무매뉴얼을 정할 전문성이 없다손 치더라도, 국가의 형벌체계를 총괄하는 부서인 만큼 죄형법정주의 등 헌법에 부합하는 방향으로 시행령 제정과정에 얼마든지 관여할 수 있으므로 법무부에 대한 기대가 컸었다. 많은 법조인들이 고용노동부, 환경부, 산업통상자원부, 국토교통부, 공정거래위원회의 주도 아래 고용노동부령인 산업안전보건기준에 관한 규칙과 각 개별

법에서 부령 이하로 위임한 내용들이 대통령령으로 격상되거나 각각의 개별법에서 규정한 조치 등을 원용하는 형식의 시행령이 될 것으로 전망하면서 혹여 재해예방을 위해 필요한 조치가 누락되지 않게 하려는 의욕이 지나쳐 **구체적인 조치**보다는 재해가 발생하지 않도록 '필요한 조치'를 하라는 식으로 포괄적으로 규정해서는 안 됨을 거듭 지적하며 어떤 내용으로 시행령이 입안되는지 우려하며 지켜보고 있었다.

그럼에도 불구하고 2021. 7. 12. 입법예고된 시행령안은 "적정한 예산/업무", "필요한 조치", "충분/충실하게/개선할 수 있는", "필요하다고 인정/판단되는 경우", "적절히", "종사자의 안전보건에 관계되는 법령" 등 사람에 따라 그 해석이 달리 될 수 있는 불명확한 표현을 사용함으로써 형사처벌의 기준과 범위 등을 특정하기 어려웠고, 장차 수사기관이나 법원에서 그 적용범위 등에 관하여 논란과 혼란을 가져오는 매우 실망스러운 수준이었다. 부처협의, 차관회의, 국무회의를 거치는 국가 차원에서 심혈을 기울인 대통령령 제정안이라고는 보기 어려워 많은 비난이 쏟아졌었다.

그러나 2021. 10. 5. 제정된 시행령은 법제처의 손을 빌려 표현만 조금 다듬었을 뿐 조치의무를 구체화하지 않아, 무엇을 어떻게 하라는 것인지 알 수 없다는 비판이 일었다. 또한 고용노동부는 2021. 12. 발행「산업재해 예방을 위한 안전보건관리체계 가이드북(글로벌노사지원팀 2021-0014-01)」을 제시하며 이를 따르라고 하였다. 그러나 가이드북이라고 함은 사전적으로 준수해도 되고, 안 해도 되는 안내일 뿐이다. 열 명의 범인을 놓치더라도 한 명의 억울한 피의자를 만들지 말라는 법언을 무시한 것은 물론 더 나아가 시행령을 위헌으로 이끌어 중대재해 예방이라는 입법 목적도 달성하기 어렵게 만들었다는 비판을 시행령 입안자들은 겸허히 받아들여야 할 것이다.

시행령 제4조의 조치의무 중 제1호의 **1. 사업 또는 사업장의 안전·보건에 관한 목표와 경영방침을 설정할 것**이라는 부분은 통상 입법목적 조항에서나 사용하는 선언적 규정형식이다. 그런데 경영책임자등이 이를 외부로 밝히지 아니하여 중대산업재해가 발생하면 가중처벌 시 징역 45년까지 처벌한다. 중형을 부과할 때에는 가벌성 또한 비례해야 한다는 헌법정신에 반함은 물론 헌법상 양심의 자유에 반하는 전례 없는 형벌법규이다. 게다가 중대재해 예방을 위한 실질적 조치로서 요구한 나머지 조항들은 더 큰 문제를 안고 있다. 도대체 무얼 어떻게 하라는 것인지 알 수 없는 내용들이다. 좀 더 구체적으로 살펴보기로 한다.

시행령 제4조 제3호는 사업 또는 사업장의 특성에 따른 **유해·위험요인을 확인하여 개선하는 업무절차[50]**를 마련하고, 해당 업무절차에 따라 유해·위험유인의 확인 및 개선이 이루어지는지를 반기 1회 이상 점검한 후 **필요한 조치**를 할 것을 요구하고 있었다. 산업안전보건법에서는 산업안전보건기준에 관한 규칙에서 정한 조치를 할 것과 이를 이행하지 않으면 처벌한다는 것을 누구나 알 수 있다. 그러나 **유해·위험요인을 확인하여 개선하는 업무절차를 마련**하라는 규정으로는 내가 해야 할 조치가 구체적으로 무엇인지, 그 정도는 어느 수준인지 전혀 알 수 없다. 필요한 조치인지 여부와 그 정도가 사람에 따라 달리 해석될 소지를 그대로 방치하고 있는 것이다. 같은 조 제4호에서도 '**필요한 예산[51]**'을 편성하도록 요구하는데 이것도 마찬가지다. 시행령 제5조 제1항 또한 법 제4조 제1항 제4호에서 '안전·보건 관계 법령'이 무엇이고, 그 의무이행에 필요한 관리상의 조치를 시행령으로 규정하도록 위임하였고, 구체

---

[50] 가이드북에서 제시하는 안전보건관리체계의 핵심은 위험요인별 제거·대체 및 통제방안인데, 그 내용으로 예시한 것을 자세히 살펴보면, 산업안전보건기준에 관한 규칙에서 정하고 있는 사업주가 이행해야 할 제3조~제673조의 조치사항이다. 재해발생 원인이 무엇인지 제대로 분석하지 않고 사업주에게만 책임을 요구하다 보니 중대재해 감소를 위한 현장 근로자의 역할, 현장의 지휘자의 역할, 안전보건관리책임자의 역할, 경영책임자등의 역할이 무엇인지 전혀 연구되어 있지 않았다. 산업안전보건법상의 조치의무를 그대로 가져다 쓸 수도 없어 수범자가 알 수 없게 사실상 법률의 조항을 다시 반복하는 형태로 규정한 것 같은 느낌을 지울 수 없다.
예를 들어본다면, 경영책임자등이 안전보건관리책임자에게 산업안전보건기준에 관한 규칙을 이행하도록 주기적으로 지시할 기준과 절차, 현장에서 이행되는지 점검하는 주기와 절차, 숨은 위험 발굴을 위하여 근로자등의 의견을 수렴하는 절차, 발굴된 위험을 개선하기 위한 예산과 인력과 장비를 특정하는 위원회 운영기준과 절차, 위원회 결정사항을 이행시기등 이행절차, 숨은 위험 발굴 기여자에 대한 포상제도, 근로자등을 포함하여 조치사항 불이행자에 대한 엄정한 징계 등 경영책임자등이 할 구체적 역할을 제시해야 명확성의 원칙에 부합한다 할 것이다. 법률의 위임 취지에 부합하는 형식으로 제정 수준의 시행령 개정이 필요해 보인다.
[51] 산업안전보건법 제72조, 건설산업안전보건관리비 계상 및 사용기준처럼 명확성이 없다.

적으로 어떤 법률이 안전·보건 관계 법령인지 충분히 제시할 수 있음에도 이를 전혀 규정하지 않고 '해당 사업 또는 사업장에 적용되는 것으로서 종사자의 **안전·보건을 확보하는 데 관련되는 법령**'이라고 두루뭉술하게 '안전·보건 관계 법령'을 규정함으로써 위임한 모법의 요구를 거부하고 국민들에게 알아서 판단하도록 규정하여 놓고는 고용노동부에서 2021. 11. 17. 발간한 해설서에서는 선원법 등 10개의 법률을 예시로 나열하고 있다. 그러나 정작 사람이 많이 죽는 원인은 공기질이 아니라 화재인데, 법률에서도 시행령에서도 「화재예방, 소방시설 설치·유지 및 안전관리에 관한 법률」은 빠져 있다. 관계부처에서 하루만 회의를 해도 어떤 법령이 안전·보건 관계 법령인지 국민들이 쉽게 알 수 있도록 제시할 수 있는데도 안전·보건을 확보하는 데 관련되는 법령이 무엇인지는 스스로 알아서 찾아보라는 식으로 동어반복을 한 것과 다름 아니다.

법 제4조 제1항 제1호의 '재해예방에 필요한~' 및 제2호의 '재해 발생 시 재발방지 대책의 수립~'부분도 포괄적 규정이어서 어떤 재해를 예방하라는 것인지, 어떤 재해에 대하여 재발방지 대책을 수립하라는 것인지 명확하지 않다. 비록 법 제4조 제1항 제2호에 대하여 구체적인 사항을 대통령령으로 정하도록 위임을 하고 있지 않더라도 제1호에 대한 구체적인 사항에 대하여 대통령령으로 정하도록 위임하고 있으므로 시행령에서 어떤 재해를 의미하는지 명확하게 규정했어야 했다. 그러나 고용노동부는 경미한 사고라도 반복적인 산업재해를 포함하는 개념으로 재해를 해석[52]하는 등 수범자에게 무한정의 조치의무를 요구하고 있고, 검찰과 법원마저도 사람에 따라서 기관에 따라서 경미한 사고마저 예방에 필요한 안전보건관리체계의 구축, 경미한 사고에 대한 재발방지 대책을 수립할 것을 요구할 수 있는 구조여서 어떤 재해를 예방하고 재발방지 대책을 세워야 하는 재해가 무엇인지 수범자가 명확하게 알 수가 없다. 명확성의 원칙에 반하지 않게 하려면 적어도 인명피해를 발생시킨 재해, 즉 사망 또는 부상하거나 질병에 걸리는 재해로 한정해 주어

---

52 고용노동부 2021. 11. 17. 발간 「중대재해처벌법 해설 – 중대산업재해 관련 –」, p. 94

야 했다.

유해·위험요인을 확인·점검하고 개선할 수 있는 업무처리절차를 국가가 구체적으로 제시하고, 이를 불이행하였을 때 처벌하는 것이 죄형법정주의의 명확성의 원칙이다. 그럼에도 불구하고 수범자에게 무엇을 어느 정도로 요구하겠다는 것인지, 기준과 수준이 없다 보니, 선례가 쌓이거나 위헌으로 확정되기 전까지 당분간 고용노동부가 중대재해 사고가 발생한 결과만을 놓고, 안전보건관리체계가 제대로 마련되었으면 사고가 예방되지 않았겠냐며 경영책임자등에게 사실상 결과책임을 물어 형벌을 과하는 운용을 할 수 있게 해 준 셈이다.

3. 너무 늦은 대통령령 제정으로 인한 위헌성

금지되고 요구되는 조치내용이 구체적으로 무엇인지 여부는 형사처벌의 구성요건에 관련되는 주요사항임에도 불구하고, 정부는 중대재해처벌법의 시행을 4개월도 남겨놓지 않은 2021. 10. 5.에 시행령을 공포하였다. 중대재해처벌법은 금지의무가 아닌 작위의무를 위반하였다는 이유로 형사처벌을 가하는 법률이라는 특성상 충분한 준비기간을 부여하지 않으면 불가능을 요구하는 것이 되어 위헌시비를 초래하게 된다는 것은 형사법 종사자는 누구나 알고 있는 사실이다. 그런데도 어떤 의무를 이행하지 않았을 때 처벌하는 것인지에 대하여 법이 시행령으로 규정하도록 위임하였음에도 너무 늦게 시행령을 제정·공포함으로써 수범자들의 준비기간이 절대적으로 부족한 상황을 정부가 자초하고 말았다.

과거 주 52시간 근무제도의 경우, 입법 과정까지의 다양한 의견수렴과 입법 이후 시행 시기에 대하여 여러 번의 연기 등의 조치가 있었던 전례가 있었음을 감안하여 볼 때, 기업인들이나 심지어 소상공인들에게도 인력과 예산까지 부담을 지우는 중대재해처벌법의 시행시기는 얼마든지 연기할 수 있었다.

게다가 광주 학동 상가건물 철거과정에서 건물잔해가 버스를 덮쳐 무고

한 시민 9명이 사망한 사고처럼 산업현장의 작업과정에서 시민이 사망하는 사고는 중대산업재해도 아니고 중대시민재해도 아니어서 근로자가 중대재해를 입으면 중대재해처벌법위반이 되고, 일반시민이 같은 사고로 중대재해를 입은 부분은 업무상과실치사상죄가 되어 국민의 법감정 및 입법취지와도 배치되는 결과가 초래되었다.

   이 같은 모순은 물론, 공중이용시설에서 발생하는 중대시민재해의 대부분이 소방관계 조치의무 불이행으로 인한 것인데도 중대재해처벌법이 공중이용시설 인정기준을 소방관계법이 반영되지 아니한 입법상의 실수, 중대재해처벌법 제2조 제7호를 통하여 이미 종사자의 범위를 넓힘으로써 내 사업에서 노무를 제공하는 모든 종사자에 대하여 안전보건 확보의무를 부과한 중대재해처벌법 제4조가 있음에도 제5조에서 도급·용역·위탁 등이 행해진 경우에 제3자의 종사자에 대하여 제4조의 조치의무를 부과함으로써 법 제5조가 무색해진 부분 등 그 시행 전에 서둘러 개정할 필요성이 있었기 때문에 법률개정 요구는 결코 무리한 의견이 아니었다.

   그러나 준비할 물리적 시간을 주어야 한다는 경영계와 중대재해처벌법 실무연구회[53] 등 각계의 지적에도 불구하고 정부는 시행령 제정을 강행하면서 국민에게 준비할 시간을 불과 3개월밖에 주지 않았다. 특히 명확한 기준의 제시는 없었지만 그래도 고용노동부가 해설서를 배포한 시기는 2021. 11. 17.이고, 가이드북이라는 기준을 제시한 시기는 12월이다. 법시행까지 실질적 준비기간을 2달도 채 주지 않은 것이다. 웬만한 규모의 기업이라면, 고용노동부의 가이드북에서 요구하는 수준의 시스템 마련 즉 수천 개, 수만 개의 공정들과 각 환경별로 각각 유해·위험요인을 찾아내고, 그 요인이 감내할 수 있는 것인지 각각 평가하고, 그 결과에 따라 위험요인을 개선·제거·통제하는 수준의 필요한 조치를 고용노동부의 요구수준으로 완성하려면, 인력과 예산은 물론 시간이 적게는 6개월, 많게는 1년 이상 소요된다는 사실을 모를

---

[53] 시민재해와 산업재해에 대한 수사경험이 있는 변호사들로 구성된 중대재해처벌법 실무연구회에서는 2021. 8. 23. 이 점을 우려하며 법시행 연기가 필요하다는 중대재해처벌법 시행령 입법예고안에 대한 의견을 제시한 바 있다.

리 없는데도 그러한 현실을 완전히 무시하였다. 국가가 국민에게 불가능을
요구하고, 그 요구를 충족시키지 못하였음을 탓하며 형벌을 과하는 것은 민
주국가에서는 있을 수 없는 일이다.

제2편

주요 개념

제 1 장 중대산업재해

"중대재해"란 "중대산업재해"와 "중대시민재해"를 모두 포괄하는 개념이다(법 제2조 제1호). 차례대로 살펴본다.

1. 중대산업재해의 개념

가. 산업재해 및 중대산업재해의 의미

제2조(정의) 이 법에서 사용하는 용어의 뜻은 다음과 같다.

2. "중대산업재해"란 「산업안전보건법」 제2조 제1호에 따른 산업재해 중 다음 각 목의 어느 하나에 해당하는 결과를 야기한 재해를 말한다.

   가. 사망자가 1명 이상 발생

   나. 동일한 사고로 6개월 이상 치료가 필요한 부상자가 2명 이상 발생

   다. 동일한 유해요인으로 급성중독 등 대통령령으로 정하는 직업성 질병자가 1년 이내에 3명 이상 발생

중대재해처벌법상 '산업재해'는 산업안전보건법 개념 규정을 준용하고 있고, 산업안전보건법 제2조 제1호는 '산업재해' 개념을 「노무를 제공하는 사

람이 업무에 관계되는 건설물·설비·원재료·가스·증기·분진 등에 의하거나 작업 또는 그 밖의 업무로 인하여 사망 또는 부상하거나 질병에 걸리는 것」으로 정의하고 있다.

산업안전보건법상 산업재해의 주요 개념 요소는 노무제공자에게 발생한 사망, 부상 또는 질병이 '업무 관련성을 가지는 유해, 위험한 작업환경에서 발생하였는지' 또는 '작업내용, 작업방식 등에 따른 위험 또는 업무 그 자체에 내재하고 있는 위험 등으로 인해 발생하였는지' 여부 등이다.

산업안전보건법상 실질적인 의미의 '산업재해'란 산업현장에서 발생하는 모든 인명사고가 아니라, 산업안전보건법 특히 산업안전보건기준에 관한 규칙에서 상정하고 있는 '산업재해'로 한정된다는 견해도 있다.

중대재해처벌법의 핵심 개념인 '중대산업재해'는 산업안전보건법과 비교할 때 '중상자' 요건이 '6개월'로 강화된 반면, '직업성 질병자'의 요건이 '1년 이내에 3명 이상'으로 크게 확대된 특징을 보이고 있다.

산업안전보건법 제2조는 '중대재해'의 의미를 「산업재해 중 사망 등 재해 정도가 심하거나 다수의 재해자가 발행한 경우로서 고용노동부령으로 정하는 재해」라고 규정하고 있고, 고용노동부령인 산업안전보건법 시행규칙 제3조는 「① 사망자가 1명 이상 발생한 재해, ② 3개월 이상의 요양이 필요한 부상자가 동시에 2명 이상 발생한 재해, ③ 부상자 또는 직업성 질병자가 동시에 10명 이상 발생한 재해」를 '중대재해'로 보고 있다.

이에 반해 중대재해처벌법은 「① 사망자가 1명 이상 발생한 재해, ② 동일한 사고로 6개월 이상 치료가 필요한 부상자가 2명 이상 발생한 재해, ③ 동일한 유해요인으로 급성중독 등 대통령령으로 정하는 직업성 질병자가 1년 이내에 3명 이상 발생한 재해」를 '중대산업재해'로 규정하고 있다. 중대재해처벌법의 '중대산업재해'와 산업안전보건법의 '중대재해' 개념을 표로 비교하면 아래와 같다.

중대산업재해	산업안전보건법상 중대재해
① 사망자가 1명 이상 발생 ② 동일한 사고로 6개월 이상 치료가 필요한 부상자가 2명 이상 발생 ③ 동일한 유해요인으로 급성중독 등 대통령령으로 정하는 직업성 질병자가 1년 이내에 3명 이상 발생	① 사망자가 1명 이상 발생 ② 3개월 이상의 요양이 필요한 부상자가 동시에 2명 이상 발생 ③ 부상자 또는 직업성 질병자가 동시에 10명 이상 발생

한편, 산업재해보상보험법 제5조 제1호는 '업무상의 재해' 개념에 관하여 「업무상의 사유에 따른 근로자의 부상·질병·장해 또는 사망을 말한다」라고 규정하고 있고, 업무상의 사유에 따른 부상, 질병, 사망만이 아니라, 부상 또는 질병이 치유된 후 정신적 또는 육체적 훼손으로 인하여 노동능력이 상실되거나 감소된 상태인 장해와 출퇴근 재해도 포함되는 것으로 해석되고 있다.

따라서, 산업재해보상보험법의 '업무상의 재해'에 해당하는 경우라 하더라도 사업주의 예방가능성을 전제로 한 '산업재해'에 해당하지 않는 경우에는 중대산업재해에 해당하지 않을 수 있다.

나. 중대산업재해의 요건과 해석상 쟁점

1) 사망자 1명 이상 발생

'사망'의 개념은 의학적인 것이므로 기존 산업안전보건법 적용사례와 마찬가지로 의사의 진단서가 1차적 기준이 될 것이고, '사망 시점'도 진단서를 기준으로 판단하는 것이 타당하다.

산업재해로 부상 또는 질병을 입은 종사자가 일정 시간이 경과한 이후에 사망한 경우, 중대산업재해 발생시점은 의사의 진단서에 의해 '종사자가 사망한 시점'으로 볼 수 있다.

산업안전보건법상 산업재해에 해당한다면 사고에 의한 사망뿐 아니라 '직업성 질병에 의한 사망'도 중대산업재해에 포함될 수 있다.

이와 관련하여 종사자가 사업장 등에서 뇌심혈관계 질병으로 사망한다면, '산업재해 중 사망자 1명 이상 발생한 경우'에 해당할 여지가 있는지 문제된다.

시행령 제2조는 '직업성 질병'으로 급성 중독, 독성 간염, 혈액 전파성 질병, 산소 결핍증, 열사병 등 24개 질병을 명시하고 있고, 시행령 제정과정에 논란이 되었던 '뇌심혈관계·근골격계 질환, 직업성 암' 등은 직업성 질병의 범위에서 제외하였다.

그런데, 종사자가 뇌심혈관계 질환, 직업성 암 등으로 사망하는 사건이 발생하고, 이러한 사건이 산업재해로 인정을 받는다면, 결과적으로 중대재해처벌법 제2조 제2호 중 '다목'이 아니라 '가목'의 적용 여부가 문제될 수 있다. 이러한 쟁점은 '가목'이 규정하는 '사망자'의 질병 범위가 명확하지 않다는 문제에서 비롯된다.

뇌심혈관계 질병은 종사자 개인의 고혈압, 당뇨, 생활습관 등 다양한 요인이 영향을 줄 수 있어 인과관계 특정이 어려우므로 뇌심혈관계 질병이 원인이 되어 종사자가 사망하더라도 중대산업재해에 해당하지 않는다는 견해, 종사자가 과중한 업무, 급격한 환경 변화로 인한 스트레스 등 사업장의 작업환경, 작업방식 등에 내재되어 있는 유해·위험요인 때문에 뇌심혈관계 질환이 발생한 것으로 인정된다면 이는 산업안전보건법상 산업재해에 해당할 수 있으므로 종사가가 뇌심혈관계 질환으로 사망한 경우에도 중대산업재해에 해당할 수 있다는 견해 등이 대립될 수 있다.

뇌심혈관계 질환은 고혈압, 당뇨, 생활습관, 발병일의 특수한 사정 등 다양한 요인이 영향을 미칠 수 있고 질병의 원인이 장기간에 걸쳐 형성될 수 있는 등 인과관계 인정에 어려움이 있으므로 직업성 질병 범주에서 제외한 것은 타당하지만, 평소에 건강한 종사자가 지나치게 과도한 업무량, 갑작스런 작업환경의 변화 등에 노출되어 심혈관계 질환이 발생한 것으로 의학적 진단이 이루어진다면 산업안전보건법상 산업재해에 해당할 수 있으므로, 이로 인해 사망에 이르렀다면 중대산업재해에 해당될 수도 있다고 본다.

2) 동일한 사고로 6개월 이상 치료가 필요한 부상자 2명 이상 발생

'동일한 사고'인지 여부는 시설물 붕괴, 가스 폭발, 화학물질 누출 등 일반적인 경우 사회통념과 물리적 기준에 따라 충분히 판단이 가능할 것으로 보이나, ⅰ) 동일한 장소에서 사고가 중첩된 경우, ⅱ) 1차 사고와 시간적 간격을 두고 연관성 있는 2차 사고가 발생한 경우 등 사회통념으로 해결이 어려운 법률적 쟁점이 발생할 수 있다.

'동일한 사고'란 '하나의 사고 또는 장소적·시간적으로 근접성을 갖는 일련의 과정에서 발생한 사고'를 의미하는 것으로 해석함이 타당하다.

따라서, 사고가 발생하게 된 유해·위험요인 등 그 원인이 같은 경우라도 시간적·장소적 근접성이 없는 경우에는 각각의 사고가 별개의 사고에 해당할 뿐 '동일한 사고'에 해당한다고 보기 어렵다. 예컨대, 화재사고 후 수일이 지난 뒤에 같은 사업장에서 낙하물에 의한 사고가 발생한 경우, A회사에서 판매한 설비 때문에 B, C 사업장에서 유사한 사고가 발생한 경우 등은 '동일한 사고'로 보기 어렵다.

'6개월 이상 치료'가 필요한 부상자는 일응 의학적 기준에 따라 의사의 진단서, 소견서 등 객관적 자료에 의해 판단이 이루어질 것으로 보이나, 위헌성 부분에서 언급한 바와 같이 위헌성 논란의 소지가 남아있다.

해당 부상과 직접 관련이 있는 합병증을 치료하는데 소요된 기간도 '6개월 이상 치료가 필요한' 기간에 포함된다고 해석함이 상당하다.

이와 관련하여 해당 부상 이후 '재활에 필요한 기간'도 6개월 기간에 포함시킬 것인지 논란의 여지가 있으나, 재활은 의사의 진단서, 소견서 등의 치료기간에 포함된다고 보기 어렵고, 재활까지 포함시키면 비교적 경미한 부상의 경우에도 쉽게 치료기간 6개월이 경과될 수 있으며, 종사자의 연령 등 개인에 따라 재활기간에 차이가 있을 수 있는 점 등을 감안할 때, 6개월 치료기간에 포함되지 않는다고 해석함이 타당하다.

의사의 진단서, 소견서 등이 추가로 발급되는 경우, 동일한 산업재해로 인해 추가적인 치료가 필요하다면 6개월 치료기간에 포함시키는 것이 타당하고, 이 경우 중대산업재해 판단시점은 추가적인 진단을 종합하여 '6개월 이상 부상자가 2명 이상이 된 시점'으로 보면 될 것이다.

3) 동일한 유해요인으로 직업성 질병자가 1년 이내에 3명 이상 발생

'동일한 유해요인'은 '1년 이내에 3명 이상 발생'이라는 인과관계적 요

소와 맞물려, ⅰ) 어느 범위까지 '동일'하다고 볼 것인지, ⅱ) 어떤 유해요인
에 의해 직업성 질병이 발생했다고 볼 것인지, ⅲ) 직업성 질병의 발생 기준
일을 언제로 볼 것인지 등이 해석상 쟁점이 될 수 있다.

'유해요인'이란 중대재해처벌법 시행령 별표 1에서 급성중독 등 직업성
질병의 원인으로 열거하고 있는 각종 화학적 유해인자 또는 유해 작업 등을
의미한다고 해석된다.

'동일한' 유해요인이란 종사자가 노출되어 있는 각각의 유해인자와 유해
물질의 성분, 작업 내용 등이 객관적으로 동일한 경우를 의미하는 것으로 해
석될 수 있다.

이와 관련하여, 다수의 종사자가 서로 다른 시점에 유해요인에 노출되거
나 직업성 질병의 발병 시기가 서로 다른 경우 또는 서로 다른 사업장에서
같은 유해요인에 노출된 경우에 '동일한 유해요인'으로 볼 수 있는지 논란의
여지가 있다.

유해요인의 동일성은 시간적 개념은 아니므로 다수의 종사자가 서로 다
른 시간에 유해요인에 노출되어 사고를 당하거나 직업성 질병의 발병 시기
가 다르더라도 유해요인이 같으면 '동일한 유해요인'에 해당하는 것으로 해
석함이 상당하다.

그런데, 다수의 종사자가 서로 다른 사업장 또는 장소에서 같은 유해요
인에 노출되어 직업성 질병에 걸린 경우 이를 '동일한 유해요인'에 해당한다
고 볼 수 있는지는 의문이다.

동일한 유해요인으로 직업성 질병이 발생한 종사자들이 하나의 사업 또
는 사업장 내에 소속되어 있다면 구체적인 사업장을 달리하더라도 같은 유
해요인에 의해 사고를 당하면 이에 해당한다는 견해가 유력하다.[1]

그러나, 서로 다른 사업장 또는 장소에서 발생한 사고를 모두 동일한 유
해요인에 의한 것으로 보는 것은 무리가 있다. 서로 다른 구체적 사업장에서
발생한 사고가 동일한 화학적 유해인자에 의한 급성중독, 혈액 전파성 질병
등의 경우에는 위 견해가 타당하다고 볼 수 있으나, 열사병, 산소 결핍증 등

[1] 고용노동부 2021. 11. 17. 발간 「중대재해처벌법 해설 ‐ 중대산업재해 관련 ‐」, p. 14

의 경우에는 위 견해를 그대로 적용하여 '같은 유해요인에 의한 사고'라고 단정할 경우 지나친 확대해석의 우려가 있다.

사업 또는 사업장에 대한 실질적 지배·관리 여부 등 여러 사정을 종합적으로 고려하여 구체적 사안에 따라 합리적으로 판단하는 것이 필요할 것으로 보인다.

'직업성 질병 발생의 판단 기준일'은 근로복지공단에서 판단하는 '요양승인일'로 보는 것이 일응 타당해 보인다.

'직업성 질병'이란 작업환경 및 일과 관련한 활동에 기인한 건강장해를 의미하고, 기온·기압 등에 기인한 질병, 중금속·유기용제 중독, 생물체에 의한 감염질환 등이 있다.

중대재해처벌법은 '동일한 유해요인으로 급성중독' 등을 예시로 들며 직업성 질병의 범위를 대통령령에 위임하고 있고, 중대재해처벌법 시행령은 제2조 '별표1'에서 직업성 질병의 종류를 중추신경계장해 등의 급성중독, 의식장해, 경련, 급성 기질성 뇌증후군, 부정맥 등의 급성중독, B형 간염, C형 간염, 매독 또는 후천성면역결핍증 등 혈액전파성 질병, 렙토스피라증, 레지오넬라증, 열사병 등 24가지 질병으로 규정하고 있다.

위 시행령 제정 과정에서 '근골격계 질환, 진폐, 소음성 난청, 직업성 암, 뇌심혈관계 질환' 등을 직업성 질병에 포함시킬 것인지 여부가 쟁점이 되었다.

직업성 질병자가 '1년 이내에 3명 이상 발생'하여야 중대산업재해에 해당하므로, 동일한 유해요인으로 직업성 질병자 3명이 발생한 시점에 중대산업재해가 발생한 것으로 판단한다. '발생한 시점'과 관련하여 유해·위험요인에 노출된 날을 특정할 수 있는 경우는 '노출된 날'을 기준으로 하고, 특정할 수 없는 경우에는 '의사의 최초 진단일'을 기준으로 하여야 한다는 견해가 유력하다.[2]

'1년 내에 직업성 질병자 3명 이상 발생'과 관련하여, 1년 내에 직업성 질병자 2명이 발생한 뒤 3명이 발생하기 전에 경영책임자등이 교체된 경우에 새로 바뀐 경영책임자등에게 중대재해처벌법 위반의 책임을 물을 수 있

---

2 고용노동부 2021. 11. 17. 발간 「중대재해처벌법 해설 - 중대산업재해 관련 -」, p. 14

는지 논쟁의 여지가 있다.

중대재해처벌법은 경영책임자등이 안전 및 보건 확보의무를 이행하지 않아 중대산업재해가 발생한 경우에 엄중한 형사책임을 묻는 것이므로 새로 교체된 경영책임자등에게는 종전 경영책임자등의 안전 및 보건 확보의무 불이행에 대하여 책임을 물을 수 없기 때문에 중대재해처벌법 위반에 해당하지 않는다는 견해(제1설), 개인사업주, 법인 또는 기관이 안전 및 보건 확보의무를 지는 것이므로 동일한 사업, 사업장에서 1년 내에 개인사업주, 법인 또는 기관이 교체된 경우에는 새로이 사업을 인수한 개인사업주, 법인, 기관 등에게 종전 직업성 질병자 2명 발생에 대하여 책임을 물을 수 없지만, 법인, 기관이 존속하고 경영책임자등만 교체된 경우에는 신임 경영책임자등에게 중대재해처벌법 위반이 성립될 수 있다는 견해(제2설) 등이 있을 수 있다. 책임주의 원칙 등을 고려할 때 제1설이 타당할 것으로 보인다.

2. 적용범위

> 제3조(적용범위) 상시 근로자가 5명 미만인 사업 또는 사업장의 사업주(개인사업주에 한정한다. 이하 같다) 또는 경영책임자등에게는 이 장의 규정을 적용하지 아니한다.

가. 개요

중대재해처벌법은 '제2장 중대산업재해' 적용범위에서 '상시 근로자 5명 미만인 사업 또는 사업장의 사업주, 경영책임자등'을 제외하고 있다.

즉, 상시 근로자 5명 미만의 사업주, 경영책임자등에게는 중대산업재해에 관한 법 제4조의 안전 및 보건 확보의무, 제5조의 도급, 용역, 위탁 등 관계에서의 안전 및 보건 확보의무, 제6조의 중대산업재해 사업주와 경영책임자등의 처벌, 제7조의 중대산업재해의 양벌규정, 제8조의 안전보건 교육의 수강의무 등에 관한 규정을 적용하지 아니한다고 규정하고 있다. 따라서, 중대재해처벌법의 '안전 및 보건 확보의무'가 면제되고, 사망자 1명 이상 발생

시 1년 이상의 징역형으로 강화된 '중대산업재해 처벌'에서도 제외된다.

나. 사업 또는 사업장의 의미

먼저, '사업 또는 사업장' 개념을 장소적으로 한정할 것인지 문제된다. 예컨대, 서울에 있는 본사와 대구에 있는 생산공장 또는 해외에 있는 사업부문, 학교법인 산하의 대학교와 그 부속병원 등을 '하나의 사업 또는 사업장'으로 해석할 것인지 하는 문제이다.

이와 관련하여 ① 중대재해처벌법은 중대재해 사고를 사전에 방지하기 위하여 사업을 대표하는 경영책임자등에 대한 처벌규정을 두고 있는 점 등을 고려할 때 '사업 또는 사업장'이란 경영상 일체를 이루면서 유기적으로 운영되는 기업 등 조직 그 자체를 의미하며, 사업장이 장소적으로 인접할 것을 요하지 않기 때문에 서울 본사와 지방 공장, 같은 학교법인 산하의 대학교와 병원을 하나의 사업장으로 보아야 한다는 견해,[3] ② 장소적 인접성이나 실질적 지배·운영·관리의 독자성 등을 무시하고 법률적 개념으로 '사업 또는 사업장'을 지나치게 확대하는 것은 책임주의 원칙에 반하고, 기업집단의 생산활동을 과도하게 위축할 우려가 있으므로, 장소적 인접성을 고려하여야 하고, 예산과 인력 편성의 독립성, 경영 및 관리의 독립성 등이 인정된다면 지방에 있는 생산공장, 해외 사업본부, 학교법인 산하의 대학병원 등의 경우 독립된 '사업 또는 사업장'으로 해석할 수 있다는 견해가 대립할 수 있다.

장소적 인접성을 무시하고 '사업 또는 사업장'의 개념을 지나치게 확대해석하는 것은 명확성의 원칙 등에 반하여 문제가 있으므로, 예산과 인력 편성의 독립성, 실질적 지배·운영·관리 여부 등을 종합적으로 고려하여 합리적인 범위에서 '사업 또는 사업장' 개념을 해석하는 것이 타당하다.

해외에 있는 국내법인의 사업장 등에서 재해가 발생한 경우에 중대재해처벌법을 적용할 수 있는지 논란의 여지가 있다.

형법의 일반원칙에 따르면, 대한민국 국민이 외국에서 한 행위에 대하여 국가형벌권이 미치므로, 해외사업장을 실질적으로 지배·운영·관리하는 대

---

3 고용노동부 2021. 11. 17. 발간 「중대재해처벌법 해설 - 중대산업재해 관련 -」, p. 31~32

한민국 국적의 대표, 공장장 등이 안전 및 보건 확보의무를 위반하여 중대재해가 발생하였다면, 이론상 대표 등을 중대재해처벌법으로 처벌할 수 있다고 해석될 수 있다.

또한, 국내 법인 또는 기관의 경영책임자등이 해외사업장의 사업을 대표하고 사업을 총괄·관리하는 권한과 책임을 갖고 있고, 국내 경영책임자등의 의무 위반행위로 해외사업장에서 중대산업재해가 발생하였다면, 이론상 국내 경영책임자등을 중대재해처벌법에 의해 처벌할 수 있다.

특히 해외사업장에서 파견 등의 형태로 근무하는 대한민국 국민이 중대산업재해를 입은 경우에는 당연히 중대재해처벌법에 의한 수사와 형사처벌 절차가 진행될 것으로 보인다.

그러나, 현실적으로 해외 사업장의 산업재해 피해자가 대한민국 국민이 아닐 경우 국가형벌권이 적극적으로 개입하기 어려운 경우가 발생할 개연성이 높고, 해당 국가 주권과의 충돌 문제 등으로 인해 혐의 또는 인과관계를 입증할 증거 확보가 쉽지 않을 것으로 보인다.

다. 사업주의 의미

중대재해처벌법 제3조 '사업주'가 '개인사업주'에 한정되는지 여부도 해석상 논란의 여지가 있다. 중대재해처벌법 제2조 제8호는 「'사업주'란 자신의 사업을 영위하는 자, 타인의 노무를 제공받아 사업을 하는 자를 말한다」라고 규정하고 있어 '사업주' 개념에 법인 사업주 및 개인 사업주가 모두 포함되는 것처럼 표현되어 있으나, 바로 이어지는 제3조는 그 이하에 규정된 모든 사업주를 '개인사업주'에 한정하는 것으로 규정하고 있어 해석상 논란의 여지가 있다.

중대재해처벌법 제3조 이하에 규정된 모든 사업주는 상시 근로자 수에 관계없이 '개인사업주'만을 의미하는 것으로 해석하는 것이 타당할 것으로 보인다.[4]

---

4 이에 대한 구체적인 논거는 '제3장 종사자, 사업주, 경영책임자등'에서 상세하게 다룬다.

라. 5명 미만 상시 근로자의 의미

중대재해처벌법은 중대산업재해에 관한 규정이 적용되는 '사업 또는 사업장'의 범위를 상시 근로자 수를 기준으로 정하고 있으나, 중대재해처벌법의 적용이 면제되는 기준인 상시 근로자의 개념에 대하여 별도의 규정을 두고 있지 않다. 따라서 중대재해처벌법의 상시 근로자는 근로기준법의 상시 근로자와 같은 개념이라고 해석하는 것이 타당하다.

근로기준법 시행령 제7조의2 제1항은 '상시 사용하는 근로자 수' 판단에 관하여, 「해당 사업 또는 사업장에서 법 적용 사유 발생일 전 1개월 동안 사용한 근로자의 연인원을 같은 기간 중의 가동 일수로 나누어 산정한다」고 규정하고 있다.

이에 따라 법적용 사유 발생일 전 1개월 동안 사용한 근로자의 연인원을 같은 기간 중의 가동일수로 나누어 계산한다. 즉 '사유발생일 전 1개월 내에 사용한 근로자의 연인원 수 ÷ 사유 발생일 전 1개월 내의 사업장 가동 일수 = 상시 근로자수'이다.

골프장 캐디, 대리운전기사, 배달종사자 등 특수형태 근로종사자를 상시 근로자에 포함시킬 것인지 문제이다.

제1설은 도급, 용역, 위탁 등 계약의 형식에 관계없이 그 사업의 수행을 위하여 대가를 목적으로 노무를 제공하는 자, 도급, 용역, 위탁 등을 행한 제3자의 근로자 등은 안전 및 보건 확보의무의 대상은 되지만 해당 사업 또는 사업장의 상시 근로자에 포함되지 않는다는 견해이다.[5]

제2설은 산업안전보건법이 특수형태 근로종사자에 대한 안전·보건조치 의무(제77조)를 신설한 취지, 위험도가 높은 업무에 종사하는 특수형태 근로종사자의 보호 필요성 등을 고려할 때, 도급, 용역, 위탁 등 계약 형식에 관계없이 주로 하나의 사업 또는 사업장에서 노무를 상시적으로 제공하고 보수를 받아 생활하는 특수형태 근로종사자도 상시 근로자에 포함시켜야 한다는 견해이다.

5 고용노동부 2021. 11. 17. 발간 「중대재해처벌법 해설 - 중대산업재해 관련 -」, p. 33

현행법의 해석으로는 특수형태 근로종사자가 상시 근로자에 포함된다고 보기 어려우므로 제1설이 타당하다. 한편, 중대재해처벌법 제2조는 특수형태 근로종사자에 해당하는 '도급, 용역, 위탁 등 계약의 형식에 관계없이 그 사업의 수행을 위하여 대가를 목적으로 노무를 제공하는 자'를 '종사자' 개념에 포함시켜 사업주 등에게 안전 및 보건 확보의무를 부과하고 있다.

사업주와 직접 계약 관계가 존재하는 현장실습생, 파트 타임 근로자 등은 상시 근로자에 포함된다고 해석하는 것이 타당하다.

도급인 소속의 상시 근로자가 5명 이상인 경우에는 수급인 소속의 상시 근로자가 5명 미만으로 수급인이 이 법의 적용을 받지 않더라도 도급인은 수급인과 수급인의 근로자 및 노무제공자에 대하여 안전 및 보건 확보의무를 부담하게 되고, 도급인 소속 상시 근로자는 5명 미만이지만 수급인 소속 근로자는 5명 이상인 경우에는 도급인은 법의 적용대상이 아니지만, 수급인은 중대재해처벌법의 적용대상이 된다.

파견근로자가 상시 근로자에 포함되는지 여부에 관하여도 다툼의 여지가 있지만, 파견근로자 보호 등에 관한 법률 제35조는 '파견 중인 근로자의 파견근로에 관하여는 사용사업주를 산업안전보건법 제2조 제4호의 사업주'로 본다고 규정하고 있으므로, 파견근로자는 개인 사업주나 법인 또는 기관의 상시 근로자에 포함된다고 해석하는 것이 타당하다.

제 2 장   중대시민재해

제2조(정의) 이 법에서 사용하는 용어의 뜻은 다음과 같다.

3. "중대시민재해"란 특정 원료 또는 제조물, 공중이용시설 또는 공중교통수단의 설계, 제조, 설치, 관리상의 결함을 원인으로 하여 발생한 재해로서 다음 각 목의 어느 하나에 해당하는 결과를 야기한 재해를 말한다. 다만, 중대산업재해에 해당하는 재해는 제외한다.

> 가. 사망자가 1명 이상 발생
> 나. 동일한 사고로 2개월 이상 치료가 필요한 부상자가 10명 이상 발생
> 다. 동일한 원인으로 3개월 이상 치료가 필요한 질병자가 10명 이상 발생

1. 개관

중대재해처벌법은 중대재해를 중대산업재해와 중대시민재해로 구분한다. 중대시민재해란 특정 원료 또는 제조물, 공중이용시설 또는 공중교통수단의 설계, 제조, 설치, 관리상의 결함을 원인으로 하여 사망사고 등의 중대한 결과를 야기한 재해를 의미한다.

중대산업재해가 주로 근로자들이 노무를 제공하는 사업장에서 발생되는 산업안전에 관련된 사고를 의미함에 비하여, 중대시민재해는 노무제공이나 근로자 등의 산업현장의 범위는 물론이고 그 범위를 벗어나 일반 시민이 이용하는 각종 공산품 등 특정 원료를 통하여 물품을 생산하여 일반인들이 사용하는 경우나 음식점, 노래방 등의 다중 이용시설, 교량과 터널 등의 시설물, 그리고 고속버스, 지하철, KTX 등 대중교통수단의 이용과정에서 그 제품이나 원료를 원인으로 하여 발생되거나 공중이용시설이나 공중교통수단의 결함으로 인하여 사망 등의 결과를 가져오는 사건을 의미하므로 그 적용범위나 대상이 훨씬 넓은 것으로 이해된다.

이 법 제정 필요성에 대한 각 법안들의 제안이유에서 들고 있는 대형사건 중 이 법상의 중대시민재해로 구분될 수 있는 대표적인 사건이 세월호 참사와 가습기 살균제 피해사건이다. 가습기 살균제 피해사건의 경우, 가습기 내부의 세균 등을 없애기 위한 살균력 등을 함유한 원료물질이 신체의 안전, 특히 폐질환 등을 유발한 결과 다수의 사망자가 발생하는 등 사회적 참사 사고로 분류된 사건이다. 특히 중대재해처벌법 제정 직후인 2021. 1. 12. 서울중앙지방법원에서 이미 처벌받은 옥시에서 원료로 사용한 화학물질(PHMG계열)과는 다른 화학물질(CMIT/MIT계열)을 원료로 하여 가습기 살균제를 제조, 판매, 유통 등의 과정에 관련되었다고 기소된 SK케미칼, 애경산업, 이마트

등에 대한 업무상과실치사상 사건에 대하여 법원이 무죄를 선고하여 언론의 관심을 모은 바 있다.

「現 중대재해처벌법' 있었어도 '가습기메이트 무죄' 못 막았다」 등 중대재해처벌법이 만약 시행되고 있었다면 유죄선고가 가능했는지 여부에 대하여 관심 있는 기사가 보도된 바도 있다.[6]

그 외 백화점, 극장 등 다중이용시설에서의 안전사고, 철도나 경전철 등의 공중교통수단 관련 시설 문제로 인한 사고 등이 일응 중대시민재해의 범주에 들어갈 수 있는 것으로 보이는데, 지난 2021. 10. 5. 공포된 중대재해처벌법 시행령에서는 일정한 규모 이상의 주유소, 가스충전소, 대규모 놀이공원 등을 추가로 공중이용시설의 대상으로 지정하였다.

2. 일정한 결과의 발생

중대재해처벌법에서 말하는 중대시민재해란 사망자가 1명 이상 발생되거나, 동일 사고로 2개월 이상 치료가 필요한 부상자가 10명 이상 발생되거나, 동일 원인으로 3개월 이상 치료가 필요한 질병자가 10명 이상 발생하는 등 일정한 결과가 발생한 경우를 의미한다.

중대산업재해와 비교하여 보면 사망자는 1명 이상으로 동일하고, 동일 사고로 인한 부상의 경우 치료기간이 다소 짧더라도 더 많은 피해 인원의 발생이 필요하며(6개월 이상 치료해야 하는 부상자 2명 이상 ⇔ 2개월 이상 치료해야 하는 부상자 10명 이상), 중대산업재해와 달리 동일 원인으로 3개월 이상 치료가 필요한 질병자 10명 이상의 발생한 경우도 포함된다.

중대산업재해가 산업안전보건법에 부가하여 근로자 보호에 중점을 둔 것이라면 중대시민재해는 위험한 원료나 물건, 시설이나 업소 이용자 등 일반 시민들에 대한 피해발생을 염두에 둔 것이어서 사망자가 아닌 부상자의 경우에는 부상 정도는 상대적으로 가볍더라도 더 많은 피해자의 발생을 필

---

6 이은지, 차민지, 「現 중대재해처벌법' 있었어도 '가습기메이트 무죄' 못 막았다」, 노컷뉴스, 2021. 1. 20.

요로 하는 것으로 해석된다.

3. 결함으로 인한 결과의 발생 - 인과관계

가. 개요

중대시민재해가 되기 위해서는 특정 원료나 제조물, 공중이용시설 또는 공중교통수단의 **"설계, 제조, 설치, 관리상의 결함"**을 원인으로 하여 발생한 재해이어야 한다. 따라서 "설계, 제조, 설치, 관리상의 결함"이 아닌 다른 원인으로 하여 발생된 재해의 경우에는 중대시민재해에 해당하지 않게 된다.

설계, 제조, 설치상의 결함뿐만 아니라 "관리"상의 결함에 대하여도 형사책임을 묻기 때문에, 관리자와 사용자가 따로 있는 경우 누구의 잘못으로 발생한 재해인지 다툼이 벌어질 것이 명약관화하고, 특히 명확성의 원칙 측면에서 물건에 대한 관리만이 해당되는 것인지 아니면 물건을 관리하는 사람에 대한 관리도 포함되는 것인지 불분명한데, 시행령 제정과정에서도 반영되지 못하였다.

"결함"이라는 말은 통상 "부족하거나 완전하지 못하여 흠이 되는 부분"이라고 이해되는데,[7] 결함을 원인으로 하여 법률효과를 나타내는 대표적인 것이 제조물책임법이다.

나. 제조물책임법과 결함(缺陷)[8]의 추정 규정

제조물책임법은 제조물의 결함으로 발생한 손해에 대한 제조업자 등의 손해배상책임을 규정함으로써 피해자 보호를 도모하고 국민생활의 안전 향상과 국민경제의 건전한 발전에 이바지함을 목적으로 제정된 법으로 제조물의 결함으로 발생한 민사적 손해에 대한 손해배상을 규정하고 있어 제조물의 결함을 원인으로 한 중대시민재해에 대한 형사처벌을 규정하고 있는 중

---

7 인터넷 국립국어원 표준국어대사전

8 결함의 판단기준으로는 표준일탈기준, 소비자기대수준, 위험효용기준, 바커(Barker Test) 등이 있다고 한다. 송오식, '제조물책임법상의 결함', 법률신문 판례평석, 2004. 9. 2.

대재해처벌법의 해석과 적용에서 일정한 기준과 척도가 될 수 있을 것으로 생각된다.

제조물책임법 제2조 제2호는 "결함이란 해당 제조물에 다음 각 목의 어느 하나에 해당하는 제조상·설계상 또는 표시상의 결함이 있거나 그 밖에 통상적으로 기대할 수 있는 안전성이 결여되어 있는 것을 말한다"고 규정하고 있다.

가. "제조상의 결함"이란 제조업자가 제조물에 대하여 제조상·가공상의 주의의무를 이행하였는지에 관계없이 제조물이 원래 의도한 설계와 다르게 제조·가공됨으로써 안전하지 못하게 된 경우를 말한다.

나. "설계상의 결함"이란 제조업자가 합리적인 대체설계(代替設計)를 채용하였더라면 피해나 위험을 줄이거나 피할 수 있었음에도 대체설계를 채용하지 아니하여 해당 제조물이 안전하지 못하게 된 경우를 말한다.

다. "표시상의 결함"이란 제조업자가 합리적인 설명·지시·경고 또는 그 밖의 표시를 하였더라면 해당 제조물에 의하여 발생할 수 있는 피해나 위험을 줄이거나 피할 수 있었음에도 이를 하지 아니한 경우를 말한다.

한편, 제조물책임법은 피해자가 다음 사실을 증명한 경우에는 제조물을 공급할 당시 해당 제조물에 결함이 있었고 그 제조물의 결함으로 인하여 손해가 발생한 것으로 추정한다고 규정하고 있다(제조물책임법 제3조의2 본문).

제3조의2(결함 등의 추정)

1. 해당 제조물이 정상적으로 사용되는 상태에서 피해자의 손해가 발생하였다는 사실

2. 제1호의 손해가 제조업자의 실질적인 지배영역에 속한 원인으로부터 초래되었다는 사실

3. 제1호의 손해가 해당 제조물의 결함 없이는 통상적으로 발생하지 아니한다는 사실

다만, 제조업자가 제조물의 결함이 아닌 다른 원인으로 인하여 그 손해

가 발생한 사실을 증명한 경우에는 그러하지 아니하다(제조물책임법 제3조의2 단서).

결국 민사상 손해배상 책임을 규정하는 제조물책임법에서는 결함의 추정 규정을 통하여 사실상 제조업자가 결함으로 인한 사고가 아닌 점을 입증하도록 입증책임을 전환하였다.

중대재해처벌법의 제정 과정에서도 일정한 요건이 충족되는 경우에는 사업주나 경영책임자등이 위험방지의무를 위반한 행위로 중대산업재해나 중대시민재해가 발생된 것으로 추정한다는 인과관계 추정 규정을 포함한 법안도 있었으나, 다행히 무죄추정의 원칙에 반하는 반헌법적 조항이라는 비판에 따라 삭제되었다. 그러나 사고원인에 대한 수사 및 재판과정에서 수사기관과 검찰은 결함으로 인한 사고를 입증함에 있어서 제조물책임법 제3조의2 결함 등의 추정 규정의 간접사실들을 입증하는 것으로 결함으로 인한 재해임을 입증할 것으로 보인다.

4. 중대산업재해와의 관계

중대재해처벌법 제2조 제3호 본문 단서에서 "다만, 중대산업재해에 해당하는 재해는 제외한다"고 규정하여, 사고의 내용상 중대산업재해에도 해당하고 중대시민재해에도 해당할 경우, 중대산업재해가 먼저 적용되는 것으로 해석된다.

5. 중대시민재해의 적용 대상

중대시민재해는 중대산업재해와 달리, "특정 원료 또는 제조물, 공중이용시설 또는 공중교통수단의 설계, 제조, 설치, 관리상의 결함을 원인으로 하여 발생한 재해" 중에서 사망사고 등 법에서 규정하는 일정한 결과를 야기한 재해를 말한다. 그런데 그 적용대상 여부가 한편으로는 광범위하고 한편으로는 관련 법령을 순차적으로 인용하고 있어 매우 세밀하게 살펴보아야만 정확한 중대시민재해 적용대상을 확인할 수 있을 정도로 복잡하며, 그중 일부분은 다시 시행령에 위임하고 있다.

중대시민재해는 크게 ① 특정 원료 또는 제조물의 설계, 제조, 관리상의 결함을 원인으로 하는 사고와, ② 공중이용시설이나 공중교통수단의 설계, 설치, 관리상의 결함으로 인한 사고로 나누어 볼 수 있는데, 중대시민재해 예방에 필요한 조치의무에도 큰 차이가 있으며, 특히 공중이용시설의 경우, 대형 건축물부터 일정한 규모의 공중이용업소 등까지 그 적용대상의 범위가 상당히 광범위하고, 그 적용대상을 대통령령으로 정하도록 규정하고 있어 시행령 제정과정에서도 여러 논란이 있었다.

가. 특정 원료 또는 제조물

1) 개요

중대재해처벌법은 법이나 시행령에서 "특정 원료"가 무엇인지에 관하여 별도의 정의규정을 두고 있지 않고, "제조물"에 관하여는 "제조되거나 가공된 동산(다른 동산이나 부동산의 일부를 구성하는 경우를 포함한다)을 말한다"고 법 자체에서 정의규정을 두고 있다(중대재해처벌법 제2조 제6호).

일반적 "원료"란 개념은 어떤 물건을 만드는 데 들어가는 재료를 의미하는 것으로 이해되고 있다.

"제조물"이라는 개념은 일반적으로 소비자에게 판매할 목적으로 공장에서 대량으로 만들어 유통하는 제품을 의미하는 것으로 이해되는데, 이 법이나 시행령에서 범위나 개념을 제한하고 있지 않다. 그러나 "가공된 동산"과 별도로 규정된 "특정 원료"의 차이를 명백히 하는 것이 쉽지 않은 경우가 있을 것으로 보인다.

2) 인체에 유해한 원료 또는 제조물 여부

중대재해처벌법에서 규정하는 중대시민재해의 적용대상이 되는 "특정 원료"나 "제조물"의 해석과 관련하여 가장 문제되는 것은 그것이 인체에 해로운 위험한 원료나 제조물로 한정해야 하는지 여부이다. 즉, 인체에 전혀 해

롭지 아니한 원료나 제조물을 생산, 제조, 판매, 유통하는 사업주나 경영책임
자등도 이 법과 시행령에서 정하고 있는 안전보건관리체계의 구축 등 안전
및 보건 확보의무(법 제9조)를 모두 준비하고 이행하여야 하는지의 문제이다.
만약 인체에 무해한 원료나 제조물이라면 그 제조물의 설계, 제조, 관리상의
결함으로 인하여 사고가 발생할 가능성이 매우 낮다고도 볼 수 있다. 가정하
기도 쉽지 않지만 인체에 무해한 원료나 제조물의 설계, 제조, 관리상의 결함
으로 인하여 사고가 발생되었을 경우에도 그 사업주 또는 경영책임자등에게
중대재해처벌법이 적용될 수 있는지 여부이다.

중대재해처벌법 제1조의 목적 규정에서 "인체에 해로운 원료나 제조물
을 취급하면서 안전·보건조치의무를 위반하여 인명피해를 발생하게 한 경
우"라고 명백하게 규정하고 있음에도 법이나 시행령에서 별도로 위 입법목
적에 맞는 제한 규정이 없기 때문에 중대재해처벌법 제3조 제3호에서 규정
하는 "특정 원료"나 "제조물"이 "인체에 해로운 원료"에 한정해서 해석해야
하는지가 여부에 대하여 견해가 달라질 수 있다.

첫째, "특정 원료나 제조물"은 중대재해처벌법의 입법취지에 비추어 인
체에 해로운 원료나 제조물을 의미하는 것으로 해석하자는 견해이다. 법 제1
조의 목적 규정의 취지가 명확하므로 별도의 정의규정이 없다고 하더라도
제한하여 해석해야 한다는 견해이다.

둘째, "특정 원료나 제조물"에 관하여 별도의 제한 규정이 없으므로 원
료나 제조물은 인체에 해로운지 여부와 무관하게 모든 원료와 제조물이 중
대재해처벌법의 적용대상이 된다고 해석하는 견해이다.

중대재해처벌법의 입법 과정에서 제안되었던 제안이유 및 법안의 문구
들, "인체에 해로운 원료나 제조물"을 취급하면서 안전 보건조치 의무를 위
반하여 인명피해를 발생하게 한 사업주 등의 처벌을 규정한다는 중대재해처
벌법 제1조의 목적규정의 기재 내용에 비추어, 인체에 해롭거나 위험한 물질
등으로 인한 사고에 중대재해처벌법이 적용된다고 한정하여 해석함이 상당
할 것이다.

입법과정에서 가장 먼저 「중대재해에 대한 기업 및 책임자 처벌 등에

관한 법률안」을 발의하였던 강은미 의원 법률안의 제안이유에서도 "위험한 원료 및 제조물을 취급하면서 안전관리·보건위생상 조치의무를 위반하는 인명사고가 발생한 경우"[9]라고 설시하고, 그 법률안 제1조 목적규정에서 "인체에 해로운 원료나 제조물"이라는 표현을 사용하기 시작한 이래, 대부분의 법률안들이 "인체에 해로운 원료나 제조물"이라는 표현을 사용하였고, 결국 중대재해처벌법 제1조 목적 규정도 그대로 위와 같이 "인체에 해로운 원료나 제조물"로 한정하여 규정되었다.

이러한 중대재해처벌법의 목적 규정과 입법과정의 제안이유, 각종 제안 법률안 등을 종합하여 볼 때 위험한 물건 또는 인체에 해로운 원료나 제조물에 의한 상해나 질병 등의 발생을 염두에 두고 제정된 것이라는 점을 추단해 볼 수 있다.

한편, 제조물의 경우 이러한 제한 해석에 의할 경우, 제조물책임법상의 제조물 해석범위와 달라질 수 있다. 이는 제조물책임법은 민사적 손해배상을 목적으로 제정된 법률이고 중대재해처벌법은 그 법의 제목 자체에 명확하게 나타난 것처럼 형사처벌을 목적으로 하는 법률이라는 점에서 근본적 차이점이 있고, 형사처벌을 목적으로 하는 법률의 해석은 보다 엄격하게 제한하여 해석하는 것이 필요하므로 위험한 제조물에 한정하여 해석하는 것이 바람직하다 할 것이다.

3) 시행령의 조치의무 대상과 관련된 문제

한편, 특정원료나 제조물의 대상을 인체에 해로운 위험한 물건이나 원료에 제한할 것으로 기대하였지만 정부는 시행령을 제정하면서 별도의 제한규정을 두지 않았다.

그런데 중대재해처벌법 제9조 제4항에 따라 원료나 제조물과 관련된 안전보건관리체계의 구축 의무에 관하여 구체적 사항을 규정하는 시행령 제8조 별표 5에서 별도의 원료와 제조물에 대하여는 추가적인 별도의 조치의무

9 2020. 6. 11. 강은미 의원 대표발의 「중대재해에 대한 기업 및 책임자 처벌 등에 관한 법률안」, p. 3

를 부과하는 규정을 제정함으로써, 그 조치의무의 대상과 관련하여 다시 대상의 특정이나 범위에 관한 문제가 발생되었다.

즉 원료나 제조물과 관련된 안전보건관리체계 구축에 관한 시행령 제8조는 제1호에서 조치의무 구축에 필요한 인력 구비, 제2호에서 이에 필요한 예산의 편성과 집행 의무 등을 규정하다가 갑자기 시행령 제8조 제3호에서 "별표 5에서 규정된 원료나 제조물"에 대하여는 ㉠ 주기적인 유해요인 점검, ㉡ 중대시민재해 발생우려 시 신고 및 조치, ㉢ 중대시민재해 발생 시 신고 및 보고, ㉣ 중대시민재해 원인조사에 따른 개선조치 등의 의무 등을 규정하고, 이어서 위 제4호에서 위 "별표 5에서 규정된 원료나 제조물"에 대하여는 업무처리 절차 마련 의무를 규정하며, 위 제5호에서는 제1호와 제2호의 의무를 반기 1회 이상 점검하도록 규정하고 있다.

즉 별표 5에 규정된 원료나 제조물에 대하여만 별도의 안전 및 보건확보를 위한 조치의무를 추가로 규정하다 보니, 별표 5에 해당하지 않는 원료나 제조물에 대하여는 반대로 위 제3호와 제4호에 규정된 조치의무를 이행할 필요가 없고, 나머지 위 시행령 제8조 제1호, 제2호 및 제5호에 규정된 조치의무만 이행하면 되는 결과가 되었다.

이와 관련하여 정부가 2021. 9. 28. 시행령이 국무회의를 통과하자마자 배포한 보도자료에서 원료나 제조물의 경우, 안전보건관리체계의 구축 및 이행의 구체적 내용으로 △인력 배치·업무부여, △예산편성·집행, △조치여부 점검(반기 1회 이상)라고 설명하면서, "인체 유해성이 강하여 중대시민재해 우려가 높은 원료·제조물(영 별표 5)에 대해서는 △유해·위험요인 주기적 점검 및 위험징후 대응조치, △보고·신고절차 등을 포함한 업무처리절차를 마련하였다"고 설명하였다. 그러면서 시행령 별표 5에 대하여는 "독성가스·농약·마약류·방사성물질·의료기기·화약류·유해화학물질(제1~11호) 및 "그 밖에 관계 중앙행정기관의 장이 고시하는 해로운 원료·제조물(제12호)"이라고 부기하고 있다.

이렇게 중대재해처벌법에서 별도 위임규정은 없지만, 시행령을 제정하면서 원료와 제조물 중에서 인체 유해성이 강하다는 별표 5 원료와 제조물에 대하여만 별도의 안전보건 조치의무를 부과함으로써, ① 인체 유해성이 강하여 중대시민재해 우려가 높은 원료와 제조물(위 별표 5), ② 인체 유해성이 약하여 중대시민재해 우려가 낮은 원료와 제조물, ③ 인체 유해성이 전혀 없는 원료와 제조물로 구분될 수 있는 여지를 만들었다.

결국, 정부가 중대재해처벌법 제1조의 목적규정을 충분히 고려하지 아니하고 입법자의 의사에 반하여 시행령을 제정하는 바람에 별표 5에서 별도로 규정하는 원료와 제조물, 그렇지 않은 원료와 제조물로 다원화되는 결과가 되어 그 해석과정에서는 여러 논란이 불가피해 보인다.

4) 시행령 별표 5에 규정된 원료와 제조물

앞서 본 정부의 보도자료에서 인체 유해성이 강하여 중대시민재해 우려가 높은 것들이라며 시행령 별표 5에 규정된 원료와 제조물은 다음과 같다.

---

1. 「고압가스 안전관리법(고압가스법)」 제28조 제2항 제13호의 독성가스

고압가스법은 고압가스의 제조·저장·판매·운반·사용과 고압가스의 용기·냉동기·특정설비 등의 제조와 검사 등에 관한 사항 및 가스안전에 관한 기본적인 사항을 정함으로써 고압가스 등으로 인한 위해(危害)를 방지하고 공공의 안전을 확보함을 목적으로 하는 법률이다.

고압가스법은 고압가스로 인한 위해를 방지하고 가스안전기술의 개발 및 가스안전관리사업을 효율적이고 체계적으로 추진하기 위하여 한국가스안전공사(이하 "공사"라 한다)를 설립한다고 규정하면서, 그 한국가스안전공사의 사업 범위에 독성가스의 중화처리를 규정하고 있고, 그 독성가스의 범위에 관하여는 "공기 중에 일정량 이상 존재하는 경우 인체에 유해한 독성을 가진 가스로서 산업통상자원부령으로 정하는 고압가스를 말한다"고 괄호 안에 부기하고 있다(고압가스법 제28조 제2항 제13호).

이에 따라 고압가습법 시행규칙 제2조에서 독성가스란 "아크릴로니트릴·아크릴알데히드·아황산가스·암모니아·일산화탄소·이황화탄소·불소·염소·브롬화메탄·염화메탄·염화프렌·산화에틸렌·시안화수소·황화수소·모노메틸아민·디메틸아민·트리메틸아민·벤젠·포스겐·요오드화수소·브롬화수소·염화수소·불화수소·겨자가스·알진·모노실란·디실란·디보레인·세렌화수소·포스핀·모노게르만 및 그 밖에 공기 중에 일정량 이상 존재하는 경우 인체에 유해한 독성을

가진 가스로서 허용농도(해당 가스를 성숙한 흰쥐 집단에게 대기 중에서 1시간 동안 계속하여 노출시킨 경우 14일 이내에 그 흰쥐의 2분의 1 이상이 죽게 되는 가스의 농도를 말한다. 이하 같다)가 100만분의 5,000 이하인 것을 말한다"고 규정되어 있다.

2. 「농약관리법」 제2조 제1호, 제1호의2, 제3호 및 제3호의2의 농약, 천연식물보호제, 원제(原劑) 및 농약활용기자재

농약관리법은 농약의 제조·수입·판매 및 사용에 관한 사항을 규정함으로써 농약의 품질향상, 유통질서의 확립 및 농약의 안전한 사용을 도모하고 농업생산과 생활환경 보전에 이바지함을 목적으로 제정된 법이다.

농약관리법 제2조 제1호는 "농약"을 아래와 같이 규정하고 있다.

가. 농작물[수목(樹木), 농산물과 임산물을 포함한다. 이하 같다]을 해치는 균(菌), 곤충, 응애, 선충(線蟲), 바이러스, 잡초, 그 밖에 농림축산식품부령으로 정하는 동식물(이하 "병해충"이라 한다)을 방제(防除)하는 데에 사용하는 살균제·살충제·제초제

나. 농작물의 생리기능(生理機能)을 증진하거나 억제하는 데에 사용하는 약제

다. 그 밖에 농림축산식품부령으로 정하는 약제

또한 농약관리법 제2조 제1호의2는 "천연식물보호제"를 아래에 해당하는 농약으로서 농촌진흥청장이 정하여 고시하는 기준에 적합한 것을 말한다고 규정하고 있다.[10]

가. 진균, 세균, 바이러스 또는 원생동물 등 살아있는 미생물을 유효성분(有效成分)으로 하여 제조한 농약

나. 자연계에서 생성된 유기화합물 또는 무기화합물을 유효성분으로 하여 제조한 농약

농약관리법 제2조 제3호는 "원제(原劑)"란 농약의 유효성분이 농축되어 있는 물질을 말한다고 규정하고 있다.[11]

---

10 「농약 및 원제의 등록 기준」(농촌진흥청고시 제2021-20호, 2021. 9. 28. 일부개정) 참조
11 위 「농약 및 원제의 등록 기준」 참조

농약관리법 제2조 제3호의2는 "농약활용기자재"란 다음 어느 하나에 해당하는 것으로 농촌진흥청장이 지정하는 것을 말한다고 규정하고 있다.

가. 농약을 원료나 재료로 하여 농작물 병해충의 방제 및 농산물의 품질관리에 이용하는 자재

나. 살균·살충·제초·생장조절 효과를 나타내는 물질이 발생하는 기구 또는 장치

3. 「마약류 관리에 관한 법률(마약류관리법)」 제2조 제1호의 마약류

마약류관리에 관한 법률은 마약·향정신성의약품(向精神性醫藥品)·대마(大麻) 및 원료물질의 취급·관리를 적정하게 함으로써 그 오용 또는 남용으로 인한 보건상의 위해(危害)를 방지하여 국민보건 향상에 이바지함을 목적으로 제정된 법이다. 마약류관리법 제2조 제1호는 "마약류"란 마약·향정신성의약품 및 대마를 말한다고 규정하고 있다.

먼저 마약류관리법에서 "마약"이란 아래에 해당하는 것을 말한다(제2조 제2호).

가. 양귀비: 양귀비과(科)의 파파베르 솜니페룸 엘(Papaver somniferum L.), 파파베르 세티게룸 디시(Papaver setigerum DC.) 또는 파파베르 브락테아툼 (Papaver bracteatum)

나. 아편: 양귀비의 액즙(液汁)이 응결(凝結)된 것과 이를 가공한 것. 다만, 의약품으로 가공한 것은 제외한다.

다. 코카 잎[엽]: 코카 관목[(灌木): 에리드록시론속(屬)의 모든 식물을 말한다]의 잎. 다만, 엑고닌·코카인 및 엑고닌 알칼로이드 성분이 모두 제거된 잎은 제외한다.

라. 양귀비, 아편 또는 코카 잎에서 추출되는 모든 알카로이드 및 그와 동일한 화학적 합성품으로서 대통령령으로 정하는 것

마. 가목부터 라목까지에 규정된 것 외에 그와 동일하게 남용되거나 해독(害毒) 작용을 일으킬 우려가 있는 화학적 합성품으로서 대통령령으로 정하는 것

바. 가목부터 마목까지에 열거된 것을 함유하는 혼합물질 또는 혼합제제. 다만, 다른 약물이나 물질과 혼합되어 가목부터 마목까지에 열거된 것으로 다시 제조하거나 제제(製劑)할 수 없고, 그것에 의하여 신체적 또는 정신적 의존성을 일으키지 아니하는 것으로서 총리령으로 정하는 것[이하 "한외마약"(限外麻藥)이라 한다]은 제외한다.

다음으로 마약류관리법에서 "향정신성의약품"이란 인간의 중추신경계에 작용하는 것으로서 이를 오용하거나 남용할 경우 인체에 심각한 위해가 있다고 인정되는 아래의 어느 하나에 해당하는 것으로서 대통령령으로 정하는 것을 말한다. (제2조 제3호)

가. 오용하거나 남용할 우려가 심하고 의료용으로 쓰이지 아니하며 안전성이 결여되어 있는 것으로서 이를 오용하거나 남용할 경우 심한 신체적 또는 정신적 의존성을 일으키는 약물 또는 이를 함유하는 물질

나. 오용하거나 남용할 우려가 심하고 매우 제한된 의료용으로만 쓰이는 것으로서 이를 오용하거나 남용할 경우 심한 신체적 또는 정신적 의존성을 일으키는 약물 또는 이를 함유하는 물질

다. 가목과 나목에 규정된 것보다 오용하거나 남용할 우려가 상대적으로 적고 의료용으로 쓰이는 것으로서 이를 오용하거나 남용할 경우 그리 심하지 아니한 신체적 의존성을 일으키거나 심한 정신적 의존성을 일으키는 약물 또는 이를 함유하는 물질

라. 다목에 규정된 것보다 오용하거나 남용할 우려가 상대적으로 적고 의료용으로 쓰이는 것으로서 이를 오용하거나 남용할 경우 다목에 규정된 것보다 신체적 또는 정신적 의존성을 일으킬 우려가 적은 약물 또는 이를 함유하는 물질

마. 가목부터 라목까지에 열거된 것을 함유하는 혼합물질 또는 혼합제제. 다만, 다른 약물 또는 물질과 혼합되어 가목부터 라목까지에 열거된 것으로 다시 제조하거나 제제할 수 없고, 그것에 의하여 신체적 또는 정신적 의존성을 일으키지 아니하는 것으로서 총리령으로 정하는 것은 제외한다.

그리고 마약류관리법은 "대마"란 아래 어느 하나에 해당하는 것을 말한다고 규정하고 있다(제2조 제4호).[12]

가. 대마초와 그 수지(樹脂)

나. 대마초 또는 그 수지를 원료로 하여 제조된 모든 제품

다. 가목 또는 나목에 규정된 것과 동일한 화학적 합성품으로서 대통령령으로 정하는 것

---

[12] 다만, 대마초[칸나비스 사티바 엘(Cannabis sativa L)을 말한다. 이하 같다]의 종자(種子)·뿌리 및 성숙한 대마초의 줄기와 그 제품은 제외한다(마약류관리법 제2조 제4호 단서).

라. 가목부터 다목까지에 규정된 것을 함유하는 혼합물질 또는 혼합제제

4. 「비료관리법」 제2조 제2호 및 제3호의 보통비료 및 부산물비료

비료관리법은 비료의 품질을 보전하고 원활한 수급(需給)과 가격 안정을 통하여 농업생산력을 유지·증진시키며 농업환경을 보호함을 목적으로 제정된 법이다. 비료관리법에서 "비료"란 식물에 영양을 주거나 식물의 재배를 돕기 위하여 흙에서 화학적 변화를 가져오게 하는 물질, 식물에 영양을 주는 물질, 그 밖에 농림축산식품부령으로 정하는 토양개량용 자재 등을 말한다고 규정하고(제2조 제1호), "보통비료"란 부산물비료 외의 비료로서 제4조에 따라 공정규격이 설정된 것을 말한다고 규정하며(제2조 제2호), "부산물비료"란 농업·임업·축산업·수산업·제조업 또는 판매업을 영위하는 과정에서 나온 부산물(副産物), 사람의 분뇨(糞尿), 음식물류 폐기물, 토양미생물 제제(製劑, 토양효소 제제를 포함한다), 토양활성제 등을 이용하여 제조한 비료로서 제4조에 따라 공정규격이 설정된 것을 말한다고 규정하고 있다(제2조 제3호).

5. 「생활화학제품 및 살생물제의 안전관리에 관한 법률(화학제품안전법)」 제3 조 제7호 및 제8호의 살생물물질 및 살생물제품

화학제품안전법은 생활화학제품의 위해성(危害性) 평가, 살생물물질(殺生物物質) 및 살생물제품의 승인, 살생물처리제품의 기준, 살생물제품에 의한 피해의 구제 등에 관한 사항을 규정함으로써 국민의 건강 및 환경을 보호하고 공공의 안전에 이바지하는 것을 목적으로 제정된 법이다.

이 화학제품안전법은 가습기살균제 사고를 계기로 제정된 법이다. 법 제정취지는 "많은 인명피해가 발생한 가습기살균제 사고를 계기로 화학제품 전반에 대한 화학공포증 등 국민적 불안이 가중되고 경각심이 높아지고 있음. 특히 유해생물을 제거하거나 무해화(無害化)하는 등의 기능을 가진 살균제, 살충제 등 살생물제(殺生物劑)에 대한 관리 필요성이 높아진 상황임. 이에 살생물물질(殺生物物質) 및 살생물제품에 대한 승인제도를 도입하여 살생물제에 대한 사전예방적 관리체계를 마련하는 한편, 생활화학제품에 대한 체계적인 안전관리를 위하여 그동안 「화학물질의 등록 및 평가 등에 관한 법률」에서 규정하여 오던 생활화학제품에 대한 사항을 이 법으로 옮겨 일부한 미비한 사항 보완하려고 하는 것임"이다.

화학제품안전법은 화학물질 또는 살생물물질이 노출될 경우 사람의 건강이나

환경에 피해를 줄 수 있는 정도를 말하는 "위해성"이 있다고 인정된 제품 중 환경안전부장관이 "안전확인대상 생활화학제품"을 고시하여 별도로 관리하도록 규정하고 있다(제3조 제4호, 제8조, 제9조).

이에 따라 「안전확인대상 생활화학제품 지정 및 안전·표시기준」(2021. 7. 30. 환경부고시 제2021-150호)에 따라 고시된 제품은 아래와 같다.

분류	품목
세정제품	1. 세정제 2. 제거제
세탁제품	1. 세탁세제 2. 표백제 3. 섬유유연제
코팅제품	1. 광택 코팅제 2. 특수목적코팅제 3. 녹 방지제 4. 윤활제 5. 다림질보조제
접착·접합제품	1. 접착제 2. 접합제
방향·탈취제품	1. 방향제 2. 탈취제
염색·도색제품	1. 물체 염색제 2. 물체 도색제
자동차 전용 제품	1. 자동차용 워셔액 2. 자동차용 부동액
인쇄 및 문서관련 제품	1. 인쇄용 잉크·토너 2. 인주 3. 수정액 및 수정테이프
미용제품	1. 미용 접착제 2. 문신용 염료
살균제품	1. 살균제 2. 살조제 3. 가습기용 항균·소독제 4. 감염병예방용 방역 살균·소독제
구제제품	1. 기피제 2. 보건용 살충제 3. 보건용 기피제 4. 감염병예방용 살충제 5. 감염병예방용 살서제
보존·보존처리제품	1. 목재용 보존제 2. 필터형 보존처리제품
기타	1. 초 2. 습기제거제 3. 인공 눈 스프레이 4. 공연용 포그액 5. 가습기용 생활화학제품

화학제품안전법에서 "살생물제"(殺生物劑)란 살생물물질, 살생물제품 및 살생물처리제품을 말하고(제3조 제6호),

"살생물물질(殺生物物質)"이란 유해생물을 제거, 무해화(無害化) 또는 억제(이하 "제거등"이라 한다)하는 기능으로 사용하는 화학물질, 천연물질 또는 미생물을 말하며(제3조 제7호),

"살생물제품"이란 유해생물의 제거 등을 주된 목적으로 하는 것으로, 가. 한 가지 이상의 살생물물질로 구성되거나 살생물물질과 살생물물질이 아닌 화학물질·천연물질 또는 미생물이 혼합된 제품이거나, 나. 화학물질 또는 화학물질·천연물질 또는 미생물의 혼합물로부터 살생물물질을 생성하는 제품을 말한다(제3조 제8호).

6. 「식품위생법」 제2조 제1호, 제2호, 제4호 및 제5호의 식품, 식품첨가물, 기구 및 용기·포장

식품위생법은 식품으로 인하여 생기는 위생상의 위해(危害)를 방지하고 식품영양의 질적 향상을 도모하며 식품에 관한 올바른 정보를 제공하여 국민보건의 증진에 이바지함을 목적으로 한다.

식품위생법에서 "식품"이란 모든 음식물(의약으로 섭취하는 것은 제외한다)을 말하고(제2조 제1호),

"식품첨가물"이란 식품을 제조·가공·조리 또는 보존하는 과정에서 감미(甘味), 착색(着色), 표백(漂白) 또는 산화방지 등을 목적으로 식품에 사용되는 물질을 말한다. 이 경우 기구(器具)·용기·포장을 살균·소독하는 데에 사용되어 간접적으로 식품으로 옮아갈 수 있는 물질을 포함한다(제2조 제2호).

그리고, "기구"란 음식을 먹을 때 사용하거나 담는 것과 식품 또는 식품첨가물을 채취·제조·가공·조리·저장·소분[(小分): 완제품을 나누어 유통을 목적으로 재포장하는 것을 말한다. 이하 같다]·운반·진열할 때 사용하는 것으로서, 식품 또는 식품첨가물에 직접 닿는 기계·기구나 그 밖의 물건을 말하고(제2조 제4호), "용기·포장"이란 식품 또는 식품첨가물을 넣거나 싸는 것으로서 식품 또는 식품첨가물을 주고받을 때 함께 건네는 물품을 말한다(제2조 제5호).

7. 「약사법」 제2조 제4호의 의약품, 같은 조 제7호의 의약외품(醫藥外品) 및 같은 법 제85조 제1항의 동물용 의약품·의약외품

약사법은 약사(藥事)에 관한 일들이 원활하게 이루어질 수 있도록 필요한 사항을 규정하여 국민보건 향상에 기여하는 것을 목적으로 제정된 법이다.

약사법에서 "의약품"이란 아래의 어느 하나에 해당하는 물품을 말한다(제2조 제4호).

가. 대한민국약전(大韓民國藥典)에 실린 물품 중 의약외품이 아닌 것

나. 사람이나 동물의 질병을 진단·치료·경감·처치 또는 예방할 목적으로 사용하는 물품 중 기구·기계 또는 장치가 아닌 것

다. 사람이나 동물의 구조와 기능에 약리학적(藥理學的) 영향을 줄 목적으로 사용하는 물품 중 기구·기계 또는 장치가 아닌 것

여기서 대한민국약전이란 약사법 제51조 제1항에 따라 의약품의 제조법, 성상, 성능 및 저장 방법 등과 그 밖에 필요한 사항을 작성하여 보건복지부 장관이 공포한 의약품의 법전을 말한다.

그리고 "의약외품(醫藥外品)"이란 다음 아래 어느 하나에 해당하는 물품(제4호 나목 또는 다목에 따른 목적으로 사용되는 물품은 제외한다)으로서 식품의약품안전처장이 지정하는 것을 말한다(제2조 제7호).

가. 사람이나 동물의 질병을 치료·경감(輕減)·처치 또는 예방할 목적으로 사용되는 섬유·고무제품 또는 이와 유사한 것

나. 인체에 대한 작용이 약하거나 인체에 직접 작용하지 아니하며, 기구 또는 기계가 아닌 것과 이와 유사한 것

다. 감염병 예방을 위하여 살균·살충 및 이와 유사한 용도로 사용되는 제제

8. 「원자력안전법」 제2조 제5호의 방사성물질

원자력안전법은 원자력의 연구·개발·생산·이용 등에 따른 안전관리에 관한 사항을 규정하여 방사선에 의한 재해의 방지와 공공의 안전을 도모함을 목적으로 제정된 법이다.

원자력안전법에서 "방사성물질"이란 핵연료물질·사용 후 핵연료·방사성동위원소 및 원자핵분열생성물(原子核分裂生成物)을 말한다(제2조 제5호).

"핵연료물질"이란 우라늄·토륨 등 원자력을 발생할 수 있는 물질로서 대통령령으로 정하는 것을 말하고(제2조 제3호), "사용 후 핵연료"란 원자로에서 연료로 사용된 뒤 배출되는 고준위 방사성 폐기물을 말하며, "방사성동위원소"란 방사선을 방출하는 동위원소와 그 화합물 중 대통령령으로 정하는 것을 말한다.

그리고 "원자핵분열생성물"이란 화학 핵분열 반응의 결과로 만들어지는 가벼운 원자핵으로 강력한 방사능을 가져 이른바 죽음의 재를 만든다고 한다.

9. 「의료기기법」 제2조 제1항의 의료기기

의료기기법은 의료기기의 제조·수입 및 판매 등에 관한 사항을 규정함으로써 의료기기의 효율적인 관리를 도모하고 국민보건 향상에 이바지함을 목적으로 제정된 법이다.

의료기기법에서 "의료기기"란 사람이나 동물에게 단독 또는 조합하여 사용되는 기구·기계·장치·재료·소프트웨어 또는 이와 유사한 제품으로서 아래 어느 하나에 해당하는 제품을 말한다. 다만, 「약사법」에 따른 의약품과 의약외품 및 「장애인복지법」 제65조에 따른 장애인보조기구 중 의지(義肢)·보조기(補助器)는 제외한다(제2조).

> 1. 질병을 진단·치료·경감·처치 또는 예방할 목적으로 사용되는 제품
> 2. 상해(傷害) 또는 장애를 진단·치료·경감 또는 보정할 목적으로 사용되는 제품
> 3. 구조 또는 기능을 검사·대체 또는 변형할 목적으로 사용되는 제품
> 4. 임신을 조절할 목적으로 사용되는 제품

10. 「총포·도검·화약류 등의 안전관리에 관한 법률(총포화약법)」 제2조 제3항의 화약류

총포화약법은 총포·도검·화약류·분사기·전자충격기·석궁의 제조·판매·임대·운반·소지·사용과 그 밖에 안전관리에 관한 사항을 정하여 총포·도검·화약류·분사기·전자충격기·석궁으로 인한 위험과 재해를 미리 방지함으로써 공공의 안전을 유지하는 데 이바지함을 목적으로 제정된 법이다.

총포화약법 중 중대재해처벌법 별표 5에 규정된 것은 "화약류"로, "화약류"란 화약, 폭약 및 화공품(火工品: 화약 및 폭약을 써서 만든 공작물)을 말하는데 구체적 내용은 다음과 같다(법 제2조 제3항).

> 1. 화약
> 가. 흑색화약 또는 질산염을 주성분으로 하는 화약
> 나. 무연화약 또는 질산에스테르를 주성분으로 하는 화약
> 다. 그 밖에 가목 및 나목의 화약과 비슷한 추진적 폭발에 사용될 수 있는 것으로서 대통령령[13]으로 정하는 것

---

13 총포화약법 시행령 제5조 제1항에서 1. 과염소산염을 주로 한 화약, 2. 산화납 또는 과산화바륨을 주로 한 화약, 3. 브로모산염을 주로 한 화약, 4. 크롬산납을 주로 한 화약. 5. 황산알루미늄을 주로 한 화약이라고 규정함

2. 폭약

가. 뇌홍(雷汞)·아지화연·로단염류·테트라센 등의 기폭제

나. 초안폭약, 염소산칼리폭약, 카리트, 그 밖에 질산염·염소산염 또는 과염소산염을 주성분으로 하는 폭약

다. 니트로글리세린, 니트로글리콜, 그 밖에 폭약으로 사용되는 질산에스테르

라. 다이너마이트, 그 밖에 질산에스테르를 주성분으로 하는 폭약

마. 폭발에 쓰이는 트리니트로벤젠, 트리니트로톨루엔, 피크린산, 트리니트로클로로벤젠, 테트릴, 트리니트로아니졸, 헥사니트로디페닐아민, 트리메틸렌트리니트라민, 펜트리트, 그 밖에 니트로기 3 이상이 들어 있는 니트로화합물과 이들을 주성분으로 하는 폭약

바. 액체산소폭약, 그 밖의 액체폭약

사. 그 밖에 가목부터 바목까지의 폭약과 비슷한 파괴적 폭발에 사용될 수 있는 것으로서 대통령령으로 정하는 것[14]

3. 화공품

가. 공업용뇌관·전기뇌관·비전기뇌관·전자뇌관·총용뇌관·신호뇌관 및 그 밖에 대통령령으로 정하는 뇌관류(시그널튜브 등 부품류를 포함한다)

나. 실탄(實彈)(산탄을 포함한다. 이하 같다) 및 공포탄(空砲彈)

다. 신관 및 화관

라. 도폭선, 미진동파쇄기, 도화선 및 전기도화선

마. 신호염관, 신호화전 및 신호용 화공품

바. 시동약(始動藥)

사. 꽃불

아. 장난감용 꽃불 등으로서 행정안전부령으로 정하는 것

자. 자동차 긴급신호용 불꽃신호기

차. 자동차에어백용 등 인체보호용 가스발생기

카. 그 밖에 화약이나 폭약을 사용한 화공품으로 대통령령으로 정하는 것

---

14 총포화약법 시행령 제5조 제2항에서 1. 폭발의 용도에 사용되는 질산요소 또는 이를 주성분으로 한 폭약, 2. 디아조디니트로페놀 또는 무수규산 75퍼센트 이상을 함유한 폭약, 3. 초유폭약, 4. 함수폭약, 5. 면약(질소함량이 12.2퍼센트 이상의 것에 한한다)이라고 규정함

11. 「화학물질관리법」 제2조 제7호의 유해화학물질

화학물질관리법은 화학물질로 인한 국민건강 및 환경상의 위해(危害)를 예방하고 화학물질을 적절하게 관리하는 한편, 화학물질로 인하여 발생하는 사고에 신속히 대응함으로써 화학물질로부터 모든 국민의 생명과 재산 또는 환경을 보호하는 것을 목적으로 제정된 법이다.

화학물질관리법 적용대상 중 중대재해처벌법 시행령 별표 5에서 규정하는 것은 화학물질관리법 제2조 제7호의 "유해화학물질"이다.

화학물질관리법에서 "유해화학물질"이란 유독물질, 허가물질, 제한물질 또는 금지물질, 사고대비물질, 그 밖에 유해성 또는 위해성이 있거나 그러할 우려가 있는 화학물질을 말한다(제2조 제7호).

"유독물질"은 유해성(有害性)이 있는 화학물질로서 대통령령으로 정하는 기준에 따라 환경부장관이 정하여 고시한 것을 말하는데(제2조 제2호), 이에 따라 고시된 것이 「유독물질, 제한물질, 금지물질 및 허가물질의 규정수량에 관한 규정」(환경부고시 제2021-220호, 2021. 11. 5.)으로 현재 1222종의 유독물질이 고시되어 있다.

"허가물질"이란 위해성(危害性)이 있다고 우려되는 화학물질로서 환경부장관의 허가를 받아 제조, 수입, 사용하도록 환경부장관이 관계 중앙행정기관의 장과의 협의와 「화학물질의 등록 및 평가 등에 관한 법률」 제7조에 따른 화학물질평가위원회의 심의를 거쳐 고시한 것을 말한다(제2조 제3호).

"제한물질"이란 특정 용도로 사용되는 경우 위해성이 크다고 인정되는 화학물질로서 그 용도로의 제조, 수입, 판매, 보관·저장, 운반 또는 사용을 금지하기 위하여 환경부장관이 관계 중앙행정기관의 장과의 협의와 「화학물질의 등록 및 평가 등에 관한 법률」 제7조에 따른 화학물질평가위원회의 심의를 거쳐 고시한 것을 말한다(제2조 제4호).

"금지물질"이란 위해성이 크다고 인정되는 화학물질로서 모든 용도로의 제조, 수입, 판매, 보관·저장, 운반 또는 사용을 금지하기 위하여 환경부장관이 관계 중앙행정기관의 장과의 협의와 「화학물질의 등록 및 평가 등에 관한 법률」 제7조에 따른 화학물질평가위원회의 심의를 거쳐 고시한 것을 말한다(제2조 제5호).

"사고대비물질"이란 화학물질 중에서 급성독성(急性毒性)·폭발성 등이 강하여 화학사고의 발생 가능성이 높거나 화학사고가 발생한 경우에 그 피해 규모가 클 것으로 우려되는 화학물질로서 화학사고 대비가 필요하다고 인정하여 제39조에 따라 환경부장관이 지정·고시한 화학물질을 말하는데, 이에 따라 고시된 것이 「사고대비물질의 지정」(환경부고시 제2021-75호, 2021. 4. 12.)으로 현재 「유독물질, 제한물질, 금지물질 및 허가물질의 규정수량에 관한 규정」에 따라 97종이 지정되어 있다(제2조 제6호).

12. 그 밖에 제1호부터 제11호까지의 규정에 준하는 것으로서 관계 중앙행정기관의 장이 정하여 고시하는 생명·신체에 해로운 원료 또는 제조물

2021. 7.경 시행령 입법예고 과정에서 입법 예고된 시행령 별표 5에서는 별도의 지정 없이 '그 밖에 이에 준하는 것으로서 생명·신체에 해로운 원료 또는 제조물'이라고 막연하게 규정하여 그 대상 특정에 관한 문제점이 지적되었었다. 2021. 10. 5.경 확정된 시행령 별표 5에서는 관계 중앙행정기관의 장이 정하여 고시하는 것으로 변경하였다. 관계 중앙행정기관의 장이 고시함으로써 그 대상 특정의 문제점은 개선되었지만, 제1호에서부터 제11호까지 규정된 원료나 제조물의 범위도 지나치게 광범위하거나 그 해석에 어려움이 많은 상황이라서, 추가로 관계 중앙행정기관의 장이 지정하는 원료나 제조물이 실제 있을지 여부는 불분명한 것으로 보인다.

5) 환경부 해설서의 원료와 제조물

가) 개요

환경부는 2021. 12. 30. 중대재해처벌법 시행을 앞두고 중대시민재해 중 원료·제조물 부분의 해설서를 제작, 배포하였다.[15] 환경부 화학물질정책과를 담당부서로 하는 보도자료도 배포되었는데, 보도자료의 요지는 중대재해처벌법 시행을 앞두고 원료·제조물의 의미, 안전·보건 관계법령의 예시, 안전·보건 관리체계 구축을 위한 인력, 예산, 업무처리절차 등을 설명한다는 것이다.[16]

위 해설서에서 설명하는 원료·제조물의 의미에 대하여 살펴본다.

---

15 환경부 2021. 12. 30. 발간 「중대재해처벌법 해설 - 중대시민재해(원료·제조물) -」
16 환경부 2021. 12. 30. '중대재해처벌법 시행 앞두고 원료·제조물 부분 해설서 배포'

나) 원료·제조물에 대한 환경부 입장

환경부는 위 해설서에서 '원료'는 '법적 정의는 없지만, 제조에 투입되는 것을 말하며, 일반적으로 "어떤 물건을 만드는 데 들어가는 재료"라는 의미로 사용된다고 설명하고 있다. '제조물'에 대하여는 제조되거나 가공된 동산을 말하며 다른 동산이나 부동산의 일부도 포함된다고 설명하는데, 이 법 제2조 제6호 규정 그대로를 기재하고 있다.[17]

앞서 본 것처럼 이 법 제1조 목적 규정에서 인체에 해로운 원료나 제조물로 인한 인명피해 예방을 위한다는 취지가 명시적으로 규정되어 있음에도 이 법 자체나 시행령에서도 아무런 규정을 두지 않았다. 환경부는 해설서에서 그 범위를 법에서 정하지 않고 있어 기본적으로 모든 원료·제조물을 대상으로 볼 수 있으며, 제조물의 속성상 인체 유해성이 없는 경우(승강기, 자동차 등)도 있으나 이러한 것도 관리상의 결함이 있는 경우 유해 위험성이 존재하므로 중대시민재해 예방을 위한 조치를 취해야 하며, 나아가 상식적으로 볼 때 본래 해롭지 않은 원료·제조물이라도 결과적으로 중대시민재해를 발생시킬 수 있는 정도의 인체 유해성이 발생될 가능성이 있다면 이를 예방하기 위한 안전 및 보건 확보의무를 이행해야 한다고 설명하고 있다.[18]

또한, 위 해설서 Q&A에서는 「자동차, 먹는 샘물 등도 제작상 결함이 있는 경우 중대시민재해의 원인이 되는 원료 또는 제조물로 볼 수 있을까요」에 대한 답변에서, 「자동차, 먹는 샘물 등을 그 속성상 인체 유해성이 포함되어 있지 않지만, 위에서 언급한 바와 같이 설계, 제조, 관리에 있어 사업주 등이 안전보건 확보의무를 준수하지 않아 결함이 발생된다면, 중대시민재해로 이어질 수 있으므로, '중대재해처벌법'의 적용대상인 원료·제조물에 해당함」이라고 설명함으로써, 먹는 샘물과 같이 통상 인체에 유해하다고 보기 매우 어려운 원료·제조물도 중대시민재해의 적용대상에 포함된다고 하였다.

이러한 해설서 배포 직후, 일부 언론에 "아차 하면 감옥행, 유해성 없는

---

17 환경부 2021. 12. 30. 발간 「중대재해처벌법 해설 – 중대시민재해(원료·제조물) –」, p. 15 이하

18 환경부 2021. 12. 30. 발간 「중대재해처벌법 해설 – 중대시민재해(원료·제조물) –」, p. 17

제품도 중대재해 땐 CEO 처벌 논란!" 제목으로, 시행령 제8조에서는 생명·신체에 해로운 원료 또는 제조물이 규정되어 있는데 정부가 해설서를 통하여 시행령 내용을 확장하는 것 아니냐는 비판적 기사가 해설서 공개 즉시 보도되었다.[19]

위 기사에 대하여 환경부는 2021. 12. 31. 다시 보도자료를 바로 배포하고 Q&A가 시행령과 달리 원료와 제조물의 내용을 확장한 것이 아니라고 설명하였다.[20]

다) 비판적 검토

이러한 논란은 중대재해처벌법이 그 제정 목적을 규정하는 제1조에서 명백하게 "인체에 해로운 원료나 제조물을 취급하면서 안전·보건조치의무를 위반함으로써 인명피해를 발생하게 한 사업주, 경영책임자, 공무원 및 법인"의 처벌을 목적으로 한다고 규정하고 있음에도 법이나 시행령에서 목적 규정의 취지대로 인체에 해로운 원료나 제조물이 무엇인지 그 대상이나 범위와 관하여 아무런 규정을 두지 않았기 때문이다.

그러나, 환경부 해설서의 이러한 입장은 앞서 본 이 법의 입법목적규정과 명백하게 어긋나고, 입법과정에서도 무엇을 대상으로 중대재해처벌법을 적용할지 여부를 충분히 검토하지 않아 앞서 본 언론보도처럼 오히려 혼란만 초래하였다는 비판에서 자유로울 수 없다.

먼저, 이 법 제1조 입법목적에는 인체에 해로운 원료나 제조물을 취급하면서 필요한 조치의무를 위반하여 인명피해를 발생하게 한 사업주와 경영책임자등의 처벌을 목적으로 한다고 규정하여, 인체에 해로운 원료나 제조물의 취급 과정의 잘못으로 인명피해가 발생한 경우를 처벌한다고 명백하게 규정하고 있으므로 인체에 해로운 원료나 제조물이 무엇인지 정의규정을 두거나 제한하는 규정을 두었어야 함에도 법률에서 이를 두지 않았다.

---

19 송민근, 김희래, 한우람, "아차 하면 감옥행, 유해성 없는 제품도 중대재해 땐 CEO 처벌 논란!" 매경, 2021. 12. 30.

20 환경부 2021. 12. 31. '(설명)환경부「중대재해처벌법」해설서는 법령에 기반하여 구체적인 내용을 설명한 것임[매일경제 2021. 12. 31.자 기사에 대한 설명]'

둘째, 그렇다면 시행령 제정 과정에서라도 충분한 논의를 거쳐 그 부분을 보완하였어야 함에도 이를 하지 않았을 뿐만 아니라 오히려 별표 5를 갑자기 시행령에 추가하면서 목적 규정에서 말하는 '조치의무'의 범위를 달리 규정하는 별도의 원료와 제조물 대상을 만들어 냄으로써 원료와 제조물을 여러 등급으로 구분하는 결과를 낳았다.

셋째, 환경부는 중대재해처벌법 해설서를 공개하면서, 아예 먹는 샘물과 같이 인체 유해성이 없는 원료까지 포함하여 모든 원료와 제조물이 사업주와 경영책임자가 중대시민재해 예방을 위하여 필요한 조치의무를 해야 할 대상이라고 선언함으로써, 사실상 이 법 제1조의 입법목적을 무색하게 하면서 그 적용 대상을 무한히 넓힌 것이다.

환경부는 보도자료에서 대상을 넓힌 것이 아니라는 설명하였으나 이를 그대로 받아들이기 어렵다. 이러한 해석은 이 법 제1조 이 법의 목적 규정과 명백하게 어긋나고, 또한 이 법이 국민을 처벌하는 형법법규라는 점에서도 받아들이기 쉽지 않다.

신속한 입법적 보완이 필요한 부분이다.[21]

6) 제조물책임법과의 관계

제조물의 민사책임에 대하여 「제조물책임법」이 별도로 제정되어 있다. 「제조물책임법」은 제조물의 결함으로 발생한 손해에 대한 제조업자 등의 손해배상책임을 규정하는 법률로, 제조물의 결함 등으로 인한 형사적 책임을 규정하는 중대재해처벌법과 밀접하게 관련된 법률이라고 보아야 할 것이다.

위 「제조물책임법」에서 "제조물이란 제조되거나 가공된 동산(다른 동산

---

21 한편, 환경부 2021. 12. 30. 발간 「중대재해처벌법 해설 – 중대시민재해(원료·제조물) –」 앞 부분에서는 이 책자는 법적 효력이 없다고 기재되어 있다. 사람을 처벌하는 형사처벌 특별 법률에 관하여 혼란이 있고, 그런 혼란에 관하여 주무부처가 가이드라인 책자를 발간하면서 법적 효력이 없다고 한다면, 법적 효력이 없는 책자를 왜 국민의 세금으로 발간하고, 왜 보도자료를 배포하며, 국민은 어디서 법적 효력 있는 해설을 받을 수 있을까 하는 의문이 든다. 결국 환경부도 중대재해처벌법 해석에 자신이 없기 때문이라고밖에 볼 수 없다. 중대재해처벌법의 해석이 얼마나 힘든지를 단적으로 보여주는 대목이라고 할 것이다.

이나 부동산의 일부를 구성하는 경우를 포함한다)을 말한다"로 규정하고 있어(「제
조물책임법」 제2조 제1호) 중대재해처벌법의 제조물에 대한 정의규정과 똑같
다.[22]

앞서 살펴본 바와 같이 제조물책임법에는 중대재해처벌법의 해석에 필
요한 결함을 "제조상의 결함", "설계상의 결함", "표시상의 결함"으로 구체적
으로 구분하고 그 개념을 정의하는 별도 규정이 있고(제조물책임법 제2조), 또
한 일정한 경우에는 결함을 추정하는 규정(제조물책임법 제3조의2)도 별도로
두고 있어 중대재해처벌법의 해석 과정에서도 참고가 될 것으로 사료된다.

다만, 제조물책임법은 제조물에 관하여 제조업자만을 대상으로 규정하
고 있음에 비하여 중대재해처벌법은 제조물에 관하여 제조업자는 물론, 설
계, 제조, 관리상의 결함도 추가적인 대상으로 규정하고 있어 제조물의 판매,
유통 등의 중간 단계의 업체들도 모두 대상이 될 수 있어 그 적용범위는 훨
씬 넓다는 점도 모든 제조물이 아닌 위험하거나 해로운 제조물로 한정하여
해석해야 할 논거의 하나가 될 수 있을 것이다.

7) 소결

앞서 본 바와 같이 중대재해처벌법의 입법 취지와 입법 과정의 자료 및
이 법 제1조 목적 규정을 살펴보면, 중대시민재해의 대상이 되는 특정 원료나
제조물은 인체에 유해한 원료나 제조물에 한정하여 해석하여야 할 것이다.

그런데 정부 주무부처인 환경부의 입장은 그렇지 않은 것 같고, 이 법
제1조 입법목적에는 분명히 인체에 해로운 원료나 제조물을 취급하면서 필
요한 조치의무를 위반하여 인명피해를 발생하게 한 사업주와 경영책임자등
의 처벌을 목적으로 한다고 규정하고 있음에도 이러한 입법 목적에 따라 원
료와 제조물을 정의하거나 한정하는 규정이 이 법에 없고, 시행령에서는 오
히려 별표 5의 원료와 제조물을 추가한 결과 별표 5에 없는 원료와 제조물과
다른 별도의 '조치의무'를 규정하여 원료와 제조물을 여러 등급으로 나누었

---

22 제조물책임법상 제조물 개념에 대하여는 「제조물책임법상 제조물의 개념」, 김천수, 성균
    관대 법학, 2004, vol. 16, no. 1, pp. 35~66

다. 그리고 환경부는 아예 인체 유해성이 없는 원료까지 포함하여 모든 원료와 제조물이 사업주와 경영책임자등이 중대시민재해 예방을 위하여 필요한 조치의무를 해야 할 대상이라고 하였다.

환경부는 법적 효력이 없다고 하지만, 환경부의 가이드라인을 참조하여 수사와 재판에 반영될 경우를 대비하여야 할 상황으로 보인다. 특히 수사기관은 환경부처럼 제1조의 목적 규정을 충분히 고려하지 않고 이 법에 별도 정의 규정이나 제한규정이 없으므로, 유해성이 있든 없든 모든 원료와 제조물을 중대시민재해의 적용대상이 된다고 본다면, 모든 원료와 제조물 관련 사업자와 경영책임자등은 이 법 제9조가 규정하는 안전 및 보건 확보의무를 이행하여야 할 것이다.

특히, 인체 유해성이 강하다는 별표 5의 대상에는 식품위생법상 식품이 포함되어 있는데, 식품위생법에서 식품은 모든 음식물이라고 규정하고 있고 의약용으로 취식하는 것 이외에는 제한이 없다, 그런데 모든 식품이 인체의 유해성이 강하여 중대시민재해 우려가 높다고 볼 수는 없음에도, 제한 없이 모든 식품이 마치 인체 유해성이 강한 것으로 이 법 시행령은 규정하고 있다. 따라서 모든 식품의 생산, 제조, 판매, 유통 과정에서도 중대재해처벌법이 부과하는 각종 조치의무를 이행하여야 하는 상황에 처하게 되었다.

합리적 법 해석의 당위성에도 불구하고, 시행령 규정과 환경부의 해설서로 인하여 모든 원료나 제조물의 생산, 제조, 판매, 유통 과정에서 인명피해가 생기고, 그것이 설계, 제조, 설치 관리상의 결함 인지 여부가 논란이 되면, 아마 수사기관에서는 시행령에서 규정하는 구체적 안전보건관리체계 구축의무의 이행여부를 확인한다면서 엄정한 수사로 나아갈 것이다. 결국 대한민국의 모든 제조업체가 중대재해처벌법의 적용대상이 된 것이다.

먼저 신속한 입법적 보완이 필요하다. 국회의원이 발의하고 국회가 주도적으로 제정한 법률이므로, 국회에서 이 법의 규정에 원료와 제조물을 제한하는 규정을 두는 것이 가장 확실한 개선책이고, 안되면 시행령이라도 다시 개정하여 그 범위를 제한하여야 할 것이다. 그도 아니면, 환경부에서 법적 효력이 있는 가이드라인이라도 새로 만들어서 원료와 제조물의 범위를 이 법

목적 규정에 맞게 제한하여야 할 것이다.

그렇지 않다면, 먹는 샘물 업체도, 유해성이 없는 식품 업체도 모두 중대재해처벌법 규정의 안전보건 관리체계를 구축하여 인력을 배치하고 예산을 별도 편성하며 그 보이지 않는 유해성과 위험성을 확인하고 점검하기 위하여 많은 노력을 하여야 할 것이기 때문이다. 현재 환경부의 법적 효력은 없다는 해설서에 의하면 대한민국의 모든 원료와 제조물 관련 사업 및 사업장의 사업주와 경영책임자등에게는 중대재해처벌법이 적용될 수 있어서 이 법이 규정하는 안전보건관리체계 등의 구축 의무가 있다.

가령 환경부가 사례로 든 먹는 샘물을 마시고 갑자기 사람이 사망하거나 부상을 입었다고 가정해 볼 때, 수사의 대상이 될 수 있고, 경우에 따라 압수수색 대상도 될 수 있으며, 사업주나 경영책임자등은 이 법이 정한 조치의무를 다 이행하였는지 여부에 대한 엄정한 조사를 받을 수 있다. 수사 결과, 먹는 샘물로 인한 사고 아니라는 점, 그 사망이나 부상과 먹는 샘물의 인과관계가 없다고 확인될 때까지는 수사의 대상이 될 수 있다는 것이다.

나. 공중이용시설

제2조(정의) 이 법에서 사용하는 용어의 뜻은 다음과 같다.

4. "공중이용시설"이란 다음 각 목의 시설 중 시설의 규모나 면적 등을 고려하여 대통령령으로 정하는 시설을 말한다. 다만, 「소상공인 보호 및 지원에 관한 법률」 제2조에 따른 소상공인의 사업 또는 사업장 및 이에 준하는 비영리시설과 「교육시설 등의 안전 및 유지관리 등에 관한 법률」 제2조 제1호에 따른 교육시설은 제외한다.

    가. 「실내공기질 관리법」 제3조 제1항의 시설(「다중이용업소의 안전관리에 관한 특별법」 제2조 제1항 제1호에 따른 영업장은 제외한다)

    나. 「시설물의 안전 및 유지관리에 관한 특별법」 제2조 제1호의 시설물(공동주택은 제외한다)

    다. 「다중이용업소의 안전관리에 관한 특별법」 제2조 제1항 제1호에 따른 영업장 중 해당 영업에 사용하는 바닥면적(「건축법」 제84조에 따라 산정한 면적을 말한다)의 합계가 1천 제곱미터 이상인 것

> 라. 그 밖에 가목부터 다목까지에 준하는 시설로서 재해 발생 시 생명·신체상
> 의 피해가 발생할 우려가 높은 장소

1) 개요

중대시민재해 적용 대상이 되는 '공중이용시설'이란 「실내공기질 관리법」, 「시설물의 안전 및 유지관리에 관한 특별법」, 「다중이용업소의 안전관리에 관한 특별법」 등 3개 법률에서 규정하는 일정한 시설과 그 밖에 위 3개 법률에서 규정된 시설에 준하는 시설물로서 「재해발생 시 생명·신체상의 피해가 발생할 우려가 높은 장소」 중에서, 규모와 면적을 고려하여 대통령령으로 정하는 시설을 말한다고 규정하고 있다(법 제2조 제4호).

이에 따라 2021. 7. 12. 시행령(안)에 대한 입법예고를 거쳐 2021. 10. 5. 제정된 중대재해처벌법 시행령은 제3조 제1호에서부터 제4호까지 중대시민재해의 적용대상이 되는 구체적 공중이용시설을 규정하고 있다. 입법예고 당시의 정부 보도자료에 의하면 다중이용성·위험성·규모 등을 고려하여 적용범위를 규정하였다고 한다.

2) 실내공기질법에서 규정하는 시설
가) 개요

실내공기질 관리법(약칭 실내공기질법)은 다중이용시설이나 신축되는 아파트나 연립주택 등의 공동주택, 그리고 버스, 기차 등의 대중교통차량의 실내 공기질을 알맞게 유지하고 관리함으로써 그 시설을 이용하는 국민의 건강을 보호하고 환경상의 위해를 예방함을 목적으로 만들어진 법이다.

중대재해처벌법은 이러한 실내공기질법 제3조 제1항에 규정된 시설 중에서 시설의 규모나 면적 등을 고려하여 대통령령으로 정하는 시설을 공중이용시설로 규정하고 있다(법 제2조 제4호 가목 본문). 다만, 실내공기질법 제3조 제1항 규정시설 중 다중이용업소의 안전관리에 관한 법률 제2조 제1항 제1호에 따른 영업장을 제외한다(법 제2조 제4호 가목 단서).

이에 따라 중대재해처벌법 시행령 제3조 제1호 규정에 따라 별표 2에

규정된 실내공기질법에 의한 공중이용시설은 다음과 같다.

〈시행령 별표 2〉

1. 모든 지하역사(출입통로·대합실·승강장 및 환승통로와 이에 딸린 시설을 포함한다)
2. 연면적 2천 제곱미터 이상인 지하도상가(지상건물에 딸린 지하층의 시설을 포함한다. 이하 같다). 이 경우 연속되어 있는 둘 이상의 지하도상가의 연면적 합계가 2천 제곱미터 이상인 경우를 포함한다.
3. 철도역사의 시설 중 연면적 2천 제곱미터 이상인 대합실
4. 「여객자동차 운수사업법」 제2조제5호의 여객자동차터미널 중 연면적 2천제곱미터 이상인 대합실
5. 「항만법」 제2조제5호의 항만시설 중 연면적 5천 제곱미터 이상인 대합실
6. 「공항시설법」 제2조제7호의 공항시설 중 연면적 1천5백 제곱미터 이상인 여객터미널
7. 「도서관법」 제2조제1호의 도서관 중 연면적 3천 제곱미터 이상인 것
8. 「박물관 및 미술관 진흥법」 제2조제1호 및 제2호의 박물관 및 미술관 중 연면적 3천 제곱미터 이상인 것
9. 「의료법」 제3조제2항의 의료기관 중 연면적 2천 제곱미터 이상이거나 병상 수 100개 이상인 것
10. 「노인복지법」 제34조제1항제1호의 노인요양시설 중 연면적 1천 제곱미터 이상인 것
11. 「영유아보육법」 제2조제3호의 어린이집 중 연면적 430제곱미터 이상인 것
12. 「어린이놀이시설 안전관리법」 제2조제2호의 어린이놀이시설 중 연면적 430제곱미터 이상인 실내 어린이놀이시설
13. 「유통산업발전법」 제2조제3호의 대규모점포. 다만, 「전통시장 및 상점가 육성을 위한 특별법」 제2조제1호의 전통시장은 제외한다.
14. 「장사 등에 관한 법률」 제29조에 따른 장례식장 중 지하에 위치한 시설로서 연면적 1천 제곱미터 이상인 것
15. 「전시산업발전법」 제2조제4호의 전시시설 중 옥내시설로서 연면적 2천 제곱미터 이상인 것
16. 「건축법」 제2조제2항제14호의 업무시설 중 연면적 3천 제곱미터 이상인 것.

다만, 「건축법 시행령」 별표 1 제14호나목2)의 오피스텔은 제외한다.
17. 「건축법」 제2조제2항에 따라 구분된 용도 중 둘 이상의 용도에 사용되는 건축물로서 연면적 2천 제곱미터 이상인 것. 다만, 「건축법 시행령」 별표 1 제2호의 공동주택 또는 같은 표 제14호나목2)의 오피스텔이 포함된 경우는 제외한다.
18. 「공연법」 제2조제4호의 공연장 중 객석 수 1천석 이상인 실내 공연장
19. 「체육시설의 설치·이용에 관한 법률」 제2조제1호의 체육시설 중 관람석 수 1천석 이상인 실내 체육시설

비고: 둘 이상의 건축물로 이루어진 시설의 연면적은 개별 건축물의 연면적을 모두 합산한 면적으로 한다.

다만, 실내공기질법 제3조 제1항 규정시설 중 다중이용업소의 안전관리에 관한 법률 제2조 제1항 제1호에 따른 영업장을 제외한다(법 제2조 제4호 가항 단서).

나) 구체적 검토

중대재해처벌법은 실내공기질법 제3조 제1항에 규정된 시설 중 시설의 규모와 면적 등을 고려하여 공중이용시설을 정한다고 규정하였는데, 시행령 입법예고시 정부가 배포한 보도자료에 의하면, 기본적으로 실내공기질법 제3조 제1항의 시설을 그대로 가져오면서 실내주차장, 업무시설 중 오피스텔·주상복합상가, 전통시장 등 일부를 제외하였다고 한다.[23]

위 보도자료에서는 실내주차장의 경우, 주차와 출차 이외에는 사람이 없음을 고려하여 제외하였고, 업무시설 중 오피스텔과 주상복합은 중대재해처벌법에서 공동주택을 제외한 점을 고려하였으며, 전통시장도 제외하였는데, 다만 전통시장은 건축물 연면적 5천㎡ 이상인 경우에 시설물안전법에 따라 공중이용시설이 되어 중대시민재해의 적용 대상이 된다고 설명하였다.[24]

그런데, 중대재해처벌법에서 공동주택을 제외하는 규정은 법 제2조 제4

---

[23] 2021. 7. 9. 관계부처 합동 보도자료, 「중대재해 처벌 등에 관한 법률 시행령」 제정안 입법예고, p. 3
[24] 위 7. 9. 보도자료 p. 3

호 나목으로서, 법 제2조 제4호 나목은 시설물안전법 제2조 제1호 시설물 중에서 공동주택은 제외한다고 괄호 안에서 규정하고 있다. 시설물안전법은 일정 규모 이상의 건축물을 시설물로 규정하면서 그 건축물을 공동주택과 공동주택 이외의 건축물로 구분하고 있으며, 주상복합건축물은 공동주택에서 제외한다고 명문으로 규정하고 있다(시설물안전법 시행령 제4조에 따른 별표 1 비고 제12호 및 시행령 제5조에 따른 별표 1의2 비고 제8호). 즉 시설물안전법은 주상복합건축물을 공동주택 이외의 건축물로 보고, 공동주택이 아닌 것으로 규정한 것이다.

따라서 중대재해처벌법 제2조 제4호 나목에서 적용이 배제되는 공동주택에 주상복합건축물은 포함되지 않고 중대재해처벌법의 적용대상이 되는 것으로 해석된다.

그럼에도, 시행령을 제정하면서 시설물안전법이 아닌 실내공기질법 부분의 공중이용시설의 범위를 정하면서, 이 법에서 공동주택을 제외하였기 때문에 실내공기질법 제3조 제1항에 규정된 건축물 중 오피스텔과 주상복합건축물을 제외한다는 취지는 시설물안전법에서 공동주택을 제외한다는 규정과 일치한다고 보기 어렵다.

한편, 중대재해처벌법을 제정한 국회도 과거의 중요 사고사례와 다른 법률의 적용대상에 대한 면밀한 검토 없이 중대재해처벌법을 제정하였고, 정부도 과거 사례 등에 대한 별도의 검토 없이 시행령을 제정한 것으로 보인다.

영화 타워링의 모티브가 되었다는 대연각호텔 화재사고, 대구지하철 화재사고, 의정부아파트 화재사고, 고시원 화재사고, 요양원 화재사고, 마우나리조트 붕괴사고, 미국 플로리다아파트 붕괴사고, 광주 아파트철거현장 붕괴사고 등에서 보듯이 테러참사가 아니면 대형참사는 화재와 붕괴에 기인하지 공기질이 나빠서가 아니다. 사고가 발생하면 제일 먼저 달려가는 기관도 119 소방직원들이다. 적어도 인명손상을 방지하기 위한 법률이라면 공기질이 아니라 가장 주된 사망요소인 화재사고로 인한 인명손상을 최소화할 수 있도록 소방관련 법률에서 요구하는 기준으로 시설해당 여부를 결정했어야 했다. 현재의 시행령으로는 실질적으로 다수의 사망자를 발생시켰던 화재 등 전형적인 중대시민재해가 또다시 발생하더라도 중대재해처벌법을 적용할 수 없는 심각한 문제점이 제기될 수 있다.

아파트나 주상복합 건물에는 다중의 시민들이 거주하고 있고, 간혹 화재사건으로 인하여 다수의 피해가 발생되고 있어 법에서 규율하고자 하는 중대시민재해가 종종 발생된다.

참고로 최근 발표된 소방청 통계를 보자. 2016년부터 2020년까지 공동주택에서 2만 4,604건의 화재가 발생하여 308명이 사망하였다고 한다. 특히 화재가 발생하였을 당시, 비상탈출에 필요한 옥상출입문, 비상구나 비상계단 주변이 안전하게 확보되어야 하는데, 출입문이 잠겨있거나 비상계단에 물건이 적치되거나 비상구가 막혀 있는 등의 상황으로 비상사태에서 생명이나 신체의 안전을 위한 탈출을 가로막는 경우, 심각한 피해로 곧바로 연결되는 명백한 인재로 귀결된다. 따라서 반드시 비상탈출시 장애가 되지 않도록 사전예방과 점검 등이 필요하며, 그 과정에서 관리 소홀로 다수의 인명피해를 야기한 경우 중대시민재해로 의율하여 엄중한 형사처벌이 필요한 것은 아닌지 국회차원에서 검토가 필요해 보인다.

아파트, 주상복합은 물론 오피스텔 등의 주거시설에 대한 안전 문제는 국민들에게 민감하다. 그리고 화재사고 등으로 인한 인명피해 규모도 작지 아니하다. 그렇다면, 과거 사고 사례에 대한 실증적 분석을 통하여 중대재해처벌법에서 규율할 것인지 여부를 심도 있게 검토하고, 만약 중대재해처벌법에서 중대시민재해의 적용대상으로 하는 것이 타당하다는 결과가 나오면, 시행령의 주상복합건물이나 오피스텔을 제외할 것이 아니라, 지금이라도 공동주택을 제외하는 입법이 중대시민재해의 예방을 위하여 적정한 것이었는지 여부를 재점검할 필요가 있다고 하겠다.

다) 노인복지법에 따른 노인요양시설

시행령 별표 2 제10호에서는 노인복지법 제34조 제1항 제1호에 규정된 1,000평방미터 이상의 노인요양시설을 중대시민재해의 대상으로 규정하고 있다.

실내공기질법은, 다중이용시설, 신축되는 공동주택 및 대중교통차량의 실내공기질을 알맞게 유지하고 관리함으로써 그 시설을 이용하는 국민의 건강을 보호하고 환경상의 위해를 예방함을 목적으로 하는 법률이다. 규율대상 규모가 시설별로 차이가 있어 어린이집은 430㎡ 이상, 노인요양시설은 1,000㎡ 이상으로 규정하고 있다.

그런데 2010. 11. 12. 04:24경, 경북 포항시 남구 인덕동 소재 '인덕노인요양센터'에서 화재가 발생, 30분 만에 10명이 사망하는 그야말로 중대시민재해라고 볼 수 있는 참사가 발생되었다. 화재원인은 1층 사무실 배전반에서 전기합선으로 추정되었는데, 이 시설의 면적은 387㎡이었다.

위 사고 후 「소방시설 설치·유지 및 안전관리에 관한 법률」이 개정되어 사회복지시설에 대한 소방시설이 설치기준이 강화되었다. 강화방안으로 종전 연면적 기준으로 설치해야 했던 스프링클러 등의 소방관련 시설을 면적 구분 없이 노유자들의 시설에는 모두 설치하도록 개정된 것이다.

시행령에서 노인요양시설 중 중대시민재해의 적용대상이 되는 것은 면적 1,000㎡ 이상의 것만 해당된다. 따라서 2010. 11.경 포항에서 발생되어 10명이 사망한 면적 387㎡ 규모의 '인덕노인노양센터' 사고의 경우, 현행 중대재해처벌법 시행령에 따르면 면적 기준에 맞지 않아서 중대시민재해에 해당하지 않게 된다. 즉, 비슷한 소규모 노인요양시설에 의한 사고는 현행 중대재해처벌법으로는 규율할 수 없다는 것이다.

이런 문제점이 발생된 것은, 첫째, 과거의 사고사례에 대한 충분한 조사와 검증도 없고, 중대재해 예방에 대한 면밀한 계획 없이 다른 법률에 규정된 시설이나 면적을 그대로 중대재해처벌법의 적용 대상으로 가져온 결과로 보인다. 적어도 10년 이상의 기간 동안, 중대시민재해로 평가되어야 할 사고사례를 찾아서 분석하고, 그 원인과 이를 예방하기 위한 차원에서 그 적용대상 등을 면밀하게 검토했어야 함에도 그런 사고사례에 대한 분석은 없었던 것으로 보인다.

둘째, 입법 목적이 전혀 다른 법률을 그대로 준용하여 인용하다 보니 시민의 안전이라는 측면에서의 분석을 제대로 하지 못한 것 같다. 어린이집, 노인요양시설, 도서관, 체육시설 등 실내공기질법이 규정하는 다양한 시설의 적용범위는 실내공기질법이 그야말로 시민의 건강을 위한 실내 공기 질을 알맞게 유지하고 관리하기 위하여 그 적용대상 면적을 규정한 것이라서, 시민의 생명 등의 위험을 가져올 수 있는 대상을 결정하는 것과는 달라야 했음에도 이를 간과한 것으로 보인다.

셋째, 오히려, 화재예방, 소방시설 설치·유지 및 안전관리에 관한 법률(약칭 소방시설법)에서는 실내공기질법과 달리, 노인요양시설이나 어린이집 등에 대하여 면적 구분 없이 모두 소방시설을 설치하도록 규정하고 있는데, 이는 소방시설법의 입법 목적이 "화재와 재난·재해, 그 밖의 위급한 상황으로부터 국민의 생명·신체 및 재산을 보호하기 위하여" 제정하는 것이기 때문이다. 이런 점에서 보면 중대시민재해를 정의내리고, 그 적용대상을 결정하는 입법 과정에서는 실내공기질법보다 오히려 화재에 대하여 시민의 안전을 보호하기 위한 소방시설법을 준용하거나, 또는 과거사고 사례에 준하여 중대시민재해의 적용대상 시설을 별도로 규정하는 것이 바람직했다.

라) 소결

결국, 시행령 별표 2 규정에 따르면 종래 발생된 것과 같은 종류의 사고가 발생되어도 중대시민재해로 의율할 수 없고, 재해예방을 위한 다른 법률과의 불균형 내지 모순 문제도 발생하는 등 여러 가지 문제점이 드러나고 있다. 과거의 사고 사례와 소방시설법과 같은 시민안전에 관한 법률 규정을 비교, 분석, 검토하는 충분한 검토시간과 공청회 등을 통한 여론수렴을 통하여 제정되었어야 함에도 그러한 절차 없이 신속하게만 법과 시행령을 제정했기 때문이다.

지금이라도, 과거의 사고 사례와 소방시설법과 같은 시민안전에 관한 법률 규정을 비교, 분석하는 노력이 절실해 보인다.

3) 시설물안전법에서 규정하는 시설
가) 개요

「시설물의 안전 및 유지관리에 관한 특별법」(약칭 시설물안전법)은 시설물의 안전점검과 적정한 유지관리를 통하여 재해와 재난을 예방하고 시설물의 효용을 증진시킴으로써 공중의 안전을 확보하고 나아가 국민의 복리증진에 기여함을 목적으로 하는 법이다.

시설물안전법에서 "시설물"이란 건설공사를 통하여 만들어진 교량·터널·항만·댐·건축물 등 구조물과 그 부대시설을 말하는데, 시설물안전법 제7조는 재해와 재난예방을 위하여 안전점검과 유지관리가 필요한 시설물을 제1종 시설물, 제2종 시설물 제3종 시설물로 나누어 규정하고 있다.

제1종 시설물은 공중의 이용편의와 안전을 도모하기 위하여 특별히 관리할 필요가 있거나 구조상 안전 및 유지관리에 고도의 기술이 필요한 대규모 시설물로서 시설물안전법 제7조 및 시설물안전법 시행령 별표 1에서 규정하는 시설물이다.

제2종 시설물은 제1종 시설물 이외에 사회기반시설 등 재난이 발생할 위험이 높거나 재난을 예방하기 위하여 계속적으로 관리할 필요성이 있는 시설물로서 시설물안전법 제7조 및 시설물안전법 시행령 별표 1에서 규정하는 시설물이다.

제3종 시설물은 제1종 시설물 및 제2종 시설물 이외에 중앙행정기관장이나 지방자치단체장이 다중이용시설 등 재난이 발생할 위험이 높거나 재난을 예방하기 위하여 계속적으로 관리할 필요가 있다고 인정되는 것으로서 시설물안전법 시행령 별표 1의 2에서 규정하는 시설물 중에서 대통령령이 정하는 바에 따라 지정, 고시한 시설물을 말한다.

중대재해처벌법은 이러한 시설물안전법에 의한 시설물 중에서 일정한 시설물을 중대시민재해의 적용대상이 되는 '공중이용시설'로 규정하고(법 제2조 제4호 나목), 시행령 별표 3에서 구체적으로 다음과 같은 시설을 중대시민재해의 적용대상으로 규정하고 있다(시행령 제3조 제2호).

〈시행령 별표 3〉	
1. 교량 　가. 도로교량	1) 상부구조형식이 현수교, 사장교, 아치교 및 트러스교인 교량 2) 최대 경간장 50미터 이상의 교량 3) 연장 100미터 이상의 교량

나. 철도교량	4) 폭 6미터 이상이고 연장 100미터 이상인 복개구조물 1) 고속철도 교량 2) 도시철도의 교량 및 고가교 3) 상부구조형식이 트러스교 및 아치교인 교량 4) 연장 100미터 이상의 교량
2. 터널 　가. 도로터널	1) 연장 1천미터 이상의 터널 2) 3차로 이상의 터널 3) 터널구간이 연장 100미터 이상인 지하차도 4) 고속국도, 일반국도, 특별시도 및 광역시도의 터널 5) 연장 300미터 이상의 지방도, 시도, 군도 및 구도의 터널
나. 철도터널	1) 고속철도 터널 2) 도시철도 터널 3) 연장 1천미터 이상의 터널 4) 특별시 또는 광역시에 있는 터널
3. 항만 　가. 방파제, 파 　　제제(波除堤) 　　및 호안(護岸)	1) 연장 500미터 이상의 방파제 2) 연장 500미터 이상의 파제제 3) 방파제 기능을 하는 연장 500미터 이상의 호안
나. 계류시설	1) 1만톤급 이상의 원유부이식 계류시설(부대시설인 해저송유 　관을 포함한다) 2) 1만톤급 이상의 말뚝구조의 계류시설 3) 1만톤급 이상의 중력식 계류시설
4. 댐	1) 다목적댐, 발전용댐, 홍수전용댐 2) 지방상수도전용댐 3) 총저수용량 1백만톤 이상의 용수전용댐
5. 건축물	1) 고속철도, 도시철도 및 광역철도 역 시설 2) 16층 이상이거나 연면적 3만제곱미터 이상의 건축물 3) 연면적 5천제곱미터 이상(각 용도별 시설의 합계를 말한다) 　의 문화·집회 시설, 종교시설, 판매시설, 운수시설 중 여객 　용 시설, 의료시설, 노유자시설, 수련시설, 운동시설, 숙박시 　설 중 관광숙박시설 및 관광휴게시설
6. 하천 　가. 하구둑	1) 하구둑 2) 포용조수량 1천만톤 이상의 방조제
나. 제방	국가하천의 제방[부속시설인 통관(通管) 및 호안(護岸)을 포 함한다]
다. 보	국가하천에 설치된 다기능 보

7. 상하수도	
가. 상수도	1) 광역상수도 2) 공업용수도 3) 지방상수도
나. 하수도	공공하수처리시설 중 1일 최대처리용량 500톤 이상인 시설
8. 옹벽 및 절토사 면(깎기비탈면)	1) 지면으로부터 노출된 높이가 5미터 이상인 부분의 합이 100 미터 이상인 옹벽 2) 지면으로부터 연직(鉛直)높이(옹벽이 있는 경우 옹벽 상단 으로부터의 높이를 말한다) 30미터 이상을 포함한 절토부 (땅깎기를 한 부분을 말한다)로서 단일 수평연장 100미터 이상인 절토사면

비고

1. "도로"란 「도로법」 제10조의 도로를 말한다.
2. 교량의 "최대 경간장"이란 한 경간(徑間)에서 상부구조의 교각과 교각의 중심선 간의 거리를 경간장으로 정의할 때, 교량의 경간장 중에서 최댓값을 말한다. 한 경간 교량에 대해서는 교량 양측 교대의 흉벽 사이를 교량 중심선에 따라 측정한 거리를 말한다.
3. 교량의 "연장"이란 교량 양측 교대의 흉벽 사이를 교량 중심선에 따라 측정한 거리를 말한다.
4. 도로교량의 "복개구조물"이란 하천 등을 복개하여 도로의 용도로 사용하는 모든 구조물을 말한다.
5. 터널 및 지하차도의 "연장"이란 각 본체 구간과 하나의 구조로 연결된 구간을 포함한 거리를 말한다.
6. "방파제, 파제제 및 호안"이란 「항만법」 제2조제5호가목2)의 외곽시설을 말한다.
7. "계류시설"이란 「항만법」 제2조제5호가목4)의 계류시설을 말한다.
8. "댐"이란 「저수지·댐의 안전관리 및 재해예방에 관한 법률」 제2조제1호의 저수지·댐을 말한다.
9. 위 표 제4호의 지방상수도전용댐과 용수전용댐이 위 표 제7호가목의 광역상수도·공업용수도 또는 지방상수도의 수원지시설에 해당하는 경우에는 위 표 제7호의 상하수도시설로 본다.
10. 위 표의 건축물에는 그 부대시설인 옹벽과 절토사면을 포함하며, 건축설비, 소방설비, 승강기설비 및 전기설비는 포함하지 않는다.
11. 건축물의 연면적은 지하층을 포함한 동별로 계산한다. 다만, 2동 이상의 건축물이 하나의 구조로 연결된 경우와 둘 이상의 지하도상가가 연속되어 있는 경우에는 연면적의 합계로 한다.
12. 건축물의 층수에는 필로티나 그 밖에 이와 비슷한 구조로 된 층을 포함한다.
13. "건축물"은 「건축법 시행령」 별표 1에서 정한 용도별 분류를 따른다.
14. "운수시설 중 여객용 시설"이란 「건축법 시행령」 별표 1 제8호의 운수시설 중 여객자동차터미널, 일반철도역사, 공항청사, 항만여객터미널을 말한다.
15. "철도 역 시설"이란 「철도의 건설 및 철도시설 유지관리에 관한 법률」 제2조제6호가목의 역 시설(물류시설은 제외한다)을 말한다. 다만, 선하역사(시설이 선로 아래 설치되는 역사

를 말한다)의 선로구간은 연속되는 교량시설물에 포함하고, 지하역사의 선로구간은 연속되는 터널시설물에 포함한다.

16. 하천시설물이 행정구역 경계에 있는 경우 상위 행정구역에 위치한 것으로 한다.

17. "포용조수량"이란 최고 만조(滿潮) 시 간척지에 유입될 조수(潮水)의 양을 말한다.

18. "방조제"란 「공유수면 관리 및 매립에 관한 법률」 제37조, 「농어촌정비법」 제2조제6호, 「방조제 관리법」 제2조제1호 및 「산업입지 및 개발에 관한 법률」 제20조제1항에 따라 설치한 방조제를 말한다.

19. 하천의 "통관"이란 제방을 관통하여 설치한 원형 단면의 문짝을 가진 구조물을 말한다.

20. 하천의 "다기능 보"란 용수 확보, 소수력 발전이나 도로(하천을 횡단하는 것으로 한정한다) 등 두 가지 이상의 기능을 갖는 보를 말한다.

21. 위 표 제7호의 상하수도의 광역상수도, 공업용수도 및 지방상수도에는 수원지시설, 도수관로·송수관로(터널을 포함한다) 및 취수시설을 포함하고, 정수장, 취수·가압펌프장, 배수지, 배수관로 및 급수시설은 제외한다.

다만, 중대재해처벌법 제2조 제4호 나목 단서에서 시설물안전법상 공동주택을 제외한다고 규정하고 있어, 제1종 시설물 중, 21층 이상 또는 연면적 5만 제곱미터 이상, 제2종 시설물 중 16층 이상 또는 3만 제곱미터 이상인 아파트 등의 공동주택이나, 제3종 시설물 중 5층 이상 15층 이하, 연면적 660 제곱미터를 초과하고 4층 이하인 연립주택, 연면적 660제곱미터를 초과하는 기숙사는 중대재해처벌법의 적용대상에서 제외된다.

나) 구체적 검토

시행령(안) 입법예고 당시 정부는 보도자료에서 시행령 별표 3에는 시설물안전법의 제1종, 제2종 시설물은 수문과 배수펌프장을 제외하고 대부분 적용하고, 지방자치단체가 고시하는 제3종 시설물은 명확성 원칙에 어긋나 제외하되 일부만 공중이용시설을 규정하는 법 제4조 라목에 포함시켰다고 설명한 바 있는데, 명확성의 원칙에 어긋난다면서 다시 위 라목에 포함시킨 점은 이해하기 어렵다.

시설물안전법 적용대상이 되는 교량, 도로, 하천, 대형 건축물 등의 제1종 시설물, 제2종 시설물, 제3종 시설물은 이미 시설물안전법 등에 따라 국토안전관리원[25]에서 운용하는 시설물통합관리시스템(FMS)에 등록되어 있어,

---

25 국토안전관리원은 2020. 12. 10. 시행된 「국토안전관리원법」에 따라서 설립된 기관으로, 1995년 성수대교 붕괴사고로 시설물안전법이 제정되면서 시설물 유지관리와 안전사고

그 등록된 시설물 중, 위 시행령 별표 3에 규정된 시설물은 중대시민재해 대상이 된다.

한편, 시설물안전법을 관리하는 국토안전관리원 홈페이지 게시 자료를 보면 2019. 12. 기준으로 시설물안전법에 따라 관리하는 시설물은 147,651개소라고 설명하고 있어 그 범위가 방대한데, 제외되는 공동주택을 빼면 85,924개소의 시설물은 중대시민재해의 적용대상이 되는 '공중이용시설'에 해당한다.

4) 다중이용업소법에서 규정하는 시설
가) 개요

「다중이용업소의 안전관리에 관한 특별법」(약칭 다중이용업소법)은 화재 등 재난이나 그 밖의 위급한 상황으로부터 국민의 생명·신체 및 재산을 보호하기 위하여 다중이용업소의 안전시설등의 설치·유지 및 안전관리와 화재위험평가, 다중이용업주의 화재배상 책임보험에 필요한 사항을 정함으로써 공공의 안전과 복리 증진에 이바지함을 목적으로 만들어진 법이다.

"다중이용업"이란 불특정 다수인이 이용하는 영업 중 화재 등 재난 발생시 생명·신체·재산상의 피해가 발생할 우려가 높은 것으로서 대통령령이 정하는 영업을 말한다(다중이용업소법 제2조 제1항 제1호).

중대재해처벌법은 이러한 다중이용업소법 제2조 제1항 제1호에 따른 영업장 중에서 건축법 제84조[26] 규정에 따라 산정한 바닥면적의 합계가 1,000

예방을 위하여 설립되었던 한국시설안전공단이 한국건설관리공사를 흡수, 통합하여 설립된 기관이다.

26 건축법 제84조 및 건축법 시행령 제119조 제1항 제3호
3. 바닥면적: 건축물의 각 층 또는 그 일부로서 벽, 기둥, 그 밖에 이와 비슷한 구획의 중심선으로 둘러싸인 부분의 수평투영면적으로 한다. 다만, 다음 각 목의 어느 하나에 해당하는 경우에는 각 목에서 정하는 바에 따른다.
가. 벽·기둥의 구획이 없는 건축물은 그 지붕 끝부분으로부터 수평거리 1미터를 후퇴한 선으로 둘러싸인 수평투영면적으로 한다.
나. 건축물의 노대등의 바닥은 난간 등의 설치 여부에 관계없이 노대등의 면적(외벽의 중심선으로부터 노대등의 끝부분까지의 면적을 말한다)에서 노대등이 접한 가장 긴 외벽에 접한 길이에 1.5미터를 곱한 값을 뺀 면적을 바닥면적에 산입한다.
다. 필로티나 그 밖에 이와 비슷한 구조(벽면적의 2분의 1 이상이 그 층의 바닥면에서 위층 바닥 아래면까지 공간으로 된 것만 해당한다)의 부분은 그 부분이 공중의 통행

제곱미터 이상인 시설로서, 시설의 규모나 면적 등을 고려하여 대통령령으로
정하도록 규정되어 있는데(법 제2조 제4호 다목), 시행령(안) 보도자료에 의하

이나 차량의 통행 또는 주차에 전용되는 경우와 공동주택의 경우에는 바닥면적에 산
입하지 아니한다.

라. 승강기탑(옥상 출입용 승강장을 포함한다), 계단탑, 장식탑, 다락[층고(層高)가 1.5
미터(경사진 형태의 지붕인 경우에는 1.8미터) 이하인 것만 해당한다], 건축물의 외
부 또는 내부에 설치하는 굴뚝, 더스트슈트, 설비덕트, 그 밖에 이와 비슷한 것과 옥
상·옥외 또는 지하에 설치하는 물탱크, 기름탱크, 냉각탑, 정화조, 도시가스 정압기,
그 밖에 이와 비슷한 것을 설치하기 위한 구조물과 건축물 간에 화물의 이동에 이용
되는 컨베이어벨트만을 설치하기 위한 구조물은 바닥면적에 산입하지 아니한다.

마. 공동주택으로서 지상층에 설치한 기계실, 전기실, 어린이놀이터, 조경시설 및 생활폐
기물 보관시설의 면적은 바닥면적에 산입하지 않는다.

바. 「다중이용업소의 안전관리에 관한 특별법 시행령」제9조에 따라 기존의 다중이용업
소(2004년 5월 29일 이전의 것만 해당한다)의 비상구에 연결하여 설치하는 폭 1.5미
터 이하의 옥외 피난계단(기존 건축물에 옥외 피난계단을 설치함으로써 법 제56조에
따른 용적률에 적합하지 아니하게 된 경우만 해당한다)은 바닥면적에 산입하지 아니
한다.

사. 제6조제1항제6호에 따른 건축물을 리모델링하는 경우로서 미관 향상, 열의 손실 방
지 등을 위하여 외벽에 부가하여 마감재 등을 설치하는 부분은 바닥면적에 산입하지
아니한다.

아. 제1항제2호나목3)의 건축물의 경우에는 단열재가 설치된 외벽 중 내측 내력벽의 중
심선을 기준으로 산정한 면적을 바닥면적으로 한다.

자. 「영유아보육법」제15조에 따른 어린이집(2005년 1월 29일 이전에 설치된 것만 해당
한다)의 비상구에 연결하여 설치하는 폭 2미터 이하의 영유아용 대피용 미끄럼대 또
는 비상계단의 면적은 바닥면적(기존 건축물에 영유아용 대피용 미끄럼대 또는 비상
계단을 설치함으로써 법 제56조에 따른 용적률 기준에 적합하지 아니하게 된 경우만
해당한다)에 산입하지 아니한다.

차. 「장애인·노인·임산부 등의 편의증진 보장에 관한 법률 시행령」별표 2의 기준에 따
라 설치하는 장애인용 승강기, 장애인용 에스컬레이터, 휠체어리프트 또는 경사로는
바닥면적에 산입하지 아니한다.

카. 「가축전염병 예방법」제17조 제1항 제1호에 따른 소독설비를 갖추기 위하여 같은 호
에 따른 가축사육시설(2015년 4월 27일 전에 건축되거나 설치된 가축사육시설로 한
정한다)에서 설치하는 시설은 바닥면적에 산입하지 아니한다.

타. 「매장문화재 보호 및 조사에 관한 법률」제14조 제1항 제1호 및 제2호에 따른 현지
보존 및 이전보존을 위하여 매장문화재 보호 및 전시에 전용되는 부분은 바닥면적에
산입하지 아니한다.

파. 「영유아보육법」제15조에 따른 설치기준에 따라 직통계단 1개소를 갈음하여 건축물
의 외부에 설치하는 비상계단의 면적은 바닥면적(같은 조에 따른 어린이집이 2011년
4월 6일 이전에 설치된 경우로서 기존 건축물에 비상계단을 설치함으로써 법 제56조
에 따른 용적률 기준에 적합하지 않게 된 경우만 해당한다)에 산입하지 않는다.

하. 지하주차장의 경사로는 바닥면적에 산입하지 않는다.

면 정부는 화재위험을 고려하여 다중이용업소법 제2조 제1항 제1호에 규정된 23개 업종 전부를 중대시민재해 적용대상으로 규정하였다(시행령 제3조 제3호).

다중이용업소법 제2조 제1호의 위임에 따라 다중이용업소법 시행령 제2는 다중이용업에 대하여 다음과 같이 규정하고 있다.

---

1. 「식품위생법 시행령」 제21조제8호에 따른 식품접객업 중 다음 각 목의 어느 하나에 해당하는 것

   가. **휴게음식점영업·제과점영업 또는 일반음식점영업**으로서 영업장으로 사용하는 **바닥면적**(「건축법 시행령」 제119조제1항제3호에 따라 산정한 면적을 말한다. 이하 같다)의 합계가 **100제곱미터**(영업장이 지하층에 설치된 경우에는 그 영업장의 바닥면적 합계가 66제곱미터) 이상인 것. 다만, 영업장(내부계단으로 연결된 복층구조의 영업장을 제외한다)이 다음의 어느 하나에 해당하는 층에 설치되고 그 영업장의 주된 출입구가 건축물 외부의 지면과 직접 연결되는 곳에서 하는 영업을 제외한다.

   1) 지상 1층, 2) 지상과 직접 접하는 층

   나. **단란주점영업과 유흥주점영업**

1의2. 「식품위생법 시행령」 제21조제9호에 따른 **공유주방 운영업** 중 휴게음식점영업·제과점영업 또는 일반음식점영업에 사용되는 공유주방을 운영하는 영업으로서 영업장 **바닥면적의** 합계가 **100제곱미터**(영업장이 지하층에 설치된 경우에는 그 바닥면적 합계가 66제곱미터) 이상인 것. 다만, 영업장(내부계단으로 연결된 복층구조의 영업장은 제외한다)이 다음 각 목의 어느 하나에 해당하는 층에 설치되고 그 영업장의 주된 출입구가 건축물 외부의 지면과 직접 연결되는 곳에서 하는 영업은 제외한다.

   가. 지상 1층

   나. 지상과 직접 접하는 층

2. 「영화 및 비디오물의 진흥에 관한 법률」 제2조제10호, 같은 조 제16호가목·나목 및 라목에 따른 **영화상영관·비디오물감상실업·비디오물소극장업 및 복합영상물제공업**

3. 「학원의 설립·운영 및 과외교습에 관한 법률」 제2조제1호에 따른 학원(이하

"학원"이라 한다)으로서 다음 각 목의 어느 하나에 해당하는 것

　가. 「화재예방, 소방시설 설치·유지 및 안전관리에 관한 법률 시행령」 별표 4에 따라 산정된 수용인원(이하 "수용인원"이라 한다)이 300명 이상인 것

　나. 수용인원 100명 이상 300명 미만으로서 다음의 어느 하나에 해당하는 것. 다만, 학원으로 사용하는 부분과 다른 용도로 사용하는 부분(학원의 운영권자를 달리하는 학원과 학원을 포함한다)이 「건축법 시행령」 제46조에 따른 방화구획으로 나누어진 경우는 제외한다.

　　(1) 하나의 건축물에 학원과 기숙사가 함께 있는 학원

　　(2) 하나의 건축물에 학원이 둘 이상 있는 경우로서 학원의 수용인원이 300명 이상인 학원

　　(3) 하나의 건축물에 제1호, 제2호, 제4호부터 제7호까지, 제7호의2부터 제7호의5까지 및 제8호의 다중이용업 중 어느 하나 이상의 다중이용업과 학원이 함께 있는 경우

4. **목욕장업**으로서 다음 각 목에 해당하는 것

　가. 하나의 영업장에서 「공중위생관리법」 제2조제1항제3호가목에 따른 목욕장업 중 맥반석·황토·옥 등을 직접 또는 간접 가열하여 발생하는 열기나 원적외선 등을 이용하여 땀을 배출하게 할 수 있는 시설 및 설비를 갖춘 것으로서 수용인원(물로 목욕을 할 수 있는 시설부분의 수용인원은 제외한다)이 100명 이상인 것

　나. 「공중위생관리법」 제2조제1항제3호나목의 시설 및 설비를 갖춘 목욕장업

5. 「게임산업진흥에 관한 법률」 제2조제6호·제6호의2·제7호 및 제8호의 **게임제공업·인터넷컴퓨터게임시설제공업 및 복합유통게임제공업**. 다만, 게임제공업 및 인터넷컴퓨터게임시설제공업의 경우에는 영업장(내부계단으로 연결된 복층구조의 영업장은 제외한다)이 다음 각 목의 어느 하나에 해당하는 층에 설치되고 그 영업장의 주된 출입구가 건축물 외부의 지면과 직접 연결된 구조에 해당하는 경우는 제외한다.

　가. 지상 1층, 나. 지상과 직접 접하는 층

6. 「음악산업진흥에 관한 법률」 제2조제13호에 따른 **노래연습장업**

7. 「모자보건법」 제2조제10호에 따른 **산후조리업**

7의2. **고시원업**[구획된 실(室) 안에 학습자가 공부할 수 있는 시설을 갖추고 숙박 또는 숙식을 제공하는 형태의 영업]

> 7의3.「사격 및 사격장 안전관리에 관한 법률 시행령」제2조제1항 및 별표 1에
> 따른 **권총사격장**(실내사격장에 한정하며, 같은 조 제1항에 따른 종합사격장에
> 설치된 경우를 포함한다)
> 7의4.「체육시설의 설치·이용에 관한 법률」제10조제1항제2호에 따른 **골프 연습**
> **장업**(실내에 1개 이상의 별도의 구획된 실을 만들어 스크린과 영사기 등의 시
> 설을 갖추고 골프를 연습할 수 있도록 공중의 이용에 제공하는 영업에 한정
> 한다)
> 7의5.「의료법」제82조제4항에 따른 **안마시술소**
> 8. 법 제15조제2항에 따른 화재위험평가결과 위험유발지수가 제11조 제1항에 해
> 당하거나 화재발생시 인명피해가 발생할 우려가 높은 불특정다수인이 출입
> 하는 영업으로서 아래와 같은 영업장을 말한다
>> 1. 전화방업·화상대화방업: 구획된 실(室) 안에 전화기·텔레비전·모니터 또
>>   는 카메라 등 상대방과 대화할 수 있는 시설을 갖춘 형태의 영업
>> 2. 수면방업: 구획된 실(室) 안에 침대·간이침대 그 밖에 휴식을 취할 수 있
>>   는 시설을 갖춘 형태의 영업
>> 3. 콜라텍업: 손님이 춤을 추는 시설 등을 갖춘 형태의 영업으로서 주류판매
>>   가 허용되지 아니하는 영업

다만, 중대재해처벌법 제2조 제4호 다목은 다중이용업소법 제2조 제1항 제1호의 영업장 중에서, 건축법 제84조 규정에 의한 계산에 따라 바닥면적 1,000평방미터 미만의 사업장에는 적용되지 않는다. 따라서 일정한 규모 이하의 작은 영업장에는 중대재해처벌법의 적용이 배제된다.

나) 구체적 검토

다중이용업소는 많은 사람들이 이용하는 식당이나 카페, 단란주점이나 유흥주점, 영화관, 학원, 목욕탕, 게임장, 노래연습장, 고시원, 산후조리원 등이 포함되고 있는데, 정부는 화재위험을 고려하여 다중이용업소법에 규정된 23개 업종 모두를 중대시민재해 적용대상으로 규정하였다.

앞서 본 바와 같이 다중이용업소에는 국민들의 일상생활과 밀접한 음식점, 카페, 영화관 등이 모두 포함되어 있는데, 화재 등의 사고 발생 위험 정도는 업소에 따라 차이가 있을 수밖에 없고, 단순히 면적만 가지고 위험 정

도를 따지는 것이 적절한지는 의문이다.

2018년 11월 9일 오전 5시쯤, 서울 종로구 관수동 청계천 인근 국일고시원에서 일어난 불로 7명이 숨지는 사고가 있었는데, 당시 위 고시원은 2007년 다중이용업소로 지정되어 2009년부터 시행된 스프링클러 설치의무가 없었던 업소였으며 이 고시원의 바닥면적 합계는 1,000평방미터를 넘지 않았다. 따라서 이번 중대재해처벌법의 적용대상이 되는 공중이용시설에 포함되지 아니한다.

결국, 실내공기질법과 마찬가지로, 과거 다중이용업소에서 발생된 사고 사례를 기초로 각 업소별 위험성 정도를 개별적으로 검토하여 중대시민재해 대상 여부를 결정하는 것이 더욱 필요했다고 할 것이다.

5) 그 밖에 이에 준하는 시설

중대재해처벌법은 위와 같이 「실내공기질법」, 「시설물안전법」, 「다중이용업소법」 등 3개 법률에서 규정하고 있는 시설 이외에도 위 3개 법률에서 규정하는 시설물과 준하는 시설로 「재해발생 시 생명·신체상의 피해가 발생할 우려가 높은 장소」를 중대시민재해의 적용대상으로 규정할 수 있도록 하고 있다(법 제2조 제4호 라목).

위 3개의 법률, 즉 「실내공기질법」, 「시설물안전법」, 「다중이용업소법」의 대상만으로도 규모가 방대한데, 산업기술의 발달과 사회문화의 변경 등에 따라 새롭게 발생될 영업장이나 시설물 중 일정한 규모 이상으로서, 재난 발생 시 생명이나 신체에 대한 피해발생이 우려되는 것은 추가될 수 있을 것이다.

이에 따라 시행령 제3조 제4호에서 아래와 같이 7개 시설을 중대재해처벌법의 적용대상이 되는 공중이용시설로 규정하고 있다.

---

① **도로교량**
도로법 제10조 각 호의 도로에 설치된 연장 20미터 이상인 도로교량 중 준공 후 10년이 지난 교량은 중대시민재해의 대상이 된다. 도로법 제10조는 도로의 종류를 고속국도, 일반국도, 특별시도·광역시도, 지방도, 시도, 군도, 구도로 나누고 있어 도로법상 도로에 설치된 교량 중, 10년 이상 된 20미터 이상의 교량이

그 대상이다. 이러한 도로교량은 앞서본 시설물안전법 제7조 규정에 따라 지방자치단체장의 고시에 의하여 제3종 시설물의 대상이 되는 것인데, 시설물안전법 중 제3종 시설물은 중대시민재해 대상에서 제외하면서, 그중 도로교량은 위와 같이 시설물안전법 관리대상에 준하여 중대시민재해의 적용대상이 되도록 규정한 것이다.

② 도로터널

도로법 제10조 제4호부터 제7호까지 정한 지방도, 시도, 군도, 구도의 도로터널과 농어촌도로정비법 시행령 제2조 제1호의 터널 중 준공 후 10년이 경과된 도로터널도 중대시민재해의 대상이 된다. 도로법 제10조는 도로의 종류를 고속국도, 일반국도. 특별시도·광역시도, 지방도. 시도, 군도, 구도로 나누고 있어 도로법상 도로에 설치된 터널 중, 10년 이상 된 20미터 이상의 터널이 그 대상이다. 이러한 도로터널 역시 시설물안전법 제7조 규정에 따라 지방자치단체장의 고시에 의하여 제3종 시설물의 대상이 되는 것인데, 시설물안전법 중 제3종 시설물은 중대시민재해 대상에서 제외하면서 그중 위 도로터널은 위와 같이 시설물안전법 관리대상에 준하여 중대시민재해의 적용대상이 되도록 규정한 것이다.

그런데, 위 ① 도로교량이나 ② 철도교량은 모두 10년이 넘는 교량이나 철도이고, 한편 지방자치단체가 지정, 고시하는 3종 시설인데 정부는 명확성의 원칙에 어긋나 제외하되 일부를 라목에 포함했다고 설명하고 있다.

시설물안전법상의 제3종 시설물은 중앙행정기관장이나 지방자치단체장이 재난이 발생할 위험이 높거나 재난을 예방하기 위하여 계속적으로 관리할 필요가 있다고 인정되는 것으로, 시설물안전법 시행령 별표 1의2에서 규정하는 시설물 중에서 대통령령으로 정하는 바에 따라 지정 고시한 것이다(시설물안전법 제8조 제2항).

또한 중앙행정기관장 또는 지방자치단체장은 제3종 시설물이 보수·보강의 시행 등으로 재난 발생 위험이 없어지거나 재난을 예방하기 위하여 계속적으로 관리할 필요성이 없는 경우에는 대통령령으로 정하는 바에 따라 그 지정을 해제하여야 한다고 규정하고 있다(시설물안전법 제8조 제1항).

따라서 시설물안전법의 규정에 비추어, 위험한 것은 고시가 되어야 하고, 위험하지 않게 된 것은 고시가 해제되어야 한다.

그런데, 시행령(안)에서는 10년 이상의 모든 교량과 철도에 대하여 모두 공중이용시설로 규정하고 있어서, 10년이 넘었지만 재난 발생 위험이 없어지거나 재난을 예방하기 위하여 계속적으로 관리할 필요성이 없어서 제3종 시설물 고시가 해제된 경우에도 적용이 된다면 시설물 안전법과 중대재해처벌법 규정 사이의 충돌이 우려되기도 한다.

이런 관련 법령에 대한 규정 및 실제 고시와 해제 여부 등을 충분하게 검토하고 시행령이 제정되었어야 함에도 그러한 검토 없이 시행령이 제정된 결과, 관련 법령 사이의 충돌이 우려되고 있다.

③ 철도교량

철도산업발전기본법 제3조 제2호 철도시설 중, 준공 후 10년이 지난 철도교량도 중대시민재해의 적용 대상이 된다.

④ 철도터널

철도산업발전기본법 제3조 제2호 철도시설 중 준공 후 10년 이상 경과된 철도터널로서 특별시와 광역시 외의 지역에 있는 철도터널도 중대시민재해의 적용대상이 된다.

⑤ 주유소

석유 및 석유대체연료 사업법 시행령 제2조 제3호에 규정된 주유소 중 사업장 면적이 2,000제곱미터 이상인 주유소도 중대시민재해의 적용대상이 되는 공중이용시설이다. 대형 화재의 위험성 등을 고려한 측면은 이해가 되나, 주유소 이외에 휴게실이나 편의점 등 복합적 영업시설도 늘어나는 추세를 감안하면 단순히 전체 면적만으로 공중이용시설의 적용대상을 구분한 것이 합리적인지 여부는 의문이 든다.

⑥ 가스충전소

액화석유가스의 안전관리 및 사업법 제2조 제4호의 액화석유가스 충전사업의 사업소 중에서 사업장 면적이 2,000제곱미터 이상인 가스충전소도 중대시민재해의 적용대상이 되는 공중이용시설이다. 대형 화재의 위험성 등을 고려한 측면은 이해가 되나, 가스충전소 이외에 휴게실이나 편의점 등 복합적 영업시설도 늘어나는 추세를 감안하면 단순히 전체 면적만으로 공중이용시설의 적용대상을 구분한 것이 합리적인지 여부는 역시 의문이 든다.

⑦ 놀이공원

관광진흥법 시행령 제2조 제1항 제5호 가목의 종합유원시설업 시설 중에서, 관광진흥법 제33조 제1항 규정에 따른 안정성검사 대상 유기시설 또는 유기기구도 중대시민재해의 적용대상이 되는 공중이용시설이다.

관광진흥법은 유원시설업(遊園施設業)이란 유기시설(遊技施設)이나 유기기구(遊技機具)를 갖추어 이를 관광객에게 이용하게 하는 업이라고 규정하고(관광진흥법 시행령 제2조 제1항 제5호), 종합유원시설업은 대규모의 대지 또는 실내에서 법 제33조에 따른 안전성검사 대상 유기시설 또는 유기기구 여섯 종류 이상을 설치하여 운영하는 경우를 말하고, 일반유원시설업은 관광진흥법 제33조에 따른 안전성검사 대상 유기시설 또는 유기기구 한 종류 이상을 설치하여 운영하는 경우를 말하고, 기타유원시설업은 관광진흥법 제33조에 따른 안전성검사 대상이 아닌 유기시설 또는 유기기구를 설치하여 운영하는 경우를 말한다. 에버랜드, 서울랜드, 롯데월드 등이 종합유원시설업으로 중대시민재해의 적용대상이 되는 공중이용시설이다.

6) 공중이용시설 중 중대재해처벌법 적용의 제외 대상

중대재해처벌법 제2조 제4호에서는 위와 같이 「실내공기질법」, 「시설물안전법」, 「다중이용업소법」 등 3개 법률에서 규정한 시설 중, 아래와 같은 사업이나 사업장에는 적용하지 않는다고 규정하고 있다.

가) 「소상공인 보호 및 지원에 관한 법률」의 적용 대상

중대재해처벌법은 「소상공인 보호 및 지원에 관한 법률」(약칭 소상공인법) 제2조에 따른 소상공인의 사업 또는 사업장 및 이에 준하는 비영리 시설에는 적용되지 아니한다.

소상공인의 자유로운 기업 활동을 촉진하고 경영안정과 성장을 도모하여 소상공인의 사회적·경제적 지위 향상과 국민경제의 균형 있는 발전을 목적으로 하는 소상공인법에서 규정하고 있다. 소상공인법 제2조에서 소상공인이란 「중소기업기본법」 제2조 제2항에 따른 소기업(小企業)[27] 중 ① 상시 근

---

[27] 「중소기업기본법」 제2조 제2항은 중소기업을 중기업(中企業)과 소기업(小企業)으로 나누고 있는데, 중소기업기본법 시행령 제8조에 따른 별표 3에서는 중대재해처벌법 적용이 제외될 수 있는 소기업(小企業)을 아래와 같이 규정하고 있다.

주된 업종별 평균매출액등의 소기업 규모 기준(제8조 제1항 관련)

해당 기업의 주된 업종	분류기호	규모 기준
1. 식료품 제조업	C10	평균매출액등
2. 음료 제조업	C11	120억원 이하

3. 의복, 의복액세서리 및 모피제품 제조업	C14	
4. 가죽, 가방 및 신발 제조업	C15	
5. 코크스, 연탄 및 석유정제품 제조업	C19	
6. 화학물질 및 화학제품 제조업(의약품 제조업은 제외한다)	C20	
7. 의료용 물질 및 의약품 제조업	C21	
8. 비금속 광물제품 제조업	C23	
9. 1차 금속 제조업	C24	
10. 금속가공제품 제조업(기계 및 가구 제조업은 제외한다)	C25	
11. 전자부품, 컴퓨터, 영상, 음향 및 통신장비 제조업	C26	
12. 전기장비 제조업	C28	
13. 그 밖의 기계 및 장비 제조업	C29	
14. 자동차 및 트레일러 제조업	C30	
15. 가구 제조업	C32	
16. 전기, 가스, 증기 및 공기조절 공급업	D	
17. 수도업	E36	
18. 농업,임업 및 어업	A	평균매출액등 80억원 이하
19. 광업	B	
20. 담배 제조업	C12	
21. 섬유제품 제조업(의복 제조업은 제외한다)	C13	
22. 목재 및 나무제품 제조업(가구 제조업은 제외한다)	C16	
23. 펄프, 종이 및 종이제품 제조업	C17	
24. 인쇄 및 기록매체 복제업	C18	
25. 고무제품, 및 플라스틱제품 제조업	C22	
26. 의료, 정밀, 광학기기 및 시계 제조업	C27	
27. 그 밖의 운송장비 제조업	C31	
28. 그 밖의 제품 제조업	C33	
29. 건설업	F	
30. 운수 및 창고업	H	
31. 금융 및 보험업	K	
32. 도매 및 소매업	G	평균매출액등 50억원 이하
33. 정보통신업	J	
34. 수도, 하수 및 폐기물 처리, 원료재생업(수도업은 제외한다)	E(E36 제외)	평균매출액등 30억원 이하
35. 부동산업	L	
36. 전문·과학 및 기술 서비스업	M	
37. 사업시설관리, 사업지원 및 임대 서비스업	N	
38. 예술, 스포츠 및 여가 관련 서비스업	R	
39. 산업용 기계 및 장비 수리업	C34	평균매출액등 10억원 이하
40. 숙박 및 음식점업	I	
41. 교육 서비스업	P	
42. 보건업 및 사회복지 서비스업	Q	
43. 수리(修理) 및 기타 개인 서비스업	S	

비고

1. 해당 기업의 주된 업종의 분류 및 분류기호는 「통계법」 제22조에 따라 통계청장이 고시한 한

로자 수가 10명 미만이거나, ② 업종별로 상시 근로자 수 등이 대통령령으로 정한 기준에 해당하는 경우라고 규정하고 있고, 이에 따른 소상공인법 시행령 제3조 제1항에서는 「소상공인법」 제2조 제1항 제2호에서 "대통령령으로 정하는 기준"이란 ① 광업·제조업·건설업 및 운수업의 경우는 10명 미만, ② 그 밖의 업종은 5명 미만이라고 규정하고 있다. 즉, 소상공인이란 중소기업법상의 소기업 중에서 별도의 소상공인 요건에 해당되는 경우를 말한다.[28] 소상공인 여부는 「중소기업현황정보시스템(sminfo.mss.go.kr)」을 통해 확인될 수 있다.

따라서, 「실내공기질법」, 「시설물안전법」, 「다중이용업소법」 및 「이에 준하는 시설」 등 중대재해처벌법이 적용대상으로 하는 공중이용시설 중에서, 소상공인법 제2조 규정에 따라 중소기업기본법 제2조에 따른 소기업 중에서, 10명 미만의 광업·제조업·건설업 및 운수업과, 그 외 5명 미만의 업종에 대하여는 중대재해처벌법이 적용되지 아니한다.

나) 이에 준하는 비영리시설

「실내공기질법」, 「시설물안전법」, 「다중이용업소법」 및 「이에 준하는 시설」 중에서 「소상공인법」에 준하는 작은 비영리시설에 대하여도 중대재해처벌법의 적용을 배제하는 것이다.

앞서 본 바와 같이 중대재해처벌법 적용이 배제되는 소상공인법 제2조는 ① 광업·제조업·건설업 및 운수업의 경우는 10명 미만, ② 그 밖의 업종은 5명 미만으로 규정하고 있으므로, 이에 준하는 광업·제조업·건설업 및 운수업의 경우는 10명 미만, 그 밖의 업종의 경우 5명 미만인 비영리시설도 중대재해처벌법의 적용이 배제된다.

비영리시설에 대하여는 별도 정의규정은 없지만, 「민법」 제23조 규정(학술, 종교, 자선, 기예, 사교 기타 영리 아닌 사업을 목적으로 하는 사단 또는 재단)에

국표준산업분류에 따른다.
2. 위 표 제27호에도 불구하고 철도 차량 부품 및 관련 장치물 제조업(C31202) 중 철도 차량용 의자 제조업, 항공기용 부품 제조업(C31322) 중 항공기용 의자 제조업의 규모 기준은 평균매출액등 120억원 이하로 한다.

28 중소벤처기업부, 중소기업 범위해설, 제72쪽 이하

따라 설립된 비영리법인이나, 「공익법인의 설립 및 운영에 관한 법률」에 따라 설립된 공익법인 등에서 운용하는 시설이 있다면 이 또한 제외 대상이 될 수 있을 것이다.

다) 「교육시설 등의 안전 및 유지관리 등에 대한 법률」 적용 대상

중대재해처벌법은 또한 「교육시설 등의 안전 및 유지관리 등에 대한 법률」(약칭 교육시설법) 제2조 제1호에 따른 교육시설에 적용이 배제된다.

교육시설에 관한 국가와 지방자치단체의 책무와 교육시설의 종합적인 관리 및 진흥을 위하여 필요한 사항을 정함으로써 안전하고 쾌적한 교육환경 조성 및 교육의 질 향상을 목적으로 하는 「교육시설법」 제2조 제1호에서는 교육시설을 아래와 같이 규정하고 있다.

가. 「유아교육법」 제2조 제2호에 따른 유치원
나. 「초·중등교육법」 제2조에 따른 학교
다. 「고등교육법」 제2조에 따른 학교
라. 「평생교육법」 제31조 제2항 및 제4항에 따른 학력·학위가 인정되는 평생교육시설
마. 다른 법률에 따라 설치된 각급 학교(국방·치안 등의 사유로 정보공시가 어렵다고 대통령령으로 정하는 학교는 제외한다)
바. 그 밖에 대통령령으로 정하는 교육관련 시설

위 바목에서 규정하는 "대통령령으로 정하는 교육관련 시설"이란 교육감이 그 소관 사무의 범위 안에서 필요하여 대통령령 또는 조례가 정하는 바에 따라 설립한 교육기관을 말한다(「교육시설법」 시행령 제2조 및 「지방교육자치에 관한 법률」 제32조).

위 적용 배제 규정에 따라 "공중이용시설" 중에서 학교시설은 적용대상에서 배제되는바, 언론에서 학교에 대한 중대재해처벌법 적용 여부가 지속적으로 문제되는 부분은, "공중이용시설"에 따른 "중대시민재해"가 아니라, "중대산업재해"의 적용대상이 된다는 문제 때문이다.

다. 공중교통수단

제2조(정의)

5. "공중교통수단"이란 불특정다수인이 이용하는 다음 각 목의 어느 하나에 해당하는 시설을 말한다.

　가. 「도시철도법」 제2조 제2호에 따른 도시철도의 운행에 사용되는 도시철도차량

　나. 「철도산업발전기본법」 제3조 제4호에 따른 철도차량 중 동력차·객차(「철도사업법」 제2조 제5호에 따른 전용철도에 사용되는 경우는 제외한다)

　다. 「여객자동차 운수사업법 시행령」 제3조 제1호 라목에 따른 노선 여객자동차운송사업에 사용되는 승합자동차

　라. 「해운법」 제2조 제1호의2의 여객선

　마. 「항공사업법」 제2조 제7호에 따른 항공운송사업에 사용되는 항공기

1) 개요

중대재해처벌법의 적용대상이 되는 '공중교통수단'이란 불특정 다수인이 사용하는 도시철도차량, 철도차량 중 동력 및 객차, 승합자동차, 여객선, 항공기 중에서 아래와 같은 관련 법령에서 규정된 수단을 의미한다. 2014. 4. 발생된 세월호 참사사건의 세월호가 대표적인 공중교통수단으로서, 세월호 참사사건은 중대재해처벌법에서 규정하는 중대시민재해로 분류될 수 있을 것이다. 각 법령에서 규정하는 공중교통수단을 살펴본다.

2) 도시철도법 제2조 제2호의 도시철도차량

도시철도법은 도시교통권역의 원활한 교통 소통을 위하여 도시철도의 건설을 촉진하고 그 운영을 합리화하며 도시철도차량 등을 효율적으로 관리함으로써 도시교통의 발전과 도시교통 이용자의 안전 및 편의 증진에 이바지함을 목적으로 제정된 법이다.

도시철도법 제2조 제2호는 "도시철도"란 도시교통의 원활한 소통을 위하여 도시교통권역에서 건설·운영하는 철도·모노레일·노면전차(路面電車)·

선형유도전동기(線形誘導電動機)·자기부상열차(磁氣浮上列車) 등 궤도(軌道)에 의한 교통시설 및 교통수단을 말한다고 규정하고 있다.

대도시에서 운영되는 지하철이 대표적인 도시철도로 현재 지방자치단체 소속으로는 서울메트로, 서울도시철도공사, 부산교통공사, 대구도시철도공사, 인천교통공사, 대전도시철도공사, 광주도시철도공사 등이 있으며, 그 외 코레일에서 운영하는 지하철 등 도시철도도 있다.

3) 철도산업발전시설법 제3조 제4호의 철도차량 중 동력차·객차

철도산업발전시설법(약칭 철도산업법)은 철도산업의 경쟁력을 높이고 발전 기반을 조성함으로써 철도산업의 효율성 및 공익성의 향상과 국민경제의 발전 에 이바지함을 목적으로 하며, 위 철도산업법 제3조 제4호에서 철도차량이란 "선로를 운행할 목적으로 제작된 동력차·객차·화차 및 특수차를 말한다"고 규정하는데, 중대재해처벌법은 그중에서 동력차와 객차에 대하여 적용된다.

현재 한국의 철도는 한국철도공사법(코레일)에 의한 철도, KTX 고속철 도, SRT 고속철도 등이 이에 포함된다.

〈전용철도에 적용 배제〉

다만, 철도사업법 제2조 제5호에 따라 전용철도에 사용되는 경우는 제외 하는데, 철도사업법 제2조 제5호 "전용철도"란 다른 사람의 수요에 따른 영 업을 목적으로 하지 아니하고 자신의 수요에 따라 특수 목적을 수행하기 위 하여 설치하거나 운영하는 철도를 말한다. 통상 광산의 채굴물을 철도 적치 장으로 운반하거나 공장 내의 원료나 제품을 운반하기 위하여 기업체 등에 서 부설하여 불특정 다수인이 사용하지 않는 비영리 철도를 의미한다. 포항 의 포스코 내부에 설치된 철도가 전용철도의 한 예이다.

4) 여객자동차운수사업법 시행령 제3조 제1호 라목의 승합자동차

여객자동차운수사업법 시행령 제3조 제1호 라목에 따른 여객자동차운송 사업에 사용되는 승합자동차도 중대시민재해의 적용대상인 공중교통수단이

다. 여객자동차운수사업법 시행령 제3조 제1호 라목의 시외버스 운송사업에
사용되는 교통수단은 여객자동차운수사업법 시행규칙 별표 1에서 규정하는
자동차인데, 시외버스 운송사업에 사용되는 승합자동차는 가. 시외우등고속
버스, 나. 시외고속버스, 다. 시외고급고속버스, 라. 시외우등직행버스, 마. 시
외직행버스, 바. 시외고급직행버스, 사. 시외우등일반버스, 아. 시외일반버스
등 8종이다. 일반적인 고속버스와 시외버스 등이 여기에 해당한다. 시내버스
는 제외되며, 광역버스의 경우에도 시내버스에 해당하여 중대시민재해적용
대상에서 제외된다(위 여객자동차운수사업법 시행규칙 별표 1).

5) 해운법 제2조 제1호의2에 따른 여객선

해운법 제2조 제1호의2에서 "여객선"이란 「선박안전법」 제2조 제10호에
따른 선박으로서 해양수산부령으로 정하는 선박을 말한다고 규정하고 있고,
「선박안전법」 제2조 제10호는 "여객선이라 함은 13인 이상의 여객을 운송할
수 있는 선박을 말한다"고 규정하고 있다. 결국 13인 이상의 여객을 운송하
는 여객선이 중대재해처벌법의 적용대상이 된다.

6) 항공사업법 제2조 제7호에 따른 항공기

중대재해처벌법은 항공사업법 제2조 제7호에 따른 항공운송사업에 사용
되는 항공기를 공중교통수단의 하나로 규정하고 있고, 항공사업법 제2조 제7
호는 "항공운송사업"이란 국내항공운송사업, 국제항공운송사업 및 소형항공
운송사업을 말한다고 규정함으로써, 결국 국내항공운송사업, 국제항공운송사
업 및 소형항공운송에 사용되는 항공기가 중대재해처벌법 적용대상이 된다.

결국 항공운송사업이란 ㉠ 국내항공운송사업, ㉡ 국제항공운송사업 및
㉢ 소형항공운송사업을 말하는데 먼저, ㉠ 국내항공운송사업과 ㉡ 국제항공
운송사업의 경우, 항공사업법 제2조 제9호 및 제11호에서 국내항공사업과 국
제항공사업의 경우 국토교통부령으로 정하는 일정 규모 이상의 항공기를 이
용하는 사업을 의미한다고 규정하고 있고, 항공사업법 시행규칙 제2조에는
위 국내항공사업 및 국제항공사업은 조종실과 화물칸이 분리되고 여객기의

경우는 승객의 좌석 수가 51석 이상, 화물기의 경우는 최대이륙중량이 2만 5천 킬로그램을 초과하는 경우라고 규정하고 있어, 결국 국내항공사업 및 국제항공사업은 승객 좌석 51석 이상의 여객기나 최대이륙중량 25톤 이상의 화물기가 이에 해당한다.

ⓒ 소형운송사업의 경우, 항공사업법 제2조 제13호에서 "소형항공운송사업"이란 타인의 수요에 맞추어 항공기를 사용하여 유상으로 여객이나 화물을 운송하는 사업이고, 같은 법 제2조 제14호에서 "소형항공운송사업자"란 제10조 제1항에 따라 국토교통부장관에게 소형항공운송사업을 등록한 자를 말한다고 규정하고 있는데, 소형항공운송사업에 사용되는 항공기의 요건 등에 관한 별도의 규정이 없고, 국토교통부 홈페이지 설명에 따르면 소형항공운송사업은 국내항공운송사업 및 국제항공운송사업 외의 항공운송사업을 말한다고 규정하고 있어서, 결국 소형항공운송사업에 사용되는 비행기는 승객좌석 50석 이하 좌석을 가지는 항공기를 의미하는 것으로 해석된다.

결국, 종류를 불문하고 항공운송사업에 사용되는 모든 항공기는 중대재해처벌법의 적용대상이 되는 공중교통수단에 해당한다.

제3장 종사자, 사업주, 경영책임자등

1. 종사자

제2조(정의) 이 법에서 사용하는 용어의 뜻은 다음과 같다.
7. "종사자"란 다음 각 목의 어느 하나에 해당하는 자를 말한다.
　가. 「근로기준법」상의 근로자
　나. 도급, 용역, 위탁 등 계약의 형식에 관계없이 그 사업의 수행을 위하여 대가를 목적으로 노무를 제공하는 자

> 다. 사업이 여러 차례의 도급에 따라 행하여지는 경우에는 각 단계의 수급인
>   및 수급인과 가목 또는 나목의 관계가 있는 자

　　중대재해처벌법 제2조 제7호는 "종사자"의 개념에 관하여, 「① 근로기준법상의 근로자, ② 도급, 용역, 위탁 등 계약의 형식에 관계없이 그 사업의 수행을 위하여 대가를 목적으로 노무를 제공하는 자, ③ 사업이 여러 차례의 도급에 따라 행하여지는 경우에는 각 단계의 수급인 및 수급인과 가목 또는 나목의 관계가 있는 자」를 의미한다고 규정하고 있다.

　　중대재해처벌법 제2조 제7호에서 정한 "종사자"의 정의는 그동안 산업안전보건법에 의한 산업재해자 보호가 미흡하였다는 비판을 반영한 것으로 보인다.

　　산업안전보건법에 의하면, 사업주의 사업장에서 실제로 노무를 제공한 자가 사망하였어도 ① 그가 다른 사업주의 근로자인 경우, ② 수급인의 근로자가 아니라 수급인 본인이 사망한 경우 등에는 산업안전보건법위반의 책임을 물을 수 없다는 문제가 발생하였다.

　　이처럼 산업안전보건법상 보호대상을 '직접 고용관계에 있는 소속 근로자'로 한정함으로써 야기되는 처벌의 공백을 보완하기 위해, 판례는 '실질적 고용관계'라는 개념을 적용하여 산업안전보건법의 적용범위를 다소 넓혀왔고,[29] 입법적으로는 도급인의 안전보건조치의무(산업안전보건법 제63조), 특수형태 근로종사자에 대한 안전보건조치의무(산업안전보건법 제77조), 배달종사자에 대한 안전보건조치의무(산업안전보건법 제78조) 규정 등을 마련하여 사업주의 책임범위를 확장하고 있다.

　　중대재해처벌법이 규정하고 있는 "종사자"는 ① 근로기준법상의 근로자, ② 대가를 목적으로 노무를 제공하는 자, ③ 각 단계의 수급인, ④ 수급인의 근로자 또는 수급인에게 대가를 목적으로 노무를 제공하는 자 등을 모두 포괄하는 폭넓은 개념이다.

---

29 대법원 2016. 7. 22. 선고 2016도3749 판결, 대법원 2019. 6. 13. 선고 2018도20566 판결 등

가. 근로기준법상의 근로자

근로기준법 제2조 제1항 제1호는 "근로자란 직업의 종류와 관계없이 임금을 목적으로 사업이나 사업장에 근로를 제공하는 사람을 말한다"라고 규정한다.

대법원은 「근로기준법상의 근로자에 해당하는지 여부는 계약의 형식이 고용계약인지 도급계약인지보다 그 실질을 따져 근로자가 사업 또는 사업장에 임금을 목적으로 종속적인 관계에서 사용자에게 근로를 제공하였는지 여부에 따라 판단하여야 한다」라고 하고 있다.[30]

공무원도 임금을 목적으로 근로를 제공하는 사람으로서 근로기준법상 근로자이므로, 중대재해처벌법 제2조 제7호 가목의 종사자에 해당한다.[31]

나. 사업의 수행을 위하여 대가를 목적으로 노무를 제공하는 자

근로자 외에 도급, 용역, 위탁 등 계약의 형식과 관계없이 그 사업의 수행을 위하여 대가를 목적으로 노무를 제공하는 자도 종사자에 포함된다. 여기서 '그 사업의 수행을 위하여 대가를 목적으로 노무를 제공하는 자'에는 산업안전보건법의 특수형태근로종사자(산업안전보건법 제77조)가 포함되고, 직종과 무관하게 다수의 사업에 노무를 제공하거나 타인을 사용하는 경우라 하더라도 이와 상관없이 '대가를 목적으로 노무를 제공하는 자'이면 중대재해처벌법 제2조 제7호 나목의 종사자에 해당한다.[32]

다. 수급인, 수급인의 근로자, 수급인에게 노무를 제공하는 자

사업이 여러 차례의 도급에 따라 행하여지는 경우에 각 단계의 수급인, 수급인과 "근로자"(중대재해처벌법 제2조 제7호 가목)의 관계가 있는 자 또는 "도급, 용역, 위탁 등 계약의 형식에 관계없이 그 사업의 수행을 위하여 대가

---

30 대법원 2021. 4. 29. 선고 2019두39314 판결
31 고용노동부 2021. 11. 17. 발간 「중대재해처벌법 해설 - 중대산업재해 관련 -」, p. 18
32 고용노동부 2021. 11. 17. 발간 「중대재해처벌법 해설 - 중대산업재해 관련 -」, pp. 18~19

를 목적으로 노무를 제공하는 자"(중대재해처벌법 제2조 제7호 나목)의 관계가 있는 자는 모두 중대재해처벌법 제2조 제7호 다목의 종사자에 해당한다.

사업이 '여러 차례의 도급에 따라 행하여지는 경우'라고 하였으므로 '도급'의 의미가 무엇인지 먼저 해석할 필요가 있다. 중대재해처벌법에서는 '도급'의 의미에 관한 정의 규정을 따로 두지 않았는데, 산업안전보건법 제2조 제6호에서는 '도급'에 관하여 "명칭에 관계없이 물건의 제조·건설·수리 또는 서비스의 제공, 그 밖의 업무를 타인에게 맡기는 계약을 말한다"라고 정의 규정을 두었다.

위와 같은 산업안전보건법 제2조 제6호의 규정에 따른다면 '도급'이란 그 명칭을 불문하고 업무를 타인에게 맡기는 계약이라고 할 것이므로 용역, 위탁 등과 구분할 필요성이 사실상 없다고 할 수 있다. 이런 관점에서 보면 중대재해처벌법 제2조 제7호 다목의 의미를 '사업이 계약의 형식에 관계없이 여러 차례의 도급, 용역, 위탁 등에 따라 행하여지는 경우에는 각 단계의 수급인 또는 용역, 위탁 등 계약의 상대방, 수급인 또는 용역, 위탁 등 계약의 상대방과 가목 또는 나목의 관계가 있는 자'라고 해석하게 될 것이다.

중대재해처벌법 제2조 제7호 다목의 의미를 합리적으로 해석하려면 산업안전보건법 제2조 제6호에서 정한 '도급'의 의미까지 종합하여 살펴볼 필요가 있다고 할 것이므로, 위와 같은 해석이 타당할 것으로 보인다.

여기서 유의해야 할 것은 중대재해처벌법 제5조에 의하여 사업주 또는 경영책임자등은 사업주나 법인 또는 기관이 제3자에게 도급, 용역, 위탁 등을 행한 경우에도 사업주나 법인 또는 기관이 그 시설, 장비, 장소 등에 대하여 실질적으로 지배·운영·관리하는 책임이 있는 때에 한하여 제3자의 종사자에게 중대산업재해가 발생하지 아니하도록 중대재해처벌법 제4조의 조치를 하여야 한다는 점이다.

중대재해처벌법 제2조 제7호 다목의 종사자에 해당하는 수급인(용역, 위탁 등 계약의 상대방 포함)에서 법인은 제외된다고 해석하여야 할 것이다.

중대재해처벌법은 안전·보건 조치 의무를 위반하여 인명피해를 발생하게 한 사업주와 경영책임자, 공무원 및 법인을 처벌하기 위한 법률(중대재해처벌법 제1조)이므로, 인명피해를 상정할 수 있는 자연인만이 중대재해처벌법 제2조 제7호의 종사자에 해당할 수 있음은 해석상 당연하다.

2. 사업주

> 제2조(정의) 이 법에서 사용하는 용어의 뜻은 다음과 같다.
> 8. "사업주"란 자신의 사업을 영위하는 자, 타인의 노무를 제공받아 사업을 하는 자를 말한다.

사업주라 함은 "자신의 사업을 영위하는 자, 타인의 노무를 제공받아 사업을 하는 자"를 말한다(중대재해처벌법 제2조 제8호).

위와 같은 사업주의 정의 자체는 별다른 문제가 없어 보인다. 그런데 "상시 근로자가 5명 미만인 사업 또는 사업장의 사업주(개인사업주에 한정한다. 이하 같다) 또는 경영책임자등에게는 이 장의 규정을 적용하지 아니한다"라는 중대재해처벌법 제3조와의 관계에서 해석상 문제가 될 수 있는 부분이 있으므로 이하에서 이를 살펴보기로 한다.

가. 중대재해처벌법 제3조 이하에서 말하는 사업주의 의미

「상시 근로자 5명 미만의 사업 또는 사업장」에 대하여는 중대재해처벌법 중 중대산업재해를 규율하는 제2장(제3조부터 제8조까지)의 적용을 배제하기 위하여 위와 같이 중대재해처벌법 제3조를 둔 것은 틀림없어 보인다. 그런데 위 중대재해처벌법 제3조 중 "사업주(개인사업주에 한정한다. 이하 같다.)" 부분으로 인하여 해석상의 혼란이 야기될 염려가 없지 않다.

즉 중대재해처벌법 제3조 중 "사업주(개인사업주에 한정한다. 이하 같다.)" 부분이 중대재해처벌법 제3조 이하의 모든 규정에서 말하고 있는 사업주에 동일하게 적용되는지, 아니면 제3조 이하 규정에서의 '사업주'는 상시 근로자 5명 미만의 사업 또는 사업장에 대하여만 개인사업주로 한정할 뿐 나머지 사업 또는 사업장에 대하여는 개인사업주로 한정하지 아니한다는 의미인지 의문이 있을 수 있다.

위와 같은 의문을 해소하려면 중대재해처벌법 제3조 이하의 규정에서 '사업주'라는 문언이 단독으로 사용되는지 아니면 '법인 또는 기관'과 함께 사용되는지 등을 잘 살펴 '사업주'의 의미를 명확히 해석할 필요가 있다.

먼저 각각 안전 및 보건 확보의무를 규정하고 있는 중대재해처벌법 제4조 및 제5조와 제9조에서는 "사업주나 법인 또는 기관"이라고 되어 있다. '사업주'라는 문언이 '법인 또는 기관'과 선택적으로 사용되고 있으므로 이들 조항에서의 '사업주'는 상시 근로자의 수와 관계없이 개인사업주만을 의미한다고 해석하여야 할 것이다.

다음으로 손해배상의 책임을 규정한 중대재해처벌법 제15조 및 정부의 지원 등을 규정한 제16조에서는 "사업주, 법인 또는 기관" 및 "사업주, 법인 및 기관"이라고 되어 있다. '사업주'라는 문언이 '법인 또는 기관' 및 '법인 및 기관'과 각각 병렬적으로 사용되고 있으므로 이들 조항에서의 '사업주'는 상시 근로자의 수와 관계없이 개인사업주만을 의미한다고 해석함이 상당하다.

그리고 중대재해처벌법 제3조(적용범위)·제6조(중대산업재해 사업주와 경영책임자등의 처벌)·제10조(중대시민재해 사업주와 경영책임자등의 처벌)에서는 '사업주'라는 문언이 단독으로 사용되고 있다. 제3조는 그 문언 자체에서 '사업주'가 개인사업주만을 의미한다고 하였고 제6조 및 제10조는 자연인인 행위자를 처벌하는 조항들이므로 이들 조항에서의 '사업주'는 상시 근로자의 수와 관계없이 개인사업주만을 의미하는 것으로 해석할 수밖에 없다.

그 외 제7조(중대산업재해의 양벌규정)·제8조(안전보건교육의 수강)·제11조(중대시민재해의 양벌규정)·제12조(형 확정 사실의 통보)·제13조(중대산업재해 발생사실 공표)·제14조(심리절차에 관한 특례)에서는 '사업주'라는 문언이 포함되지 않았다.

그러므로 중대재해처벌법 제3조 이하, 즉 중대재해처벌법 중 중대산업재해에 관한 제2장(제3조부터 제8조까지) 및 중대시민재해에 관한 제3장(제9조부터 11조까지)과 보칙에 관한 제4장(제12조부터 제16조까지)에 규정된 모든 사업주는 상시 근로자의 수와 관계없이 개인사업주만을 의미하는 것으로 해석함이 상당할 것이다.

나. 안전 및 보건 확보의무의 수범자에서 법인사업주를 제외한 데 따른 문제

1) 문제의 소재

중대재해처벌법 제4조 및 제9조는 '사업주와 경영책임자등의 안전 및 보건 확보의무'를, 제5조는 '사업주와 경영책임자등의 도급, 용역, 위탁 등 관계에서의 안전 및 보건 확보의무'를 각각 규정하면서 그 수범자를 모두 사업주 또는 경영책임자등으로 하였다.

따라서 위와 같이 중대재해처벌법 제3조부터 제9조까지의 문언 및 그 해석에 따를 때 중대재해처벌법 제4조 및 제5조와 제9조에서 안전 및 보건 확보의무를 부담하는 사업주는 개인사업주에 한정된다고 보아야 하므로, 이들 조항에 의한 안전 및 보건 확보의무의 수범자에서 법인사업주는 모두 제외된다고 할 것이다.

경영책임자등은 뒤에서 보는 바와 같이 사업을 대표하고 사업을 총괄하는 권한과 책임이 있는 사람이므로 통상적으로 법인사업주와의 관계에서 대표자의 지위를 가진다고 볼 수 있다. 즉 법인사업주가 대외적으로는 자신을 대표하고 대내적으로는 자신의 업무를 집행하는 기관으로서 경영책임자등을 둠이 일반적이라고 할 것이다.

또 대부분의 법인사업주는 상법상 주식회사이고 대부분의 주식회사에서 경영책임자등은 대표이사(사실상의 대표이사 포함)가 될 가능성이 크다. 따라서 통상의 경우 경영책임자등은 대표이사로서 주식회사인 법인사업주를 대표하고 법인사업주의 업무를 집행할 것이다.

이때 법인사업주는 그 목적의 범위 내에서만 권리와 의무의 주체가 될 뿐이므로 경영책임자등의 대표권은 법인사업주의 목적 범위 내에서 인정될 수 있고 그 업무집행권도 오직 법인사업주의 업무 범위 내에서만 인정될 수 있을 뿐이다.

그런데 앞에서 본 바와 같이 중대재해처벌법 제3조부터 제9조까지의 문언 및 그 해석에 따를 때 법인사업주는 중대재해처벌법 제4조 및 제5조와 제

9조가 정한 안전 및 보건 확보의무의 수범자에서 제외된다. 반면에 경영책임
자등은 법인사업주의 목적 범위 내에서만 법인사업주를 대표하고 법인사업
주의 업무 범위 내에서만 그 업무를 집행하는 것임에도 불구하고 중대재해
처벌법 제4조 및 제5조와 제9조가 정한 안전 및 보건 확보의무의 수범자로
규정되었다. 이러한 법률조항들은 법인에 관한 법리에 반할 뿐 아니라 헌법
상의 책임주의 원칙에 비추어 보았을 때 위헌 가능성을 지적하지 않을 수 없
다. 이하에서 구체적으로 살펴보기로 한다.

2) 법인에 관한 법리에 반하고 책임주의 원칙에 위배될 가능성

중대재해처벌법 제4조 및 제5조와 제9조가 정한 안전 및 보건 확보의무
는 법인사업주의 법적 의무가 아니어서 법인사업주에게는 위와 같은 의무들
을 이행하여야 할 업무가 존재하지 아니한다. 그러므로 법인사업주의 목적
범위 내에서 대표권을 가지고 법인사업주의 업무 범위 내에서만 업무집행권
을 가진다고 볼 수밖에 없는 경영책임자등에게 위와 같은 의무들을 인정할
법리적인 뒷받침과 근거가 부족하다.

때문에 중대재해처벌법 제4조 및 제5조와 제9조가 정한 경영책임자등의
안전 및 보건 확보의무는 법인사업주의 목적 및 업무 범위와는 무관하게 단
지 이들 법률조항이 경영책임자등에게 직접 부과한 의무라고 해석할 수밖에
없을 것이다.

하지만 그런 해석에 따르는 경우 과연 경영책임자등의 의무 위반행위로
인한 법률효과까지 법인사업주에게 귀속시켜 법인사업주를 벌금형으로 처벌
하는 것이 법리적으로 타당한지는 의문이 아닐 수 없다.

중대재해처벌법 제7조와 제11조는 법인의 경영책임자등이 법인의 업무
에 관하여 중대재해처벌법 제4조 및 제5조와 제9조를 위반하는 행위를 하여
중대재해에 이르게 한 경우 법인에게도 벌금형을 과하되, 법인이 위반행위를
방지하기 위하여 해당 업무에 관하여 상당한 주의와 감독을 게을리하지 아
니한 경우에는 벌금형을 과하지 아니한다는 취지로 규정하고 있다.

결국 중대재해처벌법은 경영책임자등의 의무 위반행위를 이유로 법률상

해당 의무를 부담하지 아니하는 법인사업주에게 형사처벌을 가하는 한편, 법인사업주가 의무 위반행위를 방지하기 위하여 해당 업무에 관하여 상당한 주의와 감독을 게을리하지 아니한 경우에만 예외적으로 형사처벌에서 제외하는 태도를 취하고 있는 것이다.

중대재해처벌법 말고 산업안전보건법을 비롯한 다른 형사처벌 법규들에서는 이러한 규율 체계를 발견하기가 어렵다. 다른 형사처벌 법규들은 형사처벌을 전제로 의무를 부과하거나 어떤 행위를 금지할 때 통상 법인과 개인을 구분 없이 모두 수범자로 규정하고, 그 법인 또는 개인의 대표자나 대리인, 사용인 등이 위반행위를 한 경우 행위자를 벌하는 외에 법인 또는 개인에게도 벌금형을 과하되, 법인 또는 개인이 위반행위를 방지하기 위하여 해당 업무에 관하여 상당한 주의와 감독을 게을리하지 아니한 경우는 형사처벌에서 제외하는 규율 체계를 취하고 있다.[33]

이는 법인에 관한 법리 및 '책임 없으면 형벌 없다'라는 헌법적 원리(책임주의 원칙)를 형사처벌 법규에 구현한 결과라고 할 것이다.

따라서 법인사업주의 목적 범위 내에서만 법인사업주를 대표하고 법인사업주의 업무 범위 내에서만 그 업무를 집행하는 경영책임자등에게 법률상

---

[33] 이때 행위자를 처벌하는 벌칙규정에서 그 적용대상자를 일정한 신분을 가진 자로 한정한 경우에 있어서는, 양벌규정은 벌칙규정에서 요구하는 신분을 가진 자가 아니면서 해당 업무를 실제로 집행하는 자가 있는 때에 벌칙규정의 실효성을 확보하기 위하여 그 적용대상자를 해당 업무를 실제로 집행하는 자에게까지 확장함으로써, 그러한 자가 해당 업무집행과 관련하여 벌칙규정의 위반행위를 한 경우 양벌규정에 의하여 처벌할 수 있도록 한 행위자의 처벌규정임과 동시에 그 위반행위의 이익귀속주체인 일정한 신분을 가진 자에 대한 처벌규정이라고 할 수 있다(대법원 1999. 7. 15. 선고 95도2870 전원합의체 판결 참조).
그런데 중대재해처벌법은 의무규정들인 제4조 및 제5조와 제9조, 벌칙규정들인 제6조 및 제10조에서 그 적용대상자를 모두 '경영책임자등의 신분을 가진 개인'으로 한정하였기 때문에, 법인 또는 기관에서 경영책임자등이 아님에도 불구하고 그 업무를 실제로 집행하는 사람을 상정하고, 양벌규정들인 제7조와 제11조를 근거로 그 사람에게까지 벌칙규정의 적용대상자를 확장하여야 할 필요성은 생기지 않을 것이다.
한편 중대재해처벌법 제7조와 제11조는 경영책임자등의 위반행위를 이유로 벌금형을 과할 수 있는 양벌규정 적용대상에서 개인을 제외하였으므로, 개인사업주에게 경영책임자등이 있는 경우 의무규정과 벌칙규정 등을 둘러싼 몇 가지 해석상의 문제가 검토될 수밖에 없는데, 이 문제에 관하여는 뒤의 「3. 경영책임자등」에 관한 해설에서 자세히 다루기로 한다.

법인사업주는 부담하지 아니하는 의무를 법률이 직접 부과하고, 벌칙규정의 적용대상자로 규정된 그 경영책임자등의 의무 위반행위를 이유로 의무를 부담하지 아니하는 법인사업주에게 벌금형을 과하도록 한 중대재해처벌법 제7조와 제11조(각각 양벌규정)는, 법인에 관한 법리에 반하고 헌법상의 '책임주의 원칙'에도 위배될 가능성이 있는 조항이라는 비판을 피하기 어렵다고 할 것이다.

양벌규정의 위헌성과 관련하여 헌법재판소는, 「형벌은 범죄에 대한 제재로서 그 본질은 법질서에 의해 부정적으로 평가된 행위에 대한 비난이다. 만약 법질서가 부정적으로 평가한 결과가 발생하였다고 하더라도 그러한 결과의 발생이 누군가의 잘못에 의한 것이 아니라면, 부정적인 결과가 발생하였다는 이유만으로 그 누군가에게 형벌을 가할 수는 없다. 이와 같이 "책임 없는 자에게 형벌을 부과할 수 없다"라는 책임주의는 형사법의 기본원리로서, 헌법상 법치국가원리로부터 도출되는 원리이고, 법인의 경우도 자연인과 마찬가지로 책임주의 원칙이 적용된다. 심판대상조항은 법인의 대리인·사용인 기타의 종업원(이하 '종업원 등'이라 한다)이 법인의 업무에 관하여 업무상 과실 또는 중대한 과실로 인하여 공공수역에 특정수질유해물질등을 누출·유출시킨 행위를 한 사실이 인정되면 곧바로 그 법인에게도 종업원 등에 대한 처벌 조항에 규정된 형을 과하도록 규정하고 있다. 즉, 종업원 등의 범죄행위에 대한 법인의 가담 여부나 이를 감독할 주의의무 위반 여부를 법인에 대한 처벌요건으로 규정하지 않고, 달리 법인이 면책될 가능성에 대해서도 정하지 않은 채, 곧바로 법인을 종업원 등과 같이 처벌하는 것이다. 그 결과, 법인은 선임·감독상의 주의의무를 다하여 아무런 잘못이 없는 경우에도 심판대상조항에 따라 종업원 등의 범죄행위에 대한 형벌을 부과 받게 된다. 이처럼 심판대상조항은 종업원 등의 범죄행위에 관하여 비난할 근거가 되는 법인의 독자적인 책임에 관하여 전혀 규정하지 않은 채, 단순히 법인이 고용한 종업원 등이 업무에 관하여 범죄행위를 하였다는 이유만으로 법인에 대하여 형벌을 부과하도록 정하고 있는바, 이는 헌법상 법치국가원리로부터 도출되는 책임주의 원칙에 위배된다(헌법재판소 2019. 4. 11. 선고 2017헌가30 결정; 헌법재판소

2020. 6. 25. 선고 2020헌가7 결정 참조)」라고 하였다.[34] 이 헌법재판소 결정에서 다루어진, 책임주의 원칙을 양벌규정에 관철시키는 데 필요한 헌법적 요청 사항은 중대재해처벌법 제7조와 제11조의 위헌 여부를 가늠해 볼 수 있는 중요한 지표가 된다고 할 것이다.

입법자는 중대재해 예방을 위해서는 법인의 최고경영자에게 의무를 부과하고, 그 최고경영자가 의무를 위반한 경우 법인에게도 중한 벌금형을 과하는 것만이 가장 효과적인 중대재해 예방책이라는 생각에 기울어진 나머지, 최고경영자의 의무 위반행위를 이유로 법인에게 벌금형을 과하려면 법인도 해당 의무를 부담하는 수범자가 되도록 규정하여야 법인의 대표권 및 업무집행권에 관한 법리에 어긋나지 아니하고, 나아가 경영책임자등의 위반행위에 관하여 비난할 근거가 되는 법인의 독자적인 책임을 명확하게 규정한 것이 되어 헌법상 '책임주의 원칙'의 위배 가능성도 문제되지 않을 수 있음을 간과하고, 위에서 본 바와 같은 법리상의 문제와 위헌 가능성의 지적이 불가피한 법률조항을 중대재해처벌법에 포함시키는 입법을 강행한 것으로 비판하지 않을 수 없다.[35]

2022. 1. 27.부터 중대재해처벌법이 시행되고 있으나, 하루빨리 법률 개정을 통해 위와 같은 법리상의 문제를 바로잡고 위헌 가능성이 원천적으로 차단될 수 있도록 하여야 할 것이다.

---

[34] 헌법재판소 2021. 4. 29. 선고 2019헌가2 결정, 위 사건 심판대상조항과 관련된 금지조항인 구 수질환경보전법(1995. 12. 29. 법률 제5095호로 개정되고, 2005. 3. 31. 법률 제7459호로 전부 개정되기 전의 것) 제29조 제1항 제1호는 누구든지 공공수역에 유류를 유출하는 행위를 하여서는 아니 된다고 규정하여 법인과 자연인 모두를 금지행위의 수범자로 정하였다.

[35] 권오성 교수(성신여자대학교 법과대학)는, 산업안전보건법의 경우 본래의 행위주체는 사업주이고 사업주가 아닌 행위자는 소위 '양벌규정의 역적용'이라는 방식으로 처벌되는 것과 달리 「중대재해처벌법」은 본래의 행위주체는 개인사업주 및 법인 또는 기관의 경영책임자등 개인이고, 사업주가 법인 또는 기관인 경우에는 경영책임자등의 위반행위가 있는 경우 그 법인 등을 벌금형에 처하는 방식을 취한다는 점에서 차이가 있다고 하면서, 이와 같이 벌칙규정의 법형식에 있어 기존의 산업안전보건법과는 그 접근이 상이한 점 등으로 인하여 입법 과정에서의 논란에 못지않게 중대재해처벌법의 시행에도 다양한 해석상 논란이 예상된다고 하였다(대한산업보건협회 발간 "산업보건" 2021년 2월호, 「중대재해처벌법」의 해석상 쟁점, 권오성 기고' 참조).

3. 경영책임자등

> 제2조(정의) 이 법에서 사용하는 용어의 뜻은 다음과 같다.
> 9. "경영책임자등"이란 다음 각 목의 어느 하나에 해당하는 자를 말한다.
>   가. 사업을 대표하고 사업을 총괄하는 권한과 책임이 있는 사람 또는 이에 준
>   하여 안전보건에 관한 업무를 담당하는 사람
>   나. 중앙행정기관의 장, 지방자치단체의 장, 「지방공기업법」에 따른 지방공기
>   업의 장, 「공공기관의 운영에 관한 법률」 제4조부터 제6조까지의 규정에
>   따라 지정된 공공기관의 장

중대재해처벌법에서 새롭게 등장한 법적 개념이 경영책임자등으로 사업
주에 대하여 일정한 조치의무를 부과하고 그 조치의무를 이행하지 않을 경우
형사처벌을 하는 산업안전보건법과 달리, 중대재해처벌법은 사업주(개인사업
주에 한정) 또는 경영책임자등에게 안전 및 보건 확보의무를 부과하고 있다.

중대재해처벌법상 경영책임자등은 두 가지로 구분하여 규정하고 있다.
즉 '사업을 대표하고 사업을 총괄하는 권한과 책임'이 있는 사람 또는 '이에
준하여 안전보건에 관한 업무를 담당'하는 사람(중대재해처벌법 제2조 제9호 가
목)과, 중앙행정기관의 장, 지방자치단체의 장, 「지방공기업법」에 다른 지방
공기업의 장, 「공공기관의 운영에 관한 법률」 제4조부터 제6조까지 규정에
따라 지정된 공공기관의 장(중대재해처벌법 제2조 제9호 나목)이다.

위 가목은 일반 회사나 기업 또는 법인 등 사업체를 전제로 하고, 위 나
목은 중앙부처의 장관이나 도지사, 시장·군수 등은 물론 일정한 공기업이나
공공기관의 장도 포함하고 있어 위 가목과 나목을 통틀어 경영책임자등으로
지칭하는 것으로 보이는데, 편의상 가목을 사업체 경영책임자, 나목을 공무
경영책임자로 나누어 설명한다.

가. 사업체 경영책임자

중대재해처벌법 제2조 제9호 가목은 나목과 비교할 때 일반 회사나 기

업 또는 법인 등 사업체에서 근무하며 사업을 대표하고 사업을 총괄하는 권한과 책임이 있는 사람 등을 말하는 것으로 해석된다. 사업체 경영책임자는 중대재해처벌법 제2조 제9호 가목에서 두 가지 유형으로 나누어져 있다.

첫째, 사업을 대표하고 사업을 총괄하는 권한과 책임이 있는 사람과 둘째, 이에 준하여 안전보건에 관한 업무를 담당하는 사람이다.

1) 대표 경영책임자

첫째 유형의 경우, 사업을 대표하고 사업을 총괄하는 권한과 책임이 있는 사람으로 이 책에서는 대표 경영책임자라고 지칭한다. '사업을 대표하고 사업을 총괄하는 권한과 책임'이라는 표현은 기업 규모 대형화 및 집단화에 따른 의사결정 구조 등의 다양화 및 복잡화 등의 특성이 있는 현대 사회에서, 그 범위와 대상을 규정하기가 녹록하지 않을 것으로 보인다.

일반적으로 법령 또는 정관에 의하거나 사실상 사업체를 대외적으로 대표하고 대내적으로 사업을 총괄하는 지위에 있는 자를 말한다고 할 수 있다.

가) 재벌회장 등 대주주로서 사실상 경영자로 평가받는 경우

예를 들어 대주주로서 대규모 그룹을 사실상 지배하며 경영하는 재벌의 회장이 사업을 대표하고 사업을 총괄하는 사람인지 아니면 법적으로 등기된 주식회사의 대표이사 등이 사업을 대표하고 사업을 총괄하는 사람인지가 명백하지 않을 수 있다는 취지이다. 대규모 그룹의 회장이나 부회장 등과 같이 주식이나 지주회사 등을 통해 회사의 경영권을 사실상 또는 법률상 지배하고 있어 실질적으로는 사업을 대표하고 사업을 총괄하는 권한과 책임이 있다고 평가될 수 있으나, 형식상 등기된 대표이사 등이 아니어서 법적으로는 회사 경영에 책임을 지지 않는 경우 과연 경영책임자등에 해당한다고 볼 수 있을지 문제이다.

특히, 대규모 사건이 터질 경우, 그 회사의 사실상 경영자로 평가되는 재벌회장 등에게 실질적 책임을 묻는 여론이 형성되었던 전례에 비추어 '사업을 대표하고 사업을 총괄하는 권한과 책임'이라는 것을 어느 범위까지 해석할지는 논란이 될 것으로 생각된다.

만약 대주주로서의 지위는 가지고 있으나 회사 경영에는 일절 관여하지 않고 회사 법인등기부에도 전혀 이름이 올라 있지 않다면, 여기서 말하는 대표 경영책임자로 볼 수는 없을 것이다.

나) 주식회사의 대표이사 등 등기된 사업 총괄자

대주주 등 회사의 사실상 경영자나 이른바 오너가 아니지만, 상법상 회사의 대표자로서 각종 권한과 책임을 가지고 있는 경우이다. 흔히 주식회사의 대표이사인 경우인데, '사업을 대표하고 사업을 총괄하는 권한과 책임'이 있는 사람임을 부인하기는 어려울 것이다. 다만 중대재해처벌법에는 산업안전보건법과 같이 법인사업주의 경우 안전과 보건을 책임지는 별도의 책임자를 지정하라는 규정이 존재하지 않는다. 따라서 사실상 경영자가 따로 있는 주식회사의 등기된 대표이사 등을 '사업을 대표하고 사업을 총괄하는 권한과 책임이 있는 사람'으로 보아야 할지 아니면 아래 항목에서 검토하게 될 '이에 준하여 안전 안전보건에 관한 업무를 담당하는 사람'으로 보아야 할지 논란이 발생할 우려가 남아 있다. 산업안전보건법 규정과의 체계적 비교 및 '이에 준하여'의 경우에는 '안전보건에 관한 업무'를 전담은 아니지만 담당한다고 특정된 점에 비추어, 주식회사의 등기된 대표이사 등은 '사업을 대표하고 사업을 총괄하는 권한과 책임'이 있는 대표 경영책임자로 봄이 타당할 것이다.

이에 따라, 주식회사의 등기된 대표이사가 경영권을 실질적으로도 지배하면서 중대재해처벌법상 재해예방의 핵심으로 부각된 인사 및 예산에 관한 최종 의사결정을 하는 경우, 그 등기된 대표이사가 '사업을 대표하고 사업을 총괄하는 권한과 책임'이 있는 '대표 경영책임자'에 해당할 것이다.

반면, 회사 경영권에 대한 실질적 지배자가 별도로 등기된 CEO(전문경영인)를 두고 있으면서 그 직함이나 소속을 불문하고 재해예방과 관련된 인사나 예산에 관한 최종 의사결정까지 한다면, '사업을 대표하고 사업을 총괄하는 권한과 책임'이 있는 대표 경영책임자의 범위에 들어갈 수 있다고 보인다.

이럴 경우, 그 회사의 등기된 CEO 역시 '사업을 대표하고 사업을 총괄하는 권한과 책임'이 있는 사람이 아니라고 할 수 없으므로, 결국 경영권의 실질적 지배자 및 등기된 CEO 모두 대표 경영책임자의 지위에 있다고 보아야 할 것이다.

2) 안전 경영책임자

둘째, '사업을 대표하고 사업을 총괄하는 권한과 책임이 있는 사람에 준하여 안전보건에 관한 업무를 담당하는 사람'으로 규정된 경영책임자인데, 이 책에서는 안전 경영책임자라고 부른다.

가) 산업안전보건법상 안전보건관리책임자와의 관계

산업안전보건법은 법인사업주의 경우 조치 의무와 형사처벌 책임은 사업주인 법인에게 부과하면서 별도로 안전보건관리책임자를 지정하도록 하고 있다. 산업재해가 발생하면 통상 안전보건관리책임자가 제1차적인 수사대상이 되어 그 법인사업주가 이행하여야 할 조치 의무를 모두 이행하였는지 여부에 관하여 수사와 재판을 받아 왔다.

이에 따라, 중대재해처벌법이 규정하는 안전 경영책임자는 현행 산업안전보건법에서 규정하는 안전보건관리책임자(산업안전보건법 제15조)와 같은 개념으로 볼 수 있는지 문제된다.

그런데 산업안전보건법상의 안전보건관리책임자는 '사업장을 실질적으로 총괄하여 관리하는 사람[36]으로 산업안전보건법 제15조 제1항 각 호의 업무를 총괄하여 관리하는 사람'이고, 중대재해처벌법상의 안전 경영책임자는 '사업을 대표하고 사업을 총괄하는 권한과 책임이 있는 사람에 준하여 안전보건에 관한 업무를 담당하는 자'로서 그 개념이 서로 구분된다고 보아야 할 것이다.

즉 산업안전보건법상의 안전보건관리책임자는 사업주에 의해 각 사업장을 실질적으로 총괄하여 관리하도록 임명된 사람이고, 중대재해처벌법상의

---

[36] 대구지하철 방화사건에 관한 대법원 2004. 5. 14. 선고 2004도74 판결에서는, 사건 당시 시행 중에 있던 산업안전보건법 시행령 제9조 제2항이 안전보건관리책임자는 당해 사업에서 그 사업을 실질적으로 총괄·관리하는 자이어야 한다고 규정한 내용과 관련하여, '그 사업을 실질적으로 총괄·관리하는 자'의 의미는 「공장장이나 작업소장 등 명칭의 여하를 묻지 아니하고 당해 사업장에서 사업의 실시를 실질적으로 총괄·관리하는 권한과 책임을 가지는 자를 말한다」라고 설시하였다.

안전 경영책임자는 사업 또는 사업장 전반의 안전 및 보건에 관한 조직·인력·예산 등을 주식회사의 대표이사 등에 준하여 총괄하는 권한과 책임을 가지는 최종 결정권을 가진 사람을 의미[37]하는 것으로, 서로 구분되는 개념이라고 보아야 할 것이다.

나) 대표 경영책임자와의 관계

안전보건 업무를 전담하는 최고책임자라 하더라도 사업 경영대표자 등으로부터 사업 또는 사업장 전반의 안전·보건에 관한 조직, 인력, 예산에 대한 총괄 관리 및 최종 의사 결정권을 위임받은 경우로 평가될 수 있는 경우가 아니라면 중대재해처벌법상의 안전 경영책임자로 볼 수 없을 것이다.[38]

그리고 중대재해처벌법상의 안전 경영책임자가 선임되어 있다 하더라도 단순히 그 사실만으로 사업을 대표하고 사업을 총괄하는 권한과 책임이 있는 사람(대표 경영책임자)의 의무가 당연히 면제된다고 보기는 어려울 것이다.[39]

대표 경영책임자가 안전 경영책임자에게 사업 또는 사업장 전반의 안전·보건에 관한 조직, 인력, 예산에 관한 총괄 관리 및 최종 의사 결정권을 위임한 것으로 평가될 수 없고, 대표 경영책임자 스스로 사업 또는 사업장 전반의 안전·보건에 관한 조직, 인력, 예산에 대한 총괄 관리에 개입하거나 최종 의사 결정권을 행사 또는 그 결정에 관여한다면, 중대재해처벌법상 경영책임자등에게 부과된 의무를 이행하여야만 할 것이다.

반대로 대표 경영책임자가 사업 또는 사업장 전반의 안전·보건에 관한 조직, 인력, 예산에 대한 총괄 관리에 전혀 개입하지 아니하고, 최종 의사 결정권을 행사하지 아니하거나 그 결정에도 관여하지 아니하는 경우에는, 중대재해처벌법상 경영책임자등에게 부과된 안전 및 보건 확보의무에서 벗어난다고 해석하여야 할 것이다.

경영책임자등에 해당하는 사람이 여러 명 있는 경우에는 개별 사안마다

---

[37] 고용노동부 2021. 11. 17. 발간 「중대재해처벌법 해설 - 중대산업재해 관련 -」, p. 22
[38] 고용노동부 2021. 11. 17. 발간 「중대재해처벌법 해설 - 중대산업재해 관련 -」, p. 22
[39] 고용노동부 2021. 11. 17. 발간 「중대재해처벌법 해설 - 중대산업재해 관련 -」, p. 23

안전 및 보건 확보의무 불이행에 관한 최종 의사 결정권의 행사나 그 결정에 관여한 정도에 따라 구체적인 형사책임 유무가 결정될 것이다.[40] 다만 대표 경영책임자가 안전 및 보건 확보의무를 회피하지 못하게 하겠다는 중대재해 처벌법의 입법 배경에 비추어 볼 때, 안전만을 담당하는 대표이사나 '최고 안전 책임자'(Chief Safety Officer, CSO)를 두었다고 하여 대표 경영책임자인 총괄 대표이사를 면책시키는 방향으로 법운용이 되지는 않을 것으로 보인다.

나. 공무 경영책임자

중대재해처벌법 제2조 제9호 나목에 규정된 경영책임자등은 가목과 비교할 때 공무원이나 공기업 또는 공공기관의 장으로서, 이 책에서는 공무 경영책임자로 호칭한다. 중대재해처벌법의 적용대상에 공무원을 포함할지 여부는 입법 과정에서 논란이 있었으나 결국 대상에 포함되었다.

중대시민재해의 대상이 되는 지하철 등의 공중교통수단은 특히 정부나 지방자치단체가 실질적으로 지배·운영·관리하는 경우가 많고, 노무를 제공하는 근로자의 인원도 많아서 비록 공무이기는 하지만 그 관리자 등의 재해 예방에 대한 의무를 일반 사업체의 경우와 같이 부과하는 것으로 해석된다. 이 공무 경영책임자의 경우, 중대산업재해 및 중대시민재해 모두의 적용대상이 된다.

공무 경영책임자의 대상은 다음과 같이 네 가지로 구분된다.

① 중앙행정기관의 장
② 지방자치단체의 장
③ 「지방공기업법」에 의한 지방공기업의 장
④ 「공공기관의 운영에 관한 법률」 제4조부터 제6조까지의 규정에 따라 지정된 공공기관의 장

---

[40] 고용노동부 2021. 11. 17. 발간 「중대재해처벌법 해설 – 중대산업재해 관련 –」, p. 23

1) 중앙행정기관의 장

가) 정부조직법에 따른 중앙행정기관

중앙행정기관의 의미를 어떻게 볼 것인지가 문제인데, 정부조직법의 규정을 먼저 살펴볼 필요가 있다.

정부조직법 제2조[41] 제1항에 따르면 중앙행정기관의 설치와 직무범위는

---

41 정부조직법 제2조(중앙행정기관의 설치와 조직 등) ① 중앙행정기관의 설치와 직무범위는 법률로 정한다.

② 중앙행정기관은 이 법에 따라 설치된 부·처·청과 다음 각 호의 행정기관으로 하되, 중앙행정기관은 이 법 및 다음 각 호의 법률에 따르지 아니하고는 설치할 수 없다. <개정 2020. 6. 9., 2020. 8. 11., 2020. 12. 29.>

1. 「방송통신위원회의 설치 및 운영에 관한 법률」 제3조에 따른 방송통신위원회
2. 「독점규제 및 공정거래에 관한 법률」 제54조에 따른 공정거래위원회
3. 「부패방지 및 국민권익위원회의 설치와 운영에 관한 법률」 제11조에 따른 국민권익위원회
4. 「금융위원회의 설치 등에 관한 법률」 제3조에 따른 금융위원회
5. 「개인정보 보호법」 제7조에 따른 개인정보 보호위원회
6. 「원자력안전위원회의 설치 및 운영에 관한 법률」 제3조에 따른 원자력안전위원회
7. 「신행정수도 후속대책을 위한 연기·공주지역 행정중심복합도시 건설을 위한 특별법」 제38조에 따른 행정중심복합도시건설청
8. 「새만금사업 추진 및 지원에 관한 특별법」 제34조에 따른 새만금개발청 ③ 중앙행정기관의 보조기관은 이 법과 다른 법률에 특별한 규정이 있는 경우를 제외하고는 차관·차장·실장·국장 및 과장으로 한다. 다만, 실장·국장 및 과장의 명칭은 대통령령으로 정하는 바에 따라 본부장·단장·부장·팀장 등으로 달리 정할 수 있으며, 실장·국장 및 과장의 명칭을 달리 정한 보조기관은 이 법을 적용할 때 실장·국장 및 과장으로 본다.

④ 제3항에 따른 보조기관의 설치와 사무분장은 법률로 정한 것을 제외하고는 대통령령으로 정한다. 다만, 과의 설치와 사무분장은 총리령 또는 부령으로 정할 수 있다.

⑤ 행정각부에는 대통령령으로 정하는 특정 업무에 관하여 장관과 차관(제34조 제3항 및 제37조 제2항에 따라 행정안전부 및 산업통상자원부에 두는 본부장을 포함한다)을 직접 보좌하기 위하여 차관보를 둘 수 있으며, 중앙행정기관에는 그 기관의 장, 차관(제29조 제2항·제34조 제3항 및 제37조 제2항에 따라 과학기술정보통신부·행정안전부 및 산업통상자원부에 두는 본부장을 포함한다)·차장·실장·국장 밑에 정책의 기획, 계획의 입안, 연구·조사, 심사·평가 및 홍보 등을 통하여 그를 보좌하는 보좌기관을 대통령령으로 정하는 바에 따라 둘 수 있다. 다만, 과에 상당하는 보좌기관은 총리령 또는 부령으로 정할 수 있다. <개정 2017. 7. 26., 2020. 6. 9.>

⑥ 중앙행정기관의 보조기관 및 보좌기관은 이 법과 다른 법률에 특별한 규정이 있는 경우를 제외하고는 일반직공무원·특정직공무원(경찰공무원 및 교육공무원만 해당한다) 또는 별정직공무원으로 보(補)하되, 다음 각 호에 따른 중앙행정기관의 보조기관 및 보좌기관은 대통령령으로 정하는 바에 따라 다음 각 호의 구분에 따른 특정직공무원으로도 보할 수 있다. 다만, 별정직공무원으로 보하는 국장은 중앙행정기관마다 1명을 초과할 수 없다. <개정 2020. 6. 9.>

법률로 정한다. 정부조직법 제2조 제2항 각 호 외의 부분 전단 및 각 호에 의하면, 정부조직법에 따라 설치된 부·처·청과 8개 행정기관(정부조직법 제2조 제2항 제1호부터 제8호까지)이 중앙행정기관에 해당한다. 그리고 정부조직법 제2조 제2항 각 호 외의 부분 후단에 의하면 정부조직법 및 8개 법률(정부조직법 제2조 제2항 제1호부터 제8호까지)에 따르지 아니하고는 중앙행정기관을 설치할 수 없다.

정부조직법 규정에 의하면, 정부조직법 제26조[42] 규정에 규정된 18개의

---

1. 외교부: 외무공무원
2. 법무부: 검사
3. 국방부, 병무청 및 방위사업청: 현역군인
4. 행정안전부의 안전·재난 업무 담당: 소방공무원
5. 소방청: 소방공무원
⑦ 제6항에 따라 중앙행정기관의 보조기관 또는 보좌기관을 보하는 경우 차관보·실장·국장 및 이에 상당하는 보좌기관은 고위공무원단에 속하는 공무원 또는 이에 상당하는 특정직공무원으로 보하고, 과장 및 이에 상당하는 보좌기관의 계급은 대통령령으로 정하는 바에 따른다. <개정 2020. 6. 9.>
⑧ 제6항 및 제7항에 따라 일반직공무원 또는 특정직공무원으로 보하는 직위 중 그 소관 업무의 성질상 전문성이 특히 필요하다고 인정되는 경우 중앙행정기관별로 100분의 20 범위에서 대통령령으로 정하는 직위는 근무기간을 정하여 임용하는 공무원으로도 보할 수 있다. <개정 2013. 12. 24.>
⑨ 중앙행정기관이 아닌 행정기관의 보조기관 및 보좌기관과 행정기관의 파견직위(파견된 공무원으로 보하는 직위를 말한다)에 보하는 공무원의 경우 실장·국장 및 이에 상당하는 보좌기관은 고위공무원단에 속하는 공무원 또는 이에 상당하는 특정직공무원으로 보하고, 과장 및 이에 상당하는 보좌기관의 계급은 대통령령으로 정하는 바에 따른다. <개정 2020. 6. 9.>
⑩ 중앙행정기관과 중앙행정기관이 아닌 행정기관의 차관보·보조기관 및 보좌기관에 대하여는 각각 적정한 직급 또는 직무등급을 배정하여야 한다. <개정 2020. 6. 9.>
42 정부조직법 제26조(행정각부) ① 대통령의 통할하에 다음의 행정각부를 둔다. <개정 2014. 11. 19., 2017. 7. 26.>
1. 기획재정부
2. 교육부
3. 과학기술정보통신부
4. 외교부
5. 통일부
6. 법무부
7. 국방부
8. 행정안전부
9. 문화체육관광부
10. 농림축산식품부

부(기획재정부, 교육부, 과학기술정보통신부, 외교부, 통일부, 법무부, 국방부, 행정안
전부, 문화체육관광부, 농림축산식품부, 산업통상자원부, 보건복지부, 환경부, 고용노동
부, 여성가족부, 국토교통부, 해양수산부, 중소벤처기업부)와 별도로 정부조직법에
서 개별적으로 규정된 대통령경호처, 국가보훈처, 인사혁신처, 법제처, 식품
의약품안전처, 18개 부에서 별도로 설치된 국세청, 관세청, 조달청, 통계청,
검찰청, 병무청, 방위사업청, 경찰청, 소방청, 문화재청, 농촌진흥청, 산림청,
특허청, 질병관리청, 기상청, 해양경찰청 등 16개 청, 정부조직법 제2조 제2
항 제1호부터 제8호까지 개별적으로 지정한 방송통신위원회, 공정거래위원
회, 국민권익위원회, 금융위원회, 개인정보 보호위원회, 원자력안전위원회,
행정중심복합도시건설청, 새만금개발청 등 8개 행정기관이 있다.

　이와 같은 정부조직법상의 중앙행정기관이 중대재해처벌법 제2조 제9호
나목에서의 중앙행정기관에 해당함은 당연할 것이다.

나) 정부조직법에 따른 중앙행정기관이 아닌 헌법·국가기관

① 중대재해처벌법 제2조 제9호 가목에 따라 사업체 경영책임자를 정할 수 있는지 여부

　정부조직법에 따른 중앙행정기관이 아닌 국회, 대법원, 감사원 같은 헌
법기관 등의 경우에는 중대재해처벌법 제2조 제9호 가목(사업을 대표하고 사업
을 총괄하는 권한과 책임이 있는 사람 또는 이에 준하여 안전보건에 관한 업무를 담당
하는 사람)에 따라 경영책임자등을 결정해야 한다는 견해가 있다.[43]

---

11. 산업통상자원부
12. 보건복지부
13. 환경부
14. 고용노동부
15. 여성가족부
16. 국토교통부
17. 해양수산부
18. 중소벤처기업부
② 행정각부에 장관 1명과 차관 1명을 두되, 장관은 국무위원으로 보하고, 차관은 정무
직으로 한다. 다만, 기획재정부·과학기술정보통신부·외교부·문화체육관광부·산업통상
자원부·보건복지부·국토교통부에는 차관 2명을 둔다. <개정 2014. 11. 19., 2017. 7.
26., 2020. 8. 11., 2021. 7. 8.>
③ 장관은 소관사무에 관하여 지방행정의 장을 지휘·감독한다.

이러한 견해는 '국회, 대법원, 감사원 같은 헌법기관' 및 그 밖에 '정부조직법에 따른 중앙행정기관이 아닌 국가기관' 등은 중대재해처벌법 제2조 제9호 나목에서 말하는 중앙행정기관이 아님을 전제로 하고 있다고 할 것이다.

그런데 중대재해처벌법 제2장(제3조부터 제8조까지) 및 제3장(제9조부터 제11조까지)에서의 경영책임자등은 사업체 경영책임자가 소속된 법인 또는 공무 경영책임자가 소속된 기관이 반드시 전제되어야 한다고 해석할 수밖에 없다.

왜냐하면 경영책임자등이 부담하는 중대재해처벌법 제4조 및 제5조와 제9조에 의한 안전 및 보건 확보의무는, 사업체 경영책임자가 소속된 법인 또는 공무 경영책임자가 소속된 기관이 실질적으로 지배·운영·관리하거나 그 책임이 있는 사업 또는 사업장[44]이나 시설·장비·장소 등,[45] 사업체 경영책임자가 소속된 법인 또는 공무 경영책임자가 소속된 기관이 실질적으로 지배·운영·관리하거나 그 책임이 있는 공중이용시설 또는 공중교통수단[46]이나 시설·장비·장소 등[47]에 한정하여 인정되기 때문이다.

그렇다면 국회, 대법원, 감사원 같은 헌법기관 및 정부조직법에 따른 중앙행정기관이 아닌 국가기관 등은 당연히 법인이 아닐뿐더러 이들 기관은 중앙행정기관이 아니라는 전제에서는 공무 경영책임자가 소속된 기관에 해당할 수 없음도 명백하다고 할 것이다. 그러므로 이러한 헌법기관 등의 경우까지 중대재해처벌법 제2조 제9호 가목에 따라 경영책임자등을 결정하게 되면, 사업체 경영책임자가 소속된 법인 또는 공무 경영책임자가 소속된 기관을 전제로 하지 않는 경영책임자등을 인정하는 것과 마찬가지 결과가 되는데, 이는 위에서 살펴본 바와 같은 이유로 중대재해처벌법의 해석상 허용되기 어렵다고 할 것이다.

---

[43] 고용노동부 2021. 11. 17. 발간 「중대재해처벌법 해설 - 중대산업재해 관련 -」, p. 27
[44] 중대재해처벌법 제4조 제1항 각 호 외의 부분 및 제9조 제1항 각 호 외의 부분 참조
[45] 중대재해처벌법 제5조 단서 참조
[46] 중대재해처벌법 제9조 제2항 각 호 외의 부분 참조
[47] 중대재해처벌법 제9조 제3항 단서 참조

이러한 결론의 타당성은 양벌규정인 중대재해처벌법 제7조와 제11조를 보더라도 마찬가지로 인정될 수 있다. 즉 사업체 경영책임자가 소속된 법인이나 공무 경영책임자가 소속된 기관이 아닌 헌법기관 또는 국가기관 등의 경우 그 소속 공무원을 중대재해처벌법 제2조 제9호 가목에 따른 경영책임자등으로 인정하게 되면, 경영책임자등인 공무원의 위반행위에 대하여 벌금형을 과할 기관이 존재하지 아니하게 되어 경영책임자등인 공무원만 형사처벌의 대상으로 된다. 이는 공무 경영책임자가 소속된 기관을 공무 경영책임자가 아닌 경영책임자등인 공무원이 소속된 기관에 비하여 정당한 이유 없이 차별적으로 취급하는 위헌적 결과를 초래할 수 있으므로 부당하다고 봄이 상당하다.

이와 관련하여 국회, 대법원, 감사원 같은 헌법기관이나 정부조직법에 따른 중앙행정기관이 아닌 국가기관 등도 중대재해처벌법 제7조와 제11조가 규정한 기관이 아니라고 할 수 없으므로 그러한 기관들에도 중앙행정기관인지 여부와 관계없이 벌금형을 과할 수 있고, 따라서 그러한 기관들의 소속 공무원을 중대재해처벌법 제2조 제9호 가목에 따라 경영책임자등으로 결정할 수 있다는 견해가 있을지 모르겠으나, 중대재해처벌법 제7조와 제11조는 법인격이 없는 중앙행정기관 등에게 예외적으로 벌금형을 과할 수 있도록 한 특별규정이기 때문에 함부로 해당 기관 중 '법인격 없는 기관'의 범위를 확장할 수 없다고 해석함이 마땅하다.

더욱이 벌금형이 과해지는 '법인격 없는 기관' 중에는 해당 벌금을 국민의 혈세로 부담할 수밖에 없는 기관도 포함된다는 측면에서, 중대재해처벌법 제7조와 제11조를 해석할 때 벌금형을 과할 수 있는 '법인격 없는 기관'의 범위를 엄격하게 해석하여야 할 것이다. 따라서 위와 같은 견해가 있다 하더라도 그 정당성을 인정하기는 어렵다고 할 것이다.[48]

---

48 대법원은 중앙행정기관인 경찰청 소속 기관인 경찰서 소속의 경찰공무원이 형사사법정보시스템(KICS) 온라인망에 접속하여 소관 업무의 수행을 위하여 불가피한 경우 등의 이용 범위를 초과하여 개인정보를 이용하여 기소된 사안에서, "구「개인정보 보호법」은 제2조 제5호, 제6호에서 공공기관 중 법인격이 없는 '중앙행정기관 및 그 소속 기관' 등을 개인정보처리자 중 하나로 규정하고 있으면서도, 양벌규정에 의하여 처벌되는 개인정

② 중앙행정기관의 범위에 포함시킬 수 있는지 여부

중대재해처벌법 제2조 제9호 나목은 중앙행정기관을 정부조직법에 따르도록 규정하지 아니하였으므로 그 의미를 폭넓게 해석하여 지방자치단체 및 그 소속기관 또는 부속기관 등이나 법인이 아닌 이상, 국회·정부·법원 등을 막론하고 모든 헌법기관과 국가기관은 행정사무를 처리한다는 의미에서 중앙행정기관으로 보아야 한다는 견해가 있을 수 있다.

그렇지만 중앙행정기관은 중대재해처벌법 내에서 공무 경영책임자에 관한 정의 규정(중대재해처벌법 제2조 제9호 나목)에만 사용되는 문언이 아니라, 중대재해처벌법 제4조 제1항 제3호, 제9조 제1항 제3호 및 제2항 제3호, 중대재해처벌법 시행령 제5조 제2항 제1호, 제9조 제2항 제1호, 제11조 제2항 제1호 등에서도 함께 사용되는 문언이다.

따라서 중대재해처벌법 제2조 제9호 나목에서의 중앙행정기관과 중대재해처벌법 제4조 제1항 제3호, 제9조 제1항 제3호 및 제2항 제3호, 중대재해처벌법 시행령 제5조 제2항 제1호, 제9조 제2항 제1호, 제11조 제2항 제1호 등에서의 중앙행정기관은 그 의미를 통일적으로 해석할 필요가 있을 것이다.

그런데 위 중대재해처벌법 제4조 제1항 제3호, 제9조 제1항 제3호 및 제2항 제3호에서의 중앙행정기관은 모두 관계 법령에 따른 개선·시정 등을 명하는 주체로서 규정된 것이고, 위 중대재해처벌법 시행령 제5조 제2항 제1호, 제9조 제2항 제1호, 제11조 제2항 제1호에서의 중앙행정기관은 모두 안

보처리자로는 같은 법 제74조 제2항에서 '법인 또는 개인'만을 규정하고 있을 뿐이고, 법인격 없는 공공기관에 대하여도 위 양벌규정을 적용할 것인지 여부에 대하여는 명문의 규정을 두고 있지 않으므로, 죄형법정주의의 원칙상 '법인격 없는 공공기관'을 위 양벌규정에 의하여 처벌할 수 없고, 그 경우 행위자 역시 위 양벌규정으로 처벌할 수 없다고 봄이 타당하다"라고 판시한 바(대법원 2021. 10. 28. 선고 2020도1942 판결) 있다.
위와 같은 판시 내용의 반대 해석에 의하면, 양벌규정에서 '법인격 없는 중앙행정기관 등'에 대하여 양벌규정을 적용한다는 명문의 규정을 둔 경우 '법인격 없는 중앙행정기관 등'을 양벌규정에 의하여 처벌할 수는 있다고 할 것이다. 그러나 이는 명문의 규정을 둔 데 따라 아주 특별한 예외가 인정된 것이라고 봄이 상당하므로 엄격한 해석을 필요로 한다는 점에서, 중대재해처벌법 제7조와 제11조에 의하여 벌금형이 과해질 수 있는 '법인격 없는 기관'의 범위는 '중대재해처벌법 제2조 제9호 나목에 열거된 기관 중 법인격 없는 기관'으로 한정된다고 보아야 할 것이다.

전·보건 관계 법령에 따른 의무의 이행여부 점검을 위탁할 수 있는 기관 등을 지정하는 주체로서 규정된 것이다.

그러므로 이들 조항에서 규정된 중앙행정기관의 의미를 종합적으로 살펴볼 때, 중대재해처벌법에 규정된 중앙행정기관은 모두 사업주(개인과 법인을 불문) 등에 대한 처분 등 행정행위의 주체가 될 '정부 내의 행정기관'을 의미한다고 볼 수 있을 것이다.

그리고 '행정기관'이 아닌 '중앙행정기관'이라고 규정한 이상, 정부 내의 행정기관이 아니거나 사업주(개인과 법인을 불문) 등에 대한 처분 등 행정행위가 아닌 기타 행정사무를 처리하는 대법원·국회·감사원 같은 헌법기관과 정부조직법상의 중앙행정기관이 아닌 국가기관까지 모두 포함한다고 그 의미를 폭넓게 해석함은 부당하고, 정부조직법에 따른 중앙행정기관만 해당할 수 있다고 한정적으로 해석함이 상당할 것이다.

더구나 중앙행정기관은 중대재해처벌법 외에도 개인정보 보호법,[49] 재난 및 안전관리 기본법,[50] 토지이용규제 기본법[51] 등 여러 법률에서 공통적으로 사용되고 있는 문언이다. 이들 법률에서의 중앙행정기관은 모두 정부조직법에 따른 중앙행정기관으로 해석된다는 측면에서도, 중대재해처벌법 제2조 제9호 나목에서의 중앙행정기관은 정부조직법의 규정에 따라 엄격하게 해석함이 죄형법정주의에 어긋나지 아니하는 정당한 해석이라고 할 것이다.

2) 지방자치단체의 장

여기서 지방자치단체의 의미는 지방자치법에 따름이 상당하다. 지방자치법은 제2조에서 지방자치단체를 특별시, 광역시, 특별자치시, 도, 특별자치

49 개인정보 보호법 제2조, 제7조, 제8조의2, 제9조, 제10조, 제11조, 제12조, 제28조의3, 제40조, 제51조, 제61조, 제63조
50 재난 및 안전관리 기본법 제3조, 제9조, 제10조, 제10조의2~3, 제11조, 제14조, 제14조의2, 제18조, 제21조, 제22조, 제23조, 제23조의2, 제26조, 제26조의2, 제27조, 제28조, 제33조의2, 제34조의6~7, 제35조, 제41조, 제54조의2, 제58조, 제59조, 제64조, 제66조의4, 제66조의11, 제71조의2, 제74조의3, 제75조의2, 제76조의2~5
51 토지이용규제 기본법 제6조, 제6조의2~3, 제8조, 제8조의2, 제9조, 제11조, 제13조, 제14조, 제14조의2, 제16조

도와 시, 군, 구로 규정하고 있어 통상 광역자치단체와 기초자치단체로 구분
된다.

지난 2020년 지방선거 당시 기준으로 보면 전국적으로 기초자치단체는
235개, 광역자치단체는 17개이다.

3) 「지방공기업법」에 따른 지방공기업의 장

「지방공기업법」에 따른 지방공기업은 "지방직영기업"(지방공기업법 제2
장), "지방공사"(지방공기업법 제3장), "지방공단"(지방공기업법 제4장)을 말한다.

지방공사와 지방공단은 아래의 10개 사업 중 어느 하나에 해당하는 사
업(그에 부대되는 사업을 포함)에 대하여, 지방직영기업은 위 10개 사업 중 아
래 1~8의 기준 이상의 8개 사업 중 하나에 해당하는 사업에 대하여 각각 지
방공기업법을 적용한다(지방공기업법 제2조 제1항,[52] 지방공기업법 시행령
제2조 제1항[53]).

---

[52] 지방공기업법 제2조(적용 범위) ① 이 법은 다음 각 호의 어느 하나에 해당하는 사업(그
에 부대되는 사업을 포함한다. 이하 같다) 중 제5조에 따라 지방자치단체가 직접 설치·
경영하는 사업으로서 대통령령으로 정하는 기준 이상의 사업(이하 "지방직영기업"이라
한다)과 제3장 및 제4장에 따라 설립된 지방공사와 지방공단이 경영하는 사업에 대하여
각각 적용한다.
  1. 수도사업(마을상수도사업은 제외한다)
  2. 공업용수도사업
  3. 궤도사업(도시철도사업을 포함한다)
  4. 자동차운송사업
  5. 지방도로사업(유료도로사업만 해당한다)
  6. 하수도사업
  7. 주택사업
  8. 토지개발사업
  9. 주택(대통령령으로 정하는 공공복리시설을 포함한다)·토지 또는 공용·공공용건축물
     의 관리 등의 수탁
  10.「도시 및 주거환경정비법」제2조 제2호에 따른 공공재개발사업 및 공공재건축사업
[53] 지방공기업법 시행령 제2조(사업범위) ①「지방공기업법」(이하 "법"이라 한다) 제2조 제
1항에서 "대통령령으로 정하는 기준 이상의 사업"이란 다음 각호의 기준에 해당하는 사
업을 말한다.
  1. 수도사업: 1일 생산능력 1만톤 이상
  2. 공업용수도사업: 1일생산능력 1만톤 이상
  3. 궤도사업: 보유차량 50량 이상

① 수도사업(마을상수도사업 제외): 1일 생산능력 1만톤 이상

② 공업용수도사업: 1일 생산능력 1만톤 이상

③ 궤도사업(도시철도사업 포함): 보유차량 50량 이상

④ 자동차운송사업: 보유차량 30대 이상

⑤ 지방도로사업(유료도로사업만 해당): 도로관리연장 50킬로미터 이상 또는 유료터널·교량 3개소 이상

⑥ 하수도사업: 1일 처리능력 1만톤 이상

⑦ 주택사업: 주택관리 연면적 또는 주택건설 면적 10만 평방미터 이상

⑧ 토지개발사업: 조성 면적 10만 평방미터 이상

⑨ 주택(지방공기업법 시행령 제2조 제2항에서 정하는 공공복리시설을 포함)· 토지 또는 공용·공공용건축물의 관리 등의 수탁

⑩ 「도시 및 주거환경정비법」 제2조 제2호에 따른 공공재개발사업 및 공공재 건축사업

위와 같은 지방직영기업, 지방공사, 지방공단의 장이 중대재해처벌법상 공무 경영책임자의 지위에 있게 된다.

4) 「공공기관의 운영에 관한 법률」 제4조부터 제6조까지의 규정에 따라 지정된 공공기관의 장

「공공기관의 운영에 관한 법률」(이하 '공공기관운영법') 제4조에서는 다음 과 같은 기관을 공공기관이라고 규정한다.

① 다른 법률에 따라 직접 설립되고 정부가 출연한 기관

② 정부지원액(법령에 따라 직접 정부의 업무를 위탁받거나 독점적 사업권을 부여받은 기관의 경우에는 그 위탁업무나 독점적 사업으로 인한 수입액을

---

4. 자동차운송사업: 보유차량 30대 이상
5. 지방도로사업: 도로관리연장 50킬로미터 이상 또는 유료터널·교량 3개소 이상
6. 하수도사업: 1일 처리능력 1만톤 이상
7. 주택사업: 주택관리 연면적 또는 주택건설 면적 10만 평방미터 이상
8. 토지개발사업: 조성면적 10만 평방미터 이상
9. 삭제 <2007. 3. 9.>

포함한다. 이하 같다)이 총수입액의 2분의 1을 초과하는 기관

③ 정부가 100분의 50 이상의 지분을 가지고 있거나 100분의 30 이상의 지분을 가지고 임원 임명권한 행사 등을 통하여 해당 기관의 정책 결정에 사실상 지배력을 확보하고 있는 기관

④ 정부와 제1호부터 제3호까지의 어느 하나에 해당하는 기관이 합하여 100분의 50 이상의 지분을 가지고 있거나 100분의 30 이상의 지분을 가지고 임원 임명권한 행사 등을 통하여 해당 기관의 정책 결정에 사실상 지배력을 확보하고 있는 기관

⑤ 제1호부터 제4호까지의 어느 하나에 해당하는 기관이 단독으로 또는 두개 이상의 기관이 합하여 100분의 50 이상의 지분을 가지고 있거나 100분의 30 이상의 지분을 가지고 임원 임명권한 행사 등을 통하여 해당 기관의 정책 결정에 사실상 지배력을 확보하고 있는 기관

⑥ 제1호부터 제4호까지의 어느 하나에 해당하는 기관이 설립하고, 정부 또는 설립 기관이 출연한 기관

이에 따라 매년 기획재정부 장관이 공공기관을 지정하는데 다만, 다음의 기관을 공공기관으로 지정할 수 없다.

① 구성원 상호 간의 상호부조·복리증진·권익향상 또는 영업질서 유지 등을 목적으로 설립된 기관

② 지방자치단체가 설립하고, 그 운영에 관여하는 기관

③ 「방송법」에 따른 한국방송공사와 「한국교육방송공사법」에 따른 한국교육방송공사

2022. 1. 28. 기획재정부장관은 아래와 같은 350개의 기관을 공공기관운영법에 따른 공공기관으로 지정하였다. 따라서 아래 350개 기관의 장들은 모두 중대재해처벌법상의 공무 경영책임자에 해당한다.

2022년 공공기관 현황

구 분	(주무기관) 기관명
시장형 공기업 (15)	(산업부) 한국가스공사, 한국남동발전㈜, 한국남부발전㈜, 한국동서발전 ㈜, 한국서부발전㈜, 한국석유공사, 한국수력원자력㈜, 한국전 력공사, 한국중부발전㈜, 한국지역난방공사, 주식회사 강원랜드 (국토부) 인천국제공항공사, 한국공항공사 (해수부) 부산항만공사, 인천항만공사
준시장형 공기업 (21)	(기재부) 한국조폐공사 (문체부) 그랜드코리아레저㈜ (농식품부) 한국마사회 (산업부) ㈜한국가스기술공사, 대한석탄공사, 한국광해광업공단, 한국전 력기술㈜, 한전KDN㈜, 한전KPS㈜ (국토부) 제주국제자유도시개발센터, 주택도시보증공사, 한국도로공사, 한 국부동산원, 한국철도공사, 한국토지주택공사, 주식회사 에스알 (해수부) 여수광양항만공사, 울산항만공사, 해양환경공단 (방통위) 한국방송광고진흥공사 (환경부) 한국수자원공사
기금관리형 준정부기관 (13)	(교육부) 사립학교교직원연금공단 (문체부) 국민체육진흥공단, 한국언론진흥재단 (산업부) 한국무역보험공사 (복지부) 국민연금공단 (고용부) 근로복지공단 (중기부) 기술보증기금, 중소벤처기업진흥공단 (금융위) 신용보증기금, 예금보험공사, 한국자산관리공사, 한국주택금융 공사 (인사처) 공무원연금공단
위탁집행형 준정부기관 (81)	(기재부) 한국재정정보원 (교육부) 한국교육학술정보원, 한국장학재단 (과기부) (재)우체국금융개발원, (재)우체국물류지원단, (재)한국우편사업 진흥원, 연구개발특구진흥재단, 정보통신산업진흥원, 한국과학 창의재단, 한국방송통신전파진흥원, 한국연구재단, 한국인터넷 진흥원, 한국지능정보사회진흥원 (외교부) 한국국제협력단 (문체부) 국제방송교류재단, 한국관광공사, 한국콘텐츠진흥원 (농식품부) 농림수산식품교육문화정보원, 농림식품기술기획평가원, 축산 물품질평가원, 한국농수산식품유통공사, 한국농어촌공사 (산업부) 대한무역투자진흥공사, 한국가스안전공사, 한국디자인진흥원, 한국산업기술진흥원, 한국산업기술평가관리원, 한국산업단지공 단, 한국석유관리원, 한국에너지공단, 한국에너지기술평가원, 한국원자력환경공단, 한국전기안전공사, 한국전력거래소

위탁집행형 준정부기관 (81)	(복지부) 건강보험심사평가원, 국민건강보험공단, 한국건강증진개발원, 한국노인인력개발원, 한국보건복지인력개발원, 한국보건산업진흥원, 한국사회보장정보원, 한국보육진흥원 (환경부) 국립공원공단, 국립생태원, 한국환경공단, 한국환경산업기술원 (고용부) 한국고용정보원, 한국산업안전보건공단, 한국산업인력공단, 한국장애인고용공단 (여가부) 한국건강가정진흥원, 한국청소년상담복지개발원, 한국청소년활동진흥원 (국토부) 국가철도공단, 국토교통과학기술진흥원, 국토안전관리원, 한국국토정보공사, 한국교통안전공단, 재단법인 대한건설기계안전관리원 (해수부) 선박안전기술공단, 한국수산자원관리공단, 해양수산과학기술진흥원, 한국해양수산연수원 (행안부) 한국승강기안전공단 (중기부) 소상공인시장진흥공단, 중소기업기술정보진흥원, 창업진흥원 (금융위) 서민금융진흥원 (공정위) 한국소비자원 (방통위) 시청자미디어재단 (보훈처) 독립기념관, 한국보훈복지의료공단 (식약처) 한국식품안전관리인증원 (경찰청) 도로교통공단 (소방청) 한국소방산업기술원 (산림청) 한국임업진흥원, 한국산림복지진흥원, 한국수목원정원관리원 (농진청) 농업기술실용화재단 (특허청) 한국특허전략개발원 (기상청) 한국기상산업기술원
기타 공공기관 (220)	(국조실) 경제·인문사회연구회, 과학기술정책연구원, 건축공간연구원, 국토연구원, 대외경제정책연구원, 산업연구원, 에너지경제연구원, 정보통신정책연구원, 통일연구원, 한국개발연구원, 한국교육개발원, 한국교육과정평가원, 한국교통연구원, 한국노동연구원, 한국농촌경제연구원, 한국법제연구원, 한국보건사회연구원, 한국여성정책연구원, 한국조세재정연구원, 한국직업능력연구원, 한국청소년정책연구원, 한국해양수산개발원, 한국행정연구원, 한국형사·법무정책연구원, 한국환경연구원 (기재부) 한국수출입은행, 한국투자공사 (교육부) 강릉원주대학교치과병원, 강원대학교병원, 경북대학교병원, 경북대학교치과병원, 경상국립대학교병원, 국가평생교육진흥원, 동북아역사재단, 부산대학교병원, 부산대학교치과병원, 서울대학교병원, 서울대학교치과병원, 전남대학교병원, 전북대학교병원, 제주대학교병원, 충남대학교병원, 충북대학교병원, 한국고전번역원, 한국사학진흥재단, 한국학중앙연구원 (과기부) (재)우체국시설관리단, 과학기술일자리진흥원, 광주과학기술원, 국가과학기술연구회, 국립광주과학관, 국립대구과학관, 국립부

기타 공공기관 (220)	산과학관, 기초과학연구원, 대구경북과학기술원, 울산과학기술원, 한국건설기술연구원, 한국과학기술기획평가원, 한국과학기술연구원, 한국과학기술원, 한국과학기술정보연구원, 한국기계연구원, 한국기초과학지원연구원, 한국나노기술원, 한국데이터산업진흥원, 한국생명공학연구원, 한국생산기술연구원, 한국식품연구원, 한국에너지기술연구원, 한국여성과학기술인육성재단, 한국원자력연구원, 한국원자력의학원, 한국재료연구원, 한국전기연구원, 한국전자통신연구원, 한국지질자원연구원, 한국천문연구원, 한국철도기술연구원, 한국표준과학연구원, 한국한의학연구원, 한국항공우주연구원, 한국핵융합에너지연구원, 한국화학연구원 (외교부) 한국국제교류재단, 재외동포재단 (통일부) 북한이탈주민지원재단, (사)남북교류협력지원협회 (법무부) 대한법률구조공단, 정부법무공단, 한국법무보호복지공단 (국방부) 국방전직교육원, 전쟁기념사업회, 한국국방연구원 (행안부) 민주화운동기념사업회, (재)일제강제동원피해자지원재단 (문체부) (재)예술경영지원센터, 게임물관리위원회, 국립박물관문화재단, 대한장애인체육회, 대한체육회, 세종학당재단, 영상물등급위원회, 영화진흥위원회, 예술의전당, 재단법인 국악방송, 태권도진흥재단, 한국공예디자인문화진흥원, 한국도박문제관리센터, 한국문학번역원, 한국문화관광연구원, 한국문화예술교육진흥원, 한국문화예술위원회, 한국문화정보원, 한국문화진흥㈜, 한국영상자료원, 한국예술인복지재단, 한국저작권보호원, 한국저작권위원회, 한국체육산업개발㈜, 한국출판문화산업진흥원 (농식품부) 가축위생방역지원본부, 국제식물검역인증원, 농업정책보험금융원, 재단법인 한식진흥원, 축산환경관리원, 한국식품산업클러스터진흥원 (산업부) 재단법인 한국에너지재단, 전략물자관리원, 한국로봇산업진흥원, 한국산업기술시험원, 한국세라믹기술원, 한국에너지정보문화재단, 한국전력국제원자력대학원대학교, 한국제품안전관리원, 한국탄소산업진흥원, 한전원자력연료㈜, 한전엠씨에스㈜ (복지부) (재)한국보건의료정보원, 국가생명윤리정책원, 국립암센터, 국립중앙의료원, 대구경북첨단의료산업진흥재단, 대한적십자사, 아동권리보장원, 오송첨단의료산업진흥재단, 한국국제보건의료재단, 한국보건의료연구원, 한국보건의료인국가시험원, 한국사회복지협의회, 한국의료분쟁조정중재원, 한국장애인개발원, 한국한의약진흥원, 재단법인 의료기관평가인증원, 재단법인 한국공공조직은행, 재단법인 한국자활복지개발원, 재단법인 한국장기조직기증원 (환경부) 국립낙동강생물자원관, 국립호남권생물자원관, 수도권매립지관리공사, 수자원환경산업진흥㈜, 한국상하수도협회, 한국수자원조사기술원, 환경보전협회

기타 공공기관 (220)	(고용부) 건설근로자공제회, 노사발전재단, 학교법인한국폴리텍, 한국고 용노동교육원, 한국기술교육대학교, 한국사회적기업진흥원, 한 국잡월드
	(여가부) 한국양성평등교육진흥원, 한국여성인권진흥원
	(국토부) 건설기술교육원, 공간정보품질관리원, 국립항공박물관, 새만금 개발공사, 주택관리공단㈜, 코레일관광개발㈜, 코레일네트웍스 ㈜, 코레일로지스㈜, 코레일유통㈜, 코레일테크㈜, 한국도로공 사서비스㈜, 한국해외인프라도시개발지원공사, 항공안전기술원
	(해수부) 국립해양과학관, 국립해양박물관, 국립해양생물자원관, 한국어 촌어항공단, 한국항로표지기술원, 한국해양과학기술원, 한국해 양조사협회, 한국해양진흥공사
	(중기부) ㈜공영홈쇼핑, 신용보증재단중앙회, 중소기업유통센터, 중소벤처 기업연구원, 한국벤처투자, 재단법인 장애인기업종합지원센터
	(금융위) 중소기업은행, 한국산업은행
	(공정위) 한국공정거래조정원
	(원안위) 한국원자력안전기술원, 한국원자력안전재단, 한국원자력통제기 술원
	(보훈처) 88관광개발㈜
	(식약처) 식품안전정보원, 한국의료기기안전정보원, 한국의약품안전관 리원
	(관세청) (재)국제원산지정보원
	(방사청) 국방과학연구소, 국방기술품질원
	(문화재청) 한국문화재재단
	(산림청) 한국등산·트레킹지원센터
	(기상청) (재)차세대수치예보모델개발사업단, (재)APEC기후센터
	(특허청) 한국발명진흥회, 한국지식재산보호원, 한국지식재산연구원, 한 국특허정보원

5) 공무 경영책임자가 안전 경영책임자를 둘 수 있는지 여부

공무 경영책임자의 경우, 본인 외에 중대재해처벌법 제2조 제9호 가목 후단에 따른 '사업을 대표하고 사업을 총괄하는 권한과 책임이 있는 사람에 준하여 안전보건에 관한 업무를 담당하는 사람', 즉 안전 경영책임자를 별도로 둘 수 있는지에 관하여는 긍정설과 부정설이 양립 가능하다고 할 것이다.

긍정설은 중대재해처벌법 제2조 제9호 나목의 공무 경영책임자가 소속된 기관에 안전 경영책임자를 두지 못한다는 명문의 규정이 없고, 직제 규정이나 지방공기업 또는 공공기관의 정관 등에 위임규정을 신설하는 등으로 얼마든지 안전 경영책임자에 해당하는 사람을 둘 수 있음을 근거로 삼는다고 할 것이다.

이에 반하여 부정설은, 중대재해처벌법 제2조 제9호가 경영책임자등을 정의하면서 가목과 나목으로 명시적인 구분을 하였고, 정부조직법, 지방자치법, 지방공기업법, 공공기관운영법에서 각각 기관장의 지위와 권한, 副기관장 또는 임원의 임명 등에 관하여 상세한 세부규정[54]을 둔 점에 비추어 볼 때 공무 경영책임자가 본인 외에 '사업을 대표하고 사업을 총괄하는 권한과 책임이 있는 사람에 준하여 안전보건에 관한 업무를 담당하는 사람'을 별도로 임명하는 것은 허용되기 어려움을 근거로 삼는다고 할 것이다.

중대재해처벌법 제2조 제9호에서 가목은 경영책임자등의 개념을 일반적·추상적으로 정의한 규정인 반면 나목은 특별히 공무 경영책임자인 사람들이 누구인지 개별적·구체적으로 열거한 규정인 점에 비추어 볼 때 가목과 나목은 일반법과 특별법의 관계처럼 해석함이 상당하고, 중앙행정기관·지방자치단체의 장과 지방공기업 또는 공공기관의 장, 각각의 副기관장 또는 임원 등에 관하여 세부적으로 규정한 관계 법률 내용에 비추어 볼 때 부정설이 더 타당하다고 할 것이다. 따라서 위임전결권을 부여받은 안전 경영책임자를 둔다 하더라도 공무 경영책임자의 경영책임자성은 유지된다고 보아야 한다.

따라서 공무 경영책임자가 설령 위임전결 규정 등에 의하여 안전 경영

---

54 정부조직법상 각 행정기관의 장은 소관사무를 통할하고 소속공무원을 지휘·감독(정부조직법 제7조 제1항)하며, 차관 또는 차장은 그 기관의 장을 보좌하여 소관사무를 처리하고 소속공무원을 지휘·감독(정부조직법 제7조 제2항)한다.
지방자치단체의 장은 지방자치단체를 대표하고 그 사무를 총괄(지방자치법 제114조)하고, 특별시·광역시 및 특별자치시에 부시장, 도와 특별자치도에 부지사, 시에 부시장, 군에 부군수, 자치구에 부구청장을 두되 그 정수에 제한(지방자치법 제123조 제1항)이 있으며, 특별시·광역시 및 특별자치시의 부시장과 부지사는 정무직 또는 일반직 국가공무원으로 보(지방자치법 제123조 제2항)하되 대통령이 임명(지방자치법 제123조 제3항)하며, 시의 부시장 및 부군수와 부구청장은 일반직 지방공무원으로 보(지방자치법 제123조 제4항)하되 시장·군수·구청장이 임명한다.
지방공기업의 경우 지방공기업법 제2장 제2절(제7조부터 제12조까지, 지방직영기업의 조직), 제3장 제2절(제58조부터 제63조의8까지, 지방공사의 임원 및 직원), 제4장(제76조부터 제77조의2까지, 지방공단의 설립·운영 등)에서 조직 및 임원 등에 관한 상세한 규정을 두고 있다.
공공기관운영법 제4장 제3절(제24조부터 제37조까지)에서 공기업 임원의 종류, 임명권자 및 임명절차, 임기, 임원추천위원회, 임원의 직무와 보수기준 및 결격사유 등을 상세히 규정하면서 제32조 제1항에서 "기관장은 그 공기업·준정부기관을 대표하고 업무를 총괄하며, 임기 중 그 공기업·준정부기관의 경영성과에 대하여 책임을 진다"라고 규정하였다.

책임자를 임의로 두더라도 그 공무 경영책임자는 중대재해처벌법 제2조 제9
호 나목에 의한 경영책임자등으로서의 책임에서 면책될 수 없다고 봄이 상
당하다.

다. 경영책임자등에 관한 별도 검토 문제

1) 학교·유치원, 병원 등 의료기관
가) 학교·유치원
① 관련 법률 조항

고등교육법 제3조(국립·공립·사립학교의 구분)는 대학, 산업대학, 교육대
학, 전문대학, 방송대학·통신대학·방송통신대학 및 사이버대학, 기술대학,
각종학교(이상 고등교육법 제2조)는 국가가 설립·경영하거나 국가가 국립대학
법인으로 설립하는 국립학교, 지방자치단체가 설립·경영하는 공립학교(설립
주체에 따라 시립학교·도립학교로 구분할 수 있음), 학교법인이 설립·경영하는 사
립학교로 구분한다고 규정하고 있다.

초·중등교육법 제3조(국립·공립·사립학교의 구분)는 초등학교, 중학교·고
등공민학교, 고등학교·고등기술학교, 특수학교, 각종학교(이상 초·중등교육법
제2조)는 설립 주체에 따라 국립학교(국가가 설립·경영하는 학교 또는 국립대학
법인이 부설하여 경영하는 학교), 공립학교(지방자치단체가 설립·경영하는 학교, 설
립주체에 따라 시립학교·도립학교로 구분할 수 있음), 사립학교(법인이나 개인이 설
립·경영하는 학교, 국립대학법인이 부설하여 경영하는 학교는 제외함)로 구분한다
고 규정하고 있다.

유아교육법 제7조(유치원의 구분)는 유치원은 국가가 설립·경영하는 국
립유치원, 지방자치단체가 설립·경영하는 유치원(설립주체에 따라 시립유치원
과 도립유치원으로 구분할 수 있음), 법인 또는 사인이 설립·경영하는 사립유치
원으로 구분한다고 규정하고 있다.

사립학교법 제2조 제1호는 「"사립학교"란 학교법인, 공공단체 외의 법인
또는 그 밖의 사인이 설치하는 유아교육법 제2조 제2호, 초·중등교육법 제2
조 및 고등교육법 제2조에 따른 학교를 말한다」라고 규정하고 있고, 같은 법

제2조 제2호는 「"학교법인"이란 사립학교만을 설치·경영할 목적으로 사립학교법에 따라 설립되는 법인을 말한다」라고 규정하고 있다. 같은 법 제3조에 의하면 학교법인이 아닌 자는 원칙적으로 사립학교(유치원 제외)를 설치·경영할 수 없다.

② 사립학교·유치원

사립학교는, 이사장이 학교법인을 대표하고, 사립학교법과 각 법인의 정관에 따라 규정된 직무를 수행하며, 학교법인 내부의 사무를 총괄하므로 사립학교를 설치·운영하는 학교법인의 이사장이 경영책임자등에 해당한다고 볼 수 있다.[55]

사립유치원은 법인이 설립·경영하는 경우에는 중대재해처벌법 제2조 제9호 가목의 규정에 따라 경영책임자등을 정하고, 개인이 설립·경영하는 경우에는 그 개인이 개인사업주로서 중대재해처벌법상 안전 및 보건 확보의무의 수범자라고 할 것이다.

③ 국립학교(유치원 포함)

국립학교 중 개별 법률에 따라 법인으로 설립된 국립대학법인인 서울대학교, 인천대학교 등은 총장이 국립대학법인을 대표하고 국립대학법인의 업무를 총괄한다. 그러므로 이들 국립대학교는 총장을 공무 경영책임자가 아니라 중대재해처벌법 제2조 제9호 가목에 따른 사업체 경영책임자로 보면 될 것이다.[56]

그런데 국립학교 중 법인으로 설립되지 아니한 국립대학에 관하여 국립대학을 대표하며 국립대학의 경영을 총괄하는 권한과 책임이 총장에게 있으므로 총장이 경영책임자등에 해당한다는 견해가 있다.[57]

---

[55] 고용노동부 2021. 11. 17. 발간 「중대재해처벌법 해설 – 중대산업재해 관련 ¬」, p. 29
[56] 국립대학법인 서울대학교 설립·운영에 관한 법률 제6조(총장) ① 국립대학법인 서울대학교에 학교의 장으로서 총장을 둔다.
② 총장은 국립대학법인 서울대학교를 대표하며 그 업무를 총괄한다.
③ 총장의 임기는 4년으로 한다.
④ 총장의 직무 등에 관하여 필요한 사항은 정관으로 정한다.
[57] 고용노동부 2021. 11. 17. 발간 「중대재해처벌법 해설 – 중대산업재해 관련 ¬」, p. 28

위 견해는 법인으로 설립되지 아니한 국립대학의 총장은 중대재해처벌법 제2조 제9호 나목의 규정에 따른 공무 경영책임자가 아니라는 전제에서 총장을 중대재해처벌법 제2조 제9호 가목의 규정에 따른 사업체 경영책임자로 본 것이라고 생각된다.

그러나 앞에서 살펴본 바와 같이 중대재해처벌법 제2장(제3조부터 제8조까지) 및 제3장(제9조부터 제11조까지)에서의 경영책임자등은 사업체 경영책임자가 소속된 법인을 전제로 하는 개념이라고 해석할 수밖에 없다.

법인으로 설립되지 아니한 국립대학은 위와 같은 전제가 성립되지 아니하므로 총장을 중대재해처벌법 제2조 제9호 가목의 사업체 경영책임자로 보는 것은 어렵다고 할 것이다. 이는 국립대학을 포함하여 법인이 아닌 모든 국립학교의 경우가 마찬가지이다.

교육기본법 제11조 제1항, 초·중등교육법 제3조, 고등교육법 제18조 및 제19조에 따라 국가가 설립·경영하는 학교의 설치·조직 및 운영 등에 관하여 필요한 사항을 규정한 대통령령으로 국립학교 설치령이 있다. 국립학교 설치령에 따른 국립학교는 교육부장관의 관할 아래에 있다(국립학교 설치령 제3조). 교육부장관은 국립학교의 장 등에게 시정 또는 변경, 휴업 및 휴교, 폐쇄 등(고등교육법 제60조부터 제62조까지 및 초·중등교육법 제63조부터 제65조까지)을 명할 수 있고, 초·중등교육법에 따른 교육부장관의 권한 중 국립학교의 설립·운영에 관한 권한(초·중등교육법 제62조 제2항) 또는 국립 각종학교의 설립·운영에 관한 권한(고등교육법 제59조 제3항)을 각각 대통령령이 정하는 바에 따라 관계 중앙행정기관의 장에게 위임 또는 위탁할 수 있다.

위와 같은 각 법률의 규정들을 종합할 때 국가가 설립·경영하는 국립학교의 설립·운영에 관한 권한은 교육부장관에게 있다고 볼 수 있다. 따라서 국립학교에 대하여는 교육부장관이 공무 경영책임자에 해당한다고 해석함이 상당하다.[58]

---

[58] 2022. 1. 27. KBS 뉴시스, 연합뉴스 등에서 학교비정규직노조가 교육부장관을 상대로 산업안전보건법상 국립학교 소속 급식실 노동자의 산재예방과 안전 및 보건을 유지하기 위한 노력과 책임을 다해야 할 의무가 있음에도 이를 방치하고 있다고 발표하였다는 보

다만 이에 대하여는 국립학교는 그 설립·경영의 주체가 국가일 뿐 교육부장관이 아닌 이상 형벌법규에 대한 유추·확장해석을 금지하는 죄형법정주의의 원칙상 교육부장관을 공무 경영책임자로 볼 수 없다는 반대 견해가 있을 수 있다. 이러한 견해에 따르게 되면 법인이 아닌 국립학교에 대하여는 중대재해처벌법이 적용되지 않게 될 것이다.

한편 법인이 아닌 국립학교 중 개별 대통령령에 따라 중앙행정기관의 장이 설립·운영하는 국립학교들이 있다. 각 개별 대통령령에서는 설립·운영의 주체가 해당 중앙행정기관의 장으로 규정되어 있으므로 이들 국립학교의 경우는 해당 중앙행정기관의 장이 중대재해처벌법 제2조 제9호 나목의 규정에 따라 공무 경영책임자가 될 것이다.[59]

④ 공립학교(유치원 포함)

지방자치단체가 설립·경영하는 공립학교에 관하여 지방자치단체의 교육·과학·기술·체육 그 밖의 학예에 관한 사무는 특별시·광역시 및 도의 자치사무(지방교육자치에 관한 법률 제2조)로서, 지방교육자치에 관한 법률은 지방자치단체의 교육·학예에 관한 자치사무의 집행기관으로 교육감을 두고 있고, 지방자치단체의 장이 지방자치단체를 대표하고 그 사무를 총괄하듯이 교육·학예에 관한 사항에 대하여는 교육감이 지방자치단체를 대표하고 그 사

도를 한 이후, 교육부는 2022. 1. 28. 배포한 설명자료에서 '교육부장관은 사업주로서 소관 사업장인 국립대학[38개교(부설학교 36개교 포함)] 총장과 국립특수학교(5개교)의 장을 안전보건관리책임자로 지정하였고, 산업안전보건위원회 구성 및 안전보건교육 실시 등 산업안전보건 체제를 구축하여 사업장을 총괄·관리하도록 하였으며, 안전보건관리책임자가 의무를 이행토록 국립대학 총장협의회, 사무국장회의 및 담당자 교육을 통해 지도하는 등 산재예방과 안전 및 보건을 유지·증진하기 위해 노력하고 있다'라고 하였다(교육부 홈페이지 2022. 1. 28. 등록 '[설명자료] 산업안전보건 체제 구성을 통한 교육기관 근로자의 안전한 근로환경을 만들어 나가겠습니다.' 참조).
교육부가 발표한 위 설명자료에 따르면 교육부장관은 38개 국립대학(부설학교 36개교 포함)에 대하여 사업주의 지위에 있다고 하였으므로, 중대재해처벌법상으로도 교육부장관이 이들 국립학교에 대하여 공무 경영책임자의 지위를 가진다고 본 것으로 이해된다.

59 국립국악고등학교, 국립전통예술고등학교, 국립국악중학교, 국립전통예술중학교: 문화체육관광부장관(국립 국악·전통예술학교 설치령)
구미전자공업고등학교, 부산기계공업고등학교, 전북기계공업고등학교: 중소벤처기업부장관(국립공업고등학교 설치령)
부산해사고등학교: 해양수산부장관(국립해사고등학교 설치령)

무를 총괄하는 사람에 해당(지방자치법 제135조,[60] 지방교육자치에 관한 법률 제3조[61])하므로 교육감이 경영책임자등에 해당한다는 견해가 있다.[62]

앞에서 본 것처럼 공립학교(유치원 포함)의 설립·경영 주체는 지방자치단체(고등교육법 제3조, 초·중등교육법 제3조, 유아교육법 제7조)이다. 이러한 설립·경영의 주체 측면에서만 보면 공립학교·유치원의 경우 해당 지방자치단체의 장이 공무 경영책임자에 해당하는 것으로 보일 수 있다.

그렇지만 공립학교(유치원 포함)에 관한 사무는 지방자치단체의 교육·학예에 관한 자치사무에 해당한다고 할 것이므로, 이에 관하여 지방자치단체를 대표하고 그 사무를 총괄하는 사람은 지방자치단체의 장이 아니라 교육감이라고 할 것이다(지방교육자치에 관한 법률 제3조, 지방자치법 제114조[63]).

그런데 교육감은 중대재해처벌법 제2조 제9호 나목에 해당하는 사람이 아니므로 공무 경영책임자로 볼 수는 없다. 따라서 공립학교·유치원의 경우는 그 설립·경영의 주체가 법인인 지방자치단체(지방자치법 제3조 제1항[64])이고, 그 법인인 지방자치단체에서 중대재해처벌법 제2조 제9호 가목의 규정에 따른 사업체 경영책임자는 해당 교육감이라고 할 것이다.

교육감이 중대재해처벌법 제4조·제5조·제9조에 의한 안전 및 보건 확보의무에 위반하여 중대재해에 이르게 한 경우 그 교육감이 소속된 지방자

[60] 지방자치법 제135조(교육·과학 및 체육에 관한 기관) ① 지방자치단체의 교육·과학 및 체육에 관한 사무를 분장하기 위하여 별도의 기관을 둔다.
② 제1항에 따른 기관의 조직과 운영에 관하여 필요한 사항은 따로 법률로 정한다.
[61] 지방교육자치에 관한 법률 제3조(「지방자치법」과의 관계) 지방자치단체의 교육·학예에 관한 사무를 관장하는 기관의 설치와 그 조직 및 운영 등에 관하여 이 법에서 규정한 사항을 제외하고는 그 성질에 반하지 아니하는 범위에서 「지방자치법」의 관련 규정을 준용한다. 이 경우 "지방자치단체의 장" 또는 "시·도지사"는 "교육감"으로, "지방자치단체의 사무"는 "지방자치단체의 교육·학예에 관한 사무"로, "자치사무"는 "교육·학예에 관한 자치사무"로, "행정안전부장관"·"주무부장관" 및 "중앙행정기관의 장"은 "교육부장관"으로 본다. <개정 2008. 2. 29., 2013. 3. 23., 2014. 11. 19., 2017. 7. 26., 2021. 3. 23.>
[62] 고용노동부 2021. 11. 17. 발간 「중대재해처벌법 해설 - 중대산업재해 관련 -」, p. 29
[63] 지방자치법 제114조(지방자치단체의 통할대표권) 지방자치단체의 장은 지방자치단체를 대표하고, 그 사무를 총괄한다.
[64] 지방자치법 제3조(지방자치단체의 법인격과 관할) ① 지방자치단체는 법인으로 한다.

치단체(법인)에 대해 중대재해처벌법 제7조 또는 제11조에 따라 벌금형이 과
해질 것이다.

나) 병원 등 의료기관

① 개요

중대산업재해는 물론 중대시민재해의 대상 중 원료 또는 제조물, 공중이
용시설은 대형병원 등과 관련되어 있다.

특히 환경부에서 발간한 해설서에는 과거에 발생된 다중 피해 사고 사
례 4건의 하나로「거제 백병원 집단환자 발생사건(2002년)」이 소개되어 있다.
이 사건은 근육이완제 주사약의 제조 과정의 결함으로 인하여 발생한 사안
으로 병원에서 발생될 수 있는 중대시민재해의 하나로 분류될 수 있다.[65] 역
시 환경부 해설서 Q&A 부분 중 의료기기를 사용하는 병원이 의료기기 관리
상의 주의의무를 다하지 못하여 중대시민재해가 발생된 경우에도 중대재해
처벌법에 의하여 처벌을 받는지 여부가 검토[66]되는 등 원료 또는 제조물과
관련하여서도 병원이 중대재해처벌법 적용대상이 되는지 여부가 여러 각도
에서 검토될 수 있다.

의료법은 의료기관을 의원급 의료기관과 병원급 의료기관으로 나누고
있다.[67] 30개 이상의 병상을 갖추어야 하는 병원급 의료기관[68]이 중대재해처

---

65 환경부 2021. 12. 30. 발간「중대재해처벌법 해설 − 중대시민재해(원료·제조물) −」, p. 9,
중앙일보 2002. 10. 5. '병원서 주사 맞은 환자 17명 집단쇼크' 기사 참조, 환경부 해설서
에 의하면 당시 위 사고는 주사제를 제조한 제약회사의 제조상의 결함으로 밝혀진 사안
이라고 하는데, 만약 주사제를 병원에서 관리하는 과정에서 결함으로 인한 사고라면 병
원을 운영하는 사업주 또는 경영책임자등에게 중대시민재해에 의한 중대재해처벌법이
적용될 수 있다.

66 환경부 2021. 12. 30. 발간「중대재해처벌법 해설 − 중대시민재해(원료·제조물) −」, p. 51,
다만, 환경부의 입장은 원료나 제조물에 대한 중대시민재해는 생산, 제조, 판매, 유통 중
인 것에 적용되는데, 최종 사용자인 병원이 구입하여 사용하는 것은 유통 이후의 과정이
므로 중대재해처벌법위반으로 형사처벌의 대상이 되지 않고, 민사상 손해배상 책임만 지
게 된다고 설명하는데, 유통 이후의 과정이라서 적용이 안 된다는 부분에 대하여는 최종
소비자를 병원의 환자로 보고 수사기관에서 다른 견해에 따라 수사가 진행될 가능성을
완전히 배제하기는 어렵다고 보인다.

67 제3조(의료기관) ① 이 법에서 "의료기관"이란 의료인이 공중(公衆) 또는 특정 다수인을
위하여 의료·조산의 업(이하 "의료업"이라 한다)을 하는 곳을 말한다.
② 의료기관은 다음 각 호와 같이 구분한다. <개정 2009. 1. 30., 2011. 6. 7., 2016. 5.

벌법 적용대상으로 될 가능성이 높은데, 그 설립 주체 등이 매우 다양하고 운영 권한 등이 분산되어 있는 경우가 많아 일반 기업과 차이가 있다. 병원급 의료기관에서 누가 중대재해처벌법상 안전 및 보건 확보의무와 형사책임을 부담하는 경영책임자등으로 볼 것인지에 관하여는 논란이 될 수 있어 의료기관 중 병원급 의료기관을 중심으로 경영책임자등이 누구인지 살펴본다.

② 병원급 의료기관의 개설 주체

의료법 제33조 제2항은 병원을 운영할 수 있는 의료기관의 개설 주체를 다음과 같이 규정하고 있다.

㉠ 의사, 치과의사, 한의사 또는 조산사
㉡ 국가나 지방자치단체

29., 2019. 4. 23., 2020. 3. 4.>
1. 의원급 의료기관: 의사, 치과의사 또는 한의사가 주로 외래환자를 대상으로 각각 그 의료행위를 하는 의료기관으로서 그 종류는 다음 각 목과 같다.
가. 의원
나. 치과의원
다. 한의원
2. 조산원: 조산사가 조산과 임산부 및 신생아를 대상으로 보건활동과 교육·상담을 하는 의료기관을 말한다.
3. 병원급 의료기관: 의사, 치과의사 또는 한의사가 주로 입원환자를 대상으로 의료행위를 하는 의료기관으로서 그 종류는 다음 각 목과 같다.
가. 병원
나. 치과병원
다. 한방병원
라. 요양병원(「장애인복지법」 제58조 제1항 제4호에 따른 의료재활시설로서 제3조의2의 요건을 갖춘 의료기관을 포함한다. 이하 같다)
마. 정신병원
바. 종합병원
③ 보건복지부장관은 보건의료정책에 필요하다고 인정하는 경우에는 제2항제1호부터 제3호까지의 규정에 따른 의료기관의 종류별 표준업무를 정하여 고시할 수 있다. <개정 2009. 1. 30., 2010. 1. 18.>
④ 삭제 <2009. 1. 30.>
68 제3조의2(병원등) 병원·치과병원·한방병원 및 요양병원(이하 "병원등"이라 한다)은 30개 이상의 병상(병원·한방병원만 해당한다) 또는 요양병상(요양병원만 해당하며, 장기입원이 필요한 환자를 대상으로 의료행위를 하기 위하여 설치한 병상을 말한다)을 갖추어야 한다. [본조신설 2009. 1. 30.]

　　ⓒ 의료업을 목적으로 설립된 법인(이하 "의료법인"이라 한다)

　　ⓔ 「민법」이나 특별법에 따라 설립된 비영리법인

　　ⓜ 「공공기관의 운영에 관한 법률」에 따른 준정부기관, 「지방의료원의 설립
　　　 및 운영에 관한 법률」에 따른 지방의료원, 「한국보훈복지의료공단법」에
　　　 따른 한국보훈복지의료공단

　　특히 민법이나 특별법에 따라 설립된 비영리법인이 의료기관인 병원을 개설할 수 있는데, 그 범위가 매우 다양하다. 사립학교법에 따른 학교법인, 사회복지사업법에 따른 사회복지법인, 향교재산법에 따른 종교법인, 의료법에 따른 의료법인 등이 있다. 서울에 있는 대형 병원 중, 삼성의료원은 사회복지사업법에 따른 사회복지법인인 '삼성생명공익재단'이 설립하였고, 아산병원은 역시 사회복지법인인 '아산사회복지재단'이 설립한 병원이며, 연세대학교 병원은 사립학교법에 따른 학교법인 연세대학교가 설립한 병원이며, 고려대학교 병원 역시 사립학교법에 따른 학교법인 고려중앙학원이 설립한 병원이다. 서울대학교 병원은 서울대학교병원 설치법에 따라 특수법인 서울대학교병원이 설립한 병원이다. 그 외 의료법 제48조 이하에 규정된 의료법인에 의하여 설립된 병원들도 다수 있다.

　　결국 이러한 병원의 경영책임자등에 대하여는 사업 또는 사업장에서의 중대산업재해 예방을 위한 안전 및 보건 확보의무, 원료 또는 제조물을 판매·유통하는 사업 또는 사업장에서의 중대시민재해 예방을 위한 안전 및 보건 확보의무, 공중이용시설에 해당하는 규모인 병원에서의 중대시민재해 예방을 위한 안전 및 보건 확보의무 등이 부과된 것이라고 볼 수 있다.

③ 서울대학교병원 및 국립대학병원

　　서울대학교를 제외한 국립대학병원은 국립대학병원 설치법에 법인으로 설치(국립대학병원 설치법 제2조[69])하도록 하고, 대학병원에 원장 1명을 두며 원장이 대학병원을 대표하고 대학병원의 업무를 총괄(국립대학병원 설치법 제

---

[69] 국립대학병원 설치법 제2조(법인격) 국립대학병원(이하 "대학병원"이라 한다)은 법인으로 한다. [전문개정 2010. 3. 17.]

14조⁷⁰)하도록 규정하고 있다.

따라서 국립대학병원의 경우 원장이 사업을 대표하고 사업을 총괄하는 권한과 책임이 있는 사람으로서 경영책임자등에 해당한다고 할 것이다.

서울대학교병원 설치법에 따라 설립된 서울대학교병원은 법인(서울대학교병원 설치법 제2조⁷¹)으로 하고, 대학병원에 원장 1명을 두되 원장이 대학병원을 대표하고 대학병원의 업무를 총괄(서울대학교병원 설치법 제10조⁷²)하도록

---

70 국립대학병원 설치법 제14조(대학병원장) ① 대학병원에 원장 1명을 둔다.
② 원장은 대학병원을 대표하며, 대학병원의 업무를 총괄한다.
③ 원장은 이사회의 추천을 받아 교육부장관이 임명한다. <개정 2013. 3. 23.>
④ 원장의 임기는 3년으로 하되, 한 번만 연임할 수 있다.
⑤ 원장이 부득이한 사유로 업무를 수행할 수 없을 때에는 그 직무의 대행에 관하여는 정관으로 정하는 바에 따른다.
⑥ 원장은 다음 각 호의 어느 하나에 해당하는 경우를 제외하고는 임기 중 본인의 의사에 반하여 해임되지 아니한다.
1. 이 법 또는 이 법에 따른 명령이나 정관을 위반한 경우
2. 회계부정(會計不正)이나 고의 또는 중대한 과실로 대학병원의 운영에 지장을 준 경우
3. 심신 장애로 직무수행이 매우 곤란하게 되거나 불가능하게 된 경우
⑦ 제6항제1호부터 제3호까지의 규정에 따라 원장을 해임하려면 이사장을 포함한 이사 정수(定數) 3분의 2 이상의 찬성으로 의결한 후 해임을 건의하여야 한다.
[전문개정 2010. 3. 17.] [제13조에서 이동, 종전 제14조는 제15조로 이동 <2014. 1. 7.>]

71 서울대학교병원 설치법 제2조(법인) 서울대학교병원(이하 "대학병원"이라 한다)은 법인으로 한다. [전문개정 2010. 3. 17.]

72 서울대학교병원 설치법 제10조(대학병원장) ① 대학병원에는 대학병원장(이하 "원장"이라 한다) 1명을 둔다.
② 원장은 대학병원을 대표하며, 대학병원의 업무를 총괄한다.
③ 원장은 이사회의 추천을 받아 교육부장관의 제청으로 대통령이 임명한다. <개정 2013. 3. 23.>
④ 원장의 임기는 3년으로 하되, 한 번만 연임할 수 있다.
⑤ 원장이 부득이한 사유로 직무를 수행할 수 없을 때에는 대통령령으로 정하는 사람의 순서로 그 직무를 대행한다.
⑥ 원장은 다음 각 호의 어느 하나에 해당하는 경우를 제외하고는 임기 중 본인의 의사에 반하여 해임되지 아니한다.
1. 이 법 또는 이 법에 따른 명령이나 정관을 위반한 경우
2. 회계부정(會計不正)이나 고의 또는 중대한 과실로 대학병원의 운영에 지장을 준 경우
3. 심신 장애로 직무수행이 매우 곤란하게 되거나 불가능하게 된 경우
⑦ 제6항제1호부터 제3호까지의 규정에 따라 원장을 해임하려면 이사장을 포함한 이사 정수(定數) 3분의 2 이상의 찬성으로 의결한 후 해임을 건의하여야 한다.
[전문개정 2010. 3. 17.] [제9조에서 이동, 종전 제10조는 제11조로 이동 <2014. 1. 7.>]

규정하고 있다. 그러므로 원장이 경영책임자등에 해당한다고 할 수 있다.

④ 학교법인 또는 사회복지법인 등 비영리법인 개설 병원

학교법인이 개설한 병원이나 사회복지법인이 개설한 병원과 관련하여서는 그 법인의 정관 등에 규정되어 있는 내용이 중요할 것으로 보인다. 통상 병원장이 그 병원을 대표하고 병원 업무를 총괄한다고 정관에 규정되었을 가능성이 많고, 현실적으로 병원장이 병원을 대표하고 업무를 총괄할 가능성이 많으므로, 그렇게 정관에 규정되어 있다면 병원장이 경영책임자등에 해당할 것으로 보인다. 그런데 형식상 병원장이지만, 실제 인사권이나 예산권도 거의 없어 병원 업무를 총괄한다고 보기 어려운 사정이 있다면 중대재해처벌법에서 말하는 경영책임자등에 해당하기는 어렵고 그 병원이 속한 법인의 이사장 등이 경영책임자에 해당한다고 보아야 한다.

⑤ 인사 및 예산의 별도 최종 의사결정권자가 있는 경우

법인이 개설한 의료기관 중에는, 병원의 인사와 예산에 관한 권한을 병원을 대표하는 병원장이 모두 갖고 있지 못하고, 소속 법인 이사회 등에 최종 결정권이 있어 중요예산이나 추가인력 배치 등에 관하여 이사회 등의 의결이나 승인을 요하는 경우도 있을 수 있다.

만약 중대재해처벌법이 규정하는 핵심적인 안전 및 보건 확보의무인 인사권과 예산권을 병원장이 모두 갖지 못하는 경우가 있다면 더욱 심층적 검토가 필요할 수 있다.

즉 예컨대 중대재해처벌법 시행을 앞두고, 병원시설에 대한 안전을 강화하기 위하여 추가적 인력이 필요하다는 실무적 검토가 있었는데, 병원을 대표하는 병원장도 승인하였지만 최종적으로 추가 인력배치 여부에 대한 결정 권한을 가진 법인 이사회의 대표인 이사장 등이 그 인력추가가 불필요하다고 반대하여 그 인력을 추가로 배치하지 못하였고, 그 추가배치 문제로 만약 중대재해가 발생된다면 그때에는 병원장이 아닌 법인 이사장 등 최종 의사결정권자가 경영책임자등의 지위에 있다고 평가될 수 있을 것이다.

2) 비법인 사업주의 경영책임자등

가) 경영책임자등의 정의에 관한 입법 과정

앞에서 살펴본 바와 같이 중대재해처벌법은, 중대재해에 대한 기업 및 책임자 처벌 등에 관한 법률안(강은미 의원 대표발의), 중대재해에 대한 기업 및 정부 책임자 처벌법안(박주민 의원 대표발의), 중대재해에 대한 기업 및 정부 책임자 처벌법안(이탄희 의원 대표 발의), 중대재해 예방을 위한 기업의 책임 강화에 관한 법률안(임이자 의원 대표발의), 중대재해에 대한 기업 및 정부 책임자 처벌법안(박범계 의원 대표발의) 등 5개 법률안에 대한 심사를 거친 후, 각 법률안 내용을 통합하여 마련된 법제사법위원회 대안에 의하여 제정되었다.

위 5개 법률안의 각 정의 규정에 있는 '경영책임자' 또는 '경영책임자 등'은 모두 법인 또는 상법 제169조에 따른 회사 소속의 대표이사 등을 말하는 것이었다.[73]

법제사법위원회 법안심사제1소위원회 심사(2020. 11. 26.부터 2021. 1. 6.까지) 과정에서는 주로 '경영책임자' 또는 '경영책임자 등'에 대표이사 또는 이사를 명시할 것인지 여부, 기업 소속이라고 할 것인지 아니면 법인 소속이라고 할 것인지 등에 관한 논의가 이루어졌다.[74]

2021. 1. 7. 제383회 국회(임시회) 제6차 법안심사제1소위원회에서 마련된 대안에서는 현행 중대재해처벌법과 동일한 내용의 '경영책임자등'에 관한 정의 규정을 두었다. 즉 현행 중대재해처벌법 제2조 제9호 가목(사업체 경영책임자)과 같이 경영책임자등의 의미만을 규정하고 법인 또는 회사 소속임을 명시하지 않았다.

나) 문제의 소재

개인 또는 법인이 아닌 단체가 사업주인 경우, 즉 비법인 사업주의 경우에도 사업을 대표하고 사업을 총괄하는 권한과 책임이 있는 사람 또는 이에

---

[73] 이와 별도로 5개 법률안 모두 공통적으로 중앙행정기관의 장, 지방자치단체의 장, 지방공기업의 장, 공공기관의 장을 '경영책임자' 또는 '경영책임자 등'에 포함하고 있었다.

[74] 제382회 국회(정기회) 법제사법위원회회의록(법안심사제1소위원회) 제6호, 제383회 국회(임시회) 법제사법위원회회의록(법안심사제1소위원회) 제1~5호 참조

준하여 안전보건에 관한 업무를 담당하는 사람을 상정할 수 있다.

중대재해처벌법은 제4조 및 제5조와 제9조에서 경영책임자등의 안전 및 보건 확보의무는 사업 또는 사업장이나 공중이용시설 또는 공중교통수단이나 시설·장비·장소 등에 대한 사업주나 법인 또는 기관의 실질적인 지배·운영·관리 또는 그러한 책임이 있음을 전제로 인정되는 것으로 규정하였다. 그리고 개인사업주와 경영책임자등이 그와 같은 안전 및 보건 확보의무를 위반하여 중대재해에 이르게 하면 형사처벌을 가하고 있다(중대재해처벌법 제6조 및 제10조).

이들 조항과 관련하여 비법인 사업주를 위한 경영책임자등에게 안전 및 보건 확보의무를 인정할 수 있는지, 경영책임자등이 안전 및 보건 확보의무를 위반하여 중대재해에 이르게 한 경우 그 사업에 관여하지 않은 개인사업주라면 처벌에서 면책될 수 있는지 등에 관하여 중요한 법 해석 문제가 발생한다.

개인사업주인 경우와 법인이 아닌 단체가 사업주인 경우를 나누어 살펴보기로 한다.

다) 개인사업주와 경영책임자등

개인사업주도 사업을 영위하면서 타인을 대리인 등으로 내세워 사업을 대표하고 총괄하도록 할 필요성이 있을 수 있다. 사업을 전문경영인에게 맡기려고 하거나, 개인사업주가 사고나 질병 등으로 인해 실종되거나 심신상실이 되었을 때 그런 필요성이 있을 것이다.

중대재해처벌법 제4조 및 제5조와 제9조는 수범자를 개인사업주와 경영책임자등이라고만 하였을 뿐 개인사업주의 경영책임자등을 제외한다고 하지 않았다. 따라서 개인사업주에게 경영책임자등이 있는 경우 그 경영책임자등은 사업 또는 사업장이나 공중이용시설 또는 공중교통수단이나 시설·장비·장소 등에 대한 개인사업주의 실질적인 지배·운영·관리 또는 그러한 책임이 있음을 전제로 안전 및 보건 확보의무를 부담하게 될 것이다.

사업을 영위하는 개인사업주가 전문경영인 등 타인을 대리인 등으로 내세워 사업을 대표하고 총괄하도록 하되 중요한 사항은 경영책임자등과 함께 최종 의사결정을 하거나 이에 개입 또는 관여하는 경우라면, 사업 또는 사업장이나 공중이용시설 또는 공중교통수단이나 시설·장비·장소 등에 대한 개인사업주의 실질적인 지배·운영·관리 또는 그러한 책임을 인정하는 데 별다른 문제가 없을 것이다. 이때 개인사업주와 경영책임자등은 중첩적으로 안전 및 보건 확보의무를 부담하고, 이에 위반하여 중대재해에 이르게 하면 양자 모두 처벌에서 면책될 수 없다고 할 것이다.

이와 달리 개인사업주가 경영책임자등에게 사업을 대표하고 총괄하도록 하면서 사업에 관여하지 않는 경우라면, 과연 사업 또는 사업장이나 공중이용시설 또는 공중교통수단이나 시설·장비·장소 등에 대한 개인사업주의 실질적인 지배·운영·관리 또는 그러한 책임을 인정할 수 있을지, 나아가 개인사업주에게 경영책임자등과 중첩적으로 안전 및 보건 확보의무를 요구할 수 있을 것인지는 중대재해처벌법의 해석상 중요한 문제가 아닐 수 없다. 이러한 문제는 개인사업주가 그 의사에 따라 경영책임자등에게 사업을 대표하고 총괄하도록 하였고 경영책임자등과의 의사연락을 통한 의사결정이 가능한 경우와, 실종 또는 심신상실 등으로 인해 개인사업주의 의사결정이 불가능한 경우가 서로 다를 것이므로 나누어 검토할 필요가 있다.

① 개인사업주의 의사결정이 가능한 경우

먼저 전자의 경우에, 개인사업주는 사업상의 인적·물적 자원에 대한 결정권자로서 경영책임자등에게 수여한 대리권 등을 회수하거나 중요한 사항에 관한 최종 의사결정을 하거나 이에 개입 또는 관여하기로 경영방침을 변경하는 것이 언제라도 가능할 것이다. 그러므로 규범적 관점에서 개인사업주의 사업 관여 여부와 관계없이 사업 또는 사업장이나 공중이용시설 또는 공중교통수단이나 시설·장비·장소 등에 대한 개인사업주의 실질적인 지배·운영·관리 또는 그러한 책임은 단절되지 아니하고 계속 인정된다고 봄이 상당할 것이다.

한편, 위와 같이 안전 및 보건 확보의무 인정을 위한 전제는 충족되었다 하더라도, 중대재해처벌법의 해석상 사업에 관여하지 않은 개인사업주에게 경영책임자등과 중첩적으로 안전 및 보건 확보의무를 요구할 것인지에 관하여는 추가로 검토되어야 할 문제가 있다.

이와 관련하여서는 두 가지 견해가 대립될 수 있을 것이므로 나누어 살펴보기로 한다.

제1설은, 중대재해처벌법이 안전 및 보건 확보의무의 수범자를 '개인사업주 또는 경영책임자등'이라고 규정하였으므로 위 의무는 양 수범자 중 어느 일방에게 선택적으로 인정될 수도 있다는 의미인데, 경영책임자등은 사업을 대표하고 총괄하는 반면 개인사업주는 사업에 관여하지 않으면서 단지 이익을 취득하거나 손실을 부담하는 정도라면 안전 및 보건 확보의무는 경영책임자등에게만 인정되고 개인사업주는 면책될 수 있다고 해석하는 견해이다.

제2설은, 중대재해처벌법이 안전 및 보건 확보의무의 수범자를 '개인사업주 또는 경영책임자등'이라고 선택적으로 규정하는 한편, 양벌규정(제7조 및 제11조)에서 법인 또는 기관의 경영책임자등이 위반행위를 하면 법인 또는 기관에게 벌금형을 과한다고 하여 개인사업주를 적용대상에서 제외하였으므로, 이들 의무규정과 양벌규정을 종합적으로 해석해 볼 때 중대재해처벌법은 개인사업주가 안전 및 보건 확보의무를 경영책임자등에게 일방적으로 전가할 수 없도록 하려는 것이므로, 개인사업주는 경영책임자등에게 사업을 대표하고 총괄하도록 하면서 사업에 관여하지 않았더라도 경영책임자등과 중첩적으로 안전 및 보건 확보의무를 부담한다고 해석하는 것이 중대재해처벌법의 입법취지에 부합하는 합리적 해석이라는 견해이다.

제1설에 따르게 되면 개인사업주의 경영책임자등이 안전 및 보건 확보의무를 위반하여 중대재해에 이르게 한 경우에도, 사업에 관여하지 않은 개인사업주는 처벌에서 면책된다고 보게 될 것이다. 이러한 결론은 설령 개인사업주가 경영책임자등의 위반행위를 방지하기 위해 해당 업무에 관한 주의와 감독을 게을리한 경우에도 마찬가지가 될 것이다.

반대로 제2설에 따르게 되면 개인사업주의 경영책임자등이 안전 및 보건 확보의무를 위반하여 중대재해에 이르게 한 경우, 개인사업주 또한 자신의 안전 및 보건 확보의무를 다하지 못하였다고 할 것이므로 중대재해 발생으로 인한 처벌에서 면책되지 않는다고 보게 될 것이다.

중대재해처벌법이 법인사업주에 비해 처벌 가능성을 완화해 주려는 의도로 개인사업주를 양벌규정의 적용대상에서 제외한 것으로 보아야 할 뚜렷한 근거가 없다. 오히려 일반적으로 조직·인력·예산 등에서 법인사업주에 비해 규모가 작을 것이라는 점을 고려하여, 개인사업주에게는 중대재해 예방의 실효성 확보를 위해 경영책임자등의 유무와 관계없이 안전 및 보건 확보의무를 직접 이행하도록 하려는 취지였다고 봄이 보다 합리적이라고 생각된다. 나아가 제1설에 따르게 되면 경영책임자등의 위반행위를 이유로 벌금형을 과함에 있어서 법인을 합리적인 이유 없이 개인사업주에 비하여 차별적으로 취급하는 위헌적 결과를 초래할 것이라는 점을 고려하더라도 제2설이 더 타당하다고 할 것이다.

참고로 개인사업주에게 장기여행 또는 수형, 구속 등으로 인해 의사연락이 다소 원활하지 못한 사정이 있더라도 경영책임자등과의 의사연락을 통한 의사결정이 불가능하다고 할 수 없는 이상 달리 볼 이유가 없을 것이다.

따라서 그러한 경우에도 개인사업주는 경영책임자등과 중첩적으로 안전 및 보건 확보의무를 부담하고, 이를 위반하여 중대재해에 이르게 하면 위반행위의 고의 또는 책임을 조각할 특별한 사정이 없는 한 경영책임자등과 함께 처벌될 수 있을 것이다.

② 개인사업주의 의사결정이 불가능한 경우

다음으로 후자의 경우, 즉 개인사업주가 실종 또는 심신상실 등으로 인해 사업에 관한 의사결정이 불가능한 경우에는 사업 또는 사업장이나 공중이용시설 또는 공중교통수단이나 시설·장비·장소 등에 대한 개인사업주의 실질적인 지배·운영·관리 또는 그러한 책임은 더 이상 인정되기 어렵다고 생각된다.

재산관리인(민법 제22조) 또는 후견인(민법 제929~940조) 등에 의해 개인사업주의 실종 또는 심신상실 등 이후에도 사업의 영위가 지속된다면 그 시점부터는 재산관리인 또는 후견인 등이 개인사업주의 지위에 있다고 보아 중대재해처벌법상 안전 및 보건 확보의무를 부담한다고 하여야 할 것이다.

재산관리인이나 후견인은 아니지만 실종되거나 심신상실이 된 개인사업주를 위해 사업의 영위를 지속하는 개인이 있는 경우에는 그가 사실상의 개인사업주로서 중대재해처벌법상 안전 및 보건 확보의무를 부담한다고 봄이 상당할 것이다.

재산관리인이나 후견인 또는 사실상의 개인사업주가 다시 대리인 등을 내세워 사업을 대표하고 총괄하도록 하는 경우에는 그 대리인 등을 경영책임자등으로 보면 될 것이다.

라) 법인 아닌 단체인 사업주와 경영책임자등

법인 아닌 단체란 법인으로 등기하지 않았지만 권리·의무의 주체가 될 수 있는 독자적 존재로서의 단체적 조직을 가진 단체를 말한다.[75] 통상 종중, 주택재개발조합 또는 주택재건축조합, 대형교회 등이 이에 해당한다.

법인 아닌 단체는 부동산등기와 관련하여 등기권리자 또는 등기의무자(부동산등기법 제26조)가 되고, 부가가치세법에 의한 고유번호를 부여받거나 소득세법에 의한 납세번호를 부여받으면 금융거래에서 법인 아닌 단체의 실지명의는 그 단체명과 고유번호 또는 납세번호(금융실명거래 및 비밀보장에 관한 법률 시행령 제3조 제3호)이다. 또한 민간자격의 신설 및 관리·운영(자격기본법 제17조)을 할 수 있고, 일정한 경우에 해당하거나 일정한 요건을 갖추어 신청 후 세무서장의 승인을 받으면 법인으로 간주하여 국세기본법과 세법의 적용을 받게 된다(국세기본법 제13조[76]).

---

75 대법원 1999. 4. 23. 선고 99다4504 판결, 「민법상의 조합과 법인격은 없으나 사단성이 인정되는 비법인사단을 구별함에 있어서는 일반적으로 그 단체성의 강약을 기준으로 판단하여야 하는바, 조합은 2인 이상이 상호간에 금전 기타 재산 또는 노무를 출자하여 공동사업을 경영할 것을 약정하는 계약관계에 의하여 성립하므로 어느 정도 단체성에서 오는 제약을 받게 되는 것이지만 구성원의 개인성이 강하게 드러나는 인적 결합체인 데 비하여 비법인사단은 구성원의 개인성과는 별개로 권리·의무의 주체가 될 수 있는 독자적 존재로서의 단체적 조직을 가지는 특성이 있다 하겠는데, 어떤 단체가 고유의 목적을 가지고 사단적 성격을 가지는 규약을 만들어 이에 근거하여 의사결정기관 및 집행기관인 대표자를 두는 등의 조직을 갖추고 있고, 기관의 의결이나 업무집행방법이 다수결의 원칙에 의하여 행하여지며, 구성원의 가입, 탈퇴 등으로 인한 변경에 관계없이 단체 그 자체가 존속되고, 그 조직에 의하여 대표의 방법, 총회나 이사회 등의 운영, 자본의 구성, 재산의 관리 기타 단체로서의 주요사항이 확정되어 있는 경우에는 비법인사단으로서의 실체를 가진다고 할 것이다.」

76 국세기본법 제13조(법인으로 보는 단체 등) ① 법인(「법인세법」 제2조 제1호에 따른 내

법인 아닌 단체가 사업을 영위하는 경우, 중대재해처벌법의 해석상 법인

국법인 및 같은 조 제3호에 따른 외국법인을 말한다. 이하 같다)이 아닌 사단, 재단, 그 밖의 단체(이하 "법인 아닌 단체"라 한다) 중 다음 각 호의 어느 하나에 해당하는 것으로서 수익을 구성원에게 분배하지 아니하는 것은 법인으로 보아 이 법과 세법을 적용한다. <개정 2010. 12. 27., 2018. 12. 31.>

1. 주무관청의 허가 또는 인가를 받아 설립되거나 법령에 따라 주무관청에 등록한 사단, 재단, 그 밖의 단체로서 등기되지 아니한 것
2. 공익을 목적으로 출연(出捐)된 기본재산이 있는 재단으로서 등기되지 아니한 것

② 제1항에 따라 법인으로 보는 사단, 재단, 그 밖의 단체 외의 법인 아닌 단체 중 다음 각 호의 요건을 모두 갖춘 것으로서 대표자나 관리인이 관할 세무서장에게 신청하여 승인을 받은 것도 법인으로 보아 이 법과 세법을 적용한다. 이 경우 해당 사단, 재단, 그 밖의 단체의 계속성과 동질성이 유지되는 것으로 본다. <개정 2010. 12. 27.>

1. 사단, 재단, 그 밖의 단체의 조직과 운영에 관한 규정(規程)을 가지고 대표자나 관리인을 선임하고 있을 것
2. 사단, 재단, 그 밖의 단체 자신의 계산과 명의로 수익과 재산을 독립적으로 소유·관리할 것
3. 사단, 재단, 그 밖의 단체의 수익을 구성원에게 분배하지 아니할 것

③ 제2항에 따라 법인으로 보는 법인 아닌 단체는 그 신청에 대하여 관할 세무서장의 승인을 받은 날이 속하는 과세기간과 그 과세기간이 끝난 날부터 3년이 되는 날이 속하는 과세기간까지는 「소득세법」에 따른 거주자 또는 비거주자로 변경할 수 없다. 다만, 제2항 각 호의 요건을 갖추지 못하게 되어 승인취소를 받는 경우에는 그러하지 아니하다. <개정 2010. 12. 27., 2011. 12. 31.>

④ 제1항과 제2항에 따라 법인으로 보는 법인 아닌 단체(이하 "법인으로 보는 단체"라 한다)의 국세에 관한 의무는 그 대표자나 관리인이 이행하여야 한다. <개정 2010. 12. 27.>

⑤ 법인으로 보는 단체는 국세에 관한 의무 이행을 위하여 대표자나 관리인을 선임하거나 변경한 경우에는 대통령령으로 정하는 바에 따라 관할 세무서장에게 신고하여야 한다.

⑥ 법인으로 보는 단체가 제5항에 따른 신고를 하지 아니한 경우에는 관할 세무서장은 그 단체의 구성원 또는 관계인 중 1명을 국세에 관한 의무를 이행하는 사람으로 지정할 수 있다.

⑦ 법인으로 보는 단체의 신청·승인과 납세번호 등의 부여 및 승인취소에 필요한 사항은 대통령령으로 정한다.

⑧ 세법에서 규정하는 납세의무에도 불구하고 전환 국립대학 법인(「고등교육법」 제3조에 따른 국립대학 법인 중 같은 법 제3조, 제18조 및 제19조에 따른 국립학교 또는 공립학교로 운영되다가 법인별 설립근거가 되는 법률에 따라 국립대학 법인으로 전환된 법인을 말한다. 이하 이 항에서 같다)에 대한 국세의 납세의무(국세를 징수하여 납부할 의무는 제외한다. 이하 이 항에서 같다)를 적용할 때에는 전환 국립대학 법인을 별도의 법인으로 보지 아니하고 국립대학 법인으로 전환되기 전의 국립학교 또는 공립학교로 본다. 다만, 전환 국립대학 법인이 해당 법인의 설립근거가 되는 법률에 따른 교육·연구 활동에 지장이 없는 범위 외의 수익사업을 하는 경우의 납세의무에 대해서는 그러하지 아니하다. <신설 2019. 12. 31.> [전문개정 2010. 1. 1.] [제목개정 2019. 12. 31.]

아닌 단체 자체를 사업주로 볼 것인지, 아니면 법인 아닌 단체의 대표자나 관리인 등에 해당하는 개인을 사업주로 볼 것인지 문제이다.

법제사법위원회 법안심사제1소위원회에서 '경영책임자' 또는 '경영책임자 등'의 정의 규정을 심사하는 과정에서 법인 아닌 단체 또는 민법상 조합을 넣을지 여부에 관하여 일부 논의가 있었으나 명확한 결론을 내린 바 없이 지나갔다.[77]

법인으로 등기하지만 않았을 뿐 조직으로서의 실체는 법인과 동일한 단체인 경우, 그 실질적 측면을 중요시하면 법인 아닌 단체 자체를 사업주로 보게 될 것이다. 이때 법인 아닌 단체의 대표자나 관리인 등은 사업주인 법인 아닌 단체의 경영책임자등이라고 보게 될 것이다.

법인 아닌 단체의 경우 법인으로 등기하지만 않았을 뿐 그 실질이 법인과 동일한 단체라면, 그 단체 자체를 사업주로 보아야지 대표자나 관리인 등의 개인을 사업주로 보기는 어렵다고 할 것이다. 판례에서도 법인 아닌 단체를 금융거래계약의 당사자로 인정[78]하거나, 하도급공사대금채무에 대해 보증을 한 법인 아닌 단체는 보증채무의 범위를 제한하거나 신축공사대금에서 보증채무 상당액을 미리 공제하기로 약정하였다는 등의 특별한 주장·입증이 없는 한 하도급공사대금을 지급하여야 할 부담을 지게 된다[79]고 하는 등, 법률행위의 법률효과가 법인 아닌 단체에 귀속됨을 인정하고 있으므로, 법인 아닌 단체가 사업을 영위할 때 그 사업자는 법인 아닌 단체라고 봄이 상당할 것이다.

그런데 법인 아닌 단체가 사업을 영위할 때 그 대표자나 관리인 등을 경영책임자등이라고 본다 하더라도 과연 그 경영책임자등에게 안전 및 보건확보의무를 인정할 수 있을지에 관하여는 중대재해처벌법의 해석상 어려운 문제가 뒤따른다.

---

[77] 제383회 국회(임시회) 법제사법위원회회의록(법안심사제1소위원회) 제3호 pp. 6~18 참조, 특히 백혜련 소위원장은 법인 아닌 단체 또는 조합은 사업주의 개념으로 처벌할 수 있다는 의견을 개진한 바 있다(회의록, p. 14).

[78] 대법원 2020. 12. 10. 선고 2019다267204 판결

[79] 대법원 2007. 4. 19. 선고 2004다60072,60089 전원합의체 판결

앞에서 거듭 살펴본 것처럼 경영책임자등의 안전 및 보건 확보의무는 사업주나 법인 또는 기관이 실질적으로 지배·운영·관리하는 사업 또는 사업장이나 공중이용시설 또는 공중교통수단, 사업주나 법인 또는 기관이 실질적으로 지배·운영·관리하는 책임이 있는 시설·장비·장소 등이 반드시 전제되어야만 인정할 수 있기 때문이다.

중대재해처벌법 제3조에 의하여 중대재해처벌법 제4조 및 제5조와 제9조에서의 사업주는 모두 개인사업주로 한정된다. 따라서 이들 조항에서의 사업주에 법인 아닌 단체는 포함된다고 보기 어려울 것이고, 법인 또는 기관에 법인 아닌 단체가 포함될 수 없음도 당연하다.

따라서 법인 아닌 단체가 사업을 영위할 때 대표자나 관리인 등 경영책임자등으로 볼 수 있는 사람이 있다 하더라도, 그 사람에게 중대재해처벌법의 문언 및 해석상 안전 및 보건 확보의무를 인정하기 위한 전제는 충족되지 못한다고 할 것이다.

결국 법인 아닌 단체가 사업을 영위하는 경우는 그 사업주나 경영책임자등 모두 중대재해처벌법의 적용대상에서 아예 제외된다는 결론에 이르게 된다.[80]

현행 중대재해처벌법의 해석상으로는 불가피한 결론이라고 할 것이므로 입법적인 해결이 필요한 영역이라고 할 수 있다.

---

[80] 다만, 실제 법인 아닌 단체가 사업주인 사업 또는 사업장이나 공중이용시설 또는 공중교통수단에서 중대재해가 발생한다면 수사기관은 위와 같은 결론과 다른 입장을 취하여, 사업주인 법인 아닌 단체는 중대재해처벌법 제4조 및 제9조와 제5조에서의 법인 또는 기관에 준하는 것으로 볼 수 있다는 사유 등을 들어 법인 아닌 단체의 대표자나 관리인 등을 경영책임자등으로 보아 수사를 진행할 가능성을 완전히 배제할 수는 없다고 할 것이다.

제3편

조치의무와 처벌, 보칙과 부칙

제 1 장　중대산업재해

1. 사업주와 경영책임자등의 안전 및 보건 확보의무

> 제4조(사업주와 경영책임자등의 안전 및 보건 확보의무) ① 사업주 또는 경영책임자등은 사업주나 법인 또는 기관이 실질적으로 지배·운영·관리하는 사업 또는 사업장에서 종사자의 안전·보건상 유해 또는 위험을 방지하기 위하여 그 사업 또는 사업장의 특성 및 규모 등을 고려하여 다음 각 호에 따른 조치를 하여야 한다.
> 1. 재해예방에 필요한 인력 및 예산 등 안전보건관리체계의 구축 및 그 이행에 관한 조치
> 2. 재해 발생 시 재발방지 대책의 수립 및 그 이행에 관한 조치
> 3. 중앙행정기관·지방자치단체가 관계 법령에 따라 개선, 시정 등을 명한 사항의 이행에 관한 조치
> 4. 안전·보건 관계 법령에 따른 의무이행에 필요한 관리상의 조치
> ② 제1항 제1호·제4호의 조치에 관한 구체적인 사항은 대통령령으로 정한다.

가. 개관

중대재해처벌법 제4조 제1항 각 호 외의 부분은, 개인사업주 또는 경영

책임자등에게 부과하는 안전 및 보건 확보의무의 기본적 사항을 규정하고 있다. 개인사업주 또는 경영책임자등이 안전 및 보건 확보의무를 위반하여 중대산업재해에 이르게 하면 중대재해처벌법 제6조에 의하여 개인사업주 또는 경영책임자등에게 형사처벌이 가해진다.

그러므로 중대재해처벌법 제4조 제1항 각 호 외의 부분이 규정하고 있는 안전 및 보건 확보의무의 기본적 사항은 중대재해처벌법 제6조 위반의 죄에 관한 범죄구성요건에 해당한다.[1]

중대재해처벌법 제4조 제1항 각 호 외의 부분에서 규정하는 안전 및 보건 확보의무의 기본적 사항은, ① 주체(개인사업주 또는 경영책임자등), ② 대상(사업주나 법인 또는 기관이 실질적으로 지배·운영·관리하는 사업 또는 사업장), ③ 보호법익(종사자의 안전·보건상 유해 또는 위험의 방지), ④ 고려사항(사업 및 사업장의 특성 및 규모) 등이다.

그리고 중대재해처벌법 제4조 제1항 각 호, 제2항 및 그 위임에 의한 대통령령(중대재해처벌법 시행령)은 안전 및 보건 확보의무의 구체적인 내용을 규정하고 있다.

이하에서 차례대로 설명하기로 한다.

나. 사업주, 경영책임자등

안전 및 보건 확보의무의 주체는 '사업주 또는 경영책임자등'이다. 사업주 또는 경영책임자등은 사업주나 법인 또는 기관이 실질적으로 지배·운영·관리하는 사업 또는 사업장에서 종사자의 안전·보건상 유해 또는 위험을 방지하기 위한 안전 및 보건 확보의무를 부담한다.

사업주, 경영책임자등에 대해서는 제2편 제3장 2. 사업주와 3. 경영책임자등에서 상술하였다.

---

1 중대재해처벌법 제5조 및 제9조 제3항에서 각각 규정하고 있는 안전 및 보건 확보의무, 중대재해처벌법 제9조 제1항 각 호 외의 부분 및 제2항 각 호 외의 부분에서 각각 규정하고 있는 안전 및 보건 확보의무의 기본적 사항도 모두 중대재해처벌법 제6조 위반의 죄 또는 중대재해처벌법 제10조 위반의 죄에 관한 범죄구성요건에 해당한다. 따라서 이하에서의 해설 내용 중 중대재해처벌법 제4조 제1항 각 호 외의 부분에 관한 해설은 중대재해처벌법 제5조 및 제9조 제1~3항에 관한 해설에도 공통될 수 있음을 미리 밝혀둔다.

다. 법인 또는 기관이 실질적으로 지배·운영·관리하는 사업 또는 사업장

1) '법인 또는 기관'의 의미

중대재해처벌법 제3조 이하 규정에서의 '사업주'는 앞에서 본 것처럼 모두 '개인사업주'를 의미하므로, 중대재해처벌법 제4조 제1항 각 호 외의 부분에서의 '법인 또는 기관'은 경영책임자등이 소속되어 있는 '법인 또는 기관'을 의미하는 것으로 해석함이 상당하다.

여기서 '법인'의 의미는 명확하다고 할 수 있는데, '기관'의 의미에 관하여는 중대재해처벌법에서 별도의 정의규정을 두지 않았으므로 그 해석을 통하여 의미를 명확히 할 수밖에 없다. '법인 또는 기관'은 양벌규정인 중대재해처벌법 제7조 및 제11조에도 포함된 문언이므로, '기관'의 의미에 관한 해석론은 위 각 양벌규정의 해석에서도 동일하게 적용되어야 할 것이다.

부칙을 제외하고 모두 16개의 조문으로 구성된 중대재해처벌법에서 '기관'의 의미를 해석하는 데 단서를 제공할 수 있는 유일한 규정은 제2조 제9호 나목이라고 보인다. 즉 중대재해처벌법 제2조 제9호 나목에 열거된 공무 경영책임자는 중앙행정기관·지방자치단체·지방공기업·공공기관의 장이므로, 이들 공무 경영책임자가 소속된 중앙행정기관 등을 통틀어 '기관'이라고 규정한 것으로 봄이 상당하다고 생각된다.

그런데 '기관'의 의미를 위와 같이 해석하는 경우 '기관' 중에는 법인격이 인정되지 않는 곳들이 포함된다. 중앙행정기관, 지방공기업법에 따른 지방공기업 중 지방직영기업,[2] 공공기관운영법 제4조부터 제6조까지의 규정에 따라 지정된 공공기관 중 일부[3] 등이 그러하다.

때문에 중대재해처벌법에 규정된 '기관'의 의미를 위와 같이 해석하면 법인격 없는 '기관'도 양벌규정의 적용대상에 포함된다. 우리 법체계에서 법

---

2 지방직영기업은 지방자치단체가 직접 설치·경영하는 사업(지방공기업법 제2조 및 제5조)으로 그 업무를 관리·집행하게 하기 위하여 두는 관리자는 해당 지방자치단체의 공무원으로 임명한다(지방공기업법 제7조). 서울특별시 상수도사업본부 같은 곳을 말하는 것으로 지방직영기업은 그 자체로는 법인격이 인정되지는 않는다.

3 2022. 1. 현재 350개 지정 공공기관 중 영상물등급위원회는 법인격 없는 공공기관이다.

인격이 인정되는 개인 또는 법인 외에 법인격 없는 어떠한 조직체를 상정하여 양벌규정의 적용대상에 포함하는 입법형식은 매우 이례적이다. 어쩌면 중대재해처벌법에 규정된 '기관'의 의미를 위와 같이 해석하는 경우 우리나라의 유일한 입법례가 될지도 모를 일이다.

　법인격이 없는 조직체를 상정하고 그러한 조직체를 양벌규정의 적용대상에 포함하는 입법형식 자체가 우리나라 법체계에서는 허용되지 않는다는 견해도 있을 수 있다. 그러한 견해에 의한다면 중대재해처벌법에 규정된 '기관'은 제2조 제9호 나목에 열거된 공무 경영책임자가 소속된 곳 중 법인격이 인정되는 곳만으로 한정적으로 해석함이 상당하다고 보게 될 것이다. 구체적으로는 지방자치단체(지방자치법 제3조 제1항), 지방공기업 중 지방공사(지방공기업법 제51조)와 지방공단(지방공기업법 제76조 제2항), 공공기관운영법 제4조부터 제6조까지의 규정에 따라 지정된 공공기관 중 법인격 있는 공공기관 등이 될 것이다.

　중대재해처벌법 제1조는, 사업 또는 사업장, 공중이용시설 및 공중교통수단을 운영하거나 인체에 해로운 원료나 제조물을 취급하면서 안전·보건 조치의무를 위반하여 인명피해를 발생하게 한 사업주, 경영책임자, 공무원 및 법인의 처벌 등을 규정함으로써 중대재해를 예방하고 시민과 종사자의 생명과 신체를 보호함에 중대재해처벌법의 입법목적이 있음을 밝히고 있다. 이와 같이 중대재해처벌법의 입법목적에서 '법인의 처벌'만을 예정하였을 뿐 '법인격 없는 조직체'에 대한 처벌을 예정하지 않았다는 점에 무게를 두게 된다면, 중대재해처벌법 제2조 제9호 나목에 열거된 공무 경영책임자가 소속된 곳 중 법인격이 인정되는 곳만이 중대재해처벌법에 규정된 '기관'의 의미라고 해석함이 타당하다고 보게 될 것이다.

　그런데 중대재해처벌법에서 규정한 경영책임자등의 안전 및 보건 확보의무는 그 대상인 '법인 또는 기관이 실질적으로 지배·운영·관리하는 사업 또는 사업장4'에 대하여 인정되는 것이다. 즉 '법인 또는 기관이 실질적으로

4 중대재해처벌법 제5조 또는 제9조 제3항(각 도급, 용역, 위탁 등 관계에서의 안전 및 보건 확보의무)이 적용되는 경우는 '법인 또는 기관이 실질적으로 지배·운영·관리하는 책

지배·운영·관리하는 사업 또는 사업장'은 경영책임자등에게 부과되는 안전
및 보건 확보의무를 인정하기 위한 전제가 되는 것이다.

　　따라서 '기관'의 의미를 중대재해처벌법 제2조 제9호 나목에 열거된 공
무 경영책임자가 소속된 곳 중 법인격이 인정되는 곳만으로 한정적인 해석
을 하게 되면, 나머지 중앙행정기관이나 지방직영기업 또는 영상물등급위원
회 등의 장에 대하여는 안전 및 보건 확보의무의 대상인 '기관'이 실질적으로
지배·운영·관리하는 사업 또는 사업장을 인정할 수 없게 되는 결과가 되고
만다. 그렇게 되면 중앙행정기관이나 지방직영기업 또는 영상물등급위원회
의 장은 경영책임자등에 해당하지만 안전 및 보건 확보의무는 인정되지 않
는다는 이상한 결론에 이르게 되는 것이다. 따라서 '기관'의 의미를 위와 같
이 한정적으로 해석하려는 견해에는 동의하기 어렵다고 생각된다.

2) '사업 또는 사업장'의 의미

　　대법원은 산업재해보상보험법의 적용단위인 '사업 또는 사업장'의 개념
에 관하여 「일정한 장소를 바탕으로 유기적으로 단일하게 조직되어 계속적으
로 행하는 경제적 활동단위」라고 판시하고 있다.[5] 이러한 대법원의 개념적 해
석은 중대재해처벌법의 '사업 또는 사업장'에도 적용 가능한 것으로 보인다.

　　고용노동부는 산업안전보건법의 '사업 또는 사업장' 판단기준에 관하여,
「사업장의 개념은 주로 장소적 관념에 따라 결정해야 할 것이고 동일한 장소
에 있으면 원칙적으로 분리하지 않고 하나의 사업장으로 보며, 장소적으로
분산되어 있는 경우에는 원칙적으로 별개의 사업장으로 보아야 할 것이다.
다만, 동일한 장소에 있더라도 현저하게 근로의 양태가 다른 부분이 있고 그
러한 부문이 주된 부문과 비교하여 노무관리 등이 명확하게 구분되고, 주된
부문과 분리하여 취급함으로써 산업안전보건법이 보다 적절하게 운용될 수
있는 경우에는 그러한 부문을 독립된 사업장으로 보아야 하며, 장소적으로
분산되어 있더라도 출장소, 사업소, 지점 등이 업무처리 능력 등을 감안할 때

　　임이 있는 시설, 장비, 장소 등'을 대상으로 안전 및 보건 확보의무가 인정된다.
5 대법원 2015. 3. 12. 선고 2012두5176 판결

하나의 사업장이라고 말할 정도의 독립성이 없으면 직근 상위조직(기구)과 일괄하여 하나의 사업장으로 보아야 한다」는 해석론을 제시하고 있다.[6]

3) '실질적인 지배 · 운영 · 관리'의 의미

중대재해처벌법은 사업주 또는 경영책임자등이 안전 및 보건 확보의무를 위반하여 중대산업재해가 발생할 경우 엄정한 형사처벌을 예정하고 있고, '안전 및 보건 확보의무'는 「사업주나 법인 또는 기관이 실질적으로 지배 · 운영 · 관리하는 사업 또는 사업장(제4조)」 및 「사업주나 법인 또는 기관이 그 시설, 장비, 장소 등에 대하여 실질적으로 지배 · 운영 · 관리하는 책임이 있는 경우(제5조)」에 인정되므로 '실질적인 지배 · 운영 · 관리'가 의무의 존재는 물론 범죄의 성립에 있어 중요한 개념적 요소가 될 것으로 전망된다.

현행 산업안전보건법 등의 해석에서, 대법원은 도급인이 실질적으로 장소를 지배 · 관리하는지에 관하여 '사업의 전체적인 진행과정을 총괄 · 조율할 능력이나 의무'가 있는지 여부를 기준으로 판단하고 있고,[7] 고용노동부는 '도급인의 산업재해발생건수 공표'에 관한 산업안전보건법 제10조 제2항,[8] 산업안전보건법시행령 제11조[9][10]의 내용 중 「도급인이 지배 · 관리하는 장소」의

---

6 2012. 7. 30. 산재예방정책과 – 7065, 2017. 9. 13. 산재예방정책과 – 4241 등
7 대법원 2016. 3. 24. 선고 2015도8621 판결, 대법원 2010. 6. 24. 선고 2010도2615 판결 등
8 제10조(산업재해 발생건수 등의 공표) ② 고용노동부장관은 도급인의 사업장(도급인이 제공하거나 지정한 경우로서 도급인이 지배 · 관리하는 대통령령으로 정하는 장소를 포함한다. 이하 같다) 중 대통령령으로 정하는 사업장에서 관계수급인 근로자가 작업을 하는 경우에 도급인의 산업재해발생건수등에 관계수급인의 산업재해발생건수등을 포함하여 제1항에 따라 공표하여야 한다.
9 제11조(도급인이 지배 · 관리하는 장소) 법 제10조 제2항에서 "대통령령으로 정하는 장소"란 다음 각 호의 어느 하나에 해당하는 장소를 말한다.
  1. 토사(土砂) · 구축물 · 인공구조물 등이 붕괴될 우려가 있는 장소
  2. 기계 · 기구 등이 넘어지거나 무너질 우려가 있는 장소
  3. 안전난간의 설치가 필요한 장소
  4. 비계(飛階) 또는 거푸집을 설치하거나 해체하는 장소
  5. 건설용 리프트를 운행하는 장소
  6. 지반(地盤)을 굴착하거나 발파작업을 하는 장소
  7. 엘리베이터홀 등 근로자가 추락할 위험이 있는 장소
  8. 석면이 붙어 있는 물질을 파쇄하거나 해체하는 작업을 하는 장소
  9. 공중 전선에 가까운 장소로서 시설물의 설치 · 해체 · 점검 및 수리 등의 작업을 할 때

의미와 관련하여, '지배·관리'란 「도급인이 해당 장소의 유해·위험요인을 인지하고 파악하여 유해·위험요인을 관리, 개선, 제거하는 등 통제할 수 있는 정도를 의미한다」는 해석론을 제시하고 있다.[11]

또한 고용노동부는 중대재해처벌법 제4조 제1항의 '실질적인 지배·운영·관리'의 의미를 하나의 사업 목적 하에 해당 사업 또는 사업장의 조직, 인력, 예산 등에 대한 결정을 총괄하여 행사하는 경우를 의미한다고 해석하고 있다.[12]

감전의 위험이 있는 장소

10. 물체가 떨어지거나 날아올 위험이 있는 장소

11. 프레스 또는 전단기(剪斷機)를 사용하여 작업을 하는 장소

12. 차량계(車輛系) 하역운반기계 또는 차량계 건설기계를 사용하여 작업하는 장소

13. 전기 기계·기구를 사용하여 감전의 위험이 있는 작업을 하는 장소

14. 「철도산업발전기본법」 제3조 제4호에 따른 철도차량(「도시철도법」에 따른 도시철도 차량을 포함한다)에 의한 충돌 또는 협착의 위험이 있는 작업을 하는 장소

15. 그 밖에 화재·폭발 등 사고발생 위험이 높은 장소로서 고용노동부령으로 정하는 장소

10 산업안전보건법 시행규칙 제6조(도급인의 안전·보건 조치 장소) 「산업안전보건법 시행령」(이하 "영"이라 한다) 제11조 제15호에서 "고용노동부령으로 정하는 장소"란 다음 각 호의 어느 하나에 해당하는 장소를 말한다.

1. 화재·폭발 우려가 있는 다음 각 목의 어느 하나에 해당하는 작업을 하는 장소

  가. 선박 내부에서의 용접·용단작업

  나. 안전보건규칙 제225조 제4호에 따른 인화성 액체를 취급·저장하는 설비 및 용기에서의 용접·용단작업

  다. 안전보건규칙 제273조에 따른 특수화학설비에서의 용접·용단작업

  라. 가연물(可燃物)이 있는 곳에서의 용접·용단 및 금속의 가열 등 화기를 사용하는 작업이나 연삭숫돌에 의한 건식연마작업 등 불꽃이 발생할 우려가 있는 작업

2. 안전보건규칙 제132조에 따른 양중기(揚重機)에 의한 충돌 또는 협착(狹窄)의 위험이 있는 작업을 하는 장소

3. 안전보건규칙 제420조 제7호에 따른 유기화합물 취급 특별장소

4. 안전보건규칙 제574조 제1항 각 호에 따른 방사선 업무를 하는 장소

5. 안전보건규칙 제618조 제1호에 따른 밀폐공간

6. 안전보건규칙 별표 1에 따른 위험물질을 제조하거나 취급하는 장소

7. 안전보건규칙 별표 7에 따른 화학설비 및 그 부속설비에 대한 정비·보수 작업이 이루어지는 장소

※ 제2조(정의) 이 규칙에서 사용하는 용어의 뜻은 이 규칙에 특별한 규정이 없으면 「산업안전보건법」(이하 "법"이라 한다), 같은 법 시행령 및 「산업안전보건기준에 관한 규칙」(이하 "안전보건규칙"이라 한다)에서 정하는 바에 따른다.

11 고용노동부, '개정 산업안전보건법 시행에 따른 도급시 산업재해 예방 운영지침', p. 23

12 고용노동부 2021. 11. 17. 발간 「중대재해처벌법 해설 – 중대산업재해 관련 –」, p. 41

한편 중대시민재해 해석과 관련 소방청 2021. 12. 30. 발간 중대재해처벌법 해설서 및 국토교통부 2021. 12. 29. 발간 중대재해처벌법 해설서에서 "공중이용시설 또는 공중교통수단의 실질적 지배·운영관리에 관하여 ㉠ 소유권, 점유권, 임차권 등 장소, 시설, 설비에 대한 권리를 가지고 있거나, ㉡ 공중이용시설 또는 공중교통시설의 유해·위험요인을 통제할 수 있거나, ㉢ 보수·보강을 실시하여 안전하게 관리해야 하는 의무를 가지는 경우 등으로 설명하고 있는바,[13] 중대산업재해 해석에도 원용될 수 있을 것이다.

'실질적인 지배·운영·관리'의 개념은 중대재해처벌법 시행 이후 법원의 판단과 학계의 논쟁 등을 거치면서 정립되어 갈 것으로 예상된다.

라. 보호법익과 고려사항

1) 보호법익

중대재해처벌법 제4조에서 규정된 안전 및 보건 확보의무의 보호법익은 종사자의 안전·보건상 유해 또는 위험의 방지이다.

안전·보건상 유해 또는 위험으로부터 보호하여야 할 종사자의 생명·신체에 관한 안전은 종사자를 위한 개인적 법익에 해당할 것이다.

더 나아가 중대재해처벌법의 입법목적은 중대산업재해의 예방을 통하여 산업현장 종사자의 안전한 직업환경을 조성·증진하고, 산업현장 곳곳에 존재하는 '안전불감증'을 불식시키고자 함에도 있다고 볼 것이다.

이런 측면에서 중대재해처벌법의 보호법익에는 위와 같은 사회적 법익도 포함된다고 생각된다.

2) 고려사항

중대재해처벌법 제4조 제1항 각 호 외의 부분에 규정된 '사업 및 사업장의 특성 및 규모 등을 고려하여'라는 문언은, 개별 사업 또는 사업장에서 가지고 있는 유해·위험한 요인, 이를 차단하기 위한 인적·물적 자원의 규모,

---

[13] 소방청 2021. 12. 30. 발간 「중대재해처벌법 해설 – 중대시민재해(다중이용시설) –」, p. 1; 국토교통부 2021. 12. 29. 발간 「중대재해처벌법 해설 – 중대시민재해(시설물료·공중교통수단) –」, p. 19

구체적인 조치 방법 등은 각 사업 또는 사업장마다 동일할 수가 없으므로, 중대재해처벌법 및 그 시행령에 규정된 의무 및 구체적인 조치사항 중 세부적·일률적으로 정하기 어려운 부분에 대하여는, 개인사업주 또는 경영책임자등이 사업 및 사업장의 특성 및 규모 등을 고려하여 자율적으로 구성하고 이행하라는 다소 선언적 의미의 규정으로 해석된다.

이러한 문언을 이유로, 개인사업주 또는 경영책임자등이 안전 및 보건 확보의무를 이행하는 데 있어 사업 또는 사업장의 규모나 재정 여건 등의 사유를 들어, 종사자의 생명·신체의 안전을 위협하는 유해·위험요인의 제거·대체·통제·개선을 위해 필수적인 인력 및 예산을 투입하지 아니하는 등의 위반행위를 정당화할 수는 없다고 할 것이다.

마. 안전 및 보건 확보의무의 내용

1) 개요

중대재해처벌법에서 사업주 또는 경영책임자등의 안전 및 보건 확보의무는 매우 중요한 위치를 차지하고 있고, 위 의무를 위반하여 중대산업재해에 이르게 하였을 때 엄중한 처벌을 받아야 한다.

이처럼 중요한 규정임에도 중대재해처벌법이 규정하고 있는 안전 및 보건 확보의무는 내용이 지나치게 포괄적이고 너무 광범위하다는 비판을 피하기 어려워 보인다. 안전 및 보건 확보의무의 내용 자체가 범죄구성요건에 해당하므로 죄형법정주의의 명확성 원칙 위배 등을 둘러싼 논쟁이 예상된다.

중대재해처벌법에서 사업주 또는 경영책임자등이 사업 또는 사업장의 특성 및 규모 등을 고려하여 취해야 할 안전 및 보건 확보의무는 ① 재해예방에 필요한 인력, 예산 등 안전보건관리체계의 구축 및 그 이행에 관한 조치, ② 재해 발생 시 재발방지 대책의 수립 및 그 이행에 관한 조치, ③ 중앙행정기관·지방자치단체가 관계 법령에 따라 개선, 시정 등을 명한 사항의 이행에 관한 조치, ④ 안전·보건 관계 법령에 따른 의무이행에 필요한 관리상의 조치 등이다.

이는 재해 발생 전후의 모든 법률적·행정적 조치의무는 물론 '인력, 예산 등 안전보건관리체계의 구축 및 이행'까지 포괄하고 있어, 인력과 예산을 충분히 확보하기 어려운 중소기업의 경우에는 향후 의무 이행에 더욱 큰 어려움이 예상된다.

위 의무 중 법 제4조 제1항 제1호 및 제4호 항목의 구체적인 의무 내용은 대통령령에 위임되어 있다.

위 대통령령, 즉 중대재해처벌법 시행령은 국무조정실, 법무부, 고용노동부, 환경부, 국토교통부, 산업통상자원부, 공정거래위원회 등 관계부처 합동으로 제정안이 마련되어 2021. 7. 12.부터 8. 23.까지 40일간의 입법예고를 거쳐 2021. 9. 28. 국무회의 심의·의결 후 2021. 10. 5. 공포되어 2022. 1. 27. 중대재해처벌법과 동시에 시행되고 있다.

참고로 중대재해처벌법 시행령 제정안에 대한 입법예고 후 중대산업재해와 관련하여 노사단체, 개인 등으로부터 약 300건의 의견이 제출되었다고 한다.[14]

입법예고가 이루어진 중대재해처벌법 시행령 제정안은, '적정한 예산/업무', '필요한 조치', '충분/충실하게/개선할 수 있는', '필요하다고 인정/판단되는 경우', '적절히', '종사자의 안전보건에 관계되는 법령' 등 사람에 따라 그 해석이 달라질 수 있을 정도로 불명확 표현들이 다수 사용되어 죄형법정주의의 명확성의 원칙에 위배될 가능성이 매우 높았고, 청문회 등을 통한 충분한 의견수렴 절차가 부족하였으며, 수범자인 기업 경영자들로 하여금 법 시행에 준비할 시간적 여유를 부여하지 못하는 등 여러 문제점들을 갖고 있었다.

중대재해처벌법 시행령 제정안에 대한 각계의 우려와 문제 제기 등을 다룬 언론기사와 기고문 등에 비추어 볼 때, 입법예고 후 제출되었다는 약 300건의 의견 중 대부분은 바로 위와 같은 문제점들을 공통적으로 지적하는 내용이었을 것으로 짐작된다.

그런 영향 때문이었는지 몰라도 2021. 8. 23. 입법예고 기간이 종료된 후 2021. 9. 28. 국무회의 심의·의결된 중대재해처벌법 시행령(안)은 입법예고

---

[14] 고용노동부, 2021. 9. 28.자 「중대재해처벌법 시행령, 국무회의 의결 - 중대산업재해 예방과 더불어 법 시행에 대비하여 철저한 준비 -」, 보도참고자료

당시의 중대재해처벌법 시행령 제정안과 비교할 때 적지 않은 부분들이 수정되면서 일부 불명확한 내용의 조항들이 더 구체화되거나 정리되는 등 일부나마 개선된 부분은 다행스러운 일이다.

그러나 2022. 1. 27.부터 시행되고 있는 중대재해처벌법 시행령 중 상당 부분은 여전히 지나치게 포괄적이거나 불명확한 개념들이 사용되고 있어 죄형법정주의의 명확성 원칙에 위배되고, 과도한 형벌 또는 헌법상 양심의 자유 침해 등의 위헌성을 지적할 수밖에 없는 실정이다. 이하에서 구체적으로 살펴보기로 한다.

2) 안전보건관리체계의 구축 및 그 이행에 관한 조치(제1호)

중대재해처벌법은 안전보건관리체계의 의미에 관하여 별도로 규정하지 않았고, 이는 중대재해처벌법 시행령도 마찬가지이다.

고용노동부는 중대재해처벌법 해설서를 통해 '안전보건관리체계의 구축 및 이행'이란 근로자를 비롯한 모든 일하는 사람의 안전과 건강을 보호하기 위해 기업 스스로 유해하거나 위험한 요인을 파악하여 제거·대체 및 통제 방안을 마련·이행하며, 이를 지속적으로 개선하는 일련의 활동을 의미한다고 밝히고 있다.[15]

또한 고용노동부는 위 해설서에서, 중대재해처벌법의 안전보건관리체계는 산업안전보건법 제2장 제1절의 안전보건관리체제와는 구별된다고 하였다. 산업안전보건법에서 규정한 '체제'는 사업장의 안전보건관리에 관여하는 조직의 구성과 역할을 규정할 때 사용하는 용어이고, 중대재해처벌법에서 규정한 '체계'는 조직 구성과 역할을 넘어서 사업장의 안전보건 전반의 운영 또는 경영을 정할 때 사용하는 용어이므로, 중대재해처벌법이 개인사업주 또는 경영책임자등에게 요구하는 바는 단순히 조직의 구성과 역할 분담을 정하라는 의미에 한정되는 것이 아니라 종사자의 안전과 보건이 유지되고 증진될 수 있도록 사업 전반을 운영하는 의미로 이해해야 한다고 하였다.[16]

---

15 고용노동부 2021. 11. 17. 발간 「중대재해처벌법 해설 – 중대산업재해 관련 –」, p. 41
16 고용노동부 2021. 11. 17. 발간 「중대재해처벌법 해설 – 중대산업재해 관련 –」, pp. 41~42

중대재해처벌법이 개인사업주와 경영책임자등에게 구축할 것을 요구하는 안전보건관리체계란 사업 또는 사업장에서 중대산업재해를 야기할 수 있는 유해하거나 위험한 요인을 사전에 확인·점검하고, 확인·점검된 유해하거나 위험한 요인을 차단하거나 통제하며, 이를 구체적으로 실현하기 위한 안전·보건 조치가 실효적으로 이행될 수 있도록 조직, 인력, 예산이 투입되고 그러한 이행실태가 지속적으로 점검·개선되도록 하는 관리 시스템을 의미한다고 볼 것이다.

다만 개별 사업 또는 사업장에서 가지고 있는 유해하거나 위험한 요인, 이를 차단하기 위한 인적·물적 자원의 규모, 구체적인 조치 방법 등은 각 사업 또는 사업장마다 동일할 수가 없으므로, 중대재해처벌법 및 그 시행령에서 세부적인 조치의무를 일률적으로 정하기는 어려울 것이다.

결국 개별 개인사업주 또는 경영책임자등은 중대재해처벌법 및 그 시행령에 규정된 안전보건관리체계의 구축 및 그 이행에 관한 조치 의무를 기반으로, 각자의 사업 또는 사업장의 특성과 규모 및 여건 등을 고려하여 세부적인 사항들을 자율적으로 구성하고 이행하여 나갈 수밖에 없다.

중대재해처벌법 제4조 제2항은, 제1항 제1호의 '재해예방에 필요한 인력 및 예산 등 안전보건관리체계의 구축 및 그 이행에 관한 조치'에 관한 구체적인 사항을 대통령령에 위임하였고, 이러한 위임에 따른 중대재해처벌법 시행령 제4조는 제1호부터 제9호까지 구체적인 사항을 규정하고 있다.

가) 사업 또는 사업장의 안전·보건 목표와 경영방침 설정

> **시행령 제4조 제1호**
> 사업 또는 사업장의 안전·보건에 관한 목표와 경영방침을 설정할 것

① 의미에 관한 해석

'안전·보건에 관한 목표와 경영방침'이란 사전적으로 그 의미를 해석해 보면, 사업의 주체인 개인사업주 또는 경영책임자등이 사업 또는 사업장의 안전·보건에 관하여 달성하고자 하는 목표(단기·중기·장기)와 이를 달성하기 위한 구체적 실행계획이라고 할 수 있다.

② 고용노동부 해설서의 내용 및 검토

예컨대 '국정지표'처럼 회사의 목표와 경영방침이라는 것이 장문의 책자가 아닌 경우가 많은데 그런 사업체의 경우 중대재해처벌법 시행령이 요구하는 수준으로 안전·보건에 관한 목표와 경영방침을 설정할 것인지가 문제된다.

고용노동부는 해설서를 통해, 개인사업주 또는 경영책임자등의 안전·보건에 관한 목표와 의지 그리고 철학을 넘어서 안전·보건에 관한 지속적인 개선노력 등이 종사자에게 효과적으로 전달될 수 있다고 평가될 때 비로소 안전·보건에 관한 목표와 이를 위한 경영방침 수립 등을 제대로 된 이행으로 평가받게 될 수 있고, 단기적으로 달성할 수 없는 목표는 중장기적 관점에서 시계열적 목표를 설정하고 그 구현을 위한 세부적인 로드맵을 담는 것이 바람직하다고 권고하면서 고려할 사항 5가지를 제시[17]하고 있는데 그 내용은 다음과 같다.

〈안전·보건에 관한 목표와 경영방침 수립 시 고려할 사항〉
ⓐ 사업 또는 사업장의 유해·위험요인 등 특성과 조직 규모에 적합할 것
ⓑ 달성 가능한 내용으로서 측정 가능하거나 성과평가가 가능할 것
ⓒ 안전·보건에 관한 목표와 경영방침 간에는 일관성이 있을 것
ⓓ 종사자 및 이해관계자 등이 공감할 수 있어야 하고, 종사자와의 협의를 통하여 수립하는 것이 바람직하며, 종사자가 인식하고 함께 노력할 것
ⓔ 목표를 수정할 필요가 생겼을 때는 필요에 따라 목표를 수정하여 추진하여야 합리적일 것

개인사업주나 경영책임자등은 각자의 사업 또는 사업장의 특성과 규모 등에 알맞게 안전·보건을 확보할 수 있도록 적정한 목표를 설정하고 경영방침을 선언하여야 할 것이다.

안전·보건에 관한 기본적인 목표 및 경영철학과 의사결정의 일반적인 지침을 담아야 할 것이다.[18]

---

17 고용노동부 2021. 11. 17. 발간 「중대재해처벌법 해설 - 중대산업재해 관련 -」, pp. 45~46
18 고용노동부 2021. 11. 17. 발간 「중대재해처벌법 해설 - 중대산업재해 관련 -」, p. 44

다만, 고용노동부는 위 해설서에서 안전·보건에 관한 목표와 경영방침을 다음과 같이 설명하고 있으므로 이를 참고할 필요가 있다.[19]

○ 경영책임자의 안전·보건에 관한 목표와 의지 그리고 철학을 넘어서서 안전·보건에 관한 지속적인 개선 노력 등이 종사자에게 효과적으로 전달될 수 있다고 평가될 때 비로소 안전·보건에 관한 목표와 이를 위한 경영방침 수립 등을 안전 및 보건 확보의무의 이행으로 평가할 수 있음

○ 추상적이고 일반적인 내용에 그쳐서는 안 되고 사업 내 개별 사업 또는 사업장의 특성, 유해·위험요인, 규모 등을 고려한 실현 가능한 구체적인 내용을 담고 있어야 함

○ 안전·보건에 관한 목표 중 단기적으로 달성될 수 없는 것이 있다면 중장기적 관점에서의 시계열적 목표를 설정하고 그 구현을 위한 세부적인 로드맵을 담는 것이 바람직함

○ 목표와 경영방침 수립 과정에서 종사자 등 구성원들과의 협의 등 의견수렴 절차를 거치는 것이 바람직함

○ 안전·보건에 관한 목표와 경영방침을 수립하는 것에 그치는 것이 아니라 사업 또는 사업장의 종사자 모두가 그 목표와 경영방침을 인식하고 실천할 수 있도록 사업장 내 게시하는 등의 방법으로 알려야 함

○ 특히 반복적인 재해 등에도 불구하고 이를 감소하기 위한 경영적 차원에서의 노력이나 구체적인 대책 방안 등을 반영한 목표나 경영방침을 수립하지 아니한 경우에는 안전 및 보건을 확보하기 위한 수단으로서의 목표나 경영방침 수립을 명백히 해태한 것으로 볼 수 있음

안전·보건에 관한 목표와 경영방침은 그 내용과 성격에 비추어 볼 때 개인사업주 또는 경영책임자등이 이행하여야 하고, 불이행 시 형사처벌을 감수하여야 할 구체적인 조치의무로는 부적절해 보이는 것이 사실이다. 설령 이 조치의무의 위반이 있었다 하더라도 중대산업재해 발생과의 인과관계 또는 예견가능성이나 회피가능성을 인정할 수 있는지 매우 의문이 아닐 수 없다.

---

[19] 고용노동부 2021. 11. 17. 발간 「중대재해처벌법 해설 - 중대산업재해 관련 -」, pp. 44~46

또한 개인사업주 또는 경영책임자등이 목표와 경영방침을 외부로 밝히지 아니하여 중대산업재해가 발생하면 가중처벌[20] 시 최장 징역 45년까지 처벌할 수 있다는 것인데, 중형을 부과할 때에는 가벌성도 비례해야 한다는 헌법정신에 반함은 물론 헌법상 양심의 자유를 침해할 염려가 있는 등 전례 없는 과잉 형벌법규라는 비판이 가능하다고 할 것이다.

입법론적으로 볼 때 본 호의 조치의무는 범죄구성요건에 관한 규정으로서가 아니라 선언적 의미의 규정으로서 입법적으로 해결함이 상당하다고 보인다.

③ 대표이사의 「안전·보건에 관한 계획 수립 의무」와의 관계

산업안전보건법은 상법상의 주식회사 대표이사에게 대통령령으로 정하는 바에 따라 매년 안전보건에 관한 계획을 수립하여 이사회의 승인을 받아야 하고, 성실하게 이행하여야 하며, 그 안전 및 보건에 관한 계획에는 안전 및 보건에 관한 비용, 시설, 인원 등의 사항을 포함하여야 한다고 규정(산업안전보건법 제14조[21])하고, 이를 위반하면 1,000만 원 이하의 과태료를 부과한다(산업안전보건법 제175조 제4항 제2호).

그런데 산업안전보건법법 제14조의 위임에 의해 반드시 포함시켜야 할 사항을 규정하고 있는 산업안전보건법 시행령 제13조 제2항의 내용을 보면 "1. 안전 및 보건에 관한 경영방침, 2. 안전·보건관리 조직의 구성·인원 및 역할, 3. 안전·보건 관련 예산 및 시설 현황, 4. 안전 및 보건에 관한 전년도 활동실적 및 다음 연도 활동계획"으로 구성되어 있다.

따라서 이미 산업안전보건법 제14조의 규정에 의한 조치를 했다면 중

---

20 중대재해처벌법 제6조 제3항에 의하면, 개인사업주 또는 경영책임자등이 안전 및 보건 확보의무를 위반하여 중대산업재해에 이르게 한 죄(제6조 제1항 및 제2항)로 형을 선고받고 그 형이 확정된 후 5년 이내에 다시 같은 죄를 저지르면 형의 2분의 1까지 가중한다.

21 산업안전보건법 제14조(이사회 보고 및 승인 등)는 상시 근로자 500명 이상을 사용하는 회사와 건설산업기본법 제23조에 따라 평가하여 공시된 시공능력(같은 법 시행령 별표 1의 종합공사를 시공하는 업종의 건설업종란 제3호에 따른 토목건축 공사업에 대한 평가 및 공시로 한정한다)의 순위 1천위 이내의 건설회사에 대하여 대통령령으로 정하는 바에 따라 매년 회사의 안전 및 보건에 관한 계획을 수립하여 이사회에 보고하고 승인을 받아야 한다'고 규정하고 있다.

대재해처벌법 제4조 제1호의 조치를 생략한다 하더라도 중대재해처벌법상의 안전 및 보건 확보의무를 위반하였다고 보기는 어려울 것이라고 생각된다.

오히려 내용에 별반 차이가 없는 작위의무가 중대재해처벌법 시행령과 산업안전보건법에 각각 나누어 규정되었는데, 한쪽에서는 과태료로 제재하는 반면, 다른 쪽에서는 의무 위반행위로 중대재해에 이르게 하였음을 이유로 하는 처벌이라지만 가중처벌 시 최장 45년까지의 징역형으로 처벌이 가능하게 함으로써 중대재해처벌법 시행령 제4조 제1호는 비례의 원칙에 반한다는 위헌 가능성을 갖고 있음을 지적하지 않을 수 없다. 입법적인 개선이 필요한 부분이라고 할 것이다.

나) 안전·보건에 관한 업무를 총괄·관리하는 전담조직 설치

> **시행령 제4조 제2호**
> 「산업안전보건법」 제17조부터 제19조까지 및 제22조에 따라 두어야 하는 인력이 총 3명 이상이고 다음 각 목의 어느 하나에 해당하는 사업 또는 사업장인 경우에는 안전·보건에 관한 업무를 총괄·관리하는 전담 조직을 둘 것. 이 경우 나목에 해당하지 않던 건설사업자가 나목에 해당하게 된 경우에는 공시한 연도의 다음 연도 1월 1일까지 해당 조직을 두어야 한다.
>   가. 상시 근로자 수가 500명 이상인 사업 또는 사업장
>   나. 「건설산업기본법」 제8조 및 같은 법 시행령 별표 1에 따른 토목건축공사업에 대해 같은 법 제23조에 따라 평가하여 공시된 시공능력의 순위가 상위 200위 이내인 건설사업자

개인사업주나 법인 또는 기관이 모든 사업장에 두어야 하는 안전관리자, 보건관리자, 안전보건관리담당자, 산업보건의가 총 3명 이상이고, 상시 근로자 수가 500명 이상인 사업 또는 사업장이거나 시공능력 순위가 200위 이내인 종합건설업체의 개인사업주나 경영책임자등은 사업 또는 사업장의 안전·보건에 관한 업무를 총괄·관리하는 전담 조직을 두어야 한다.

전담조직은 개인사업주 또는 경영책임자등의 안전 및 보건 확보의무 이행을 위한 집행 조직으로서 실질적으로 중대재해처벌법 제4조 및 제5조에

따른 의무를 총괄하여 관리할 수 있어야 할 것이다.[22]

사업 또는 사업장의 안전보건관리체계를 관리·감독하는 등 개인사업주 또는 경영책임자등을 실질적으로 보좌하고, 안전·보건에 관한 지휘소로서의 역할도 제대로 수행할 수 있도록 설치되어야 할 것이다.

여기서 안전·보건에 관한 업무를 총괄·관리한다는 의미는, 중대재해처 벌법 및 그 시행령과 기타 안전·보건 관계 법령에 따른 종사자의 안전·보건 상 유해·위험 방지 정책의 수립이나 안전·보건 전문인력의 배치, 안전·보건 관련 예산의 편성 및 집행관리 등 법령상 필요한 조치의 이행이 이루어지도 록 하는 등 사업 또는 사업장의 안전 및 보건 확보의무의 이행을 총괄·관리 하는 것을 말한다고 할 수 있다.[23]

'조직'을 두어야 하므로 '사업 또는 사업장의 안전 및 보건 확보의무 이 행의 총괄·관리'라는 목적을 달성하는 데 필요한 인력과 규모를 확보하여야 할 것이다. 조직의 인원, 자격 등 구성 방법은 사업 또는 사업장의 특성과 규 모 등을 고려하여 개인사업주 또는 경영책임자등이 세부적인 결정을 하면 될 것이다. 다만, 구성원을 단 1명으로 하는 경우에는 '조직'을 두었다고 보기 는 어려울 것이다.

'전담'하는 조직일 것을 요하므로, 안전·보건과 관계가 없는 다른 업무 (생산, 영업, 인사, 노무 등)를 병행하여 수행하도록 하여서는 아니 된다.

개인사업주나 법인 또는 기관이 개별 사업장에 두어야 하는 안전관리자, 보건관리자, 안전보건관리담당자, 산업보건의의 수를 개인 사업주나 법인 또 는 기관 단위에서 합산하여 총 3명 이상인 사업 또는 사업장에 전담조직을 두어야 한다.

안전관리자는 산업안전보건법 제17조[24] 및 그 시행령 별표 3[25]에 의하

---

22 고용노동부 2021. 11. 17. 발간 「중대재해처벌법 해설 - 중대산업재해 관련 -」, p. 47

23 고용노동부 2021. 11. 17. 발간 「중대재해처벌법 해설 - 중대산업재해 관련 -」, p. 48

24 산업안전보건법 제17조(안전관리자) ① 사업주는 사업장에 제15조 제1항 각 호의 사항 중 안전에 관한 기술적인 사항에 관하여 사업주 또는 안전보건관리책임자를 보좌하고 관리감독자에게 지도·조언하는 업무를 수행하는 사람(이하 "안전관리자"라 한다)을 두 어야 한다.

② 안전관리자를 두어야 하는 사업의 종류와 사업장의 상시 근로자 수, 안전관리자의 수·자격·업무·권한·선임방법, 그 밖에 필요한 사항은 대통령령으로 정한다.
③ 대통령령으로 정하는 사업의 종류 및 사업장의 상시 근로자 수에 해당하는 사업장의 사업주는 안전관리자에게 그 업무만을 전담하도록 하여야 한다. <신설 2021. 5. 18.>
④ 고용노동부장관은 산업재해 예방을 위하여 필요한 경우로서 고용노동부령으로 정하는 사유에 해당하는 경우에는 사업주에게 안전관리자를 제2항에 따라 대통령령으로 정하는 수 이상으로 늘리거나 교체할 것을 명할 수 있다. <개정 2021. 5. 18.>
⑤ 대통령령으로 정하는 사업의 종류 및 사업장의 상시 근로자 수에 해당하는 사업장의 사업주는 제21조에 따라 지정받은 안전관리 업무를 전문적으로 수행하는 기관(이하 "안전관리전문기관"이라 한다)에 안전관리자의 업무를 위탁할 수 있다.

안전관리자를 두어야 하는 사업의 종류, 사업장의 상시 근로자 수, 안전관리자의 수 및 선임방법(제16조제1항 관련)

사업의 종류	사업장의 상시 근로자 수	안전관리자의 수	안전관리자의 선임방법
1. 토사석 광업 2. 식료품 제조업, 음료 제조업 3. 목재 및 나무제품 제조; 가구제외 4. 펄프, 종이 및 종이제품 제조업 5. 코크스, 연탄 및 석유정제품 제조업	상시 근로자 50명 이상 500명 미만	1명 이상	별표 4 각 호의 어느 하나에 해당하는 사람(같은 표 제3호·제7호·제9호 및 제10호에 해당하는 사람은 제외한다)을 선임해야 한다.
6. 화학물질 및 화학제품 제조업; 의약품 제외 7. 의료용 물질 및 의약품 제조업 8. 고무 및 플라스틱제품 제조업 9. 비금속 광물제품 제조업 10. 1차 금속 제조업 11. 금속가공제품 제조업; 기계 및 가구 제외 12. 전자부품, 컴퓨터, 영상, 음향 및 통신장비 제조업 13. 의료, 정밀, 광학기기 및 시계 제조업 14. 전기장비 제조업 15. 기타 기계 및 장비제조업 16. 자동차 및 트레일러 제조업 17. 기타 운송장비 제조업 18. 가구 제조업 19. 기타 제품 제조업 20. 서적, 잡지 및 기타 인쇄물	상시 근로자 500명 이상	2명 이상	별표 4 각 호의 어느 하나에 해당하는 사람(같은 표 제7호·제9호 및 제10호에 해당하는 사람은 제외한다)을 선임하되, 같은 표 제1호·제2호(「국가기술자격법」에 따른 산업안전산업기사의 자격을 취득한 사람은 제외한다) 또는 제4호에 해당하는 사람이 1명 이상 포함되어야 한다.

출판업 21. 해체, 선별 및 원료 재생업 22. 자동차 종합 수리업, 자동차 전문 수리업 23. 발전업			
24. 농업, 임업 및 어업 25. 제2호부터 제19호까지의 사업을 제외한 제조업 26. 전기, 가스, 증기 및 공기조절 공급업(발전업은 제외한다) 27. 수도, 하수 및 폐기물 처리, 원료 재생업(제21호에 해당하는 사업은 제외한다) 28. 운수 및 창고업 29. 도매 및 소매업 30. 숙박 및 음식점업 31. 영상·오디오 기록물 제작 및 배급업	상시 근로자 50명 이상 1천 명 미만. 다만, 제34호의 부동산업(부동산 관리업은 제외한다)과 제37호의 사진처리업의 경우에는 상시 근로자 100명 이상 1천 명 미만으로 한다.	1명 이상	별표 4 각 호의 어느 하나에 해당하는 사람(같은 표 제3호·제9호 및 제10호에 해당하는 사람은 제외한다. 다만, 제24호·제26호·제27호 및 제29호부터 제43호까지의 사업의 경우 별표 4 제3호에 해당하는 사람에 대해서는 그렇지 않다)을 선임해야 한다.
32. 방송업 33. 우편 및 통신업 34. 부동산업 35. 임대업; 부동산 제외 36. 연구개발업 37. 사진처리업 38. 사업시설 관리 및 조경 서비스업 39. 청소년 수련시설 운영업 40. 보건업 41. 예술, 스포츠 및 여가관련 서비스업 42. 개인 및 소비용품수리업(제22호에 해당하는 사업은 제외한다) 43. 기타 개인 서비스업 44. 공공행정(청소, 시설관리, 조리 등 현업무에 종사하는 사람으로서 고용노동부장관이 정하여 고시하는 사람으로 한정한다)	상시 근로자 1천 명 이상	2명 이상	별표 4 각 호의 어느 하나에 해당하는 사람(같은 표 제7호에 해당하는 사람은 제외한다)을 선임하되, 같은 표 제1호·제2호·제4호 또는 제5호에 해당하는 사람이 1명 이상 포함되어야 한다.

45. 교육서비스업 중 초등·중등·고등 교육기관, 특수학교·외국인학교 및 대안학교(청소, 시설관리, 조리 등 현업업무에 종사하는 사람으로서 고용노동부장관이 정하여 고시하는 사람으로 한정한다)			
46. 건설업	공사금액 50억원 이상(관계수급인은 100억원 이상) 120억원 미만(「건설산업기본법 시행령」 별표 1의 종합공사를 시공하는 업종의 건설업종란 제1호에 따른 토목공사업의 경우에는 150억원 미만)	1명 이상	별표 4 제1호부터 제7호까지 또는 제10호에 해당하는 사람을 선임해야 한다.
	공사금액 120억원 이상(「건설산업기본법 시행령」 별표 1의 종합공사를 시공하는 업종의 건설업종란 제1호에 따른 토목공사업의 경우에는 150억원 이상) 800억원 미만		
	공사금액 800억원 이상 1,500억원 미만	2명 이상. 다만, 전체 공사기간을 100으로 할 때 공사 시작에서 15에 해당하는 기간과 공사	별표 4 제1호부터 제7호까지 또는 제10호에 해당하는 사람을 선임하되, 같은 표 제1호부터 제3호까지의 어느 하나에 해당하

4. 그 외 기타 의복액세서리 제조업(모피 액세서리에 한정한다) 5. 모피 및 가죽 제조업(원피가공 및 가죽 제조업은 제외한다) 6. 신발 및 신발부분품 제조업 7. 코크스, 연탄 및 석유정제품 제조업 8. 화학물질 및 화학제품 제조업; 의약품 제외 9. 의료용 물질 및 의약품 제조업 10. 고무 및 플라스틱제품 제조업 11. 비금속 광물제품 제조업 12. 1차 금속 제조업 13. 금속가공제품 제조업; 기계 및 가구 제외 14. 기타 기계 및 장비 제조업 15. 전자부품, 컴퓨터, 영상, 음향 및 통신장비 제조업 16. 전기장비 제조업 17. 자동차 및 트레일러 제조업 18. 기타 운송장비 제조업 19. 가구 제조업 20. 해체, 선별 및 원료 재생업 21. 자동차 종합 수리업, 자동차 전문 수리업 22. 제88조 각 호의 어느 하나에 해당하는 유해물질을 제조하는 사업과 그 유해물질을 사용하는 사업 중 고용노동부장관이 특히 보건관리를 할 필요가 있다고 인정하여 고시하는 사업	상시 근로자 500명 이상 2천 명 미만	2명 이상	별표 6 각 호의 어느 하나에 해당하는 사람을 선임해야 한다.
	상시 근로자 2천 명 이상	2명 이상	별표 6 각 호의 어느 하나에 해당하는 사람을 선임하되, 같은 표 제2호 또는 제3호에 해당하는 사람이 1명 이상 포함되어야 한다.
23. 제2호부터 제22호까지의 사업을 제외한 제조업	상시 근로자 50명 이상 1천 명 미만	1명 이상	별표 6 각 호의 어느 하나에 해당하는 사람을 선임해야 한다.
	상시 근로자 1천 명 이상 3천 명 미만	2명 이상	별표 6 각 호의 어느 하나에 해당하는 사람을 선임해야 한다.

	상시 근로자 3천 명 이상	2명 이상	별표 6 각 호의 어느 하나에 해당하는 사람을 선임하되, 같은 표 제2호 또는 제3호에 해당하는 사람이 1명 이상 포함되어야 한다.
24. 농업, 임업 및 어업 25. 전기, 가스, 증기 및 공기조절공급업 26. 수도, 하수 및 폐기물 처리, 원료 재생업(제20호에 해당하는 사업은 제외한다) 27. 운수 및 창고업 28. 도매 및 소매업 29. 숙박 및 음식점업 30. 서적, 잡지 및 기타 인쇄물 출판업 31. 방송업 32. 우편 및 통신업 33. 부동산업 34. 연구개발업 35. 사진 처리업 36. 사업시설 관리 및 조경 서비스업 37. 공공행정(청소, 시설관리, 조리 등 현업업무에 종사하는 사람으로서 고용노동부장관이 정하여 고시하는 사람으로 한정한다) 38. 교육서비스업 중 초등·중등·고등 교육기관, 특수학교·외국인학교 및 대안학교(청소, 시설관리, 조리 등 현업업무에 종사하는 사람으로서 고용노동부장관이 정하여 고시하는 사람으로 한정한다) 39. 청소년 수련시설 운영업 40. 보건업	상시 근로자 50명 이상 5천 명 미만. 다만, 제35호의 경우에는 상시 근로자 100명 이상 5천 명 미만으로 한다.	1명 이상	별표 6 각 호의 어느 하나에 해당하는 사람을 선임해야 한다.
	상시 근로자 5천 명 이상	2명 이상	별표 6 각 호의 어느 하나에 해당하는 사람을 선임하되, 같은 표 제2호 또는 제3호에 해당하는 사람이 1명 이상 포함되어야 한다.

안전보건관리담당자는 산업안전보건법 제19조[28] 및 그 시행령 제24조[29]에 의

41. 골프장 운영업 42. 개인 및 소비용품수리업(제 21호에 해당하는 사업은 제 외한다) 43. 세탁업			
44. 건설업	공사금액 800억 원 이상(「건설산 업기본법 시행령」 별표 1의 종합공 사를 시공하는 업 종의 건설업종란 제1호에 따른 토 목공사업에 속하 는 공사의 경우에 는 1천억 이상) 또는 상시 근로 자 600명 이상	1명 이상[공사 금액 800억원 (「건설산업기 본법 시행령」 별표 1의 종합 공사를 시공하 는 업종의 건 설업종란 제1 호에 따른 토 목공사업은 1 천억원)을 기 준으로 1,400 억원이 증가 할 때마다 또 는 상시 근로 자 600명을 기 준으로 600명 이 추가될 때 마다 1명씩 추 가한다]	별표 6 각 호의 어느 하나에 해 당하는 사람을 선임해야 한다.

[28] 산업안전보건법 제19조(안전보건관리담당자) ① 사업주는 사업장에 안전 및 보건에 관하여 사업주를 보좌하고 관리감독자에게 지도·조언하는 업무를 수행하는 사람(이하 "안전보건관리담당자"라 한다)을 두어야 한다. 다만, 안전관리자 또는 보건관리자가 있거나 이를 두어야 하는 경우에는 그러하지 아니하다.

② 안전보건관리담당자를 두어야 하는 사업의 종류와 사업장의 상시 근로자 수, 안전보건관리담당자의 수·자격·업무·권한·선임방법, 그 밖에 필요한 사항은 대통령령으로 정한다.

③ 고용노동부장관은 산업재해 예방을 위하여 필요한 경우로서 고용노동부령으로 정하는 사유에 해당하는 경우에는 사업주에게 안전보건관리담당자를 제2항에 따라 대통령령으로 정하는 수 이상으로 늘리거나 교체할 것을 명할 수 있다.

④ 대통령령으로 정하는 사업의 종류 및 사업장의 상시 근로자 수에 해당하는 사업장의 사업주는 안전관리전문기관 또는 보건관리전문기관에 안전보건관리담당자의 업무를 위탁할 수 있다.

[29] 산업안전보건법 시행령 제24조(안전보건관리담당자의 선임 등) ① 다음 각 호의 어느 하나에 해당하는 사업의 사업주는 법 제19조 제1항에 따라 상시 근로자 20명 이상 50명 미

하고, 산업보건의는 산업안전보건법 제22조[30] 및 그 시행령 제29조[31]에 의한다.

금융 및 보험업, 사회복지 서비스업 등과 같이 산업안전보건법의 안전관리자 등 전문인력의 배치 의무가 없는 사업 또는 사업장인 경우에는 안전·보건에 관한 업무를 총괄·관리하는 전담 조직을 두지 않을 수 있다.[32]

만인 사업장에 안전보건관리담당자를 1명 이상 선임해야 한다.
1. 제조업
2. 임업
3. 하수, 폐수 및 분뇨 처리업
4. 폐기물 수집, 운반, 처리 및 원료 재생업
5. 환경 정화 및 복원업
② 안전보건관리담당자는 해당 사업장 소속 근로자로서 다음 각 호의 어느 하나에 해당하는 요건을 갖추어야 한다.
1. 제17조에 따른 안전관리자의 자격을 갖추었을 것
2. 제21조에 따른 보건관리자의 자격을 갖추었을 것
3. 고용노동부장관이 정하여 고시하는 안전보건교육을 이수했을 것
③ 안전보건관리담당자는 제25조 각 호에 따른 업무에 지장이 없는 범위에서 다른 업무를 겸할 수 있다.
④ 사업주는 제1항에 따라 안전보건관리담당자를 선임한 경우에는 그 선임 사실 및 제25조 각 호에 따른 업무를 수행했음을 증명할 수 있는 서류를 갖추어 두어야 한다.

30 산업안전보건법 제22조(산업보건의) ① 사업주는 근로자의 건강관리나 그 밖에 보건관리자의 업무를 지도하기 위하여 사업장에 산업보건의를 두어야 한다. 다만,「의료법」제2조에 따른 의사를 보건관리자로 둔 경우에는 그러하지 아니하다.
② 제1항에 따른 산업보건의(이하 "산업보건의"라 한다)를 두어야 하는 사업의 종류와 사업장의 상시 근로자 수 및 산업보건의의 자격·직무·권한·선임방법, 그 밖에 필요한 사항은 대통령령으로 정한다.

31 산업안전보건법 시행령 제29조(산업보건의의 선임 등) ① 법 제22조 제1항에 따라 산업보건의를 두어야 하는 사업의 종류와 사업장은 제20조 및 별표 5에 따라 보건관리자를 두어야 하는 사업으로서 상시 근로자 수가 50명 이상인 사업장으로 한다. 다만, 다음 각 호의 어느 하나에 해당하는 경우는 그렇지 않다. <개정 2021. 11. 19.>
1. 의사를 보건관리자로 선임한 경우
2. 법 제18조 제5항에 따라 보건관리전문기관에 보건관리자의 업무를 위탁한 경우
② 산업보건의는 외부에서 위촉할 수 있다.
③ 사업주는 제1항 또는 제2항에 따라 산업보건의를 선임하거나 위촉했을 때에는 고용노동부령으로 정하는 바에 따라 선임하거나 위촉한 날부터 14일 이내에 고용노동부장관에게 그 사실을 증명할 수 있는 서류를 제출해야 한다.
④ 제2항에 따라 위촉된 산업보건의가 담당할 사업장 수 및 근로자 수, 그 밖에 필요한 사항은 고용노동부장관이 정한다.

32 고용노동부 2021. 11. 17. 발간 「중대재해처벌법 해설 - 중대산업재해 관련 -」, p. 50

도급인이 관계수급인 근로자의 전담 안전관리자를 선임한 경우 수급인이 해당 사업장에 대해 안전관리자를 별도로 둘 필요는 없으나, 수급인의 안전관리자 배치 의무 자체가 없어지는 것은 아니므로 수급인도 요건을 충족하는 경우 전담 조직을 두어야 한다.[33]

특히 산업안전보건법에 따라 배치해야 하는 안전관리자 등 전문인력의 수와 실제 배치한 전문인력의 수가 다른 경우에도, 중대재해처벌법 시행령 제4조 제2호는 제4조 제6호와 다르게 "다른 법령에 달리 정한 경우 이에 따른다"라고 규정하지 않았으므로 모든 사업장에 두어야 하는 안전관리자 등의 수의 합이 3명 이상인 경우에는 전담 조직을 두어야 한다.

따라서 기업활동 규제완화에 관한 특별조치법에 따라 '배치한 것으로 간주되는 산업안전보건법에 따른 안전관리자 등 전문인력'도 개인사업주나 법인 또는 기관이 모두 사업장에 두어야 하는 전문인력의 수를 산정할 때 포함하여야 한다.[34]

상시 근로자 수가 500명 이상인 사업 또는 사업장이나 건설산업기본법 제8조[35] 및 그 시행령 별표 1[36]에 따른 토목건축 공사업에 대해 같은 법 제23

---

[33] 고용노동부 2021. 11. 17. 발간 「중대재해처벌법 해설 – 중대산업재해 관련 ㄱ」, p. 50

[34] 고용노동부 2021. 11. 17. 발간 「중대재해처벌법 해설 – 중대산업재해 관련 ㄱ」, p. 51

[35] 건설산업기본법 제8조(건설업의 종류)
  ① 건설업의 종류는 종합공사를 시공하는 업종과 전문공사를 시공하는 업종으로 한다.
  ② 건설업의 구체적인 종류 및 업무범위 등에 관한 사항은 대통령령으로 정한다.

[36] 건설산업기본법 시행령 [별표 1]

 건설업의 업종, 업종별 업무분야 및 업무내용(제7조 관련)

 1. 종합공사를 시공하는 업종 및 업무내용

건설업종	업무내용	건설공사의 예시
가. 토목공사업	종합적인 계획·관리 및 조정에 따라 토목공작물을 설치하거나 토지를 조성·개량하는 공사	도로·항만·교량·철도·지하철·공항·관개수로·발전(전기공사는 제외한다)·댐·하천 등의 건설, 택지조성 등 부지조성공사, 간척·매립공사 등

나. 건축공사업	종합적인 계획·관리 및 조정에 따라 토지에 정착하는 공작물 중 지붕과 기둥(또는 벽)이 있는 것과 이에 부수되는 시설물을 건설하는 공사	
다. 토목건축공사업	토목공사업과 건축공사업의 업무내용에 해당하는 공사	
라. 산업·환경설비공사업	종합적인 계획·관리 및 조정에 따라 산업의 생산시설, 환경오염을 예방·제거·감축하거나 환경오염물질을 처리·재활용하기 위한 시설, 에너지 등의 생산·저장·공급시설 등을 건설하는 공사	제철·석유화학공장 등 산업생산시설공사, 환경시설공사(소각장, 수처리설비, 환경오염방지시설, 하수처리시설, 공공폐수처리시설, 중수도, 하·폐수처리수 재이용시설 등의 공사를 말한다), 발전소설비공사 등
마. 조경공사업	종합적인 계획·관리·조정에 따라 수목원·공원·녹지·숲의 조성 등 경관 및 환경을 조성·개량하는 공사	수목원·공원·숲·생태공원·정원 등의 조성공사

2. 전문공사를 시공하는 업종, 업무분야 및 업무내용

건설업종	업무분야	업무내용	건설공사의 예시
가. 지반조성·포장공사업	1) 토공사	땅을 굴착하거나 토사 등으로 지반을 조성하는 공사	굴착·성토(흙쌓기)·절토(흙깎기)·흙막이공사·철도도상자갈공사, 폐기물매립지에서의 굴착·선별·성토공사 등
	2) 포장공사	역청재 또는 시멘트콘크리트·투수콘크리트 등으로 도로·활주로·광장·단지·화물야적장 등을 포장하는 공사(포장공사에 수반되는 보조기층 및 선택층 공사를 포함한다)와 그 유지·수선공사	아스팔트콘크리트포장공사, 시멘트콘크리트포장공사, 유색·투수콘크리트포장공사, 소파(小破)보수 및 덧씌우기포장공사, 과속방지턱설치공사 등
	3) 보링·그라우팅·파일공사	가) 보링·그라우팅공사: 지반 또는 구조물 등에 천공을 하거나 압력을 가하여 보강재를 설치하거나 회반죽 등	보링[boring: 시추(試錐)하는 것을 말한다]공사, 그라우팅[grouting: 균열이나 공동(空洞) 등의 틈새에 그라우트

		을 주입 또는 혼합처리하는 공사	(주입액)를 주입하거나 충전(充塡)하는 것을 말한다]공사, 착정공사, 지열공착정공사 등
		나) 파일공사: 항타(杭打)에 의하여 파일을 박거나 샌드파일 등을 설치하는 공사	샌드파일공사, 말뚝공사 등
나. 실내건축공사업	실내건축공사	가) 실내건축공사: 건축물의 내부를 용도와 기능에 맞게 건설하는 실내건축공사 및 실내공간의 마감을 위하여 구조체·집기 등을 제작 또는 설치하는 공사	실내건축공사(도장공사 또는 석공사만으로 시공되는 공사는 제외한다), 실내공간의 구조체 제작 및 마감공사, 그 밖에 집기 등을 제작 또는 설치하는 공사 등
		나) 목재창호·목재구조물공사: 목재로 된 창을 건축물 등에 설치하는 공사 및 목재구조물·공작물 등을 축조 또는 장치하는 공사	목재창호공사, 목재 등을 사용한 칸막이공사, 목재구조물·공작물 등을 축조 또는 장치하는 공사 등
다. 금속창호·지붕건축물조립공사업	1) 금속구조물·창호·온실공사	가) 창호공사: 각종 금속재·합성수지·유리 등으로 된 창 또는 문을 건축물 등에 설치하는 공사	창호공사, 발코니창호공사, 외벽유리공사, 커튼월창호공사, 배연창·방화문설치공사, 자동문·회전문설치공사, 승강장스크린도어설치공사, 유리공사 등
		나) 금속구조물공사	
		(1) 금속류 구조체를 사용하여 건축물의 천장·벽체·칸막이 등을 설치하는 공사	천장·건식벽체·강재벽체·경량칸막이 등의 공사
		(2) 금속류 구조체를 사용하여 도로, 교량, 터널 및 그 밖의 장소에 안전·경계·방호·방음시설물 등을 설치하는 공사	가드레일·가드케이블·표지판·방호울타리·펜스·낙석방지망·낙석방지책·방음벽·방음터널·교량안전점검시설·버스승강대·도로교통안전시설물 등의 공사
		(3) 각종 금속류로 구조물 및 공작물을 축조하거나 설	굴뚝·탱크·수문설치·셔터설치·옥외광고탑·격납고문·

		치하는 공사	사다리·철재프레임·난간·계단 등의 공사
		다) 온실설치공사: 농업·임업·원예용 등 온실의 설치공사	농업·임업·원예용 등 온실설치공사와 부대설비공사
	2) 지붕판금·건축물조립공사	가) 지붕·판금공사: 기와·슬레이트·금속판·아스팔트싱글(asphalt shingle) 등으로 지붕을 설치하는 공사, 건축물 등에 판금을 설치하는 공사	지붕공사, 지붕단열공사, 지붕장식공사, 판금공사, 폴리염화비닐(PVC)가공 부착공사, 빗물받이 및 홈통공사 등
		나) 건축물조립공사: 공장에서 제조된 판넬과 부품 등으로 건축물의 내벽·외벽·바닥 등을 조립하는 공사	샌드위치판넬·ALC판넬·PC판넬·세라믹판넬·알루미늄복합판넬·사이딩판넬·클린복합판넬·시멘트보드판넬·악세스바닥판넬 등의 공사
라. 도장·습식·방수·석공사업	1) 도장공사	시설물에 칠바탕을 다듬고 도료 등을 솔·롤러·기계 등을 사용하여 칠하는 공사	일반도장공사, 도장뿜칠공사, 차선도색공사, 분사표면처리공사, 전천후경기장바탕도장공사, 부식방지공사 등
	2) 습식·방수공사	가) 미장공사: 구조물 등에 모르타르·플러스터·회반죽·흙 등을 바르거나 내·외벽 및 바닥 등에 성형단열재·경량단열재 등을 접착하거나 뿜칠하여 마감하는 공사	일반미장공사, 미장모르타르공사, 합성수지모르타르공사, 미장뿜칠공사, 다듬기공사, 줄눈공사, 단열재 접착 및 뿜칠공사, 견출 및 코킹(caulking)공사, 내화충전공사 등
		나) 타일공사: 구조물 등에 점토·고령토·합성수지 등을 주된 원료로 제조된 타일을 붙이는 공사	내·외장 타일 붙임공사, 모자이크, 테라코타타일공사 및 합성수지계타일공사 등
		다) 방수공사: 아스팔트·실링재·에폭시·시멘트모르타르·합성수지 등을 사용하여 토목·건축구조물, 산업설비 및 폐기물매립시설 등에 방	방수공사, 에폭시공사, 방습공사, 도막(도료 도포막)공사, 누수방지공사 등

		수·방습·누수방지 등을 하는 공사	
		라) 조적공사: 구조물의 벽체나 기초 등을 시멘트블록·벽돌 등의 재료를 각각 모르타르 등의 교착제로 부착시키거나 장치하여 쌓거나 축조하는 공사	블록쌓기공사, 벽돌쌓기공사, 벽돌붙임공사 등
	3) 석공사	석재를 사용하여 시설물 등을 시공하는 공사	건물외벽 등 석재공사, 바닥·벽체 등의 돌붙임공사, 인도·광장 등 돌포장공사, 석축 등 돌쌓기공사 등
마. 조경식재·시설물공사업	1) 조경식재공사	조경수목·잔디 및 초화류 등을 식재하거나 유지·관리하는 공사	조경수목·잔디·지피식물·초화류 등의 식재공사 및 이를 위한 토양개량공사, 종자뿜어붙이기공사 등 특수식재공사 및 유지·관리공사, 조경식물의 수세(樹勢) 회복공사 및 유지·관리공사 등
	2) 조경시설물설치공사	조경을 위하여 조경석·인조목·인조암 등을 설치하거나 야외의자·퍼걸러(pergola) 등의 조경시설물을 설치하는 공사	조경석·인조목·인조암 등의 설치공사, 야외의자·퍼걸러·놀이기구·운동기구·분수대·벽천(壁泉) 등의 설치공사, 인조잔디공사 등
바. 철근·콘크리트공사업	철근·콘크리트공사	철근·콘크리트로 토목·건축구조물 및 공작물 등을 축조하는 공사	철근가공 및 조립공사, 콘크리트공사, 거푸집 및 동바리공사, 각종 특수콘크리트공사, 프리스트레스트콘크리트(PSC)구조물공사, 포장장비로 시공하지 않는 2차로 미만의 농로·기계화 경작로·마을안길 등을 시멘트콘크리트로 포장하는 공사 등
사. 구조물해체·비계공사업	구조물해체·비계공사	가) 구조물해체공사: 구조물 등을 해체하는 공사	건축물 및 구조물 등의 해체공사 등
		나) 비계공사: 건축물 등을	일반비계공사, 발판가설공

		건축하기 위하여 비계를 설치하거나 높은 장소에서 중량물을 거치하는 공사	사, 빔운반거상공사, 특수중량물설치공사, 그 밖에 높은 장소에서 시행하는 공사 등
아. 상·하수도설비공사업	상하수도설비공사	가) 상수도설비공사: 상수도, 농·공업용수도 등을 위한 기기를 설치하거나 상수도관, 농·공업용수도관 등을 부설하는 공사	취수·정수·송배수를 위한 기기설치공사, 상수도, 농·공업용수도 등의 용수관 설치공사(옥내급배수설비공사는 제외한다), 관세척 및 갱생공사, 각종 변류이형관설치공사, 옥외스프링클러설치공사 등
		나) 하수도설비공사: 하수 등을 처리하기 위한 기기를 설치하거나 하수관을 부설하는 공사	하수 등의 처리를 위한 기기설치공사, 하수·우수관 부설(옥내급배수설비공사는 제외한다) 및 세척·갱생공사 등
자. 철도·궤도공사업	철도·궤도공사	철도·궤도를 설치하는 공사	궤광(軌框)공사, 레일공사, 레일용접공사, 분기부공사, 받침목공사, 도상공사, 궤도임시받침공사, 선로차단공사, 아이빔(I-beam) 및 거더(girder)설치공사, 건널목보판공사 등
차. 철강구조물공사업	철강구조물공사	가) 교량 및 이와 유사한 시설물을 건설하기 위하여 철구조물을 제작·조립·설치하는 공사	교량 등의 철구조물의 제작·조립·설치공사
		나) 건축물을 건축하기 위하여 철구조물을 조립·설치하는 공사	건축물의 철구조물조립·설치공사
		다) 대형 댐의 수문 및 이와 유사한 시설을 건설하기 위하여 철구조물을 조립·설치하는 공사	대형 댐 수문설치공사 등
		라) 그 밖의 각종 철구조물공사	인도전용강재육교설치공사, 철탑공사, 갑문 및 댐의 수

			문설치공사 등
카. 수중·준설공사업	1) 수중공사	수중에서 인원·장비 등으로 수중·해저의 시설물을 설치하거나 지장물을 해체하는 공사	수중암석파쇄공사·수중구조물의 설치 및 해체공사·계선부표 및 수중작업이 요구되는 항로표지설치공사, 수중구조물방식공사, 해저케이블공사, 투석공사 등
	2) 준설공사	하천·항만 등의 물밑을 준설선 등의 장비를 활용하여 준설하는 공사	항만·항로·운하 및 하천의 준설공사 등
타. 승강기·삭도공사업	1) 승강기설치공사	건축물 및 공작물에 부착되어 사람이나 화물을 운반하는데 사용되는 승강설비를 설치·해체·교체 및 성능개선공사	승객·화물·건설공사용 엘리베이터 및 에스컬레이터 설치공사, 무빙워크설치공사, 기계식주차설비공사 등
	2) 삭도설치공사	삭도를 신설·개설·유지보수 또는 제거하는 공사	케이블카·리프트의 설치공사 등
파. 기계가스설비공사업	1) 기계설비공사	건축물·플랜트 그 밖의 공작물에 급배수·위생·냉난방·공기조화·기계기구·배관설비 등을 조립·설치하는 공사	건축물 등 시설물에 설치하는 급배수·환기·공기조화·냉난방·급탕·주방·위생·방음·방진·전자파차단설비공사, 플랜트 안의 배관·기계기구설치공사, 기계설비를 자동제어하기 위한 제어기기·지능형제어시스템·자동원격검침설비 등의 자동제어공사, 시스템에어컨(GHP·EHP)공사, 지열냉·난방 기기설치 및 배관공사, 보온·보냉 등 열절연공사, 옥내급배수관개량·세척공사, 무대기계장치공사, 자동창고설비공사, 냉동냉장설비공사, 집진기공사, 철도기계신호공사, 건널목차단기공사 등
	2) 가스시설공사(제1종)	가) 가스시설시설공사(제2종)의 업무내용에 해당하는	

		공사 나) 도시가스공급시설의 설치·변경공사 다) 액화석유가스의 충전시설·집단공급시설·저장소시설의 설치·변경공사 라) 도시가스시설 중 특정가스사용시설의 설치·변경공사 마) 저장능력 500kg 이상의 액화석유가스사용시설의 설치·변경공사 바) 고압가스배관의 설치·변경공사	
하. 가스난방공사업	1) 가스시설공사(제2종)	가) 가스시설공사(제3종)의 업무내용에 해당하는 공사 나) 도시가스시설 중 특정가스사용시설 외의 가스사용시설의 설치·변경공사 다) 도시가스의 공급관과 내관이 분리되는 부분 이후의 보수공사 라) 배관에 고정설치되는 가스용품의 설치공사 및 그 부대공사 마) 저장능력 500kg 미만의 액화석유가스사용시설의 설치·변경공사 바) 액화석유가스판매시설의 설치·변경공사	
	2) 가스시설공사(제3종)	공사예정금액이 1천만원 미만인 다음의 공사 가) 도시가스시설 중 특정가스사용시설 외의 온수보일러·온수기 및 그 부대시설의 설치·변경공사 나) 도시가스시설 중 특정가	

		스사용시설로서 5만kcal/h 이하의 온수보일러·온수기 및 그 부대시설의 설치·변경공사 다) 액화석유가스사용시설 중 온수보일러·온수기 및 그 부대시설의 설치·변경공사	
	3) 난방공사 (제1종)	가)「에너지이용 합리화법」제37조에 따른 특정열사용기자재 중 강철재보일러·주철재보일러·온수보일러·구멍탄용 온수보일러·축열식 전기보일러·가정용 화목보일러·태양열집열기·1종압력용기·2종압력용기의 설치와 이에 부대되는 배관·세관공사 나) 공사예정금액 2천만원 이하의 온돌설치공사	
	4) 난방공사 (제2종)	가)「에너지이용 합리화법」제37조에 따른 특정열사용기자재 중 태양열집열기·용량 5만kcal/h 이하의 온수보일러·구멍탄용 온수보일러·가정용 화목보일러의 설치 및 이에 부대되는 배관·세관공사 나) 공사예정금액 2천만원 이하의 온돌설치공사	
	5) 난방공사 (제3종)	특정열사용기자재 중 요업요로·금속요로의 설치공사	
거. 시설물 유지관리업		시설물의 완공 이후 그 기능을 보전하고 이용자의 편의와 안전을 높이기 위하여 시설물에 대하여 일상적으로 점검·정비하고 개량·보수·보강하는 공사로서 다음의 공사를 제외한 공사 가) 건축물의 경우 증축·개	

조³⁷에 따라 평가하여 공시된 시공능력의 순위가 상위 200위 이내인 건설사

| | | 축·재축 및 대수선 공사
나) 건축물을 제외한 그 밖의 시설물의 경우 증설·확장공사 및 주요구조부를 해체한 후 보수·보강 및 변경하는 공사
다) 전문건설업종 중 1개 업종의 업무내용만으로 행하여지는 건축물의 개량·보수·보강공사 | |

비고
1. 위 표의 업무내용에는 건설공사용 재료의 채취 또는 그 공급업무, 기계 또는 기구의 공급업무와 단순한 노무공급업무 등은 포함되지 않는다. 다만, 건설공사의 시공 계약과 건설공사용 재료의 납품 계약을 같은 건설사업자가 체결하는 경우 해당 건설공사용 재료의 납품 업무는 해당 업종의 업무내용에 포함되는 것으로 본다.
2. 위 표에 명시되지 않은 건설공사에 관한 건설업종 및 업종별 업무분야의 구분은 해당 공사의 시공에 필요한 기술·재료·시설·장비 등의 유사성에 따라 구분한다.
3. 전문공사를 시공할 수 있는 자격을 보유한 자는 완성된 시설물 중 해당 업종의 업무내용에 해당하는 건설공사에 대하여 복구·개량·보수·보강하는 공사를 수행할 수 있다.
4. 전문공사를 시공하는 업종을 등록한 자는 해당 업종의 모든 업무분야의 공사를 수행할 수 있다. 다만, 수중·준설공사업, 승강기·삭도공사업, 가스난방공사업을 등록한 자 및 기계가스설비공사업 중 기계설비공사를 주력분야로 등록한 자는 주력분야의 공사만 수행할 수 있으며, 주력분야가 아닌 다른 업무분야의 공사는 수행할 수 없다.
5. 제4호 단서에도 불구하고 기계가스설비공사업 중 기계설비공사를 주력분야로 등록한 자는 기계설비공사와 가스시설공사(제1종)가 복합된 공사로서 기계설비공사가 주된 공사인 경우에는 해당 공사의 가스시설공사(제1종)를 함께 수행할 수 있다.
6. 제4호에도 불구하고 기계가스설비공사업 중 기계설비공사를 주력분야로 등록한 자는 기계설비공사와 다음 각 목의 공사가 복합된 공사의 경우에는 해당 공사를 수행할 수 있다.
  가. 난방공사(제1종)
  나. 난방공사(제2종)
  다. 플랜트 또는 냉동냉장설비 안에서의 고압가스배관의 설치·변경공사
7. 제4호에도 불구하고 가스난방공사업 중 난방공사(제1종)를 주력분야로 등록한 자는 연면적 350제곱미터 미만인 단독주택의 난방공사(제1종)를 하는 경우에는 해당 주택의 기계설비공사를 함께 수행할 수 있다.
8. 제4호에도 불구하고 가스난방공사업 중 난방공사(제2종)를 주력분야로 등록한 자는 연면적 250제곱미터 미만인 단독주택의 난방공사(제2종)를 하는 경우에는 해당 주택의 기계설비공사를 함께 수행할 수 있다.

37 건설산업기본법 제23조(시공능력의 평가 및 공시) ① 국토교통부장관은 발주자가 적정한 건설사업자를 선정할 수 있도록 하기 위하여 건설사업자의 신청이 있는 경우 그

업자일 것을 요한다.

다) 사업 또는 사업장의 유해·위험요인 확인·개선 점검

> **시행령 제4조 제3호**
>
> 사업 또는 사업장의 특성에 따른 유해·위험요인을 확인하여 개선하는 업무절차를 마련하고, 해당 업무절차에 따라 유해·위험요인의 확인 및 개선이 이루어지는지를 반기 1회 이상 점검한 후 필요한 조치를 할 것. 다만, 「산업안전보건법」 제36조에 따른 위험성평가를 하는 절차를 마련하고, 그 절차에 따라 위험성평가를 직접 실시하거나 실시하도록 하여 실시 결과를 보고받은 경우에는 해당 업무절차에 따라 유해·위험요인의 확인 및 개선에 대한 점검을 한 것으로 본다.

중대재해처벌법 시행령 제4조 제3호는, 개인사업주 또는 경영책임자등으로 하여금 사업체 자체적으로 유해하거나 위험한 요인을 찾아내어 그 위험성을 평가하고, 유해·위험요인을 차단, 제거하도록 하기 위하여 조치의무를 부과하였다.

유해·위험요인의 점검에 그칠 것이 아니라 적극적으로 작업방식을 변경하거나 유해·위험물질을 대체하는 등 유해·위험요인을 제거하고 통제하되, 제거나 통제가 되지 않을 때에는 작업중지를 하거나 개인에게 적절한 보호

건설사업자의 건설공사 실적, 자본금, 건설공사의 안전·환경 및 품질관리 수준 등에 따라 시공능력을 평가하여 공시하여야 한다. <개정 2011. 5. 24., 2013. 3. 23., 2019. 4. 30.>

② 삭제 <1999. 4. 15.>

③ 제1항에 따른 시공능력의 평가 및 공시를 받으려는 건설사업자는 국토교통부령으로 정하는 바에 따라 전년도 건설공사 실적, 기술자 보유현황, 재무상태, 그 밖에 국토교통부령으로 정하는 사항을 국토교통부장관에게 제출하여야 한다. <개정 2011. 5. 24., 2013. 3. 23., 2019. 4. 30.>

④ 국토교통부장관은 제1항에 따른 시공능력 평가를 위하여 필요한 경우 그 시공능력 평가를 신청한 건설사업자, 건설공사의 발주자, 그 밖의 관계 기관·단체의 장에게 공사실적, 기술자 보유현황 등의 자료 제출을 요청할 수 있다. 이 경우 자료 제출을 요청받은 관계 기관·단체의 장 등은 특별한 사유가 없으면 이에 따라야 한다. <신설 2020. 4. 7.>

⑤ 제1항, 제3항 및 제4항에 따른 시공능력의 평가방법, 제출 자료의 구체적인 사항, 공시 절차 및 자료 제출 요청, 그 밖에 필요한 사항은 국토교통부령으로 정한다. <개정 2011. 5. 24., 2013. 3. 23., 2020. 4. 7.>

장구를 지급하는 등 조치를 하는 것을 모두 포함하는 것이다.[38]

① 유해·위험요인의 확인·개선 업무절차 마련

유해·위험요인을 확인·개선하는 업무절차란, 사업 또는 사업장의 특성에 따른 업무로 인한 유해·위험요인의 확인 및 개선 대책의 수립·이행까지 이르는 일련의 절차를 의미하고, 개인사업주 또는 경영책임자등은 업무처리 절차가 체계적으로 마련되도록 함은 물론 각 사업장에서 그 절차가 실효성 있게 작동하고 있는지 여부를 주기적으로 점검하고 확인하도록 하는 내부 규정을 마련하는 등 일정한 체계를 구축하여야 한다.

유해·위험 확인 절차에는 자유로운 발굴·신고 창구, 현장 작업 종사자의 의견 청취 절차, 소속근로자 외에도 상시 노무 제공 종사자나 유지보수 작업자 등이 제기한 유해·위험요인을 확인하는 절차가 마련됨이 바람직하다. 유해·위험요인을 개선하는 절차는 체계적인 분류와 유해·위험요인별 제거·대체·통제 방안이 마련되어야 하고, 현장 작업자와 관리감독자 및 안전보건담당자 등이 개선방안 마련에 참여함이 바람직하며, 유해·위험요인이 제거, 대체, 통제 등 개선될 때까지 원칙적으로 작업을 중지하고 조치가 완료된 후 작업을 개시하도록 하는 내용이 포함되어야 할 것이다.[39]

중대재해처벌법 시행령 제4조 제3호 단서는 산업안전보건법 제36조에 따른 위험성평가를 하는 절차를 마련하고 그 절차에 따라 위험성평가를 직접 실시하거나 실시하도록 하여 실시 결과를 보고받은 경우에는 해당 업무 절차에 따라 유해·위험요인의 확인 및 개선에 대한 점검을 한 것으로 본다고 규정하였으므로, 개인사업주 또는 경영책임자등은 사업 또는 사업장의 유해·위험요인을 확인하여 개선하는 업무절차를 산업안전보건법 제36조에 따른 위험성평가를 하는 절차로 마련할 수 있다.

② 업무절차에 따른 유해·위험요인 확인·개선에 대한 점검

사업장마다 반기 1회 이상 마련된 해당 업무절차에 따라 유해·위험요인

---

[38] 고용노동부 2021. 11. 17. 발간 「중대재해처벌법 해설 - 중대산업재해 관련 -」, p. 54

[39] 고용노동부 2021. 11. 17. 발간 「중대재해처벌법 해설 - 중대산업재해 관련 -」, pp. 55~56

의 확인 및 개선이 이루어지는지 점검하여야 한다.

앞에서 본 바와 같이 산업안전보건법 제36조[40]에 따른 위험성평가를 실시하고, 개인사업주 또는 경영책임자등이 그 결과를 보고받은 경우에는 해당 업무절차에 따라 유해·위험요인의 확인 및 개선에 대한 점검을 한 것으로 간주될 수 있다. 위 위험성평가의 방법, 절차 및 시기, 그밖에 필요한 사항은 산업안전보건법 제36조 제4항의 위임에 의한 고용노동부 고시인 「사업장 위험성평가에 관한 지침」에서 상세히 정하고 있다.

위 「사업장 위험성평가에 관한 지침」 제15조[41]에 의해 위험성평가는 수

---

[40] 산업안전보건법 제36조(위험성평가의 실시) ① 사업주는 건설물, 기계·기구·설비, 원재료, 가스, 증기, 분진, 근로자의 작업행동 또는 그 밖의 업무로 인한 유해·위험 요인을 찾아내어 부상 및 질병으로 이어질 수 있는 위험성의 크기가 허용 가능한 범위인지를 평가하여야 하고, 그 결과에 따라 이 법과 이 법에 따른 명령에 따른 조치를 하여야 하며, 근로자에 대한 위험 또는 건강장해를 방지하기 위하여 필요한 경우에는 추가적인 조치를 하여야 한다.
② 사업주는 제1항에 따른 평가 시 고용노동부장관이 정하여 고시하는 바에 따라 해당 작업장의 근로자를 참여시켜야 한다.
③ 사업주는 제1항에 따른 평가의 결과와 조치사항을 고용노동부령으로 정하는 바에 따라 기록하여 보존하여야 한다.
④ 제1항에 따른 평가의 방법, 절차 및 시기, 그 밖에 필요한 사항은 고용노동부장관이 정하여 고시한다.

[41] 사업장 위험성평가에 관한 지침 제15조(위험성평가의 실시 시기) ① 위험성평가는 최초평가 및 수시평가, 정기평가로 구분하여 실시하여야 한다. 이 경우 최초평가 및 정기평가는 전체 작업을 대상으로 한다.
② 수시평가는 다음 각 호의 어느 하나에 해당하는 계획이 있는 경우에는 해당 계획의 실행을 착수하기 전에 실시하여야 한다. 다만, 제5호에 해당하는 경우에는 재해발생 작업을 대상으로 작업을 재개하기 전에 실시하여야 한다.
1. 사업장 건설물의 설치·이전·변경 또는 해체
2. 기계·기구, 설비, 원재료 등의 신규 도입 또는 변경
3. 건설물, 기계·기구, 설비 등의 정비 또는 보수(주기적·반복적 작업으로서 정기평가를 실시한 경우에는 제외)
4. 작업방법 또는 작업절차의 신규 도입 또는 변경
5. 중대산업사고 또는 산업재해(휴업 이상의 요양을 요하는 경우에 한정한다) 발생
6. 그 밖에 사업주가 필요하다고 판단한 경우
③ 정기평가는 최초평가 후 매년 정기적으로 실시한다. 이 경우 다음의 사항을 고려하여야 한다.
1. 기계·기구, 설비 등의 기간 경과에 의한 성능 저하
2. 근로자의 교체 등에 수반하는 안전·보건과 관련되는 지식 또는 경험의 변화
3. 안전·보건과 관련되는 새로운 지식의 습득

시평가와 정기평가로 구분되고 정기평가는 매년 정기적으로 실시하면 되고, 수시평가는 위 지침 제15조 제2항에 따라 실시하면 된다.

유해·위험요인을 확인·개선하는 업무절차를 산업안전보건법 제36조에 따른 위험성평가를 하는 절차로 마련한 사업 또는 사업장이라면, 개인사업주 또는 경영책임자등은 반기 1회 이상 그 실시 결과를 보고받아야 한다. 정기평가를 연 1회 실시하였다면 그 실시된 반기 내에 정기평가 결과를 보고받아야 할 것이고, 나머지 반기 내에는 수시평가 등 결과를 보고받아야 할 것이다.

③ 점검 후 필요한 조치

점검 후에는 유해·위험요인에 대한 개선 조치가 제대로 이행되지 않은 경우 유해·위험요인의 제거, 대체, 통제 등 개선될 수 있도록 하는 필요한 조치를 하여야 한다. 필요한 조치는 실질적으로 이루어져야 한다.

산업안전보건법 제36조에 따른 위험성평가 등을 실시하여 그 결과를 보고받은 후 사업장에서 유해·위험요인에 대한 개선 조치가 제대로 이행되지 않아 별도의 조치가 있어야 함이 확인된 경우에는 필요한 조치를 한 경우에만 여기에서의 조치 의무를 이행한 것으로 볼 수 있을 것이다.

라) 재해예방 필요 예산의 편성 및 용도에 맞는 집행 조치

> **시행령 제4조 제4호**
> 다음 각 목의 사항을 이행하는 데 필요한 예산을 편성하고 그 편성된 용도에 맞게 집행하도록 할 것
>   가. 재해 예방을 위해 필요한 안전·보건에 관한 인력, 시설 및 장비의 구비
>   나. 제3호에서 정한 유해·위험요인의 개선
>   다. 그 밖에 안전보건관리체계 구축 등을 위해 필요한 사항으로서 고용노동부
>   장관이 정하여 고시하는 사항

① 입법 취지 및 불명확성의 문제

산업재해 예방을 위해서는 충분한 안전·보건에 관한 인력, 시설 및 장

---

4. 현재 수립되어 있는 위험성 감소대책의 유효성 등

비의 마련과 유해·위험요인의 개선이 필수적이고 이를 위한 비용의 지출이 수반되어야 하므로, 필요한 예산을 마련하고 그 용도에 맞게 집행되도록 하는 것을 개인사업주 또는 경영책임자등의 의무로서 규정한 것으로 볼 수 있다.

입법예고 당시의 중대재해처벌법 시행령 제정안에는 '적정한 예산'이라는 용어가 사용되는 등 죄형법정주의의 명확성의 원칙에 위배된다는 지적이 많았는데, 이러한 지적들이 반영되어 최종 시행령에는 '필요한 예산', '용도에 맞게 집행'이라고 보다 더 정리된 내용으로 규정된 것으로 보인다.

그러나 '필요한 예산'이라고 하더라도 과연 그 필요한 범위를 어디까지로 볼 것인지 명확한 기준이 제시되었다고 하기는 어려운 수준으로, 역시 죄형법정주의의 명확성 원칙에 위배될 수 있다는 문제가 완전히 해소된 것은 아니라고 보인다. 보다 구체적인 내용으로 입법적 개선이 필요하다고 생각된다.

② 필요한 예산의 내용, 기준 등

재해예방을 위해 필요한 인력, 시설 및 장비는 산업안전보건법 등 종사자의 재해예방을 위한 안전·보건 관계 법령 등에 정한 인력, 시설, 장비라고 보면 될 것이다. 재해 예방을 위해 필요한 인력이란 안전관리자, 보건관리자, 안전보건관리담당자, 산업보건의 등 전문인력 외에도 전반적으로 안전·보건 관계 법령 등에 따른 필요 인력을 의미한다고 할 것이다.

중대재해처벌법 시행령 제4조 제3호에서 정한 유해·위험요인의 개선에 필요한 예산은, 해당 확인 절차 등에서 파악된 유해·위험요인을 제거, 대체, 통제 등 합리적으로 실행 가능한 수준만큼 개선하는 데 필요한 예산을 말한다고 할 것이다. 이와 관련된 사항은 반드시 안전·보건 관계 법령에 따른 의무 이행에 관한 내용임을 요하지 아니한다.

중대재해처벌법 시행령 제4조 제4호가 필요한 예산을 편성하라고 규정한 입법 취지는 결국 유해·위험요인의 제거·대체·통제에 있다고 보인다. 따라서 이를 위한 예산을 편성하도록 개인사업주 또는 경영책임자등에게 요구하는 것이라고 볼 때 '필요한 예산의 기준'은 다음의 예산이라고 볼 수 있을 것이다.

① 유해·위험요인의 확인·발굴에 필요한 인력과 장비 등의 운용에 필요한 예산, ② 발견된 숨은 위험, 기존에 있었던 산업재해 사고 및 '아차사고[42]'를 포함하여 이미 확인된 유해·위험요인을 관리·통제하는 데 필요한 인력과 장비의 운용 및 교육 등에 필요한 예산, ③ 중앙행정기관·지방자치단체가 관계 법령에 따라 개선, 시정 등을 명한 사항의 이행에 필요한 인력과 장비의 운용 및 교육 등에 필요한 예산, ④ 안전·보건 관계 법령에 따른 의무이행에 필요한 인력과 장비의 운용 및 교육 등에 필요한 예산, ⑤ 급박한 위험이나 재해 발생 시 작업중지, 근로자 대피, 위험요인 제거 등 대응조치와 구호조치 및 추가피해 방지조치를 위한 인력과 장비의 운용 및 교육·훈련에 필요한 예산 등이다.

그리고 어느 정도의 규모라야 필요한 예산을 편성한 것으로 되는지도 중요하다. 숨은 위험 발굴 등 유해·위험요인의 크기가 아직 측정되지 아니한 부분은 투입할 인력과 예산의 규모를 일률적으로 알기는 어려울 것이나, 중대산업재해의 직접적 원인이 될 위험의 제거·대체 및 통제에 필요한 조치를 할 수 있는 정도의 예산이어야 할 것이므로 산업안전보건법과 산업안전보건기준에 관한 규칙 등에서 정하고 있는 안전조치와 교육 등을 하는 데 필요한 예산이라고 보면 될 것이다.

따라서 개인사업주와 경영책임자등은 산업안전보건법과 산업안전보건기준에 관한 규칙 등에서 정한 조치의무를 이행하는 데 필요한 예산, 산업재해와 '아차사고'에 대하여 재발방지를 위해 필요한 예산, 행정기관의 시정명령 등을 이행하기 위해 필요한 예산, 긴급상황에 대비한 훈련 등 예산과 급박한 위험에 대비한 예비비 성격의 예산, 그 밖의 숨은 위험 발굴을 위한 예산 등을 편성함이 상당할 것이다.

---

[42] 고용노동부는 '아차사고'의 의미에 관하여 생명·건강에 위해를 초래할 가능성이 있었으나 산업재해로는 이어지지 않은 사고를 말한다고 하면서, 수차례의 아차사고 발생에도 불구하고 개선되지 않으면 통상 산업재해로 이어진다고 설명한다(고용노동부, 2021. 12. 발간 「산업재해 예방을 위한 안전보건관리체계 가이드북」 p. 38 참조).

한편 고용노동부는 해설서에서, 산업안전보건법 제72조에 의한 「건설업 산업안전보건관리비 계상 및 사용기준」(고용노동부 고시)에 따른 산업안전보건관리비 계상 기준이 필요한 예산의 기준이 될 수 있다고 하면서, 이는 건설공사발주자의 의무일 뿐이므로 이를 참조하여 산업안전보건법을 포함한 안전·보건 관계 법령에 따른 의무로서 갖추어야 할 인력, 시설 및 장비의 구비, 유해·위험요인의 개선을 위한 비용이 모두 포함되어야 한다는 설명43을 하고 있으니 참고할 필요가 있을 것이다.

나아가 고용노동부는 해설서에서 예산편성의 기본원칙에 관하여는 예산규모가 얼마인지가 중요한 것이 아니라 유해·위험요인을 어떻게 분석하고 평가했는지 여부가 중요하며, 유해·위험요인 확인절차 등에서 확인된 사항을 '사업 또는 사업장의 재정여건 등에 맞추어' 제거·대체·통제 등 합리적으로 실행 가능한 수준만큼의 개선하는 데 필요한 예산을 편성하여야 한다고 설명하고 있다.44 이때 '사업 또는 사업장의 재정여건 등에 맞추어' 편성하라는 의미를, 사업 또는 사업장에서 이미 파악된 유해·위험요인을 제거·대체하거나 통제할 수 있는 정도에 미치지 못하더라도 재정여건에 따라 적당히 예산을 편성하여도 좋다는 것으로 받아들여서는 안 될 것이다.

향후 고용노동부장관이 안전보건관리체계 구축 등을 위해 필요한 사항을 고시하게 되면 이를 이행하는 데 필요한 예산도 편성해야 한다.

③ 편성된 용도에 따른 집행

예산이 편성된 것으로 그쳐서는 아니 되고 편성된 용도에 맞게 예산이 집행되도록 개인사업주 또는 경영책임자등이 관리하여야 한다. 즉 편성된 예산이 편성된 목적과 용도에 따라 적정하게 집행될 수 있도록 사업주와 경영책임자등은 관리상의 조치를 다하여야 할 것이다.

원칙적으로 편성된 안전·보건 예산을 편성된 용도에서 벗어나 다른 예산으로 함부로 전용하여서는 당연히 아니 될 것이다.

---

43 고용노동부 2021. 11. 17. 발간 「중대재해처벌법 해설 - 중대산업재해 관련 -」, p. 68
44 고용노동부 2021. 11. 17. 발간 「중대재해처벌법 해설 - 중대산업재해 관련 -」, p. 67

마) 안전보건관리책임자등의 충실한 업무 수행을 위한 조치

시행령 제4조 제5호

「산업안전보건법」 제15조,[45] 제16조[46] 및 제62조[47]에 따른 안전보건관리책임자, 관리감독자 및 안전보건총괄책임자(이하 이 조에서 "안전보건관리책임자등"이라 한다)가 같은 조에서 규정한 각각의 업무를 각 사업장에서 충실히 수행할 수 있도록 다음 각 목의 조치를 할 것

　가. 안전보건관리책임자등에게 해당 업무 수행에 필요한 권한과 예산을 줄 것

　나. 안전보건관리책임자등이 해당 업무를 충실하게 수행하는지를 평가하는 기준을 마련하고, 그 기준에 따라 반기 1회 이상 평가·관리할 것

---

45 산업안전보건법 제15조(안전보건관리책임자) ① 사업주는 사업장을 실질적으로 총괄하여 관리하는 사람에게 해당 사업장의 다음 각 호의 업무를 총괄하여 관리하도록 하여야 한다.
1. 사업장의 산업재해 예방계획의 수립에 관한 사항
2. 제25조 및 제26조에 따른 안전보건관리규정의 작성 및 변경에 관한 사항
3. 제29조에 따른 안전보건교육에 관한 사항
4. 작업환경측정 등 작업환경의 점검 및 개선에 관한 사항
5. 제129조부터 제132조까지에 따른 근로자의 건강진단 등 건강관리에 관한 사항
6. 산업재해의 원인 조사 및 재발 방지대책 수립에 관한 사항
7. 산업재해에 관한 통계의 기록 및 유지에 관한 사항
8. 안전장치 및 보호구 구입 시 적격품 여부 확인에 관한 사항
9. 그 밖에 근로자의 유해·위험 방지조치에 관한 사항으로서 고용노동부령으로 정하는 사항
② 제1항 각 호의 업무를 총괄하여 관리하는 사람(이하 "안전보건관리책임자"라 한다)은 제17조에 따른 안전관리자와 제18조에 따른 보건관리자를 지휘·감독한다.
③ 안전보건관리책임자를 두어야 하는 사업의 종류와 사업장의 상시 근로자 수, 그 밖에 필요한 사항은 대통령령으로 정한다.
산업안전보건법 시행령 제14조(안전보건관리책임자의 선임 등) ① 법 제15조 제2항에 따른 안전보건관리책임자(이하 "안전보건관리책임자"라 한다)를 두어야 하는 사업의 종류 및 사업장의 상시 근로자 수(건설공사의 경우에는 건설공사 금액을 말한다. 이하 같다)는 별표 2와 같다.
② 사업주는 안전보건관리책임자가 법 제15조 제1항에 따른 업무를 원활하게 수행할 수 있도록 권한·시설·장비·예산, 그 밖에 필요한 지원을 해야 한다.
③ 사업주는 안전보건관리책임자를 선임했을 때에는 그 선임 사실 및 법 제15조 제1항 각 호에 따른 업무의 수행내용을 증명할 수 있는 서류를 갖추어 두어야 한다.
산업안전보건법 시행령 [별표 2]

산업안전보건법에서 산업재해 예방을 위하여 두도록 한 '안전보건관리

안전보건관리책임자를 두어야 하는 사업의 종류 및 사업장의 상시 근로자 수(제14조 제1항 관련)

사업의 종류	사업장의 상시 근로자 수
1. 토사석 광업 2. 식료품 제조업, 음료 제조업 3. 목재 및 나무제품 제조업; 가구 제외 4. 펄프, 종이 및 종이제품 제조업 5. 코크스, 연탄 및 석유정제품 제조업 6. 화학물질 및 화학제품 제조업; 의약품 제외 7. 의료용 물질 및 의약품 제조업 8. 고무 및 플라스틱제품 제조업 9. 비금속 광물제품 제조업 10. 1차 금속 제조업 11. 금속가공제품 제조업; 기계 및 가구 제외 12. 전자부품, 컴퓨터, 영상, 음향 및 통신장비 제조업 13. 의료, 정밀, 광학기기 및 시계 제조업 14. 전기장비 제조업 15. 기타 기계 및 장비 제조업 16. 자동차 및 트레일러 제조업 17. 기타 운송장비 제조업 18. 가구 제조업 19. 기타 제품 제조업 20. 서적, 잡지 및 기타 인쇄물 출판업 21. 해체, 선별 및 원료 재생업 22. 자동차 종합 수리업, 자동차 전문 수리업	상시 근로자 50명 이상
23. 농업 24. 어업 25. 소프트웨어 개발 및 공급업 26. 컴퓨터 프로그래밍, 시스템 통합 및 관리업 27. 정보서비스업 28. 금융 및 보험업 29. 임대업; 부동산 제외 30. 전문, 과학 및 기술 서비스업(연구개발업은 제외한다) 31. 사업지원 서비스업 32. 사회복지 서비스업	상시 근로자 300명 이상
33. 건설업	공사금액 20억 원 이상
34. 제1호부터 제33호까지의 사업을 제외한 사업	상시 근로자 100명 이상

책임자등'이 사업장의 안전보건에 관한 제반 업무를 충실히 수행하도록 권한
과 예산을 부여하고, 실제로 '안전보건관리책임자등'이 자신의 업무를 충실히
수행하였는지 여부에 대해 평가 및 관리하도록 함으로써 사업장의 안전조치
및 보건조치의 실효성을 높이고자 마련한 조항이라고 할 수 있다.[48]

중대재해처벌법 시행령 제4조 제3호에 의한 조치 의무를 이행한 결과
확인된 유해·위험요인을 적절하게 개선할 수 있는 인력과 조직 및 예산을
확보할 수 있어야 하고, 편성된 예산을 적시적기에 집행할 수 있는 권한을
안전보건관리책임자와 관리감독자, 안전보건총괄책임자에게 각자의 업무범
위에 부합하도록 부여하여야 할 것이다.

안전보건관리책임자는 사업장을 실질적으로 총괄하여 관리하는 사람(산
업안전보건법 제15조 제1항)으로, 통상적으로 사업장의 현장소장, 공장장 등을
말하는 것으로 해석된다.[49] 안전보건관리책임자는 사업장의 산업재해 예방

---

46 산업안전보건법 제16조(관리감독자) ① 사업주는 사업장의 생산과 관련되는 업무와 그
소속 직원을 직접 지휘·감독하는 직위에 있는 사람(이하 "관리감독자"라 한다)에게 산
업 안전 및 보건에 관한 업무로서 대통령령으로 정하는 업무를 수행하도록 하여야 한다.
② 관리감독자가 있는 경우에는 「건설기술 진흥법」 제64조 제1항 제2호에 따른 안전관리
책임자 및 같은 항 제3호에 따른 안전관리담당자를 각각 둔 것으로 본다.

47 산업안전보건법 제62조(안전보건총괄책임자) ① 도급인은 관계수급인 근로자가 도급인
의 사업장에서 작업을 하는 경우에는 그 사업장의 안전보건관리책임자를 도급인의 근로
자와 관계수급인 근로자의 산업재해를 예방하기 위한 업무를 총괄하여 관리하는 안전보
건총괄책임자로 지정하여야 한다. 이 경우 안전보건관리책임자를 두지 아니하여도 되는
사업장에서는 그 사업장에서 사업을 총괄하여 관리하는 사람을 안전보건총괄책임자로
지정하여야 한다.
② 제1항에 따라 안전보건총괄책임자를 지정한 경우에는 「건설기술 진흥법」 제64조 제1
항 제1호에 따른 안전총괄책임자를 둔 것으로 본다.
③ 제1항에 따라 안전보건총괄책임자를 지정하여야 하는 사업의 종류와 사업장의 상시 근
로자 수, 안전보건총괄책임자의 직무·권한, 그 밖에 필요한 사항은 대통령령으로 정한다.
산업안전보건법 제52조(안전보건총괄책임자 지정 대상사업) 법 제62조 제1항에 따른 안
전보건총괄책임자(이하 "안전보건총괄책임자"라 한다)를 지정해야 하는 사업의 종류 및
사업장의 상시 근로자 수는 관계수급인에게 고용된 근로자를 포함한 상시 근로자가 100
명(선박 및 보트 건조업, 1차 금속 제조업 및 토사석 광업의 경우에는 50명) 이상인 사업
이나 관계수급인의 공사금액을 포함한 해당 공사의 총공사금액이 20억 원 이상인 건설
업으로 한다.

48 고용노동부 2021. 11. 17. 발간 「중대재해처벌법 해설 - 중대산업재해 관련 -」, p. 70

49 고용노동부 2021. 11. 17. 발간 「중대재해처벌법 해설 - 중대산업재해 관련 -」, p. 71

계획의 수립 등 안전 및 보건에 관한 업무를 총괄·관리하고 안전관리자와
보건관리자를 지휘·감독한다(산업안전보건법 제15조 제1항, 제2항). 구체적인 업
무 내용[50]은 아래와 같다.

---

① 사업장의 산업재해 예방계획 수립에 관한 사항
② 안전보건관리규정(산업안전보건법 제25조, 제26조)의 작성 및 변경에 관한
  사항
③ 근로자에 대한 안전보건교육(산업안전보건법 제29조)
④ 작업환경의 점검 및 개선에 관한 사항
⑤ 근로자의 건강진단 등 건강관리에 관한 사항
⑥ 산업재해의 원인 조사 및 재발 방지대책 수립에 관한 사항
⑦ 산업재해에 관한 통계의 기록 및 유지관리에 관한 사항
⑧ 안전장치 및 보호구 구입 시 적격품 여부 확인에 관한 사항
⑨ 위험성평가(산업안전보건법 제36조)의 실시에 관한 사항
⑩ 안전보건규칙에서 정하는 근로자의 위험 또는 건강장해의 방지에 관한 사항

관리감독자는 사업장의 생산과 관련되는 업무와 그 소속 직원을 직접
지휘·감독하는 직위에 있는 사람이다(산업안전보건법 제16조 제1항). 관리감
독자는 사업장 내 부서 단위에서의 소속 직원을 직접 지휘·감독하는 부서
의 장으로서 해당 작업과 관련된 기계·기구 또는 설비의 안전·보건 점검,
자신에게 소속된 근로자의 작업복, 보호구 착용 등 점검, 작업 전 안전미팅
진행 등 작업과 관련하여 종사자와 가장 밀접하게 안전·보건에 관한 업무
를 수행(산업안전보건법 시행령 제15조)하는데, 구체적인 업무 내용은 아래와
같다.[51]

---

50 고용노동부 2021. 11. 17. 발간 「중대재해처벌법 해설 - 중대산업재해 관련 ┐」, p. 71
51 고용노동부 2021. 11. 17. 발간 「중대재해처벌법 해설 - 중대산업재해 관련 ┐」, p. 72

> ① 사업장 내 관리감독자가 지휘·감독하는 작업(해당작업)과 관련된 기계·기구
>   또는 설비의 안전·보건 점검 및 이상 유무의 확인
> ② 관리감독자에게 소속된 근로자의 작업복·보호구 및 방호장치의 점검과 그
>   착용·사용에 관한 교육·지도
> ③ 해당작업에서 발생한 산업재해 보고 및 이에 대한 응급조치
> ④ 해당작업의 작업장 정리·정돈 및 통로 확보에 대한 확인·감독
> ⑤ 안전관리자, 보건관리자, 안전보건관리담당자, 산업보건의의 지도·조언에 대
>   한 협조
> ⑥ 위험성평가를 위한 유해·위험요인 파악 및 개선조치 시행 참여

안전보건총괄책임자는 도급인의 사업장에서 관계수급인 근로자가 작업
을 하는 경우에 도급인의 근로자와 관계수급인 근로자의 산업재해를 예방하
기 위한 업무를 총괄하여 관리하도록 지정된 그 사업장의 안전보건관리책임
자를 말하고, 도급인이 안전보건관리책임자를 두지 아니하여도 되는 사업장
에서는 그 사업장에서 사업을 총괄하여 관리하는 사람을 안전보건총괄책임
자로 지정하여야 한다(산업안전보건법 제62조 제1항).

안전보건총괄책임자는 안전보건관리책임자로서의 업무 외에 산업안전
보건법 제64조[52]에 따른 도급 시 산업재해 예방조치, 산업안전보건관리비의

---

52 산업안전보건법 제64조(도급에 따른 산업재해 예방조치) ① 도급인은 관계수급인 근로자
가 도급인의 사업장에서 작업을 하는 경우 다음 각 호의 사항을 이행하여야 한다. <개
정 2021. 5. 18.>
1. 도급인과 수급인을 구성원으로 하는 안전 및 보건에 관한 협의체의 구성 및 운영
2. 작업장 순회점검
3. 관계수급인이 근로자에게 하는 제29조 제1항부터 제3항까지의 규정에 따른 안전보건
   교육을 위한 장소 및 자료의 제공 등 지원
4. 관계수급인이 근로자에게 하는 제29조 제3항에 따른 안전보건교육의 실시 확인
5. 다음 각 목의 어느 하나의 경우에 대비한 경보체계 운영과 대피방법 등 훈련
   가. 작업 장소에서 발파작업을 하는 경우
   나. 작업 장소에서 화재·폭발, 토사·구축물 등의 붕괴 또는 지진 등이 발생한 경우
6. 위생시설 등 고용노동부령으로 정하는 시설의 설치 등을 위하여 필요한 장소의 제공
   또는 도급인이 설치한 위생시설 이용의 협조
7. 같은 장소에서 이루어지는 도급인과 관계수급인 등의 작업에 있어서 관계수급인 등의
   작업시기·내용, 안전조치 및 보건조치 등의 확인
8. 제7호에 따른 확인 결과 관계수급인 등의 작업 혼재로 인하여 화재·폭발 등 대통령령

관계수급인 간의 사용에 관한 협의·조정 및 그 집행의 감독 등 산업안전보건법 시행령 제53조에 따른 업무를 수행하는데, 구체적인 내용은 아래와 같다.[53]

---

① 위험성평가의 실시에 관한 사항
② 산업재해가 발생할 급박한 위험이 있는 경우 및 중대재해 발생 시 작업의 중지(산업안전보건법 제51조, 제54조)
③ 도급 시 산업재해 예방조치(산업안전보건법 제64조)
④ 산업안전보건관리비의 관계수급인 간의 사용에 관한 협의·조정 및 그 집행의 감독
⑤ 안전인증대상기계 등과 자율안전확인대상기계 등 사용여부 확인

'안전보건관리책임자등'이 업무를 수행하는 데 필요한 권한과 예산이 부여될 것이 요구되는데, '필요한 권한과 예산'이 무엇인지에 관하여는 중대재해처벌법 및 그 시행령 모두 구체적이고 세부적인 규정을 두지 않고 있다.

그리고 '안전보건관리책임자등'이 업무를 충실하게 수행하는지 평가하는 기준을 마련하여야 하는데, 이 기준은 '안전보건관리책임자등'이 산업안전보건법령에 의하여 정해진 의무를 제대로 수행하고 있는지 평가할 수 있도록 그 평가 항목이 구성되어야 할 것이다.

평가 기준과 항목은 형식적인 평가가 되지 않도록 구체적이고 세부적인 내용으로 마련되어 실질적인 평가를 도모함이 바람직할 것이나, 중대재해처벌법 및 그 시행령은 평가 기준을 구체적으로 어떻게 수립할 것인지에 관하여는 아무런 규정을 두지 않았다.

으로 정하는 위험이 발생할 우려가 있는 경우 관계수급인 등의 작업시기·내용 등의 조정
② 제1항에 따른 도급인은 고용노동부령으로 정하는 바에 따라 자신의 근로자 및 관계수급인 근로자와 함께 정기적으로 또는 수시로 작업장의 안전 및 보건에 관한 점검을 하여야 한다.
③ 제1항에 따른 안전 및 보건에 관한 협의체 구성 및 운영, 작업장 순회점검, 안전보건교육 지원, 그 밖에 필요한 사항은 고용노동부령으로 정한다.

[53] 고용노동부 2021. 11. 17. 발간 「중대재해처벌법 해설 - 중대산업재해 관련 -」, p. 73

그러나 중대재해처벌법의 수범자인 개인사업주와 경영책임자등은 중대
산업재해가 발생한 경우 수사 및 사법 당국에 의해 '안전보건관리책임자등'
에게 필요한 권한과 예산이 부여되지 못하였다거나 평가 기준 수립의 미흡
혹은 평가·관리의 부족이라는 평가와 함께 중대산업재해에 이르게 한 인과
관계가 인정된다는 판단을 받게 되면 중한 형사처벌의 위험에 직면함에도
불구하고, 위와 같은 법령 조항만으로 과연 수범자가 자신에게 부여된 의무
를 어느 수준까지 어떻게 이행하여야만 형사처벌을 피할 것인지에 관한 예
측가능성을 보장하여 줄 수 있을지 매우 의문이라고 할 것이다. 죄형법정주
의에서 요구되는 명확성 원칙에 위배되는 입법이 아닌가 하는 의문이 들지
않을 수 없다. 보다 더 구체적인 내용을 추가하는 입법적 개선이 필요하다고
보인다.

'안전보건관리책임자등'의 충실한 업무수행 여부에 대한 평가 및 관리는
반기 1회 이상 이루어져야 한다.

바) 안전·보건관리자, 안전보건관리담당자, 산업보건의 배치

시행령 제4조 제6호

「산업안전보건법」 제17조부터 제19조까지 및 제22조에 따라 정해진 수 이상의
안전관리자, 보건관리자, 안전보건관리담당자 및 산업보건의를 배치할 것. 다만,
다른 법령에서 해당 인력의 배치에 대해 달리 정하고 있는 경우에는 그에 따르
고, 배치해야 할 인력이 다른 업무를 겸직하는 경우에는 고용노동부장관이 정하
여 고시하는 기준에 따라 안전·보건에 관한 업무 수행시간을 보장해야 한다.

산업안전보건법 제17조(안전관리자), 제18조(보건관리자), 제19조(안전보건
관리담당자), 제22조(산업보건의)에 따라 정해진 수 이상의 안전관리자, 보건관
리자, 안전보건관리담당자, 산업보건의를 배치하여야 한다.

이때 다른 법령에서 위 안전관리자 등 해당 인력의 배치에 대해 달리 정
하고 있으면 그에 따르고, 배치하여야 할 인력이 다른 업무를 겸직하는 경우
고용노동부장관이 고시하는 기준에 따라 안전·보건에 관한 업무수행 시간을
보장하여야 한다.

① 안전관리자

안전관리자는 안전에 관한 기술적인 사항에 관하여 사업주 또는 안전보건관리책임자를 보좌하고 관리감독자에게 지도·조언하는 업무를 수행하는 사람으로, 상시 근로자 수 50명 이상인 사업장 또는 공사금액 80억 원 이상 (2021. 7. 1.부터)인 건설공사부터 두어야 하고, 사업의 종류와 사업장의 상시 근로자 수에 따라 배치하여야 할 안전관리자의 수는 달라진다(산업안전보건법 제17조).

참고로 공사금액 60억 원 이상 80억 원 미만의 건설공사는 2022. 7. 1.부터, 공사금액 50억 원 이상 60억 원 미만의 건설공사는 2023. 7. 1.부터 안전관리자를 두어야 한다[산업안전보건법 시행령 부칙(대통령령 제30256호, 2019. 12. 24.) 제2조 제4항].

② 보건관리자

보건관리자는 보건에 관한 기술적인 사항에 관하여 사업주 또는 안전보건관리책임자를 보좌하고 관리감독자에게 지도·조언하는 업무를 수행하는 사람으로, 상시 근로자 수 50명 이상인 사업장 또는 공사금액 800억 원 이상인 건설업 사업장부터 두어야 하고, 사업의 종류와 사업장의 상시 근로자 수에 따라 배치하는 안전관리자의 수는 달라진다(산업안전보건법 제18조).

③ 안전보건관리담당자

안전보건관리담당자는 안전 및 보건에 관하여 사업주를 보좌하고 관리감독자에게 지도·조언하는 업무를 수행하는 사람으로, 제조업, 임업, 하수·폐수 및 분뇨 처리업, 폐기물 수집, 운반, 처리 및 원료재생업, 환경정화 및 복원업에 해당하고, 안전관리자와 보건관리자가 없으며, 상시 근로자 수가 20명 이상 50명 미만인 사업장의 경우 안전보건관리담당자 1명 이상을 두어야 한다(산업안전보건법 제19조).

④ 산업보건의

산업보건의는 근로자의 건강관리나 그밖에 보건관리자의 업무를 지도하는 사람으로, 상시 근로자 수가 50명 이상으로 보건관리자를 두어야 하는 사업장에 산업보건의를 두어야 하는데, 의사를 보건관리자로 선임하였거나 보건관리전문기관에 보건관리자의 업무를 위탁한 경우(건설업을 제외한 상시 근로자 수 300명 미만인 사업장)에는 산업보건의를 별도로 두지 않을 수 있다(산업안전보건법 제22조).

⑤ 업무 위탁 및 다른 법령의 배치기준에 따른 인력배치

안전관리자와 보건관리자의 업무는 건설업을 제외한 상시 근로자 수 300명 미만인 사업장의 경우 각각 안전관리전문기관 및 보건관리전문기관에 위탁이 가능하고, 안전보건관리담당자를 두어야 하는 사업장의 경우 상시 근로자 수에 관계없이 안전관리전문기관 또는 보건관리전문기관에 업무를 위탁할 수 있다(산업안전보건법 제17조 제5항, 산업안전보건법 시행령 제19조, 산업안전보건법 제18조 제5항, 산업안전보건법 시행령 제23조,[54] 산업안전보건법 제19조 제4항, 산업안전보건법 시행령 제26조[55]).

다른 법령에서 인력 배치기준을 달리 정하고 있는 경우에는 해당 법령을 따를 수 있도록 하였는데, 예컨대 기업활동 규제완화에 관한 특별조치법에서 안전관리자 또는 보건관리자의 배치 의무를 면제하거나 안전관리자 또는 보건관리자를 채용한 것으로 간주하는 요건을 충족한 경우에는 해당 전

---

54 산업안전보건법 시행령 제23조(보건관리자 업무의 위탁 등) ① 법 제18조 제5항에 따라 보건관리자의 업무를 위탁할 수 있는 보건관리전문기관은 지역별 보건관리전문기관과 업종별·유해인자별 보건관리전문기관으로 구분한다. <개정 2021. 11. 19.>
② 법 제18조 제5항에서 "대통령령으로 정하는 사업의 종류 및 사업장의 상시 근로자 수에 해당하는 사업장"이란 다음 각 호의 어느 하나에 해당하는 사업장을 말한다. <개정 2021. 11. 19.>
  1. 건설업을 제외한 사업(업종별·유해인자별 보건관리전문기관의 경우에는 고용노동부령으로 정하는 사업을 말한다)으로서 상시 근로자 300명 미만을 사용하는 사업장
  2. 외딴곳으로서 고용노동부장관이 정하는 지역에 있는 사업장
③ 보건관리자 업무의 위탁에 관하여는 제19조 제2항을 준용한다. 이 경우 "법 제17조 제5항 및 이 조 제1항"은 "법 제18조 제5항 및 이 조 제2항"으로, "안전관리자"는 "보건관리자"로, "안전관리전문기관"은 "보건관리전문기관"으로 본다.
55 산업안전보건법 시행령 제26조(안전보건관리담당자 업무의 위탁 등) ① 법 제19조 제4항에서 "대통령령으로 정하는 사업의 종류 및 사업장의 상시 근로자 수에 해당하는 사업장"이란 제24조 제1항에 따라 안전보건관리담당자를 선임해야 하는 사업장을 말한다.
② 안전보건관리담당자 업무의 위탁에 관하여는 제19조 제2항을 준용한다. 이 경우 "법 제17조 제5항 및 이 조 제1항"은 "법 제19조 제4항 및 이 조 제1항"으로, "안전관리자"는 "안전보건관리담당자"로, "안전관리전문기관"은 "안전관리전문기관 또는 보건관리전문기관"으로 본다.

문인력을 배치하지 않아도 된다(기업활동 규제완화에 관한 특별조치법 제28조부터 제31조까지).

⑥ 다른 업무와 겸직하는 경우 업무 수행시간 보장

상시 근로자 300명 미만을 사용하는 사업장, 건설업의 공사금액 120억 원 미만인 사업장(토목공사업의 경우 150억 원 미만 사업장)에는 안전관리자, 보건관리자 및 안전보건관리담당자는 다른 업무와의 겸직이 가능하다(산업안전보건법 제17조 제3항, 산업안전보건법 시행령 제16조,[56] 산업안전보건법 제18조 제3항, 산업안전보건법 시행령 제20조,[57] 제24조[58] 제3항, 제25조[59]).

---

[56] 산업안전보건법 시행령 제16조(안전관리자의 선임 등) ① 법 제17조 제1항에 따라 안전관리자를 두어야 하는 사업의 종류와 사업장의 상시 근로자 수, 안전관리자의 수 및 선임방법은 별표 3과 같다.
② 법 제17조 제3항에서 "대통령령으로 정하는 사업의 종류 및 사업장의 상시 근로자 수에 해당하는 사업장"이란 제1항에 따른 사업 중 상시 근로자 300명 이상을 사용하는 사업장[건설업의 경우에는 공사금액이 120억 원(「건설산업기본법 시행령」 별표 1의 종합공사를 시공하는 업종의 건설업종란 제1호에 따른 토목공사업의 경우에는 150억 원) 이상인 사업장]을 말한다. <개정 2021. 11. 19.>
③ 제1항 및 제2항을 적용할 경우 제52조에 따른 사업으로서 도급인의 사업장에서 이루어지는 도급사업의 공사금액 또는 관계수급인의 상시 근로자는 각각 해당 사업의 공사금액 또는 상시 근로자로 본다. 다만, 별표 3의 기준에 해당하는 도급사업의 공사금액 또는 관계수급인의 상시 근로자의 경우에는 그렇지 않다.
④ 제1항에도 불구하고 같은 사업주가 경영하는 둘 이상의 사업장이 다음 각 호의 어느 하나에 해당하는 경우에는 그 둘 이상의 사업장에 1명의 안전관리자를 공동으로 둘 수 있다. 이 경우 해당 사업장의 상시 근로자 수의 합계는 300명 이내[건설업의 경우에는 공사금액의 합계가 120억 원(「건설산업기본법 시행령」 별표 1의 종합공사를 시공하는 업종의 건설업종란 제1호에 따른 토목공사업의 경우에는 150억 원) 이내]이어야 한다.
1. 같은 시·군·구(자치구를 말한다) 지역에 소재하는 경우
2. 사업장 간의 경계를 기준으로 15킬로미터 이내에 소재하는 경우
⑤ 제1항부터 제3항까지의 규정에도 불구하고 도급인의 사업장에서 이루어지는 도급사업에서 도급인이 고용노동부령으로 정하는 바에 따라 그 사업의 관계수급인 근로자에 대한 안전관리를 전담하는 안전관리자를 선임한 경우에는 그 사업의 관계수급인은 해당 도급사업에 대한 안전관리자를 선임하지 않을 수 있다.
⑥ 사업주는 안전관리자를 선임하거나 법 제17조 제5항에 따라 안전관리자의 업무를 안전관리전문기관에 위탁한 경우에는 고용노동부령으로 정하는 바에 따라 선임하거나 위탁한 날부터 14일 이내에 고용노동부장관에게 그 사실을 증명할 수 있는 서류를 제출해야 한다. 법 제17조 제4항에 따라 안전관리자를 늘리거나 교체한 경우에도 또한 같다.
[57] 산업안전보건법 시행령 제20조(보건관리자의 선임 등) ① 법 제18조 제1항에 따라 보건관리자를 두어야 하는 사업의 종류와 사업장의 상시 근로자 수, 보건관리자의 수 및 선임방법은 별표 5와 같다.

업무를 겸직하게 하는 경우 고용노동부장관이 별도로 고시하는 기준에 따라 안전·보건에 관한 업무 수행 시간을 보장하여야 하는데, 고용노동부고시 제2022-14호 「안전·보건에 관한 업무 수행시간의 기준 고시」가 제정되어 2022. 1. 27.부터 시행 중에 있다.

위 고시에 따르면 개인사업주 또는 경영책임자등은 안전관리자, 보건관리자 및 안전보건관리담당자가 안전·보건에 관한 업무(산업안전보건법 제17~

---

② 법 제18조 제3항에서 "대통령령으로 정하는 사업의 종류 및 사업장의 상시 근로자 수에 해당하는 사업장"이란 상시 근로자 300명 이상을 사용하는 사업장을 말한다. ＜개정 2021. 11. 19.＞

③ 보건관리자의 선임 등에 관하여는 제16조 제3항부터 제6항까지의 규정을 준용한다. 이 경우 "별표 3"은 "별표 5"로, "안전관리자"는 "보건관리자"로, "안전관리"는 "보건관리"로, "법 제17조 제5항"은 "법 제18조 제5항"으로, "안전관리전문기관"은 "보건관리전문기관"으로 본다.

58 산업안전보건법 시행령 제24조(안전보건관리담당자의 선임 등) ① 다음 각 호의 어느 하나에 해당하는 사업의 사업주는 법 제19조 제1항에 따라 상시 근로자 20명 이상 50명 미만인 사업장에 안전보건관리담당자를 1명 이상 선임해야 한다.
1. 제조업
2. 임업
3. 하수, 폐수 및 분뇨 처리업
4. 폐기물 수집, 운반, 처리 및 원료 재생업
5. 환경 정화 및 복원업
② 안전보건관리담당자는 해당 사업장 소속 근로자로서 다음 각 호의 어느 하나에 해당하는 요건을 갖추어야 한다.
1. 제17조에 따른 안전관리자의 자격을 갖추었을 것
2. 제21조에 따른 보건관리자의 자격을 갖추었을 것
3. 고용노동부장관이 정하여 고시하는 안전보건교육을 이수했을 것
③ 안전보건관리담당자는 제25조 각 호에 따른 업무에 지장이 없는 범위에서 다른 업무를 겸할 수 있다.
④ 사업주는 제1항에 따라 안전보건관리담당자를 선임한 경우에는 그 선임 사실 및 제25조 각 호에 따른 업무를 수행했음을 증명할 수 있는 서류를 갖추어 두어야 한다.

59 산업안전보건법 시행령 제25조(안전보건관리담당자의 업무) 안전보건관리담당자의 업무는 다음 각 호와 같다. ＜개정 2020. 9. 8.＞
1. 법 제29조에 따른 안전보건교육 실시에 관한 보좌 및 지도·조언
2. 법 제36조에 따른 위험성평가에 관한 보좌 및 지도·조언
3. 법 제125조에 따른 작업환경측정 및 개선에 관한 보좌 및 지도·조언
4. 법 제129조부터 제131조까지의 규정에 따른 각종 건강진단에 관한 보좌 및 지도·조언
5. 산업재해 발생의 원인 조사, 산업재해 통계의 기록 및 유지를 위한 보좌 및 지도·조언
6. 산업 안전·보건과 관련된 안전장치 및 보호구 구입 시 적격품 선정에 관한 보좌 및 지도·조언

19조에 따라 정해진 수행업무)를 겸직하는 경우 안전·보건에 관한 업무 수행에
지장이 없도록 하여야 한다(위 고시 제2조).

안전관리자, 보건관리자 및 안전보건관리담당자 각각의 안전·보건에 관
한 업무 수행을 위한 최소시간은 연간 585시간 이상이 되도록 하여야 한다
(위 고시 제3조 제1항). 다만 재해위험이 높은 업종[60]에 속하는 사업장의 경우

---

[60] 고용보험 및 산업재해보상보험의 보험료 징수 등에 관한 법률 제14조 제3항 및 같은 법
시행규칙 제12조에 따라 분류되어 해당 사업장이 가입된 산업재해보상보험상 세부업종
을 말하는데, 별표 1에 따르도록 하고 있다.

[별표 1] 재해위험이 높은 업종

대분류	세부업종
광업	석회석(백운석, 대리석 포함)광업
	금속광업
	쇄석채취업
	기타광물채굴·채취업
제조업	섬유판제조업
	철근콘크리트제품제조업
	석회제조업
	석재및석공품제조업
	기타비금속광물제품제조업
	배관공사용부속품제조업
	법랑철기및프레스가공제조업
	철강재제조업
	제강압연업
	철강및합금철제품제조업
	철강또는비철금속주물제조업
	각종시멘트제품제조업
	시멘트제조업
	비철금속의제련또는정련업
	지류가공제품제조업
건설업	건축건설공사
	기타건설공사
운수·창고 및 통신업	소형화물운수업
	퀵서비스업
	항만운송부대사업
기타의 사업	위생및유사서비스업

안전관리자, 보건관리자 및 안전보건관리담당자 각각의 안전·보건에 관한 업무 수행의 최소시간은 702시간으로 한다(위 고시 제3조 제2항).

그리고 사업장의 상시 근로자 수가 100명 이상인 경우에는 사업장의 안전관리자, 보건관리자 및 안전보건관리담당자 각각의 안전·보건에 관한 업무 수행의 최소시간에 100명 이상 200명 미만인 사업장의 경우에는 100시간을, 200명 이상 300명 미만인 사업장의 경우에는 200시간을 추가하여야 한다(위 고시 제3조 제3항).

위 고시는 2024. 1. 26.까지 효력을 가진다(위 고시 부칙 제2조).

사) 종사자 의견 청취 절차 마련, 의견에 따른 개선방안 등 이행점검

> **시행령 제4조 제7호**
> 사업 또는 사업장의 안전·보건에 관한 사항에 대해 종사자의 의견을 듣는 절차를 마련하고, 그 절차에 따라 의견을 들어 재해 예방에 필요하다고 인정하는 경우에는 그에 대한 개선방안을 마련하여 이행하는지를 반기 1회 이상 점검한 후 필요한 조치를 할 것. 다만, 「산업안전보건법」 제24조에 따른 산업안전보건위원회 및 같은 법 제64조·제75조에 따른 안전 및 보건에 관한 협의체에서 사업 또는 사업장의 안전·보건에 관하여 논의하거나 심의·의결한 경우에는 해당 종사자의 의견을 들은 것으로 본다.

사업 또는 사업장의 안전·보건에 관한 의견을 듣는 절차를 마련하여 각 사업장에서 그 절차에 따라 종사자 의견을 듣고, 개선이 필요한 경우에는 개선방안을 마련하고, 반기 1회 이상 개선방안의 이행 여부를 점검한 후 필요한 조치를 하여야 한다.

작업 장소에서의 위험이나 개선이 필요한 사항을 종사자가 가장 잘 알고 있다는 점을 고려하여 규정된 조항으로 보인다.

종사자 의견을 듣는 절차는 개별 사업 또는 사업장의 규모와 특수성 등에 따라 달리 정할 수 있다 할 것으로 개인사업주 또는 경영책임자등이 다양한 방법으로 적절한 절차를 마련하면 족하다고 보인다.

청취한 종사자 의견을 반영하여 산업재해 예방을 위해 필요한 경우 개선방안을 마련해야 하는데, 이러한 판단 역시 개별 사업 또는 사업장의 규모와 특수성 등을 종합하여 개인사업주 또는 경영책임자등이 자율적으로 정할 수 있다고 할 것이다.

만일 청취한 종사자 의견이 산업재해 예방을 위해 필요한 경우이었음에도 불구하고 개선방안을 마련하지 아니하였으나 중대산업재해가 발생하고 그 인과관계가 인정된다면, 개인사업주 또는 경영책임자등은 중대재해처벌법위반죄 성립을 피하기 어려울 것이다.

산업안전보건위원회(산업안전보건법 제24조[61]), 도급인의 안전 및 보건에 관한 협의체(산업안전보건법 제64조[62]), 건설공사의 안전 및 보건에 관한 협의

---

61 산업안전보건법 제24조(산업안전보건위원회) ① 사업주는 사업장의 안전 및 보건에 관한 중요 사항을 심의·의결하기 위하여 사업장에 근로자위원과 사용자위원이 같은 수로 구성되는 산업안전보건위원회를 구성·운영하여야 한다.
② 사업주는 다음 각 호의 사항에 대해서는 제1항에 따른 산업안전보건위원회(이하 "산업안전보건위원회"라 한다)의 심의·의결을 거쳐야 한다.
1. 제15조 제1항 제1호부터 제5호까지 및 제7호에 관한 사항
2. 제15조 제1항 제6호에 따른 사항 중 중대재해에 관한 사항
3. 유해하거나 위험한 기계·기구·설비를 도입한 경우 안전 및 보건 관련 조치에 관한 사항
4. 그 밖에 해당 사업장 근로자의 안전 및 보건을 유지·증진시키기 위하여 필요한 사항
③ 산업안전보건위원회는 대통령령으로 정하는 바에 따라 회의를 개최하고 그 결과를 회의록으로 작성하여 보존하여야 한다.
④ 사업주와 근로자는 제2항에 따라 산업안전보건위원회가 심의·의결한 사항을 성실하게 이행하여야 한다.
⑤ 산업안전보건위원회는 이 법, 이 법에 따른 명령, 단체협약, 취업규칙 및 제25조에 따른 안전보건관리규정에 반하는 내용으로 심의·의결해서는 아니 된다.
⑥ 사업주는 산업안전보건위원회의 위원에게 직무 수행과 관련한 사유로 불리한 처우를 해서는 아니 된다.
⑦ 산업안전보건위원회를 구성하여야 할 사업의 종류 및 사업장의 상시 근로자 수, 산업안전보건위원회의 구성·운영 및 의결되지 아니한 경우의 처리방법, 그 밖에 필요한 사항은 대통령령으로 정한다.

62 산업안전보건법 제64조(도급에 따른 산업재해 예방조치) ① 도급인은 관계수급인 근로자가 도급인의 사업장에서 작업을 하는 경우 다음 각 호의 사항을 이행하여야 한다. <개정 2021. 5. 18.>
1. 도급인과 수급인을 구성원으로 하는 안전 및 보건에 관한 협의체의 구성 및 운영
2. 작업장 순회점검
3. 관계수급인이 근로자에게 하는 제29조 제1항부터 제3항까지의 규정에 따른 안전보건교육을 위한 장소 및 자료의 제공 등 지원
4. 관계수급인이 근로자에게 하는 제29조 제3항에 따른 안전보건교육의 실시 확인
5. 다음 각 목의 어느 하나의 경우에 대비한 경보체계 운영과 대피방법 등 훈련

체(산업안전보건법 제75조[63])에서 사업 또는 사업장의 안전·보건에 관하여 논의하거나 심의·의결한 경우에는 종사자의 의견을 들은 것으로 본다. 산업안전보건법 제24조에 의한 산업안전보건위원회는 사업장에서 근로자의 위험 또는 건강장해를 예방하기 위한 계획 및 대책 등 산업안전·보건에 관한 중요한 사항에 대하여 노사가 함께 심의·의결하기 위한 기구로서 산업재해 예방에 대하여 근로자의 이행 및 협력을 구하고 근로자의 의견을 반영하는 역할을 한다.

　　　가. 작업 장소에서 발파작업을 하는 경우
　　　나. 작업 장소에서 화재·폭발, 토사·구축물 등의 붕괴 또는 지진 등이 발생한 경우
　　6. 위생시설 등 고용노동부령으로 정하는 시설의 설치 등을 위하여 필요한 장소의 제공 또는 도급인이 설치한 위생시설 이용의 협조
　　7. 같은 장소에서 이루어지는 도급인과 관계수급인 등의 작업에 있어서 관계수급인 등의 작업시기·내용, 안전조치 및 보건조치 등의 확인
　　8. 제7호에 따른 확인 결과 관계수급인 등의 작업 혼재로 인하여 화재·폭발 등 대통령령으로 정하는 위험이 발생할 우려가 있는 경우 관계수급인 등의 작업시기·내용 등의 조정
　②　제1항에 따른 도급인은 고용노동부령으로 정하는 바에 따라 자신의 근로자 및 관계수급인 근로자와 함께 정기적으로 또는 수시로 작업장의 안전 및 보건에 관한 점검을 하여야 한다.
　③　제1항에 따른 안전 및 보건에 관한 협의체 구성 및 운영, 작업장 순회점검, 안전보건교육 지원, 그 밖에 필요한 사항은 고용노동부령으로 정한다.

63 산업안전보건법 제75조(안전 및 보건에 관한 협의체 등의 구성·운영에 관한 특례) ① 대통령령으로 정하는 규모의 건설공사의 건설공사도급인은 해당 건설공사 현장에 근로자위원과 사용자위원이 같은 수로 구성되는 안전 및 보건에 관한 협의체(이하 "노사협의체"라 한다)를 대통령령으로 정하는 바에 따라 구성·운영할 수 있다.
　②　건설공사도급인이 제1항에 따라 노사협의체를 구성·운영하는 경우에는 산업안전보건위원회 및 제64조 제1항 제1호에 따른 안전 및 보건에 관한 협의체를 각각 구성·운영하는 것으로 본다.
　③　제1항에 따라 노사협의체를 구성·운영하는 건설공사도급인은 제24조 제2항 각 호의 사항에 대하여 노사협의체의 심의·의결을 거쳐야 한다. 이 경우 노사협의체에서 의결되지 아니한 사항의 처리방법은 대통령령으로 정한다.
　④　노사협의체는 대통령령으로 정하는 바에 따라 회의를 개최하고 그 결과를 회의록으로 작성하여 보존하여야 한다.
　⑤　노사협의체는 산업재해 예방 및 산업재해가 발생한 경우의 대피방법 등 고용노동부령으로 정하는 사항에 대하여 협의하여야 한다.
　⑥　노사협의체를 구성·운영하는 건설공사도급인·근로자 및 관계수급인·근로자는 제3항에 따라 노사협의체가 심의·의결한 사항을 성실하게 이행하여야 한다.
　⑦　노사협의체에 관하여는 제24조 제5항 및 제6항을 준용한다. 이 경우 "산업안전보건위원회"는 "노사협의체"로 본다.

심의·의결 사항은 ① 사업장의 산업재해 예방계획의 수립, ② 안전보건 관리규정의 작성 및 변경, ③ 안전보건교육, ④ 작업환경 측정 등 작업환경 의 점검 및 개선, ⑤ 근로자의 건강진단 등 건강관리, ⑥ 중대재해의 원인 조 사 및 재발방지대책 수립, ⑦ 유해·위험한 기계·기구·설비의 안전·보건에 관한 사항 등이다.

산업안전보건법 제64조에 의한 도급인의 안전 및 보건에 관한 협의체는 도급인이 자신의 사업장에서 관계수급인 근로자가 작업을 하는 경우에 도급 인과 수급인을 구성원으로 하여 운영하는 회의체로서, ① 작업 시작시간, ② 작업 또는 작업장 간 연락 방법, ③ 재해 발생 위험 시 대피방법, ④ 위험성 평가 실시, ⑤ 사업주와 수급인 또는 수급인 상호 간 연락 방법 및 작업공정 의 조정을 협의한다(산업안전보건법 시행규칙 제79조[64]).

산업안전보건법 제75조에 의한 건설공사의 안전 및 보건에 관한 협의체 는 공사금액이 120억 원(토목공사업은 150억 원) 이상인 건설공사 도급인이 해 당 건설공사 현장에 근로자위원과 사용자위원을 같은 수로 구성·운영하는 노사협의체로서, 산업안전보건위원회의 심의·의결 사항과 동일한 사항을 심 의·의결한다.

종사자 의견 청취절차 마련 및 개선방안 등 이행점검에 관한 조치 의무 는 종사자의 안전·보건을 위협하는 유해·위험요인을 적시에 찾아내어 개선 할 수 있도록 하고, 종사자의 안전·보건 의식을 고취하며, 안전·보건에 관한 사업주 및 종사자의 협력을 이끌 수 있는 유용한 제도적 장치가 될 것으로 생각된다.

---

[64] 산업안전보건법 시행령 제79조(협의체의 구성 및 운영) ① 법 제64조 제1항 제1호에 따 른 안전 및 보건에 관한 협의체(이하 이 조에서 "협의체"라 한다)는 도급인 및 그의 수급 인 전원으로 구성해야 한다.
② 협의체는 다음 각 호의 사항을 협의해야 한다.
1. 작업의 시작 시간
2. 작업 또는 작업장 간의 연락방법
3. 재해발생 위험이 있는 경우 대피방법
4. 작업장에서의 법 제36조에 따른 위험성평가의 실시에 관한 사항
5. 사업주와 수급인 또는 수급인 상호 간의 연락 방법 및 작업공정의 조정
③ 협의체는 매월 1회 이상 정기적으로 회의를 개최하고 그 결과를 기록·보존해야 한다.

그런데 한편, 전국민주노동조합총연맹 및 중대재해기업처벌법 제정 운동본부는 2022. 1. 27. 기자회견에서, 「기업과 경영책임자가 중대재해 예방을 위해 안전보건 관리 체계를 구축하도록 요구하고 그 과정에서 노동자의 참여 권한을 강화시켜 나갈 것이다. 불안정한 고용 조건에서 위험 업무를 도맡아 하는 하청·특수고용노동자도 원청에 현장 개선을 요구하고 이를 공식화시켜내는 투쟁을 조직할 것이다. 처벌을 피하기 위해 노동자에게 책임을 떠넘기고 감시하고 통제하는 꼼수에 대해서는 단호히 맞서 싸울 것이다」라고 중대재해처벌법 시행에 따른 입장을 발표한 바 있다.[65]

모처럼 마련된 제도가 본래의 입법목적대로 운용되지 못하고 노사 간에 새로운 갈등을 유발하는 요인이 되지 않도록 노사 모두의 각별한 협력과 노력이 필요할 것이라 생각된다.

아) 중대산업재해 발생·급박한 위험 대비 매뉴얼 마련·점검

시행령 제4조 제8호

사업 또는 사업장에 중대산업재해가 발생하거나 발생할 급박한 위험이 있을 경우를 대비하여 다음 각 목의 조치에 관한 매뉴얼을 마련하고, 해당 매뉴얼에 따라 조치하는지를 반기 1회 이상 점검할 것

　가. 작업 중지, 근로자 대피, 위험요인 제거 등 대응조치

　나. 중대산업재해를 입은 사람에 대한 구호조치

　다. 추가 피해방지를 위한 조치

중대산업재해가 발생하거나 발생할 급박한 위험이 있을 경우를 대비하여 ① 작업 중지, 근로자 대피, 위험요인 제거 등 대응조치, ② 중대산업재해를 입은 사람에 대한 구호조치, ③ 추가 피해방지를 위한 조치 등에 관한 매뉴얼을 마련하고 그 매뉴얼에 따라 조치가 잘 이루어지는지 반기 1회 이상 점검하여야 한다. 이러한 매뉴얼은 종사자 전원에게 전파하여 공유되어야 할 것이다.

---

65 전국민주노동조합총연맹 홈페이지 2022. 1. 27. 등록 「중대재해기업처벌법 시행에 따른 입장 발표 기자회견」 보도자료 참조

중대산업재해가 발생하였거나 발생할 급박한 위험이 있으면 즉시 작업중지 및 근로자 대피가 이루어져야 할 것이므로, 종사자의 작업중지권은 물론 관리감독자 등의 작업중지권이 매뉴얼에 반영됨이 바람직할 것이다. 작업중지 후 작업을 재개하는 절차도 마련될 필요가 있을 것이다.

산업안전보건법 제54조에 따르면 중대재해[66]가 발생한 경우 즉시 해당 작업을 중지시키고 근로자를 작업 장소에서 대피시키는 등 안전 및 보건에 관하여 필요한 조치를 하여야 하고, 지체 없이 발생개요, 피해상황, 조치 및 전망 등을 지방고용노동관서에 보고하여야 한다.

산업안전보건법 제64조 제1항 제5호에 따르면 도급인은 작업 장소에서 발파작업을 하는 경우, 작업 장소에서 화재·폭발, 토사·구축물 등의 붕괴 또는 지진 등이 발생한 경우에 대비한 경보체계 운영과 대피방법 등의 훈련을 하여야 한다.

위와 같은 산업안전보건법 제54조 및 제64조 제1항 제5호에 따른 여러 조치와 대피 방안 및 훈련 등을 매뉴얼에 반영함이 바람직할 것이다. 근로자로부터 중대산업재해가 발생할 급박한 위험이 있어 작업을 중지한 사실을 전달받은 관리감독자, 안전보건관리책임자 등은 해당 작업 장소에 중대산업재해가 발생할 급박한 위험이 있는지 여부 등을 확인하고, 필요하면 안전 및 보건에 관한 조치를 한 후 작업을 개시하도록 매뉴얼에 정해야 할 것이다.

중대산업재해를 입은 사람에 대한 구호조치와 관련하여 연락체계와 함께 사업장의 특성을 고려한 방안이 매뉴얼에 담기고, 추가 피해방지를 위한 조치와 관련하여서는 현장 출입통제, 원인 분석 및 재발 방지대책 마련 등이 매뉴얼에 포함되면 좋을 것이다.

자) 도급, 용역, 위탁 등 경우 종사자 안전 및 보건 확보조치

> **시행령 제4조 제9호**
> 제3자에게 업무의 도급, 용역, 위탁 등을 하는 경우에는 종사자의 안전·보건을

---

[66] 산업안전보건법 제2조 제2호 및 산업안전보건법 시행규칙 제3조 제1호부터 제3호까지, 사망자가 1명 이상 발생한 재해, 3개월 이상의 요양이 필요한 부상자가 동시에 2명 이상 발생한 재해, 부상자 또는 직업성 질병자가 동시에 10명 이상 발생한 재해

확보하기 위해 다음 각 목의 기준과 절차를 마련하고, 그 기준과 절차에 따라 도급, 용역, 위탁 등이 이루어지는지를 반기 1회 이상 점검할 것

　　가. 도급, 용역, 위탁 등을 받는 자의 산업재해 예방을 위한 조치 능력과 기술에 관한 평가기준·절차

　　나. 도급, 용역, 위탁 등을 받는 자의 안전·보건을 위한 관리비용에 관한 기준

　　다. 건설업 및 조선업의 경우 도급, 용역, 위탁 등을 받는 자의 안전·보건을 위한 공사기간 또는 건조기간에 관한 기준

---

　　① 도급, 용역, 위탁 등을 받는 자의 산업재해 예방을 위한 조치 능력과 기술에 관한 평가 기준과 절차, ② 도급, 용역, 위탁 등을 받는 자의 안전·보건을 위한 관리비용에 관한 기준, ③ 건설업 및 조선업의 경우 도급, 용역, 위탁 등을 받는 자의 안전·보건을 위한 공사기간 또는 건조기간에 관한 기준과 절차를 마련하고, 이러한 기준과 절차에 따라 도급, 용역, 위탁 등이 이루어지는지를 반기 1회 이상 점검해야 한다.

　　이 조항의 입법취지는, 도급인의 안전보건관리체계 구축 등 안전 및 보건 확보를 위한 조치에서 더 나아가, 도급, 용역, 위탁 등을 받는 자의 안전 및 보건 조치 능력과 기술을 확보하여 안전 및 보건에 관한 역량이 뛰어난 수급인 등이 선정되도록 하려는 것이라고 보인다.

　　산업안전보건법 제61조[67]에 따르면 사업주는 산업재해 예방을 위한 조치를 할 수 있는 능력을 갖춘 사업주에게 도급하여야 한다. 도급, 용역, 위탁 업체를 선정하는 경우 안전·보건 능력과 기술 수준을 평가하여 적정 수준에 이르지 못하는 경우에는 수급인 등으로 선정하지 말아야 할 것이다.

　　이를 위한 평가 기준과 절차를 마련하여야 하는데, 개별 사업 또는 사업장의 규모와 특수성 등을 고려하여 안전 및 보건에 관한 능력 및 기술 수준에 관한 요소와 인자들이 수급인 등의 선정에 충분히 반영되도록 하여야 할 것이다.

---

67 산업안전보건법 제61조(적격 수급인 선정 의무) 사업주는 산업재해 예방을 위한 조치를 할 수 있는 능력을 갖춘 사업주에게 도급하여야 한다.

평가 기준에는 수급인 등의 안전·보건 확보를 위한 안전보건관리체계 구축 여부, 안전보건관리규정, 작업절차 준수, 안전보건교육 실시, 위험성평가 참여 등 산업안전보건법에 명시된 기본적인 사항의 준수 여부 및 중대산업재해 발생 여부, 도급이나 위탁 또는 용역을 준 업무와 관련된 안전조치 및 보건조치를 위한 능력과 기술 역량에 관한 항목들을 포함하면 될 것이다.[68]

안전·보건을 위한 관리비용에 관한 기준은 구체적인 제반 사정들을 종합하여 안전 및 보건을 확보하는 데 충분한 비용을 책정토록 해야 할 것인데, 중대재해처벌법 및 그 시행령은 구체적인 기준을 제시한 바 없어 범죄구성요건을 정한 입법 방식으로는 적절하지 못하다는 점을 지적하지 않을 수 없다.

안전 및 보건을 위한 공사기간 또는 건조기간에 관한 기준은 중대산업재해 예방을 위하여 안전하게 작업할 수 있는 충분한 기간으로 수립되어야 할 것이다. 특히 비용절감을 목적으로 지나치게 짧은 공사기간이나 건조기간을 정하는 행태는 지양되어야 할 것이다.

마련된 기준과 절차에 따라 도급, 용역, 위탁 등의 업체가 선정되는지 여부를 반기 1회 이상 점검하여야 한다. 정해진 관리비용을 집행하고 기준을 충족하여 도급, 용역, 위탁 등을 받은 수급인 등의 계약이행 여부도 점검하면 좋을 것이다.

3) 재해 재발방지 대책 수립 및 그 이행에 관한 조치(제2호)
가) '재해'의 의미

여기에서의 '재해'가 중대산업재해를 의미하는 것인지 아니면 모든 산업재해를 포함하는 것인지에 관하여 해석론이 대립될 수 있다.

중대재해처벌법의 적용 범위를 넓혀서는 아니 된다는 입장에서는 중대산업재해를 의미하는 것이라고 해석할 것이고, 반대로 중대재해처벌법을 적극적으로 적용함이 타당하다는 입장에서는 모든 산업재해를 포함한다고 해

석[69]할 것이다.

후자의 해석론을 취하는 입장에서는 사소한 사고라도 반복되면 큰 사고로 이어질 위험이 있으므로 경미한 산업재해라 하더라도 그 원인 분석 및 재발방지 조치를 통해 중대 산업재해를 초기에 예방할 필요가 있음을 근거로 내세우고 있다.[70]

입법자가 중대산업재해를 규율하는 중대재해처벌법 제2장(제3조부터 제8조까지)의 규정에서 사용한 용어를 살펴보면, 제4조에서는 '재해'(제1호 및 제2호)를 사용하였고, 제5조 및 제6조와 제8조에서는 각각 '중대산업재해'를 사용하였으며, 나머지 제3조 및 제7조에서는 '재해'와 '중대산업재해' 모두 사용하지 아니하였다.

또 입법자는 중대산업재해를 규율하는 중대재해처벌법 시행령 제2장(제4조부터 제7조까지) 중 제4조 제4호 가목 및 제7호에서 각각 '재해'를 사용하였고, 제4조 제8호 및 제6조 제2항 제2호와 제4항에서 각각 '중대산업재해'를 사용하였으며, 제4조 제9호에서 '산업재해'를 사용하였고, 나머지 중대산업재해와 관련된 조항들에서는 '재해' 및 '산업재해'와 '중대산업재해' 중 어느 것도 사용하지 아니하였다.

이러한 중대재해처벌법 및 그 시행령의 규정 태도에 비추어 보면, 입법자는 '재해'와 '중대산업재해'를 구분하면서 사용한 것으로 보인다. 다만, 중대재해처벌법 시행령 제4조 제9호에서는 '산업재해'를 사용하였지만 이는 '재해'와 구분하여야 할 별다른 실익이 없으므로 동일한 의미로 봐도 무방할 것으로 생각된다.

그리고 중대재해처벌법 제4조 제1항 제1호의 조치에 관한 구체적인 사항으로 규정된 중대재해처벌법 시행령 제4조 제8호는, ① 작업 중지, 근로자 대피, 위험요인 제거 등 대응조치, ② 중대산업재해를 입은 사람에 대한 구호조치, ③ 추가 피해방지를 위한 조치 등을 포함하여 중대산업재해가 발생한 경우에 대비한 매뉴얼을 마련한 다음, 이 매뉴얼에 따른 조치를 반기 1회

---

69 고용노동부 2021. 11. 17. 발간 「중대재해처벌법 해설 - 중대산업재해 관련 -」, p. 94
70 고용노동부 2021. 11. 17. 발간 「중대재해처벌법 해설 - 중대산업재해 관련 -」, p. 94

이상 점검토록 하고 있다. 이는 중대재해처벌법 제4조 제1항 제2호가 정한 "재해 발생 시 재발방지 대책 수립 및 그 이행에 관한 조치"에 비해 더 구체적이고 세부적인 내용들을 중대산업재해가 발생한 경우에 대비한 매뉴얼에 담도록 요구하는 것이라고 보인다.

   이러한 중대재해처벌법 및 그 시행령의 태도는, '중대산업재해'와 '재해'를 구분하여 전자의 경우에는 그 발생 시에 대비하여야 할 조치들에 관하여 개인사업주와 경영책임자등에게 더 구체적이고 세부적인 사항들을 준비하도록 하는 반면에, 후자의 경우에는 개인사업주와 경영책임자등에게 일반적이고 추상적인 조치 의무를 부과하면서 상대적으로 폭이 더 넓은 자율성과 유연성을 허용한 것으로도 볼 수 있다.

   '재해'와 '중대산업재해'를 구분하는 의미는 대개 종사자가 사망하였는지 여부에 따라 뚜렷해진다. 즉 종사자가 중대재해처벌법 제2조 제2호의 중대산업재해에 해당하지 아니하는 부상에만 그치는 경우는 '재해'에 해당하고, 종사자 1명이 사망에 이른 경우는 '중대산업재해'에 해당할 것이다.

   중대재해처벌법 제4조 제1항 제2호에서의 '재해'를 중대산업재해라고 새기는 입장에 따르게 되면, 종사자 1명이 사망에 이르지 아니하고 부상에만 그친 경우에는 개인사업주나 경영책임자등에게 재발방지 대책의 수립 및 그 이행에 관한 조치 의무가 발생하지 아니한다고 볼 것이다.

   그러나 그러한 재해가 발생한 원인(안전·보건 관계 법령에 따른 의무의 위반)은 '재해'인 경우이든 '중대산업재해'인 경우이든 같을 수 있다는 측면에서, 사망의 결과 발생이라는 우연에 의해 재해 발생의 원인에 따른 재발방지 대책의 수립·조치 필요성이 좌우되는 것은 타당하다고 보기 어렵다.

   따라서 여기에서의 '재해'는 '중대산업재해'가 아닌 모든 '산업재해'를 포함하는 의미로 해석함이 상당할 것이다.

   다만 이와 관련하여 여기에서의 '재해'는 반드시 중대산업재해만을 의미하는 것은 아니고 '경미하더라도 반복되는' 산업재해도 포함하는 개념이라는 견해가 있다.[71] 범죄구성요건에 관한 법률 조항이라는 측면에서 '경미하더라도 반복되는'이라는 불명확한 기준에 의하여 재해의 의미를 해석할 수는 없다고 할 것으로, 동의하기 어렵다고 생각된다.

나) 재발방지 대책의 수립 및 그 이행에 관한 조치

재발방지 대책은 이미 발생한 재해에 관한 사후 조치를 전제로 하는 것으로, 발생한 재해에 대한 조사와 결과 분석, 현장 담당자 및 전문가의 의견 수렴 등을 통해 유해·위험요인과 발생 원인을 파악하고, 동일·유사한 재해가 발생하지 않도록 파악된 유해·위험요인별 제거·대체 및 통제 방안을 검토하여 종합적인 개선 대책을 수립하면 될 것이다.[72]

대통령령에 별도로 위임되어 있지 않으므로 산업안전보건법, 산업안전보건법 시행령 등에서 마련하고 있는 '재해 발생 시 재발방지 대책 수립'에 관한 규정들을 해석의 기준으로 참고할 수 있을 것이다.

산업안전보건법 제15조 등은 안전보건관리책임자의 업무 중에 '산업재해의 원인 조사 및 재발 방지대책 수립에 관한 사항'을 규정하고 있다.

이와 관련하여 중대재해처벌법 시행 이전에 산업재해가 발생한 사업장에서 중대재해처벌법 시행 이후 다시 산업재해가 발생하였을 경우, 중대재해처벌법에 따른 재발방지 대책 수립이 미흡하다는 이유로 형사처벌을 받게 되는지 의문의 여지가 있다.

중대재해처벌법 시행 이후의 안전 및 보건 확보의무 불이행이 인정될 경우에는 당연히 형사책임이 발생하겠지만, 소급금지원칙 등을 고려할 때 중대재해처벌법 시행 이전에 발생한 사고에 대한 재발방지 대책 수립 미흡으로 형사처벌을 가하기는 어려울 것으로 보인다.

다만, 중대재해처벌법 시행 이전에 발생한 산업재해가 있는 사업 또는 사업장의 경우는, 시행령 제4조 제3호의 유해·위험요인의 확인·개선 절차 이행 등에 관한 조치 의무와 관련하여 유의하여야 할 사항이 있다. 기존에 있었던 산업재해는 비록 그것이 중대산업재해에 해당하지 않더라도, 이미 그 산업재해와 관련된 유해·위험요인이 확인된 것으로 평가되므로 중대재해처벌법 시행령 제4조 제3호의 조치 의무 대상으로 볼 수 있게 된다는 점이 바

---

71 고용노동부 2021. 11. 17. 발간 「중대재해처벌법 해설 - 중대산업재해 관련 -」, p. 94
72 고용노동부 2021. 11. 17. 발간 「중대재해처벌법 해설 - 중대산업재해 관련 -」, p. 95

로 그것이다.

즉 중대재해처벌법 시행 이전 발생한 산업재해라는 이유로 아무런 조치를 하지 않고 있다가 시행 이후 중대산업재해가 발생하게 되면, 해당 사업 또는 사업장의 개인사업주 또는 경영책임자등은 중대재해처벌법 제4조 제1항 제1호의 안전보건관리체계의 구축의무 위반(시행령 제4조 제3호의 위반)으로 인한 중대산업재해임을 이유로 법 위반의 책임을 지게 될 수 있을 것이다. 중대재해처벌법 시행 이전에 발생한 '아차사고'의 경우도 마찬가지일 것이므로 이미 확인된 유해·위험요인으로 보아 적절한 개선조치를 이행함이 상당할 것이다.

4) 중앙행정기관·지방자치단체가 개선, 시정 등을 명한 사항의 이행에 관한 조치(제3호)

중앙행정기관 또는 지방자치단체가 관계 법령에 따라 시행한 개선·시정 명령을 의미하고, 원칙적으로 서면으로 시행되어야 할 것으로 보인다.[73][74]

개선 명령 또는 시정 명령은 행정처분을 의미하고 행정지도나 권고, 조언 등이 포함되지 아니함은 당연한 해석이라고 할 것이다. 안전 및 보건 확보와 관련이 없는 개선 명령 또는 시정 명령은 포함되지 않는다고 봄이 상당하다.

구체적인 사항들을 대통령령에 따로 위임하지 않았으므로 산업안전보건법과 그 시행령 등에 규정된 고용노동부, 지방자치단체 등의 안전보건 관련 개선·시정 명령 등의 유형과 그 이행에 관한 내용들을 해석의 기준으로 참고할 수 있을 것이다.

---

[73] 고용노동부 2021. 11. 17. 발간 「중대재해처벌법 해설 – 중대산업재해 관련 –」, p. 96

[74] 행정절차법 제24조(처분의 방식) ① 행정청이 처분을 할 때에는 다른 법령등에 특별한 규정이 있는 경우를 제외하고는 문서로 하여야 하며, 전자문서로 하는 경우에는 당사자 등의 동의가 있어야 한다. 다만, 신속히 처리할 필요가 있거나 사안이 경미한 경우에는 말 또는 그 밖의 방법으로 할 수 있다. 이 경우 당사자가 요청하면 지체 없이 처분에 관한 문서를 주어야 한다.
② 처분을 하는 문서에는 그 처분 행정청과 담당자의 소속·성명 및 연락처(전화번호, 팩스번호, 전자우편주소 등을 말한다)를 적어야 한다.

중앙행정기관 등이 관계 법령에 따라 개선, 시정 등을 명한 사항에 대한 불이행은 만일에 중대산업재해가 발생할 경우 형사책임과 직결될 수 있기 때문에 개인사업주 또는 경영책임자등이 그 명령 사항에 승복할 수 없는 경우에 어떤 조치를 할 수 있는지 의문점이 있다.

시행령을 제정하는 과정에 중앙행정기관 등의 개선, 시정 등 명령에 대한 불복 절차도 규정하는 것이 타당하였을 것이나 그렇지 못하였다.

위법 또는 부당한 행정명령에 대하여 불복할 수 있는 기회를 주지 않은 채 행정명령 불이행을 이유로 엄중한 형사책임을 묻는다면, 국민들이 납득하기 어려울 것이다.

더욱이 중대산업재해 예방과 종사자의 생명·신체 보호라는 입법목적의 달성을 위해 부과할 필요가 있는 조치의무라 하더라도, 개인사업주 또는 경영책임자등의 기본권 제한을 보다 가볍게 하는 수단이 있음에도 이를 강구하지 아니하는 등으로 과잉금지원칙에 위배되는 위헌 소지도 있어 보인다.

만일 시행령에 불복절차가 마련되지 않는다면, 일반적인 법절차에 따라 행정행위에 대한 이의제기, 행정심판, 행정소송 등을 통해 다툴 수 있을 것으로 보인다.

하자가 중대하고 명백하여 당연 무효인 개선 또는 시정 명령의 경우에는 그 명령에 따른 조치를 하지 아니하였더라도 중대산업재해가 발생하였다는 이유만으로 사업주 또는 경영책임자등에게 형사처벌을 가하는 것은 법리상 어렵다고 해석된다.

그러나 사업주 또는 경영책임자등 입장에서 개선 또는 시정 명령에 명백하고 중대한 하자가 있는지 여부를 자체 판단하여 그 명령에 따른 조치를 할 것인지 여부를 결정하는 것은 어려워 보인다.

결국 사업주 또는 경영책임자등은 중앙행정기관·지방자치단체의 개선 등 명령에 대하여 이의제기나 행정심판 또는 소송 등으로 다투는 것과는 관계없이 우선 개선 또는 시정 명령에 따른 조치를 하여야만 할 것이다. 그러한 연후에 이의제기나 행정심판 또는 행정소송 등으로 나섬이 타당할 것이다.

5) 안전·보건 관계 법령에 따른 의무 이행에 필요한 관리상의 조치(제4호)

제4조(사업주와 경영책임자등의 안전 및 보건 확보의무) ① 사업주 또는 경영책임자등은 사업주나 법인 또는 기관이 실질적으로 지배·운영·관리하는 사업 또는 사업장에서 종사자의 안전·보건상 유해 또는 위험을 방지하기 위하여 그 사업 또는 사업장의 특성 및 규모 등을 고려하여 다음 각 호에 따른 조치를 하여야 한다.

4. 안전·보건 관계 법령에 따른 의무이행에 필요한 관리상의 조치

② 제1항 제1호·제4호의 조치에 관한 구체적인 사항은 대통령령으로 정한다.

시행령 제5조(안전·보건 관계 법령에 따른 의무이행에 필요한 관리상의 조치) ① 법 제4조 제1항 제4호에서 "안전·보건 관계 법령"이란 해당 사업 또는 사업장에 적용되는 것으로서 종사자의 안전·보건을 확보하는 데 관련되는 법령을 말한다.

② 법 제4조 제1항 제4호에 따른 조치에 관한 구체적인 사항은 다음 각 호와 같다.

1. 안전·보건 관계 법령에 따른 의무를 이행했는지를 반기 1회 이상 점검(해당 안전·보건 관계 법령에 따라 중앙행정기관의 장이 지정한 기관 등에 위탁하여 점검하는 경우를 포함한다. 이하 이 호에서 같다)하고, 직접 점검하지 않은 경우에는 점검이 끝난 후 지체 없이 점검 결과를 보고받을 것

2. 제1호에 따른 점검 또는 보고 결과 안전·보건 관계 법령에 따른 의무가 이행되지 않은 사실이 확인되는 경우에는 인력을 배치하거나 예산을 추가로 편성·집행하도록 하는 등 해당 의무 이행에 필요한 조치를 할 것

3. 안전·보건 관계 법령에 따라 의무적으로 실시해야 하는 유해·위험한 작업에 관한 안전·보건에 관한 교육이 실시되었는지를 반기 1회 이상 점검하고, 직접 점검하지 않은 경우에는 점검이 끝난 후 지체 없이 점검 결과를 보고받을 것

4. 제3호에 따른 점검 또는 보고 결과 실시되지 않은 교육에 대해서는 지체 없이 그 이행의 지시, 예산의 확보 등 교육 실시에 필요한 조치를 할 것

중대재해처벌법은 제4조 제1항 제4호에서 '개인사업주 또는 경영책임자등은 종사자의 안전 및 보건 확보를 위해 안전·보건 관계 법령에서 정하는 의무를 이행하는 데 필요한 관리상의 조치'를 할 의무가 있다고 추상적으로

규율하고 제2항에서 구체적인 사항을 시행령에 위임한 후 시행령 제5조 제1
항에서 '안전·보건 관계 법령의 의미'를 정의하고, 제2항에서 관리상 조치의
구체적 사항을 규정하고 있다.

가) "안전·보건 관계 법령"의 의미

> **시행령 제5조 제1항**
> 법 제4조 제1항 제4호에서 "안전·보건 관계 법령"이란 해당 사업 또는 사업장에
> 적용되는 것으로서 종사자의 안전·보건을 확보하는 데 관련되는 법령을 말한다.

중대재해처벌법 제4조 제1항 제4호의 "안전·보건 관계 법령"이란 해당
사업 또는 사업장에 적용되는 것으로서 종사자의 안전·보건을 확보하는 데
관련되는 법령을 의미한다(시행령 제5조 제1항).

고용노동부는 "안전·보건 관계 법령"은 종사자의 안전·보건을 확보하
는데 그 목적을 두고 있는 산업안전보건법령을 중심으로 고려하되, 종사자의
안전·보건에 관계되는 법령은 모두 포함된다는 입장이다.[75]

이에 따라 ① 법률의 목적이 근로자의 안전·보건 확보를 위한 것으로
관련 규정이 있는 광산안전법, 선원법, 연구실 안전환경 조성에 관한법률 등
을 포함하며, ② 법 제정 목적이 일반 공중의 안전을 확보하기 위한 내용이
지만, 그 규정에서 '직접적으로' 근로자 등 노무를 제공하는 사람의 안전·보
건 확보를 위한 내용을 규정한 폐기물관리법 등을 포함한다고 본다.[76]

【참고】 고용노동부 안전·보건 관계 법령의 예시(요약표)[77]

법령명	관련 조문
산업안전보건법	노무를 제공하는 사람의 안전 및 보건의 유지·증진을 목적으로 하는 법으로 산업안전보건법, 법 시행령 및 시행규칙과 산업안전보건기준에 관한 규칙, 유해·위험작업의 취업 제한에 관한 규칙을 모두 포함

---

[75] 고용노동부 2021. 11. 17. 발간 「중대재해처벌법 해설 - 중대산업재해 관련 -」, p. 98

[76] 고용노동부 2021. 11. 17. 발간 「중대재해처벌법 해설 - 중대산업재해 관련 -」, p. 98
정리

[77] 고용노동부 2021. 11. 17. 발간 「중대재해처벌법 해설 - 중대산업재해 관련 -」, p. 98,

광산안전법	법률 제정 목적에 광산근로자에 대한 위해를 포함하며, 광업권자 또는 조광권자의 의무(법 제5조), 안전교육의 실시(법 제7조), 안전규정의 제정 및 준수(법 제11조) 등에서 광산근로자에 대한 위해 방지를 위한 내용 규율 산업안전보건법의 일부 의무 적용이 제외된 안전보건관계법령(산업안전보건법 시행령 별표1)
원자력안전법	발주자의 안전조치 의무로 방사선작업종사자가 과도한 방사선에 노출되지 아니하도록 안전한 작업환경을 제공하여야 한다는 의무 부과(법 제59조의2), 방사선장해방지조치(법 제91조) 등 산업안전보건법의 일부 의무 적용이 제외된 안전보건관계법령(산업안전보건법 시행령 별표1)
항공안전법	산업안전보건법의 일부 의무 적용이 제외된 안전보건관계법령(산업안전보건법 시행령 별표1)
선박안전법	산업안전보건법의 일부 의무 적용이 제외된 안전보건관계법령(산업안전보건법 시행령 별표1)
연구실 안전환경 조성에 관한 법률	법률 제정 목적에 연구활동종사자의 건강과 생명 보호를 포함하며, 종사자의 안전을 위하여 연구실책임자의 지정(법 제9조), 안전점검(법 제14조) 및 정밀안전진단의 실시(법 제15조), 교육·훈련(제20조) 및 건강검진(제21조) 등의 사항을 규정
폐기물관리법	폐기물관리법의 보호 조항(법 제14조의5)에 따라 시행규칙 제16조의3으로 정해진 보호장구의 지급, 운전자 포함 3명1조의 작업 등의 안전기준 등
생활물류서비스산업 발전법	생활물류서비스 종사자의 보호 조항(법 제36조)은 "생활물류서비스종사자의 안전을 확보할 수 있도록" 노력해야 한다고 명시
선원법	선원에게 보호장구와 방호장치 등을 제공하여야 하는 등 선원의 안전·보건 확보를 위한 선박소유자의 의무(법 제82조), 의사의 승무(법 제84조) 등 규정을 포함
생활주변방사선 안전관리법	원료물질 또는 공정부산물의 취급·관리 시 관련 종사자의 건강을 위해 시설 및 종사자의 피폭량 등에 대한 조사 등 준수사항(법 제14조), 결함 가공제품에 대한 조치(법 제16조) 등을 규정

중대재해 처벌법 제정취지, 법률 및 시행령 규정 내용을 감안할 때 "안전·보건 관계 법령"의 범위에 산업안전보건법령 외 종사자의 안전·보건에 관계되는 법령을 모두 포함한다.

고용노동부의 안전·보건 관계 법령의 예시 외에도 특정소방대상물에 대

---

104 요약, 변경

한 소방안전점검 의무 등을 규정하고 있는 '화재예방, 소방시설 설치·유지 및 안전관리에 관한 법률'(약칭: 소방시설법)과 화재예방안전진단의무 등을 규정하고 있는 2022. 12. 1. 시행 '화재의 예방 및 안전관리에 관한 법률'(약칭: 화재예방법)도 안전·보건 관계 법령에 해당된다.

그렇지만 고용노동부 해설서에서조차 안전·보건 관계 법령의 범위를 명확히 규정하지 않고 해석의 여지가 있게 하는 것은 형사처벌까지 귀결되는 점을 감안할 때 예측가능성에 문제가 있다.

즉 형사처벌까지 귀결되는 점을 감안할 때 예측가능성을 고려하여 시행령에서 법령의 범위를 명확히 해야 한다.

현행 '산업안전보건기준에 관한 규칙'은 산업안전보건법이 정하는 「안전조치의무(제38조), 보건조치의무(제39조), 유해·위험 작업의 도급금지(제58조), 유해·위험 작업의 도급승인(제59조)과 하도급금지(제60조), 도급인의 안전보건조치의무(제63조)와 산업재해 예방조치의무(제64조), 건설공사발주자의 산업재해 예방조치의무(제67조), 특수형태근로종사자에 대한 안전보건 조치의무(제77조)」등을 구체화하고 있는데, 마찬가지로 시행령에서 해당 규정을 명시했어야 한다.

그런데 시행령이 아닌 고용노동부의 해설서에서조차 그 범위를 명확히 하지 않고 예시만 한 것은 국민의 예측가능성 측면에서 문제가 크다고 할 것이다.

나) "의무이행에 필요한 관리상의 조치"의 의미

시행령 제5조 제2항

법 제4조 제1항 제4호에 따른 조치에 관한 구체적인 사항은 다음 각 호와 같다.

1. 안전·보건 관계 법령에 따른 의무를 이행했는지를 반기 1회 이상 점검(해당 안전·보건 관계 법령에 따라 중앙행정기관의 장이 지정한 기관 등에 위탁하여 점검하는 경우를 포함한다. 이하 이 호에서 같다)하고, 직접 점검하지 않은 경우에는 점검이 끝난 후 지체 없이 점검 결과를 보고받을 것

2. 제1호에 따른 점검 또는 보고 결과 안전·보건 관계 법령에 따른 의무가 이행되지 않은 사실이 확인되는 경우에는 인력을 배치하거나 예산을 추가로 편성·

집행하도록 하는 등 해당 의무 이행에 필요한 조치를 할 것
3. 안전·보건 관계 법령에 따라 의무적으로 실시해야 하는 유해·위험한 작업에 관한 안전·보건에 관한 교육이 실시되었는지를 반기 1회 이상 점검하고, 직접 점검하지 않은 경우에는 점검이 끝난 후 지체 없이 점검 결과를 보고받을 것
4. 제3호에 따른 점검 또는 보고 결과 실시되지 않은 교육에 대해서는 지체 없이 그 이행의 지시, 예산의 확보 등 교육 실시에 필요한 조치를 할 것

고용노동부는 의무이행에 필요한 관리상의 조치란, 각 사업장의 안전·보건 관계 법령에 따른 법적 의무 이행을 점검하고 그 결과를 평가하는 조직 등을 두어 경영책임자가 그 조직을 통해 사업장의 법적 의무 이행 여부와 문제점 등을 보고받고, 개선 조치를 취하도록 하는 등 법률상 의무이행을 해태함이 없도록 하기 위한 개인사업주 또는 경영책임자등의 제반 조치들이라고 정의한다.[78]

이에 따라 시행령에서는 ① 안전·보건 관계 법령에 따른 의무 이행 여부와 안전·보건 관계 법령에 따라 의무적으로 실시해야 하는 유해·위험한 작업에 관한 안전·보건에 관한 교육 실시 여부를 반기 1회 이상 점검하고, ② 점검 결과 의무가 이행되지 않은 사실이 확인될 경우 인력 배치, 예산 추가 편성 및 집행 등 필요한 조치를 하고, ③ 미실시된 교육에 대해서는 이행의 지시, 예산의 확보 등 필요한 조치를 하도록 규정하고 있다(시행령 제5조 제2항).

다) 안전·보건 관계 법령에 따른 의무 이행 여부에 대한 점검 및 필요한 조치(시행령 제5조 제2항 제1호, 제2호)

개인사업주 또는 경영책임자등은 안전·보건 관계 법령에 따른 의무 이행 여부를 반기 1회 이상 점검하고, 안전·보건 관계 법령에 따라 중앙행정기관의 장이 지정한 기관 등에 위탁하여 점검하는 경우 등 직접 점검하지 않은 경우에는 점검이 끝난 후 지체 없이 결과를 보고 받아야 한다(시행령 제5조 제2항 제1호).

---

[78] 고용노동부 2021. 11. 17. 발간 「중대재해처벌법 해설 - 중대산업재해 관련 -」, p. 99

점검 또는 보고 결과 안전·보건 관계 법령에 따른 의무가 이행되지 않은 사실이 확인되는 경우에는 인력을 배치하거나 예산을 추가 편성·집행하도록 하는 등 의무 이행에 필요한 조치를 하여야 한다(시행령 제5조 제2항 제2호).

안전·보건 관계 법령에 따른 의무 이행 여부에 대한 점검 방법은 해당 사업 또는 사업장의 구체적 사정에 따라 다양한 방식과 조직을 통해 실행될 수 있고, 전문기관에 위탁하여 점검하는 것도 가능하다.

점검은 실질적으로 이행되도록 하여야 하고, 그 결과를 평가하는 조직과 절차 등 시스템을 마련하여 법적 의무 이행 여부는 물론 성과와 문제점 등을 점검하거나 점검 결과에 대해 보고받고 그에 따른 필요한 조치를 하도록 하는 것으로 전문가, 현장실무자 등의 의견을 청취하는 등 부실점검이 되지 않도록 점검의 적정성을 살펴야 한다.[79]

고용노동부는 해당 점검 및 보고가 형식적으로 이루어지는 부실 점검의 경우나, 개인사업주 또는 경영책임자등이 점검의 지시를 하였으나 점검 또는 보고가 이루어지지 않은 경우에는 의무가 이행된 것으로 볼 수 없다고 해석한다.[80]

하지만, 이러한 해석은 책임원칙에 반할 수 있으므로, 신뢰의 원칙상 개인사업주 또는 경영책임자등이 실질적 점검이 될 수 있도록 충분한 조치를 취하고 이를 신뢰하는 경우에는 의무이행의 해태가 없었다고 보아야 할 것이다.

안전·보건 관계 법령에 따라 중앙행정기관의 장이 지정한 기관은 산업안전보건법의 경우 안전관리전문기관(법 제17조), 보건관리전문기관(제18조), 안전보건진단기관(제47조), 건설재해예방전문기관(제73조) 등이 있다.[81]

안전·보건 관계 법령에 따른 점검의 위탁은 산업안전보건법에서 안전·보건업무 위탁이 허용되지 않는 상시 근로자 300명 이상의 사업장에 대해서

---

79 고용노동부 2021. 11. 17. 발간 「중대재해처벌법 해설 - 중대산업재해 관련 ㅡ」, p. 101
80 고용노동부 2021. 11. 17. 발간 「중대재해처벌법 해설 - 중대산업재해 관련 ㅡ」, p. 102
81 고용노동부 2021. 11. 17. 발간 「중대재해처벌법 해설 - 중대산업재해 관련 ㅡ」, p. 102

도 점검의 위탁은 가능하고, 안전·보건 관계 법령에 따른 의무 준수 여부에 대한 점검은 해당 사업장의 안전, 보건 업무를 위탁받아 수행한 업체가 아닌 다른 기관에 위탁하여야 한다.[82]

다만, 위 기관들이 위탁받을 수 있는 부분은 해당기관의 업무에 관한 내용에 한정된다고 하므로 결국 산업안전보건법령이 아닌 다른 안전·보건 관계 법령에서 각각 정해진 조치 의무가 무엇인지 점검업무를 위탁할 전문기관은 모두 몇 종류인지조차도 수범자인 국민은 파악하기 어렵다.

개인사업주 또는 경영책임자등은 점검 과정을 통해 안전·보건 관계 법령에 따른 의무가 이행되지 않은 사실이 확인된 경우에는 인력의 배치, 예산의 추가 편성·집행 등 안전·보건 관계 법령에 따른 의무 이행에 필요한 조치를 하여야 한다.

특히 산업안전보건법 시행규칙에서 구체적으로 규정하고 있는 700여 개의 의무를 안전보건 관리자들이 준수하고 있는지 점검 및 필요한 조치를 우선적으로 하여야 할 것이다.

라) 안전·보건 관계 법령에 따라 의무적으로 실시해야 하는 유해·위험한 작업에 관한 안전·보건에 관한 교육(시행령 제5조 제2항 제3호, 제4호)

개인사업주 또는 경영책임자등은 안전·보건 관계 법령에 따라 의무적으로 실시해야 하는 유해·위험한 작업에 관한 안전·보건에 관한 교육이 실시되었는지를 반기 1회 이상 점검하거나 직접 점검하지 않은 경우에는 점검이 끝난 후 지체 없이 점검 결과를 보고받아야 한다(시행령 제5조 제2항 제3호).

또한 교육의 실시 여부에 대한 점검 또는 보고 결과 실시되지 않은 교육에 대해서는 지체 없이 그 이행의 지시, 예산의 확보 등 교육 실시에 필요한 조치를 하여야 한다(시행령 제5조 제2항 제4호).

고용노동부는 안전·보건 관계 법령에 따른 교육 중 유해·위험한 작업에 관한 교육은 모두 포함되므로 그 교육이 유해·위험작업에 관한 것이고, 법령상 의무화되어 있는 것이라면 산업안전보건법의 유해·위험 작업에 따른

---

82 고용노동부 2021. 11. 17. 발간 「중대재해처벌법 해설 – 중대산업재해 관련 –」, p. 102

교육이 아닌 경우에도 적용된다고 해석하면서, 항공안전법상 위험물취급에 관한 교육(항공안전법 제72조), 선박안전법상 위험물 안전운송 교육(선박안전법 제41조의2) 등을 예로 들고 있다.[83]

　　중대재해 처벌법 제정취지, 법률 및 시행령 규정을 감안할 때 고용노동부의 해석이 타당한 것으로 보이나, 시행령에서 조차 안전·보건 관계 법령의 범위를 명확히 규정하지 않고 해석의 여지가 있게 하는 것은 형사처벌까지 귀결되는 점을 감안할 때 문제가 있다.

　　이 부분 역시 시행령에서 법령의 범위를 명확히 하여야 할 것이다.

　　안전·보건의 교육실시 여부에 대한 점검은 안전·보건 관계 법령에 의무이행 여부에 대한 점검과는 달리 외부 기관에 점검을 위탁할 수 없으므로 사업 또는 사업장 내에서 점검이 이루어져야 한다.[84]

　　교육 실시의 주체가 수급인 등 제3자인 경우 해당 교육을 실시하도록 요구하는 등 필요한 조치를 해야 하는 것이고 교육의무가 없는 경우까지 직접 교육을 하여야 하는 것은 아니다.[85]

　　다만, 유해·위험 작업에 관한 안전보건 교육의 실시는 안전·보건 관계 법령에 따른 의무를 이행하는 것이므로 굳이 중대재해처벌법 시행령 제5조 제2항 제3호에서 따로 규정할 이유가 없어 보인다. 차이가 있다면 시행령 제5조 제2항 제4호에서 교육 실시에 필요한 조치를 지체 없이 하라고 하는 점 뿐이다.

　　고용노동부는 시행령 제5조 제2항 제1호에 의해 위탁하여 점검하는 내용에 시행령 제5조 제2항 제3호의 안전·보건에 관한 교육 실시에 관한 내용이 포함되더라도 안전·보건 관련 정보, 교육, 인식 부족으로 사고가 발생하는 것을 방지하기 위해 교육이 중요함을 특별히 강조하기 위해 시행령 제5조 제2항 제3호와 제4호가 규정된 것이라고 설명하고 있다.[86] 하지만 중대재해가

---

83 고용노동부 2021. 11. 17. 발간 「중대재해처벌법 해설 – 중대산업재해 관련 –」, p. 106

84 고용노동부 2021. 11. 17. 발간 「중대재해처벌법 해설 – 중대산업재해 관련 –」, p. 103

85 고용노동부 2021. 11. 17. 발간 「중대재해처벌법 해설 – 중대산업재해 관련 –」, p. 106

86 고용노동부 2021. 11. 17. 발간 「중대재해처벌법 해설 – 중대산업재해 관련 –」, p. 103

발생하였을 때 시행령 제5조 제2항 제2호의 조치를 이행하지 않은 것과 인과 관계가 인정된다면 수사기관은 위 제2호의 안전·보건 관계 법령상 의무를 이행하는 데 필요한 인력 배치나 예산의 추가 편성·집행 등 조치를 하지 않았다고 기소의견을 내거나 기소를 할 수도 있을 것이므로, 결국 시행령 제5조 제2항 제4호의 '지체 없이'는 하나의 장식에 불과하므로 개정할 필요가 있다.

2. 도급, 용역, 위탁 등 관계에서의 안전 및 보건 확보의무

> 제5조(도급, 용역, 위탁 등 관계에서의 안전 및 보건 확보의무) 사업주 또는 경영책임자등은 사업주나 법인 또는 기관이 제3자에게 도급, 용역, 위탁 등을 행한 경우에는 제3자의 종사자에게 중대산업재해가 발생하지 아니하도록 제4조의 조치를 하여야 한다. 다만, 사업주나 법인 또는 기관이 그 시설, 장비, 장소 등에 대하여 실질적으로 지배·운영·관리하는 책임이 있는 경우에 한정한다.

가. 주요 쟁점

현대 산업사회에서는 공공기관, 공기업, 대기업, 중소기업 등이 자신들의 업무 중 일부 또는 중요 부분을 도급, 용역 등 다양한 계약 형태로 제3자에게 맡겨 진행하는 경우가 많고, 이러한 현상을 통상 '하도급', '재하도급' 등의 명칭으로 부르고 있다.

이처럼 하도급, 재하도급에 의해 업무가 진행될 경우 해당 하도급, 재하도급 업체의 사업주나 법인 또는 기관의 경영책임자등이 어떤 경우에 안전 및 보건 확보의무를 부담하고, 이를 위반할 경우 어느 정도까지 형사처벌을 받게 될 것인지 여부가 중요한 쟁점이 되고 있고, 중대재해처벌법의 해석에 있어서도 논란의 여지가 많은 부분이다.

중대재해처벌법 제5조의 해석과 관련된 주요 쟁점을 살펴보면, ⅰ) 사업주나 법인 또는 기관 등이 도급, 용역, 위탁 등에 의해 업무를 진행하는 경우 산업안전보건법 제63조에 따른 도급인의 안전·보건 조치의무 외에 중대재해처벌법 제5조에 따른 안전 및 보건 확보의무가 별도로 발생하는지, ⅱ) 두 법률의 관계는 어떻게 해석되고 어떤 차이점이 있는지, ⅲ) 업무의 일부를 완전히 수급인에게 맡겨 수급인의 지배하에 업무가 진행되는 경우도 있는데, 중대재해처벌법 제5조에 따른 의무는 어떤 경우에 발생하고 어떤 경우에 발생하지 않는지, ⅳ) 도급인의 의무 발생을 넓게 해석할 경우 '책임 없으면 형벌 없다'는 헌법상의 책임주의 원칙에 반하는 것이 아닌지, ⅴ) 중대재해처벌법 제5조에 따른 도급인의 안전 및 보건 확보의무와 시행령 제4조 제9호가 규정하고 있는 '도급, 용역, 위탁 등의 경우 종사자의 안전 및 보건 확보를 위한 조치의무' 사이에 어떤 관계가 있는지, ⅵ) 법과 시행령이 도급인에게 이중의 의무를 부과하는 것은 아닌지, ⅶ) 시행령 제4조가 규정하는 안전 및 보건 확보의무의 내용 중 도급인에게 적용되기 어려운 사항이 있고, 수급인 회사에 대한 경영 간섭, 파견근로자 보호 등에 관한 법률과의 충돌 문제 등으로 도급인에게 적용되기 어려운 사항이 있는지 여부 등이다.

나. 산업안전보건법 제63조와의 관계

산업안전보건법 제63조는 도급인이 자신의 근로자는 물론 관계수급인 근로자의 산업재해를 예방하기 위하여 관계수급인과 동일한 안전·보건 조치 의무를 부담하도록 규정하고 있고, 이를 위반하여 수급인의 근로자를 사망에 이르게 한 경우 같은 법 제167조 제1항에 따라 형사처벌을 하도록 규정하고 있다.[87]

중대재해처벌법 제5조는 도급인의 안전·보건 확보의무를 규정하고 있다는 점에서 도급인의 안전·보건 조치의무를 규정하고 있는 산업안전보건법

---

[87] 산업안전보건법 제63조(도급인의 안전조치 및 보건조치) 도급인은 관계수급인 근로자가 도급인의 사업장에서 작업을 하는 경우에 자신의 근로자와 관계수급인 근로자의 산업재해를 예방하기 위하여 안전 및 보건 시설의 설치 등 필요한 안전조치 및 보건조치를 하여야 한다. 다만, 보호구 착용의 지시 등 관계수급인 근로자의 작업행동에 관한 직접적인 조치는 제외한다.
산업안전보건법 제167조(벌칙) ① 제38조 제1항부터 제3항까지(제166조의2에서 준용하는 경우를 포함한다), 제39조 제1항(제166조의2에서 준용하는 경우를 포함한다) 또는 제63조(제166조의2에서 준용하는 경우를 포함한다)를 위반하여 근로자를 사망에 이르게 한 자는 7년 이하의 징역 또는 1억 원 이하의 벌금에 처한다.

제63조와 유사성을 가지고 있지만, 그 요건과 범위 등에서 산업안전보건법
제63조와 상당한 차이가 있다.

　　먼저, 산업안전보건법 제63조는 원칙적으로 관계수급인 근로자가 '도급
인의 사업장에서 작업을 하는 경우'에 도급인에게 의무를 부과하고 산업안전
보건법 제10조 등을 통해 그 범위를 넓히는 구조이지만, 중대재해처벌법은
이런 제한을 두지 않고 '도급인이 실질적으로 지배·운영·관리하는 사업, 사
업장, 시설, 장비' 등으로 적용범위를 크게 확대하고 있다.

　　참고로, 산업안전보건법상 안전·보건 조치의무 부담의 기준이 되는 '도
급인의 사업장'에는 도급인의 사업장 밖인 경우에도 '도급인이 제공하거나
지정한 장소로서 도급인이 지배·관리하는 대통령령으로 정하는 장소(산업안
전보건법 제10조 제2항)'가 포함되고, 산업안전보건법 시행령 제11조 및 시행규
칙 제6조는 토사·구축물·인공구조물 등이 붕괴될 우려가 있는 장소 등 21개
위험장소(시행령 14개 장소, 시행규칙 7개 장소)[88]를 명시하고 있다.

---

[88] 산업안전보건법 시행령 제11조(도급인이 지배·관리하는 장소) 법 제10조 제2항에서 "대
통령령으로 정하는 장소"란 다음 각 호의 어느 하나에 해당하는 장소를 말한다.
1. 토사(土砂)·구축물·인공구조물 등이 붕괴될 우려가 있는 장소
2. 기계·기구 등이 넘어지거나 무너질 우려가 있는 장소
3. 안전난간의 설치가 필요한 장소
4. 비계(飛階) 또는 거푸집을 설치하거나 해체하는 장소
5. 건설용 리프트를 운행하는 장소
6. 지반(地盤)을 굴착하거나 발파작업을 하는 장소
7. 엘리베이터홀 등 근로자가 추락할 위험이 있는 장소
8. 석면이 붙어 있는 물질을 파쇄하거나 해체하는 작업을 하는 장소
9. 공중 전선에 가까운 장소로서 시설물의 설치·해체·점검 및 수리 등의 작업을 할 때
감전의 위험이 있는 장소
10. 물체가 떨어지거나 날아올 위험이 있는 장소
11. 프레스 또는 전단기(剪斷機)를 사용하여 작업을 하는 장소
12. 차량계(車輛系) 하역운반기계 또는 차량계 건설기계를 사용하여 작업하는 장소
13. 전기 기계·기구를 사용하여 감전의 위험이 있는 작업을 하는 장소
14. 「철도산업발전기본법」 제3조 제4호에 따른 철도차량(「도시철도법」에 따른 도시철도
차량을 포함한다)에 의한 충돌 또는 협착의 위험이 있는 작업을 하는 장소
15. 그 밖에 화재·폭발 등 사고발생 위험이 높은 장소로서 고용노동부령으로 정하는 장소
산업안전보건법 시행규칙 제6조(도급인의 안전·보건 조치 장소) 「산업안전보건법 시행
령」 제11조 제15호에서 "고용노동부령으로 정하는 장소"란 다음 각 호의 어느 하나에 해
당하는 장소를 말한다.

둘째, 산업안전보건법 제63조는 '도급' 관계에만 적용되는 것으로 규정하고 있으나, 중대재해처벌법 제5조는 '도급' 외에 명시적으로 '용역, 위탁' 관계에도 확대하여 원청의 안전 및 보건 확보의무를 명시적으로 부과하고 있다.

셋째, 지배·운영·관리 대상에 '장소' 외에 '시설, 장비'를 추가하여 산업안전보건법에 비해 대상의 범위를 확대하였고, 지배·운영·관리'하는' 장소 등에 대하여 지배·운영·관리하는 '책임'이 있는 경우에 안전 및 보건 확보의무가 있는 것으로 규정하고 있다.

넷째, 도급인이 법인인 경우, 산업안전보건법에서는 산업재해가 발생한 사업장의 '안전보건총괄책임자'가 1차적으로 형사책임을 지게 되지만, 중대재해처벌법에서는 곧바로 법인의 대표 등 경영책임자등이 형사책임을 지게 된다.

도급인의 사업장, 시설, 장비 등에서 수급인 소속 근로자에게 중대산업재해가 발생한 경우, 산업안전보건법과 중대재해처벌법이 중첩적으로 적용되는 것인지 문제된다.

의무의 귀속 주체 또는 형사책임의 주체가 다른 경우에는 산업안전보건법과 중대재해처벌법이 별도로 적용될 것으로 보인다.

예컨대, 甲 건설회사가 시공하는 A 사업장에서 수급인 회사 근로자에게

---

1. 화재·폭발 우려가 있는 다음 각 목의 어느 하나에 해당하는 작업을 하는 장소
   가. 선박 내부에서의 용접·용단작업
   나. 안전보건규칙 제225조 제4호에 따른 인화성 액체를 취급·저장하는 설비 및 용기에서의 용접·용단작업
   다. 안전보건규칙 제273조에 따른 특수화학설비에서의 용접·용단작업
   라. 가연물(可燃物)이 있는 곳에서의 용접·용단 및 금속의 가열 등 화기를 사용하는 작업이나 연삭숫돌에 의한 건식연마작업 등 불꽃이 발생할 우려가 있는 작업
2. 안전보건규칙 제132조에 따른 양중기(揚重機)에 의한 충돌 또는 협착(狹窄)의 위험이 있는 작업을 하는 장소
3. 안전보건규칙 제420조 제7호에 따른 유기화합물 취급 특별장소
4. 안전보건규칙 제574조 제1항 각 호에 따른 방사선 업무를 하는 장소
5. 안전보건규칙 제618조 제1호에 따른 밀폐공간
6. 안전보건규칙 별표 1에 따른 위험물질을 제조하거나 취급하는 장소
7. 안전보건규칙 별표 7에 따른 화학설비 및 그 부속설비에 대한 정비·보수 작업이 이루어지는 장소

중대산업재해가 발생한 경우, 현장소장 등 A 사업장의 '안전보건총괄책임자'가 1차적으로 산업안전보건법위반의 형사책임을 지게 되고, 甲 건설회사의 경영책임자등이 안전 및 보건 확보의무를 이행하지 않아 재해가 발생한 것으로 인정되면 중대재해처벌법에 따라 더 중한 형사책임을 지게 될 것이다.

중소기업의 경우처럼 경영책임자등과 '안전보건총괄책임자'가 실질적으로 동일인이 되는 경우, 도급인인 중소기업의 사업, 사업장에서 중대산업재해가 발생한 경우에 산업안전보건법과 중대재해처벌법이 중첩적으로 적용될 것인지 문제이다.

① 특별법에 해당하고 법정형이 중한 중대재해처벌법이 법조경합관계에 의해 우선 적용된다는 견해, ② 하나의 행위가 두 개의 법률에 위반되는 경우이므로 산업안전보건법위반과 중대재해처벌법위반이 상상적 경합관계에 있다는 견해, ③ 산업안전보건법과 중대재해처벌법이 규정하는 의무의 내용과 성격이 다르고, 의무의 귀속 주체도 개념적으로 다르므로 산업안전보건법위반과 중대재해처벌법위반이 실체적 경합관계에 있다는 견해 등이 대립할 수 있다.

산업안전보건법상 도급인의 안전·보건 조치 의무와 중대재해처벌법상 도급인의 안전 및 보건 확보의무는 그 내용이 다르고, 의무위반의 태양이 다르므로 두 법률이 실체적 경합에 있다고 해석하는 것이 타당할 것으로 보인다.

다만, 현실의 운영에서는 법정형이 중한 중대재해처벌법이 더 중요한 의미를 가질 것으로 예상되고, 특히 양벌 규정에 의한 법인의 처벌은 법정형이 중한 중대재해처벌법이 사실상 우선 적용되는 결과가 될 것으로 보인다.

다. 도급, 용역, 위탁 등을 행한 경우

산업안전보건법 제2조 제6호는 '도급'의 의미에 관하여 「명칭에 관계없이 물건의 제조·건설·수리 또는 서비스의 제공, 그 밖의 업무를 타인에게 맡기는 계약을 말한다」고 정의하고 있다.

이와 관련하여 건설공사발주자를 어떻게 볼 것인지 문제이다. 산업안전보건법 제2조 제10호는 '건설공사발주자'에 대해 「건설공사를 도급하는 자로서 건설공사의 시공을 주도하여 총괄·관리하지 아니하는 자를 말한다. 다만, 도급받은 건설공사를 다시 도급하는 자는 제외한다」고 규정하고 있다.

발주도 민법상 도급의 일종이지만, 발주자는 종사자가 직접 노무를 제공하는 사업 또는 사업장에 대한 실질적인 지배·운영·관리를 하는 자가 아닌 주문자에 해당하는 것이 일반적이고, 중대재해처벌법 입법을 위한 국회 법안심사과정에서 도급, 용역, 위탁 외에 '임대, 발주'[89]는 의무 범위에서 제외된 점 등을 고려할 때, 건설공사발주자는 해당 공사 또는 시설·장비·장소 등에 대하여 실질적으로 지배·운영·관리하는 책임이 있다고 볼 만한 특별한 사정이 없는 한, 도급인으로서 중대재해처벌법 제4조 또는 제5조에 따른 책임을 부담하지 않는다고 해석함이 상당하다.

건설공사 발주와 유사한 사례로, 사업 또는 사업장의 '전부'를 도급, 용역, 위탁 등에 의해 제3자에게 맡기는 경우에 중대재해처벌법상 도급인의 안전 및 보건 확보의무가 발생하는지 문제이다.

중대재해처벌법의 해석에 있어서는 도급, 용역, 위탁의 범위가 사업의 '일부'인지, '전부'인지가 중요한 것이 아니라, 도급인인 개인사업주, 법인 또는 기관이 '실질적으로 지배·운영·관리하는 책임이 있는 시설, 장비, 장소 등'에 해당하는지, '실질적 지배·운영·관리하는 책임이 있는 경우'에 해당하는지 여부가 더 중요한 개념이 될 것으로 보인다.

예컨대, 甲자동차회사가 자동차 제조에 사용되는 '일부' 부품의 도색작업을 A기업에 도급, 위탁하고, A기업은 甲자동차회사의 공장부지 일부를 임차하여 작업시설을 갖추고 도색작업을 수행하는 경우를 살펴본다. A기업이 토지 임대차관계 외에 甲자동차회사로부터 독립하여 도색작업시설을 운영하고 있고, A기업이 독자적으로 운영하는 시설, 장소 등에 관하여 甲자동차회사가 실질적으로 지배·운영·관리하는 책임이 있을 수 없는 경우라면, 甲자동차회사의 경영책임자등은 A기업에 맡긴 도급 업무에 관하여 중대재해처벌

---

89 법제사법위원회 '제5차 법안심사소위 회의록', pp. 55, 64

법상 안전 및 보건 확보의무를 부담한다고 보기 어려울 것이다.

반대로, 乙물류회사가 제품 포장에 관한 사업 '전부'를 B기업에 도급, 위탁하였으나, B기업이 乙물류회사의 창고 내에서 물류시설 등을 이용하며 포장 작업을 수행하고 용역비를 지급받는 경우를 살펴본다. 비록 B기업이 독자적인 경영을 한다고 하더라도, B기업의 포장 작업에 제공되는 창고, 운반시설, 물류시설 등에 관하여 乙물류회사가 실질적으로 지배·운영·관리하는 책임이 있다면, 乙물류회사의 경영책임자등에게 B기업의 도급 업무에 관하여 중대재해처벌법상 안전 및 보건 확보의무가 발생한다고 해석될 수 있다.

또한, 자동차, 선박 등 대형 제조업체에서 사내하도급을 하는 수급인 회사가 '일부' 도급을 받아 도급인 회사의 설비를 이용하여 작업을 하는 경우를 살펴보면, 대형 제조업체가 수급인이 작업하는 시설, 장비, 장소 등에 관하여 실질적으로 지배·운영·관리하는 책임을 가진 사례가 많을 것이고, 이 경우 대형 제조업체의 경영책임자등에게 중대재해처벌법상 안전 및 보건 확보의무가 인정될 것으로 보인다.

라. '제3자의 종사자'의 의미

중대재해처벌법 제4조는 개인사업주 또는 경영책임자등의 '종사자'에 대한 안전 및 보건 확보의무를 규정하고 있고, 중대재해처벌법 제5조는 도급, 용역, 위탁 등 관계에 있어 개인사업주 또는 경영책임자등의 '제3자의 종사자'에 대한 안전 및 보건 확보의무를 규정하고 있다.

한편 중대재해처벌법 제2조는 '종사자' 개념에 「사업이 여러 차례의 도급에 따라 행하여지는 경우에는 각 단계의 수급인 및 그 수급인과 근로자 또는 대가를 목적으로 노무를 제공하는 관계에 있는 자」를 포함시키고 있고, 중대재해처벌법 제4조는 이러한 '종사자'에 대한 안전 및 보건 확보의무를 이미 규정하고 있기 때문에, 중대재해처벌법 제5조가 규정하고 있는 '제3자의 종사자에 대한 안전·보건확보의무'는 중대산업재해로부터 보호하려는 '종사자'의 범위를 도급, 용역, 위탁 등 폭넓은 관계로 확대하고, 개인사업주, 법인 또는 기관 등의 사업, 사업장을 벗어나 이들이 운영·관리하는 시설, 장비, 장소에서 일하는 제3자의 종사자까지 보호하려는 입법 의도가 담겨진 것으로 이해된다.

다만, 중대재해처벌법 제5조는 사업주나 법인 또는 기관이 제3자에게 도급, 용역, 위탁 등을 행한 경우에 '사업주나 법인 또는 기관이 그 시설, 장비, 장소 등에 대하여 실질적으로 지배·운영·관리하는 책임이 있는 경우에 한정'하여 안전 및 보건 확보의무가 있는 것으로 규정함으로써, 제4조에 비해 사업주 또는 경영책임자등의 의무 발생 요건이 다소 강화된 것으로 해석될 수 있다.

이와 관련하여, 「(제1설) 제4조는 사업 또는 사업장 내 또는 그에 편입되어 있는 종사자의 유해나 위험 방지를 목적으로 하는 반면, 제5조는 사업 또는 사업장에 편입되어 있지 않은 제3자와의 도급 등 계약관계에서 시설, 장비, 장소 등에 대한 실질적인 지배, 운영, 관리가 이루어지는 경우에 한하여 그 제3자의 종사자 보호를 목적으로 한다는 것으로 해석할 수 있다는 견해」, 「(제2설) 제4조는 경영책임자등의 자기 종사자에 대한 의무규정이고, 제5조는 경영책임자등의 제3자의 종사자에 대한 의무규정으로 보아야 한다는 견해」 등이 있을 수 있다.

중대재해처벌법 제2조, 제4조를 종합적으로 해석할 때, 개인사업주, 법인 또는 기관은 해당 사업 또는 사업장에서 일하는 자신의 근로자뿐만 아니라, 수급인, 수급인의 근로자 등에 대하여 모두 제4조의 안전 및 보건 확보의무를 부담한다.

따라서 중대재해처벌법 제5조가 규정하는 '제3자의 종사자에 대한 안전 및 보건 확보의무'가 의미 있는 영역은 해당 사업 또는 사업장을 벗어나 '개인사업주, 법인 또는 기관이 소유, 임대차 등을 통해 관리·운영하고 있는 시설, 장비, 장소 등'이라고 볼 수 있다.

개인사업주, 법인 또는 기관 등이 소유 또는 임대한 시설, 장비, 장소 등에서 일하는 '제3자의 종사자'에 대해서까지 안전 및 보건 확보의무를 부담한다고 해석한다면 이는 지나친 확대해석의 우려가 크고, 명확성의 원칙, 책임주의 원칙 등에도 반하므로 제5조를 엄격하게 해석해야 한다는 제1설이 타당하다.

예컨대, 甲기관(지방자치단체, 공기업 등)이 소유하고 있는 시설, 건물 등의 전부 또는 일부를 A기업이 임차하여 제조업, 물류업 등을 운영하는 경우를 살펴보면, 甲기관이 해당 시설, 건물에 대한 소유권을 가지고 있고, 이로 인해 A기업으로부터 차임 등 경제적 이익을 취득한다는 이유 때문에, 위 시설, 건물 등에서 발생하는 중대산업재해에 대하여 甲기관의 경영책임자등이 형사 피의자로 입건되는 결과가 초래될 수도 있다.

어떤 시설, 장비, 장소 등에 관하여 소유권 등의 지배력을 가지고 있다는 이유로, 그곳에서 발생하는 산업재해에 대하여 형사책임을 지게 된다면, 이는 중대재해처벌법 제5조의 의무를 지나치게 확대하는 결과를 초래할 것이고, 형법의 책임주의 원칙, 명확성의 원칙 등에 반하는 위헌적 해석이 될 것이다.

마. '시설, 장비, 장소 등에 대해 실질적으로 지배·운영·관리하는 책임'의 의미

위에서 살펴본 바와 같이 중대재해처벌법 제5조는 단서에서 「(도급, 용역, 위탁 등의 경우) 개인사업주나 법인 또는 기관이 시설, 장비, 장소 등에 대한 실질적 지배·운영·관리하는 책임이 있는 경우에 한정한다」고 규정하고 있어, 향후 '제3자의 종사자에 대한 안전 및 보건 확보의무'의 범위 등과 관련하여 위 단서의 해석이 중요한 쟁점이 될 것으로 보인다.

'실질적인 지배·운영·관리'의 의미에 관하여는, 기존에 논의되고 있는 「사업의 전체적인 진행과정을 총괄·조율할 능력이나 의무가 있는지(대법원)」,[90] 「해당 장소의 유해·위험요인을 인지하고 파악하여 유해·위험요인을 개선, 제거하는 등 통제할 수 있는지(고용노동부)」[91] 등이 당분간 의미 있는 해석의 기준이 될 것으로 보이고, 향후 중대재해처벌법의 적용 과정에서 법

---

90 대법원 2016. 3. 24. 선고 2015도8621 판결, 2010. 6. 24. 선고 2020도2615 판결 등
91 고용노동부 '개정 산업안전보건법 시행에 따른 도급시 산업재해예방 운영지침(고용노동부 산재예방보상정책국, 2020. 3)', p. 23

원, 정부, 학계 등의 해석을 통해 개념이 더욱 정립될 것으로 보인다.

산업안전보건법상 도급인의 안전·보건 조치의무(제63조)는 관계수급인의 근로자가 '도급인의 사업장' 또는 '도급인이 제공·지정하는 사업장'에서 작업하는 경우에 부과되는 장소적 제한이 있는 반면, 중대재해처벌법 제5조는 이러한 장소적 제한 없이 '시설, 장비'에 대하여도 경영책임자등의 의무 범위를 확대하고 있고, '지배·관리'라는 개념 외에 '운영'이라는 개념도 추가하고 있다.

중대재해처벌법 제5조 단서의 해석과 관련하여 앞으로 법률 시행 과정에서 '책임'의 의미가 무엇인지 논란의 여지가 있다.

바. 구체적 사례 검토

(1) 개인사업주, 법인, 기관 등이 소유, 임차하는 특정 건물, 시설을 A기업에 빌려주고, A기업이 그곳에서 독립적인 계산으로 자신의 사업을 영위하는 경우에는 중대재해처벌법의 안전·보건 확보의무를 부담하지 않는다고 보아야 하나, 해당 건물, 시설 등을 실질적으로 지배·관리하면서 청소, 보수 등 필요한 업무를 제3자에게 도급, 위탁한 경우에는 중대재해처벌법의 안전·보건 확보의무를 부담하게 된다.

(2) 온라인 플랫폼 기업이 불특정 다수의 수요자로부터 배달, 청소 등의 용역을 수주하여 도급, 위탁 등의 형식으로 업무를 배분하고 단지 수수료만 취득하는 경우로서 실질적 지배·운영·관리가 없다고 볼 수 있는 경우에는 중대재해처벌법의 안전·보건 확보의무를 부담하지 않는다고 보는 것이 타당하다.

(3) B기업이 자신의 사업장을 벗어난 장소에서 플랜트 설비를 제작하면서 자신의 근로자와 함께 제3자의 근로자를 투입한 경우, 건조한 선박의 시운전을 제3자에게 위탁한 경우 등에는 제3자의 종사자에 대하여 중대재해처벌법상 안전 및 보건 확보의무를 부담한다고 보는 것이 타당하다.

(4) 도로, 항만 등을 관리하는 공기업이 특정 지역의 도로, 항만 시설 건설을 C기업에 발주한 경우에는 해당 현장에 대하여 중대재해처벌법상 안전 및 보건 확보의무를 부담하지 않는다고 보아야 하지만, 건설된 도로, 항만을

실질적으로 운영·관리하면서 유지, 보수 등 특정 용역을 C기업에 도급, 위탁
한 경우에는 그 도로, 항만에서 발생하는 위험에 대하여 중대재해처벌법상
안전 및 보건 확보의무를 부담한다고 해석된다.

　(5) D프랜차이즈 기업이 5명 이상의 배달 근로자를 고용하면서 상시 근
로자 5명 미만인 가입 회원들의 위탁을 받아 소비자들에게 식품을 배달하는
경우, D 기업이 배달 근로자의 업무에 관하여 실질적 지배·운영·관리하는
상황이라면 중대재해처벌법상 안전·보건 확보의무를 부담하게 될 것이다.

3. 도급, 용역, 위탁 등의 경우 종사자의 안전 및 보건 확보를 위한 조치

> 시행령 제4조 제9호
> 제3자에게 업무의 도급, 용역, 위탁 등을 하는 경우에는 종사자의 안전·보건을
> 확보하기 위해 다음 각 목의 기준과 절차를 마련하고, 그 기준과 절차에 따라 도
> 급, 용역, 위탁 등이 이루어지는지를 반기 1회 이상 점검할 것
> 　가. 도급, 용역, 위탁 등을 받는 자의 산업재해 예방을 위한 조치 능력과 기술
> 　　에 관한 평가기준·절차
> 　나. 도급, 용역, 위탁 등을 받는 자의 안전·보건을 위한 관리비용에 관한 기준
> 　다. 건설업 및 조선업의 경우 도급, 용역, 위탁 등을 받는 자의 안전·보건을 위
> 　　한 공사기간 또는 건조기간에 관한 기준

가. 중대재해처벌법 제5조와 시행령 제4조 제9호의 관계

　중대재해처벌법 제4조 제1항은 「사업주 또는 경영책임자등은 사업주나
법인 또는 기관이 실질적으로 지배·운영·관리하는 사업 또는 사업장에서 종
사자의 안전·보건상 유해 또는 위험을 방지하기 위하여 그 사업 또는 사업
장의 특성 및 규모 등을 고려하여 다음 각 호에 따른 조치를 하여야 한다」고
규정하며, 같은 항 제1호에서 「재해예방에 필요한 인력 및 예산 등 안전보건
관리체계의 구축 및 그 이행에 관한 조치」를 정하고 있고, 같은 조 제2항은

「제1항 제1호·제4호의 조치에 관한 구체적인 사항은 대통령령으로 정한다」 며 대통령령에 위임하고 있다.

이에 따라 시행령 제4조는 「법 제4조 제1항 제1호에 따른 조치의 구체 적인 사항」을 정하고 있고, 같은 조 제9호는 위와 같이 개인사업주, 법인 또 는 기관의 경영책임자등에게 「제3자에게 업무의 도급, 용역, 위탁 등을 하는 경우에는 종사자의 안전·보건을 확보하기 위해 다음 각 목의 기준과 절차를 마련하고, 그 기준과 절차에 따라 도급, 용역, 위탁 등이 이루어지는지를 반 기 1회 이상 점검할 것」이라는 안전 및 보건 확보의무를 부과하고 있다.

시행령 제4조 제9호와 같은 법 제5조는 모두 ① 개인사업주나 법인 또 는 기관이 실질적으로 지배·운영·관리하는 '사업 또는 사업장'이나 '시설, 설 비, 장소등'에서 제3자에게 업무의 도급, 용역, 위탁 등을 하는 경우, ② 개인 사업주 또는 경영책임자등에게 제3자의 종사자에 대한 중대재해처벌법 제4 조의 안전 및 보건 확보의무를 부담시키는 조항이다.

여기서, 중대재해처벌법 제5조 본문(사업주 또는 경영책임자등은 사업주나 법인 또는 기관이 제3자에게 도급, 용역, 위탁 등을 행한 경우에는 제3자의 종사자에게 중대산업재해가 발생하지 아니하도록 제4조의 조치를 하여야 한다)과 중대재해처벌 법 시행령 제4조 제9호에 의해 구체화되고 있는 중대재해처벌법 제4조의 관 계, 적용범위 등에 관하여 해석상 의문이 제기된다.

① 중대재해처벌법 제5조 본문은 중대재해처벌법 제4조와 시행령 제4조 제9호에 의해 규율이 가능한 영역을 다시 선언적으로 규정한 측면이 강하다 는 견해, ② 중대재해처벌법 제4조에 의한 안전 및 보건을 확보할 대상자가 '종사자'이고, 같은 법 제2조 제7호 '종사자'의 개념에 의하면 자신의 사업을 위해 노무를 제공하는 모든 사람이 제4조에 의한 안전 및 보건 확보 대상자 이기 때문에, 중대재해처벌법 제5조는 같은 법 제4조가 적용되지 않는, 즉 도급·위탁·용역 등으로 '타인의 사업 또는 사업장'이지만 자신이 실질적으 로 지배·운영·관리하는 책임이 있는 시설, 장비, 장소 등에서 노무를 제공하 는 제3자의 종사자에 대하여 도급인 등의 경영책임자에게 제4조의 안전 및 보건 확보의무를 부과한 것으로 해석해야 한다는 견해 등이 있을 수 있다.

앞으로 중대재해처벌법 제5조의 실제 운영에서는 위에서 살펴본 바와 같이 단서 부분, 「다만, 사업주나 법인 또는 기관이 그 시설, 장비, 장소 등에 대하여 실질적으로 지배·운영·관리하는 책임이 있는 경우에 한정한다」는 내용이 중요한 의미를 가질 것으로 보인다. 헌법상 명확성의 원칙, 책임주의 원칙 등을 고려할 때 '그 시설, 장비, 장소 등에 대하여 실질적으로 지배·운영·관리하는 책임이 있는 경우'의 의미를 엄격하게 해석하는 것이 타당하다고 할 것이다.

시행령 제4조의 구체적인 안전 및 보건 확보의무의 내용 중에는 '사업주, 법인 또는 기관이 업무를 제3자에게 도급, 용역, 위탁 등을 하는 경우'에 적용되기 어려운 내용이 다수 포함되어 있고, 그 이유는 중대재해처벌법 제2조 제7호에서 '종사자' 개념을 확대하여 「나. 도급, 용역, 위탁 등 계약의 형식에 관계없이 그 사업의 수행을 위하여 대가를 목적으로 노무를 제공하는 자」, 「다. 사업이 여러 차례의 도급에 따라 행하여지는 경우에는 각 단계의 수급인 및 수급인과 가목 또는 나목의 관계가 있는 자」 등을 모두 포함시켰기 때문인 것으로 보인다.

그러다 보니 사업주, 경영책임자등의 안전 및 보건 확보의무를 구체적으로 규정하고 있는 시행령 제4조는 수급인 회사 등에 그대로 적용하기 어려운 문제가 발생하게 된다.

도급, 위탁, 용역 등의 경우, 업무를 맡은 수급인 회사 등이 독자적인 경영권, 인사·예산권, 소속 근로자에 대한 감독권 등을 가진 경우도 많을 것이고, 이런 경우 시행령 제4조가 규정하는 ① 안전·보건에 관한 목표와 경영방침을 설정할 것(제1호), ② 안전·보건에 관한 업무를 총괄·관리하는 전담 조직을 둘 것(제2호), ③ 안전보건관리체계 구축 등을 위해 필요한 예산을 편성하고 그 편성된 용도에 맞게 집행하도록 할 것(제4호), ④ 안전보건관리책임자등에게 해당 업무 수행에 필요한 권한과 예산을 줄 것(제5호) 등의 의무 및 중대재해처벌법 제4조 제1항 제3호가 규정하는 '중앙행정기관·지방자치단체가 관계 법령에 따라 개선, 시정 등을 명한 사항의 이행에 관한 조치' 의무 등을 수급인 회사 등에 요구하는 것은 현실적으로 기대가능성이 낮고, 경영권 침해, 민형사 분쟁 등 법률적 위험도 있다.

또한, 시행령 제4조의 내용 중에 ① 안전보건관리책임자등이 해당 업무를 충실하게 수행하는지를 평가하는 기준을 마련하고, 그 기준에 따라 반기 1회 이상 평가·관리할 것(제5호), ② 정해진 수 이상의 안전관리자, 보건관리자, 안전보건관리담당자 및 산업보건의를 배치하고, 고용노동부장관이 정하여 고시하는 기준에 따라 안전·보건에 관한 업무 수행시간을 보장할 것(제6호) 등의 의무는 수급인 등의 소속 근로자에 대한 관리·감독권 침해, 파견근로자 보호 등에 관한 법률과의 충돌 우려 등 또 다른 문제점이 있다.

이러한 현실적인 문제를 해결하기 위해 시행령 제4조 제9호가 제정된 것으로 보이고, 위 조항은 '제3자에게 업무의 도급, 용역, 위탁 등을 하는 경우' 사업주, 경영책임자등이 '도급, 용역, 위탁 등을 받는 자'에게 관여하여 조치해야 하는 별도의 구체적인 안전 및 보건 확보의무를 규정하고 있다.

중대재해처벌법 제4조 및 시행령 제4조에서 규정하고 있는 경영책임자등의 안전 및 보건 확보의무의 내용이 도급 등 관계에서 어떤 양태로 표현되고 수급인 등에게 얼마나 강하게 영향을 미칠지는 여부는 사업 또는 사업장의 특성, 앞으로 행정기관의 지도·감독·수사 및 사법부의 법률 해석 등을 통해 구체적으로 자리를 잡아 갈 것으로 보인다.

나. 도급 등 관계에서의 안전·보건 조치의 내용

위에서 살펴본 바와 같이 개인사업주나 법인 또는 기관의 경영책임자등은 제3자에게 업무의 도급, 용역, 위탁 등을 하는 경우, 시행령 제4조 제9호에 따라 「가. 도급, 용역, 위탁 등을 받는 자의 산업재해 예방을 위한 조치 능력과 기술에 관한 평가기준·절차」, 「나. 도급, 용역, 위탁 등을 받는 자의 안전·보건을 위한 관리비용에 관한 기준」, 「다. 건설업 및 조선업의 경우 도급, 용역, 위탁 등을 받는 자의 안전·보건을 위한 공사기간 또는 건조기간에 관한 기준」 등을 마련해야 하고, 안전·보건 확보를 위해 마련한 이와 같은 기준과 절차에 따라 도급, 용역, 위탁 등이 이루어지는지를 반기 1회 이상 점검하여야 한다.

산업안전보건법 제61조(적격 수급인 선정 의무)는 「사업주는 산업재해 예방을 위한 조치를 할 수 있는 능력을 갖춘 사업주에게 도급하여야 한다」고 규정하고 있는데, 중대재해처벌법 시행령 제4조 제9호는 위 규정을 구체화하고, 규범력을 더욱 강화한 것으로 보인다.

산업안전보건법이 2019. 1. 전면개정, 2021. 5. 일부개정되면서 도급인의 산업재해예방 의무가 확대되었고, 도급인과 수급인의 안전·보건 조치에 관하여 제5장 등에서 다수의 규정을 마련하였다. 위 규정들은 중대재해처벌법 시행 이후 도급 등 관계에서 개인사업주 또는 경영책임자등의 안전 및 보건 확보의무 내용을 구체화하는 데 일정한 의미가 있을 것으로 보인다. 관련 조항을 표로 정리하면 아래와 같다.

제62조(안전보건총괄책임자) ① 도급인은 관계수급인 근로자가 도급인의 사업장에서 작업을 하는 경우에는 그 사업장의 안전보건관리책임자를 도급인의 근로자와 관계수급인 근로자의 산업재해를 예방하기 위한 업무를 총괄하여 관리하는 안전보건총괄책임자로 지정하여야 한다.

제63조(도급인의 안전조치 및 보건조치) 도급인은 관계수급인 근로자가 도급인의 사업장에서 작업을 하는 경우에 자신의 근로자와 관계수급인 근로자의 산업재해를 예방하기 위하여 안전 및 보건 시설의 설치 등 필요한 안전조치 및 보건조치를 하여야 한다. 다만, 보호구 착용의 지시 등 관계수급인 근로자의 작업행동에 관한 직접적인 조치는 제외한다.

제64조(도급에 따른 산업재해 예방조치) ① 도급인은 관계수급인 근로자가 도급인의 사업장에서 작업을 하는 경우 다음 각 호의 사항을 이행하여야 한다.

1. 도급인과 수급인을 구성원으로 하는 안전 및 보건에 관한 협의체의 구성 및 운영
2. 작업장 순회점검
3. 관계수급인이 근로자에게 하는 제29조 제1항부터 제3항까지의 규정에 따른 안전보건교육을 위한 장소 및 자료의 제공 등 지원
4. 관계수급인이 근로자에게 하는 제29조 제3항에 따른 안전보건교육의 실시 확인
5. 다음 각 목의 어느 하나의 경우에 대비한 경보체계 운영과 대피방법 등 훈련
   가. 작업 장소에서 발파작업을 하는 경우

　　나. 작업 장소에서 화재·폭발, 토사·구축물 등의 붕괴 또는 지진 등이 발생한
　　　경우

6. 위생시설 등 고용노동부령으로 정하는 시설의 설치 등을 위하여 필요한 장소
　의 제공 또는 도급인이 설치한 위생시설 이용의 협조

7. 같은 장소에서 이루어지는 도급인과 관계수급인 등의 작업에 있어서 관계수
　급인 등의 작업시기·내용, 안전조치 및 보건조치 등의 확인

8. 제7호에 따른 확인 결과 관계수급인 등의 작업 혼재로 인하여 화재·폭발 등
　대통령령으로 정하는 위험이 발생할 우려가 있는 경우 관계수급인 등의 작업
　시기·내용 등의 조정

② 제1항에 따른 도급인은 고용노동부령으로 정하는 바에 따라 자신의 근로자
및 관계수급인 근로자와 함께 정기적으로 또는 수시로 작업장의 안전 및 보건에
관한 점검을 하여야 한다.

제65조(도급인의 안전 및 보건에 관한 정보 제공 등) ① 다음 각 호의 작업을
도급하는 자는 그 작업을 수행하는 수급인 근로자의 산업재해를 예방하기 위하
여 고용노동부령으로 정하는 바에 따라 해당 작업 시작 전에 수급인에게 안전
및 보건에 관한 정보를 문서로 제공하여야 한다.

1. 폭발성·발화성·인화성·독성 등의 유해성·위험성이 있는 화학물질 중 고용
　노동부령으로 정하는 화학물질 또는 그 화학물질을 포함한 혼합물을 제조·사
　용·운반 또는 저장하는 반응기·증류탑·배관 또는 저장탱크로서 고용노동부
　령으로 정하는 설비를 개조·분해·해체 또는 철거하는 작업

2. 제1호에 따른 설비의 내부에서 이루어지는 작업

3. 질식 또는 붕괴의 위험이 있는 작업으로서 대통령령으로 정하는 작업

② 도급인이 제1항에 따라 안전 및 보건에 관한 정보를 해당 작업 시작 전까지
제공하지 아니한 경우에는 수급인이 정보 제공을 요청할 수 있다.

③ 도급인은 수급인이 제1항에 따라 제공받은 안전 및 보건에 관한 정보에 따라
필요한 안전조치 및 보건조치를 하였는지를 확인하여야 한다.

제66조(도급인의 관계수급인에 대한 시정조치) ① 도급인은 관계수급인 근로자
가 도급인의 사업장에서 작업을 하는 경우에 관계 수급인 또는 관계수급인 근로
자가 도급받은 작업과 관련하여 이 법 또는 이 법에 따른 명령을 위반하면 관계
수급인에게 그 위반행위를 시정하도록 필요한 조치를 할 수 있다. 이 경우 관계
수급인은 정당한 사유가 없으면 그 조치에 따라야 한다.

② 도급인은 제65조 제1항 각 호의 작업을 도급하는 경우에 수급인 또는 수급인 근로자가 도급받은 작업과 관련하여 이 법 또는 이 법에 따른 명령을 위반하면 수급인에게 그 위반행위를 시정하도록 필요한 조치를 할 수 있다. 이 경우 수급인은 정당한 사유가 없으면 그 조치에 따라야 한다.

산업안전보건법 제62조~제66조가 규정하는 도급인의 안전·보건 조치는 제65조의 경우를 제외하고 모두 '수급인 또는 관계수급인이 도급인의 사업장에서 작업을 하는 경우'를 전제로 하고 있다는 점에서 중대재해처벌법과 차이가 있다. 중대재해처벌법은 도급인의 사업장이라는 장소적 제한이 없이, '실질적으로 지배·운영·관리하는 사업 또는 사업장'(제4조) 또는 '시설, 장비, 장소 등에 대하여 실질적으로 지배·운영·관리하는 책임이 있는 경우'(제5조)에도 경영책임자등에게 안전 및 보건 확보의무를 부과하고 있다.

4. 조치 등의 이행사항에 관한 서면의 보관

시행령 제13조(조치 등의 이행사항에 관한 서면의 보관) 사업주 또는 경영책임자등(「소상공인기본법」 제2조에 따른 소상공인은 제외한다)은 제4조, 제5조 및 제8조부터 제11조까지의 규정에 따른 조치 등의 이행에 관한 사항을 서면(「전자문서 및 전자거래 기본법」 제2조 제1호[92]에 따른 전자문서를 포함한다)으로 작성하여 그 조치 등을 이행한 날부터 5년간 보관해야 한다.

개인사업주 또는 경영책임자등은 시행령 제4조의 안전보건관리체계의 구축 및 이행조치에 관한 사항, 시행령 제5조의 안전·보건 관계 법령의 의무이행에 필요한 관리상의 조치 등의 이행에 관한 사항을 서면(전자문서를 포함함)으로 작성하여 보관하여야 한다(시행령 제13조).

다만, 소상공인기본법 제2조 제1항[93]에 따른 소상공인은 서면 보관의무

[92] 전자문서 및 전자거래 기본법 제2조(정의) 이 법에서 사용하는 용어의 뜻은 다음과 같다.
  1. "전자문서"란 정보처리시스템에 의하여 전자적 형태로 작성·변환되거나 송신·수신 또는 저장된 정보를 말한다.

가 제외된다.

소상공인이란 중소기업기본법 제2조 제2항,[94] 동법시행령 제8조 제1항[95]에 따른 소기업(小企業) 중 주된 사업에 종사하는 상시 근로자 수가 광업광업·제조업·건설업 및 운수업은 10명 미만, 그 외 업종은 5명 미만에 해당되는 경우이다(소상공인기본법시행령 제3조 제1항).

이 때 상시 근로자 수에는 임원, 일용근로자, 3개월 이내 계약직, 연구전담요원, 단시간 근로자는 제외한다(소상공인기본법시행령 제3조 제3항).[96]

개인사업주 또는 경영책임자등은 안전·보건 확보의무와 관련된 사항을

---

93 소상공인기본법 제2조(정의) ① 이 법에서 "소상공인"이란 「중소기업기본법」 제2조 제2항에 따른 소기업(小企業) 중 다음 각 호의 요건을 모두 갖춘 자를 말한다.
1. 상시 근로자 수가 10명 미만일 것
2. 업종별 상시 근로자 수 등이 대통령령으로 정하는 기준에 해당할 것
② 제1항을 적용할 때 소상공인이 그 규모의 확대 등으로 소상공인에 해당하지 아니하게 된 경우 그 사유가 발생한 연도의 다음 연도부터 3년간은 소상공인으로 본다. 다만, 소기업 외의 기업과 합병하거나 그 밖에 대통령령으로 정하는 사유로 소상공인에 해당하지 아니하게 된 경우에는 그러하지 아니하다.
소상공인기본법시행령 제3조(소상공인의 범위 등) ① 「소상공인기본법」(이하 "법"이라 한다) 제2조 제1항 제2호에서 "대통령령으로 정하는 기준"이란 주된 사업에 종사하는 상시 근로자 수가 업종별로 다음 각 호의 어느 하나에 해당하는 것을 말한다.
1. 광업·제조업·건설업 및 운수업: 10명 미만
2. 제1호 외의 업종: 5명 미만
94 중소기업기본법 제2조(중소기업자의 범위) ② 중소기업은 대통령령으로 정하는 구분기준에 따라 소기업(小企業)과 중기업(中企業)으로 구분한다.
95 중소기업법시행령 제8조(소기업과 중기업의 구분) ① 법 제2조 제2항에 따른 소기업(小企業)은 중소기업 중 해당 기업이 영위하는 주된 업종별 평균매출액등이 별표 3의 기준에 맞는 기업으로 한다.
② 법 제2조 제2항에 따른 중기업(中企業)은 중소기업 중 제1항에 따른 소기업을 제외한 기업으로 한다.
96 소상공인기본법시행령 제3조(소상공인의 범위 등) ③ 제1항에 따른 상시 근로자는 「근로기준법」 제2조 제1항 제1호에 따른 근로자 중 다음 각 호의 어느 하나에 해당하는 사람을 제외한 사람으로 한다.
1. 임원 및 「소득세법 시행령」 제20조 제1항에 따른 일용근로자
2. 3개월 이내의 기간을 정하여 근로하는 사람
3. 「기초연구진흥 및 기술개발지원에 관한 법률」 제14조의2 제1항에 따라 인정받은 기업부설연구소 및 연구개발전담부서의 연구전담요원
4. 「근로기준법」 제2조 제1항 제9호에 따른 단시간근로자(이하 이 조에서 "단시간근로자"라 한다)로서 1개월 동안의 소정근로시간이 60시간 미만인 사람

모두 확인하여야 하고, 서면에는 각각 의무를 이행한 것과 관련하여 지시한 내용, 실제 조치한 사항이 기재되어야 한다.[97]

　　고용노동부의 「중대재해처벌법 해설 – 중대산업재해 관련 –」에서 '전자문서로 보관하는 경우 전자문서의 최종 결재를 개인사업주 또는 경영책임자등이 직접 하여야 한다'[98]고 하고 있는데, 전자문서를 일반 문서와 달리 보는 것에 대하여는 찬성하기 어렵다.

5. 중대산업재해 사업주와 경영책임자등의 처벌

> 제6조(중대산업재해 사업주와 경영책임자등의 처벌) ① 제4조 또는 제5조를 위반하여 제2조 제2호 가목의 중대산업재해에 이르게 한 사업주 또는 경영책임자등은 1년 이상의 징역 또는 10억 원 이하의 벌금에 처한다. 이 경우 징역과 벌금을 병과할 수 있다.
> ② 제4조 또는 제5조를 위반하여 제2조 제2호 나목 또는 다목의 중대산업재해에 이르게 한 사업주 또는 경영책임자등은 7년 이하의 징역 또는 1억 원 이하의 벌금에 처한다.
> ③ 제1항 또는 제2항의 죄로 형을 선고받고 그 형이 확정된 후 5년 이내에 다시 제1항 또는 제2항의 죄를 저지른 자는 각 항에서 정한 형의 2분의 1까지 가중한다.

가. 개요

　　개인사업주 또는 경영책임자등이 중대재해처벌법 제4조 또는 제5조에 따른 안전 및 보건 확보의무를 위반하여 중대 산업재해에 이르게 한 경우를 처벌하고 있다(중대재해처벌법 제6조).

　　이는 개인사업주 또는 경영책임자등이라는 신분이 있어야 성립하는 신분범으로, ① 중대재해처벌법 제4조 또는 제5조의 의무위반, ② 의무위반에

---

97 고용노동부 2021. 11. 17. 발간 「중대재해처벌법 해설 – 중대산업재해 관련 –」, p. 110
98 고용노동부 2021. 11. 17. 발간 「중대재해처벌법 해설 – 중대산업재해 관련 –」, p. 110

대한 고의, ③ 중대산업재해의 발생, ④ 의무위반과 중대산업재해 사이에 인과관계가 있어야 성립한다.

나. 고의

산업안전보건법은 산업재해가 발생하더라도 행위자에게 안전조치를 취하지 않은 채 안전상의 위험성이 있는 작업을 하도록 지시하거나, 안전조치가 취해지지 않은 상태에서 안전상의 위험성이 있는 작업이 이루어지고 있다는 사실을 알면서도 방치한 경우, 또는 사업장에서 안전조치가 취해지지 않은 상태에서 작업이 이루어지고 있고 향후 그러한 작업이 계속될 것이라는 사정을 미필적으로 인식하고서도 이를 방치한 경우, 즉 고의 또는 미필적 고의가 인정되는 경우에만 산업안전보건법상의 책임을 지우고 있다.[99]

중대재해처벌법의 해석에 있어서도 ① 법정형에 '징역형'이 포함되어 있고 형량이 매우 높은 점, ② 징벌적 손해배상 규정에 '고의 또는 중과실'을 귀책사유로 명시하고 있는 점 등에 비추어 고의 또는 미필적 고의가 인정되어야만 형사책임을 물을 수 있다고 보는 것이 타당하다.

따라서, 중대산업재해 발생에 대한 경영책임자등의 고의가 성립되기 위해서는 경영책임자등의 '유해·위험 발생 가능성에 대한 인식 및 의무 불이행에 대한 인식'이 필요하다. 여기서 '의무 불이행에 대한 인식'은 '부작위에 대한 고의'의 영역으로, 유해·위험 발생 가능성 인식이 인정되면 의무이행 조치를 다하였다고 인정할 만한 특별한 사정이 없는 한 일응 인정된다고 보는 것이 타당하다.

다만, 그동안 산업안전보건법의 운용과 관련하여 사업주인 법인의 대표이사 등에게 고의가 인정되지 않는다는 이유로 형사책임을 면해왔다는 비판이 있었으므로, '경영책임자등의 미필적 고의' 인정 범위와 관련하여 구체적인 사례에서 다양한 해석상의 논쟁이 예상된다.

---

[99] 대법원 2016. 12. 15. 선고 2016도13945 판결, 대법원 2010. 11. 25. 선고 2009도11906 판결 등

다. 인과관계

중대재해처벌법 제4조, 제5조 소정의 사업주 또는 경영책임자등의 안전 및 보건 확보의무 위반과 제2조 소정의 중대산업재해(사망 재해 또는 부상·질병 재해) 사이에 인과관계가 인정되어야만 그 책임을 지울 수 있다고 해석함이 상당하다.

당초 박주민 의원안에 있었던 인과관계 추정(사고 발생 이전에 법 위반 사실이 일정 횟수 이상일 경우 당해 사고에서 법 위반 행위로 중대재해 발생한 것으로 추정) 조항이 삭제되었는바, 이를 보더라도 법 일반론에 따라 의무위반과 재해 결과 사이에 인과관계가 필요하다고 해석하는 것이 타당할 것으로 보인다.

중대재해처벌법 제4조와 시행령 제4조에서 규정하고 이는 사업주와 경영책임자등의 안전 및 보건 확보의무 중 시행령 제4조 제1호의 안전·보건에 관한 목표와 경영방침을 설정할 의무의 위반이 있다 하더라도 중대산업재해 사이에 인과관계가 있다고 보기 어려울 것이다.

반면에 중대재해처벌법 제4조 제1항 제2호 재발방지 대책 수립 및 이행에 따른 조치 의무, 제3호 중앙행정기관·지방자치단체가 법령에 따라 개선, 시정 등을 명한 사항의 이행에 관한 조치 의무, 제4호 안전·보건 관계 법령에 따른 의무이행에 필요한 관리상의 조치, 시행령 제4조 제3호 유해·위험 요인 확인, 개선의무, 제7호 종사자의 의견 청취 의무 등은 의무위반이 있을 경우 인과관계가 인정될 가능성이 높을 것으로 보인다.

법이론적으로는 사업주 또는 경영책임자등의 안전 및 보건 확보의무 위반이 인정되더라도, 사업주 또는 경영책임자등이 예측할 수 없는 종사자의 이례적인 행동으로 재해가 발생한 경우에는 경영책임자등이 종사자의 사망 등을 예견할 수 없었다고 할 것이므로, 그 재해에 대한 행사책임을 지울 수 없다고 보아야 한다.

그런 의미에서 업무상과실치사상죄인 교통사고에서 확립된 판례인 신뢰의 원칙은 중대재해에서도 폭넓게 적용되어야 할 것이다. 종전 산업안전사고에서 예견가능성의 유무로만 제한적으로 접근하면서 근로자의 합리적 행동에 대한 사업주의 신뢰를 보호하는 측면은 무시하거나 소홀히 했던 실무관행은 중대재해처벌법 시행과 함께 재고되어야 할 것이다.

다만, 현실적으로는 피해 규모가 큰 중대산업재해가 발생하였을 경우, 사회·정치적인 이슈와 법이론적인 해석론 사이에 상당한 긴장과 다양한 논쟁 등이 예상된다.

라. 법정형의 구별과 가중처벌

사망 재해는 1년 이상 징역 또는 10억 원 이하 벌금을, 부상·질병 재해는 7년 이하의 징역 또는 1억 원 이하의 벌금에 처할 수 있다.

한편, 중대산업재해로 선고받은 형이 확정된 후 5년 이내에 다시 중대재해죄를 저지른 경우 그 각 형의 2분의 1까지 가중하여 처벌된다.

재범의 판단 시점은 해당 범죄의 성립 시기인 중대재해가 발생한 시점(사망, 부상 또는 직업성 질병이 발생한 시점)으로 봄이 상당하다.[100]

6. 양벌규정

제7조(중대산업재해의 양벌규정) 법인 또는 기관의 경영책임자등이 그 법인 또는 기관의 업무에 관하여 제6조에 해당하는 위반행위를 하면 그 행위자를 벌하는 외에 그 법인 또는 기관에 다음 각 호의 구분에 따른 벌금형을 과(科)한다. 다만, 법인 또는 기관이 그 위반행위를 방지하기 위하여 해당 업무에 관하여 상당한 주의와 감독을 게을리하지 아니한 경우에는 그러하지 아니하다.
1. 제6조 제1항의 경우: 50억 원 이하의 벌금
2. 제6조 제2항의 경우: 10억 원 이하의 벌금

중대재해처벌법은 경영책임자등이라는 행위자를 벌하는 외에 법인에 대해서도 양벌규정을 두고 있는바, 사망 재해는 50억 원 이하의 벌금, 부상·질

---

[100] 같은 취지: 고용노동부 2021. 11. 17. 발간 「중대재해처벌법 해설 - 중대산업재해 관련 -」, p. 113

병 재해는 10억 원 이하의 벌금을 법정형으로 규정하고 있다(중대재해처벌법 제7조).

한편 「법인이 그 위반행위를 방지하기 위하여 해당 업무에 관하여 상당한 주의와 감독을 게을리하지 아니한 경우에는 그러하지 아니한다」고 하여 면책 규정을 두고 있다.

산업안전보건법 제173조에서도 동일한 법인 면책 규정을 두고 있는데, 실무에서는 이와 관련하여 위반행위자가 관리감독자이면 법인의 주의·감독 책임의 주체는 안전보건관리책임자, 위반행위자가 안전보건관리 책임자이면 법인의 주의·감독책임의 주체는 그 상위에 있는 대표자가 되는 것으로 보고 있다.

중대재해처벌법 역시 경영책임자등을 누구로 보느냐에 따라 그 위반 행위자가 특정될 것이고, 그보다 상위에 있는 사람이 법인의 주의·감독 책임의 주체가 될 것으로 보인다.

판례는 법인의 양벌규정 적용에 있어서 "형벌의 자기책임원칙에 비추어 볼 때 위 양벌규정은 법인이 사용인 등에 의하여 위반행위가 발생한 그 업무와 관련하여 상당한 주의 또는 관리감독 의무를 게을리 한 때에 한하여 적용된다고 봄이 상당하고, 구체적인 사안에서 법인이 상당한 주의 또는 관리감독 의무를 게을리 하였는지 여부는 당해 위반행위와 관련된 모든 사정, 즉 당해 법률의 입법 취지, 처벌조항 위반으로 예상되는 법익 침해의 정도, 그 위반행위에 관하여 양벌규정을 마련한 취지 등은 물론 위반행위의 구체적인 모습과 그로 인하여 실제 야기된 피해 또는 결과의 정도, 법인의 영업 규모 및 행위자에 대한 감독가능성 또는 구체적인 지휘감독 관계, 법인이 위반행위 방지를 위하여 실제 행한 조치 등을 전체적으로 종합하여 판단하여야 한다"(대법원 2010. 2. 25. 선고 2009도5824 판결, 대법원 2010. 9. 9. 선고 2008도7834 판결, 대법원 2011. 7. 14 선고 2009도5516 판결 등 참조)라고 판시하고 있다. 다만, 앞서 지적한 바와 같이 법인·단체에게 안전보건 확보의무를 부과하지 않고 그 집행기관인 경영책임자에게 부과된 조치의무 위반을 이유로 법인 또는 기관에게 양벌책임을 묻는 것은 책임주의 원칙에 반할 소지가 다분하여 향후 논쟁이 예상된다.

7. 경영책임자등의 안전보건교육 수강 의무

가. 경영책임자등의 안전보건교육의 수강

제8조(안전보건교육의 수강) ① 중대산업재해가 발생한 법인 또는 기관의 경영책임자등은 대통령령으로 정하는 바에 따라 안전보건교육을 이수하여야 한다.
② 제1항의 안전보건교육을 정당한 사유 없이 이행하지 아니한 경우에는 5천만원 이하의 과태료를 부과한다.
③ 제2항에 따른 과태료는 대통령령으로 정하는 바에 따라 고용노동부장관이 부과·징수한다.

시행령 제6조(안전보건교육의 실시 등) ① 법 제8조 제1항에 따른 안전보건교육(이하 "안전보건교육"이라 한다)은 총 20시간의 범위에서 고용노동부장관이 정하는 바에 따라 이수해야 한다.
② 안전보건교육에는 다음 각 호의 사항이 포함되어야 한다.
1. 안전보건관리체계의 구축 등 안전·보건에 관한 경영 방안
2. 중대산업재해의 원인 분석과 재발 방지 방안
③ 고용노동부장관은 「한국산업안전보건공단법」에 따른 한국산업안전보건공단이나 「산업안전보건법」 제33조에 따라 등록된 안전보건교육기관(이하 "안전보건교육기관등"이라 한다)에 안전보건교육을 의뢰하여 실시할 수 있다.
④ 고용노동부장관은 분기별로 중대산업재해가 발생한 법인 또는 기관을 대상으로 안전보건교육을 이수해야 할 교육대상자를 확정하고 안전보건교육 실시일 30일 전까지 다음 각 호의 사항을 해당 교육대상자에게 통보해야 한다.
1. 안전보건교육을 실시하는 안전보건교육기관등
2. 교육일정
3. 그 밖에 안전보건교육의 실시에 필요한 사항
⑤ 제4항에 따른 통보를 받은 교육대상자는 해당 교육일정에 참여할 수 없는 정당한 사유가 있는 경우에는 안전보건교육 실시일 7일 전까지 고용노동부장관에게 안전보건교육의 연기를 한 번만 요청할 수 있다.
⑥ 고용노동부장관은 제5항에 따른 연기 요청을 받은 날부터 3일 이내에 연기

가능 여부를 교육대상자에게 통보해야 한다.

⑦ 안전보건교육을 연기하는 경우 교육일정 등의 통보에 관하여는 제4항을 준용한다.

⑧ 안전보건교육에 드는 비용은 안전보건교육기관등에서 수강하는 교육대상자가 부담한다.

⑨ 안전보건교육기관등은 안전보건교육을 실시한 경우에는 지체 없이 안전보건교육 이수자 명단을 고용노동부장관에게 통보해야 한다.

⑩ 안전보건교육을 이수한 교육대상자는 필요한 경우 안전보건교육이수확인서를 발급해 줄 것을 고용노동부장관에게 요청할 수 있다.

⑪ 제10항에 따른 요청을 받은 고용노동부장관은 고용노동부장관이 정하는 바에 따라 안전보건교육이수확인서를 지체 없이 내주어야 한다.

중대재해처벌법은 중대산업재해 발생 시 경영책임자등의 안전보건교육 이수 의무를 규정하고 있으나, 중대시민재해 발생 시에는 이러한 규정이 없다는 차이가 있다.

중대산업재해가 발생한 법인 또는 기관의 경영책임자등은 안전보건 교육을 이수하여야 한다고 규정하고 있다. 반면 개인사업주는 교육 이수 대상에 속하지 아니한다.

법인 또는 기관의 경영책임자등은 중대산업재해가 발생할 경우 중대재해처벌법 제4조, 제5조의 의무를 위반하였는지 여부와 무관하게 교육을 이수하여야 한다.

따라서 교육이수 의무는 의무 위반에 대한 제재적 성격이 아니라, 중대산업재해 재발을 방지하기 위한 목적이라고 한다.[101] 그러나, 교육연기 횟수를 1회로 제한하고 위반시 5천만 원 이하의 과태료를 부과한다는 점에서 사실상 중대재해 발생에 대한 제재라 할 수 있고 이러한 관점에서는 책임주의 원칙상 위헌소지가 다분하다.

교육시간은 총 20시간의 범위에서 고용노동부장관이 정하는 바에 따라

---

101 같은 취지: 고용노동부 2021. 11. 17. 발간 「중대재해처벌법 해설 - 중대산업재해 관련 -」, p. 117

이수하여야 한다(시행령 제6조 제1항).

반면 산업안전보건법은 안전조치(산업안전보건법 제38조), 보건조치(동법 제39조) 또는 도급인의 안전 및 보건조치(동법 제63조)를 위반하여 근로자를 사망에 이르게 한 사람에게 판사가 유죄 판결을 선고할 경우 200시간 범위 내에서 산업재해 예방에 필요한 수강명령이나 산업안전보건프로그램의 이수 명령을 병과할 수 있도록 하고 있다.[102]

중대재해처벌법의 안전보건교육에는 안전보건관리체계의 구축 등 안전·보건에 관한 경영 방안과 중대산업재해의 원인 분석과 재발 방지 방안이 포함된다(시행령 제6조 제2항).

고용노동부장관은 「한국산업안전보건공단법」에 따른 한국산업안전보건공단이나 「산업안전보건법」 제33조에 따라 등록된 안전보건교육기관에 안전보건교육을 의뢰하여 실시할 수 있다(시행령 제6조 제3항).

고용노동부장관은 분기별로 중대산업재해가 발생한 법인 또는 기관을 대상으로 안전보건교육을 이수해야 할 교육대상자를 확정하고 안전보건교육 실시일 30일 전까지 해당 교육대상자에게 통보해야 한다(시행령 제6조 제4항).

고용노동부는 교육대상자 확정 전 여러 건의 중대산업재해가 발생하였다면 이를 모두 포괄하여 하나의 분기에 교육을 이수하도록 하며, 안전보건교육 수강 중 또는 수강 후 다시 중대산업재해가 발생하였다면 해당 재해에 대해서는 종전에 수강한 안전보건교육과는 별도로 다른 분기에 교육을 이수하도록 한다고 본다.[103]

교육대상자는 해당 교육일정에 참여할 수 없는 정당한 사유가 있는 경우에는 안전보건교육 실시일 7일 전까지 고용노동부장관에게 안전보건교육

---

[102] 산업안전보건법 제174조(형벌과 수강명령 등의 병과) ① 법원은 제38조 제1항부터 제3항까지(제166조의2에서 준용하는 경우를 포함한다), 제39조 제1항(제166조의2에서 준용하는 경우를 포함한다) 또는 제63조(제166조의2에서 준용하는 경우를 포함한다)를 위반하여 근로자를 사망에 이르게 한 사람에게 유죄의 판결(선고유예는 제외한다)을 선고하거나 약식명령을 고지하는 경우에는 200시간의 범위에서 산업재해 예방에 필요한 수강명령 또는 산업안전보건프로그램의 이수명령(이하 "이수명령"이라 한다)을 병과(倂科)할 수 있다.<개정 2020. 3. 31.>

[103] 고용노동부 2021. 11. 17. 발간 「중대재해처벌법 해설 - 중대산업재해 관련 -」, p. 118

의 연기를 한 번만 요청할 수 있다(시행령 제6조 제5항).

고용노동부장관은 교육대상자로부터 연기 요청을 받은 날부터 3일 이내에 연기 가능 여부를 교육대상자에게 통보해야 한다(시행령 제6조 제6항).

안전보건교육에 드는 비용은 안전보건교육기관등에서 수강하는 교육대상자가 부담한다(시행령 제6조 제8항).

안전보건교육기관등은 안전보건교육을 실시한 경우에는 지체 없이 안전보건교육 이수자 명단을 고용노동부장관에게 통보해야 하며(시행령 제6조 제9항), 안전보건교육을 이수한 교육대상자는 필요한 경우 안전보건교육이수확인서를 발급해 줄 것을 고용노동부장관에게 요청할 수 있고(시행령 제6조 제10항) 요청을 받은 고용노동부장관은 고용노동부장관이 정하는 바에 따라 안전보건교육이수확인서를 지체 없이 내주어야 한다(시행령 제6조 제11항).

나. 안전보건교육 미이수에 대한 과태료 부과

제8조(안전보건교육의 수강) ② 제1항의 안전보건교육을 정당한 사유 없이 이행하지 아니한 경우에는 5천만원 이하의 과태료를 부과한다.
③ 제2항에 따른 과태료는 대통령령으로 정하는 바에 따라 고용노동부장관이 부과·징수한다.
시행령 제7조(과태료의 부과기준) 법 제8조 제2항에 따른 과태료의 부과기준은 별표 4와 같다.
[별표 4] 과태료의 부과기준(제7조 관련)
1. 일반기준
가. 위반행위의 횟수에 따른 과태료의 가중된 부과기준은 최근 1년간 같은 위반행위로 과태료 부과처분을 받은 경우에 적용한다. 이 경우 기간의 계산은 위반행위에 대해 과태료 부과처분을 받은 날과 그 처분 후 다시 같은 위반행위를 하여 적발된 날을 기준으로 한다.
나. 가목에 따라 가중된 부과처분을 하는 경우 가중처분의 적용 차수는 그 위반행위 전 부과처분 차수(가목에 따른 기간 내에 과태료 부과처분이 둘 이상 있었던 경우에는 높은 차수를 말한다)의 다음 차수로 한다.
다. 부과권자는 다음의 어느 하나에 해당하는 경우에는 제3호의 개별기준에 따른 과태료(제2호에 따라 과태료 감경기준이 적용되는 사업 또는 사업장의 경우에는 같은 호에 따른 감경기준에 따라 산출한 금액을 말한다)의 2분의 1 범위에서 그 금액을 줄여 부과할 수 있다. 다만, 과태료를 체납하고 있는 위반행위자에 대해서는 그렇지 않다.

1) 위반행위자가 자연재해·화재 등으로 재산에 현저한 손실을 입었거나 사업여건의 악화로 사업이 중대한 위기에 처하는 등의 사정이 있는 경우
2) 위반행위가 사소한 부주의나 오류로 인한 것으로 인정되는 경우
3) 위반행위자가 법 위반상태를 시정하거나 해소하기 위해 노력한 것이 인정되는 경우
4) 그 밖에 위반행위의 정도, 위반행위의 동기와 그 결과 등을 고려하여 과태료 금액을 줄일 필요가 있다고 인정되는 경우

2. 사업·사업장의 규모나 공사 규모에 따른 과태료 감경기준
상시 근로자 수가 50명 미만인 사업 또는 사업장이거나 공사금액이 50억 원 미만인 건설공사의 사업 또는 사업장인 경우에는 제3호의 개별기준에도 불구하고 그 과태료의 2분의 1 범위에서 감경할 수 있다.

3. 개별기준

위반행위	근거 법조문	과태료		
		1차 위반	2차 위반	3차 이상 위반
법 제8조 제1항을 위반하여 경영책임자등이 안전보건교육을 정당한 사유없이 이행하지 않은 경우	법 제8조 제2항	1천만 원	3천만 원	5천만 원

경영책임자등이 정당한 사유 없이 안전보건교육을 이수하지 아니한 경우에는 5천만 원 이하의 과태료 부과 대상이 된다(중대재해처벌법 제8조 제2항, 제3항).

1차 위반 시 1천만 원, 2차 위반 시 3천만 원, 3차 이상 위반 시 5천만 원의 과태료가 부과되고(시행령 별표 4. 3호 개별기준) 과태료의 부과기준은 시행령 제7조 및 별표 4에 의한다.

과태료 부과 일반기준 중 위반 횟수에 따른 과태료 가중 부과는 최근 1
년간 같은 위반행위로 과태료 부과처분을 받은 경우에 적용하고, 위반행위로
과태료 부과처분 받은 날과 그 처분 후 다시 같은 위반행위로 적발된 날 기
준으로 한다(시행령 별표 4. 1호 가목).

가중처분 적용 차수는 그 위반행위 전 부과처분 차수(가중처분 적용 기간
내에 과태료 부과처분이 둘 이상 있었던 경우 높은 차수)의 다음 차수로 한다(시행
령 별표 4. 1호 나목).[104]

다만, 1) 위반행위자가 자연재해·화재 등으로 재산에 현저한 손실을 입
었거나 사업여건의 악화로 사업이 중대한 위기에 처하는 등의 사정이 있는
경우, 2) 위반행위가 사소한 부주의나 오류로 인한 것으로 인정되는 경우, 3)
위반행위자가 법 위반상태를 시정하거나 해소하기 위해 노력한 것이 인정되
는 경우, 4) 위반행위의 정도, 동기와 그 결과 등을 고려해 과태료 금액을 줄
일 필요가 있다고 인정되는 경우에는 과태료의 2분의 1 범위에서 감경할 수
있으나, 과태료를 체납할 경우에는 감경할 수 없다(시행령 별표 4. 1호 다목).

상시 근로자 수가 50명 미만인 사업 또는 사업장이거나 공사금액이 50
억 원 미만인 건설공사의 사업 또는 사업장인 경우에는 그 과태료의 2분의 1
범위에서 감경할 수 있다(시행령 별표 4. 1호 다목). 이 경우 사업 또는 사업장
의 규모나 공사 규모에 따른 과태료 감경기준(2분의 1)을 먼저 적용하고, 추
가로 1호 다목에 해당하는 사유가 있으면 다시 2분의 1을 감경할 수 있다.[105]

---

[104] 1년 내 종전 2차까지 과태료 부과 시 다음 차수인 3차를 부과한다(고용노동부 2021. 11.
17. 발간 「중대재해처벌법 해설 – 중대산업재해 관련 –」, p. 119).
[105] 고용노동부 2021. 11. 17. 발간 「중대재해처벌법 해설 – 중대산업재해 관련 –」, p. 119

제 2 장   중대시민재해

1. 사업주 또는 경영책임자등의 안전 및 보건 확보의무

가. 개요

중대재해처벌법 제9조에서 중대시민재해와 관련된 사업주 또는 경영책임자등의 안전 및 보건 확보의무를 규정하고 있는데, 중대산업재해와 달리, 특정 원료와 제조물과 관련된 안전 및 보건 확보의무(법 제9조 제1항)와 공중이용시설 또는 공중교통수단과 관련된 안전 및 보건 확보의무(법 제9조 제2항 및 제3항)로 나누어 그 조치의무의 내용을 달리 규정하고 있다.

그런데 중대재해처벌법과 그 시행령 규정을 살펴보면 특히 중대시민재해의 적용대상인 특정 원료나 제조물은 물론이고 공중이용시설 또는 공중교통수단에 대하여 경영책임자등이 어떤 조치의무를 부담하고 있고, 그러한 조치의무를 어떻게 이행하여야 하는지에 대하여 일반 국민들이 이해하기 쉽지 않다

첫째, 먼저 내가 하는 사업이나 사업장이 중대시민재해 적용대상이 되는지 여부이다. 내가 운영하는 공장이나 경영하는 식당 등의 사업장 등이 중대재해처벌법의 적용대상인 중대시민재해 예방을 위하여 법과 시행령에서 정한 조치의무를 이행하여야 하는지 여부의 문제이다. 특히 시행령 별표 5에 규정된 12개항의 대상물에 대하여는 소상공인이 아니라면 업무처리 절차 등을 미리 만들어야 하는 의무가 있다.

앞서 제2편 주요개념에서 살펴본 것처럼 특정 원료와 제조물 관련하여서, 법 제1조 목적규정에서 명백하게 "인체에 해로운 원료나 제조물을 취급하면서"라고 기재되어 있기 때문에 인체에 무해한 원료나 제조물 취급 과정에서 발생된 사고에 대하여는 적용대상이 아니라고 보아야 할 것임에도, 시행령 별표 5에 "인체 유해성이 강하여 중대시민재해 우려가 높은 원료·제조

물"에 대한 추가적 조치의무 규정이 신설되면서 원료와 제조물이 인체 유해성이 강한 것과 그렇지 않은 것으로 구분되는 결과를 낳았고, 법적 효력이 없다는 환경부의 해설서에 의하면, 인체 유해성이 없는 모든 원료와 제조물로 그 적용대상이 확대되는 결과를 가져온 상황에서 향후 수사기관이나 법원에서 어떻게 적용할지 누구도 장담하기는 쉽지 않다.

또한 공중이용시설의 경우에도 면적에 따른 적용제외 등 복잡한 적용범위, 그리고 소상공인법 등에 따른 공중이용시설 적용 배제 등 법령에 의한 예외와 그 예외 규정에 다시 예외를 둔 규정 등으로 입법 자체가 쉽게 해석할 수 없는 구조로 입안되어 있어 적용여부 판단이 더욱 어렵다.

둘째, 누가 조치의무를 부담하는지 여부이다. 중대시민재해 적용대상이 되는 원료나 제조물, 또는 공중이용시설이나 공중교통수단에 해당하다고 하더라도, 우리 사업장이나 회사에서 누가 경영책임자등으로서 이러한 조치의무를 부담하는지 여부가 명확하다고 보기 어렵다. 법과 시행령 제정과정에서 계속 논란이 되었던 경영책임자등의 범위에 관하여 결국 법에도 시행령에도 명백하게 규정하지 않았다. 특히 경영책임자등은 특정하게 한 사람에게만 적용될 수 있는 것이 아니라, 복수의 사람에게도 적용될 여지가 남아 있는 것으로 보여 더욱 그러하다.[106] 물론 가장 보편적인 주식회사의 대표이사가 경영책임자등에 해당한다는 점은 비교적 간명해 보이나, 기업의 규모가 있어 대표이사 외에도 다수의 고위직 임원으로 구성된 회사의 경우, 대표이사가 모든 책임을 진다고 보기 어려울 수 있고, 기업의 실질적 소유자가 법인 등기부에 없으면서도 경영에 일정한 범위에서 관여할 경우에도 그 적용범위가 명확하다고 보기 어렵다.

반대로 원료와 제조물 및 공중이용시설의 경우에는 법인이 아닌 개인사업자에 의한 사업과 사업장도 다수 있을 것으로 보이며, 종사자가 많지 않은 경우도 있을 것이다. 이런 경우, 책임은 모두 사업주가 진다고 볼 수 있으나, 안전·보건 담당자의 지정이나 예산의 편성 등은 특히 이해하기 쉽지 않

---

[106] 고용노동부는 경영책임자가 복수로 특정될 수 있음으로 인정하고 있다(고용노동부 2021. 11. 17. 발간 「중대재해처벌법 해설 – 중대산업재해 관련 –」, p. 23 이하).

은 의무로 보인다.

5명 미만 사업장을 제외한 중대사업재해와 달리, 중대시민재해에는 공중이용시설에 대하여만 소상공인을 제외하는 규정이 있을 뿐, 원칙적으로 모든 사업장에 적용되고, 부칙 규정에 따라서 2021. 1. 26.부터 3년간 적용이 유예될 뿐이어서 2024. 1. 27. 모든 사업장에 적용된다.

셋째, 법과 시행령이 무엇을 하라고 규정한 것인지 인식하는 것도 간단하지 않다. 중대시민재해를 예방하기 위하여 법과 시행령에서 여러 조치의무를 규정하고 있는데, 구체적으로 무엇을 어떻게 해야 하는지 법률 전문가나 안전행정에 정통한 사람들로부터 자문을 받지 않으면 이행하기 어렵다. 공중이용시설이나 공중교통수단은 물론, 시행령 별표 5에 규정된 원료와 제조물 관련 사업이나 사업장의 사업주나 경영책임자등은 이 법 적용대상과 관련하여 업무처리 절차 등을 만들어야 하는데, 대기업의 경우는 어렵지 않을 것이나, 개인사업주는 쉽지 않을 수 있다. 공중이용시설의 경우에는 소상공인의 적용이 배제되나(법 제2조 4호 단서), 원료와 제조물 또는 공중교통수단 관련 사업주가 소상공인이더라도 이 법은 적용되기 때문이다.

사업주나 경영책임자등으로서는, 자신에게 부과된 조치의무의 내용이 무엇인지 정확하게 이해하여야 그 조치의무를 이행하여 법 위반에 따른 엄중한 처벌을 피할 수 있을 텐데 위와 같이 여러 가지 어려움이 있는 것이 현실로 보인다.

나. 특정 원료나 제조물 관련 안전 및 보건 확보의무

1) 개요

사업주 또는 경영책임자등은 사업주나 법인 또는 기관이 실질적으로 지배·운영·관리하는 사업 또는 사업장에서 생산·제조·판매·유통 중인 원료나 제조물이 설계, 제조, 관리상의 결함으로 인한 그 이용자 또는 그 밖의 사람의 생명, 신체의 안전을 위하여 다음과 같은 4가지의 조치를 하여야 한다(중대재해처벌법 제9조 제1항).

1호. 재해예방에 필요한 인력·예산·점검 등 안전보건관리체계의 구축 및 그 이행에 관한 조치
2호. 재해 발생 시 재발방지 대책의 수립 및 그 이행에 관한 조치
3호. 중앙행정기관·지방자치단체가 관계 법령에 따라 개선, 시정 등을 명한 사항의 이행에 관한 조치
4호. 안전·보건 관계 법령에 따른 의무이행에 필요한 조치

다만, 제1호와 제4호 조치에 관한 구체적 사항은 시행령에 위임하였고, 이에 따라 2021. 10. 5. 공포된 중대재해처벌법 시행령에서 관련된 조치의무를 규정하고 있다(시행령 제8조 및 제9조).

2) 개괄적 검토
가) 의무의 주체
의무의 주체는 "사업주 또는 경영책임자등"으로 그 기본 개념은 앞에서 본 바와 같다.

원료와 제조물의 경우, 중대산업재해와 달리 5인 미만 사업장 제외규정도 없고, 공중이용시설처럼 소상공인 배제 규정도 없다. 따라서 모든 사업과 사업장이 적용대상이 될 것이다.

나) 조치의무 발생의 대상 – 사업 또는 사업장
사업주 또는 경영책임자등의 조치의무 부과 대상은 사업주나 법인, 기관이 실질적으로 지배·운영·관리하는 사업 또는 사업장이다. '실질적'인 지배·운영·관리 여부에 관하여는 향후 논란이 될 우려가 있어 보인다. 실질적이라는 표현을 추가한 것은 형식적, 즉 대외적으로는 지배·운영·관리하는 사업장은 아니지만, 대표이사나 회사의 지분관계 등 사업장의 인적 구성이나 장소의 제공이나 시설 또는 설비의 제공, 기술이나 용역의 제공 등의 여러 가지 다른 사정에 근거하여 실질적으로 지배·운영·관리하는 사업장이라고 평가될 수 있음에 유의하여야 한다.

특히 장소적 개념으로서 사업장이 아니라 사업도 포함되는 점에서 더욱

넓게 해석된다.

다) 조치의무의 대상: 생산·제조·판매·유통 중인 원료나 제조물의 설계, 제조, 관리상의 결함

사업주와 경영책임자등이 이 법에 따라 조치해야 하는 것은 "생산·제조·판매·유통 중인 원료나 제조물의 설계, 제조, 관리상의 결함"으로 인한 인명피해의 예방을 위한 조치이다.

즉, 원료나 제조물을 만들거나, 판매하는 과정에서 설계가 잘못되었거나 만드는 과정에서 이물질이 들어가서 부작용을 일으키거나 또는 판매나 유통과정에서 변질되거나 필요한 안전장치 등이 손상되는 등의 결함으로 인하여 인명피해가 발생되는 것을 예방하라는 취지이다.

앞서 본 것처럼 제조물책임법의 경우, 제조, 설계, 표시상의 결함만을 규정하고 있는데(제조물책임법 제2조 제2호) 중대재해처벌법은 관리상의 결함을 추가하여 그 결함의 범위를 넓혔다.

중대재해처벌법의 적용이라는 것은 즉 중대재해처벌법에 의한 수사가 개시되는 것으로 시작되는데, 그 수사의 시작점은 피해의 발생이다. 즉 사람이 사망하거나 동일한 사고로 다수의 부상자가 나오거나 또는 동일한 원인으로 다수의 부상자가 나오는 경우 등 이 법에서 정한 일정한 결과가 발생한 경우에 중대재해처벌법의 적용 여부가 논의되는 것이다. 그런데 원료와 제조물의 경우 그러한 결과가 발생되는 것은 그 원료나 제조물을 생산·제조하여 판매와 유통을 거쳐서 최종적으로 소비자와 이용자가 사용하거나 이용하다가 사후에 발생되는 경우도 많을 것이다.

예를 들어, 이 법의 중요한 입법배경이었던 가습기 살균제 사건을 보면, 실제 가습기 살균제를 생산, 제조, 판매한 시점부터 상당 시점이 경과한 이후, 처음에는 원인 미상의 폐질환으로 인하여 사회적 이슈가 발생되어 역학조사 등이 시작되었고, 사고의 원인규명에 상당한 시간이 소요되었다. 이러한 점은 중대산업재해나 또는 공중이용시설과 공중교통수단에 의한 중대시민재해 발생 부분과는 달리하는 부분이다.

즉 이 법이 규정한 사망 등의 일정한 결과가 발생되면, 경찰은 그 원인을 규명하는 수사에 착수할 것이고, 그 원인을 규명한 결과 그 원료나 또는 제조물을 생산하고, 제조하고, 판매하고, 유통하는 과정에서 이 법에서 규정하고 있는 설계의 결함, 제조의 결함, 그리고 관리상의 결함이 있었다고 확인되었고, 그 결함을 예방하기 위하여 이 법이 정한 조치의무를 다하지 않은 것으로 확인되어 그 사고가 발생된 것으로 판정이 되면, 그 결함을 예방하지 않은 사업주나 경영책임자등이 이 법에 의한 형사처벌을 받게 되는 것이다.

따라서, 원료와 제조물에 의한 중대시민재해는 원료와 제조물을 사후에 이용하는 사람이나 그 밖의 사람에게서 발생되는 것을 전제로 하여, 중대시민재해가 발생되었을 때 피해를 가져온 원인이 그 원료와 제조물의 생산·제조·판매·유통 과정의 설계상 결함, 제조상 결함, 관리상의 결함에 의한 것인지 여부를 수사를 통하여 확인할 것이다.

따라서, 그 원료와 제조물의 생산·제조·판매·유통 이후의 이용을 전제로 하고 있으므로, 생산·제조·판매·유통과정 이후에는 위 법이 적용되지 않는다는 해석은 오해를 가져올 수 있다. 앞서 본 환경부 해설서 Q&A에서 병원에서 의료기기 관리에 주의의무를 다하지 아니하여 중대시민재해가 발생하여도 병원이 의료기기를 구입하여 사용하는 것은 생산·제조·판매·유통과정 이후의 과정이므로 중대재해처벌법의 적용이 되지 않는다는 해석이 이 법 규정에 맞는 해석인지 의문이 든다.

만약 병원에서 구입한 의료기기는 환자에게 사용하기 위하여 구입한 것이고, 실제 그 의료기기를 사용하던 중, 중대시민재해가 발생하였는데, 제조회사의 잘못은 없고, 관리하던 병원이 잘못으로 발생된 사고임이 확인된다면, 그 병원을 운영하는 사업주나 경영책임자등에 대하여는 중대재해처벌법 위반의 수사가 개시되게 된다. 환경부는 이 사안을 병원에서 의료기기를 구입하였으므로 유통 이후의 과정이어서 중대재해처벌법이 적용되지 않는다고 해석하였으나, 중대시민재해의 발생은 원칙적으로 이용자나 소비자에 대하여 발생되는 것이고, 그 소비자나 이용자가 실질적으로 사용하는 과정도 유통과정이라고 해석될 수 있으므로 재검토가 필요해 보인다. 의료기기의 실질적 사용자나 이용자에는 병원 직원만 해당되는 것이 아니라 당연하게 환자도 그 사용자나 이용자에 해당될 수 있기 때문이다.

한편, 한국소비자보호원의 '2020년 소비자위해정보동향 및 통계분석'에 의하면 2020년 소비자 위해가 가장 많이 발생한 품목은 가전제품 및 정보통 신기로 12,315건(17.6.%), 건축/인테리어 자재 및 작업공구(14.1%), 가공식품 9,488건(13.6%)라는 통계가 있다면서, 위 가전제품이나 건축/인테리어 자재 및 작업공구에도 중대재해처벌법이 적용되어야 한다는 견해도 있다.[107]

결국, 현행 중대재해처벌법 규정에 따르면, 원료와 제조물에 대하여는 그 이용자나 그 밖의 사람에게 인명피해가 발생된 경우, 그 원료와 제조물 의 생산과정, 제조과정, 판매과정, 유통과정에서 설계상의 결함, 제조상의 결함, 관리상의 결함이 확인된다면, 그 사업주나 경영책임자등에 대하여는 중대재해처벌법 위반의 수사가 본격화되고, 인명피해와 그 결함 사이의 인 과관계가 있다고 판정되면 중대재해처벌법위반의 형사처벌을 받게 될 것으 로 해석된다.

라) 조치의무의 목적 – 생명, 신체의 안전을 위하여

중대재해처벌법이 중대시민재해를 예방하기 위하여 사업주와 경영책임 자등에게 "생산·제조·판매·유통 중인 원료나 제조물"의 "설계, 제조, 관리 상의 결함으로 인한" 이용자 또는 그 밖의 사람의 생명, 신체의 안전을 위하 여 필요한 조치의무를 부과하고 있다.

생명, 신체의 안전이라는 조치의무의 목적 규정에 따르더라도 중대재해처 벌법의 적용대상이 되는 원료나 제조물은 생명이나 신체의 안전에 위해를 가 져올 수 있는 인체에 해로운 것에 한정하여 해석하는 것이 옳다고 할 것이다.

마) 피해자의 범위

중대산업재해의 예방 대상은 종사자의 안전, 보건상 유해 또는 위험을 방지하기 위한 것임에 비하여, 중대시민재해의 예방 대상은 원료나 제조물의 이용자, 공중이용시설 또는 공중교통수단 이용자의 생명·신체의 안전을 위

---

107 소비자 관점에서 본 「중대재해처벌법」에서의 중대시민재해, 홍채은, 한국소비자보호원, 소비자정책동향 제116호, 12쪽

한 것이어서 그 대상 범위가 훨씬 포괄적이다. 법 제9조에서 "그 이용자 또는 그 밖의 사람의 생명이나 신체의 안전을 위하여" 여러 가지 조치의무를 부과하고 있다.

기본적으로 특정 원료나 제조물의 경우, 그 피해발생 가능성이 일반 시민들 전체에 미칠 수 있고, 공중이용시설이나 공중교통수단도 불특정 다수의 일반 시민들이 이용하고 있는 현실을 반영한 것으로 보인다.

3) 재해예방에 필요한 인력 및 예산 등 안전보건관리체계의 구축 및 그 이행에 관한 조치

가) 개요

중대재해처벌법이 중대산업재해나 중대시민재해 예방을 위하여 사업주와 경영책임자등에게 부과한 첫 번째 조치의무는 안전보건관리체계의 구축이다.

중대재해처벌법 시행령 제8조는 법 제9조 제1항 제1호에서 규정하는 원료와 제조물 관련 안전보건관리체계의 구축 및 그 이행에 관한 조치를 다음과 같이 5개항으로 규정하고 있다.

---

1. 다음 각 목의 사항을 이행하는 데 필요한 인력을 갖추어 중대시민재해 예방을 위한 업무를 수행하도록 할 것
   가. 법 제9조제1항제4호의 안전·보건 관계 법령에 따른 안전·보건 관리 업무의 수행
   나. 유해·위험요인의 점검과 위험징후 발생 시 대응
   다. 그 밖에 원료·제조물 관련 안전·보건 관리를 위해 환경부장관이 정하여 고시하는 사항
2. 다음 각 목의 사항을 이행하는 데 필요한 예산을 편성·집행할 것
   가. 법 제9조제1항제4호의 안전·보건 관계 법령에 따른 인력·시설 및 장비 등의 확보·유지
   나. 유해·위험요인의 점검과 위험징후 발생 시 대응
   다. 그 밖에 원료·제조물 관련 안전·보건 관리를 위해 환경부장관이 정하여

고시하는 사항

3. 별표 5서 정하는 원료 또는 제조물로 인한 중대시민재해를 예방하기 위해 다음 각 목의 조치를 할 것

　가. 유해·위험요인의 주기적인 점검

　나. 제보나 위험징후의 감지 등을 통해 발견된 유해·위험요인을 확인한 결과 중대시민재해의 발생 우려가 있는 경우의 신고 및 조치

　다. 중대시민재해가 발생한 경우의 보고, 신고 및 조치

　라. 중대시민재해 원인조사에 따른 개선조치

4. 제3호 각 목의 조치를 포함한 업무처리절차의 마련. 다만, 「소상공인기본법」 제2조에 따른 소상공인의 경우는 제외한다.

5. 제1호 및 제2호의 사항을 반기 1회 이상 점검하고, 점검 결과에 따라 인력을 배치하거나 예산을 추가로 편성·집행하도록 하는 등 중대시민재해 예방에 필요한 조치를 할 것

　　안전 보건 관련 법령에서 정한 의무의 이행과 유해·위험요인의 점검과 대응을 위한 인력을 갖추고, 그 이행에 필요한 예산을 편성하여 집행하며, 별표에서 정한 원료와 제조물에 대하여는 주기적 점검 등의 조치를 시행하고, 관련 업무처리절차를 마련하고 주기적으로 점검하는 것을 주된 주요내용으로 한다.

나) 재해예방 업무를 위한 인력을 갖추고 재해예방 업무 수행

　　재해예방 업무를 담당할 필요 인력을 구비하는 것이 첫 번째 조치의무이다. 그런데 이들이 담당할 업무도 시행령 제8조 제1호에서 구체적으로 3개 항으로 특정하여 규정하고 있다.

　　첫째, 법 제9조 제1항 제4호의 안전·보건 관계 법령에 따른 안전·보건 관리업무를 수행하여야 한다(시행령 제8조 제1호 가목). 안전·보건 관계 법령에 따른 안전·보건 관리업무는 법 제9조 제1항 제4호에서 별도로 규정된 사업자와 경영책임자등의 조치의무 중의 하나이므로 당연히 재해예방을 위하여 사업주와 경영책임자등이 수행하여야 하는데, 안전·보건관리체계의 구축의무에서 다시 업무담당자들이 하여야 할 의무로 사실상 반복적으로 규정하고

있는 것이다.

둘째, 유해·위험요인의 점검과 위험징후 발생시 대응 업무를 수행하여야 한다(시행령 제8조 제1호 나목). 원료와 제조물 관련하여 유해하거나 위험한 요인을 사전에 점검하고 위험징후를 발견하면 재해예방을 위하여 필요한 대응 조치를 하여야 하는 것이다. 특히 환경부 2021. 12. 30. 발간「중대재해처벌법 해설 - 중대시민재해(원료·제조물) -」에 따를 때, 인체에 유해성이 없는 원료나 제조물의 경우에, 유해하거나 위험한 요인을 어떻게 발굴하고, 그에 대한 조치를 할 것인지, 현실적으로 매우 어려운 문제이다.

또한 원료와 제조물 중 환경부장관이 관장하는 사무의 내용이 아닌 원료와 제조물도 다수 있을 것인데, 앞으로 모든 원료와 제조물 관련한 행정사무를 모두 환경부장관이 관장하여 관련 고시를 발령할 수 있는지도 의문이다.

한편 별표 5에 규정된 12개항의 인체 유해성이 강하다는 원료나 제조물 관련 사업이나 사업장에서는 실질적으로 유해요인 점검 노력을 기울여야 할 것이다. 다만, 별표 5에는 가스, 화학물질, 농약 등으로부터 계란, 우유 등의 식품까지 모두 인체 유해성이 강한 원료와 제조물로 함께 규정하고 있어서 그 업무대상과 범위에서 현격한 차이가 있으므로, 실질적으로 유해·위험요인의 점검과 위험징후 발생시 대응 업무의 범위도 차이가 있을 것으로 사료된다.

셋째, 그 밖에 원료·제조물 관련 안전·보건관리를 위해 환경부장관이 정하여 고시하는 사항에 관한 업무를 처리하여야 한다(시행령 제8조 제1호 다목). 환경부장관이 안전·보건 관련하여 고시하는 것도 법령에 근거하여 고시하는 것이라고 한다면, 본 법 제9조 제1항 제4호에서 규정하는 안전·보건 관계 법령에 의한 조치에 포함되어야 하므로, 별도로 규정할 필요가 있는지 의문이다.

이에 따라 환경부는 2022. 1. 27. 환경부고시 제2022-26호로 '원료 및 제조물로 인한 중대시민재해 예방에 필요한 인력 및 예산 편성 지침'을 고시하였는데, 아래 업무를 담당할 인력을 확보하여야 한다고 규정하고 있다.

1. 법 제9조 제1항 제4호의 안전·보건 관계 법령에 따른 안전·보건 관리 업무

2. 원료, 제조물의 생산·제조시 안전점검, 안전진단, 성능시험, 성능평가, 품질검사, 안전정보 알림, 품질관리체계 운영, 유해·위험요인 신고접수 및 처리 등 유해·위험요인 점검업무

3. 원료, 제조물의 보관·유통시 보관·진열 위생관리, 제품표시확인, 부패·변질·유통기한 관리, 안전정보 알림, 안전운송, 유해·위험요인 신고접수 및 처리 등 유해·위험요인 점검업무

4. 유해·위험요인이 발견 또는 신고 접수된 경우 제2호 또는 제3호에 따른 긴급 안전점검을 실시하고 사업주 또는 경영책임자등에게 보고하고, 조치가 필요한 경우 해당 원료 및 제조물의 파기, 수거, 판매중지 또는 관련 시설 등의 정비, 보수, 보강 등 긴급안전조치 및 조치결과통보 업무

5. 법 제9조 제1항 제4호의 안전·보건 관계 법령에 따른 안전보건교육, 직무교육, 관리자교육, 판매자교육, 기술교육, 위생관리교육 등 의무교육

시행령은 이렇게 3개항의 한정적으로 열거된 업무를 담당하는 인력을 갖추고 위 3개항의 업무를 수행하도록 하는 것을 원료와 제조물 관련 사업주와 경영책임자등의 안전·보건관리체계구축의 첫 번째 조치의무로 설정하였다.

환경부 해설서에서는 안전 보건 법령에서 법령상 안전보건 인력요건이 있다면 그에 따르고, 관련 법령에 안전보건 인력 요건 규정이 없을 경우, 유해, 위험요인의 점검 및 대응을 위한 인력을 갖추고 업무를 부여하면 된다고 기술하고 있다.[108]

또한 그 안전보건 업무에 대하여 유해위험요인의 점검 및 대응, 시설 및 장비 관리, 품질관리, 안전교육 관련 서류의 작성과 보관 등이 이에 해당한다고 기술하고 있다.[109]

환경부 해설서는 또한 인력배치시 고려사항으로, 가능한 범위에서 안전보건 관련 업무와 관련된 자격을 갖추고 충분한 경험이 있는 자를 우선적으로 배치하며, 근무위치는 대상이 되는 사업장 등과 인접하도록 함으로써,

108 환경부 2021. 12. 30. 발간 「중대재해처벌법 해설 - 중대시민재해(원료·제조물) -」, p. 29
109 환경부 2021. 12. 30. 발간 「중대재해처벌법 해설 - 중대시민재해(원료·제조물) -」, p. 29

실질적인 업무수행이 가능하도록 하며, 적절한 업무를 수행할 수 있도록 충분한 업무시간을 확보하고 그 외 업무를 과도하게 부여하지 않아야 한다고 기술하고 있다.[110]

다) 재해예방 업무에 필요한 예산의 편성·집행

다음으로 별도로 규정하는 재해예방에 필요한 업무의 이행을 위한 예산의 편성과 집행이다(시행령 제8조 제2호). 그 필요한 업무의 내용은 앞서 본 인력의 배치에서 필요한 조치의무의 내용과 유사하다.

즉 시행령에서 재해예방을 위하여 필요하다고 규정한 예산은 첫째, 법 제9조 제1항 제4호의 안전·보건 관계 법령에 따른 인력·시설 및 장비 등의 확보·유지의 이행에 필요한 예산(시행령 제8조 제2호 가목), 둘째, 유해·위험요인의 점검과 위험징후 발생시 대응을 위한 예산(시행령 제8조 제2호 나목), 셋째, 그 밖에 원료·제조물 관련 안전·보건관리를 위해 환경부장관이 정하여 고시하는 사항의 이행을 위한 예산(시행령 제8조 제2호 다목)이 그것이다.

환경부가 2022. 1. 27. 고시한 위 '원료 및 제조물로 인한 중대시민재해 예방에 필요한 인력 및 예산 편성 지침'에서는 아래 사항에 대한 예산을 편성, 집행하여야 한다고 규정하고 있다.

1. 법 제9조 제1항 제4호의 안전·보건 관계 법령에 따른 인력·시설 및 장비 등의 확보·유지
2. 유해·위험요인의 점검을 위한 인력·시설 및 장비 등의 확보·유지
3. 유해·위험요인이 발견 또는 신고 접수된 경우 긴급안전점검 및 조치가 필요한 경우 긴급안전조치
4. 법 제9조제1항제4호의 안전·보건 관계 법령에 따른 안전보건교육, 직무교육, 관리자교육, 판매자교육, 기술교육, 위생관리교육 등 의무교육

한편, 환경부 해설서에서는 관계 법령에 따른 필요 예산은 1) 인건비, 2) 시설·장비 확보 유치 관리비, 3) 안전점검 비용, 4) 기타 비용으로 편성될 수

---

110 환경부 2021. 12. 30. 발간 「중대재해처벌법 해설 – 중대시민재해(원료·제조물) –」, p. 31

있다고 한다.111 아울러 주요 안전 관련 법령에서 규정하는 법령상 필요 예산도 별도로 표시하고 있다.112

주요 안전 보건 관계 법령상 필요 예산

구분	예산
고압가스법	(제조/저장/판매) 시설/기술 기준 준수 및 유지 예산 (수입) 시설/기술 기준 준수 및 유지 예산 (운반) 운반차량 기준 준수 및 유지 예산
농약관리법	(제조/수입/판매) 시설 및 장비 요건 준수 및 유지 예산
마약류관리법	(제조/수입/판매) 시설 기준 준수 및 유지 예산
비료관리법	생산시설 기준 준수 및 유지 예산
화학제품안전법	(제조/수입) 제조 및 보관 시설 기준 준수 및 유지 예산
식품위생법	(제조/가공/운반/판매/보존) 시설 기준 준수 및 유지 예산 (급식) 시설 기준 준수 및 유지 예산
약사법	(약국) 시설 기준 준수 및 유지 예산 (제조/수입) 기준 준수 및 유지 예산
의료기기법	(제조/수입) 시설과 제조·수입 및 품질관리체계 유지 예산
화약류 단속법	(판매) 시설 기준 준수 및 유지 예산
화학물질관리법	(취급) 취급기준, 취급시설 기준 준수 및 유지 예산 (운반) 운반장비 및 사설 기준 준수 및 유지 예산

라) 별표 5에 규정된 원료와 제조물에 대한 특별 조치

원료 또는 제조물과 관련 안전보건관리체계 구축 및 이행을 위하여 시행령 별표 5에서 정한 12개항의 원료 또는 제조물에 대하여는 별도로 유해·위험요인의 점검 등의 이행의무를 규정하고 있다.

중대재해처벌법의 입법 취지와 법 제1조 목적 규정 등을 감안할 때 원료와 제조물은 "인체에 해로운 원료나 제조물"(법 제1조)로 한정하여 해석하는 것이 상당한데, 시행령에서 아무런 제한 규정이 없고, 오히려 안전보건 관리체계구축에 관한 조치의무 규정에서 갑자기 12개항의 "인체 유해성이 강

---

111 환경부 2021. 12. 30. 발간 「중대재해처벌법 해설 – 중대시민재해(원료·제조물) –」, p. 31
112 환경부 2021. 12. 30. 발간 「중대재해처벌법 해설 – 중대시민재해(원료·제조물) –」, p. 33

하여 중대시민재해 우려가 높은" 원료와 제조물을 시행령 별표 5로 별도로 규정하고 있는 것이다.

이는 중대시민재해의 적용대상이 되는 원료나 제조물을 결국 ① 인체 유해성이 강하여 중대시민재해 우려가 높은 원료와 제조물, ② 인체 유해성이 약하여 중대시민재해 우려가 높지 않은 원료와 제조물, ③ 인체 유행성이 전혀 없는 원료와 제조물로 구분될 수 있다.

"인체 유해성이 강하여 중대시민재해 우려가 높은" 12개항의 원료와 제조물이 무엇인지는 앞서 중대시민재해의 적용대상에서 설명하였으므로, 여기서는 위 12개항의 원료와 제조물에 대하여 시행령에서 규정하는 조치의무를 설명한다.

① 유해·위험요인의 주기적 점검

"인체 유해성이 강하여 중대시민재해 우려가 높은" 12개항의 원료와 제조물에 대하여는 그 유해요인과 위험요인을 주기적으로 점검하라는 것이다 (시행령 제8조 제3호 가목).

그런데, "인체 유해성이 강하여 중대시민재해 우려가 높은" 12개항이 아닌 일반 원료와 제조물(유해성이 약하거나 아예 없는 경우)의 경우에도 앞서본 재해예방 인력배치 규정에서 "유해·위험요인의 점검" 의무가 부여되어 있고 (시행령 제8조 제1호 나목), 그 점검 주기도 반기 1회 이상 점검하도록 특정하여 규정하고 있다(시행령 제8조 제5호).

결국은 시행령 별표 5에 규정된 원료와 제조물에 대하여는 "주기적 점검"이라고 규정하고, 별표 5가 아닌 일반 원료와 제조물은 "반기 1회 이상 점검"으로 규정되어 있어 별표 5에 규정된 원료와 제조물에 대하여는 어떤 점검 주기를 가지고 점검하라는 것인지 명확하지 않다.

별표 5에 규정된 원료와 제조물이 인체 유해성이 강하여 중대시민재해 우려가 높다는 정부 보도자료를 감안하면 반기 1회보다는 더욱 자주 점검하라는 취지로 해석될 수도 있고, 반기 1회라 하더라도 주기적 점검이 아니라고 할 수 없으므로 반기 1회 점검해도 된다고 해석될 여지도 있다.

결국 입법의 불비로 인하여 해석의 다툼이 불가피하고 위헌 논쟁을 야기할 부분이다. 수사기관이나 법원의 중대재해처벌법 규정 해석을 예측하여 볼 때, 보다 안전하게 대응하려면 반기 1회보다는 분기 1회나 월 1회 등으로 보다 자주 점검하는 것이 효과적일 것으로 사료된다.

한편, 환경부의 해설서에서 유해위험요인의 점검 방법으로 사업장 순회점검, 청취조사, 안전보건자료, 안전보건 체크리스트, 그 밖에 사업장의 특성에 적합한 방법 등을 제시하며, 특별한 사정이 없으면 사업장 순회점검 방법을 포함하는 것을 권장한다고 한다.[113]

그 밖에 화학물질관리법, 고압가스법, 건강기능식품법, 광산안전법, 농약관리법 등에 의한 점검 방법도 기술하고 있다.[114]

② 중대시민재해 발생우려시 신고 및 조치

"인체 유해성이 강하여 중대시민재해 우려가 높은" 12개항의 원료와 제조물과 관련하여서 별도로 규정된 두 번째 조치의무는 제보나 위험징후의 감지 등을 통해 발견된 유해·위험요인을 확인한 결과 중대시민재해의 발생 우려시 신고 및 조치를 해야 한다는 것이다(시행령 제8조 제3호 나목).

제보나 위험징후가 있으면 확인한 후, 중대시민재해 발생 우려가 있으면 신고하라는 취지이다. 요약하면, 재해 발생의 우려가 있으면 신고 및 조치를 하라는 것인데, "중대시민해재의 발생 우려"가 명백한데도 조치나 신고를 하지 않는 경우를 상정하기 어렵다는 점과, "우려"의 해석 문제로 형사처벌의 논란이 될 가능성이 높다는 점에서 형사처벌의 전체가 되는 조치의무 규정의 입법형식이 지나치게 모호하고 애매하여 헌법합치적 해석이 가능할지 의문이다.

특히 "인체 유해성이 강하여 중대시민재해 우려가 높다"는 12개항의 원료와 제조물 관련된 조치의무여서 더욱 그러하다.

③ 중대시민재해 발생시 보고, 신고 및 조치

중대시민재해가 발생되면 보고와 신고, 그리고 필요한 조치를 하라는 것이다(시행령 제8조 3호 다목). 중대시민재해의 적용대상이 광범위함은 앞서 설

---

113 환경부 2021. 12. 30. 발간 「중대재해처벌법 해설 - 중대시민재해(원료·제조물) -」, p. 36
114 환경부 2021. 12. 30. 발간 「중대재해처벌법 해설 - 중대시민재해(원료·제조물) -」, p. 36

명한 바와 같고, 그 소관 행정부서가 어딘지 여부도 다소 불분명한 상황에서 현재 시행령 안에 의할 때, 어디에 누구를 상대로 보고해야 하고, 신고해야 하는지, 그리고 아무런 추가 설명 없이 조치를 하라고 하는데 무엇을 조치하라는 것인지 그 조치의무의 내용이나 대상은 전혀 규정이 없다.

다만, 환경부 해설서에서는 중대시민재해가 발생하면 안전보건담당자가 경찰서, 소방서에 사고발생 시간과 장소, 사고내용, 피해현황과 심지어 신고자와 사업장 책임자의 성명과 전화번호까지 신고하라고 하는데, 정말 긴급한 상황이라면 어디서(사업장 명칭) 어떤 사고(화재, 폭발 등)나 나서 인명피해가 났다 정도만 신고하면 되지 않을까 생각된다.

그런 신고와 함께 관계 행정기관에 보고해야 하며, 재해자에 대하여 긴급 구호조치, 긴급 안전조치 등을 시행하여야 하며, 중대시민재해 발생상황을 경영책임자등에게 보고해야 한다고 기술하고 있다.[115]

법과 시행령에서 경영책임자등의 신고, 보고 등의 조치의무를 갑자기 안전보건담당자의 의무로 변경하면서, 경영책임자등은 대응조치 확인 및 추가 피해방지 조치를 지시하고, 관련 대책 마련 등을 하도록 기술하고 있다.

그런데 앞서 본 것처럼, 이 해설서 앞에는 "법적 효력이 없다"라고 명시하고 있어서 이대로 하더라도 법적 효력을 인정받을 수 있을지 의문이다. 아울러 환경부 해설서에서 기술하는 신고내용도 마치 긴급하지 않은 상황에서 여유 있을 때 신고하는 내용까지 포함된 것으로 보여, 긴급한 상황에서 이렇게 보고할 수 있을지 의문이다(사업장 책임자 전화번호 등). 추후 입법적 보완이나 환경부의 법적 효력 있는 해설서나 가이드라인에 의하여 보완되어야 할 것이다.

④ 중대시민재해 원인조사에 따른 개선조치

중대시민재해가 발생된 경우 그 원인조사에 따른 개선조치를 하라는 것이다(시행령 제8조 제3호 라목). 그런데 일반 원료와 제조물 관련 조치의무 중에도 이미 법에서 "재해 발생시 재발방지대책의 수립 및 그 이행에 관한 조

---

[115] 환경부 2021. 12. 30. 발간 「중대재해처벌법 해설 – 중대시민재해(원료·제조물) –」, p. 45

치"의무가 부과되어 있어(법 제9조 제1항 제2호) 사실상 중복되는 의무 규정으로 보인다.

⑤ 원료와 제조물 관련 업무처리절차 마련

시행령 제8조 제4호는 "제3호 각 목의 조치를 포함한 업무처리절차의 마련, 다만 「소상공인기본법」 제2조에 따른 소상공인의 경우는 제외한다"라고 규정하고 있다(시행령 제8조 제4호).

중대재해처벌법은 특정 원료와 제조물에 대하여 그 사업주와 경영책임자등에게 4가지의 조치의무를 부과하고 있다(법 제9조 제1항). 안전보건관리체계의 구축과 이행(법 제9조 제1항 제1호), 재발방지대책의 수립과 이행(법 제9조 제1항 제2호), 중앙행정기관·지방자치단체가 명한 사항의 이행(법 제9조 제1항 제3호), 안전·보건 관계 법령에 따른 의무이행(법 제9조 제1항 제4호)이 그것인데, 그중 안전보건관리체계의 구축과 이행 및 안전·보건 관계 법령에 따른 의무이행 부분은 구체적 내용을 시행령에 위임하였다.

이에 따라 제정된 시행령 제8조에서는 안전보건관리체계의 구축과 이행에 관한 구체적 조치의무가, 시행령 제9조에서는 안전·보건 관계 법령에 따른 의무이행에 필요한 관리상의 조치의무를 규정하고 있는데, 안전보건관리체계의 구축과 이행에 관한 시행령 제8조의 구체적 조치의무 중에, 업무처리절차를 마련하라는 조치의무가 규정된 것이다.

여기서 업무처리절차란 법 제9조 제1항 제1호에서 규정하는 안전보건관리체계의 구축과 그 이행에 관한 업무처리절차를 의미하는 것으로 해석된다. 앞서 본 바와 같이 중대재해 예방을 위한 인력 배치, 예산 편성과 집행, 주기적 점검 등에 대한 업무처리절차를 마련하라는 것이다.

그런데, 시행령은 "제3호 각 목의 조치를 포함"한 업무처리절차를 마련하라는 것인데 "제3호 각 목의 조치"란 "유해성이 강하여 중대시민재해 우려가 높은" 12개항의 원료와 제조물에 대한 4개항의 조치의무, 즉 유해·위험요인의 주기적 점검(시행령 제8조 3호 가목), 중대시민재해 발생우려시 신고 및 조치(시행령 제8조 3호 나목), 중대시민재해 발생시 보고, 신고 및 조치(시행령 제8조 3호 다목), 중대시민재해 원인조사에 따른 개선조치(시행령 제8조 3호 라목)를 말한다.

결국, 별표 5에 규정된 12개항의 원료와 제조물에 대하여는 위 4개항의 조치의무에 대하여도 업무처리절차를 마련하라는 것이다.

다만, 「소상공인기본법」 제2조에 따른 소상공인의 경우는 제외한다(시행령 제8조 제4호 단서). 「소상공인기본법」은 소상공인의 지속가능한 성장과 경영안정을 촉진하고 사회적·경제적 지위 향상 및 고용안정을 도모하기 위한 시책의 기본적 사항을 정함으로써 국민경제의 균형 있는 발전에 이바지함을 목적으로 제정된 법이다. 「소상공인기본법」 제2조에서 소상공인이란 「중소기업기본법」 제2조 제2항에 따른 소기업(小企業) 중 ① 상시 근로자 수가 10명 미만이거나, ② 업종별로 상시 근로자 수 등이 대통령령으로 정한 기준에 해당하는 경우라고 규정하고 있다(자세한 사항은 '공중이용시설 중 중대재해처벌법 적용 제외 대상 참조).

한편, 환경부 해설서에서는 업무처리절차 표준(안) 예시가 기술되어 있다. 사업장 일반현황, 유해위험요인 목록 및 안전장치, 유해위험요인 점검, 유해위험요인의 신고 및 확인에 따른 조치, 중대시민재해 발생시 보고, 신고 및 조치 계획, 원인 조사 및 개선조치 등 6개항으로 표준(안)을 예시하고 있다.[116]

또한, 경영책임자등은 안전보건 담당자로 하여금 주기적인 점검을 통하여 유해위험요인을 발굴할 수 있도록 업무처리절차를 마련할 의무가 있고, 안전보건 담당자가 그 의무를 이행하는지 점검하고 확인하여야 한다고 기술하고 있다.[117]

경영책임자등은 안전보건담당자 및 현장 작업자의 참여를 기반으로 유해 위험요인을 발굴할 수 있도록 해야 하며, 이를 위해 누구나 신고할 수 있는 절차가 공식적·공개적이어야 한다고 기술하고 있다.[118]

---

116 환경부 2021. 12. 30. 발간 「중대재해처벌법 해설 – 중대시민재해(원료·제조물) –」, p. 38
117 환경부 2021. 12. 30. 발간 「중대재해처벌법 해설 – 중대시민재해(원료·제조물) –」, p. 39
118 환경부 2021. 12. 30. 발간 「중대재해처벌법 해설 – 중대시민재해(원료·제조물) –」, p. 39

⑥ 인력 및 예산에 대한 정기점검 및 조치

중대시민재해 예방을 위한 인력배치 및 업무수행(시행령 제8조 제1호), 예산 편성 및 집행(시행령 제8조 제2호)의 사항을 반기 1회 이상 점검하고 그 결과에 따라 인력이나 예산의 추가 배치나 추가 편성 등을 검토하여 중대시민재해 예방을 위하여 필요한 조치를 하라고 규정하고 있다(시행령 제8조 제5호).

반기 1회 이상 점검의 기준은 사업이나 사업장별로 정하면 될 것으로 보이며, 특히 시행령 별표 5에 규정된 원료와 제조물에 대하여는 앞서 본 바와 같이 업무처리절차를 마련하는 과정에서 기준을 정하면 될 것으로 보인다.

⑦ 관련 문제 검토

ⓐ 원료나 제조물의 생명, 신체의 유해성 및 위해성 여부 확인

유해성이란 화학물질의 독성 등 사람의 건강이나 환경에 좋지 아니한 영향을 미치는 화학물질 고유의 성질을 말하고, 위해성이란 유해성이 있는 화학물질이 노출되는 경우 사람의 건강이나 환경에 피해를 줄 수 있는 정도를 말한다(화학물질의 등록 및 평가 등에 관한 법률 제2조 제11호, 제12호).

유해성이란 그 성분 자체의 해로운 특성을 의미하고, 위해성이란 유해성 있는 물질에 사람이 노출되었을 때의 피해 정도이다.

벤젠이란 물질은 발암성이란 고유의 독성(유해성)을 갖고 있는데, 벤젠의 발암성이 사람이나 환경에 어느 정도의 피해를 줄 수 있는지(위해성)는 따로 평가를 해야 알 수 있어 위해성은 유해성의 크기에 노출량을 감안하여 평가하게 된다. 통상 유해성이 큰 물질은 아주 극소의 분량으로서 인체에 치명적일 수 있고, 유해성이 작더라도 노출량이 많으면 충분히 위해성을 가질 수 있다.

이 세상의 모든 물질은 정도와 범위의 차이는 있지만, 고유의 특성으로서 유해성을 갖고 있다고 하며 그중, 특히 인체에 해로운 고유한 특성을 갖고 있는 원료물질들은 화학물질의 등록 및 평가 등에 관한 법률 등에 의하여 독성물질로 지정, 고시하여 엄격한 기준에 의하여 사용되도록 규제되고 있다.

시행령은 먼저 "인체 유해성이 강하여 중대시민재해 우려가 높은" 12개 항의 원료와 제조물에 대하여 시행령 별표 5에 별도로 규정하고 있으므로,

위 시행령 별표 5 규정의 적용대상이 되는지 여부를 먼저 정확하게 파악하여야 할 것이다.

그리고 나서, 위 시행령 별표 5에 규정되어 있지 않더라도 자신들이 다루고 있는 특정 원료물질이나 제조물에 사용되는 원료물질과 그 제조물에 인체에 유해한 요소가 없는지 여부를 검토하여 할 것이다.

인체에 유해한 원료나 제조물이 아니더라도, 법과 시행령 규정 및 환경부 해설서 입장에 따르면, 앞서 본 필요한 조치의무를 이행하여야 할 것이다.

ⓑ 가습기 살균제 사건

중대재해처벌법 중 중대시민재해 부분의 입법을 촉진한 가습기 살균제 사건의 경우, 크게 두 가지 사건 유형으로 나뉜다.

2016년 사법처리된 옥시에서 개발한 가습기살균제의 경우, 그 원료물질은 PHMG라는 유독성 물질(물질 자체의 유해성이 큼)로서, 어느 정도 노출되면 인체에 해로운지 여부에 대한 연구가 충분하지 않은 상태(위해성 판단 곤란)에서 가습기 살균제의 원료로 사용하다가 결국 생산, 판매, 유통회사 관계자 등이 업무상과실치사상죄로 유죄판결을 받았다.

다른 SK케미칼 및 애경이 관련된 가습기살균제 사건의 경우, 2019년 사법처리되었는데, SK케미칼에서 원료를 공급하고 애경에서 판매한 것이었다. 이 제품은 옥시 제품의 원료와 달리 CMIT/MIT라는 물질을 원료로 사용하였는데, 유독성 물질(물질 자체의 유해성이 있음)인 것은 사실이나, 인체에 해로운 노출 정도에 대한 연구가 완성된 물질이어서 노출정도 등을 안전기준에 맞게 사용하면 인체에 미치는 위해성을 최소화할 수 있는 것이었다. 그런데, 옥시 제품과 달리 애경에서 판매한 제출의 경우, 핵심 질환인 폐손상에 대한 인과관계가 인정되지 않는다는 사유 등으로 결국 1심에서 무죄판결이 선고되었고 2022. 2. 현재 항소심 계속 중이다.

ⓒ 설계, 제조, 관리상의 결함 가능성 검토

사업주 등이 인체에 해로운 원료나 제조물을 생산, 제조, 판매, 유통할 때 그 생산설비의 설계부터 직접 제조 과정, 그리고 판매나 유통, 적재 등 관리과정에서 결함이 발생될 부분을 반드시 점검해야 할 것이다.

특히 온도에 따라 변색, 변질 및 인체에 유해하게 변화되는 등 원료나 제조물의 특성을 잘 파악하여, 인체에 유해한 결과를 가져오지 않도록 주의해야 할 것이다.

이와 관련하여 2016년 사법처리된 옥시 가습기살균제로 인한 업무상과실치사상죄 판결문에서는, 인체에 해로운 유해한 물질로 제품을 생산하는 제조, 판매 등에 대하여 세 가지의 주의의무가 있다고 전제한 후, 그 주의의무를 제대로 이행하지 않았다는 이유로 2017. 1. 6. 유죄판결이 선고되었고, 대법원에서 확정되었다(서울중앙지방법원 2016고합527등, 서울고등법원 2017노242, 대법원 2017도12537).

위 판결에서 따르면 유해한 특정 원료나 제조물을 다루는 사업주 등은 ㉠ 그 제조물 자체의 특성이나 사용방법상의 문제로 인하여 그 제품의 사용자의 생명이나 신체에 위해가 발생하지 않도록 제품에 포장지 등에 정확한 사용법 등을 설명하고, ㉡ 이를 무시할 경우 발생할 수 있는 건강상의 위해 등을 경고해야 하고, ㉢ 이미 판매되고 있는 제품의 경우에도 판매하는 제품의 상담 및 클레임 과정에서 인체에 위해성 등이 문제될 경우, 그 안전성이 확인될 때까지 해당 제품의 생산 및 유통을 중지하고, 기존에 유통된 제품을 회수하고, 나아가 이미 사용하고 있는 소비자들에게도 알려주어야 할 의무가 있다고 판시하였다.

⑧ 소결

중대재해처벌법 시행령 제8조는 원료와 제조물 관련한 사업주와 경영책임자등에 대하여 법 제9조 제1항에서 부여한 안전보건 관리체계의 구축과 그 이행의무의 구체적 내용을 규정하면서, 갑자기 "인체 유해성이 강하여 중대시민재해 우려가 높은" 12개항의 원료와 제조물 관련하여서만 4개항의 별도 조치의무를 규정하고 있다.

그런데, 위 4개항의 별도 조치의무라는 것이 "인체 유해성이 강하여 중대시민재해 우려가 높지 아니한" 일반 원료와 제조물에 관하여 시행령 제8조 제1호(인력배치), 제2호(예산) 및 제5호(주기적 점검) 규정에서 대부분 다루고 있는 것이어서 중복된다.

인체 유해성이 강한 원료와 제조물에 대하여는 위험요인의 점검 등 재해 예방을 위하여 추가적인 조치를 규정하고자 하는 취지는 이해되나, 기본적으로 중대재해처벌법은 제1조 목적 규정에서 명백히 규정하고 있듯이 "인체에 해로운 원료나 제조물"에 관련된 법률이라는 점을 충분히 고려하지 않았고, 추가로 규정된 내용의 대부분이 사실상 일반 원료와 제조물에 대한 조치의무와 중복되고 있다는 점에서, 중대시민재해 예방이라는 입법 목적에 부합하는지 의문이다

형사처벌의 전제가 되는 의무규정이 그 해석상 명백하지 못한 부분이 많다는 점에서 죄형법정주의라는 헌법 원칙에 어긋난다는 비판에서 자유로울 수 없다고 할 것이다.

4) 재해 발생 시 재발방지 대책의 수립 및 그 이행에 관한 조치

특정 원료나 제조물로 인하여 재해가 발생되었을 경우, 재발방지 대책을 수립하고 그 이행에 필요한 조치를 하여야 한다(법 제9조 제1항 제2호). 별도로 대통령령에 위임된 부분이 없으나, 앞서 본 바와 같이 시행령 별표 5에서 규정한 원료와 제조물의 경우, 중대시민재해 원인조사에 따른 개선조치 규정이 포함되어 있어(시행령 제8조 제3호 라목) 일부 규정은 중복되는 것으로 보인다.

법은 제9조 제1항 제2호에서 "재해 발생 시"라고만 규정하고 있고, "중대시민재해 발생 시"라고 규정하지는 않았지만, 법 전체에 대한 해석상 "중대시민재해가 발생한 경우"로 해석하는 것이 상당할 것으로 보인다.

다만, 고용노동부에서 2021. 11. 17. 제작, 배포한 「중대재해처벌법 해설─중대산업재해 관련」의 경우, 중대산업재해에 대한 법 제4조 제1항 제2호에서 규정하는 "재해 발생 시"의 재해가 중대산업재해만을 의미하는 것이 아니라 경미한 산업재해도 해당된다고 설명하고 있어, 그 해석의 기준에 관한 충돌이 우려된다.[119] 중대산업재해의 경우, 사실상 해석 및 적용에 기본적이라고도 할 수 있는 「산업안전보건법」에 "중대재해"라는 개념과 별도로 "산업재

---

[119] 고용노동부 2021. 11. 17. 발간 「중대재해처벌법 해설 ─ 중대산업재해 관련 ─」, p. 94

해"라는 개념을 모두 정의규정에 두고 있어(산업안전보건법 제2조 제1호, 제2호) 그러한 해석이 불가능한 것이 아니나, 중대시민재해의 경우 '시민재해'라는 개념을 규정하는 별도의 법률이 없다. 경미한 시민재해, 예를 들어 사망자는 없고 경미하여 법 제2조에서 규정하는 '중대시민재해'가 아닌 경우를 상정할 수는 있으나, 별도 명문의 규정이 없는 이상 "재해 발생 시"에서 재해란 중대시민재해가 발생한 경우를 의미하는 것이 전체적 입법 취지에 비추어 합리적 해석이라고 사료된다.

5) 중앙행정기관·지방자치단체가 관계 법령에 따라 개선, 시정 등을 명한 사항의 이행에 관한 조치

중앙행정기관이나 지방자치단체에서 관련 법령에 따라 발령한 개선이나 시정 명령을 이행하는 것이다(법 제9조 제1항 제3호).

중앙행정기관이나 지방자치단체에서 발령하는 개선 또는 시정명령이 다소 현실에 부적합하거나 다른 여러 사정을 이유로 즉시 이행하지 않고, 명령 자체의 문제가 있더라도 다투지 않고 넘어가는 경우도 없지 않았으나, 향후 이러한 개선, 시정명령 위반이 사업주 등의 중요한 조치의무로서 그 불이행은 바로 형사처벌로 연결되므로, 충실히 이행하여야 함은 물론 발령된 개선이나 시정명령에 문제점이 있으면, 가능한 이의제기 방법을 동원하여 그 정당성에 대한 별도 판단을 받아야 할 것이다. 불합리한 명령임에도 다투어 놓지 않는 경우 그 후에 발생하는 중대재해에 대하여 고의책임을 면하기 어렵게 될 것이기 때문이다.

6) 안전·보건 관계 법령에 따른 의무이행에 필요한 조치
가) 개요

원료와 제조물 관련, 사업주와 경영책임자등은 안전·보건 관계 법령에 따른 의무이행에 필요한 관리상의 조치를 하여야 한다고 규정하면서(법 제9조 제1항 제4호) 그 구체적 내용은 시행령에 위임하였다(법 제9조 제4항). 이에 따라 시행령 입법 과정에서 안전·보건 관계 법령이 어떤 법령을 의미하는 것인지가 명확해질 것으로 예상되었다. 안전·보건 관계 법령이 어떤 법령을 의미하는 것인지가 명확하지 않으면 위 의무를 이행할 수 없기 때문이었다.

그런데, 시행령을 입법하면서도 결국 어떤 법령을 의미하는 것인지 특정하거나 범위를 정하는 규정이 없어 상당한 혼란이 예상된다.

나) 시행령 규정

시행령은 제9조 제1항에서 "안전·보건 관계 법령 이란 해당 사업 또는 사업장에서 생산·제조·판매·유통 중인 원료나 제조물에 적용되는 것으로서 그 원료나 제조물이 사람의 생명·신체에 미칠 수 있는 유해·위험 요인을 예방하고 안전하게 관리하는 데 관련되는 법령을 말한다"고 규정하였다.

원료나 제조물이 사람의 생명·신체에 미칠 수 있는 유해·위험 요인을 예방하고 안전하게 관리하는 데 관련되는 법령을 말한다는 규정은, 동어반복에 불과한 규정이다. 안전은 물론, 보건이라는 단어만으로는 그 범위나 기준을 정하기 어려워 결국 안전·보건 관계 법령이 어디까지인지 좁히거나 더 특정하여 말하기가 어렵다.

또한 법 제9조 제1항 제4호에 따르는 조치를 구체적으로 4개항으로 규정하였다.

첫째, 안전·보건 관계 법령에 따른 의무를 이행했는지를 반기 1회 이상 점검(해당 안전·보건 관계 법령에 따라 중앙행정기관의 장이 지정한 기관 등에 위탁하여 점검하는 경우를 포함한다. 이하 이 호에서 같다)하고, 직접 점검하지 않은 경우에는 점검이 끝난 후 지체 없이 점검 결과를 보고받아야 한다(시행령 제9조 제2항 제1호).

둘째, 위 제1호에 따른 점검 또는 보고 결과 안전·보건 관계 법령에 따른 의무가 이행되지 않은 사실이 확인되는 경우에는 인력을 배치하거나 예산을 추가로 편성·집행하도록 하는 등 해당 의무 이행에 필요한 조치를 해야 한다(시행령 제9조 제2항 제2호).

셋째, 안전·보건 관계 법령에 따라 의무적으로 실시해야 하는 교육이 실시되는지를 반기 1회 이상 점검하고, 직접 점검하지 않은 경우에는 점검이 끝난 후 지체 없이 점검 결과를 보고받아야 한다(시행령 제9조 제2항 제3호).

넷째, 위 제3호에 따른 점검 또는 보고 결과 실시되지 않은 교육에 대해서는 지체 없이 그 이행의 지시, 예산의 확보 등 교육실시에 필요한 조치를 하여야 한다(시행령 제9조 제2항 제4호).

다) 소결

간단히 요약하면 안전·보건 관계 법령에서 정한 의무이행과 교육을 점검하여 필요한 조치를 하라는 것인데, 안전·보건 관계 법령이 정확히 특정되어야 누락하거나 빠뜨리지 않고 이행할 수 있을 텐데 그 대상법령을 명확하게 알 수 없으니, 그 전부의 이행은 쉽지 않을 것으로 예상되고, 막상 중대시민재해가 발생할 경우 수사기관의 수사전문가가 알고 있는 모든 안전·보건 관련 법령의 이행여부가 수사의 대상이 될 수 있는 문제가 우려된다.

환경부가 2021. 11. 17. 발간한 중대재해처벌법 해설서에서 원료와 제조물 관련된 안전보건 관련 법령으로 아래와 같이 32개를 예시하고 있다.

그러나, 32개 법률을 제시하면서도 열거되지 아니한 안전 보건 관련 법령이 더 있을 수 있으므로, 구체적 내용은 환경부나 소관부처에 문의하기 바란다고 하였고, 나아가 아래 예시는 수정될 있다고 기술하고 있다. 결국 환경부 공무원들도 자신 있고 정확하게 안전 보건 관련 법령이 무엇인지 설명하지 못하고 있다. 공무원들도 잘 모르는데 관계 법령에 규정된 의무를 일반 국민들에게 모두 이행하라는 법률을 헌법에 합치되는 법률로 볼 수는 없을 것이다.

주요 안전·보건 관계 법령	
1 산업안전보건법	17 수입식품안전관리 특별법
2 원자력안전법	18 어린이제품안전 특별법
3 약사법	19 어린이놀이시설안전관리법
4 마약류 관리에 관한 법률	20 승강기안전관리법
5 화장품법	21 위험물안전관리법
6 농약관리법	22 해사안전법
7 비료관리법	23 지하수법
8 사료관리법	24 수도법
9 총포·도검·화약류 등의 안전관리에 관한 법률	25 먹는물관리법

10 건강기능식품에 관한 법률	26 도시가스사업법
11 의료기기법	27 선박안전법
12 고압가스 안전관리법	28 액화석유가스의 안전관리 및 사업법
13 화학제품안전법	29 전기안전관리법
14 식품위생법	30 자동차관리법
15 화학물질관리법	31 석면안전관리법
16 광산안전법	32 전기생활용품안전법
* 위 목록은 안전·보건 관계 법령을 예시한 것으로서 열거되지 않은 법률 중 시행령 제9조 제1항에 해당하는 법률은 안전·보건 관계 법령에 포함될 수 있음. 구체적인 안전·보건 관계 법령의 범위는 환경부와 소관부처에 문의하기 바람 * 본 예시는 법령해석 등에 따라 수정·보완될 수 있음	

시행령 별표 5에서 정한 원료와 제조물 관련 사업이나 사업장은 물론, 자체 점검 결과 인체에 유해한 원료와 제조물을 생산, 제조, 판매, 유통하는 사업이나 사업장의 사업주와 경영책임자등은 안전·보건 관계 법령에 대하여 필요하면 감독 행정기관에 공문으로 관련 법령의 범위를 문의하여 그 결과를 기준으로 이행 대상 법령을 확정하는 것도 고려해야 할 것이다.

또한 환경부 해설서는 안전·보건 법령에 따른 교육의 예시를 아래와 같이 기술하고 있다.[120]

안전·보건 관계 법령상 의무교육 예시

구분	내용
「약사법」상 약사, 한의사의 연수교육(동법 제15조)	약사 및 한약사의 자질 향상을 위하여 필요한 연수교육 매년 6시간 이상
「마약류관리법」상 원료물질수출입업자등의 교육(동법 제50조)	마약류 또는 원료물질 관리에 관한 교육 허가 또는 지정을 받은 후 1년 내 1회 2시간
「화장품법」상 책임판매관리자 및 맞춤형화장품제조관리사의 교육(동법 제5조)	화장품의 안전성 확보 및 품질관리에 관한 교육 최초교육: 종사한 날부터 6개월 내 보수교육: 최초교육을 받은 날 기준 매년 1회
「농약관리법」상 제조업자 등에 대한 교육(동법 제23조 제3항)	안전사용기준과 취급제한기준에 대한 교육 매년, 교육시간 6시간 이상

---

120 고용노동부 2021. 11. 17. 발간 「중대재해처벌법 해설 - 중대산업재해 관련 -」, p. 23

「건강기능식품법」상 영업자 및 종업원의 교육(동법 제13조)	건강기능식품의 안전성 확보 및 품질관리 건강기능식품의 표시·광고 등에 관한 교육 매년 2시간
「의료기기법」상 품질책임자 교육(동법 제6조의2)	국민건강의 위해를 방지하기 위하여 필요한 교육 1년에 8시간 이상

다. 공중이용시설 및 공중교통수단 관련 안전 및 보건 확보의무

1) 개요

사업주 또는 경영책임자등은 사업주나 법인 또는 기관이 **실질적으로 지배·운영·관리하는 공중이용시설 또는 공중교통수단의 설계, 설치, 관리상의 결함**으로 인한 그 이용자 또는 그 밖의 사람의 생명, 신체의 안전을 위하여 다음 각 호에 따른 조치를 하여야 한다(법 제9조 제2항).

1. 재해예방에 필요한 인력·예산·점검 등 안전보건관리체계의 구축 및 그 이행에 관한 조치
2. 재해 발생 시 재발방지 대책의 수립 및 그 이행에 관한 조치
3. 중앙행정기관·지방자치단체가 관계 법령에 따라 개선, 시정 등을 명한 사항의 이행에 관한 조치
4. 안전·보건 관계 법령에 따른 의무이행에 필요한 관리상의 조치

다만, 제1호와 제4호 조치에 관한 구체적 사항을 이 법에서 직접 규정하지 않고 대통령령에 위임하고 있다(법 제9조 제4항).

2) 개괄적 검토
가) 의무의 주체

공중이용시설 또는 공중교통수단 관련 의무의 주체도 "사업주 또는 경영책임자등"으로서 그 개념은 앞에서 살펴본 바와 같다,

공중교통수단의 경우, 개인사업주가 운영하는 경우가 많지 않을 것이나, 원료와 제조물, 특히 인체에 유해한 원료와 제조물에 관한 사업이나 사업장의 경우에는 개인사업주가 운영하는 곳도 있을 것으로 보이며, 공중이용시설

의 경우에도 개인사업주부터 법인사업주, 국가나 지방자치단체, 그리고 공공
기관 등 다양한 관리·운영주체가 있을 것으로 보인다.

특히 공중이용시설 중 실내공기질법에 규정된 시설(법 제2조 제4호 가목)
중 노인요양시설, 어린이집, 어린이놀이시설은 개인사업주가 운영하는 곳도
있을 것으로 보이고, 다중이용업소법(법 제2조 제4호 다목)에 규정된 음식점,
주점, 목욕탕 등의 경우에도 개인사업주가 있을 수 있을 것으로 보인다.

한편, 이런 개인사업주가 운영하는 공중이용시설의 경우에도 소상공인
법에 따른 소상공인이 운영할 경우, 이 법의 적용대상에서 제외되므로 의무
의 주체와 관련하여서도 여러 가지 검토할 사항이 많다. 실질적으로 소상공
인에 해당하지 않더라도 시설에 종사하는 인원이 적거나 사업의 규모나 사
업주의 경제력에 따라서는 이 법이 요구하는 충분한 인력과 예산을 투입하
는 것이 어려운 경우도 있을 것이다.

또한 공중이용시설이나 공중교통수단 중에는 국가나 지방자치단체 등에
서 운영하는 경우가 많아, 공중이용시설이나 공중교통수단에 의한 중대시민
재해 발생 시, 중앙행정기관의 장, 지방자치단체의 장, 「지방공기업법」에 의
한 지방공기업의 장, 「공공기관의 운영에 관한 법률」 제4조부터 제6조에 따
라 지정된 공공기관의 장 등 '공무 경영책임자'가 이 법에서 규정한 조치의무
를 다하였는지 여부 및 형사책임 유무가 논란이 될 가능성이 커 보인다.

'공무 경영책임자'의 경우, 그 기관의 장(長)만을 경영책임자로 규정되어
있어서, 사업주와 '대표 경영책임자', '안전 경영책임자'로 구분된 일반 '사업
체 경영책임자'처럼 다른 직원들과의 의무 및 책임부담 문제는 발생하지 않
을 것으로 보인다.

다만, 중앙행정기관이나 지방자치단체, 공기업이나 공공기관의 장(長)에
게 중대재해처벌법과 앞으로 제정된 대통령령에서 규정하는 조치의무 위반
으로 인한 형사처벌 여부에 있어서는 실무자부터 중간간부나 기관의 장(長)
과 인접한 상급간부까지 다양한 단계의 보고와 지시를 거쳐서 조치의무가
진행될 가능성이 많아서 그 조치의무위반 여부를 조사하고 확인하는 과정도
간단치 않을 것으로 예상된다.

나) 조치의무 발생의 대상 – 실질적으로 지배·운영·관리하는 시설과 교
통수단

공중이용시설과 공중교통수단의 경우, 사업주나 법인 또는 기관이 실질
적으로 지배·운영·관리하는 것이어야 하므로 형식적으로 지배·운영·관리
하고 별도의 실질적 지배·운영·관리자가 있는 경우에는 적용대상이 되지 않
는다.

어떤 경우가 시설이나 교통수단에 대한 실질적인 지배·운영·관리라고
평가될 것인지 여부에 대하여는 향후 구체적 사안에 따라 분석하고 판단하
여야 할 것이지만, 사안에 따라서는 해석의 범위에 대한 논란이 발생될 수도
있다.

통상 사실상의 지배권이라 함은, 주식회사의 의사결정과 같이 운영이나
경영에 대하여 사실상 결정권을 가지는 경우라고 해석하여야 할 경우가 많
이 있을 것이다.

공중이용시설이나 공중교통수단의 지배권이 나뉘어 있거나 자금출자자
와 운영자 사이의 의사결정 구조가 복잡한 경우 등 일정한 상황의 경우에는
중대재해처벌법의 적용범위에 대한 논란을 차단하기 위해서는 각종 회의록
이나 보고서 등을 통해 실질적으로 지배·운영·관리하는 경우가 누구인지가
명백해지도록 미리 검토하여 정리할 필요가 있어 보인다.

소방청 2021. 12. 30. 발간 중대재해처벌법 해설서 및 국토교통부 2021.
12. 29. 발간 중대재해처벌법 해설서에서는 공통적으로 "실질적 지배·운영·
관리에 관하여 ㉠ 소유권, 점유권, 임차권 등 장소, 시설, 설비에 대한 권리
를 가지고 있거나, ㉡ 공중이용시설의 유해·위험요인을 통제할 수 있거나,
㉢ 보수·보강을 실시하여 안전하게 관리해야 하는 의무를 가지는 경우 등으
로 설명하고 있다.[121]

---

[121] 소방청 2021. 12. 30. 발간 「중대재해처벌법 해설 – 중대시민재해(다중이용시설) –」, p. 13,
국토교통부 2021. 12. 29. 발간 「중대재해처벌법 해설 – 중대시민재해(시설물료·공중교
통수단) –」, p. 19

다) 조치의무의 대상 – 시설이나 교통수단의 설계·설치·관리상의 결함 차단

사업주 등의 조치의무는 "공중이용시설 또는 공중교통수단의 설계, 설치, 관리상의 결함"이 생명이나 신체의 안전에 영향을 주지 못하도록 하는 것이다.

1994년 발생된 성수대교 붕괴사고의 경우, ㉠ 교량 최초 시공사인 동아건설의 경우, 용접시공의 결함과 제작오차 검사 미흡, ㉡ 교량 보수 및 관리기관인 서울특별시의 경우 피로균열의 진전을 예방하지 못한 점검 및 유지관리 미비와 급속도로 증가하는 차량 통행량에 대비하지 못하였으며, 피로균열을 가속화시키는 규정 이상 중량차량 통행 규제 소홀 등이 주된 것으로 분석되었으며 그 외에 ㉢ 건설업계의 능력 부족도 그 사고의 원인으로 지적되었다.

이렇게 사고발생의 사례들에서 설계·설치·관리 등의 여러 단계별로 조치할 의무가 발생될 수 있을 것이다.

라) 조치의무의 목적 – 생명, 신체의 안전을 위하여

중대재해처벌법이 "공중이용시설 또는 공중교통수단의 사업주 등에게 설계, 설치, 관리상의 결함"이 없도록 필요한 조치를 요구하는 목적은 그 이용자 또는 그 밖의 사람의 생명, 신체의 안전이다.

마) 피해자의 범위

역시 법 제9조에서 "그 이용자 또는 그 밖의 사람의 생명이나 신체의 안전을 위하여"라고 규정하고 있어 공중이용시설 또는 공중교통수단의 경우에도 피해자의 범위가 중대산업재해보다는 훨씬 포괄적이다.

3) 재해예방에 필요한 인력 및 예산 등 안전보건관리체계의 구축 및 그 이행에 관한 조치

가) 개요

중대재해처벌법이 공중이용시설이나 공중교통수단의 설계, 설치, 관리상의 결함으로 인한 중대시민재해 예방을 위하여 사업주와 경영책임자등에게 부과한 첫 번째 조치의무는 안전보건관리체계의 구축이다.

중대재해처벌법 시행령 제10조는 법 제9조 제2항 제1호에서 규정하는 공중이용시설이나 공중교통수단 관련 안전보건관리체계의 구축 및 그 이행에 관한 조치를 다음과 같이 8개항으로 규정하고 있다.

---

1. 다음 각 목의 사항을 이행하는 데 필요한 인력을 갖추어 중대시민재해 예방을 위한 업무를 수행하도록 할 것
   가. 법 제9조 제2항 제4호의 안전·보건 관계 법령에 따른 안전관리 업무의 수행
   나. 제4호에 따라 수립된 안전계획의 이행
   다. 그 밖에 공중이용시설 또는 공중교통수단과 그 이용자나 그 밖의 사람의 안전에 관하여 국토교통부장관이 정하여 고시하는 사항
2. 다음 각 목의 사항을 이행하는 데 필요한 예산을 편성·집행할 것
   가. 법 제9조 제2항 제4호의 안전·보건 관계 법령에 따른 인력·시설 및 장비 등의 확보·유지와 안전점검 등의 실시
   나. 제4호에 따라 수립된 안전계획의 이행
   다. 그 밖에 공중이용시설 또는 공중교통수단과 그 이용자나 그 밖의 사람의 안전에 관하여 국토교통부장관이 정하여 고시하는 사항
3. 공중이용시설 또는 공중교통수단에 대한 법 제9조 제2항 제4호의 안전·보건 관계 법령에 따른 안전점검 등을 계획하여 수행되도록 할 것
4. 공중이용시설 또는 공중교통수단에 대해 연 1회 이상 다음 각 목의 내용이 포함된 안전계획을 수립하게 하고, 충실히 이행하도록 할 것. 다만, 공중이용시설에 대해 「시설물의 안전 및 유지관리에 관한 특별법」 제6조에 따라 시설물에 대한 안전 및 유지관리계획을 수립·시행하거나 공중이용시설 또는 공중교통수단에 대해 철도운영자가 「철도안전법」 제6조에 따라 연차별 시행계획을 수립·추진하는 경우로서 사업주 또는 경영책임자등이 그 수립 여부 및 내용을 직접 확인하거나 보고받은 경우에는 안전계획을 수립하여 이행한 것으로 본다.
   가. 공중이용시설 또는 공중교통수단의 안전과 유지관리를 위한 인력의 확보에 관한 사항
   나. 공중이용시설의 안전점검 또는 정밀안전진단의 실시와 공중교통수단의 점검·정비(점검·정비에 필요한 장비를 확보하는 것을 포함한다)에 관한 사항
   다. 공중이용시설 또는 공중교통수단의 보수·보강 등 유지관리에 관한 사항

5. 제1호부터 제4호까지에서 규정한 사항을 반기 1회 이상 점검하고, 직접 점검하지 않은 경우에는 점검이 끝난 후 지체 없이 점검 결과를 보고받을 것

6. 제5호에 따른 점검 또는 보고 결과에 따라 인력을 배치하거나 예산을 추가로 편성·집행하도록 하는 등 중대시민재해 예방에 필요한 조치를 할 것

7. 중대시민재해 예방을 위해 다음 각 목의 사항이 포함된 업무처리절차를 마련하여 이행할 것. 다만, 철도운영자가 「철도안전법」 제7조에 따라 비상대응계획을 포함한 철도안전관리체계를 수립하여 시행하거나 항공운송사업자가 「항공안전법」 제58조 제2항에 따라 위기대응계획을 포함한 항공안전관리시스템을 마련하여 운용한 경우로서 사업주 또는 경영책임자등이 그 수립 여부 및 내용을 직접 점검하거나 점검 결과를 보고받은 경우에는 업무처리절차를 마련하여 이행한 것으로 본다.

가. 공중이용시설 또는 공중교통수단의 유해·위험요인의 확인·점검에 관한 사항

나. 공중이용시설 또는 공중교통수단의 유해·위험요인을 발견한 경우 해당 사항의 신고·조치요구, 이용 제한, 보수·보강 등 그 개선에 관한 사항

다. 중대시민재해가 발생한 경우 사상자 등에 대한 긴급구호조치, 공중이용시설 또는 공중교통수단에 대한 긴급안전점검, 위험표지 설치 등 추가 피해 방지 조치, 관계 행정기관 등에 대한 신고와 원인조사에 따른 개선조치에 관한 사항

라. 공중교통수단 또는 「시설물의 안전 및 유지관리에 관한 특별법」 제7조 제1호의 제1종시설물에서 비상상황이나 위급상황 발생 시 대피훈련에 관한 사항

8. 제3자에게 공중이용시설 또는 공중교통수단의 운영·관리 업무의 도급, 용역, 위탁 등을 하는 경우 공중이용시설 또는 공중교통수단과 그 이용자나 그 밖의 사람의 안전을 확보하기 위해 다음 각 목에 따른 기준과 절차를 마련하고, 그 기준과 절차에 따라 도급, 용역, 위탁 등이 이루어지는지를 연 1회 이상 점검하고, 직접 점검하지 않은 경우에는 점검이 끝난 후 지체 없이 점검 결과를 보고받을 것

가. 중대시민재해 예방을 위한 조치능력 및 안전관리능력에 관한 평가기준·절차

나. 도급, 용역, 위탁 등의 업무 수행 시 중대시민재해 예방을 위해 필요한 비용에 관한 기준

이러한 8개항의 공중이용시설 및 공중교통수단과 안전보건관리체계 구축 의무에 대하여 국토교통부 해설서 및 소방청 해설서에서는 다음과 같이 같은 도표를 제시하고 있다.[122]

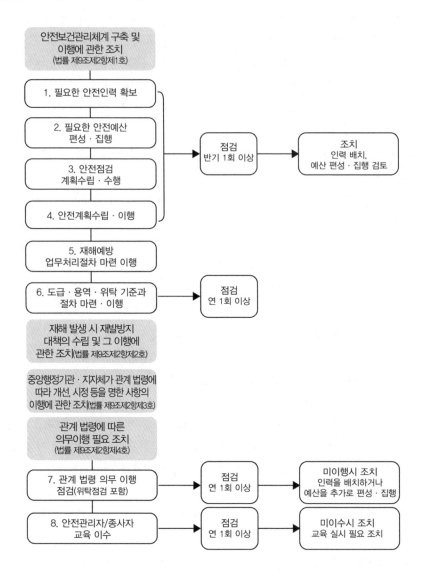

---

122 소방청 2021. 12. 30. 발간 「중대재해처벌법 해설 - 중대시민재해(다중이용시설) -」, p. 10, 국토교통부 2021. 12. 29. 발간 「중대재해처벌법 해설 - 중대시민재해(시설물료·공중교통수단) -」, p. 28

다만, 위 도표상 8개항의 조치의무는 법 제9조 제2항 제1호에 따라 제정된 시행령 제10조의 제1호에서부터 제8호까지를 내용적으로 분석하여 정리한 것으로 시행령 제1호에서부터 제8호까지와 일치하지는 않는다.

나) 필요한 인력배치와 업무수행 지도(시행령 제10조 제1호)

공중이용시설이나 공중교통수단의 사업주 또는 경영책임자등이 재해예방 업무를 담당한 필요 인력을 구비하여 그 업무를 수행하게 하여야 하는 것이 안전보건관리체계 구축의 첫 번째 조치의무이다. 앞서 국토교통부 해설서 도표에는 "필요한 안전인력 확보"라고만 기재되어 있으나, 시행령 제10조 제1호에서는 "다음 각 목의 사항을 이행하는 데 필요한 인력을 갖추어 중대시민재해 예방을 위한 업무를 수행하도록 할 것"이라고 규정하고 있어, 사업주와 경영책임자등의 조치의무는 인력확보에 그치는 것이 아니라 중대시민재해 예방을 위한 업무를 수행하도록 하여야 한다.

그런데 이들이 담당할 업무도 시행령에서 구체적으로 3개항으로 특정하여 규정하고 있다.

첫째, 법 제9조 제2항 제4호의 안전·보건 관계 법령에 따른 안전·보건 관리업무를 수행하여야 한다(시행령 제10조 제1호 가목). 안전·보건 관계 법령에 따른 안전·보건 관리업무는 법에 별도로 규정된 사업자와 경영책임자등의 조치의무 중의 하나이므로 당연히 재해예방을 위하여 사업주와 경영책임자등이 수행하여야 하는데, 안전보건관리체계의 구축 의무에서 다시 반복적으로 규정하고 있는 것이다.

구체적인 관계법령 여부는 아래에서 별도로 상세히 설명한다.

둘째, 시행령 제10조 제4호에 따라 수립된 안전계획의 이행이다(시행령 제10조 제1호 나목). 아래에서 보겠지만, 시행령 제10조 제4호에서는 공중이용시설이나 공중교통수단에 대하여는 연 1회 이상, 안전 관리 등을 위한 인력, 정밀안전진단, 보수, 보강 등의 사항이 포함된 안전계획을 수립하도록 규정하고 있는데, 이러한 안전점검 업무를 수행할 인력을 확보하고, 실제 점검하도록 하라는 취지이다.

셋째, 그 밖에 공중이용시설 또는 공중교통수단과 그 이용자나 그 밖의 사람의 안전에 관하여 국토교통부장관이 정하여 고시하는 사항이다(시행령 제10조 제1호 다목).

이러한 인력을 기존에 배치되어 운용되고 있다면 새롭게 배치할 필요는 없으나, 이 법 및 시행령에서 규정하는 각종 조치의무에 관하여 각 사업 및 사업장 별로 면밀하게 검토하여 새롭게 부여되었거나 기존에 하지 않았던 안전관리 업무는 확인하고, 그 업무를 담당할 인력을 확보한 후, 실제 업무를 담당하게 하여야 하며, 그 업무를 주기적으로 점검하여야 할 것이다.

2022. 1. 24. 국토교통부가 고시한 "공중이용시설 및 공중교통수단의 재해예방에 필요한 인력 및 예산 편성 지침"(국토교통부 고시 제2022-55호)에 의하면 공중이용시설의 경우 1) 공중이용시설의 유해·위험요인 확인·점검, 2) 공중이용시설의 유해·위험요인이 발견 또는 신고 접수된 경우 긴급안전점검, 긴급안전조치(이용제한, 위험표지설치 등), 정비·보수·보강 등 개선을 위한 인력을 갖추어야 한다고 규정하고 있고, 공중교통수단에 관하여는 1) 공중교통수단의 유해·위험요인 확인·점검, 2). 공중교통수단의 유해·위험요인이 발견 또는 신고 접수된 경우 긴급안전점검, 긴급안전조치(운행제한 등), 차량 등의 정비·보수·보강·교체 등 개선에 필요한 인력을 갖추도록 규정하고 있다.

아울러, 국토교통부 해설서는 유해위험요인을 다음과 같이 예시하고 있다.

시행령은 이렇게 3개항의 한정적으로 열거된 업무를 담당하는 인력을 갖추고 위 3개항의 업무를 수행하도록 하는 것을 공중이용시설·공중교통수단 관련 사업주와 경영책임자등의 안전보건관리체계구축의 첫 번째 조치의무로 설정하였다.

분야		유해·위험요인 예시	
교량	교면포장 및 데크표면 균열·손상	• 포장불량 • 포장손상(A) • 신축이음 파손(B)	
	난간/연석 손상	• 배수구, 배수관 등 막힘(A) • 누수로 인한 구조물 부식 • 난간/연석 파손(B) 등	
터널	노면 균열·손상	• 포장불량 • 포장손상(A, B)	
	안전시설 손상	• 방호벽, 가드레일 손상 및 결함(A) • 고정부 손상 및 전도 우려(B) 등	
건축물	안전시설, 구조체 손상	• 난간 손상, 미설치(A) • 구조체 손상(B)	
	내·외부 마감재 손상	• 내부 마감손상으로 균열 발생(A) • 외부 마감재 손상(B)	
철도차량	부품 손상	• 차량부품의 과도한 마모, 탈락 등	—

다) 예산의 편성·집행(시행령 제10조 제2호)

다음으로 재해예방에 필요한 업무의 이행을 위한 예산의 편성과 집행이다(시행령 제10조 제2호). 그 필요한 업무의 내용은 앞서 본 인력의 배치에서 필요한 조치의무의 내용과 유사하다.

즉 시행령에서 재해예방을 위하여 필요하다고 규정한 예산은 첫째, 법 제9조 제2항 제4호의 안전·보건 관계 법령에 따른 인력·시설 및 장비 등의 확보·유지와 안전점검 등의 실시를 위한 예산(시행령 제10조 제2호 가목)이다.

국토교통부 해설서에서는 안전·보건 법령에 따른 안전 관리 예산에는 시설물안전법에 규정된 정기안전점검 등 안전점검 비용, 시설물안전법에 따른 정밀안전진단결과 중대 결함이 발견되었을 경우와 같은 보수·보강비용, 안전조치 비용, 인건비 등과 법정 안전계획 수립 비용, 안전교육 실시 등에

필요한 비용이 포함된다고 설명하고 있다.[123]

둘째, 시행령 제10조 제4호에 따라 수립된 안전계획의 이행을 위한 예산(시행령 제10조 제2호 나목)이다.

셋째, 그 밖에 공중이용시설·공중교통수단과 그 이용자나 그 밖의 사람의 안전에 관하여 국토교통부장관이 정하여 고시하는 사항의 이행을 위한 예산(시행령 제10조 제2호 다목)이 그것이다.

2022. 1. 24. 국토교통부가 고시한 위 "공중이용시설 및 공중교통수단의 재해예방에 필요한 인력 및 예산 편성 지침"(국토교통부 고시 제2022-55호)에서 공중이용시설에 관하여는 1) 공중이용시설의 유해·위험요인 확인·점검, 2) 공중이용시설의 유해·위험요인이 발견 또는 신고 접수된 경우 긴급안전점검, 긴급안전조치(이용제한, 위험표지설치 등), 정비·보수·보강 등 개선, 3) 중대시민재해 발생 시 원인 개선과 유사사례 방지 등을 위한 종사자 교육 또는 이용자 안내 조치, 4) 안전관리에 필요한 시설 및 설비의 설치, 물품·보호구 및 장비의 구입, 5) 시행령 제11조에 따른 안전의무 이행 점검 등의 예산을 편성, 집행하도록 규정하고 있다.

공중교통수단에 관하여는 1) 공중교통수단의 유해·위험요인 확인·점검, 2) 공중교통수단의 유해·위험요인이 발견 또는 신고 접수된 경우 긴급안전점검, 긴급안전조치(운행제한 등), 차량 등의 정비·보수·보강·교체 등 개선, 3) 중대시민재해 발생 시 원인 개선과 유사사례 방지 등을 위한 종사자 교육 또는 이용자 안내 조치, 4) 안전관리에 필요한 설비의 설치, 물품·보호구 및 장비의 구입, 5) 시행령 제11조에 따른 안전의무 이행 점검 등에 필요한 예산을 편성, 집행하도록 규정하고 있다.

라) 안전·보건 관계 법령에 따른 안전점검 계획 및 수행(시행령 제10조 제3호)

공중이용시설·공중교통수단에 대하여 법 제9조 제2항 제4호의 안전·보건 관계 법령에 따른 안전점검 등을 계획하여 수행되도록 하여야 한다(시행

---

[123] 국토교통부 2021. 12. 29. 발간 「중대재해처벌법 해설 - 중대시민재해(시설물료·공중교통수단) -」, p. 39

령 제10조 제3호).

　　법과 시행령에서 안전점검의 의미에 대하여 별도 규정은 없는데, 국토교통부 해설서 및 소방청 해설서에서는 "안전점검이란 경험과 기술을 갖춘 자가 육안이나 점검기구 등으로 검사하여 공중이용시설 또는 공중교통수단에 내재된 유해·위험 요인을 조사하는 행위"를 말한다면서 안전점검에 대하여 똑같은 정의규정을 두고 있다.[124]

　　이어서 국토교통부 해설서에서는 공중이용시설 및 공중교통수단에 관한 안전점검 예시로 다음과 같은 사항을 설명하고 있다.[125]

❶ 철도시설

　○ 철도교량, 철도터널

관계법령	관련 조항 및 의무		점검주기
시설물안전법	제11조	정기안전점검	• A·B·C등급: 반기에 1회 이상 • D·E등급: 연 3회 이상
		정밀안전점검	• A등급: 3년에 1회 이상 • B·C등급: 2년에 1회 이상 • D·E등급: 1년에 1회 이상
	제12조	정밀안전진단	• A등급: 6년에 1회 이상 • B·C등급: 5년에 1회 이상 • D·E등급: 4년에 1회 이상
철도건설법	제29조	정기점검	시설별 별도주기 결정
	제31조	정밀진단	〈10년 경과 철도시설물 대상〉 • A등급: 6년에 1회 이상 • B·C등급: 5년에 1회 이상 • D·E등급: 4년에 1회 이상

---

124 소방청 2021. 12. 30. 발간 「중대재해처벌법 해설 - 중대시민재해(다중이용시설) ㅡ」, p. 23, 국토교통부 2021. 12. 29. 발간 「중대재해처벌법 해설 - 중대시민재해(시설물료·공중교통수단) ㅡ」, p. 43

125 국토교통부 2021. 12. 29. 발간 「중대재해처벌법 해설 - 중대시민재해(시설물료·공중교통수단) ㅡ」, pp. 44~47

○ 철도역사, 대합실 등

관계법령	관련 조항 및 의무		점검주기
시설물안전법	제11조	정기안전점검	• A · B · C등급: 반기에 1회 이상 • D · E등급: 연 3회 이상
		정밀안전점검	• A등급: 4년에 1회 이상 • B · C등급: 3년에 1회 이상 • D · E등급: 2년에 1회 이상
	제12조	정밀안전진단	• A등급: 6년에 1회 이상 • B · C등급: 5년에 1회 이상 • D · E등급: 4년에 1회 이상
건축물관리법	제13조	정기점검	• 최초 5년 이후 3년 단위
	제16조	안전진단	• 필요시

❷ 항만시설(방파제, 파제제, 호안)

관계법령	관련 조항 및 의무		점검주기
시설물안전법	제11조	정기안전점검	• A · B · C등급: 반기에 1회 이상 • D · E등급: 연 3회 이상
		정밀안전점검	• A등급: 3년에 1회 이상 • B · C등급: 2년에 1회 이상 • D · E등급: 1년에 1회 이상
	제12조	정밀안전진단	• A등급: 6년에 1회 이상 • B · C등급: 5년에 1회 이상 • D · E등급: 4년에 1회 이상

❸ 건축물

관계법령	관련 조항 및 의무		점검주기
시설물안전법	제11조	정기안전점검	• A · B · C등급: 반기에 1회 이상 • D · E등급: 연 3회 이상
		정밀안전점검	• A등급: 4년에 1회 이상 • B · C등급: 3년에 1회 이상 • D · E등급: 2년에 1회 이상
	제12조	정밀안전진단	• A등급: 6년에 1회 이상 • B · C등급: 5년에 1회 이상 • D · E등급: 4년에 1회 이상

건축물관리법	제13조	정기점검	• 최초 5년 이후 3년 단위
	제16조	안전진단	• 필요시

❹ 하천시설(하구둑, 제방·보)

관계법령	관련 조항 및 의무		점검주기
시설물안전법	제11조	정기안전점검	• A·B·C등급: 반기에 1회 이상 • D·E등급: 연 3회 이상
		정밀안전점검	• A등급: 3년에 1회 이상 • B·C등급: 2년에 1회 이상 • D·E등급: 1년에 1회 이상
	제12조	정밀안전진단	• A등급: 6년에 1회 이상 • B·C등급: 5년에 1회 이상 • D·E등급: 4년에 1회 이상
하천법	제13조	안전점검	• 연 2회 이상
	제74조	하천관리상황 점검	• 매년 6월 이전

○ 그 외에 도로시설(도로교량, 도로터널), 항만시설, 상하수도시설, 옹벽 및 절토사면은 시설물안전법에 따른 정기안전점검, 정밀안전점검, 정밀안전진단을 필수안전점검으로 봄

관계법령	관련 조항 및 의무		점검주기
시설물안전법	제11조	정기안전점검	• A·B·C등급: 반기에 1회 이상 • D·E등급: 연 3회 이상
		정밀안전점검	• A등급: 3년에 1회 이상 • B·C등급: 2년에 1회 이상 • D·E등급: 1년에 1회 이상
	제12조	정밀안전진단	• A등급: 6년에 1회 이상 • B·C등급: 5년에 1회 이상 • D·E등급: 4년에 1회 이상

❶ 철도 분야(도시철도 차량, 철도 차량)

관계법령	관련 조항 및 의무		점검주기
철도안전법	제38조의2	정밀안전진단	• 5년 단위

❷ 버스 분야(시외버스 차량)

관계법령	관련 조항 및 의무		점검주기
자동차관리법	제43조	정기검사	• 1년 단위(차령 8년 이하) • 6개월 단위(차령 8년 초과)

❸ 항공 분야(운송용 항공기)

관계법령	관련 조항 및 의무		점검주기
항공안전법	제90조	안전운항체계 검사	• 운항시작 전

　소방청 해설서에서는 공중이용시설에 대한 안전점검의 예시로 다음 사항을 설명하고 있다.[126]

관계법령	관련 조항 및 의무		점검주기
다중이용업소법	제11조	정기점검	▶ 매분기별 1회 이상 점검 ※ 소방시설법에 따른 자체점검을 실시한 그 분기에는 점검 미실시 ▶ 소방시설관리업자에게 위탁도 가능
소방시설법	제25조	자체점검	▶ 작동기능점검: 연 1회(대부분 대상물) ▶ 종합정밀점검: 연 1회(해당 대상물에 한정) ※ 종합정밀점검 대상인 경우에도 작동기능점검을 하여야 함 ▶ 소방시설관리업자에게 위탁도 가능

※ 영업 또는 시설 관련 법률에서 안전·보건관련 점검 규정이 있는 경우는 그에 따라 업무를 수행해야 함

마) 안전계획 수립 시행(시행령 제10조 제4호)

　공중이용시설 또는 공중교통수단에 대하여 아래 사항이 포함된 안전계획을 수립하게 하고, 충실히 이행하도록 하여야 한다(시행령 제10조 제4호 본문).

---

126 소방청 2021. 12. 30. 발간 「중대재해처벌법 해설 - 중대시민재해(다중이용시설) -」, p. 23

> ㄱ) 공중이용시설 또는 공중교통수단의 안전과 유지관리를 위한 인력의 확보에
>   관한 사항
> ㄴ) 공중이용시설의 안전점검 또는 정밀안전진단의 실시와 공중교통수단의 점
>   검·정비(점검·정비에 필요한 장비를 확보하는 것을 포함한다)에 관한 사항
> ㄷ) 공중이용시설 또는 공중교통수단의 보수·보강 등 유지관리에 관한 사항

다만, 공중이용시설에 대해「시설물의 안전 및 유지관리에 관한 특별법」
제6조에 따라 시설물에 대한 안전 및 유지관리계획을 수립·시행하거나 공중
이용시설 또는 공중교통수단에 대해 철도운영자가「철도안전법」제6조에 따
라 연차별 시행계획을 수립·추진하는 경우로서 사업주 또는 경영책임자등이
그 수립 여부 및 내용을 직접 확인하거나 보고받은 경우에는 안전계획을 수
립하여 이행한 것으로 본다(시행령 제10조 제4호 단서).

안전계획의 내용에 포함되어야 할 사항은 안전과 유지관리를 위한 인력,
공중이용시설에는 안전점검 또는 정밀안전진단, 공중교통수단에는 점검과
정비, 공중이용시설과 공중교통수단 모두 보수·보강 등 유지관리에 관한 사
항이다.

국토교통부 해설서에서는 "공중이용시설 또는 공중교통수단의 제원과
유형, 기업 또는 기관에서 그 운영 관리에 투입하는 안전 예산·인력, 대상에
대한 안전점검 및 유지관리 계획이 포함되어야 한다"면서, 다음과 같이 공중
이용시설 및 공중교통수단에 대한 안전계획 표준안을 예시하고 있다.[127]

---

[127] 국토교통부 2021. 12. 29. 발간「중대재해처벌법 해설 – 안전계획표준(안) 예시」, pp.
 50~52

❶ 하나의 공중이용시설을 운영하는 기업 또는 기관

　　○ 〈표〉 형식의 간단한 안전계획 표준(안) 활용

〈안전계획 표준(안): 단일 공중이용시설 운영·관리 기관용〉

○○년 안전계획				
1. 공중이용시설 개요				
공중이용시설명		소유자		(사진 대지)
관리주체		준공년도		
소재지				
공중이용시설 현황(제원 등)				

2. 안전 예산 및 인력 현황		
안전 예산	① 안전점검 비용	• 공중이용시설에 대한 정기안전점검, 정밀안전진단, 긴급안전점검 등의 비용
	② 보수·보강 비용	• 시설의 안전과 정비·점검을 위한 장비 확보비용 • 시설물의 보수·보강 등의 비용
	③ 안전조치 비용	• 공중이용시설에 대한 긴급안전조치, 이용제한 등 안전조치 등 비용
	④ 인건비	• 안전점검 또는 보수·보강 업무 수행인력 인건비
	⑤ 기타 비용	• 그 외 안전확보에 소요되는 비용
안전인력		• 안전점검 또는 보수·보강 업무 수행인력

3. ○○년 추진계획 및 점검

구분		내용	추진 일정	예산 확보여부	미확보시 조치계획
안전점검 등	정기안전검검	(점검대상, 점검내용 등)			
	정밀안전점검	(점검대상, 점검내용 등)			
	정밀안전진단	(점검대상, 점검내용 등)			
유지관리	관리1	(보수·보상 대상, 수량 등)			
	관리2	(보수·보상 대상, 수량 등)			

❷ 하나의 공중교통수단을 운영하는 기업 또는 기관
   ○ 〈표〉형식의 간단한 안전계획 표준(안) 활용

〈안전계획 표준(안): 단일 공중교통수단 운영·관리 기관용〉

○○년 안전계획					
1. 공중교통수단 개요					
공중교통수단명		소유자			(사진 대지)
관리주체		제작년도			
		승인년도			
소재지					
공중교통수단 현황(수량 등)					
2. 안전 예산 및 인력 현황					
안전 예산	① 안전점검 비용	• 공중교통수단에 대한 정기안전점검, 정밀안전진단, 긴급안전점검 등의 비용			
	② 보수·보강 비용	• 공중교통수단의 정비, 보수·보강, 부품 교체 등 비용			
	③ 안전조치 비용	• 공중교통수단에 대한 긴급안전조치, 이용제한 등 안전조치 등 비용			
	④ 인건비	• 안전점검 또는 보수·보강 업무 수행인력 인건비			
	⑤ 기타 비용	• 그 외 안전확보에 소요되는 비용			
안전인력		• 안전점검 또는 보수·보강 업무 수행인력			
3. ○○년 추진계획 및 점검					
구분		내용	추진 일정	예산 확보여부	미확보시 조치계획
안전점검 등	정기안전검검	(점검대상, 점검내용 등)			
	정밀안전점검	(점검대상, 점검내용 등)			
	정밀안전진단	(점검대상, 점검내용 등)			
유지관리	관리1	(보수·보상 대상, 수량 등)			
	관리2	(보수·보상 대상, 수량 등)			

❸ 다수 공중이용시설 또는 공중교통수단을 운영하는 기업 또는 기관

○ 보고서 형식의 안전계획 표준(안) 활용

〈안전계획 표준(안): 다수 공중교통수단 운영·관리 기관용〉

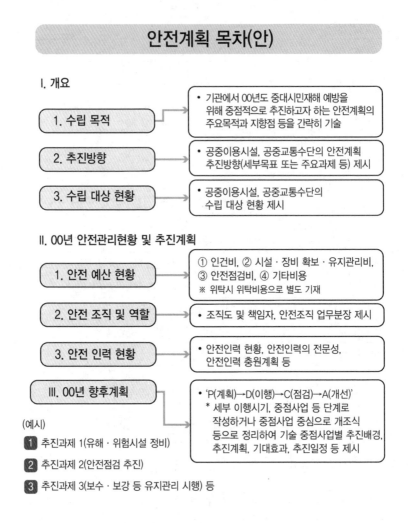

기획재정부의 "공공기관의 안전관리에 관한 지침" 제6조에 따라 안전경영책임계획을 수립하는 공공기관은 안전경영책임계획의 시설물 안전분야, 안전예산현황, 안전전담조직 및 역할, 안전인력현황등의 내용을 활용하여 안전계획을 수립할 수 있음

소방청의 해설서에서는 "공중이용시설의 건축물 현황, 기업 또는 기관에서 그 운영·관리에 투입하는 안전 예산·인력, 대상에 대한 안전점검 및 유지관리 계획 등을 포함"하여야 한다고 설명한다.[128]

또한, 개별 법률에 따라 안전계획서를 수립·시행하는 경우에 시행령 제10조 제4호 가목부터 다목까지의 사항을 포함하는 경우에는 별도 안전계획 수립 없이도 각 문서를 직접 확인하거나 보고받음으로써 해당 의무를 갈음할 수 있다면서, 소방시설법상 특정 소방대상물마다 작성하여야 하는 소방계획서 수립·시행, 식품위생법, 공연법 등에 따른 안전계획서를 수립하는 경우 등을 들고 있다.[129]

그러나, 시행령 제10조 제4호 단서에서는 「시설물의 안전 및 유지관리에 관한 특별법」 제6조에 따라 공중이용시설에 대해 안전 및 유지관리계획을 수립·시행하는 경우와, 공중이용시설 또는 공중교통수단에 대해 철도운영자가 「철도안전법」 제6조에 따라 연차별 시행계획을 수립·추진하는 경우에만 시행령 제10조 제4호의 안전계획을 수립하여 이행한 것으로 본다고 간주하고 있어(시행령 제10조 제4호 단서), 이를 제외한 개별 법률에 의한 계획 수립으로 중대재해처벌법상의 의무이행이 된 것으로 볼 수는 없다(국토교통부 해설서에서도 위 안전계획에 갈음할 수 있는 조건으로 위 시설물안전법 및 철도안전법에 따른 계획 수립만을 설명하고 있다.[130]

한편, 소방청 해설서에는 안전계획의 작성 서식을 예시로 첨부하고 있는데, 시행령 제10조 제4호에서 규정한 내용보다 광범위하다. 문서의 작성과 기록, 일반 개요, 안전·보건 관리, 중대사고 예방 및 홍보, 화기 등 취급의 감독, 초기 대응구성, 비상연락체계 구축, 공공기관 출동현황, 교육 훈련 및 자체평가, 피난대책, 피해복구 등 여러 항목과 분야가 망라적으로 포함된 안전계획을 수립하도록 예시하고 있다.[131]

---

128 소방청 2021. 12. 30. 발간 「중대재해처벌법 해설 - 중대시민재해(다중이용시설) -」, p. 24

129 소방청 2021. 12. 30. 발간 「중대재해처벌법 해설 - 중대시민재해(다중이용시설) -」, p. 24

130 국토교통부 2021. 12. 29. 발간 「중대재해처벌법 해설 - 중대시민재해(시설물료·공중교통수단) -」, p. 49

131 소방청 2021. 12. 30. 발간 「중대재해처벌법 해설 - 중대시민재해(다중이용시설) -」, p.

바) 반기 1회 정기 점검(시행령 제10조 제5호)

위에서 본 바와 같이 인력배치와 업무수행, 필요한 예산의 편성과 집행, 안전·보건 관계 법령에 따른 안전점검, 그리고 안전계획의 수립과 시행 등 (시행령 제10조 제1호부터 제4호까지) 추진상황을 반기에 1회 이상 점검하고, 직접 점검하지 않을 경우에는 점검이 끝난 후 지체 없이 점검결과를 보고받아야 한다.

사) 점검 결과 조치(시행령 제10조 제6호)

위 바)항과 같은 정기 점검결과 또는 보고 결과에 따라 부족한 부분이 있으면 인력을 배치하거나 예산을 추가로 편성, 집행하여야 한다.

아) 업무처리절차 마련(시행령 제10조 제7호)

중대시민재해 예방을 위해 다음 아래 사항이 포함된 업무처리절차를 마련하여 이행하여야 한다(시행령 제10조 제7호 본문).

ㄱ) 공중이용시설 또는 공중교통수단의 유해·위험요인의 확인·점검에 관한 사항

ㄴ) 공중이용시설 또는 공중교통수단의 유해·위험요인을 발견한 경우 해당 사항의 신고·조치요구, 이용 제한, 보수·보강 등 그 개선에 관한 사항

ㄷ) 중대시민재해가 발생한 경우 사상자 등에 대한 긴급구호조치, 공중이용시설 또는 공중교통수단에 대한 긴급안전점검, 위험표지 설치 등 추가 피해방지 조치, 관계 행정기관 등에 대한 신고와 원인조사에 따른 개선조치에 관한 사항

ㄹ) 공중교통수단 또는 「시설물의 안전 및 유지관리에 관한 특별법」 제7조제1호의 제1종시설물에서 비상상황이나 위급상황 발생 시 대피훈련에 관한 사항

다만, 철도운영자가 「철도안전법」 제7조에 따라 비상대응계획을 포함한 철도안전관리체계를 수립하여 시행하거나 항공운송사업자가 「항공안전법」 제58조 제2항에 따라 위기대응계획을 포함한 항공안전관리시스템을 마련하여 운용한 경우로서 사업주 또는 경영책임자등이 그 수립 여부 및 내용을 직

접 점검하거나 점검 결과를 보고받은 경우에는 업무처리절차를 마련하여 이행한 것으로 본다(시행령 제10조 제7호 단서).

국토교통부 해설서에서는 다음과 같이 업무처리 절차 예시를 설명하고 있고, 일부는 소방청 해설서에도 같은 내용이 설명되어 있다.[132]

㉠ 유해·위험요인의 확인 점검

분야		유해·위험요인 예시	
교량	교면포장 및 데크표면 균열·손상	• 포장불량 • 포장손상(A) • 신축이음 파손(B)	
	난간/연석 손상	• 배수구, 배수관 등 막힘(A) • 누수로 인한 구조물 부식 • 난간/연석 파손(B)등	
터널	노면 균열·손상	• 포장불량 • 포장손상(A, B)	
	안전시설 손상	• 방호벽, 가드레일 손상 및 결함(A) • 고정부 손상 및 전도 우려(B) 등	
건축물	안전시설, 구조체 손상	• 난간 손상, 미설치(A) • 구조체 손상(B)	
	내·외부 마감재 손상	• 내부 마감손상으로 균열 발생(A) • 외부 마감재 손상(B)	
철도차량	부품 손상	• 차량부품의 과도한 마모, 탈락 등	─

---

[132] 국토교통부 2021. 12. 29. 발간 「중대재해처벌법 해설 - 중대시민재해(시설물료·공중교통수단) -」, p. 55 이하, 소방청 2021. 12. 30. 발간 「중대재해처벌법 해설 - 중대시민재해(다중이용시설) -」, p. 27 이하

ⓛ 유해·위험요인 발견시 개선에 관한 사항

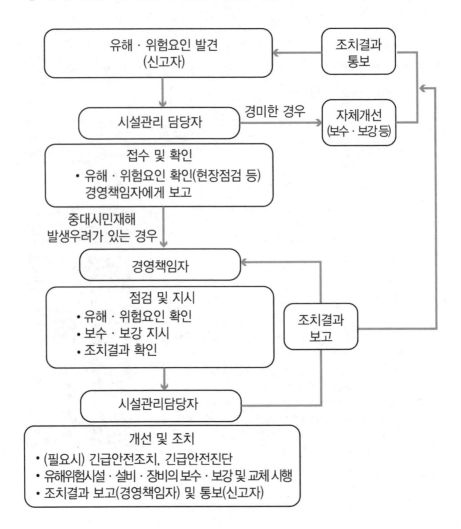

© 중대시민재해 발생시 조치

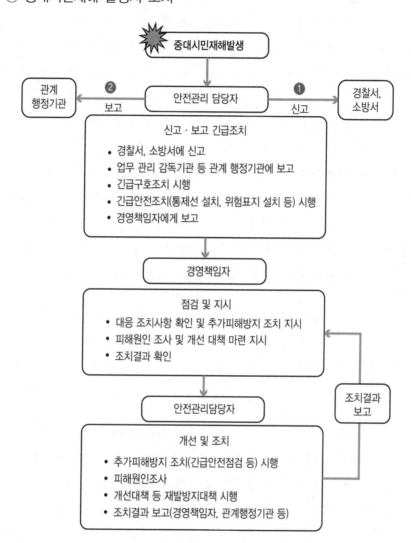

② 대피 훈련에 관한 사항

시설물안전법 규정상 제1종 시설물 또는 공중교통수단에 대하여 비상상황이나 위급상황 발생시, 대피훈련 절차를 마련하여야 하며 대피훈련 시기, 장소 및 훈련목표, 참여 범위와 시나리오, 대피훈련 결과에 따라 개선사항을 도

출하여 수정하는 방안이 포함될 수 있다고 한다(국토교통부 해설서 제58쪽).[133]

또한 소방계획서에 따른 자체 훈련, 소방시설법 제22조에 따른 소방훈련을 실시할 때에 "대피훈련"도 반드시 포함하여 실시해야 하고, 대피훈련의 시기, 장소 및 훈련목표, 참여 범위와 시나리오, 대피훈련 결과에 따라 개선사항을 도출하여 수정하는 방안이 포함될 수 있다고 한다.[134]

자) 제3자 도급, 용역, 위탁 경우(시행령 제10조 제8호)

제3자에게 공중이용시설 또는 공중교통수단의 운영·관리 업무의 도급, 용역, 위탁 등을 하는 경우에는 공중이용시설 또는 공중교통수단과 그 이용자나 그 밖의 사람의 안전을 확보하기 위해 아래 사항에 대하여 기준과 절차를 마련하고, 그 기준과 절차에 따라 도급, 용역, 위탁 등이 이루어지는지를 연 1회 이상 점검하며, 직접 점검하지 않은 경우에는 점검이 끝난 후 지체없이 점검 결과를 보고받아야 한다(시행령 제10조 제8호).

ㄱ) 중대시민재해 예방을 위한 조치능력 및 안전관리능력에 관한 평가기준·절차

ㄴ) 도급, 용역, 위탁 등의 업무 수행 시 중대시민재해 예방을 위해 필요한 비용에 관한 기준

국토교통부 해설서에서는 도급, 용역, 위탁받은 자의 조치능력 및 안전관리능력은 그 기업이나 기관의 안전·보건관리체계의 구축 현황과 3년 이내 중대사고 발생이력으로 평가할 수 있다면서, 도급, 용역, 위탁 등을 할 때 조치능력 및 안전관리능력을 평가항목을 마련하고 이를 기존 평가항목에 추가하여 운영이 가능하다면서, 평가항목 및 기준의 예시를 제시하고 있다(위 해설서 제60쪽).

---

133 국토교통부 2021. 12. 29. 발간 「중대재해처벌법 해설 – 중대시민재해(시설물료·공중교통수단)」, p. 58

134 소방청 2021. 12. 30. 발간 「중대재해처벌법 해설 – 중대시민재해(다중이용시설)」, p. 28

평가 항목 및 기준 예시

평가항목	평가기준	평가결과		
		상	중	하
안전 인력 및 예산 현황	• 안전전문인력(관련 자격증 보유자, 관련 학과 졸업자 등) 보유 현황 • 안전 예산 현황(안전 예산 편성항목, 매출액 대비 비중 등)			
안전관리규정·지침·매뉴얼 현황	• 법정 보유 안전관리규정/지침/매뉴얼 구비 여부			
재해대응체계 현황	• 재해신고·보고절차도 유무 • 재해대응 조직 및 업무분장 현황 • 유관기관 비상연락망 유무			
교육 및 훈련실적	• 교육 및 훈련 프로그램 유무 • 최근 3년간 안전교육 및 훈련 실적			
중대재해 발생에 따른 행정처분 등	• 최근 3년 내 중대재해 발생 횟수 • 중대재해로 인한 행정처분 유무 및 처분정도			

※ 각 사업장 여건에 따라 수정하여 활용 가능함

또한 중대시민재해 예방 비용에 관한 기준으로 유해·위험요인 발견시 긴급안전점검, 긴급안전조치등 비용, 중대시민재해 발생시 원인 개선을 위한 종사자 교육 또는 이용자 안내 비용, 안전관리에 필요한 물품·보호구 및 장비 구입 비용, 시설의 기능 유지, 안전 관련 시설 및 설비의 설치 비용, 중대시민재해 발생에 대비한 재해대응 절차도, 이용자를 위한 비상대피지도 등의 제작·개선 비용을 제시하고 있다(위 해설서 제61쪽, 제62쪽).

그 외로 다른 법 사례라면서 공연법에 의한 안전관리비는 객석 수 500석 이상 1% 이상, 1천 명 관람 1.15.% 이상, 3천 명 이상 관람 예상의 경우에는 1.21.% 이상 계상하여야 하고, 산업안전보건법에 의한 건설현장 산업안전보건관리비는 공사종류 및 규모에 따라 1.38%~3.43% 계상하여야 한다고 설명하고 있다(위 해설서 제62쪽).

그러나, 현실적으로 도급, 용역, 위탁을 받는 기업이나 기관의 규모가 상대적으로 작고, 현실적으로 소상공인으로 분류되거나, 또는 개인사업자나 50명 이하 사업장으로서 2022. 1. 27부터 3년간 이 법의 적용대상에서 배제되는 경우가 다수 있을 것이므로, 그렇게 안전보건관리체계 구축 의무가 없어서 준비하지 않은 기업이나 기관은 아예 도급이나 용역, 위탁을 받을 수 없게 되는 것인지 여부 등이 논란될 수 있다. 또한 예산의 기준도 도급이나 용역, 위탁을 받는 기업이나 기관이 통상 발주자보다는 낮을 가능성이 많은데, 그러한 비용을 모두 계상하기가 쉽지 않아 보인다.

국토교통부 해설서에서 제시한 도급, 용역, 위탁 관련 제시된 기준은 다소 현실성이 떨어진 것으로 보이는데, 중대재해처벌법 제정에 원인을 제공한 산업재해 사건들의 대부분이 도급으로 인한 것이었고, 대부분 수급 업체가 영세하거나 작은 규모에서 발생하였다는 점을 감안할 때, 현실성 있는 대안의 제시가 필요해 보인다.

4) 재해 발생 시 재발방지 대책수립 및 그 이행

공중이용시설이나 공중교통수단으로 중대시민재해가 발생되었을 경우, 재발방지 대책을 수립하고 그 이행에 필요한 조치를 하여야 한다. 별도 대통령령에 위임된 부분이 없어 그대로 시행된다.

앞서 원료 또는 제조물에서 설명한 바와 같이, 법은 제9조 제1항 제2호에서 "재해 발생 시"라고만 규정하고 있고, "중대시민재해 발생 시"라고 규정하지는 않았지만, 법 전체에 대한 해석상 "중대시민재해가 발생한 경우"로 해석하는 것이 상당할 것이다.

5) 중앙행정기관·지방자치단체의 법령에 따른 개선·시정명령 이행

중앙행정기관이나 지방자치단체에서 관련 법령에 따라 공중이용시설이나 공중교통수단에 대하여 발령한 개선이나 시정 명령을 이행해야 하는 조치의무이다.

역시 종래 중앙행정기관이나 지방자치단체에서 발령하는 개선 또는 시정 명령이 다소 현실에 부적합하거나 다른 여러 사정을 이유로 즉시 이행하지 않고, 명령 자체의 문제가 있더라도 다투지 않고 넘어가는 경우도 없지 않았으나, 향후 이러한 개선, 시정 명령 위반이 사업주 등의 중요한 조치의무로서 그 불이행은 바로 형사처벌로 연결되므로, 충실히 이행함과 함께, 발령된 개선이나 시정 명령에 문제점이 있으며, 가능한 이의제기 방법을 동원하여 그 정당성에 대한 별도 판단을 받아야 할 것이다. 다만, 이 부분에서 '개선이나 시정 명령'을 발령하는 주체가 중앙행정기관과 지방자치단체인데, 특히 공중교통수단의 경우, 중앙행정기관과 지방자치단체와 밀접한 관련이 있거나 또는 지방자치단체에서 운영하는 경우도 있을 수 있어, '개선이나 시정 명령'의 발령주체와 그 의무이행 주체가 밀접하게 관련되었거나 또는 동일하게 될 수도 있을 것이다.

6) 안전·보건 관계 법령에 따른 의무이행

안전·보건 관계 법령에 따른 의무를 이행하여야 하는데, 안전·보건에 대한 관련 법령이 무엇인지, 그리고 그 법령에 따른 모든 의무를 빠짐없이 이행해야 한다는 것인지, 법령에 규정된 사소한 의무를 위반하여도 모두 사업주 등이 형사처벌받는 것인지 여부 등 여러 가지 의문점이 제기될 수 있다.

이 법 제9조 제4항에서 "안전·보건 관계 법령에 따른 의무이행에 필요한 관리상의 조치"는 대통령령에 위임한다고 규정하였으므로 시행령에서는 다양한 공중이용시설 및 공중교통수단에 관련된 어떤 법령이 안전·보건 관계 법령인지를 특정하였어야 함에도 시행령 제11조 제1항에서는 "안전·보건 관계 법령이란 공중이용시설·공중교통수단에 적용되는 것으로서 이용자나 그 밖의 사람의 안전·보건을 확보하는 데 관련되는 법령을 말한다"고만 규정하였다. 결국 동어반복으로 설명함에 따라 어떤 법령이 사업주와 경영책임자등이 중대시민재해 예방을 위한 조치를 해야 하는 법령인지를 판단하는 숙제는 고스란히 사업주와 경영책임자등에게 부과되었다.

앞서 본 원료와 제조물 관련 환경부의 해설서에서는 32개의 법률을 예시하면서도 더 있을 수 있음을 자인하고 있다.

국토교통부 해설서에서는 공중이용시설 및 공중교통수단에 관한 안전·보건 관계 법령이란 ① 공중이용시설이나 공중교통수단의 안전확보를 목적으로 하는 법률, ② 대상을 이용하는 국민의 안전을 위해 의무를 부과하는 법률, ③ 공중이용시설 및 공중교통수단을 구성하는 구조체, 시설, 설비, 부품 등의 안전에 대하여 안전점검, 보수·보강 등을 규정하는 법률, ④ 이용자의 안전을 위하여 관리자, 종사자가 교육을 이수토록 하는 법률 등이 안전·보건 관계 법령이라는 입장이다. 반면, 공중이용시설이나 공중교통수단의 효율적인 이용, 원활한 교통흐름, 경제적 가치를 고려한 성능개선 등의 부가적 목적을 가진 법령은 안전·보건 관계 법령에 해당하지 않는다는 입장이다.

이에 따라 예시된 것으로 도로, 교량, 터널 등은 시설물안전법, 철도시설은 시설물안전법, 철도안전법, 철도건설법, 건축물관리법, 공항시설은 시설물안전법, 항만시설은 시설물안전법, 항만법, 댐시설은 시설물안전법, 댐건설관리법, 저수지댐법, 하천시설은 시설물안전법과 하천법, 상하수도 시설은 시설물안전법, 수도법, 하수도법, 옹벽 및 절토사면은 시설물안전법을 들고 있다.[135] 그리고 공중교통수단에 대하여 철도 분야는 철도안전법, 버스 분야는 교통안전법, 여객자동차운수사업법, 자동차관리법, 항공 분야는 항공안전법을 들고 있다.[136]

소방청 해설서에서는 "안전·보건 관계 법령"은 다중이용업소법, 소방시설법(「소방시설법」이 「화재예방법」, 「소방시설법」으로 분리됨에 따라 「화재예방법」 시행 시(2022. 12. 1.) 안전보건 관계 법령에 포함됨), 초고층 재난관리법, 식품위생법, 도서관법, 여객자동차 운수사업법, 항만법, 건축법 등 개별 영업·시설 등 관련 법률도 포함된다고 한다. 또한 다중이용업소법에 따른 영업주 정기점검, 안전시설등(소방시설, 비상구, 영업장 내부 피난통로, 그 밖의 안전시설로서 대통령령으로 정하는 것) 설치·유지 등 의무와 소방시설법에 따른 소방안전관리자를 선임, 관계인의 소방시설등 설치·유지 및 안전관리, 자체점검 등 안전관련 규정, 초고층재난관리법에 따른 총괄재난관리자 선임, 초기 대응대 구성 등을 준수해야 한다면서, 「공연법」 제11조 제1항에 따라 재해대처계획 수립,

---

135 국토교통부 2021. 12. 29. 발간 「중대재해처벌법 해설 – 중대시민재해(시설물료·공중교통수단) –」, pp. 30~31

136 국토교통부 2021. 12. 29. 발간 「중대재해처벌법 해설 – 중대시민재해(시설물료·공중교통수단) –」, p. 32

제11조의3에 따른 안전관리조직 구성을 그 예시로 들고 있다.[137]

그러면서 "공중이용시설 관련 법률 및 관계부처"와 "다중이용업소법(소관 부처: 소방청)"에 대하여 아래와 같은 표를 제시하고 있다.

공중이용시설 관련 법률 및 관계 부처

실내공기질관리법(소관 부처: 환경부)		
구분	관련 법률	관계부처
모든 지하역사	도시철도법	국토부
지하도상가(연면적 2천m² 이상)		지자체
철도역사 대합실(연면적 2천m² 이상)	철도법	국토부
여객자동차터미널 대합실(연면적 2천m² 이상)	여객자동차 운수사업법	국토부
항만시설 대합실(연면적 5천m² 이상)	항만법	해수부
공항시설 여객터미널(연면적 1천5백m² 이상)	공항시설법	국토부
도서관(연면적 3천m² 이상)	도서관법	문체부
박물관 및 미술관(연면적 3천m² 이상)	박물관 및 미술관 진흥법	문체부
의료기관(연면적 2천m² 이상 또는 병상수 100개 이상)	의료법	복지부
노인요양시설(연면적 1천m² 이상)	노인복지법	복지부
어린이집(연면적 430m² 이상)	영유아보육법	복지부
어린이놀이시설(연면적 430m² 이상)	어린이놀이시설 안전관리법	행안부
대규모점포(전통시장 제외)	유통산업발전법	산업부
지하장례식장(연면적 1천m² 이상)	장사 등에 관한 법률	복지부
옥내전시시설(연면적 2천m² 이상)	전시산업발전법	산업부
업무시설(연면적 3천m² 이상, 오피스텔 제외)	건축법	지자체
복합용도 건출물(연면적 2천m² 이상) (공동주택 또는 오피스텔이 포함된 경우 제외)	건축법	지자체
실내공연장(객석수 1천 석 이상)	공연법	문체부
실내체육시설(관람석수 1천 석 이상)	체육시설법	문체부

---

[137] 소방청 2021. 12. 30. 발간 「중대재해처벌법 해설 - 중대시민재해(다중이용시설) -」, p. 15

다중이용업소법(소관 부처: 소방청)		
구분	관련 법률	관계부처
휴게음식점	식품위생법	식약처
일반음식점	식품위생법	식약처
제과점	식품위생법	식약처
단란주점	식품위생법	식약처
유흥주점	식품위생법	식약처
목욕장(찜질방)	공중위생관리법	복지부
산후조리원	모자보건법	복지부
안마시술소	의료법	복지부
영화영상관	영화비디오법	문체부
비디오감상실	영화비디오법	문체부
비디오소극장	영화비디오법	문체부
복합영상물제공업	영화비디오법	문체부
게임제공업	게임산업법	문체부
인터넷컴퓨터게임시설제공업	게임산업법	문체부
복합유통게임제공업	게임산업법	문체부
노래연습장	음악산업법	문체부
가상체육시설업 중 골프	체육시설법	문체부
학원	학원법	교육부
실내(권총)사격장	사격장안전법	경찰청
고시원	자유신고업	
화상대화·전화방		
콜라텍		
수면방		

7) 제3자에게 도급, 용역, 위탁 등 경우

사업주 또는 경영책임자등은 사업주나 법인 또는 기관이 공중이용시설 또는 공중교통수단과 관련하여 제3자에게 도급, 용역, 위탁 등을 행한 경우에는 그 이용자 또는 그 밖의 사람의 생명, 신체의 안전을 위하여도 자신의 사업장에서와 같이 재해예방을 위한 조치를 하여야 한다.

중대산업재해와 마찬가지로, 시설이나 교통수단의 관리, 운영 등이 제3 자에게 도급, 용역, 위탁 등으로 이관한 경우에도, 중대재해처벌법 제9조 제2 항 규정에 따른 조치의무를 부담한다. 다만, 사업주나 법인 또는 기관이 그 시설, 장비, 장소 등에 대하여 실질적으로 지배·운영·관리하는 책임이 있는 경우에 한정한다.

즉, 시설이나 교통수단에 대하여 제3자에게 도급, 용역, 위탁 등으로 업 무를 이관하는 경우, 그 시설이나 장비, 장소 등에 대한 지배, 운영, 관리책임 의 소재를 명백하게 규정하여야 할 것이다. 대부분 도급계약서이나 용역계약 서, 위탁계약서 등이 작성될 것이므로, 그 계약서 작성과정에서는 실질적인 지배, 운영, 관리권이 누구에게 있는지 여부를 명백하게 규정해야 할 것이다.

2. 중대시민재해 사업주와 경영책임자등 처벌

가. 개요

중대시민재해의 경우에 중대산업재해와 마찬가지로 중대재해처벌법 제9 조에 규정된 조치의무를 이행하지 않아서 중대시민재해에 이르게 한 '사업주 또는 경영책임자등'에게 그 발생된 피해에 따른 책임을 부과하고 있다.

나. 사업주와 경영책임자등의 처벌

중대재해처벌법 제9조의 조치의무를 위반하여 사망자가 1명 이상 발생 된 중대시민재해에 이르게 한 사업주 또는 경영책임자등은 1년 이상의 징역 또는 10억 원 이하의 벌금에 처한다. 이 경우 징역과 벌금을 병과할 수 있다 (법 제10조 제1항).

또, 위 제9조를 위반하여 동일한 사고로 2개월 이상 치료를 요하는 10명 이상의 부상자 또는 동일한 원인으로 3개월 이상 치료를 요하는 질병자 10명 이상이 발생되었을 경우, 그러한 중대시민재해에 이르게 한 사업주 또는 경 영책임자등은 7년 이하의 징역 또는 1억 원 이하의 벌금에 처한다(법 제10조 제2항).

앞서서 사업주와 경영책임자등 사이의 조치의무의 내용과 책임소재에 관한 논의를 간략하게 살펴보았는데, 처벌 규정에서는 조치의무를 위반하여 중대시민재해라는 결과발생에 이르게 한 사업주나 경영책임자등을 처벌하도록 규정하고 있어서 누가 그런 결과발생에 이르게 한 것인지 여부에 대하여는 향후 중대재해처벌법의 적용과정, 즉 수사와 재판 과정에서 구체적으로 판정될 것으로 예상된다.

한편, 법정형의 방식이 징역형은 1년 이상으로 규정되어 있는 반면에 벌금형의 경우 10억 원 이하의 벌금으로 규정하고 있다. 징역형이 일정 기간 이상이면 벌금형도 일정 액수 이상으로, 징역형이 일정 기간 이하이면 벌금형도 일정 액수 이하로 규정되어지는 통상적 입법형식과 다른 점에서, 바람직한 입법으로 보기 어렵다.

산업안전보건법 제167조에서 근로자를 사망에 이르게 한 경우 7년 이하의 징역 또는 1억 원 이하의 벌금에 처한다고 규정하고 있고, 형법 제268조의 업무상과실치사죄의 경우, 5년 이하의 금고 또는 2천만 원 이하의 벌금에 처한다고 규정하고 있다.

다만, 중대시민재해의 경우에는 중대산업재해와 달리 중대재해처벌법위반으로 처벌을 받아 형이 확정된 후 5년 이내에 다시 중대재해처벌법위반으로 처벌할 경우, 법에서 규정된 형의 2분의 1까지 가중하는 규정은 없다.

다. 중대시민재해와 양벌규정

중대재해처벌법 제11조는 법인 또는 기관의 경영책임자등이 그 법인 또는 기관의 업무에 관하여 제10조에 해당하는 위반행위를 하면 그 행위자를 벌하는 외에 그 법인 또는 기관에게 다음 각 호의 구분에 따른 벌금형을 과(科)한다고 규정하여 필요적 병과 형식으로 무겁게 처벌하도록 규정하고 있다.

다만, 법인 또는 기관이 그 위반행위를 방지하기 위하여 해당 업무에 관하여 상당한 주의와 감독을 게을리하지 아니한 경우에는 그러하지 아니하는데, 피해자가 사망한 경우 50억 원 이하의 벌금을, 부상한 경우에는 10억 원 이하의 벌금을 규정하고 있다.

제 3 장   보 칙

1. 형 확정사실 통보

> 제12조(형 확정 사실의 통보) 법무부장관은 제6조, 제7조, 제10조 또는 제11조에 따른 범죄의 형이 확정되면 그 범죄사실을 관계기관의 장에게 통보하여야 한다.

　중대재해처벌법으로 기소된 사건이 유죄로 인정되면 사업주와 경영책임 자등에 대한 징역형 또는 벌금형이 선고되고, 그 행위자가 속한 법인 또는 기관(개인사업자는 제외함)에게도 벌금형이 선고되는데, 그 형이 확정되면 법 무부장관은 확정된 범죄사실을 관계기관의 장에게 통보하여야 한다는 것이 다. 여기서 말하는 관계기관이라 함은 관계 소관 중앙행정기관을 의미한다.

　「형의 실효 등에 관한 법률」에서 지방검찰청 및 그 지청과 보통검찰부 에서는 자격정지 이상의 형을 선고한 재판이 확정되면 지체 없이 그 형을 선고받은 수형인을 수형인명부에 기재하고(제3조), 수형인의 등록기준지 시· 구·읍·면 사무소에 송부(제4조)하도록 한 것처럼 관계 행정기관의 장에게 중대재해를 야기한 범죄사실을 통보함으로써 중대재해 전과자로 관리하고, 더 나아가 허가취소 등 행정처분까지도 관리하겠다는 것이다.

　그런데 앞서 언급한 바와 같이 중앙행정기관의 장을 중대재해처벌법의 수범자로 규정하면서, 중앙행정기관의 장을 중대재해처벌법위반죄로 유죄를 선고할 때에는 그 기관도 양벌하라는 것이 적절한 것인지 의문이다.

　법무부 소속 출입국이나 교정시설에서 산업재해가 발생하였을 때의 예 를 들어보자. 검사는 법무부장관을 기소할 때 양벌규정에 의하여 법무부를 피고인으로 기소하여야 한다. 판사가 법무부장관에 대하여 유죄를 선고할 때 에는 법무부장관에 대한 형의 선고와 별도로 법무부를 벌금형으로 양벌하여 야 한다. 그 판결의 형이 확정되면 중대재해처벌법 제12조 규정에 따라 법무 부장관은 고용노동부장관 등 관계기관의 장에게 법무부장관의 범죄사실을 통보하고, 법무부장관의 지휘를 받는 검사는 소속 장관과 법무부에 대하여 형집행장을 발부하여 집행을 지휘하여야 한다. 그리고 법무부장관은 법무부에 부과된 양벌 벌금을 납부하기 위하여 예비비 등 국가예산을 사용하여야 한다. 다른 중앙행정기관의 장의 경우에도 국가예산으로 양벌된 벌금형을 납부하는 것은 마찬가지이다.

2. 중대산업재해 발생사실 공표

〈중대재해처벌법〉
제13조(중대산업재해 발생사실 공표) ① 고용노동부장관은 제4조에 따른 의무를 위반하여 발생한 중대산업재해에 대하여 사업장의 명칭, 발생 일시와 장소, 재해의 내용 및 원인 등 그 발생사실을 공표할 수 있다.
② 제1항에 따른 공표의 방법, 기준 및 절차 등은 대통령령으로 정한다.

〈시행령〉
제12조(중대산업재해 발생사실의 공표) ① 법 제13조 제1항에 따른 공표(이하 이 조에서 "공표"라 한다)는 법 제4조에 따른 의무를 위반하여 발생한 중대산업재해로 법 제12조에 따라 범죄의 형이 확정되어 통보된 사업장을 대상으로 한다.
② 공표 내용은 다음 각 호의 사항으로 한다.
1. "중대산업재해 발생사실의 공표"라는 공표의 제목
2. 해당 사업장의 명칭
3. 중대산업재해가 발생한 일시·장소
4. 중대산업재해를 입은 사람의 수
5. 중대산업재해의 내용과 그 원인(사업주 또는 경영책임자등의 위반사항을 포함한다)
6. 해당 사업장에서 최근 5년 내 중대산업재해의 발생 여부
③ 고용노동부장관은 공표하기 전에 해당 사업장의 사업주 또는 경영책임자등에게 공표하려는 내용을 통지하고 30일 이상의 기간을 정하여 그에 대해 소명자료를 제출하게 하거나 의견을 진술할 수 있는 기회를 주어야 한다.
④ 공표는 관보, 고용노동부나 「한국산업안전보건공단법」에 따른 한국산업안전

보건공단의 홈페이지에 게시하는 방법으로 한다.
⑤ 제4항에 따라 홈페이지에 게시하는 방법으로 공표하는 경우 공표기간은 1년
으로 한다.

가. 개관

중대산업재해를 야기한 사업장에 대하여 그 발생사실 등을 공표함으로
써 산업재해 예방의 목적을 도모하려는 취지는 이해할 수 있으나, 「특정강력
범죄의 처벌에 관한 특례법」 제8조의2 '피의자의 얼굴 등 공개'나 「성폭력범
죄의 처벌등에 관한 특례법」 제25조 '피의자의 얼굴 등 공개' 규정에 비추어
그 요건을 법으로 엄격하게 규정하지 않고 대통령령으로 위임되어 있는 것
은 매우 아쉽다. 그런 점에서 시행령을 제정함에 있어서 피의사실이 아닌 형
이 확정된 사업장을 대상으로 하는 등 그 공표방법과 절차들을 엄격히 규정
함으로써 인권침해 등 위헌소지는 제거한 것은 매우 다행스러운 일이다.

다만 시행령은 고용노동부 차원에서 손쉽게 개정할 수 있으므로 다른
법률에서 규정한 '피의자 얼굴 등 공개'보다 신상공개 요건을 크게 완화할 우
려는 언제든지 남아 있다. 제도를 운용하는 고용노동부는 중대산업재해가 발
생하였더라도 해당 사업장의 신용과 명예를 고려하여 신중하여야 하며, 이를
남용하여서는 안 될 것이다.

나. 공표 대상

중대산업재해 발생사실의 공표대상은 '안전 및 보건 확보의무를 위반하
여 발생된 중대산업재해'이어야 하고, 그 형이 확정되어 법무부장관으로부터
범죄사실을 통보받은 사업장으로 한정된다. 그 목적이 중대산업재해 발생 사
업장이라는 공표를 통해 경영책임자등으로 하여금 중대재해 예방조치를 강
제하기 위한 조항이다.

다. 공표의 내용

공표 내용은 ① "중대산업재해 발생사실의 공표"라는 공표의 제목, ② 해당 사업장의 명칭, ③ 중대산업재해가 발생한 일시·장소, ④ 중대산업재해를 입은 사람의 수, ⑤ 중대산업재해의 내용과 그 원인(사업주 또는 경영책임자 등의 위반사항을 포함한다), ⑥ 해당 사업장에서 최근 5년 내 중대산업재해의 발생 여부이다.

라. 소명기회의 부여 및 공표방법

공표는 반드시 소명기회를 먼저 부여하여야 한다. 고용노동부장관은 공표하기 전에 해당 사업장의 사업주 또는 경영책임자등에게 공표하려는 내용을 통지하고 30일 이상의 기간을 정하여 그에 대해 소명자료를 제출하게 하거나 의견을 진술할 수 있는 기회를 주어야 한다.

공표의 방법은 관보, 고용노동부나 한국산업안전보건공단의 홈페이지에 게시하는 방법으로 하여야 하고, 홈페이지에 게시하는 방법으로 공표하는 경우의 공표기간은 1년으로 한다. 방법과 절차가 위법하다면 피의사실공표 후 무죄가 선고된 사안에서 민사상 손해배상책임을 인정한 경남기업특별수사팀 前 대통령 친형 뇌물 보도자료 배포사건(창원지방법원 2018. 8. 23. 선고 2015가단79600 판결), 부산지방경찰청 간첩 보도자료 배포사건(대법원 2002. 9. 24. 선고 2001다49692 판결)에서 보는 바와 같이 손해배상 책임을 추궁 당하게 될 수도 있다.

3. 심리절차의 특례

제14조(심리절차에 관한 특례) ① 이 법 위반 여부에 관한 형사재판에서 법원은 직권으로 형사소송법 제294조의 2에 따라 피해자 또는 그 법정대리인(피해자가 사망하거나 진술할 수 없는 경우에는 그 배우자·직계친족·형제자매를 포함한다)을 증인으로 신문할 수 있다.
② 이 법 위반 여부에 관한 형사재판에서 법원은 검사, 피고인 또는 변호인의 신

청이 있는 경우 특별한 사정이 없는 한 해당 분야의 전문가를 전문심리위원으로
지정하여 소송절차에 참여하게 하여야 한다.

위 조항이 들어가게 된 경위를 살펴보면, 강은미, 박주민, 이탄희, 박범
계 의원 대표발의안 모두 양형절차에 관한 특례 조항을 포함하고 있고, 그
내용의 요지도 형의 선고 이전 양형심리 절차를 별도로 마련하여 형량 결정
을 위한 전문가위원회를 설치·운영하고 피해자의 진술을 반드시 재판에 반
영하자는 것이다.

법제사법위원회 제1차 회의에서부터 사실인정과 양형절차를 분리하는
것에 대해 찬반이 엇갈렸고, 사실인정과 양형절차 이원화 제도를 특별법에서
신설하는 것은 법체계상 맞지 않다는 의견에 힘이 실리게 되었다.[138] 심리기
간의 장기화 문제가 야기될 수 있는데다가 형사소송법에도 없는 제도를 특
별법에 포함시키게 될 경우 법체계에 혼란을 가져올 수도 있기 때문이다.[139]

다만, 해당 조항의 취지를 살려 심리절차에서 전문가의 의견을 참고할
수 있는 전문심리위원 제도를 운영하고, 형사소송법에 따라 피해자 진술을
듣는 절차를 실질화하는 방안으로 합의되고, 기존 '양형절차에 관한 특례'는
유죄를 전제로 한 것이라는 비판을 인정하여 해당 조항은 '심리절차의 특례'
로 조문 명칭도 변경되게 되었다.

이제 수사와 공판과정에서 사고의 원인, 질병의 요인, 치료가 필요한 기
간, 인과관계 등이 사건마다 쟁점이 될 것이고, 이와 같은 사항들은 판사와
검사도 해당분야 전문가의 분석과 자문을 거쳐야 제대로 판단을 내릴 수 있
으므로 전문심리위원의 지정 및 소송절차 참여는 필수적 절차가 될 것으로
예상된다. 검사나 피고인 및 변호인의 요청이 있으면 법원은 특별한 사정이
없는 한 반드시 받아들여야 하기 때문이다.

---

[138] 제383회 법제사법위원회회의록, 제1호, 국회사무처, 2020. 12. 24, p. 36
[139] 제383회 법제사법위원회회의록, 제1호, 국회사무처, 2020. 12. 24, p. 37

4. 징벌적 손해배상

제15조(손해배상의 책임) ① 사업주 또는 경영책임자등이 고의 또는 중대한 과실로 이 법에서 정한 의무를 위반하여 중대재해를 발생하게 한 경우, 해당 사업주, 법인 또는 기관이 중대재해로 손해를 입은 사람에 대하여 그 손해액의 5배를 넘지 않는 범위에서 배상책임을 진다. 다만, 법인 또는 기관이 해당 업무에 관하여 상당한 주의와 감독을 게을리하지 아니한 경우에는 그러하지 아니하다.
② 법원은 제1항의 배상액을 정할 때에는 다음 각 호의 사항을 고려하여야 한다.
1. 고의 또는 중대한 과실의 정도
2. 이 법에서 정한 의무위반행위의 종류 및 내용
3. 이 법에서 정한 의무위반행위로 인하여 발생한 피해의 규모
4. 이 법에서 정한 의무위반행위로 인하여 사업주나 법인 또는 기관이 취득한 경제적 이익
5. 이 법에서 정한 의무위반행위의 기간·횟수 등
6. 사업주나 법인 또는 기관의 재산상태
7. 사업주나 법인 또는 기관의 피해구제 및 재발방지 노력의 정도

가. 의의 및 취지

징벌적 손해배상제도는 가해자가 그 불법행위로 인하여 피해자에게 입힌 재산상·인신상의 손해 원금과 이자에 형벌적 요소로서의 금액이 추가적으로 포함되어 배상하도록 한 제도이다.[140] 앞서 언급한 바와 같이, 과거 옥시 가습기 살균제 사건 등을 비롯하여 유사한 사례가 끊임없이 터지면서 단순히 기업이 피해자에 끼친 손해에 상응하는 손해전보제도만으로는 실효적인 피해자 구제가 이루어질 수 없으므로, 손해액보다 몇 배의 배상을 치르게 함으로써 산업재해를 비롯한 시민재해를 미연에 방지하자는 예방적 취지에

---

[140] 시사상식사전, 징벌적 손해배상, 네이버지식백과, 2018. 8. 7.

서 입법된 제도이다.

나. 징벌적 손해배상의 국내 입법례 및 현황

우리나라에는 2011년 「하도급거래 공정화에 관한 법률」 개정으로 처음 징벌배상제도가 도입되었는데, 그 내용은 원사업자가 고의 또는 과실이 없음을 입증하지 못하면 발생한 손해의 3배의 범위에서 배상책임을 진다는 것이었다(하도급거래 공정화에 관한 법률 제35조 제2항).

위와 같이 지난 2011년 하도급법의 개정을 통해 징벌적 손해배상이 우리 법제에 처음 도입된 이후로 공정거래법, 기간제법, 파견법, 개인정보보호법, 제조물책임법 등에서 징벌적 손해배상이 제도화된 바 있다. 현재 징벌배상을 규정한 법률은 총 18개로 볼 수 있는데, 아래의 표와 같이, 징벌배상을 부과하기 위한 요건과 배상액을 중심으로 살펴보면 다음과 같다.[141]

분야	법률명	책임 내용
공정 거래	하도급거래 공정화에 관한 법률	원사업자의 부당한 하도급대금의 결정, 부당한 위탁취소, 부당반품, 하도급대금의 감액, 수급사업자의 기술 자료에 관한 부당 사용 및 제공, 수급사업자에 대한 보복으로 손해를 입은 자는 자신에게 발생한 손해의 3배를 넘지 아니하는 범위에서 손해배상을 청구할 수 있음. 고의 또는 과실없음에 대한 증명책임은 원사업자에게 있음(제35조)
	대리점거래의 공정화에 관한 법률	공급업자가 구입 강제행위, 경제상 이익제공 강요행위의 불공정거래행위를 하여 대리점에게 손해를 입힌 경우에는 그 손해의 3배를 넘지 아니하는 범위에서 배상책임을 짐. 고의 또는 과실 없음에 대한 증명책임은 공급업자에게 있음(제35조)
	제조물 책임법	제조업자가 제조물의 결함을 알고도 필요한 조치를 취하지 않아 생명 또는 신체에 중대한 손해를 입은 자가 있을 경우, 피해자 손해액의 3배를 초과하지 않는 범위에서 징벌배상책임을 짐(제3조 제2항). 재산상 손해는 배상의 대상이 아니고, 요건의 엄격성으로 인해 인정 판례가 없음

---

[141] 이재목, "「중대재해 처벌 등에 관한 법률」상 징벌적 손해배상 규정의 문제점", 홍익법학 제22권 제1호(2021), pp. 325~327

공정 거래	가맹사업거래의 공정화에 관한 법률	가맹본부가 허위·과장된 정보제공, 계약상 사기정보의 제공, 상품·서비스의 공급 또는 영업지원 등 부당한 중단·거절·제한, 상품공급·영업활동 지원 중단·거절·제한, 가맹계약 해제에 따른 보복조치로 가맹점사업자에게 손해를 입힌 경우에는 그 손해의 3배를 넘지 아니하는 범위에서 배상책임을 짐. 고의 또는 과실이 없음에 대한 증명책임은 가맹본부에게 있음(제37조의2)
	독점규제 및 공정거래에 관한 법률	사업자·사업자단체가 부당하게 경쟁을 제한하는 공동행위(담합)를 하거나 해당행위의 공정위 신고 등을 이유로 피해자에게 보복조치를 한 경우 사업자·사업자단체는 손해액의 3배 이내의 징벌배상책임을 짐. 고의 또는 과실이 없음에 대한 증명책임은 사업자 또는 사업자단체에 있음(제56조 제3항)
	대규모유통업에서 의 거래 공정화에 관한 법률	대규모 유통업자가 납품업자에 대해 부당한 상품대금 감액, 반품, 납품업자 등 종업원의 부당 사용 및 보복조치(부당한 계약조건 변경, 납품·매장 임차 기회의 제한, 계약이행 과정에서의 불이익 취급)에 의해 납품업체에 손해를 끼쳤을 경우 법원은 손해액의 3배가 넘지 않는 범위에서 징벌배상액을 정할 수 있고, 고의 또는 과실이 없음에 대한 증명책임은 가해자인 대규모 유통업체에게 있음(제35조의2 제2항)
	대·중소기업 상생협력 촉진에 관한 법률	위탁업체가 분쟁조정신청자나 비리를 고지한 자에 대하여 수탁·위탁거래 물량을 삭감·정지하거나 불이익하게 취급하여 수탁업체에 손해를 발생시킨 경우 손해액의 3배를 초과하지 않는 범위에서 징벌배상책임을 지고 고의 또는 과실이 없음에 대한 증명책임은 가해자에게 있음(제40조의2 제2항)
	부정경쟁방지 및 영업비밀보호에 관한 법률	영업비밀을 고의로 침해했다고 인정되는 사람에 대해 법원이 손해액의 3배를 넘지 않는 범위에서 징벌배상액을 정할 수 있음(제14조의2 제6항)
	축산계열화사업에 관한 법률	축산계열화사업자가 출하해야 할 가축의 수령거부, 사육경비의 감액, 타당하지 않은 가축 등 검사기준 강요, 사전 통보 없는 계약변경, 계약서 불기재사항 강요로 계약농가에 손해를 입힌 경우 손해액의 3배가 넘지 않는 범위에서 징벌배상책임을 지고, 고의 또는 과실이 없음에 대한 증명책임은 가해자인 계열화사업자에게 있음(제34조의2 제2항)
	특허법	타인의 특허권·전용실시권을 고의로 침해했다고 인정되는 사람에 대해 법원이 손해액의 3배를 넘지 않는 범위에서 징벌적 배상액을 정할 수 있음(제128조 제8항)
	실용신안법	실용신안권자의 보호에 관하여 특허법 제128조를 준용하므로, 타인의 실용신안권을 고의로 침해했다고 인정되는 사람에 대해 법원은 손해액의 3배를 넘지 않는 범위에서 징벌배상액을 정할 수 있음(제30조)

공정 거래	산업기술의 유출방지 및 보호에 관한 법률	중소기업이나 연구기관 등이 보유한 중요한 산업기술이 부정한 방법에 의해 고의로 유출·사용되어 산업기술이 침해된 경우, 법원은 3배를 넘지 않는 범위에서 징벌배상액을 정할 수 있음(제22조의2)
개인정보 보호	신용정보의 이용 및 보호에 관한 법률	신용정보회사 등이나 그 밖의 신용정보 이용자가 고의 또는 중대한 과실로 이 법을 위반하여 개인신용정보가 누설되거나 분실·도난·누출·변조 또는 훼손되어 신용정보주체에게 피해를 입힌 경우에는 해당 신용정보주체에 대하여 그 손해의 5배를 넘지 아니하는 범위에서 배상할 책임이 있음(제43조 제2항)
	개인정보 보호법	개인정보처리자의 고의 또는 중대한 과실로 인하여 개인정보가 분실·도난·유출·위조·변조 또는 훼손된 경우로서 정보주체에게 손해가 발생한 때에는 법원은 그 손해액의 3배를 넘지 아니하는 범위에서 손해배상액을 정할 수 있음(제39조 제3항)
노동 및 인권	기간제 및 단시간근로자 보호 등에 관한 법률	기간제근로자 또는 단시간근로자에 대한 차별적 처우에 사용자의 명백한 고의가 인정되거나 차별적 처우가 반복되는 경우에 노동위원회는 손해액을 기준으로 3배를 넘지 아니하는 범위에서 징벌배상을 명할 수 있음(제13조 제2항)
	공익신고자보호법	공익신고 등을 이유로 불이익조치를 하여 공익신고자 등에게 손해를 입힌 자는 공익신고자 등에게 발생한 손해에 대하여 3배 이하의 범위에서 배상책임을 짐(제29조의2)
	파견근로자보호등에 관한 법률	파견사업주와 사용사업주의 파견근로자에 대한 3배 범위 내의 배상 인정(제21조 제3항의 기간제법 제13조 제2항 준용)
	환경보건법	사업자의 고의 또는 중대한 과실에 의해 사업활동 등에서 생긴 환경유해인자로 인하여 타인에게 환경성질환이 발생한 경우, 사업자는 피해액의 3배 범위 내에서 배상책임을 짐(제19조 제2항)

먼저 징벌적 손해배상의 요건과 관련하여, 18개 법률 중 유일하게 '제조물책임법'에서 사업자 등이 면책받기 위해서는 '본인이 고의 또는 과실없음을 입증'하도록 책임을 지우고 있어 증명책임의 전환을 인정하고 있고 '환경보건법' 등에서와 같이 '중대한 과실'의 경우에도 배상책임을 지우며 피해자의 입증책임을 완화하는 경향을 보이고 있다.

다. 징벌적 손해배상의 국외 입법례

징벌적 손해배상제도는 영미법계를 중심으로 발달되어 온 제도로 특히 미국에서 가장 활발하게 운영되고 있다. 여기서는 영미법계로서 영국과 미국, 호주를, 대륙법계로서 독일, 일본의 입법례와 현황 등에 관하여 간략하게 소개하도록 하겠다.

1) 영국

영국 기업살인법의 경우 총 세 가지의 처벌방법이 존재하는데, 상한 없는 벌금, 구제 명령, 위반사실의 공표 명령이 각각 그것이고, 상한 없는 벌금을 징벌적 손해배상으로 볼 수 있는데, 벌금의 액수는 재해의 심각성과 책임의 정도에 따라 측정된다고 한다.[142]

2011년 영국 기업살인법의 첫 유죄판결(지질환경측정회사 노동자 사망사고)에서 영국 법원은 38만5천 파운드(약 5억8,000만 원) 벌금을 부과하는 판결을 내렸는데 해당 회사의 연매출 250%에 달하는 금액이었다.[143]

2) 미국

미국에서는 1784년 Genay 대 Norris 판결에서 징벌배상이 최초로 인정된 이래, 1970년대 후반부터 제조물책임소송을 비롯한 다양한 소송에서 그 관련 소송건수와 배상액이 천문학적으로 늘어나면서, 기업의 도산이 이어지는 사태가 벌어지게 되었고 이에 따라 '징벌적 손해배상'에 대한 개혁 논의가 활발하게 이루어지고 있는 실정이다. 미국의 징벌배상의 인용빈도와 평균 판결액은 다음과 같다.[144]

사건 유형	인용 건수	배상액 평균	10,000 미만	10,000~ 49,999	50,000~ 249,999	250,000~ 999,999	1,000,00 0이상
전체	700건	64,000달러	15%	27%	28%	16%	13%
불법 행위	254건	55,000달러	23%	18%	35%	7%	17%
계약 위반	446건	69,000달러	10%	33%	25%	22%	

---

142 김재윤, "영국의 기업과실치사법에 대한 고찰과 시사점", 형사정책연구(2014), p. 186
143 오종탁, "기업살인법은 위험의 외주화를 줄일 수 있다? 팩트체크 5문 5답", 시사저널 1687호, 2020. 1. 22.
144 이재목, "징벌적 손해배상제도에 관한 국내 입법의 현황과 문제점", 홍익법학 제19권 제4호(2018), pp. 250~251

3) 호주

호주의 경우 특별법 성격이 아닌 산업안전법이나 형법을 개정하여 적용하는데 연방정부 차원이 아닌 주 정부 차원에서의 적용이 이뤄진다. 개인이나 법인에 2억6,000만~133억8,000만 원의 벌금을 부과한다.[145]

4) 독일

대륙법계의 대표격인 독일의 손해배상법은 원상회복주의를 원칙적으로 하면서 원상회복에 갈음하는 금전배상을 청구할 수 있는 것으로 규정하고 있으므로(제249조 제1항, 제2항), 전보배상을 초과하는 징벌배상은 인정되기가 어렵다고 볼 수 있다. 이는 대륙법 체계에서, 민사제도에 형벌적 성격이 부가되어서는 안 된다는 엄격한 원칙을 고수하기 있기 때문으로 볼 수 있다.[146]

5) 일본

일본 또한 대륙법 체계를 고수하며 민사책임과 형사책임을 엄격하게 준별하고 있다. 그런데 1994년 시행된 제조물책임법의 입법과정에서 징벌배상에 대응될 수 있는 부가금제도가 논의된 바 있었는데, 그 골자는 실손해의 2배를 상한으로 하는 '부가금'을 부과하자는 것이었다. 하지만 위와 같은 징벌적 손해배상의 도입이 민사상의 손해배상제도의 공평성의 저하를 초래할 위험이 있다는 우려에서 결국 채택되지는 아니하였다.[147]

라. 배상의 주체 및 배상액 산정기준

중대재해처벌법상의 징벌배상의 주체는 사업주, 법인 또는 기관이고, 고의 또는 중대한 과실로 중대재해를 발생시킨 경우에만 손해액의 5배를 넘지

---

145 영국·호주·캐나다 중대재해법 살펴보니, 효과는 "글쎄…", 중앙일보, 2021. 1. 11. 김기찬 기자

146 이재목, 징벌적 손해배상제도에 관한 국내 입법의 현황과 문제점, 홍익법학 제19권 제4호, 2018년 12월, pp. 252~253

147 이재목, 징벌적 손해배상제도에 관한 국내 입법의 현황과 문제점, 홍익법학 제19권 제4호, 2018년 12월, pp. 256~257

않는 범위에서 배상책임을 진다. 또한, 법인 또는 기관이 해당 업무에 관하여 상당한 주의와 감독을 게을리하지 아니한 경우에는 면책되어 일반 손해배상의 법리에 따른 책임만을 부담할 뿐이다.

산정기준과 관련하여, 고의 또는 중대한 과실의 정도, 의무위반행위의 종류 및 내용, 의무위반행위로 인하여 발생한 피해의 규모, 의무위반행위로 인하여 사업주나 법인 또는 기관이 취득한 경제적 이익, 의무위반행위의 기간·횟수 등, 사업주나 법인 또는 기관의 재산상태, 사업주나 법인 또는 기관의 피해구제 및 재발방지 노력의 정도를 고려하여 징벌배상액을 정하게 된다.

마. 우리나라 현행 민법상 손해전보제도와의 차이

'중대재해처벌법'에서 도입하고 있는 '징벌적 손해배상 제도'는 고의뿐만 아니라 중과실에 의해 발생한 인신손해까지 손해액의 5배까지 징벌배상을 명할 수 있다.

기존 민법상 불법행위로 인한 손해전보제도에서 '피해자의 구제와 손해의 공평·타당한 부담·분배의 원칙'에 따라, 불법행위로 인해 피해자에게 발생한 손해만큼만 전보해주는 것이 목적이었다면, '징벌적 손해배상제도'는 더 나아가 손해액의 5배의 배상을 명함으로써 징벌적 성격을 부여하고 있는 것이다. 이러한 점이 기존 민법의 손해배상제도와 가장 큰 차이점이라고 할 수 있는데, 여기서 민법에 형벌적 성격이 가미되어 이중처벌금지 원칙에 위배되는 것이 아니냐는 여러 논란이 야기되기도 하였다.

5. 정부의 사업주 등에 대한 지원 및 보고

제16조(정부의 사업주 등에 대한 지원 및 보고) ① 정부는 중대재해를 예방하여 시민과 종사자의 안전과 건강을 확보하기 위하여 다음 각 호의 사항을 이행하여야 한다.
1. 중대재해의 종합적인 예방대책의 수립·시행과 발생원인 분석
2. 사업주, 법인 및 기관의 안전보건관리체계 구축을 위한 지원

3. 사업주, 법인 및 기관의 중대재해 예방을 위한 기술 지원 및 지도

4. 이 법의 목적 달성을 위한 교육 및 홍보의 시행

② 정부는 사업주, 법인 및 기관에 대하여 유해·위험 시설의 개선과 보호 장비의 구매, 종사자 건강진단 및 관리 등 중대재해 예방사업에 소요되는 비용의 전부 또는 일부를 예산의 범위에서 지원할 수 있다.

③ 정부는 제1항 및 제2항에 따른 중대재해 예방을 위한 조치 이행 등 상황 및 중대재해 예방사업 지원 현황을 반기별로 국회 소관 상임위원회에 보고하여야 한다.

기존 산업안전보건법 제158조(산업재해 예방활동의 보조·지원)에서도 사업주나 사업주단체 등에게 산업재해 예방사업 중 대통령령으로 정하는 사업에 드는 경비의 전부 또는 일부를 예산의 범위에서 보조하거나 그 밖에 필요한 지원을 할 수 있다고 규정하고 있었다.

중재재해처벌법에서는 사업주 등에 대한 처벌을 크게 강화한 만큼 정부도 정부의 책무를 보다 발전시켜 중대재해의 종합적인 예방대책의 수립·시행과 발생원인 분석, 사업주, 법인 및 기관의 안전보건관리체계 구축을 위한 지원, 사업주, 법인 및 기관의 중대재해 예방을 위한 기술 지원 및 지도, 중대재해처벌법의 목적 달성을 위한 교육 및 홍보의 시행 의무를 부담하도록 하고, 유해·위험 시설의 개선과 보호 장비의 구매, 종사자 건강진단 및 관리 등 중대재해 예방사업에 소요되는 비용의 전부 또는 일부를 예산의 범위에서 지원한 실적을 반기별로 국회 소관 상임위원회에 보고하도록 한 것으로 과거보다 진일보한 정책으로 평가받을 만하다. 참고로 한국산업안전보건공단의 2020년도 사업주 지원실적은 아래 표에서 보는 바와 같다.

사업명	사업개요	지원액 (백만 원)	지원 실적
클린사업장 조성지원	기술·재정적 능력이 취약한 산재보험가입 50명 미만 사업장 및 공사금액 50억 원 미만 건설현장, 산업단지를 대상으로 유해·위험요인 개선을 위한 자금 지원	168,267	26,659개소

산재예방 시설융자	산업재해예방을 위한 시설 및 장비 설치 등에 소요 되는 자금을 장기저리 조건으로 융자 지원	102,758	840개소
사고성재해 집중관리 (위탁)	제조·서비스업 50명 미만 사업장 및 공사금액 1 억 원 미만 건설현장을 중심으로 민간위탁기관을 통한 사고재해예방 지원	30,756	377,619건
작업환경측정	20인 미만 작업환경측정 대상 유해인자 보유 사업 장에 대한 작업환경측정비용 지원	17,179	47,810개소
특수건강검진	20인 미만 특수건강진단 대상유해인자 업무에 종 사하는 근로자, 건설일용직 근로자, 건강관리수첩 소지자를 대상으로 특수건강진단비용 지원	19,828	287,504명
안전보건지원 공모사업	노·사 및 비영리 민간단체 등의 안전보건활동 참 여를 유도하여 사고사망 예방 및 안전보건의식 고 취에 기여	2,824	54개소

그러나, 일터에서 죽는 사람이 없어야 한다며 그 책임을 모두 사업주와 경영책임자등에게 전가하여 심지어 하청의 하청 등 관계수급인의 직원에 대하여도 원청의 경영책임자등에게 관리책임을 물어 형벌을 과하겠다고 중대재해처벌법을 제정하였지만 위 표에서 드러난 바와 같이 한국산업안전보건공단의 2020년도 중대재해 예방을 위한 지원실적은 불과 341,612,000,000원에 불과할 정도로 중대재해 예방을 위한 정부의 역할은 항상 미미하다. 사고원인 분석과 유해·위험요인을 제거·개선하고 통제하는 비용은 377,619건에 30,756,000,000원, 작업환경 개선비용은 26,659개소에 한 곳당 6,311,827원을 지출하는 등 생색내기에 불과하였다.

중대재해 예방은 경영자와 근로자 모두의 참여가 전제되어야 하고, 재해예방을 위한 교육과 투자에 인색해서는 안 되며, 이를 위한 정부의 선도적 역할이 무엇보다도 중요하다. 재해사례를 분석하여 예방을 위한 자료를 무상제공하고, 경영책임자등과 근로자의 안전의식을 제고하는 활동에 예산을 대거 투자해야 한다. 중대재해가 많이 발생하는 부문별로 정부의 실질적 유해위험성 발굴·통제 모델을 제시하여 해당 분야의 기업과 근로자들이 정부의모델대로 하면 재해가 발생하지 않는다는 믿음과 신뢰를 주어야 할 것이다.

안전보건관리에 있어서 일정한 기준을 정하여 이를 초과하는 사고 기업에 대하여는 안전보건 법정관리제도를 도입하여 해당 사업장의 신청을 받아 중대재해가 발생하지 않도록 정부가 책임을 지고 실질적 유해·위험성 발굴·통제 모델을 개발하여 제시하고 이행함으로써 정부 스스로 솔선수범을 해야 한다. 정부도 하지 못하는 것을 국민에게 강요만 해서는 안 되기 때문이다.

제4장 부 칙

제1조(시행일) ① 이 법은 공포 후 1년이 경과한 날부터 시행한다. 다만, 이 법 시행 당시 개인사업자 또는 상시 근로자가 50명 미만인 사업 또는 사업장(건설업의 경우에는 공사금액 50억 원 미만의 공사)에 대해서는 공포 후 3년이 경과한 날로부터 시행한다.
② 제1항에도 불구하고 제16조는 공포한 날부터 시행한다.
제2조(다른 법률의 개정) 법원조직법 중 일부를 다음과 같이 개정한다.
제32조 제1항 제3호에 아목을 다음과 같이 신설한다.
　아. 중대재해 처벌 등에 관한 법률 제6조 제1항·제3항, 제10조 제1항에 해당하는 사건

1. 시행일

중대재해처벌법은 2021. 1. 8. 국회를 통과하고, 2021. 1. 19. 국무회의 의결을 거쳐 2021. 1. 26. 공포되었다. 따라서 공포 후 1년이 경과한 날부터 시행한다는 부칙규정에 따라 2022. 1. 27.부터 시행된다.

문제는 죄형법정주의의 측면에서 앞서 지적한 바와 같이 사업주 등이 요구받는 조치내용이 구체적으로 무엇인지 여부는 형사처벌의 구성요건에 관련되는 주요사항임에도 불구하고, 시행령 제정이 늦어져 위헌 소지를 내포하고 있다.

　　시행시기 관련하여 중대재해처벌법 시행당시 개인사업자 또는 상시 근로자가 50명 미만인 사업 또는 사업장(건설업의 경우에는 공사금액 50억 원 미만의 공사)에 대해서는 공포 후 3년이 경과한 날부터 시행되므로 2024. 1. 27.부터 발효된다. 따라서 개인사업자라도 상시 근로자가 5명 이상인 경우에는 3년간의 유예기간이 경과한 다음부터는 중대산업재해 조항이 적용된다.

　　그러나 중대산업재해와 달리 중대시민재해의 경우에는 "상시 근로자가 5명 미만인 사업 또는 사업장 적용 배제" 규정이 없다는 점을 유의하여야 한다. 중대재해처벌법 공포 후 3년이 경과한 2024. 1. 27.부터는 해당 요건의 건물을 소유하는 개인사업주를 포함하여 두 가지 경우를 제외하고는 5명 미만의 사업(장) 적용배제 규정이 적용되지 않는다.

　　5명 미만 사업(장)이라는 이유로 적용이 배제되는 경우는 첫째, 공중이용시설의 경우 「소상공인 보호 및 지원에 관한 법률」 제2조에 따른 소상공인의 사업 또는 사업장 및 이에 준하는 비영리시설과 「교육시설 등의 안전 및 유지관리 등에 관한 법률」 제2조 제1호에 따른 교육시설인 경우가 하나고, 둘째, 모든 원료와 제조물 사업자는 시행령 제8조 제1호, 제2호, 제5호의 조치를 2024. 1. 27.부터 하여야 하고, 다만 시행령 제8조 제3호, 제4호의 조치에 한하여 시행령 별표 5에서 규정하는 원료 또는 제조물 사업자가 소상공인 기본법 제2조에 따른 소상공인의 경우에 면제될 뿐이다.

2. 다른 법률의 개정

법원조직법

제32조(합의부의 심판권) ① 지방법원과 그 지원의 합의부는 다음의 사건을 제1심으로 심판한다.

3. 사형, 무기 또는 단기 1년 이상의 징역 또는 금고에 해당하는 사건. 다만, 다음 각 목의 사건은 제외한다.

　　아. 중대재해처벌 등에 관한 법률 제6조 제1항·제3항, 제10조 제1항에 해당하는 사건

2021. 1. 26. 법원조직법을 개정하면서, 중대재해처벌법 제6조 제1항, 제3항 및 제10조 제1항은 단기 1년 이상의 징역으로 법정형이 중함에도 불구하고 합의부 심판대상의 예외로 인정하여 단독재판부 심판사건으로 규정하였다.

개정 법원조직법은 부칙에서 중대재해처벌법 시행에 맞추어 시행하도록 규정하였다.

제4편

중요사건 처리 결과와 무죄사례[1]

제 1 장 개 관

중대재해처벌법이 제정되기 전, 건물 붕괴를 비롯해 화재, 폭발, 방화, 수몰, 침몰, 유독물질 유출 등 중대 사고가 발생하여 시민이나 근로자 등이 사망하고 다치는 등 대규모 인명피해가 초래된 사안에서, 판례는 당해 사고가 발생한 건물이나 선박 등 교통수단, 그 외 사업장 등을 건축하거나 관리하는 사업체의 사업주나 책임자 등에 대해 주로 형법상 업무상과실치사상죄로 처벌하고, 산업안전보건법상 의무도 위반할 경우 이를 함께 처벌해왔다.

업무상과실치사상죄는 형법에서 그 업무상 주의의무의 내용을 일일이 규정하고 있지 않아, 그 구체적인 내용은 개별 사안에 따라 수사나 판결 등을 통해 확인할 수 있는데, 실제 대규모 인명피해 등이 발생한 중대 사고의 경우 판례는 업무상 주의의무의 내용과 범위 등을 광범위하게 인정하여 주의의무위반 등 과실을 이유로 거의 예외 없이 처벌하였다.

산업안전보건법은 산업현장에서 발생하는 상해나 사망 등을 예방하고 방지하기 위해 사업주에게 일정한 조치의무를 규정하는데, 기계나 기구, 폭발성 물질 등 위험으로 인한 산업재해를 예방하는 안전조치, 사업장에서 발

---

1 이 편의 사례들은 구 산업안전보건법이 적용된 것으로 현행 산업안전보건법과는 조치의무 등에 차이가 있다.

생하는 가스나 방사선 등으로 인한 건강장해를 예방하는 보건조치가 이에
해당한다. 실제 판례는 위와 같은 안전조치나 보건조치 등 의무에 관하여 통
상 하위법령인 산업안전보건법 시행규칙 등에 공사의 종류 등에 따른 세부
적인 의무의 내용이 규정되어 있을 때 이를 인정한다.

제 2 장   유형별 중요사건 처리 사례

한편, 대부분의 사안에서는 업무상과실치사상죄의 주의의무와 산업안전
보건법에 규정된 안전조치 등 의무가 일정 부분 중복되고, 이때 산업안전보
건법에 규정된 안전조치 등 의무를 업무상과실치사상죄의 주의의무에 포섭
하여 위 각 범죄는 이른바 '상상적 경합' 등 경합범으로 처벌되고 있다.

1. 건물 및 구조물 등 붕괴사고

판례는 백화점이나 수련원 등 일반 시민이 이용하는 건물이나 교량 등
구조물 등이 붕괴하여, 사망이나 상해 등 대규모 인명피해가 발생한 경우, 건
물이나 구조물에 사고 발생의 위험요인이 잠재되어 있었는지, 위험 발생을
예방하는 데 필요한 조치가 이루어졌는지, 위험 발생 시 이를 회피하기 위한
노력과 조치가 있었는지 그 단계별로 주의의무를 요구하고 있고, 이를 업무
상과실치사상죄의 주의의무로 인정한다.

즉, 건물이나 구조물 등의 설계와 시공 단계에서 붕괴 등 사고 발생을
유발할 수 있는 위험요인이 개입되지 않도록 할 주의의무를 부과하여, 필수
설계내용의 누락 등 설계상 과실, 부실 자재의 사용이나 용접 불량 등 시공
상 과실 등을 인정한다.

또한 건물이나 구조물 등이 완공된 이후의 단계에서는 안전 점검 등 위
험 예방을 위한 유지·관리의무를 부과하여, 붕괴 등 사고 발생 시 그 유지,

관리에 책임을 지는 건축주나 그 안전관리책임자의 과실을 인정한다. 만일 위와 같은 안전 점검 등에 관련 공무원이 별도의 관리 등 의무가 포함되어 있다면 당해 공무원의 유지관리 등 의무 역시 인정하여 그 과실을 인정하고 있다.

붕괴 등 사고가 발생한 단계에서는 인명피해 등이 생기지 않도록 대피 조치나 경보 등 주의의무를 부과하는데, 이는 사고 발생 장소의 안전 등 관리를 책임지는 사람에게 부과하는 사후조치 의무로서, 위와 같은 주의의무 위반 역시 이를 과실로 인정한다.

특히 판례는 "설계, 시공, 유지관리 등 각 단계의 과실만으로 붕괴 원인이 되지 못한다고 하더라도, 그것이 합쳐지면 건물이 붕괴될 수 있다는 점은 쉽게 예상할 수 있고, 따라서 위 각 단계에 관여한 자는 전혀 과실이 없다거나 과실이 있다고 하여도 건물 붕괴의 원인이 되지 않았다는 등의 특별한 사정이 있는 경우를 제외하고는 붕괴에 대한 공동책임을 면할 수 없다"라고 판시[2]함으로써, 각 단계별 과실과 사고 등 결과 사이에 개별적 인과관계를 판단하는 것이 아니라 이러한 과실 등을 종합하여 전체적인 인과관계를 판단하고 있다.

가. 삼풍백화점 붕괴사고

삼풍백화점 붕괴사고는 1995. 6. 29. 서울 서초구 서초동 소재 삼풍백화점 건물 내 A동 건물이 부실시공 및 유지관리의 불량 등으로 인해 백화점 전체가 붕괴되고, 그로 인해 백화점 고객 및 종업원 등 505명이 사망하고 933명이 상해를 입은 사안으로서, 대표적인 중대 사고로 알려져 있다.

당시 판례[3]는 "삼풍백화점 붕괴의 원인은 건축계획의 수립, 건축설계, 건축공사과정, 건물완공 후 유지관리 등 시공부터 유지관리에 이르기까지의 단계별 과실이 복합적으로 작용한 데 있다"라고 판시하고, 삼풍백화점 대표이사를 비롯해 건축설계사, 건축기사 등 각 단계별 관련자들의 주의의무를

---

2 대법원 1996. 8. 23. 선고 96도1231 판결, 대법원 1997. 11. 28. 선고 97도1740 판결
3 서울고등법원 96노118 판결, 대법원 1996. 8. 23. 선고 96도1231 판결

아래와 같이 인정하여 업무상과실치사상죄의 유죄를 선고하였다.

직책별·단계별 주의의무

주요 피고인		단계별 주의의무의 내용
삼풍건설 대표이사	유지관리 및 대피 조치 미이행 등 과실	붕괴 당일 직원으로부터 균열상황을 보고받고 그 상태가 심각함을 확인하여 안내방송 등을 통해 인원을 안전하게 대피시켜 인명피해를 방지할 조치 의무가 있음에도 이를 게을리하는 등 유지관리 및 대피조치 미이행의 과실
건축설계사	설계 및 감리 등 과실	옥상 냉각탑 설치 등에 따른 구조계산 등이 반영되어야 함에도 이를 하지 않고, 지붕층 슬래브 마감공사 시공방법을 설계도면에 명기하지 않아, 시공자로 하여금 고정하중을 초과하게 만드는 등 설계 및 감리상 과실
건축기사 등	시공상 과실	시공 인부 등에 대한 지휘, 감독 등 과실로 인해 상부철근이 정상적인 위치보다 낮게 시공되고, 슬래브 유효 두께도 감소시켜 내력이 감퇴하는 등 시공상 과실

이와 같이 법원은 설계 및 시공상의 과실, 유지관리의 과실, 대피 조치 미이행 등 단계별로 필요한 주의의무와 그 이행여부를 적시하여 판단하면서, 위 각 단계에 관여한 자는 전혀 과실이 없다거나 과실이 있다고 하여도 건물 붕괴의 원인이 되지 않았다는 등의 특별한 사정이 있는 경우를 제외하고는 붕괴에 대한 공동책임을 면할 수 없다고 판단한다.

나. 성수대교 붕괴사고

성수대교 붕괴사고는 1994. 10. 21. 서울 성동구 성수동과 서울 강남구 압구정동을 연결하는 성수대교가 교량을 지탱하는 트러스트의 제작 결함 및 용접 불량 등으로 붕괴되면서, 다리 위를 지나가던 자동차 6대가 한강으로 추락하여 자동차 승객 32명이 사망하고 17명이 상해를 입은 사안이다.

판례4는 성수대교 붕괴사고에 관하여 "성수대교와 같은 교량이 그 수명을 유지하기 위해서는 건설업자의 완벽한 시공, 감독 공무원들의 철저한 제

---

4 서울고등법원 95노2918 판결, 대법원 1997. 11. 28. 선고 97도1740 판결

작·시공상의 감독, 유지·관리를 담당하고 있는 공무원들의 철저한 유지·관리라는 조건이 필요하고, 위 각 단계에서의 과실 그것만으로 붕괴 원인이 되지 못한다고 하더라도, 그것이 합쳐지면 교량이 붕괴될 수 있다는 점은 쉽게 예상할 수 있으므로, 전혀 과실이 없다거나 과실이 있더라도 붕괴의 원인이 되지 못한다는 특별한 사정이 없는 한 공동책임을 진다"라고 판시하고, 교량 건설회사(동아건설)의 트러스 제작 책임자(상무이사)를 비롯해 유지·관리를 담당하던 교량 건설회사의 직원, 감독 등 업무를 하던 공무원 등에 대해 아래와 같은 주의의무를 인정하여 업무상과실치사상죄 등에 관하여 유죄를 선고하였다.

직책별·단계별 주의의무

주요 피고인		단계별 주의의무의 내용
트러스트 제작 총괄 임원(시공사)	시공상 과실	트러스트 제작을 총괄, 감독하는 자임에도, 설계와 달리 이를 용접하도록 하여 용접이 불량해지고, 붕괴의 직접적인 원인이 되는 등 시공상 과실
교량 유지관리 및 보수 총괄 임원(시공사)	유지관리 등 과실	교량의 유지관리, 보수 등 업무를 총괄하는 자임에도, 부실한 일일점검이나 정기점검으로 인해 균열 및 부식 등을 발견하지 못하고 적절한 대응 조치를 실시하지 못하는 등 유지관리의 과실
관할행정기관 공무원	사후 점검 및 관리 등 과실	교량에 대한 사후 관리 등 의무가 있음에도 20년이 되지 않았다는 이유로 중점관리대상 및 안전진단대상에 선정할 필요가 있다는 건의를 묵살하는 등 사후 점검 및 관리의 과실

성수대교 붕괴사고 역시 삼풍백화점 붕괴사고와 마찬가지로 설계 및 시공상의 과실, 유지관리의 과실, 사후조치 미이행 등의 과실을 모두 인정하여 역시 단계별로 필요한 주의의무를 전부 요구하였고, 이러한 과실과 사고 등 결과 사이에 종합적이고 전체적인 인과관계를 판단하였다.

다. 마우나오션리조트 체육관 지붕 붕괴사고

마우나오션리조트 체육관 지붕 붕괴사고는 2014. 2. 17. 경주 마우나오션리조트 체육관에서 부산외대 신입생들의 오리엔테이션 도중, 체육관 지붕 위에 덮인 눈의 무게를 버티지 못해 지붕이 붕괴되어 학생 등 10명이 사망하고 204명이 상해를 입은 사안이다.

판례[5]는 마우나오션리조트 체육관 지붕 붕괴사고에서 '리조트의 안전관리 책임자는 체육관 지붕 등의 제설 작업을 이행하지 아니한 과실이 있고, 설계 및 감리 등을 담당한 건축사는 주요 부분의 결합방법 등을 누락하고 점검 등을 실시하지 아니하는 등 설계·감리상의 과실이 있고, 시공업체(○○종합건설)의 현장소장은 하도급업체의 부실 자재 사용 등을 방치하는 등 과실이 있고, 하도급업체는 부실 자재를 구매, 공급, 사용하는 등의 과실이 있다'라는 취지로 판단하고 이를 위반한 데 대해 업무상과실치사상죄 등의 유죄를 선고하였다.

직책별·단계별 주의의무

주요 피고인	단계별 주의의무의 내용	
건축주	건축법상 절차위반	착공 신고 전 시공 등 건축법위반
리조트 지배인 등	유지관리 등 과실	안전관리 등 총 책임자로서 유지관리 등 의무가 있음에도 지붕 등에 대한 제설 작업 등 필요한 조치를 이행하지 않는 등 과실
건축사	설계, 감리 등 과실	지붕 등 주요 부분의 결합 방법을 설계 도면에 누락하고 감리 등을 부실하게 처리하는 등 과실
시공사 대표이사 및 현장소장	시공상 과실	자재 등을 공급하는 하도급업체에 대해 관리, 감독 등 의무가 있음에도 이를 소홀하여 부실한 자재가 공급되어 사용되는 것을 방치하는 등 과실

---

5 대구지방법원 경주지원 2014고합23 판결

당시 시공사 대표이사 등 주요 피고인은 자신의 과실과 사고 간에 인과 관계가 없다고 취지로 변소하였으나, 전술한 판례에서는 앞서 언급한 법리, 즉 '설계, 시공, 유지관리 등 각 단계의 과실만으로 붕괴 원인이 되지 못한다고 하더라도, 그것이 합쳐지면 건물이 붕괴될 수 있다는 점은 쉽게 예상할 수 있고, 따라서 위 각 단계에 관여한 자는 전혀 과실이 없다거나 과실이 있다고 하여도 건물 붕괴의 원인이 되지 않았다는 등의 특별한 사정이 있는 경우를 제외하고는 붕괴에 대한 공동책임을 면할 수 없다'라는 등 각 단계별 과실의 개별적 인과관계가 아니라 종합적이고 전체적인 인과관계를 판단해야 한다는 이유로 피고인들의 변소를 배척하였다.

2. 화재사고

판례는 화재가 발생하여 인명피해 등이 발생한 사안에서, 화재의 직접적인 원인을 제공한 사람은 물론, 화재 등 사고가 발생한 건물의 안전관리 등을 책임지는 사람에 대해서까지 그 주의의무위반을 인정한다.

화재의 직접적인 원인을 제공한 사람은 고의적으로 방화한 자와 화재를 촉발한 불씨 등을 만들어내었음에도 이를 제대로 관리하지 못하는 등 과실이 있는 자로 구분되는데, 판례는 고의로 방화한 자에 대해 현존건조물방화치사상죄로 처벌하고, 화재 촉발과 관련된 불씨 등을 관리하지 못한 자는 업무상과실치사상죄로 처벌한다.

고의 내지 과실 등으로 인해 화재사고의 직접적인 원인을 제공한 자 이외에, 화재가 발생한 건물의 안전관리 등 책임자에 대해서도 건물 자체의 설계, 시공상 결함으로 화재가 확대되거나 화재 발생 시 경보나 대피조치 등 적절한 사후조치를 이행하지 않으면, 이에 대한 주의의무 위반 등 과실을 인정한다.

즉, 화재사고에 외부적이고 직접적인 원인이 존재하더라도, 화재사고가 발생한 장소의 안전관리 등 책임자에 대해서까지 화재사고에 대한 과실을 인정하는 것으로서, 이는 결국 화재사고로 인한 대규모 인명피해가 발생하면 대상과 범위 등에 있어 광범위한 주의의무가 부과된다는 것이다.

가. 장성 효사랑병원 화재사고

장성 효사랑병원 화재사고는 2014. 5. 28. 장성군 삼계면 해삼로 소재 효문요양병원 별관 나눔병동에서, 병원에 입원한 환자가 병원을 탈출하기 위해 라이터로 침구류 등에 불을 붙이는 등 방화하여 입원 중인 다른 환자 21명이 사망하고 7명이 상해를 입은 사안이다.

판례6는 장성 효사랑병원 화재사고에 관하여 이를 직접적으로 유발한 방화범을 현존건조물방화치사상죄로 처벌하는 외에, 요양병원의 이사장을 비롯해 소방관리자인 행정원장 등에 대해서도, '요양병원 환자의 대피능력이 떨어지고 판단력이 미약하여 돌발적인 위험 행위에 대비하고 재난 발생 시 환자들의 안전을 확보하기 위한 인적, 물적 시설 구비에 있어 일반 병원보다 높은 주의의무가 있음에도, 야간 당직자를 1명만 배치하고, 스프링클러 등 소방시설을 설치하지 않고, 피난장비를 구비하지 않았을 뿐만 아니라 비상구를 자물쇠로 잠그는 등 대피활동을 곤란하게 하고, 소화기를 캐비넷에 넣은 채 캐비넷 문을 잠궈 진화를 어렵게 하고, 화재에 취약한 자재로 벽체를 시공하여 유독가스 발생을 촉진시키는 등 과실을 인정된다'라는 취지로 판단하고 업무상과실치사상죄의 유죄를 선고하였다.

주의의무 위반 등 건물 자체의 하자나 관리부실로 인해 발생한 화재가 아님에도, 화재 등 재난 발생 시 안전 확보 등을 위한 사전 조치나 대피 활동 등을 위한 조치 등을 이행하지 않았다는 이유로 요양병원의 이사장 등을 처벌한 것인바, 이는 요양병원에 입원한 환자 등의 육체적, 정신적 능력이 미약하다는 점을 근거로 일반적인 주의의무에 비해 더 높은 수준의 주의의무를 요구한 데서 비롯한 것이다.

---

6 광주지방법원 2014고합249 판결

나. 씨랜드 화재사고

씨랜드 화재사고는 1999. 6. 30. 화성 씨랜드 청소년수련의 집 3층 생활관 건물에서, 그곳에 피워 놓은 모기향으로 인해 건물 내·외장재로 불이 번져 여름캠프를 온 유치원생 등 23명이 사망하고 4명이 상해를 입은 사안이다.

판례7는 유치원 원장이 모기향을 안전하게 피워 놓지 못한 부주의를 비롯해 사전교육 등을 소홀히 하는 등의 과실을 인정하고, 수련원 사업주에 대해 '수련원을 설치 운영하는 데 있어 화재가 발생한 수련원이 돌발사태에 대처능력이 부족한 유치원생이나 청소년이 이용하는 곳임에도 인화성이 강한 자재로 시공하는 등 건물을 내화구조에 적합하지 않게 설치하는 등 설계상 과실을 인정하는 동시에 화재경보장치를 꺼놓고 소화기를 수거하고 야간 순찰 등 관리·감독을 제대로 하지 않았다'라는 취지로 그 과실을 인정하여, 업무상과실치사상죄의 유죄를 선고하였다.

이에 비추어 화재 사건은 화재의 직접적인 원인을 유발한 사람은 물론 화재가 발생한 건물 등 장소의 안전관리를 책임지는 사람에 대해 그 주의의무를 인정한다는 것으로서, 특히 화재 등 건물의 안전관리 책임자에 대해서는 건물 자체의 내연성 부족 등 설계 및 시공과 관련한 주의의무부터 화재경보장치 등 화재방지를 위한 유지관리나 대피 조치 등에 대한 주의의무까지 부과하였다.

3. 폭발사고

폭발사고로 인해 대규모 인명피해가 발생한 사건은 주로 가연성 물질을 다루는 공장이나 가스배관 공사 등 산업현장으로서, 이때에는 원청이나 하청의 대표자나 안전관리책임자의 업무상과실치사상 외에 안전조치의무 등 산업안전보건법위반이 함께 문제된다.

---

7 대법원 2000. 6. 7. 선고 2000도1858 판결

판례는 폭발사고가 발생한 산업현장을 총괄하는 공장장이나 현장소장 등에게 안전교육이나 현장관리 등 주의의무를 인정하여 이를 위반한 데 대해 업무상과실치사상죄로 처벌하고 있다.

산업안전보건법위반과 관련해서는 실제 공장장 등 원청의 안전관리책임자나 사업주가 하청업체의 직원 등에 대해서까지 안전조치 등 의무가 있는지 여부에 대하여 하급심에서는 이러한 의무가 없다는 취지로 무죄판결을 하였으나, 대법원은 위와 같은 의무가 있다고 인정하여 이를 유죄로 판결[8]하였다.

가. 여수산단 공장 폭발사고

여수산단 공장 폭발사고는 2013. 3. 14. 전남 여수산업단지 내 대림산업 공장에서 플러프 등 가연성 물질의 저장고 맨홀 설치작업 도중 저장고 내부에 가연성 물질 등이 제거되지 않은 상황에서, 하청업체 직원이 다루던 용접 불꽃이 가연성 물질에 튀어 폭발하고, 그로 인해 작업 인부 등 6명이 사망하고 10명이 상해를 입은 사안이다.

대법원[9]은 대림산업 공장장과 용접 등 하청업체 현장소장 등에 대해 '폭발사고의 원인이 된 저장고 내부 가연성 물질을 제거하지 않는 등 안전교육이나 현장관리를 소홀히 하였다'라는 취지로 주의의무 위반을 인정하고 업무상과실치사상죄에 대해 유죄를 선고하였고, 대림산업의 공장장이나 사업주 등에게 '사업주 소속 근로자에게 하청업체 등 사업주로부터 공사를 수급받은 제3자가 수행하는 작업 현장을 감시, 감독하도록 지시하였다면, 당해 하청업체 직원에 대한 산업안전보건법상 안전조치 등 의무가 인정된다'라는 취지로 산업안전보건법위반에 대해서도 이를 유죄로 선고하였다.

그런데 위 사건의 하급심[10]에서는 전술한 대법원의 판단과 달리 산업안전보건법위반과 관련하여, 원청의 사업주 등은 하청업체의 직원 등에 대해서까지 안전조치 등 의무가 인정되지 않는다고 판단하여 이에 대해 무죄를 선

---

8 대법원 2014. 5. 29. 선고 2014도3542 판결
9 대법원 2014. 5. 29. 선고 2014도3542 판결
10 광주지방법원 순천지원 2013고단954, 1469, 1727 판결, 광주지방법원 2013노2217 판결

고하였으나, 이러한 판단은 위와 같이 대법원에서 파기되었다.

나. 대구지하철 가스 폭발사고

대구지하철 가스 폭발사고는 1995. 4. 28. 대구 달서구 상인동 소재 대구 백화점 신축공사를 위해 지반을 다지는 그라우팅 공사를 하던 중 지하에 매설된 가스관을 파손하고, 그로 인해 가스가 새어 나와 폭발한 사안이다.

판례는 위 사고에 관하여, 당초 하급심[11]에서 하청업체의 총괄 임원 등 책임자에 대해 업무상과실치사상죄 등에 관하여 유죄라고 선고하였으나, 원청의 대표자에 대한 산업안전보건법위반죄에 관하여는 하청업체의 직원 등에 대한 안전조치 등 의무가 없다는 이유로 산업안전보건법위반에 대해 무죄를 선고하였고(1심 및 2심 각 무죄), 업무상과실치사상죄에 대해서도 원청의 대표자 등은 사고 방지, 제반 안전교육 등을 이행해야 할 직접적인 의무가 있는 자가 아니라는 이유로 무죄를 선고하였다(2심 무죄). 하지만 대법원[12]에서는 원청의 대표자 등이 "건설기술자를 현장에 배치해야 할 의무를 위반하여 건설기술자조차 현장에 배치하지 아니한 과실은 공사현장 인접 소방도로의 지반침하를 막기 위한 그라우팅 공사과정에서 발생한 가스폭발사고와 상당한 인과관계가 있다"라고 판단하여 업무상과실치사상죄에 관하여 유죄를 선고하였다.

반면 산업안전보건법위반은 2심에서 무죄가 선고된 이후 이에 대해서는 상고하지 않아 무죄로 확정되었다.

4. 침몰사고

침몰사고는 선박 등이 해상에서 충돌하거나 전복하여 침몰한 사고로서, 그로 인한 인명피해가 대규모로 발생하고, 특히 사망위험도 현저히 커 그 정도에 따라 살인죄나 특정범죄가중처벌등에관한법률위반죄, 유기치사상죄 등이 적용되고, 그 형이 낮은 업무상과실치사상죄 등은 실제 적용되지 않고 있다.

---

11 대구지방법원 95고합386 판결, 대구고등법원 95노692 판결
12 대법원 1997. 1. 24. 선고 96도776 판결

또한 선박을 직접 운항한 선장이나 항해사 등 외에 선주를 처벌한 사례도 있었으나, 이는 별도의 법률 위반에 대한 경한 처벌이었을 뿐, 선박 운항이나 사고 등에 대한 주의의무 등을 인정하지 않아 업무상과실치사상죄는 물론 앞서 언급한 범죄로 처벌하지는 않았다.

가. 세월호 침몰사고

세월호 침몰사고는 2014. 4. 16. 진도군 해상에서 청해진해운 소속 세월호가 선박의 무게중심이 변동하고 좌우 불균형이 심화되는 등 선박의 복원성이 악화되고, 컨테이너 등 화물을 과적하고 이를 부실하게 고정하여 선박자체의 운항이 위험한 상황에서 선장 및 항해사 등의 운항상 과실로 인해 침몰하였고, 그로 인해 294명의 승객이 사망(실종 9명)하고 152명이 상해를 입은 사안이다.

판례는 선장에 대해 '과적, 고정 불량, 조타 미숙 등 운항상 과실을 비롯해 선박의 재선의무, 승객구호지휘의무 등이 있음에도 이를 위반한 채 도주하였다'라는 취지로 판단하여, 살인죄를 비롯해 특정범죄가중처벌등에관한법률위반(선박교통사고도주) 등에 대해 유죄를 선고하였고, 그 외 항해사 등에 대해서도 '승객구호조치의무 등을 위반하였다'라는 취지로 유기치사상죄 등의 유죄를 선고하였다.

나. 서해훼리호 침몰사고

서해훼리호 침몰사고는 1993. 10. 10. 부안 격포항으로 향하던 여객선 서해훼리호가 정원을 초과하여 승객을 태운 채 임수도 앞바다에서 우회전하던 중 파도를 맞아 침몰하여 승객 등 292명이 사망한 사안으로, 당시 선장, 기관장, 갑판장, 항해사 등이 모두 사망하여, 검찰에서는 선주 등에 대해 정원 초과 등 과승 운항을 이유로 한 선박안전법위반으로 기소하였고, 이는 법원에서 유죄로 판결[13]되었다.

---

[13] 전주지방법원 군산지원 93고단1310, 1346, 1434, 12(병합) 판결, 전주지방법원 94노113 판결

5. 그 외 중대 사고

가. 노량진 지하공사장 수몰사건

노량진 지하공사장 수몰사건은 2013. 7. 15. 서울 영등포구 노량진에서 상수도관 매설공사를 하던 중 한강물이 공사 현장에 유입되어 인부 등 7명이 수몰하여 사망한 사안이다.

판례[14]는 '상수도관 매설공사를 담당한 건설사의 현장소장 등에 대해 상수도관에 대해 장마기간 강물의 범람을 예상하였다면 그로 인한 위험을 전파하고 적절한 방지조치나 대피조치를 취해야 할 주의의무가 있음에도 이를 이행하지 않았다'라는 취지로 판단하여 업무상과실치사죄에 대해 유죄를 선고하고, 이와 동시에 '산업재해가 발생할 급박한 위험이 있는 상황에서 대피 등 안전조치 의무를 위반하였다'라는 취지로 판단하여 산업안전보건법위반죄도 유죄를 선고하였다.

나. 구미 불산 유출사고

구미 불산 유출사고는 2012. 9. 27. 구미시 산동면 구미산업단지 내에 있는 화학공장에서 탱크로리에 실린 불산가스를 공장 내 설비에 주입하던 중 근로자의 실수로 탱크로리 밸브가 열리면서 불산가스가 유출되어 근로자 등 5명이 사망하고 18명이 상해를 입은 사안이다.

판례[15]는 회사의 대표이사 등에 대해 "독성 물질인 불산이 유출되지 않도록 안전하게 작업하도록 하고, 건강장해 예방에 적절한 호흡용 보호구, 방독마스크, 보호복, 보호장갑 등 안전보호 장구를 착용하여 불산이 유출되는 사고를 방지하고, 불산이 유출될 경우를 대비해 이를 회수할 수 있는 처리설비를 비롯해 경보설비 등 경보용 기구를 설치하는 등의 조치를 위하여 근로

---

14 서울중앙지방법원 2013고합963 판결, 서울고등법원 2014노433 판결
15 대구지방법원 김천지원 2012고단1087 판결

자 등의 건강장해를 예방해야 할 주의의무가 있었음에도 이를 이행하지 않았다"라고 판시하여 업무상과실치사상죄 및 산업안전보건법위반을 모두 유죄(상상적 경합 관계)로 선고하였다.

제3장 산업안전보건법위반 무죄 및 주요 사례[16]

1. 산업안전보건법위반 주요 쟁점

법원은 산업안전보건법상 안전조치의무의 위반여부를 판단하는 데 있어, 사업주와 근로자 간에 지휘·감독 등 관계가 있는지, 산업안전보건법 시행규칙 등 하위법령에서 세부적인 조치의무의 내용을 규정하고 있음에도 이러한 안전조치를 취하지 않은 채 작업을 하도록 지시하거나 이를 방치하였는지 등을 주요 판단기준으로 삼고 있다.

이에 따라 산업안전보건법위반 사건에서 ① 실질적 고용관계 유무, ② 안전조치의무의 주체가 되는 사업주 내지 행위자인지 여부, ③ 사업주의 예상할 수 없는 위험에 대한 예방조치의무나 위험에 대한 인식 가능성 여부, ④ 안전보건조치의무 또는 인과관계 유무 등이 무죄를 다툴 때 주요 쟁점이 되고 있다.

다만, 중대재해처벌법이 시행됨으로써 종래 무죄를 선고한 사례에 대해서도 새로운 안전조치의무를 인정할 가능성이 높을 것으로 보인다.

---

[16] 이 장의 사례들은 구 산업안전보건법이 적용된 것으로 현행 산업안전보건법과는 조치의무 등에 차이가 있다.

2. 실질적 고용관계가 없다는 이유로 무죄 선고한 사례

가. 대법원 2006. 4. 28. 선고 2005도3700 판결

이 사건은 공사 현장 지하변전실 고장구간 자동개폐기 구간에서 하청회사 소속 근로자인 피해자가 아무에게도 알리지 않은 채 보호장구를 착용하지 않고 지하변전실로 들어갔다가 전류에 감전되어 사망한 사안이다.

이에 대해 법원은 '산업안전보건법의 규정 및 그 입법목적을 종합하여 보면, 구 산업안전보건법 제23조에서 규정한 사업주의 안전조치의무는 그 소속 근로자가 업무를 수행함에 있어서 입을 수 있는 산업재해를 미연에 방지하기 위하여 필요한 조치를 하여야 할 의무를 규정한 것이고, 그 소속 근로자가 아닌 외부의 제3자가 입게 될 모든 재해까지 예상하여 이를 방지함에 필요한 조치를 취할 의무를 부과한 것은 아니라고 판단된다'라는 취지로 판시하면서 '피해자가 피고인들이 관리하는 변전실 내에서 감전으로 사망하였다는 것만으로는 피고인들이 그 소속 근로자의 안전을 위하여 필요한 조치를 하여야 할 의무를 위반하였다고 단정할 수 없다'라고 무죄를 선고하였다.

다만, 중대재해처벌법이 시행됨으로써 하청 회사 소속 근로자인 피해자도 종사자로 보아 안전조치의무를 인정할 가능성이 높아 중대재해처벌법은 물론 산업안전보건법위반도 인정될 가능성이 높다.

나. 대법원 2009. 4. 9. 선고 2009도1283 판결

이 사건은 철구조물 제작, 설치 부분을 재하도급받은 공사업체의 사업주가 작업한 H빔을 운반하기 위하여, 독립적으로 사업자등록을 마친 운반기계의 차주인 피해자에게 이를 요청한 후, 그 피해자가 H빔을 운반하다가 철골부재 낙하로 인하여 사망한 사안이다.

이에 대해 법원은 '산업안전보건법 제23조가 규정하는 안전상의 조치의무는 근로자를 사용하여 사업을 행하는 사업주가 부담하여야 하는 재해방지의무로서 사업주와 근로자 사이에 실질적 고용관계가 성립하는 경우에 적용되나, 피해자와 사업주는 실질적 고용관계가 있다고 보기 어렵다'라고 판시하여 무죄를 선고하였다.

다만, 중대재해처벌법이 시행됨으로써 하청 회사 또는 수급 회사 소속 근로자인 피해자도 종사자로 보아 안전조치의무를 인정할 가능성이 높아 중대재해처벌법은 물론 산업안전보건법위반도 인정될 가능성이 높다.

다. 대법원 2011. 9. 29. 선고 2011도7998 판결

이 사건은 고철운송을 담당하는 카고 트럭 운전기사인 피해자가 운송물 하역 준비단계인 트럭 옆문 고정 장치를 제거하는 작업을 하던 중 트럭 옆문이 떨어지면서 피해자를 충격하여 사망한 사안이다.

이에 대해 법원은 '피해자의 업무는 고철의 운반 및 하역의 준비단계에 한정되고 하역작업에 직접 관여하지 않았고, 작업순서를 어긴 피해자의 잘못이 사고발생의 주된 원인이며, 사업주가 안전조치가 마련되지 않은 상태에서 피해자에게 직접 작업을 지시하거나 안전조치가 취해지지 않는 상황에서 작업이 이루어지고 있음을 알면서도 이를 방치하였다고 평가할 수 없으며 피해자와 사업주는 실질적 고용관계가 있다고 보기 어렵다'는 이유로 무죄를 선고하였다.

라. 대전지방법원 2010. 11. 4. 선고 2008노2781 판결

이 사건은 발전소 컨베이어벨트의 설치 및 보수공사현장에서 사업주 소속이 아닌 다른 회사 소속 근로자가 위 보수 작업 등을 하다가 사망한 사안이다.

이에 대해 법원은 '산업안전보건법 제23조가 규정하는 사업주의 안전조치의무는 그 소속 근로자에 대한 것으로 보는 것이 상당하고, 피해자는 피고인으로부터 사실상 지휘·감독을 받지 않으므로, 피고인이 산업안전보건법 제23조의 사업주에 해당하지 않는 등 피해자에 대한 안전조치의무가 없다'라는 취지로 판시하여 무죄를 선고하였다.

다만, 중대재해처벌법이 시행됨으로써 하청 회사 소속 근로자인 피해자도 종사자로 보아 안전조치의무를 인정할 가능성이 높아 중대재해처벌법은 물론 산업안전보건법위반도 인정될 가능성이 높다.

3. 사업주 내지 양벌규정상 행위자가 아니라는 이유로 안전조치의무를 인정하지 않은 사례

가. 대법원 2006. 9. 8. 선고 2006도4542 판결

이 사건은 작업장에서 화재가 발생하여 근로자가 사망에 이르게 되자 회사 대표를 화재를 예방하기 위해 필요한 안전조치를 취하지 않았다는 이유로 기소한 사안이다.

이에 대해 법원은 '근로자들에 대한 구체적인 업무지시는 각 부서장이 해왔고, 피해자가 내부 작업장이 아닌 타 업체에 가서 작업을 하다가 사고가 나서 지배가능성이 인정되지 않아 회사대표를 행위자로 볼 수 없다'는 취지로 무죄를 선고하였다.

다만, 중대재해처벌법이 시행됨으로써 앞으로는 사업주에게 안전조치의무를 인정하여 중대재해처벌법은 물론 산업안전보건법위반도 인정될 가능성이 높다.

나. 대법원 2009. 12. 24. 선고 2009도9520 판결

이 사건은 공사현장에서 구조물이 붕괴되어 근로자 1명이 사망하고 2명이 상해를 입자, 현장소장이 아닌 건설업체 대표 등을 기소한 사안이다.

이에 대해 법원은 '산업안전보건법상 사업주는 법인이고, 사고 현장의 안전관리책임은 현장소장이 담당하고 있으므로 건설업체 대표는 양벌규정상 행위자로 볼 수 없다'는 이유로 무죄를 선고하였다.

다만, 앞으로는 중대재해처벌법이 시행됨으로써 사업주에게 안전조치의무를 인정하여 중대재해처벌법이 적용될 가능성이 높다.

4. 예상할 수 없는 위험에 대한 예방조치의무나 위험에 대한 인식 가능성이 없다는 이유로 무죄가 선고된 사례

가. 대법원 2008. 4. 24. 선고 2008도336 판결

이 사건은 근로자가 작업장 안에서 자동화라인의 내경측정 검사기의 이상 유무를 확인하는 작업을 하면서도, 기계의 운행을 정지하지 아니한 상태에서 안전방호울을 개방하고 머리와 상체를 집어넣어 작업을 하다가 사망한 사안이다.

이에 대해 법원은 '평소 안전방호울을 열고 머리를 들이밀 사정이 전혀 없고, 기계 안으로 들어갈 때에는 반드시 기계의 운전을 정지시키도록 안전교육을 받아왔다는 등 사업주가 근로자의 이례적인 행동으로 인하여 발생할 수 있는 위험까지 예방하기 위하여 필요한 조치를 취할 책임은 없다'라는 취지로 판시하여 무죄를 선고하였다.

나. 대법원 2016. 5. 24. 선고 2015도18854 판결

이 사건은 지상 64m 지점에서 외벽 공사를 하던 근로자들이 고소작업대의 턴테이블을 연결하는 볼트가 떨어져 나가면서 붐대가 부러지는 바람에 지상에 추락하여 사망한 사안이다.

이에 대해 법원은 "안전보건규칙에서 안전대를 고소작업대가 아닌 인접 건물 등에 연결하도록 하는 규정을 두고 있지 아니하고 작업대 자체에 안전대 부착설비를 설치하고 안전대를 연결하는 것을 허용하는 취지의 규정을 두고 있고, 볼트와 너트가 적정하게 조여져 있는지를 확인하고 수리, 정비 등 필요한 조치를 할 의무는 고소작업대를 임대한 자가 해야 하는 것이고, 고소작업대를 임차하여 사용하던 피고인들로서는 임차한 고소작업대의 붐대가 정상적인 작업 도중 부러질 경우까지 예상하고 안전조치를 취해야 할 의무가 있다고 볼 수 없다"라고 판시하여 무죄를 선고하였다.

다. 대법원 2007. 3. 29. 선고 2006도8874 판결

이 사건은 사업주가 자리를 비운 사이에 자동차정비공장의 공장장이 연료탱크의 용접작업을 임의로 의뢰받아 필요한 안전조치를 취하지 아니하는 바람에 연료탱크가 폭발하여 피해자가 사망한 사안이다.

이에 대해 법원은 '산업안전보건법위반죄는 사업주가 자신이 운영하는 사업장에서 산업안전기준에 관한 규칙이 정하고 있는 바에 따른 안전조치를 취하지 않은 채 산업안전보건법 제23조 제1항에 규정된 안전상의 위험성이 있는 작업을 하도록 지시하거나, 그 안전조치가 취해지지 않은 상태에서 위 작업이 이루어지고 있다는 사실을 알면서도 이를 방치하는 등 그 위반행위가 사업주에 의하여 이루어졌다고 인정되는 경우에 한하여 성립하는 것이지, 단지 사업주의 사업장에서 위와 같은 위험성이 있는 작업이 필요한 안전조치가 취해지지 않고 이루어졌다는 사실만으로 성립하는 것은 아니다'는 이유로 무죄를 선고하였다.

다만, 중대재해처벌법이 시행됨으로써 사업주가 사업장 내에서 안전상의 위험이 있는 작업을 하지 못하도록 하였다는 점을 입증하지 못하면 중대재해처벌법은 물론 산업안전보건법위반도 인정될 가능성이 높다.

라. 대법원 2014. 4. 10. 선고 2012도12341 판결

이 사건은 압축된 기체를 미리 방출시키는 등 안전조치 없이 피해자로 하여금 고가저수조 내에서 청소작업을 하게 하는 바람에 역류한 고온·고압의 증기로 인해 피해자가 전신화상으로 사망한 사안에서 사업주가 산업안전보건법위반 등으로 기소되었다.

이에 대해 1심 법원[17]은 '대표가 청소 작업을 지시하였으나 작업현장에 방문하거나 구체적인 작업내용을 지시하지 않고, 현장에서의 구체적인 작업 진행은 사업주와 무관하게 독자적으로 행해졌다'는 이유로 무죄를 선고

---

17 춘천지법 원주지원 2010고단876,877

하였다.

하지만, 항소심[18]과 대법원은 '사업주가 사업장에서 안전조치가 취해지지 않은 상태에서의 작업이 이루어지고 있고 향후 그러한 작업이 계속될 것이라는 사정을 미필적으로 인식하고서도 이를 그대로 방치하고 이로 인해 사업장에서 안전조치가 취해지지 않은 채로 작업이 이루어졌다면 사업주가 작업을 개별적, 구체적으로 지시하지 않았더라도 산업안전보건법위반은 성립한다'고 판시하였다.

마. 대법원 2011. 10. 13. 선고 2011도10743 판결

이 사건은 피해자가 공장 사출기 내부에 들어가 수리 작업을 행하던 중 사출기 작동여부 확인을 위해 앞에 있던 동료 근로자가 안전문을 닫자 사출기가 작동되면서 사출기 내부에 있던 피해자가 사출기 금형에 협착되어 사망하자 대표를 산업안전보건법위반 등으로 기소한 사안이다.

이에 대해 법원은 '법인의 근로자가 사망할 경우 사업주는 법인이지 대표가 아니고, 대표가 이 사건 사출기의 수리작업으로 인해 발생하는 위험을 예방하기 위하여 필요한 조치를 하지 아니한 행위자에 해당한다거나 근로자들이 사출기를 정지하지 아니한 채로 수리하는 것을 알면서도 이를 방치하였다고 볼 수 없다'는 이유로 무죄를 선고하였다.

다만, 중대재해처벌법이 시행됨으로써 대표는 경영책임자등으로서 중대재해처벌법으로 의율될 가능성이 높을 것이다.

바. 의정부지방법원 2011. 1. 13. 선고 2010노2384 판결

이 사건은 근로자가 A형 사다리 위에 올라가 주차장 천장의 전등 교체 작업을 하던 중 감전되어 추락하고 사망한 사안이다.

이에 대해 법원은 "재해자에게 정전조치를 취할 것을 사전에 지시하였고, 동료 근로자도 정전조치를 취하고 작업을 하자고 권유하였음에도, 재해

---

18 춘천지법 2011노343

자가 차단기가 있는 분전반을 찾지 못하자 임의로 정전조치를 취하지 아니한 채 작업을 하다가 감전 사고를 당하였으므로, 피고인은 정전조치를 모두 이행한 것으로 봄이 상당하고, 재해자가 정전조치를 하지 않는 등 활선작업을 진행할 경우를 대비해 활선작업요령을 작성, 교육하고 절연용 공구, 안전장갑 등 절연보호구를 재해자에게 지급할 조치의무를 인정하기 어렵다"라고 판시하여 무죄를 선고하였다.

5. 안전보건조치의무 또는 인과관계가 없다는 이유로 무죄가 선고되거나 불기소된 사례

가. 대법원 2007. 3. 29. 선고 2006도8874 판결

이 사건은 자동차정비공장의 작업 현장을 총괄하던 공장장이 다른 직원의 만류에도 평소 그 위험성으로 인해 현장에서 시행하지 않던 연료탱크 용접작업을 직접 하다가 연료탱크가 과열되는 등 폭발하여 사망한 사안이다.

이에 대해 법원은 "사업주에 대한 법 제67조 제1호, 제23조 제1항 위반죄는 사업주가 자신이 운영하는 사업장에서 법 제23조 제1항에 규정된 안전상의 위험성이 있는 작업을 규칙이 정하고 있는 바에 따른 안전조치를 취하지 않은 채 하도록 지시하거나, 그 안전조치가 취해지지 않은 상태에서 위 작업이 이루어지고 있다는 사실을 알면서도 이를 방치하는 등 그 위반행위가 사업주에 의하여 이루어졌다고 인정되는 경우에 한하여 성립하는 것이지, 단지 사업주의 사업장에서 위와 같은 위험성이 있는 작업이 필요한 안전조치가 취해지지 않고 이루어졌다는 사실만으로 성립하는 것은 아니라고 할 것이다"라고 판시하여 무죄를 선고하였다.

다만, 중대재해처벌법이 시행됨으로써 사업주는 사업장 내에서 위험성이 있는 작업에 필요한 안전조치가 취해지도록 하여야 할 안전조치의무를 인정할 가능성이 높아 중대재해처벌법은 물론 산업안전보건법위반도 인정될 가능성이 높다.

나. 대법원 2009. 5. 28. 선고 2008도7030 판결

이 사건은 화물용 엘리베이터 통로의 내부 비계 해체작업을 진행하던 현장에서, 근로자들의 추락을 방지하기 위하여 3m 간격으로 설치해 둔 안전 망을 모두 제거한 상태로, 근로자가 비계해체 작업을 하다가 지상으로 추락 하여 사망한 사안이다.

이에 대해 법원은 "사업주가 자신이 운영하는 사업장에서 산업안전보건 법 제23조 제3항에 규정된 안전상의 위험성이 있는 작업과 관련하여 산업안 전기준에 관한 규칙이 정하고 있는 안전조치를 취하지 않은 채 작업을 지시 하거나, 그와 같은 안전조치가 취해지지 않은 상태에서 위 작업이 이루어지 고 있다는 사실을 알면서도 이를 방치하는 등 그 위반행위가 사업주에 의하 여 이루어졌다고 인정되는 경우에 한하여 성립하고, 추락방지망을 제거하고 매트리스를 설치하는 등 추가적인 위험방지조치를 강구하지 않았더라도, 산 업안전보건기준에 관한 규칙에서 그와 같은 추락방지망 등을 설치할 의무에 대해 따로 규정하고 있지 않은 이상, 법 제38조 제3항에 정하여진 안전조치 의무를 위반한 경우에 해당한다고 볼 수 없다"라고 판시하여 무죄를 선고하 였다.

다만, 중대재해처벌법이 시행됨으로써 사업주는 사업장 내에서 위험성 이 있는 작업에 필요한 안전조치가 취해지도록 하여야 할 안전조치의무를 인정할 가능성이 높아 중대재해처벌법은 물론 산업안전보건법위반도 인정될 가능성이 높다.

다. 대법원 2010. 11. 11. 선고 2009도13252 판결

이 사건은 교각제작공사 등의 하도급업체 근로자가 철근조립작업 중 철 근지지대의 수량부족 등으로 넘어진 수직철근에 머리를 부딪쳐 사망한 사안 이다.

이에 대해 법원은 '수직철근 설치작업의 진행단계에 따른 적절한 철근지 지대의 설치개수나 설치순서 등의 작업방법을 정하지 않은 시공방법상의 잘못은 산업안전기준에 관한 규칙에서 요구하는 안전조치의무위반에 해당하지 않는다'라는 취지로 판시하여 무죄를 선고하였다.

라. 해남지청 2020형제○○○○호 (검찰 불기소 사건)

이 사건은 근로자가 전신주에서 절연용 보호구인 절연장갑을 착용하지 않고 전선 연결작업을 하다가 감전으로 인하여 사망한 사안이다.

위 사건을 수사한 검찰에서는 '피해자를 포함한 배전운영실 직원들의 참여하에 안전교육이 매주 실시되었고, 안전교육에는 작업 전 개인 안전장구 착용여부 점검하는 내용이 포함되었고, 작업 이전에 피해자에게 절연장갑을 지급하였고, 이 사건 사고 직전에도 피해자가 절연장갑을 소지하고 있었다' 라는 등의 이유로, 안전조치의무를 위반했다고 볼 만한 증거가 충분하지 않다고 판단하여 불기소처분을 하였다.

6. 거제조선소 크레인 사고 사례

가. 사건의 개요

2017년 5월 1일 ○○중공업 거제조선소 해양플랜트 건조 현장에선 800t급 골리앗 크레인과 32t급 지브형 크레인의 붐대가 충돌하면서, 지브형 크레인의 붐대 등이 추락해 노동자 6명이 사망하고 25명이 상해를 입었다.

위 사고로 ○○중공업과 소속 관리감독자들, 하청업체 대표 A씨, 신호수와 운전수 등이 산업안전보건법 위반과 업무상과실치사상 등으로 기소되었다.

1심은[19] 신호수 등 현장 노동자 11명에게 금고형이나 집행유예, 벌금형 등을 선고하면서 하청업체 대표 A씨 등의 업무상과실치사상죄에 대하여는 무죄로 판단했다. ○○중공업의 안전·보건 점검의무 위반으로 인한 산업안전보건법위반의 점에 대하여는 벌금 300만 원을 선고했지만, "안전규정이 다른 업체에 비해 미흡하다 단정할 수 없고, 사고와의 인과관계가 있다고 보기

---

19 창원지방법원 통영지원 2019. 5. 7. 선고 2017고단940

도 어렵다"면서 안전조치 의무 위반으로 인한 산업안전보건법위반과 업무상
과실치사상죄에 대해서는 무죄를 선고했다.

2심은[20] A씨의 업무상과실치사상 혐의에 대해 1심과 달리 유죄로 판단
하고 금고 6개월에 집행유예 1년을 선고하였지만 산업안전보건법위반 등에
대해선 1심과 같이 무죄를 선고하였고, ○○중공업에 대해서도 1심과 같은
판단을 유지했다.

하지만 대법원[21]은 ○○중공업 등이 안전조치 의무를 위반한 책임이 있
다고 판단하여 2심 판결을 파기하여 현재 파기환송심[22] 재판 중이다.

나. 2심의 무죄 이유

[주요 내용]
1) 작업계획서에 크레인 간 중첩작업으로 인한 간섭 내지 충돌을 방지하기 위한
   구체적인 조치방법이나 크레인의 전도 낙하위험 등을 예방할 수 있는 안전대
   책을 포함하여 작성하지 않은 점(피고인들)
   구 산업안전보건법 시행규칙(2017. 10. 17. 고용노동부령 제197호로 개정되기
   전의 것, 이하 '구 시행규칙'이라 한다) 등에는 '중량물'이나 '중량물 취급작업'
   의 정의나 기준에 관한 규정이 없다. 크레인 간 충돌로 인해 크레인 자체가
   전도되거나 낙하하는 경우의 위험을 방지하기 위한 안전대책까지 포함하여
   작업계획서를 작성해야 한다는 명시적인 규정이 없고, '중량물 취급작업'의
   의미도 명백하지 않다.
2) 관리감독자이자 작업지휘자인 공소외 1(피고인 ○○중공업 현장반장) 및 공
   소외 2(공소외 3 회사 현장반장)가 다른 업무수행을 위해 현장을 이탈하여 작
   업지휘 등의 업무를 수행하지 아니하게 한 점(피고인들)
   피고인 ○○중공업이 공소외 3 회사 모두 현장반장을 관리감독자 및 작업지
   휘자로 지정하여 작업을 지휘하는 등의 업무를 수행하게 하였고, 그 관리감
   독자가 일부 업무를 수행하였으나, 현실적인 업무 부담으로 이 사건 사고 시

20 창원지방법원 2020. 2. 21 선고 2019노941
21 대법원 2021. 9. 30. 선고 2020도3996
22 창원지방법원 2021노2515

점에 작업지휘가 이루어지지 않은 것으로 보인다. 따라서 피고인 ○○중공업의 조선소장이던 피고인 2와 공소외 3 회사 대표자인 피고인 A가 공소외 1, 공소외 2로 하여금 이 사건 당시 현장을 이탈하여 작업지휘 등 업무를 수행하지 못하게 하였다고 단정하기 어렵고, 이를 구 산업안전보건기준에 관한 규칙(2017. 12. 28. 고용노동부령 제206호로 개정되기 전의 것, 이하 '구 안전보건규칙'이라 한다) 제39조 제1항, 제35조 제1항 및 [별표 2] 제3항에 정해진 의무를 위반한 것이라고 평가하기 어렵다.

3) 크레인 간 중첩작업에 의한 충돌 예방을 위한 신호방법을 제대로 정하지 않은 점(피고인들)

구 안전보건규칙 제40조에 의하더라도 '일정한' 신호방법을 정해야 한다는 것일 뿐, 크레인 중첩작업 시 별도의 신호방법을 마련해야 한다는 구체적인 규정은 없다. 따라서 크레인 신호규정에 의한 일반적인 신호방법 및 골리앗 크레인 신호수와 지브형 크레인 운전수 간에 무전 연락이 가능했던 점을 제외하고 크레인 중첩작업 시의 위험을 방지하기 위한 신호조정 방법이 별도로 정해져 있지 않았어도 이는 구 안전보건규칙에 정해진 의무를 위반한 것이라고 평가하기 어렵다.

4) 크레인 간 중첩작업에 따른 충돌 등으로 인하여 물체가 떨어지거나 날아올 위험이 있는 마틴링게 P모듈 메인데크 동편 well bay 부근에 출입금지구역 설정 등의 조치를 하지 않은 점(피고인들), 위와 같은 조치를 피고인 3 회사에 요청하지 않고, 피고인 3 회사에서 설치한 간이화장실 및 흡연 장소를 방치한 점(피고인 A)

구 안전보건규칙 제14조 제2항에 의하더라도 출입금지구역의 설치 반경 내지 범위에 관한 구체적인 기준이 정해져 있지 않고, 이 사건과 같이 크레인 메인지브 자체가 권상(卷上)중이던 물건 등과 함께 낙하하는 경우 그 낙하 반경 및 출입 금지가 필요한 범위가 명백하지 않다. 출입금지구역의 설정 여부는 크레인 간 충돌 방지를 위한 안전대책의 일환으로 고려할 수 있을 뿐, 그것이 구 안전보건규칙 제14조 제2항에 정해진 의무를 위반한 것이라고 평가하기는 어렵다.

5) 골리앗 크레인이 작업 도중 2회에 걸쳐 재시작하였으나 그 과정에서 별도의 신호수 배치나 작업방법을 정하지 않은 점(피고인 ○○중공업)

골리앗 크레인은 엘리베이터 운반 작업을 위해 주행하는 과정에서 상부 트롤리를 옮기기 위해 두 차례에 걸쳐 정지한 것으로서 이는 일련의 연속적인 작업 과정일 뿐이므로, 크레인이 정지된 후 다시 작업을 시작하는 것을 '재시작'으로 보아 구 안전보건규칙 제89조에 따라 별도의 신호수 배치나 작업방법을 정해야 한다고 볼 근거가 없다.

다. 대법원의 판시 내용

대법원은 "과거 여러 차례 다양한 산업재해가 발생한 전력이 있는 대규모 조선소인 점, 산업안전보건법, 시행규칙 등의 개별 조항에서는 사업주로 하여금 기계, 기구, 중량물 취급, 그 밖의 설비 혹은 불량한 작업방법으로 인한 위험의 예방에 필요한 조치를 할 의무를 부과하고 있고, 크레인 등 양중기에 의한 충돌 등 위험이 있는 작업을 하는 장소에서는 그 위험을 방지하기 위하여 필요한 조치를 취할 의무가 있음을 특별히 명시하고 있는 점 등을 종합하면, 구 산업안전보건법 제23조 등 규정에 따라 크레인 간 충돌로 인한 산업안전사고 예방에 합리적으로 필요한 정도의 안전조치 의무가 부과되어 있다고 해석되는데, 甲 회사 등은 작업계획서에 충돌 사고를 방지할 수 있는 구체적인 조치를 포함시키지 않는 등 그 의무를 다하지 아니하였다"고 판시하였다.

[주요 내용]

가. 구 산업안전보건법(2019. 1. 15. 법률 제16272호로 전부 개정되기 전의 것, 이하 '구 산업안전보건법'이라고 한다)은 산업안전·보건에 관한 기준을 확립하고 그 책임의 소재를 명확하게 하여 산업재해를 예방하고 쾌적한 작업환경을 조성함으로써 근로자의 안전과 보건을 유지·증진함을 목적으로 한다(제1조). 사업주는 산업안전보건법과 그에 따른 명령으로 정하는 산업재해 예방을 위한 기준을 지킴으로써 근로자의 안전과 건강을 유지·증진시켜야 할 의무가 있다(제5조 제1항 제1호).

나. 사업주는 사업을 할 때 기계·기구, 그 밖의 설비에 의한 위험 등을 예방하기 위하여 필요한 조치를 하여야 하고, 중량물 취급 등 작업을 할 때 불량한 작업방법 등으로 인하여 발생하는 위험을 방지하기 위하여 필요한 조치를 하여

야 하며, 작업 중 물체가 떨어지거나 날아올 위험이 있는 장소에는 그 위험을 방지하기 위하여 필요한 조치를 하여야 한다(제23조 제1항 , 제2항 , 제3항). 또한 같은 장소에서 행하여지는 사업으로서 사업의 일부를 분리하여 도급으로 하는 사업 중 일정한 사업주 등(이하 '도급 사업주'라고 한다)은 그의 수급인이 사용하는 근로자가 추락 또는 낙하 위험이 있는 장소 등 고용노동부령으로 정하는 산업재해 발생위험이 있는 장소에서 작업을 할 때에는 안전·보건시설의 설치 등 고용노동부령으로 정하는 산업재해 예방을 위한 조치를 하여야 한다(제29조 제3항).

다. 구 산업안전보건법에서 정한 안전·보건조치 의무를 위반하였는지 여부는

① 구 산업안전보건법 및 같은 법 시행규칙에 근거한 「산업안전보건기준에 관한 규칙」(이하 '안전보건규칙'이라 한다)의 개별 조항에서 정한 의무의 내용과 해당 산업현장의 특성 등을 토대로 산업안전보건법의 입법 목적, 관련 규정이 사업주에게 안전·보건조치를 부과한 구체적인 취지,

② 사업장의 규모와 해당 사업장에서 이루어지는 작업의 성격 및 이에 내재되어 있거나 합리적으로 예상되는 안전·보건상 위험의 내용,

③ 산업재해의 발생 빈도, 안전·보건조치에 필요한 기술 수준 등을 구체적으로 살펴 규범목적에 부합하도록 객관적으로 판단하여야 한다.

④ 나아가 해당 안전보건규칙과 관련한 일정한 조치가 있었다고 하더라도 해당 산업현장의 구체적 실태에 비추어 예상 가능한 산업재해를 예방할 수 있을 정도의 실질적인 안전조치에 이르지 못할 경우에는 안전보건규칙을 준수하였다고 볼 수 없다.

⑤ 특히 해당 산업현장에서 동종의 산업재해가 이미 발생하였던 경우에는 사업주가 충분한 보완대책을 강구함으로써 산업재해의 재발 방지를 위해 안전보건규칙에서 정하는 각종 예방 조치를 성실히 이행하였는지 엄격하게 판단하여야 한다.

라. 원심 판결의 이유를 위 법리에 비추어 판단할 때 다음과 같은 이유로 수긍할 수 없다.

이 사건 산업현장은 수많은 근로자가 동시에 투입되고, 다수의 대형 장비가 수시로 이동 작업을 수행하며 육중한 철골 구조물이 블록을 형성하여 선체에 조립되는 공정이 필수적이어서 대형 크레인이 상시적으로 이용되고, 사업장 내 크레인 간 충돌 사고를 포함하여 과거 여러 차례 다양한 산업재해가 발생

한 전력이 있는 대규모 조선소이다. 이러한 사업장의 특성을 토대로 구 산업
안전보건법과 구 시행규칙 및 개별 안전보건규칙에서 정한 의무의 내용과 취
지 등을 살펴보면, 사업주인 피고인 ○○중공업과 피고인 A에게는 해당 규정
에 따라 크레인 간 충돌로 인한 산업안전사고 예방에 합리적으로 필요한 정
도의 안전조치 의무가 부과되어 있다고 해석된다.

즉, 구 산업안전보건법 제23조 제1항, 제2항은 사업주로 하여금 기계, 기구,
중량물 취급, 그 밖의 설비 혹은 불량한 작업방법으로 인한 위험의 예방에 필
요한 조치를 할 의무를 부과하고 있다. 구 산업안전보건법 제23조 제3항, 제
29조 제3항, 구 시행규칙 제30조 제4항에서는 크레인 등 양중기에 의한 충돌
등 위험이 있는 작업을 하는 장소에서는 그 위험을 방지하기 위하여 필요한
조치를 취할 의무가 있음을 특별히 명시하고 있다. 이 사건 사고 2개월 전 거
제조선소 8안벽에서 골리앗 크레인이 크롤러 크레인 보조 붐을 충돌하는 사
고가 발생하는 등 이 사건 산업현장에서는 이미 크레인 간 충돌 사고가 수차
례 발생한 바 있다. 그렇다면 수범자인 사업주로서는 합리적으로 필요한 범위
내의 안전조치를 보강함으로써 크레인 간 충돌에 따른 대형 안전사고의 발생
을 예방할 의무가 요구된다고 볼 수 있다.

이 사건 공소가 제기된 구 안전보건규칙의 해당 조항 중 아래의 각 조항 역시
사업주인 피고인 ○○중공업과 피고인 A에게 그와 관련한 구체적인 안전조치
의무가 부과된 것으로 볼 수 있는 근거가 된다.

가) 구 안전보건규칙 제38조 제1항 제11호 및 [별표 4]

구 안전보건규칙 제38조 제1항 제11호 및 [별표 4] 제11항에 따르면, 사업주
는 '중량물의 취급 작업'을 하는 경우 근로자의 위험을 방지하기 위하여 '추락
위험, 낙하위험, 전도위험, 협착위험, 붕괴위험'을 예방할 수 있는 안전대책을
포함한 작업계획서를 작성하고 그 계획에 따라 작업을 하도록 하여야 한다.
이는 크레인 등을 이용한 중량물 취급 작업 중 발생할 수 있는 위 각종 사고
의 위험을 예방할 수 있는 안전대책에 관한 규정으로서, 위 규정에서는 이와
같은 위험을 방지하기 위하여 해당 작업, 작업장의 상태 등을 사전 조사하고
그 결과를 토대로 작업계획서를 작성하며 그 계획에 따라 작업을 하도록 규
정하고 있다. 위와 같은 규정의 내용에 더하여 앞서 본 이 사건 산업현장의
특성을 종합하여 보면, 피고인 3 회사와 피고인 A에 대하여는 중량물의 취급
을 위해 다수의 크레인을 동시에 투입하여 중첩작업을 함에 따른 크레인 간 충

돌 사고를 방지할 수 있는 구체적인 조치까지 작업계획서에 포함하여 작성하고 그 계획에 따라 작업을 하도록 할 의무가 부과되어 있었던 것으로 볼 수 있다. 그럼에도 피고인 ○○중공업과 피고인 A는 이 사건 당시 작성한 작업계획서에 크레인 간 충돌 위험을 방지하기 위한 구체적인 안전조치를 포함하지 아니하였다.

나) 구 안전보건규칙 제40조 제1항 제1호

구 안전보건규칙 제40조 제1항 제1호는, 사업주는 크레인 등 양중기를 사용하는 작업을 하는 경우 발생할 수 있는 위험을 방지할 수 있도록 일정한 신호방법을 정하여 신호하도록 명시하고 있다. 앞서 본 관련 규정의 내용 및 취지에 비추어 보면, 양중기 이용 작업과 관련하여 구 안전보건규칙이 발생 가능한 것으로 예정한 안전사고 중에는 다수 크레인의 중첩작업에 따른 크레인 충돌 사고도 포함된 것으로 볼 수 있다. 또한 앞서 본 이 사건 산업현장의 특성 및 이 사건과 유사한 안전사고 전력에 비추어 보면, 위 규정이 정한 일정한 신호방법에는 크레인 중첩작업에 따른 충돌 사고 방지를 위한 것도 포함되어 있다고 볼 수 있다. 이에 해당하는 것으로는, 크레인별로 신호수를 분산 배치하고 신호수들의 신호방법을 정하여 둘 뿐만 아니라 통합신호수를 두어 통합신호수를 통하여 각 신호수들이 신호대로 이행하였음을 확인한 후 작업하도록 하거나 신호수가 신호한 후에 상대방 크레인의 안전조치 이행을 확인하고 나서 다음 작업 단계로 이동하도록 하는 신호방법을 명시하는 등의 조치가 포함될 수 있다. 이와 달리 크레인의 단독 작업에 따르는 일정한 신호방법을 정하는 것만으로는 합리적으로 필요한 안전조치 의무를 이행한 것으로 볼 수 없고, 이 사건 사고 이후 피고인 3 회사가 취한 보완조치를 보더라도 그와 같은 안전조치를 요구하는 것이 이 사건 산업현장의 특성상 불합리하거나 무리한 의무의 부과라고 볼 수 없다.

그럼에도 피고인들은 '크레인신호규정에 의한 일반적인 신호방법' 및 '골리앗 크레인의 신호수와 지브 크레인 운전수 간에 무전 연락이 가능했던 점'을 제외하고는 크레인 중첩작업의 위험을 방지하기 위한 신호조정 방법을 별도로 정하지 아니하였다.

다) 구 안전보건규칙 제14조 제2항

구 안전보건규칙 제14조 제2항은 물체가 떨어지거나 날아올 위험이 있는 경우, 위험을 방지하기 위하여 출입금지구역의 설정 등 필요한 조치를 하여야 할 의무가 있다고 규정하고 있다. 여기서 '위험을 방지하기 위하여 필요한 조치'는 개별 사업장의 규모, 이루어지는 구체적인 작업 내용, 작업에 사용되는 물체의 제원 등을 고려하여 작업장별로 구체적·개별적으로 정해지는 것이므로, 위 규정에서 출입금지구역의 설치 반경이나 범위를 구체적인 수치로 제시하거나 위험방지 조치를 개별적으로 열거하지 않았다는 사정만으로 사업주에게 해당 의무가 부과되지 아니하였다고 단정할 것은 아니다. 오히려 관련 규정의 내용과 취지 및 이 사건 산업현장의 특성 등을 종합하여 보면, 이 규정은 이 사건 크레인 중첩작업 당시 사업주가 취하였어야 할 안전조치와 관련하여 구체적인 일정한 의무를 부과하는 근거가 된다고 볼 수 있다.

즉, 사업주가 앞서 본 구 안전보건규칙 제38조 제1항 제11호 [별표 4]에 따른 작업계획서 작성 의무 및 구 안전보건규칙 제40조 제1항 제1호에 따른 신호방법을 정하여 신호할 의무 등과 같이 크레인 간 중첩작업으로 인한 대형 사고의 위험방지를 위하여 사업주에게 마땅히 요구되고 기대되는 직접적인 안전조치를 취하지 않은 경우라면, 그에 따른 위험의 발생을 방지하기 위한 최소한의 조치로라도 구 안전보건규칙 제14조 제2항에 따른 출입금지구역 설정 등 보완적 조치의무가 구체적으로 발생·부과되는 것으로 볼 수 있다.

따라서 피고인 3 회사와 피고인 A는 위 규정에 따라 이 사건 골리앗 크레인과 이 사건 지브 크레인의 각 단독 작업으로 인하여 물체의 낙하 위험이 있는 구역뿐만 아니라 크레인 간 중첩작업으로 인하여 충돌 및 물체의 낙하 위험 있는 구역에 해당하는 P모듈 상부의 일정 구역에 대하여는 일정한 시간 동안이라도 출입 금지 등 위험을 방지하기 위한 조치를 취할 구체적인 의무가 있었다고 할 수 있다. 그럼에도 위 피고인들은 이에 관한 어떠한 조치도 취하지 아니하였다.

라. 판결의 검토

항소심에서 법리에 대한 치밀한 논리 하에 판단하였으나, 대법원은 입법목적 등을 강조하면서 파기하였다.

특히 종전 사고발생 여부 등을 중점적으로 부각하였기 때문에 향후 대법원의 중대재해처벌법 해석에도 영향을 줄 시금석으로 보인다.

제 4 장 결 어

　　앞서 본 바와 같이 판례는 대규모 인명피해가 발생한 중대 사고에 관하여, 사고위험의 원인을 초래하거나, 이러한 위험의 원인 등에 관하여 제대로 관리하지 못하거나, 이후 위험 발생 시 신속하고, 유효·적절한 대처를 하지 못한 경우, 당해 사업주나 책임자 등에게 광범위한 주의의무를 부과하고, 이러한 개별 과실 등과 사고 등 결과 사이에 전체적이고 종합적인 인과관계를 인정한다.

　　아울러 중대사고 등이 사업장 등에서 발생하여 근로자 등이 인명피해를 입은 경우 원청 등의 사업주에게 하청업체 등의 직원에 대해서까지 지시·감독 등 관계를 요건으로 안전조치 등 의무를 부과하고, 실제 이러한 안전조치 등 의무는 산업안전보건기준에 관한 규칙 등 하위법령에 규정된 세부적인 의무의 내용에 근거하여 이를 인정한다.

　　특히 판례는 산업안전보건법과 업무상과실치사상죄 등이 모두 적용될 경우, 산업안전보건법상의 안전조치 등 의무를 업무상과실치사상죄의 주의의무 등에 포섭하여 이를 상상적 경합 등 경합범으로 처벌하고 있다.

　　중대재해처벌법은 일반적 주의의무를 법률에 규정하고, 세부적인 의무의 내용을 하위법령에 위임하는 등 그 입법형식 등이 산업안전보건법과 동일하므로, 중대재해처벌법상 구체적인 주의의무 역시 그 시행령과 관련 법령의 내용에 따라 결정된다. 또한 산업안전보건법위반죄와 업무상과실치사상죄의 처벌 사례 등을 감안하면, 중대재해처벌법에 규정된 의무가 업무상과실치상죄의 주의의무에 포섭되어, 중대재해처벌법위반죄 역시 업무상과실치사상죄 등과 상상적 경합 등 경합범으로 처벌될 여지가 크다고 보인다. 그러나 총론 제4장에서 지적한 바와 같이 고의범인 중대재해처벌법위반죄와 과실범인 업무상과실치사상죄가 상상적 경합관계라는 그동안의 해석은 법정형의 차이, 행위론적 측면 등 여러 면에서 재고되어야 할 때가 되었다.

제 2 부

중대재해처벌법 대응

〈중대재해처벌법이 요구하는 경영책임자*의 역할〉
– 누가, 무엇을, 어떻게 하라는 것인가 ? –

중대재해처벌법은 수범자인 경영책임자에게 중대재해의 예방을 요구하고, 중대재해가 발생하면 관리상의 책임을 물어 경영책임자를 엄벌하겠다는 법률이다. 안전보건관리책임자 등 임직원들을 처벌의 대상으로 하지 않는다.

경영책임자에게 요구된 사항은 산업안전보건법 등 안전·보건 관계 법령에서 규정하고 있는 구체적이고 특정한 조치를 직접 하라는 것이 아니라 수급인을 포함한 근로자 등 실무자들이 산업안전보건법 등 안전·보건 관계 법령에서 요구하는 조치들을 제대로 이행하는 업무시스템을 만들고, 그 시스템이 현장에서 이행되는지 점검하며, 문제가 있으면 개선하라는 관리상의 조치이다.

중대재해처벌법은 경영책임자가 해야 할 조치로 ① 재해예방에 필요한 인력 및 예산 등 안전보건관리체계의 구축 및 그 이행에 관한 조치, ② 재해 발생 시 재발방지 대책의 수립 및 그 이행에 관한 조치, ③ 행정기관의 시정명령 등의 이행에 관한 조치, ④ 안전·보건 관계 법령에 따른 의무이행에 필요한 관리상의 조치를 요구하며, 일부는 시행령에서 세부 사항을 규정하고 있다.

그런데 중대재해 예방을 위하여 필요한 조직·인력의 구비, 예산의 편성·집행, 유해·위험요인 확인 및 개선의 이행과 점검 등 거의 모든 조치 의무가 포괄적이어서 무엇을, 어떻게, 어느 정도로 하라는 것인지 일반인은 쉽사리 알기 어려운 문제가 있다.

그렇지만 사업의 최종 의사 결정권자로서 지속적으로 보고받고 점검시키며 확인하고 조치하되, 중대재해를 예방할 수 있는 실질적 관리조치를 하라는 것이 경영책임자에게 부과된 조치 의무의 핵심이라는 점은 분명하다.

위험으로 인한 재해 예방을 위하여 산업안전보건기준에 관한 규칙을 비롯한 각종 안전·보건 관계 법령에서 규정하고 있는 개별적 조치들을 제대로 이행하여야 하는 것은 실무자의 의무이다.

경영책임자는 실무자들이 각자 안전·보건에 관한 업무를 충실히 할 수 있도록 조직·인력·예산·수행시간 보장 등의 여건을 마련해주고, 일을 잘하고 있는지 점검하고 평가를 상벌에 반영하는 등 중대재해 예방에 필요한 관리상의 조치의무를 다하라는 것이다.

---

* 중대재해처벌법상 안전 및 보건 확보의무(제4조·제5조·제9조)의 수범자인 "개인사업주" 및 법인 또는 기관의 "경영책임자등"을 편의상 이 책 제2부에서는 "경영책임자"라고 일괄 지칭한다.

경영책임자가 그러한 지시와 조치의무를 다하였다면, 자연재해나 노무제공자 또는 시민의 명백한 휴먼에러는 물론 가사 실무자의 허위보고로 인한 조치 미흡이 재해의 원인이었더라도 경영책임자는 면책될 수 있을 것이다. 반면에, 안전보건관리체계가 현장에서 제대로 이행되지 않는 것을 알면서도 방치하여 중대재해로 이어졌다면 경영책임자는 중대재해처벌법에 의한 처벌을 면하기 어렵게 된다.

안전보건관리체계란 '기업 스스로 유해·위험요인을 파악하여 이를 제거하고 개선하는 일련의 활동'이고, 재발방지 대책의 수립 및 이행의 대상인 재해에는 경미한 재해는 물론 '아차사고'까지 포함되며, 이는 이미 파악된 위험이므로 같은 사고가 재발하지 않도록 그 요인을 제거하고 개선할 수 있는 안전보건관리체계를 구축해야 한다는 것이 고용노동부의 입장이다.

그러므로 결국 중대재해처벌법에서 말하는 안전보건관리체계는 종사자와 이용자 등의 안전·보건을 위협하는 유해·위험요인을 모두 찾아내어 제거하고 개선하여 사고를 미리 예방할 수 있도록 하는 실질적 관리체계를 의미한다고 보아야 할 것이다.

따라서, 경영책임자가 구축해야 할 안전보건관리체계는 ① 작업 현장의 실무자들이 현장에서 유해·위험요인을 확인·개선하고, 안전·보건 관계 법령이 요구하는 조치 의무를 충실하게 이행하는 **실질적 위험예방 시스템**, ② 상시적으로 안전·보건에 관한 사항들이 경영책임자가 의도하고 설계한 대로 현장에서 이행되는지 여부가 경영책임자에게 제대로 보고되는 **이행·보고 시스템**, ③ 안전보건관리체계가 주기적으로 점검되고 문제점이 끊임없이 보완되는 **순환 시스템**, ④ 경영책임자의 지휘·감독 하에 있는 임직원과 근로자와 종사자 등 모두에게 안전·보건에 관한 경영방침의 이행 결과가 반영되는 **상벌 시스템**, ⑤ 안전보건관리체계의 구축 및 이행이 특정 임직원에게 일임되지 않는 **경영책임자 주도 시스템**, ⑥ 수급인과 그 근로자 등 종사자에게 안전보건관리체계 이행을 강제하고 통제할 수 있는 **수급인 관리 시스템**, ⑦ 경영책임자의 관리상의 조치와 현장에서의 실무자들의 이행조치들이 체계적으로 관리되어 중대재해를 예방하고 법적 책임도 차단하는 **증거보전 시스템**, ⑧ 경영책임자에게 자신의 의무가 무엇인지, 무엇을 보고받고 어떤 관리상의 조치를 해야 하는지를 명확하게 일깨워주는 **사전 경보 시스템**을 모두 갖춰야 제대로 된 안전보건관리체계라 할 것이다.

제1장 개 관

1. 기본 방향

중대재해처벌법은 사업 또는 사업장, 공중이용시설 또는 공중교통수단을 실질적으로 지배·운영·관리하거나 인체에 해로운 원료 또는 제조물을 취급하는 경영책임자에게 종사자(수급인과 수급인의 종사자 포함)와 이용자 등의 안전·보건상 유해 또는 위험을 방지하기 위하여 그 사업 또는 사업장 등의 특성 및 규모 등을 고려하여 ① 재해예방에 필요한 인력 및 예산 등 안전보건관리체계의 구축 및 그 이행에 관한 조치, ② 재해 발생 시 재발방지 대책의 수립 및 그 이행에 관한 조치, ③ 중앙행정기관·지방자치단체가 관계 법령에 따라 개선, 시정 등을 명한 사항의 이행에 관한 조치, ④ 안전·보건 관계 법령에 따른 의무이행에 필요한 관리상의 조치를 요구하고 있다.

그리고 안전보건관리체계의 구축 및 그 이행에 관한 구체적 사항이 무엇인지에 관하여, 중대산업재해에 있어서는 안전·보건에 관한 목표와 경영방침을 설정할 것 등 9가지를, 중대시민재해에 있어서는 인력을 갖추어 중대시민재해 예방을 위한 업무를 수행할 것 등 8가지를 각각 시행령에서 제시하고 있다.

그런데 중대재해처벌법 및 그 시행령이 무엇을 어떻게 하라는 것인지 포괄적으로 규정하는 바람에 조치 의무를 이행하여야 하는 경영책임자로서는 내가 해야 할 조치가 구체적으로 무엇인지, 그 정도는 어느 수준으로 안전보건관리체계를 구축하여 이행하라는 것인지 명확하지 않아 당황하지 않을 수 없다.

모든 사업체가 추구하여야 할 궁극적 목적은 중대재해 사고의 완벽한 차단일 것이다. 하지만 언제 어디에서든 사고는 발생할 수 있다는 것 또한 경영책임자 앞에 놓인 엄연한 현실이다. 이러한 현실을 이유로 중대재해처벌법에 대한 경영책임자의 대응 방안이 재판에 회부되어 무죄를 받기 위한 방편으로 수립되어서는 안 될 것이다. 중대재해처벌법이 요구하는 안전보건관리체계의 구축·이행 등 책임을 다하여 중대재해를 최대한 예방할 수 있도록 실질적 시스템을 마련하고, 그러한 책임을 다였으나 어쩔 수 없이 중대재해가 발생하였을 때에는 경영책임자가 수사절차에서 빨리 해방되어 재판에 회부되지 않을 수 있는 방향으로 대응 방안을 수립하는 것이 바람직하다.

2. 고용노동부 및 법무부의 입장, 대법원 판례 등

중대재해처벌법은 수범자인 경영책임자의 처벌에 관한 구성요건과 형벌에 관하여 규정한 특별형법이므로, 이 법과 관련된 경영책임자의 대응 방안을 수립함에 있어서는 수사기관 및 재판기관의 요구수준이 무엇인지를 알아야 한다. 그동안 산업재해 형사사건에 대한 법 집행기관인 고용노동부, 법무부의 처리 예와 법원의 판례 등이 어느 정도 축적되어 있으므로 중대재해처벌법이 요구하는 수준을 파악하는 것이 아주 불가능한 것은 아니다.

먼저, 중대산업재해 주무부처로서 제1차 수사를 담당할 고용노동부는 중대재해처벌법이 요구하는 안전보건관리체계를 '기업 스스로 위험요인을 파악하여 제거·대체 및 통제 방안을 마련하여 이행하며 이를 지속적으로 개선하는 일련의 활동'으로 정의하고 있다.[1]

검찰사무와 행형사무를 관장하는 박범계 법무부장관은 2021. 12. 1. 고용노동부와의 합동 학술대회에서 국민의 법감정에 맞는 처벌이 이루어질 수 있도록 양형 기준을 재정립하고, 특히 **상습적 중과실, 악의적 과실로 인한 중대재해에 대하여는 단호하고 엄정하게 대처해야 할 것**을 요구한 바 있다.[2]

그러므로 중대재해처벌법이 요구하는 안전보건관리체계를 구축함에 있어서는 이러한 고용노동부 및 법무부의 입장을 충분히 반영해야 할 것으로 보인다. 법원이나 헌법재판소에서 무죄판결이나 위헌결정이 나오기 전까지

---

1 고용노동부, 2021. 12. 발간 「산업재해 예방을 위한 안전보건관리체계 가이드북」, p. 4 참조
2 2021. 12. 1.자 법무부·고용노동부 합동 보도자료 참조

는, 자신들의 요구수준과 수사 방향대로 수사하고 기소하겠다는 입장을 천명한 것이기 때문이다.

중대재해처벌법이 요구하는 안전보건관리체계는 조직·인력·예산의 구비 하에 유해·위험요인의 확인 및 개선이 이루어지고 「산업안전보건법」 및 「산업안전보건기준에 관한 규칙」, 「화재예방, 소방시설 설치·유지 및 안전관리에 관한 법률」 등 안전·보건 관계 법령에서 정한 조치 의무가 현장에서 실질적으로 이행되어야 하며 경미한 사고라도 재발하지 않도록 하라는 것이 핵심이다. 만일 유해·위험요인의 확인이 미흡하여 숨은 위험을 찾지 못하였거나, 기존 재해를 통하여 이미 파악된 위험에 대처하지 않았거나, 행정기관의 개선·시정 명령이나 안전·보건 관계 법령에 따른 위험예방을 위한 조치 의무를 다하지 아니함으로써 중대재해가 발생한 것으로 드러난다면, 안전 및 보건 확보의무 위반으로 인한 결과 책임을 물어 경영책임자를 반드시 기소한다고 보고 준비하여야 한다.

그 간의 경험에 비추어 보면 시민재해든 산업재해든 사람이 무고하게 죽는 사고가 발생하면 사고원인의 규명보다는 책임자에 대한 강력한 처벌 쪽으로 여론이 기울어지곤 하였는데, 중대재해처벌법이 시행된 지금은 수사기관이 여론의 압박을 받게 되면, 사고 책임자 그것도 되도록이면 해당 사업체의 정점에 있는 최고 경영책임자를 구속하는 등 강도 높은 수사로 여론에 부응하려고 할 것이다.

산업안전사고 사건의 수사경험이 풍부한 검사들과 대화를 나누어 보면 중대재해처벌법이 요구하는 실질적인 안전보건관리체계를 구축하지 못하고, 무늬만 그럴듯하고 현장에서 제대로 작동되지 않는 허술한 안전보건관리체계를 구축한 것으로 드러났을 때, 조치 의무를 다하였다는 경영책임자의 주장을 받아들일 것인지에 대하여 대부분 회의적이었다.

산업안전보건법위반 사건에서 실질적 안전조치에 관한 대법원의 입장은 「예상 가능한 산업재해를 예방할 수 있을 정도의 **실질적인 안전조치에 이르지 못할 경우에는 안전보건규칙을 준수하였다고 볼 수 없다**. 특히 해당 산업현장에서 동종의 산업재해가 이미 발생하였던 경우에는 사업주가 충분한 보완대책을 강구함으로써 산업재해의 재발 방지를 위해 안전보건규칙에서 정하는 각종 예방 조치를 성실히 이행하였는지 엄격하게 판단하여야 한다[3]라는 것이다. 앞으로 중대재해처벌법이 규정한 안전 및 보건 확보의무를 성실히 이행하였는지 여부를 판단할 때에도 같은 입장을 취할 가능성이 크다.

이러한 고용노동부 및 법무부의 입장과 수사실무, 안전조치의 실질성에 관한 법원의 해석기준 등을 종합하여 고려하면, 근로자와 노무제공자 등 종사자가 수행하는 업무 및 근무환경에 대하여 실질적으로 총괄하지 아니하고 안전 부문만 책임지는 이른바 '안전 대표이사' 직제를 신설한다고 하여 대표경영책임자의 책임이 면제되는 것이 아님을 알 수 있다. 실제의 경영자가 경영책임자 지위에서 벗어날 방법을 찾는 방향으로 안전보건관리체계를 구축하려고 하는 것이 되어 오히려 중한 처벌을 자초하는 것일 수도 있다.

3. 실질적 안전보건관리체계

중대재해처벌법 실무연구회에서는 '아무리 노력해도 사고는 발생한다', '중대재해처벌법 및 그 시행령의 위헌성과 주요 쟁점에 대한 이견에도 불구하고, 정부는 자신의 해석대로 수사하고 기소할 것이다'라는 두 가지 전제하에, 고용노동부의 입장에만 의존하지 않고 기소권자인 검사의 시각[4]에서 법령이 요구하는 조

---

3 대법원 2021. 9. 30. 선고 2020도3996 판결

4 고용노동부는 가이드북에서 안전보건관리체계는 아래 7가지 핵심요소를 고려하여 구축해야 한다며 ① 경영자가 '안전보건경영'에 대한 확고한 리더십을 가져야 한다. ② 모든 구성원이 '안전보건'에 대한 의견을 자유롭게 제시할 수 있어야 한다. ③ 작업환경에 내재되어 있는 위험요인을 찾아내야 한다. ④ 위험요인을 제거·대체하거나 통제할 수 있는 방안을 마련하여야 한다. ⑤ 급박히 발생한 위험에 대응할 수 있는 절차를 마련해야 한다. ⑥ 사업장 내 모든 일하는 사람의 안전보건을 확보해야 한다. ⑦ 안전보건관리체계를 정기적으로 평가하고 개선해야 한다고 구축기준을 제시(고용노동부, 2021. 12. 발간 「산업재해 예방을 위한 안전보건관리체계 가이드북」, p. 12 참조)하고 있다.
그러나, 리더십이 부족하였기 때문에 중대재해가 발생하였다고 인과관계를 인정하여 기소할 검사는 없다. 안전보건에 관한 의견을 제시할 수 있느냐 없느냐로 처벌할 수 있을 것인지도 마찬가지이다. 중대재해처벌법은 구체적 위험을 인지하고 이를 제거해달라는 현장의 의견을 묵살하였을 때 그 위험으로 발생한 중대재해에 대하여 형사책임을 묻는 것이기 때문이다.

치 의무를 다함으로써 궁극적으로는 중대재해를 최소화하고, 가사 발생하는 중대재해가 있더라도 실무자와 경영책임자 모두가 처벌받지 않는 방향으로 대응방안 마련을 권고하고자 한다.

그 내용 측면에서도 ① 작업 현장의 실무자들이 현장에서 유해·위험요인을 확인·개선하고, 안전·보건 관계 법령이 요구하는 조치의무를 충실하게 이행하는 **실질적 위험예방 시스템**, ② 상시적으로 안전·보건에 관한 사항들이 경영책임자가 의도하고 설계한 대로 현장에서 이행되는지 여부가 경영책임자에게 제대로 보고되는 **이행·보고 시스템**, ③ 안전보건관리체계가 주기적으로 점검되고 문제점이 끊임없이 보완되는 **순환시스템**, ④ 경영책임자의 지휘·감독 하에 있는 임직원과 근로자와 종사자 등 모두에게 안전·보건에

집필진이 과문해서인지는 몰라도 민주국가에서 언론 미확보나 리더십 부족을 형사처벌의 구성요건으로 규정하는 입법례를 찾아보지 못하였다. 수사 실무상으로도 그러한 사정은 단지 양형의 요소일 뿐이다. 죄형법정주의가 지배하는 형벌법규의 해석과 적용의 전문가라 할 수 있는 법률가의 시각에서 보면 고용노동부가 제시하는 안전보건관리체계는 범죄성립 구성요건으로서 적절하지 아니하다.

고용노동부가 제시하는 가이드북의 안내는 자신들의 입장에서 바라본 범죄구성요건에 불과하므로 중대재해처벌법에 따른 범죄구성요건에 충실하게 안전보건관리체계를 구축하여야 할 것이다. 왜냐하면 고용노동부의 가이드북을 따르지 않았다고 모두 중대재해처벌법위반죄가 성립하는 것도 아니고, 반대로 가이드북을 따랐다고 하여 면책되는 것도 아니기 때문이다.

2020. 1. 16.부터 시행된 개정 산업안전보건법이 기존법에서는 도급인에 해당하던 일정한 내용의 건설공사에 대하여 도급인의 책임을 면제하는 '건설공사발주자'라는 개념을 새로 도입하였다. 이로 인하여 수급인의 근로자에 대한 안전보건관리책임을 부담하는 도급인에 해당하는지, 아니면 그 책임을 부담하지 않는 공사발주자에 해당하는지 전기, 도로, 가스, 항만 등 관련 공공기관들이 고용노동부에 많은 질의를 하였고, 고용노동부는 대부분 유지보수 공사가 아니면 공사발주자일 뿐 도급인에 해당하지 않는다고 회신한 것으로 알고 있다.

그러나 중대재해처벌법의 시행으로 중대재해가 발생할 때마다 사업주와 경영책임자에 대한 처벌을 요구하는 여론이 강하게 일어날 것이다. 주무 부처인 고용노동부의 입장발표를 볼 때, 공사발주자가 아니라 도급에 해당된다거나 해당 공사를 실질적으로 지배하였다는 논리로 건설공사 발주자의 의미를 축소해석하는 등 질의회신 내용과 배치되는 방향으로 선회할 가능성도 커 보인다.

참고로 고용노동부 스스로 중대재해처벌법 시행령이 형벌법규 체계와 죄형법정주의 및 비례의 원칙 등에 어긋날 수 있음을 의식해서인지 가이드북 표지에 안전보건관리체계를 구축하고 이행하는 데 참고할 내용을 정리한 것이므로 법적인 효력이 없다고 명시하고 있다. 따라서 안전보건관리체계를 구축하면서 고용노동부의 가이드북에만 의존했다가는 자칫 큰 낭패를 볼 수도 있다.

관한 경영방침의 이행 결과가 반영되는 **상벌 시스템**, ⑤ 안전보건관리체계의 구축 및 이행이 특정 임직원에게 일임되지 않는 **경영책임자 주도 시스템**, ⑥ 수급인과 그 근로자 등 종사자에게 공사의 안전보건관리체계 이행을 강제하고 통제할 수 있는 **수급인 관리 시스템**, ⑦ 경영책임자의 관리상의 조치와 현장에서의 실무자들의 이행조치들이 체계적으로 관리되어 중대재해를 예방하고 법적 책임도 차단하는 **증거보전 시스템**, ⑧ 경영책임자에게 자신의 의무가 무엇인지, 무엇을 보고받고 어떤 관리상의 조치를 해야 하는지를 명확하게 일깨워주는 **사전 경보 시스템**을 모두 구축할 것을 권고드린다.

업체마다 특성과 처한 상황이 각각이므로 각자에게 맞는 옷이 따로 있고 일률적인 권고안을 제시하기는 어렵다.

아래에서는 기업의 다양한 경영형태에 따른 경영책임자와 안전 경영책임자의 책임 범위, 일각에서 논의되는 이른바 '안전대표이사'의 문제, 전담조직 또는 안전보건관리책임자 등과의 관계 등 **'조직체계 구성 문제'**를 먼저 살펴보고, 고용노동부와 건설교통부 등 각 부처에서 가이드북으로 제시하는 중대산업재해와 중대시민재해에 대비한 **'안전보건관리체계 구축방안'**에 대하여 소개한 다음, 중대재해처벌법 실무연구회에서 제시하고자 하는 **'안전보건관리체계 실질화 방안'**에 관하여 간략히 설명한다.

제2장 조직체계의 구성 문제

1. 안전 경영책임자

가. 기업 조직체계의 다양성

대표이사가 '사업을 대표하고 사업을 총괄하는 권한과 책임'이 있는 사람이라는 고전적 법 해석과는 달리 현실에서는 업체마다의 역사와 업무특성 등이 반영되어 대표이사가 1명에 그치지 않는 등 매우 다양한 형태로 나타나고 있다.

대표이사가 경영을 총괄하는 일반적인 경우도 있지만, 사업부별로 나누어 각자 대표이사로 등기하고 분할 경영하는 업체도 있고, 대표이사는 사업을 대표하고 경영을 총괄하지만 생산단위별로 사업부를 수개로 나누어 해당 사업부의 대표에게 인사, 예산, 생산, 안전의 전부 또는 일부를 위임전결 규정에 따라 위임하는 업체도 있다. 또 사장과 부사장 체제로 이루어진 사업체가 있는가 하면 대표이사 직할 체제인 업체도 있다.

반대로 안전사고를 예방하고자 하는 의욕에서 실제로는 결재만 하고 대부분의 안전·보건 업무가 산하 조직에서 수행되는데도 산업안전보건법상 사업주의 의무를 실제 이행하는 안전보건관리책임자를 겸하고 있는 대표이사도 적지 않다. 대체적으로 공기업이나 민영화 전 공기업이었던 곳에서 종종 볼 수 있는 경우이다.

나. 회장의 지위와 안전 경영책임자

상법상 주식회사의 대표이사나, 직함만 회장일 뿐 대표이사를 지휘하는 회장이 경영책임자[5]에 해당한다는 것은 이론의 여지가 없다. 다만 다수의 기업을 거느리고 있는 회장이 경영책임자에 해당하는 것인지가 문제된다. 중대재해처벌법은 자신의 사업을 영위하거나 사업을 대표하고 사업을 총괄하는 권한과 책임이 있는 사람을 안전 및 보건 확보의무의 수범자로 규정하고 있다. 회장이 거느리고 있는 특정 회사에 대하여 인사와 예산 등 사업운영에 사실상 관여하였다면 이는 대표이사를 내세웠을 뿐 사실상 뒤에서 사업을 총괄한 것이므로 회장도 경영책임자에 해당한다. 중대재해처벌법 시행을 앞두고 기업에 따라서는 오너 대표이사가 물러나거나 안전 담당 각자 대표이사를 신설하는 모습도 많이 나타나고 있다.

규모와 관계없이 모든 사업체는 위임전결 규정을 운용하고 있다. 사업체

---

5 이때의 "경영책임자"는 개인사업주를 제외한 법인 또는 기관의 "경영책임자등"을 말하는 것으로, 제2부 제2장에서는 같은 의미로 사용한다.

에 따라 그 범위가 상이하나, 주식회사의 대표이사를 대신하여 전결하는 영역에서 중대재해가 발생한 경우 그 전결권자가 대표이사에 준하여 안전·보건에 관한 업무를 담당하는 사람, 즉 안전 경영책임자[6]에 해당하는지가 문제된다. 최근 최고안전책임자 CSO(Chief Safety Officer) 직제를 신설한 기업도 부지기수다. 업체마다 CSO의 업무가 상이하여 일률적으로 말하기는 어려우나, 대체적으로 '사업을 대표하고 사업을 총괄하는 권한과 책임이 있는 사람에 준하여 안전보건에 관한 업무를 담당하는 사람'으로서 중대재해처벌법에서 규정하는 경영책임자의 책임을 부담하게 될 것이다. CSO가 경영책임자에 준하는 안전경영책임자로 인정받기 위해서는 그가 갖고 있는 권한의 범위가 무엇인지에 따라 결정될 것이고, 이 경우 사업을 대표하고 사업을 총괄하는 대표이사, 즉 대표 경영책임자가 완전히 면책되는 것인지 여부는 아래에서 살펴보는 바와 같이 대표 경영책임자의 권한행사 내용에 따라 달라질 것으로 보인다.

다. 책임의 범위와 주의할 점

안전 경영책임자로 인정받는 위임전결권자가 있을 때 대표 경영책임자[7]인 대표이사는 중대재해처벌법상의 조치 의무 이행에 대한 책임을 부담하는지가 문제된다. 또한 형식상의 대표이사 또는 안전 업무만 수행하는 대표이사,[8] 이른바 '안전대표이사'는 중대재해처벌법상 책임을 전혀 부담하지 않는지, 아니면 중대재해처벌법에서 규정하고 있는 이에 준하여 안전보건에 관한 업무를 수행하는 '안전 경영책임자'로서의 책임을 부담하는지도 문제된다.

구체적 결론은 회사의 위임전결 규정과 실제 경영권 행사 형태에 따라

---

6 중대재해처벌법 제2조 제9호 가목 후단, 이 책 제1부 제2편 제5장 「3. 가. 2) 안전 경영책임자」 참조

7 중대재해처벌법 제2조 제9호 가목 전단, 이 책 제1부 제2편 제5장 「3. 가. 1) 대표 경영책임자」 참조

8 중대재해처벌법이 제정되자 안전만을 책임지는 이른바 '안전대표이사'를 선임해서 책임을 면할 수 있다고 직제개편을 하는 업체들이 있었다. 명목상의 대표이사, 즉 속칭 '바지' 대표이사는 사업을 대표하고 사업을 총괄하는 자가 아니기 때문에 중대재해처벌법의 형사책임을 부담하지 않는다. 다만 '바지'는 아니지만 경영을 총괄하는 것이 아니라 안전만을 총괄하는 이른바 '안전 대표이사'는 사업을 대표하고 경영을 총괄하는 실제 경영책임자와 중첩적으로 형사책임의 주체가 된다고 보아야 한다.

그 법적 책임이 각각 달라질 것이기는 하나, 대표이사에 준하여 사업을 대표하고 의사결정권을 행사하는 것이 아니라 안전 부문 업무만 수행하는 자는 비록 '안전대표이사'라는 직책을 갖고 있다 하더라도 산업안전보건법상의 책임은 별론으로 하고, 중대재해처벌법상의 책임은 부담하지 않는다 할 것이다. 적어도 경영책임자에 준하여 사업의 대표하고 의사결정권을 행사하는 등 경영책임자에 준하는 역할을 수행하였을 때 대표 경영책임자인 대표이사와 중첩적으로 경영책임자로서의 책임을 부담하게 될 것이다.

따라서 조직구조에 따른 구체적 책임범위에 대하여는 이른바 '안전 대표이사'이든 안전경영책임자(CSO)이든 직제를 신설하고자 할 때에는 사전에 중대재해처벌법 분야에 실무경험이 풍부한 법률가의 자문을 받아보고 추진할 것을 권한다. 자칫하면 책임을 면하기 위한 술수로 의심받게 되어 수사실무에 있어서는 오히려 구속을 필요로 하는 사유로 평가될 수도 있기 때문이다.

2. 안전보건관리책임자, 안전 전담조직과의 관계

가. 경영책임자와 안전보건관리책임자 등의 개념

중대재해처벌법에서 신설된 '**경영책임자**'라는 개념은 사업을 대표하고 사업을 총괄하는 사람, 즉 통상적으로 대표이사 내지 경영에 관여하는 회장을 말하고, 산업안전보건법상의 안전보건관리책임자와는 전혀 다른, 중대재해처벌법을 적용받을 수 있는 법적 신분이다.

한편 산업안전보건법은 사업주로 하여금 안전보건관리책임자, 관리감독자, 안전관리자, 보건관리자 등 안전보건관리담당자를 두어 산업재해를 예방하고 쾌적한 작업환경을 조성함으로써 노무를 제공하는 사람의 안전 및 보건을 유지·증진시킬 것을 요구하고 있다. 여기서 **안전보건관리책임자**란 사업주로부터 '사업장을 실질적으로 총괄하여 관리[9]'하는 사람에게 해당 사업장의 산업재해 예방계획의 수립에 관한 사항 등 산업안전보건법 제15조에서

---

[9] 사업을 대표하고 사업을 총괄하는 경영책임자보다는 좁은 개념이다.

규정하는 안전보건에 관한 업무를 총괄하도록 하는 직위를 부여받은 사람을 말하고, **관리감독자**란 사업주로부터 사업장의 생산과 관련되는 업무와 그 소속 직원을 직접 지휘·감독하는 직위를 부여받은 사람(산업안전보건법 제16조)이고, **안전관리자와 보건관리자**란 사업주로부터 사업장의 안전 또는 보건에 관한 기술적인 사항에 관하여 사업주나 상사인 안전보건관리책임자를 보좌하고 관리감독자에게 지도·조언하는 업무를 수행하는 직위를 부여받은 사람을 말한다.

나. 안전보건관리책임자의 운용 실태

그런데 누구를 안전보건관리책임자로 지정하고 있는지에 대하여 사업체 등 현장의 상황을 들여다보면 공장장, 현장소장 등 사업장을 관리하는 직위에 있는 자는 물론 사업체에 따라서는 대표이사도 안전보건관리책임자로 지정하여 놓고 안전보건관리업무를 수행하는 경우가 의외로 많다. 통상 단일 사업장을 갖고 있는 사업체에서 자주 볼 수 있는 경우다. 실무경험에 비추어 보면, 안전보건관리책임자의 직위와 소속에 대하여 경영계 차원이나 고용노동부에서 제시하는 명백한 기준이 없이 산업안전보건법 제15조의 해석에 맡기다 보니 업체의 사정에 따라 제각각이었다. 사업장을 실질적으로 총괄한다는 개념과 사업을 대표하고 총괄한다는 개념의 차이는 사업장이 여러 곳에 산재한 경우에 사업장마다 선임해야 하는 것이 안전보건관리책임자여서 이해에 어려움이 없겠지만 하나의 사업장을 두고 있는 사업체의 경우에는 혼선을 빚고 있다. 그러나 대표이사가 해외 등으로 자주 영업을 나가고 사업체의 내부경영은 대표이사 밑에 있는 부사장 등 임원이 총괄하는 제조회사를 상정해 보면 둘의 개념이 왜 다른 것인지 쉽게 이해할 수 있을 것이다.

종전의 산업안전보건법 체제 아래에서는 사업장 안전관리가 아닌 사업의 안전보건관리 업무까지 대표이사가 겸임을 하더라도 특별한 문제가 없었다. 그러나 중대재해처벌법은 중대재해가 발생하면 경영책임자만[10]을 처

---

10 중대재해처벌법 제1조(목적)는 인명피해를 발생하게 한 사업주, 경영책임자, 공무원 및 법인의 처벌 등을 규정한 법률임을 천명하고 있는데, (개인)사업주든 공무원이든 사업체

벌하겠다는 특별형법이고, 책임의 근거는 경영책임자가 관리상의 조치를 다하지 않았다는 것이며, 그 관리상의 조치는 지시받을 안전보건관리 담당 직원들을 대상으로 한다는 점에서 겸임의 문제는 형사책임과 직결되는 문제로 바뀌었다.

산업현장에서는 중대재해처벌법이 국회를 통과하여 시행일인 2022. 1. 27.이 다가옴에 따라 기업체들은 중대재해처벌법 시행령이 어떤 내용으로 제정되는지에 관심을 집중하면서 사업체마다 안전·보건 경영체제로 조직개편을 서둘렀는데, 현장의 관심은 주로 대표이사가 책임을 지지 않고 안전하게 경영에만 전념할 방안이 무엇인지에 집중된 측면이 강했다. 그러다 보니 고용노동부 관계자들은 인사와 예산 등 사업에서 완전히 손을 떼지 않고 안전만 분리하는 이른바 '안전대표이사'를 두어서는 안 된다는 취지로 기회가 있을 때마다 명목상의 대표이사를 내세우지 말라는 경고성 안내와 입장을 밝혀왔다.

다. 대표이사 등 경영책임자와 안전보건관리책임자 등의 관계

경영책임자는 산업안전보건법에서 규정한 대표이사와는 다른 중대재해처벌법에서 도입된 새로운 개념이자 법적 신분임을 잊지 말아야 한다. 중대재해처벌법은 경영책임자만을 처벌하기 위한 특별형법이므로 경영책임자에 해당해야만 중대재해처벌법이 요구하는 조치의무를 부담한다.

그리고 그 조치의무의 내용은 중대재해 예방을 위한 산업안전보건법 등 안전·보건 관계 법령에서 규정한 구체적 조치의무를 경영책임자가 직접 수행하라는 것이 아니라 산업안전보건법상 직접수행 의무를 부담하고 있는 안전보건관리책임자 등을 지휘하라는 것이다. 따라서 둘 사이의 관계는 지휘해야 하는 사람(경영책임자)과 지휘를 받아서 구체적 조치를 한 다음 보고해야

의 장을 의미하기 때문에 경영책임자만을 대상으로 한 특별형법이고, 처벌하는 이유는 인명피해가 발생했기 때문이며, 책임은 중대재해처벌법에서 요구하는 관리상의 조치 의무를 다하지 못했다는 것, 즉 산업안전보건법 등에서 규정한 조치 의무를 직접 수행하는 소속 직원들에 대한 지휘 책임을 묻겠다는 것이다.

하는 사람(안전보건관리책임자)의 관계로 보면 된다.

따라서 대표이사 자신이 실행조직인 안전보건관리책임자나 안전 전담조직의 장을 겸하는 것은 아무런 의미가 없다.

오히려 안전보건관리책임자가 충실히 업무를 수행할 수 있도록 권한과 예산을 주고 그들에 대한 평가기준을 마련해서 반기에 1회 이상 평가·관리하라는 시행령 제4조 제5호에 배치되는 것이다. 중대재해처벌법이 시행되는데도 대표이사 등 경영책임자가 안전보건관리책임자를 겸직하고 있다면 이는 중대재해처벌법과 산업안전보건법에 대한 법적 이해가 부족한 데서 기인한 것이다. 경영책임자에게 지휘 책임을 묻겠다는 중대재해처벌법의 입법목적에도 반하는 것인 만큼 서둘러 바로잡아야 한다. 형사처벌의 위험을 배가시키는 겸직의 위험성은 아래에서 설명하는 바와 같다.

라. 수사경험에 비추어 본 대표이사의 겸직 리스크

중대재해처벌법은 경영책임자를 처벌하기 위한 특별형법이므로 사업주의 안전보건에 관한 업무를 수행하는 산업안전보건법상의 안전보건관리책임자와는 준수해야 하는 작위의무의 내용도 다르고, 처벌 형량의 상한 또한 7년 이하의 징역형이 아니라 가중처벌 시 상한이 45년까지 올라갈 수 있는 징역형이다.

이 책 제1부 제1편 제7장 「중대대해처벌법의 위헌성」 부분에서 상론한 바와 같이 위헌논란을 피하기 어려울 정도로 법정형이 매우 무거운 측면이나 명확성의 원칙에 반하는 등 죄형법정주의와 충돌하는 문제점 등으로 사건이 발생하면 헌법재판소나 법원에서 위헌 여부에 대한 재판이 진행될 것이 예상되고, 언젠가는 적지 않은 부분에서 위헌결정이 나올 가능성이 있다. 이는 중대재해처벌법의 적용으로 인한 유죄판결 선고가 기소 내용보다 훨씬 좁아질 가능성이 있다는 것을 의미한다.

따라서 그와 같은 사정을 잘 알고 있는 검사로서는 중대재해처벌법위반 혐의로만 기소하지 않고, 업무상과실치사상 혐의와 산업안전보건법위반 혐의를 같이 의율할 수만 있다면 모두 기소하여 일부 무죄가 선고되더라도 유죄 부분을 통한 엄벌을 구할 것이다.

그런데 중대재해처벌법이 시행됨으로써 대표이사 등 경영책임자는 종전처럼 안전보건관리책임자에게 재해예방 조치를 맡겨두었다가는 엄한 처벌을 받게 되므로, 필연적으로 중대재해가 예방될 수 있도록 전담조직이나 안전보건관리책임자 등 직원들을 끊임없이 지휘하여 유해·위험요인을 제거·대체 및 통제하는 관리상의 조치를 함으로써 형사책임을 최소화하려고 할 수밖에 없다.

반면에 안전보건관리책임자로서는, 경영책임자의 조치지시, 이행결과 보고지시, 점검지시, 보완지시 등으로 이어지는 순환적 안전보건관리체계 내에서 종전과 달리 작업현장의 구체적 작업내용에 대하여 몰랐다고 변명할 수 있는 범위가 극도로 좁혀질 수밖에 없다. 따라서 안전보건관리책임자에 대하여 산업안전보건법위반죄나 형법상 업무상과실치사상죄가 인정될 위험은 그만큼 더 커지게 된다. 경영책임자로부터 '아차사고'를 포함한 경미한 재해에 대해서도 중대재해 예방 조치를 하라는 지시를 받은 후 조치결과를 보고하고 다시 승인 또는 보완지시를 받는 과정을 반복적으로 거치면서 반기 1회 이상 업무를 충실하게 수행하는지 평가받을 수밖에 없으니, 사업장이 넓고 수행하는 업무가 많아서 안전·보건 조치가 이루어지지 않고 작업이 진행되는 줄 몰랐다는 변명이 받아들여질 경우는 극히 드물다는 의미이다.

게다가 중대재해처벌법의 시행 전부터 수사와 재판실무에서의 변화는 이미 진행되어 산업안전보건법의 적용이 더욱 엄중해졌다는 점에서 이제는 산업안전보건법위반죄의 처벌수준도 크게 높아졌다.

그런데도 자문을 받다보면, 안전·보건 조직을 재편함에 있어서 경영책임자를 보호하는 방향으로 안전·보건 경영체계를 구축하는 사업체가 있는 반면 대표이사에게 안전보건관리책임자를 겸하게 하거나 중대재해처벌법 시행령 제4조 제2호의 전담조직의 장을 겸하도록 하여 중대재해처벌법은 물론 산업안전보건법에 의한 형사책임 위험까지도 경영책임자가 모두 부담하도록 한 사업체도 있었다.

즉 대표이사 등 경영책임자가 안전 전담부서의 장을 겸하거나 안전보건

관리책임자를 겸하게 될 경우에는 중대재해처벌법에 의한 처벌은 물론 산업안전보건법에 의한 처벌까지 자초하는 것이 되고, 직원을 통한 관리상의 조치를 하라는 중대재해처벌법의 입법취지와 시행령 제4조 제5호를 정면으로 위반하는 것이다. 본인 스스로 안전보건조치를 하지 않았던지, 지시 등 관리상의 조치를 하지 않았던지 둘 중의 하나에는 해당할 수밖에 없기 때문에 경영책임자 입장에서는 바람직하지 못하다. 만일 대표이사가 전담조직의 장 또는 안전보건관리책임자를 겸직[11]하고 있다면 경영책임자와 안전보건관리책임자의 관계에 대한 법적 의미와 처벌 리스크를 전혀 이해하지 못한 조치인 만큼 서둘러 분리시켜 안전보건관리책임자와 중대재해처벌법 시행령 제4조 제2호의 전담조직을 경영책임자의 지휘체계 아래에 편입시키고 시행령 제4조 제5호의 조치를 해야 할 것이다.

제3장 중대산업재해에 대한 정부의 안전보건관리체계 구축방안

1. 안전보건관리체계의 구축 및 그 이행에 관한 조치

> 중대재해처벌법 제4조(사업주와 경영책임자등의 안전 및 보건 확보의무) ① 사업주 또는 경영책임자등은 사업주나 법인 또는 기관이 실질적으로 지배·운영·관리하는 사업 또는 사업장에서 종사자의 안전·보건상 유해 또는 위험을 방지하기 위하여 그 사업 또는 사업장의 특성 및 규모 등을 고려하여 다음 각 호에 따른 조치를 하여야 한다.

---

11 가사 중대재해를 예방하기 위한 경영책임자의 강한 의지를 표현한 것이라 하더라도 대표이사 등 경영책임자가 직접 관계 법령과 산업안전보건기준에 관한 규칙 등에서 정한 조치의무를 이행하겠다는 것이어서 그 효과는 기대하기 어려운 반면에 불필요하게 처벌의 위험 앞으로 직접 나서는 것밖에 되지 않는다.

> 1. 재해예방에 필요한 인력 및 예산 등 안전보건관리체계의 구축 및 그 이행에
> 관한 조치

가. 목표와 경영방침

> 시행령 제4조(안전보건관리체계의 구축 및 이행 조치)
> 법 제4조 제1항 제1호에 따른 조치의 구체적인 사항은 다음 각 호와 같다.
> 1. 사업 또는 사업장의 안전·보건에 관한 목표와 경영방침을 설정할 것

1) 고용노동부 가이드북 등의 내용

고용노동부는 산업재해 예방을 위한 안전보건관리체계 가이드북에서, 경영자가 확고한 리더십으로 비전을 제시하고, 인력·시설·장비 등 자원을 제공해야 한다며 그 실행전략 및 실행방법 등에 관하여 다음과 같은 취지로 안내하고 있다.[12]

> **실행전략 1. 안전보건에 대한 의지를 밝히고 목표를 설정**
> ⓐ 안전보건 목표와 개선 의지를 담은 경영방침을 널리 전파
> ⓑ 안전보건관리체계 이행 수준을 측정할 수 있는 목표를 설정
>
> 〈실행방법〉
> ㉠ 안전보건 증진·유지를 핵심적인 경영방침으로 하고, 사업장 내 모든 구성원
> 이 인지할 수 있도록 경영방침을 담은 동영상·문서를 인트라넷·게시판 등에
> 서 언제나 확인할 수 있도록 조치
> ㉡ 하청업체, 파견업체, 공급·판매업체 및 고객에게도 안전보건 경영방침을 알
> 리고, 주요 업무 관계자에게 밝힘으로써 안전보건 경영방침의 실천의지가 강
> 화되는 효과를 도모
> ㉢ 재해예방 활동을 중심으로 목표를 정하고 정기적으로 평가
> ㉣ 사업장 내 공장 신축, 공정·설비·화학물질 변경 등 작업환경 변화가 있는 경
> 우 사전에 안전보건 확보방안도 마련하여 해당 작업과 연관된 수급인 등이
> 있는 경우 수급인에게도 알리고 협의

---

12 고용노동부, 2021. 12. 발간 「산업재해 예방을 위한 안전보건관리체계 가이드북」, pp. 16~19

실행전략 2. 안전보건에 필요한 자원(인력·시설·장비)을 배정

ⓐ 위험요인의 제거·대체 및 통제에 필요한 자원을 확인

ⓑ 기업의 재정적, 기술적 여건을 고려하여 자원을 배정

〈실행방법〉

㉠ 사업장 안전보건 확보를 위한 안전보건 조직(담당자)의 제안이 원활하게 이행될 수 있도록 조직체계를 구성·재편

㉡ 대기업은 가급적 안전보건 담당조직을 경영자 직속 기구로 배치, 중소기업은 정부의 기술지도 사업, 안전관리전문기관·보건관리전문기관 등 외부의 자원을 활용할 수 있는 방안도 검토

㉢ 위험요인 제거·대체 및 통제를 위한 시설·장비 확충, 안전보건 담당자 배치, 비상조치계획 수립·훈련 등의 구체적인 계획을 수립하고 이를 이행할 수 있는 예산을 배정

실행전략 3. 구성원의 권한과 책임을 정하고, 참여를 독려

ⓐ 안전보건 인력을 충분히 확보하고 구성원의 권한과 책임 규정

ⓑ 안전보건활동에 참여할 수 있는 시간을 보장, 인센티브를 제공

〈실행방법〉

㉠ 사업장 안전보건 확보를 위한 충분한 인력이 있는지 확인하고, 부족한 경우에는 추가로 확보

㉡ 안전보건관리체계 구축·이행은 안전관리자·보건관리자만의 업무가 아니며, 모든 경영자와 관리자의 기본적인 업무임을 명확화

㉢ 안전보건관리규정 등 사내 규정에 위험요인별 제거·대체 및 통제방안에 대한 주요 내용과 구성원의 권한과 역할 규정

㉣ 현장 작업자들이 관심을 가지고 참여할 수 있도록 충분한 시간을 부여

㉤ 적극적인 참여자는 격려하고 인센티브를 제공하여, 긍정적인 분위기를 조성

그러나 위 실행전략 2와 실행전략 3은 실질적으로는 중대재해처벌법 시행령 제4조 제2호부터 제7호까지에 관한 사항과 중복되는 설명인 만큼 제1호의 안전·보건에 관한 목표와 경영방침을 설정하라는 부분에서는 굳이 고용노동부의 가이드북을 따를 필요까지는 없을 것으로 보인다.

그리고 중대재해처벌법이 제정된 이후 고용노동부가 특별감독 결과 형식으로 발표한 경영책임자의 리더십과 안전관리 목표 등 평가 사례들을 보면 다음과 같으니, 이를 참고할 필요가 있을 것 같다.

【2021. 6. 29. ㈜○○건설에 대한 감독 결과[13]】

(리더십) 재무성과를 강조하고, 대표이사의 안전보건경영에 대하여 사내 규정상 책임과 역할이 부족, 이로 인해 안전보건의 중요성에 대한 조직 내 인식이 미흡하다. 특히, ㈜○○건설의 안전보건 활동에 대한 성과·효과성을 검토하는 최종 권한은 대표이사가 아닌 사업본부장 등에게 위임하고 있다.

☞ 이에 안전보건의 중요사항에 대해서는 권한 위임이 아닌 대표이사의 실질적 의견이 직접 반영되도록 책임과 역할 강화가 필요

(안전관리 목표) 사망사고가 매년 발생하고 있음에도 불구하고 대표이사의 안전보건방침은 2018년 이후 변화 없이 동일하게 유지되고 있다. 전사의 안전관리를 총괄하는 품질안전실의 경우 정량화된 목표가 없어 목표 달성에 관한 관심이 낮고 주기적 성과측정에 한계가 있다.

☞ 사망사고 근절 의지와 새로운 방향성을 담은 방침 표명, 전사적인 안전보건 목표와 세부 실행계획, 평가지표 마련 필요

【2021. 4. 27. ㈜●●건설에 대한 특별감독 결과[14]】

●●건설 대표이사의 활동, 경영전략 등에서 안전보건에 관한 관심과 전략이 부족하다고 판단했다. 이에 대한 근거로 ●●건설의 '지속가능성장 경영전략 플랜 2023 6대 중점전략'(① 비전전략 정립 및 공유, ② 자본 충실, ③ 신용등급 향상, ④ 차세대리더 양성, ⑤ 교육 체계화, ⑥ 평가강화)에 안전보건 관련 사항이 없다는 점을 제시했다.

☞ 보완 필요

(안전관리 목표) 안전팀이 사업부서에 편제되어 있어 위상이 낮은 안전팀만의 실행목표로 수립되어 있고, 사업부 내에서 안전보건 목표가 공유되어 있지 않는

---

13 고용노동부, 2021. 6. 29.자 「㈜○○건설 본사 및 전국현장 감독 결과 발표」 보도자료
14 고용노동부, 2021. 4. 27.자 「고용노동부, 중대재해 빈발한 ㈜●●건설 본사 특별감독 결과 발표」 보도자료

등 전사적인 안전보건 목표가 설정되어 있지 않고 이에 대한 평가도 없다.

☞ 안전·보건 관련 조직, 인력, 목표 설정 및 평가 등을 전면적으로 재검토 필요

【◇◇건설㈜에 대한 감독 결과[15]】

(사업장의 경영방침 및 안전보건 목표 설정) 대표가 방침, 목표를 수립·공표하고, 이에 부합하게 각각 사업본부도 별도 수립·공표하여 운영하고 있으나, 실행을 위한 구체적 추진전략이 없거나 성과측정을 위한 지표 등이 부재하고 전체 구성원의 참여유도를 위한 조력이 저조했다.

☞ 전 구성원이 대표의 방침과 목표를 정확히 인지할 수 있도록 지속적으로 홍보, 전파하고, 성과측정 등을 통한 이행상황 평가 등 구체적 실행계획을 수립 필요

---

2) 수사기관의 관심 부분

사업주 또는 경영책임자가 천명한 안전·보건에 관한 목표와 경영방침은 안전보건관리책임자(산업안전보건법 제15조), 관리감독자[16](산업안전보건법 제16

---

15 고용노동부, 2021. 8. 3.자「고용노동부, ◇◇건설㈜에 안전보건관리체계 개선을 강력히 권고 - 본사 및 전국현장 감독 결과 발표 -」보도자료

16 산업안전보건법 제16조 제1항에서 관리감독자의 업무는 대통령령으로 정하도록 되어 있는데, 산업안전보건법 시행령 제15조는 관리감독자의 업무를 다음과 같이 규정하고 있다. 산업안전보건법 시행령 제15조(관리감독자의 업무 등) ① 법 제16조 제1항에서 "대통령령으로 정하는 업무"란 다음 각 호의 업무를 말한다. <개정 2021. 11. 19.>
  1. 사업장 내 법 제16조 제1항에 따른 관리감독자(이하 "관리감독자"라 한다)가 지휘·감독하는 작업(이하 이 조에서 "해당작업"이라 한다)과 관련된 기계·기구 또는 설비의 안전·보건 점검 및 이상 유무의 확인
  2. 관리감독자에게 소속된 근로자의 작업복·보호구 및 방호장치의 점검과 그 착용·사용에 관한 교육·지도
  3. 해당작업에서 발생한 산업재해에 관한 보고 및 이에 대한 응급조치
  4. 해당작업의 작업장 정리·정돈 및 통로 확보에 대한 확인·감독
  5. 사업장의 다음 각 목의 어느 하나에 해당하는 사람의 지도·조언에 대한 협조
    가. 법 제17조 제1항에 따른 안전관리자(이하 "안전관리자"라 한다) 또는 같은 조 제5항에 따라 안전관리자의 업무를 같은 항에 따른 안전관리전문기관(이하 "안전관리전문기관"이라 한다)에 위탁한 사업장의 경우에는 그 안전관리전문기관의 해당 사업장 담당자
    나. 법 제18조 제1항에 따른 보건관리자(이하 "보건관리자"라 한다) 또는 같은 조 제5항에 따라 보건관리자의 업무를 같은 항에 따른 보건관리전문기관(이하 "보건관리전문기관"이라 한다)에 위탁한 사업장의 경우에는 그 보건관리전문기관의 해당 사업장 담당자

조), 안전관리자(산업안전보건법 제17조), 보건관리자(산업안전보건법 제18조), 안
전보건관리담당자(산업안전보건법 제19조)와 전담조직을 통하여 사업 또는 사
업장별로 공지되고, 근로자와 종사자 등 해당 사업을 위하여 일하는 모든 사
람에게도 공유되면 안전의식 공유차원에서 중대재해 예방에 효과적인 것은
사실이다.

   그런 의미에서 고용노동부가 안전·보건에 관한 목표와 경영방침을 사
업 또는 사업장의 종사자 모두가 인식하고 실천할 수 있어야 한다며 사업장
내 모든 구성원이 인지할 수 있도록 경영방침을 담은 동영상·문서를 인트라
넷·게시판 등에서 언제나 확인할 수 있도록 조치하라는 취지에는 공감한다.

   그러나 중대재해 사고 발생당시의 경영책임자의 안전·보건에 관한 목표
와 경영방침의 수준과 게시 방법이 어떠했느냐는 잘해야 공소장의 모두사실
에 기재되는 사항일 수는 있어도 혐의 유무를 결정짓는 사항이 되지 못하므
로 수사기관의 관심 밖의 조항이 될 수밖에 없다. 안전·보건에 관한 목표와
경영방침이 부실하다는 이유만으로 발생한 중대재해와의 인과관계를 인정하
기도 어렵다. 실속이 없는 규정일 뿐이라는 비판이 가능할 것이다.

   중대재해가 발생하면 사고원인이 무엇인지, 사고예방에 필요했던 안전·
보건조치는 무엇이었는지, 그와 같은 조치가 현장에서 이행되지 않은 이유
가 무엇인지 조사하는 것이 수사다. 중대재해처벌법 수사에서는 경영책임자
의 목표와 경영방침이 제대로 되어 있는지 여부보다, 현장에서 확인·개선되
지 않은 구체적인 유해·위험요인이 무엇이었고 그것을 제거·통제 및 대체할

   다. 법 제19조 제1항에 따른 안전보건관리담당자(이하 "안전보건관리담당자"라 한다)
       또는 같은 조 제4항에 따라 안전보건관리담당자의 업무를 안전관리전문기관 또는
       보건관리전문기관에 위탁한 사업장의 경우에는 그 안전관리전문기관 또는 보건관
       리전문기관의 해당 사업장 담당자
   라. 법 제22조 제1항에 따른 산업보건의(이하 "산업보건의"라 한다)
 6. 법 제36조에 따라 실시되는 위험성평가에 관한 다음 각 목의 업무
   가. 유해·위험요인의 파악에 대한 참여
   나. 개선조치의 시행에 대한 참여
 7. 그 밖에 해당작업의 안전 및 보건에 관한 사항으로서 고용노동부령으로 정하는 사항
 ② 관리감독자에 대한 지원에 관하여는 제14조 제2항을 준용한다. 이 경우 "안전보건관
 리책임자"는 "관리감독자"로, 법 제15조 제1항"은 "제1항"으로 본다.

수 있었던 안전·보건조치는 무엇이었으며, 그와 관련된 대표이사 등 경영책임자의 관리상의 조치 불이행이 있었느냐의 여부를 가지고 수사기관과 공방이 벌어질 것이고, 기소권자인 검사는 산업안전보건법 제14조에 의한 안전 및 보건에 관한 계획이 수립되어 시행되고 있다면, 경영책임자가 중대재해 예방을 위한 관리상의 조치를 다하였느냐 여부를 판단함에 있어서 안전·보건에 관한 목표와 경영방침이 널리 공유될 수 있도록 게시판에 게시하였는지 여부보다 안전수칙이 현장에서 이행되지 않은 실제 원인을 집중적으로 파헤치려고 한다.

3) 대표이사의 「안전·보건에 관한 계획 수립 의무」와의 관계

산업안전보건법은 상법상의 주식회사 대표이사에게 대통령령으로 정하는 바에 따라 매년 안전보건에 관한 계획을 수립하여 이사회의 승인을 받아야 하고, 성실하게 이행하여야 하며, 그 안전 및 보건에 관한 계획에는 안전 및 보건에 관한 비용, 시설, 인원 등의 사항을 포함하여야 한다고 규정(산업안전보건법 제14조[17])하고, 이를 위반하면 1,000만 원 이하의 과태료를 부과한다(산업안전보건법 제175조 제4항 제2호).

그런데 산업안전보건법법 제14조의 위임에 의해 반드시 포함시켜야 할 사항을 규정하고 있는 산업안전보건법 시행령 제13조 제2항의 내용을 보면 "1. 안전 및 보건에 관한 경영방침, 2. 안전·보건관리 조직의 구성·인원 및 역할, 3. 안전·보건 관련 예산 및 시설 현황, 4. 안전 및 보건에 관한 전년도 활동실적 및 다음 연도 활동계획"으로 구성되어 있다. 중대재해처벌법 시행령 제4조 제1호에서 규정하고 있는 안전·보건에 관한 목표와 경영방침을 설정할 것에 대한 가이드북이나 고용노동부 해설서의 내용도 산업안전보건법

---

17 산업안전보건법 제14조(이사회 보고 및 승인 등)는 **상시 근로자 500명 이상을 사용하는 회사**와 건설산업기본법 제23조에 따라 평가하여 공시된 **시공능력**(같은 법 시행령 별표 1의 종합공사를 시공하는 업종의 건설업종란 제3호에 따른 토목건축 공사업에 대한 평가 및 공시로 한정한다)의 순위 **1천위 이내의 건설회사**에 대하여 대통령령으로 정하는 바에 따라 매년 회사의 안전 및 보건에 관한 계획을 수립하여 이사회에 보고하고 승인을 받아야 한다'고 규정하고 있다.

제14조의 대표이사가 수립하여 이사회 승인을 받아 시행해야 하는 「안전 및 보건에 관한 계획」과 그 내용에 있어서 별반 차이가 없다.

이미 산업안전보건법 제14조의 규정에 의한 조치를 했다면 중대재해처벌법 제4조 제1호의 조치를 생략한다 하더라도 이를 문제 삼아 기소하겠다는 검사는 없을 것이다. 오히려 내용에 별반 차이가 없는 작위의무를 중대재해처벌법 시행령과 산업안전보건법에 각각 나누어 규정하면서 한곳에서는 과태료로 제재하고, 다른 곳에서는 중대재해라는 결과발생을 이유로 처벌하는 것이기는 하지만 최장 45년까지의 징역형으로 처벌함으로써 중대재해처벌법 시행령 제4조 제1호는 비례의 원칙에 반한다는 위헌소지만 키워 놓은 셈이다.

그렇다면 그 내용과 형식을 산업안전보건법에 따르든, 중대재해처벌법 시행령과 고용노동부 가이드북에 따르든 큰 문제가 없겠지만 업무부담 경감 및 과태료를 면한다는 차원에서 산업안전보건법상의 대표이사의 의무를 이행을 하는 것만으로도 충분할 것 같다.

나. 전담조직

시행령 제4조(안전보건관리체계의 구축 및 이행 조치) 법 제4조 제1항 제1호에 따른 조치의 구체적인 사항은 다음 각 호와 같다.

2. 산업안전보건법 제17조부터 제19조까지 및 제22조에 따라 두어야 하는 인력이 총 3명 이상이고 다음 각 목의 어느 하나에 해당하는 사업 또는 사업장인 경우에는 안전·보건에 관한 업무를 총괄·관리하는 전담 조직을 둘 것. 이 경우 나목에 해당하지 않던 건설사업자가 나목에 해당하게 된 경우에는 공시한 연도의 다음 연도 1월 1일까지 해당 조직을 두어야 한다.

　가. 상시 근로자 수가 500명 이상인 사업 또는 사업장

　나. 건설산업기본법 제8조 및 같은 법 시행령 별표 1에 따른 토목건축공사업에 대해 같은 법 제23조에 따라 평가하여 공시된 시공능력의 순위가 상위 200위 이내인 건설사업자

1) 역할과 임무의 독자성

전담조직은 조직을 구성하고 사람을 임명한 것으로 족한 것이 아니라 경영책임자의 안전 및 보건 확보의무를 이행하는 집행조직이어야 하고, 실질적으로 중대재해처벌법 제4조와 제5조에 따른 의무를 총괄하여 관리할 수 있어야 한다는 것이 고용노동부의 입장이다.

고용노동부는 2021. 11. 17. 배포한 중대재해처벌법 해설서에서 전담조직의 역할에 대하여 사업 또는 사업장의 안전보건관리체계를 관리·감독하는 등 경영책임자를 보좌하고 개인사업주나 법인 또는 기관의 안전·보건에 관한 컨트롤타워 조직이어야 하므로 특정 사업장의 안전·보건이 아닌 전체 사업 또는 사업장의 안전·보건을 총괄하는 조직일 것을 요구한다.

중대재해처벌법 및 그 시행령, 안전·보건 관계 법령에 따른 종사자의 안전·보건상 유해·위험 방지 정책의 수립이나 안전·보건 전문인력의 배치, 안전·보건 관련 예산의 편성 및 집행관리 등 법령상 필요한 조치의 이행이 이루어지도록 총괄하는 조직이므로 당연히 각 사업장의 안전·보건관리가 제대로 되고 있는지 확인·점검하고 이를 지원하는 역할을 수행할 것을 요구한다.

또한 전담조직은 부서장과 해당 부서원 모두 안전·보건에 관한 업무만 총괄·관리하여야 하고, 안전·보건과 무관하거나 생산관리, 일반행정 등 안전보건과 목표의 상충이 일어날 수 있는 업무를 함께 수행하여서는 안 된다고 한다.

2) 규모와 설치 장소

위 해설서에 의하면, 전담조직의 구성원의 수는 최소 2명 이상이어야 하고, 실질적 역할을 수행할 수 있어야 하므로 안전·보건에 관한 업무를 총괄 관리하는 조직의 인원과 자격 등 구성 방법에 관하여는 산업안전보건법상의 안전관리자처럼 별도의 자격을 구비한 자일 필요는 없지만 사업 또는 사업장의 특성 규모 등을 고려하여 중대재해처벌법 제4조 및 제5조에 따른 안전·보건에 관한 업무를 총괄·관리할 수 있는 합리적인 인원으로 조직될 것을 요구하고 있다.

　　또한 설치할 장소는 사업장이 여러 곳에 분산되어 있는 경우에 사업장 현장별로 두어야 하는 안전관리자 등 외에 별도로 개인사업주나 법인 또는 기관 단위에서 별도 인력으로 조직을 구성할 것을 요구하고 있다. 즉 경영책임자가 있는 곳에 전담조직이 설치되어야 하고 직제표에만 전담조직으로 설치되고 실제 근무 장소가 현장별로 흩어져 두어야 하는 안전관리자 등과는 별도의 조직을 설치하라는 것이다.

다. 유해·위험요인 확인·개선절차 마련

시행령 제4조(안전보건관리체계의 구축 및 이행 조치) 법 제4조 제1항 제1호에 따른 조치의 구체적인 사항은 다음 각 호와 같다.

3. 사업 또는 사업장의 특성에 따른 유해·위험요인을 확인하여 개선하는 업무절차를 마련하고, 해당 업무절차에 따라 유해·위험요인의 확인 및 개선이 이루어지는지를 반기 1회 이상 점검한 후 필요한 조치를 할 것. 다만, 「산업안전보건법」 제36조에 따른 위험성평가를 하는 절차를 마련하고, 그 절차에 따라 위험성 평가를 직접 실시하거나 실시하도록 하여 실시 결과를 보고받은 경우에는 해당 업무절차에 따라 유해·위험요인의 확인 및 개선에 대한 점검을 한 것으로 본다.

1) 개요

　　사업 또는 사업장의 특성, 업무장소 및 작업공정별로 유해·위험요인은 다양하게 산재되어 있다. 실무경험에 비추어 보면, 생산과 작업 현장의 최일선 책임자가 유해·위험요인을 모두 파악하여 필요한 안전·보건조치를 하라는 대표이사의 방침에도 불구하고, 정작 중대재해 사고가 발생한 현장에서는 책임자조차 안전·보건수칙을 이행하지 않았음은 물론 안전·보건수칙을 숙지하지도 못한 경우가 비일비재하고, 근로자와 종사자 또한 안전 불감증과 안전수칙 이행에 별다른 관심을 보이지 않는 경우가 많았던 것 같다.

　　게다가 하청업체의 인사문제 등 고용관계에 개입할 수 없음은 물론 하청업체에 따라서는 필요에 따라 인력시장에서 인력을 공급받아 생산현장에 투입하는 경우도 있다 보니 원청 입장에서는 하청업체의 근로자와 종사자에 대한 파악과 이해가 부족하여 안전·보건 교육을 제대로 실시하지 못하는 경우가 있는 것도 현실이다.

산업안전보건법과 달리 중대재해처벌법은 유해·위험요인의 확인 및 개선절차는 자신이 실질적으로 지배·운영·관리하는 사업 내지 사업장이라면 도급·용역·위탁등 그 형식에 관계에서 노무를 제공하는 모든 종사자에 대하여 안전 및 보건 확보의무를 부담하고, 심지어 제3자에게 도급·용역·위탁 등을 행한 경우에 그 시설, 장비, 장소 등에 대하여 실질적으로 지배·운영·관리하는 책임이 있는 경우에는 자신의 사업 또는 사업장이 아니라도 노무를 제공하는 모든 사람에 대하여 안전 및 보건 확보의무를 부담하므로 도급·용역·위탁등의 관계에서 노무제공자에 대한 안전보건 확보책임을 원청 사업주 또는 경영책임자가 전적으로 떠안게 되었다는 점을 유의하여 산업안전보건법과 사업장 위험성평가에 관한 지침(고용노동부 고시) 및 고용노동부 안내대로 업무절차를 마련하지 않을 수 없다.

2) 유해·위험요인 파악 / 제거·대체 및 통제 업무절차 마련

재해로 이어질 유해·위험요인이 무엇인가? 산업현장에서 발생하는 재해의 직접 원인은 추락, 끼임, 말림, 충돌, 전도, 협착, 맞음, 감전, 화재, 폭발, 질식, 중독, 감염 등이고 보면, 그러한 상황을 초래할 가능성이 유해·위험요인이다.

산업현장에서의 작업자의 안전 및 보건 확보를 목적으로 하고 있는 산업안전보건법은 제38조에서 사업주가 안전조치를 해야 하는 위험을 ㉠ 설비에 의한 위험, ㉡ 물질 등에 의한 위험, ㉢ 에너지에 의한 위험, ㉣ 작업 방법에 의한 위험, ㉤ 작업 장소에서 오는 위험으로 분류하고, 같은 법 제39조에서 사업주가 보건조치를 해야 하는 건강장해를 ㉠ 원재료·가스·증기·분진·흄·미스트·산소결핍·병원체 등에 의한 건강장해, ㉡ 방사선·유해광선·고온·저온·초음파·소음·진동·이상기압 등에 의한 건강장해, ㉢ 사업장에서 배출되는 기체·액체 또는 찌꺼기 등에 의한 건강장해, ㉣ 계측감시(計測

監視), 컴퓨터 단말기 조작, 정밀공작(精密工作) 등의 작업에 의한 건강장해, ㉤ 단순반복작업 또는 인체에 과도한 부담을 주는 작업에 의한 건강장해, ㉥ 환기·채광·조명·보온·방습·청결 등의 적정기준을 유지하지 아니하여 발생하는 건강장해로 분류한 다음 그 위험의 차단·개선에 대한 구체적인 조치사항을 고용노동부령인 산업안전보건기준에 관한 규칙에서 상세히 규정하고 있다.

그리고 산업안전보건법 제36조는 위험성평가의 실시와 그 결과에 따라 필요한 조치 의무를 규정하면서 자세한 평가의 방법, 절차 및 시기, 해당 근로자의 참여에 대하여 「사업장 위험성평가에 관한 지침」에 따르도록 하고, 위험성평가 실시내용 및 결과를 ㉠ 위험성평가 대상의 유해·위험요인, ㉡ 위험성 결정의 내용, ㉢ 위험성 결정에 따른 조치의 내용, ㉣ 그 밖에 위험성 평가의 실시내용을 확인하기 위하여 필요한 사항으로서 고용노동부장관이 정하여 고시(사업장 위험성평가에 관한 지침)하는 사항을 포함하여 3년간 보존해야 한다고 규정하고 있다. 즉 위험성 평가와 후속 조치에 대한 절차와 방법은 고용노동부 고시인 「사업장 위험성평가에 관한 지침」이 상세히 규정하고 있다.

고용노동부는 이에 더하여 2021. 12. 「산업재해 예방을 위한 안전보건관리체계 가이드북」을 발간하여 위험요인 파악과 관련된 5가지의 실행전략과 위험요인 제거·대체 및 통제와 관련된 4가지의 실행전략을 안내하고 있다. 따라서 경영책임자는 안전보건관리책임자 등 전담조직으로 하여금 고용노동부의 「사업장 위험성평가에 관한 지침」과 가이드북에 따라 전체 사업 또는 사업장의 위험성평가를 실시함이 바람직하고, 법령에 따른 조치의무가 제대로 이행되고 있는지, 이행되지 않는 부분에 대한 이행계획을 보고하라는 지시를 해야 한다.

그 지시를 받은 안전보건관리책임자 등 전담조직에서 할 일, 즉 유해·위험요인 파악과 그 제거·대체 및 통제에 대한 가이드북의 안내내용을 소개하면 다음과 같다.[18]

---

18 고용노동부, 2021. 12. 발간 「산업재해 예방을 위한 안전보건관리체계 가이드북」, pp. 36~65

〈위험요인 파악〉

실행전략 1. 위험요인에 대한 정보를 수집하고 정리

ⓐ 위험요인과 관련한 정보를 수집[19]

ⓑ 파악된 위험요인은 유형별로 분류하여 정리

구체적 실행방법은 ㉠ 경영자·관리자는 현장 작업자의 참여를 바탕으로 위험요인을 발굴함, ㉡ 누구나 자유롭게 위험요인을 발굴하고 신고할 수 있는 공식적인 절차를 마련함, ㉢ 하청업체, 파견업체, 공급·판매업체(Suppliers and vendors) 및 고객도 사업장 내 위험요인을 신고·제보할 수 있도록 함

〈위험요인 파악 시 반드시 준비해야 할 자료〉
- 사고조사보고서 등 과거의 재해 보고서
- 안전모, 마스크 등 안전장비 보유 현황
- 기계, 장비 등 보유 현황 및 설명서
- 외부 전문기관의 지도·점검 결과
- 공정별 작업절차도
- 작업환경측정 결과
- 화학물질 제조업체가 제공하는 MSDS
- 근로자 교육자료

실행전략 2. 산업재해 및 아차사고를 조사

과거의 산업재해는 물론 아차사고까지 조사하여 위험요인을 파악

구체적 실행방법은 ㉠ 아차사고 공유 채팅방 개설, 우수발굴자 포상제 도입 등을 활용하여 사업장 내에서 발생한 모든 '산업재해'와 '아차사고' 현황을 분석하여 위험요인을 파악함, ㉡ 사고 조사 시에는 안전보건 담당자 및 전문가를 중심으로 하되, 해당 작업자 또는 동종·유사 작업자가 참여해야 함

〈아차사고 발굴 활동〉

'아차사고'란 생명·건강에 위해를 초래할 가능성이 있었으나, 산업재해로는 이어지지 않은 사고를 말하며, - 수차례의 아차사고 발생에도 불구하고 개

---

[19] 기존의 재해나 아차사고 확인이 대표적인 정보수집 방법이다. TBM 논의자료, 해당 공정의 경험이 많은 은퇴자의 자문, 다른 업체의 사고사례도 위험·유해요인 파악의 유용한 수단일 것이다.

선되지 않으면 통상 산업재해로 이어짐
① 아차사고 보고(작업자→ 관리자→ 안전보건담당자)
② 아차사고 원인 분석(작업자 & 관리자 → 안전보건담당자)
③ 아차사고 재발방지 대책 마련(안전보건담당자, 작업자·관리자 참여)
  * 재발방지 대책 마련 시에는 사업장 내 동종·유사 위험요인을 함께 검토
④ 아차사고 재발방지 대책 보고(관리자 & 안전보건담당자 → 경영자)
⑤ 아차사고 재발방지 대책 이행 지시(경영자 → 관리자 & 안전보건담당자)

실행전략 3. 위험 기계·기구·설비 등을 파악

구체적 실행방법은 ㉠ 사업장 내 모든 기계·기구·설비를 파악하고 그 위험 유무를 파악함. 새로운 기계 등을 구매할 때는 안전하게 설계된 제품을 선택함(설계를 통한 예방 원칙), ㉡ 산업재해, 아차사고가 발생한 기계는 반드시 위험요인으로 분류함

실행전략 4. 유해인자를 파악

유해인자란 안전보건에 위해를 야기하는 것을 말하며, 통상 화학적 인자(화학물질), 물리적 인자(소음 등), 생물학적 인자(감염병 등), 인간공학적 인자(근골격질환 등)로 분류
산업안전보건법 시행규칙 별표 18은 유해인자의 유해성·위험성 분류기준을 규정
ⓐ 화재·폭발·누출의 위험이 있는 화학물질과 건강에 위해를 가하는 화학물질, 물리적 인자 등을 파악함
ⓑ 화학제품의 경우 반드시 물질안전보건자료(MSDS)를 확인함
구체적 실행방법은 ㉠ 화학제품 제조·수입자가 의무적으로 제공하는 물질안전보건자료(MSDS)에 있는 화학물질의 명칭, 유해·위험성 정보, CAS번호를 확인함, 화학제품에 함유된 화학물질이 고용노동부 고시 '화학물질 및 물리적 인자의 노출기준' 별표 1(해당 고시에 따른 노출기준을 준수하지 않은 경우, 건강에 위해를 야기)에 해당한다면 유해인자에 해당함, ㉡ 소음·진동·방사선·기압·기온 등 물리적 인자가 적정 수준인지 확인함, ㉢ 감염병 등 생물학적 인자(혈액매개 감염인자, 공기매개 감염인자, 곤충·동물매개 감염인자)와 근골격계 부담작업, 직무 스트레스 등 인간공학적 인자를 확인함

실행전략 5. 위험장소 및 작업형태별 위험작업을 파악

모든 구성원의 참여를 바탕으로 위험장소와 작업별 위험요인을 조사

구체적 실행방법은 ㉠ 위험장소와 위험작업을 조사할 때는 현장 작업자가 반드시 참여함, ㉡ 위험장소와 위험작업(정형작업, 비정형작업으로 구분)은 '기계·기구·설비, 유해인자' 및 '재해유형(떨어짐, 끼임, 맞음, 부딪힘, 깔림·뒤집힘, 화재·폭발·누출, 질식, 폭염 등)'과 연계하여 예컨대, 「사출성형기(위험기계) 수리작업(비정형작업) 시 끼임 재해 발생 가능 / 비계(위험장소)에서 거푸집 설치 작업 시 떨어짐 재해 발생 가능」 파악함, ㉢ 작업환경이 수시로 변하는 건설현장의 경우, 위험장소와 위험작업을 공정의 변화(터파기 → 흙막이 지보공 조립 → 기초바닥 공사 → 철골 설치 → 철근 조립 → 거푸집 조립 → 콘크리트 타설 → 마감 → 내부 인테리어)에 맞춰 계속하여 파악함[① (계획·설계) 건설공사 계획·설계 단계에서의 유해·위험요인 검토(발주자·설계자), ② (시공계획 수립) 주요 공정별 위험성평가(연간·월간), ③ (작업 전일) 단위작업별 사전 위험요인 확인(일일), ④ (작업 직전) 작업 전 안전미팅(TBM)을 통한 위험요인 재확인], ㉣ 제조현장에서는 주로 기계·기구·설비의 설치·보전(유지·보수) 작업과 관련된 사고가 빈번함을 유의하여야 함

〈위험요인 제거·대체 및 통제〉

실행전략 1. 위험요인별 위험성을 평가

발생 가능성과 중대성을 예측하여 위험요인별 우선순위 선정

구체적 실행방법은 ㉠ 발굴한 위험요인은 유형별(① 위험기계 등, ② 유해인자(화학물질, 물리적 인자, 생물학적 인자), ③ 위험 장소(떨어짐, 맞음, 깔림, 부딪힘, 밀폐 등), ④ 작업형태)로 분류하여 기록하고 관리함, ㉡ 각각의 위험요소에 대해 '산재사고 발생 가능성'과 '중대성(재해자 수 등 재해의 규모와 사망, 중증 부상 및 질병 등 재해의 정도로 판단)'을 예측하여 위험의 정도를 평가[위험성평가 기법에 관한 보다 구체적인 내용은 '사업장 위험성평가에 관한 지침(고용노동부 고시)' 및 '위험성평가 지침해설서'(산업안전보건공단 홈페이지) 참고]함, ㉢ 평가 결과에 따라 위험요소별 우선순위를 정함

실행전략 2. 위험요인별 제거·대체 및 통제 방안을 검토

'제거 → 대체 → 통제 → 개인보호구' 순으로 검토

구체적 실행방법은 ㉠ 위험요인별 개선방안은 제거 → 대체 → 통제 순으로 검토함, **제거라 함은** 밀폐공간 내 작업이 필요 없도록 구조를 변경하는 등 위험요소를 물리적으로 제거하는 것이고, **대체라 함은** 메탄올을 에탄올로 대체하는 등 위험성이 낮은 위험요인으로 대체함을 의미하며, **공학적 통제라 함은** 방호장치의 설치, 환기장치 등을 통해 위험요소와 작업자를 격리함을 말하고, **행정적 통제라 함은** 작업절차서 정비, 작업허가제 도입 등 작업방법을 변경하는 것을 의미함, ㉡ 제거·대체가 불가능할 경우 공학적·행정적 통제방안을 검토하고 개인보호구 (PPE; Personal Protective Equipment) 활용방안을 함께 마련함, ㉢ 위험요인별로 복수의 방안을 검토해야 하며, 현장 작업자, 관리감독자, 안전보건담당자와 함께 논의함, ㉣ 자체적으로 방안을 마련하기 어려울 경우, 전문가의 자문을 구함

실행전략 3. 종합적인 대책을 수립하고 이행

ⓐ 위험요인별 제거·대체 및 통제방안을 확정, 종합대책을 수립

ⓑ 모든 구성원이 공유하고 이행

구체적 실행방법은 ㉠ 위험요인별 '위험의 정도' 및 '가능한 복수의 방안'을 정리함, ㉡ 위험요인별 방안을 결정할 때는, 효과가 가장 높은 수단을 선택하는 것을 원칙으로 하되, 예산·기술 부족 등 현실적 측면도 고려함, ㉢ 현실적 이유로 근본적인 개선(제거·대체)이 어려울 경우에는 임시적인 방안(공학적·행정적 통제 및 개인보호구)으로 관리함, ㉣ 위험요인별로 선택한 방안이 '작업자가 실수하거나 기계·기구 등이 고장'이 나더라도 중대재해로 이어지지 않는지를 확인함, ㉤ 위험요인별 제거·대체 및 통제 방안이 결정되면 자원(예산·인력 등) 배정방안도 마련함, ㉥ 종합적인 대책이 확정되면 모든 구성원이 공유하고 이행함

실행전략 4. 교육훈련을 실시

ⓐ 각 작업자는 구체적인 위험요인 제거·대체 또는 통제방안 이해

ⓑ 모든 구성원이 안전보건관리체계의 전반적인 내용을 이해

구체적 실행방법은 ㉠ 모든 구성원이 자신의 직무와 관련된 위험요인을 인지하게 하고, 위험요인 제거·대체 및 통제 기법에 관해 교육·훈련을 실시함, ㉡ 다

양한 개인보호구의 착용 시점과 방법을 알 수 있도록 함, ⓒ 모든 구성원이 안전보건관리체계의 개념과 전반적인 절차를 이해할 수 있도록 교육을 실시함, ⓔ '산업안전보건위원회', '안전보건협의체' 등을 활용하여 안전보건 확보를 위해 필요한 정보를 정기적으로 제공함, ⓜ 교육·훈련 내용은 동영상 및 문서로 정리하여, 사내 인트라넷 등을 통해 언제든지 다시 볼 수 있도록 조치함, ⓗ 급박한 위험에 따른 대응훈련을 주기적으로 실시함, ⓢ 경영자·관리자는 안전보건관리체계 구축·이행을 경영행위의 필수요소 중 하나로 생각하고 역할을 수행해야 함, ⓞ 경영자·관리자는 사업장 내 위험요인별 통제방안을 구체적으로 숙지해야 하며, 지휘·감독 역할을 수행해야 함, ⓩ 관리감독자는 '작업전 안전미팅(TBM)' 등을 적극적으로 활용하여 위험작업 시작에 앞서 기본 안전수칙을 상기시키고 점검함, ⓩ 안전보건관리체계 구축·이행에 관한 사항을 교육 자료에 포함하고 정기적으로 교육·훈련을 실시함, ⓚ 도급·용역·위탁 등 계약을 할 때는 사업장 위험요인별 제거·대체 및 통제 방안에 관한 종합적인 대책을 상세하게 설명하고, 이를 이행할 수 있도록 함

라. 예산 편성 및 집행

【근거조항】
시행령 제4조(안전보건관리체계의 구축 및 이행 조치) 법 제4조 제1항 제1호에 따른 조치의 구체적인 사항은 다음 각 호와 같다.
4. 다음 각 목의 사항을 이행하는 데 필요한 예산을 편성하고 그 편성된 용도에 맞게 집행하도록 할 것
  가. 재해 예방을 위해 필요한 안전·보건에 관한 인력, 시설 및 장비의 구비
  나. 제3호에서 정한 유해·위험요인의 개선
  다. 그 밖에 안전보건관리체계 구축 등을 위해 필요한 사항으로서 고용노동부 장관이 정하여 고시하는 사항

1) 필요한 예산에 대한 고용노동부의 입장

중대재해처벌법 시행령 제4조 제4호는 안전보건관리체계의 구축 및 이행에 관한 구체적인 사항 중 하나로 예산 편성·집행 의무를 규정하면서 그

예산은 ① 재해예방을 위해 필요한 안전·보건에 관한 인력, 시설 및 장비의 구비, ② 유해·위험요인의 개선, ③ 그 밖에 필요한 사항으로서 고용노동부 장관이 정하여 고시하는 사항 등을 이행하는 데 필요한 것이라고 하고 있다.

시행령 제정과정에서 고용노동부는 '필요한/ 충분한/ 적정한' 등 지나치게 포괄적이고 수범자가 명확한 기준을 알 수 없는 용어를 다수 사용한 입법예고안을 발표하였다가 여론의 비판에 직면하자 일부 문구를 수정하긴 하였으나 불명확성을 완전히 해소하지 못한 채 **'필요한 예산'**을 편성하여 집행하라고 시행령을 제정하였다.

2021. 11. 17. 발간 고용노동부 해설서에 의하면, 산업안전보건법 제72조에 의한 「건설업 산업안전보건관리비 계상 및 사용기준」(고용노동부 고시)에 따른 산업안전보건관리비 계상 기준이 필요한 예산의 기준이 될 수 있다고 하면서도 이는 건설공사발주자의 의무일 뿐이므로 이를 참조하여 산업안전보건법을 포함한 안전·보건 관계 법령에 따른 의무로서 갖추어야 할 인력, 시설 및 장비의 구비, 유해·위험요인의 개선을 위한 비용이 모두 포함되어야 한다고 설명하고 있다.[20]

명확한 기준의 제시도 없이 필요한 예산이라는 말만 동어반복하고 있는 것이다. 이러한 고용노동부의 태도는, 그동안 안전·보건에 관한 인력, 시설, 장비 등의 구비에 소요되는 예산을 비용 절감 등의 명목으로 삭감하거나 예산부족 등을 이유로 유해·위험요인이 개선되지 않은 채 작업이 진행되는 경우가 다수 있었기에 안전·보건 관리를 위한 비용은 사업경영에 필수 불가결한 것이라는 인식이 정착되도록 하기 위하여 이 규정을 도입하였다는 설명[21]에서 보듯이, 가장 큰 중대재해의 발생원인이 사업주의 안전·보건 예산 절감 때문이라는 인식에 기인한 것으로 보인다.

한편 고용노동부는 예산편성의 기본원칙에 관하여는 예산 규모가 얼마인지가 중요한 것이 아니라 유해·위험요인을 어떻게 분석하고 평가했는지 여부가 중요하며, 유해·위험요인 확인절차 등에서 확인된 사항을 **사업 또는**

---

[20] 고용노동부 2021. 11. 17. 발간 「중대재해처벌법 해설 - 중대산업재해 관련 -」, p. 68
[21] 고용노동부 2021. 11. 17. 발간 「중대재해처벌법 해설 - 중대산업재해 관련 -」, p. 66

사업장의 재정여건 등에 맞추어 제거·대체·통제 등 합리적으로 실행 가능한 수준만큼의 개선하는 데 필요한 예산을 편성하여야 한다고 설명하고 있다.[22]

만일 고용노동부가 모든 중대재해의 발생 원인을 오로지 사업주의 안전·보건 예산 절감 때문이라고만 보고 있는 것이라면 이는 매우 편향된 시각에서 바라보고 있음을 지적하지 않을 수 없다. 이는 유해·위험요인을 개선하는 데 필요한 예산을 편성하라면서도 '재정여건이 좋지 않으면 그 여건 범위 내에서' 유해·위험요인 제거 등 예산을 편성하면 된다고 안내하고 있는 부분과도 양립할 수 없는 안내다. 과연 고용노동부의 안내대로 재정여건이 좋지 않은 사업 또는 사업장은 가능한 재정의 범위 내에서 예산을 편성해도 중대재해처벌법이 허용한 것인지, 고용노동부의 입장이 안전조치 미흡이 예산부족 때문임을 입증하면 중대산업재해에 대한 형사책임을 면제해주겠다는 것인지 솔직히 의문이다.

중대재해처벌법 제16조(정부의 사업주 등에 대한 지원 및 보고) 제2항에서, 정부는 사업주, 법인 및 기관에 대하여 유해·위험 시설의 개선과 보호 장비의 구매, 종사자 건강진단 및 관리 등 중대재해 예방사업에 소요되는 비용의 전부 또는 일부를 예산의 범위 내에서 지원할 수 있다고 규정한 것을 감안하여 고용노동부가 '재정여건 등에 맞추어' 예산을 편성하라고 안내한 것인지는 모르겠으나, 고용노동부의 해석에 따라 예산을 편성했더라도 혹시 중대재해가 발생하면 경우에 따라서 엄벌을 강력히 요구하는 여론이 일어날 것이 명약관화한데, 재정여건 등에 맞추어 예산을 편성하라는 고용노동부의 안내를 믿고 따른 경영책임자에게는 난감한 상황을 맞게 될 것으로 보인다.

위 해설서의 안내는 해설서 작성 공무원들의 개인적 의견일 뿐 고용노동부장관의 공식 유권해석도 아닌데다가, 선거관리위원회 해석을 따랐더라도 공직선거법위반 혐의로 기소되어 유죄판결이 선고된 사례가 있음에 비추어 가사 고용노동부장관의 공식 유권해석이더라도 수사와 재판에서 법적 효력이 없기는 마찬가지다.

---

22 고용노동부 2021. 11. 17. 발간 「중대재해처벌법 해설 - 중대산업재해 관련 -」, p. 67

위 조항의 위헌 여부에 대한 헌법재판소나 법원의 결정이 있기 전까지 경영책임자들은 예산편성과 집행이 중대재해와 인과관계가 있다는 논리로 수사와 재판을 받아야 할 운명이다. 따라서 어느 정도의 예산이 '필요한 예산'인가는 원칙적으로 유해·위험요인을 개선하는 예산이라는 점에서 사업 또는 사업장의 유해·위험요인의 크기에 따라 좌우된다고 할 수 있다. 고용노동부의 안내를 믿고 따를 수 없는 만큼 아래에서는 필요한 예산이 무엇이고 그 수준이 어느 정도를 요구하는 것인지에 대하여 일응의 기준을 제시하고자 한다.

2) 필요한 예산의 규모와 기준

중대재해처벌법 시행령이 필요한 예산을 편성하라는 규정을 둔 궁극적 목적은 결국 유해·위험요인의 통제에 있다. 따라서 이를 위한 예산을 편성하도록 경영책임자를 강제하는 것이라고 볼 때 '필요한 예산의 기준'은 다음의 예산이라고 보면 된다.

① 유해·위험요인의 확인·발굴에 필요한 인력과 장비 등의 운용에 필요한 예산, ② 발견된 숨은 위험, 기존의 재해사고 및 '아차사고'를 포함하여 이미 확인된 유해·위험요인을 관리·통제하는 데 필요한 인력과 장비의 운용 및 교육 등에 필요한 예산, ③ 중앙행정기관·지방자치단체가 관계 법령에 따라 개선, 시정 등을 명한 사항의 이행에 필요한 인력과 장비의 운용 및 교육 등에 필요한 예산, ④ 안전·보건 관계 법령에 따른 의무이행에 필요한 인력과 장비의 운용 및 교육 등에 필요한 예산, ⑤ 급박한 위험이나 재해 발생시 작업중지, 근로자 대피, 위험요인 제거 등 대응조치와 구호조치 및 추가피해 방지조치를 위한 인력과 장비의 운용 및 교육·훈련에 필요한 예산 등이다.

그리고 어느 정도의 규모라야 필요한 예산을 편성한 것으로 되는지가 또다시 문제된다. 숨은 위험 발굴 등 유해·위험요인의 크기가 아직 측정되지 아니한 부분은 투입할 인력과 예산의 규모를 일률적으로 알기 어렵다. 다만, 수사기관은 언제나 중대재해가 발생한 이후에 개입하므로 인명사고에 직접적 원인이었던 위험을 제거하는 데 필요한 예산이었으면, 해당 예산을 편성할 재정여건이 안되었다는 주장을 받아들이지 않을 것이다. 그런 의미에서 필요한 예산의 기준은 중대재해의 직접적 원인이었던 위험의 제거·대체 및 통제에 필요한 조치에 소요되는 예산이라 할 것이므로 일응의 기준은 산업안전보건기준에 관한 규칙에서 정하고 있는 안전조치와 교육 등을 하기 위한 예산이라고 보면 될 것이다.

따라서 경영책임자가 예산편성의 문제에서 책임을 추궁당하지 않으려면 산업안전보건기준에 관한 규칙에서 정한 조치의무를 이행함에 필요한 예산, 경미한 산업재해와 '아차사고'에 대하여 재발방지를 위해 필요한 예산, 행정기관의 시정명령 등을 이행하기 위해 필요한 예산, 긴급상황에 대비한 훈련 등 예산과 급박한 위험에 대비한 예비비, 그 밖의 숨은 위험 발굴을 위한 예산으로 분류한 다음 종사자의 의견을 반영하는 절차, 즉 산업안전보건위원회나 노사협의체의 심의 의결을 거쳐 그 규모와 세목을 확정하는 안전·보건 예산 편성지침을 수립하고 시행함이 바람직하다.

실무상으로는 산업안전보건법 제14조에 의하여 매년 이사회의 승인을 받아야 하는 '안전 및 보건에 관한 계획'에 담는 방식이 될 것으로 보인다.

3) 편성된 용도에 맞는 집행

편성된 예산은 편성된 목적에 따라 집행이 되는지 경영책임자가 관리상의 조치를 하라는 것인 만큼 원칙적으로 편성된 안전·보건 예산의 전용을 금지할 필요가 있다. 만일 부득이한 사유로 전용을 할 경우에는 경영책임자의 승인을 받도록 하는 결재시스템, 회사의 업무체계에 따라 안전·보건 예산 집행상황을 보고받고 승인하는 결재시스템을 도입할 것을 권고한다.

마. 안전보건관리책임자등의 충실한 업무수행 지원 및 평가

시행령 제4조(안전보건관리체계의 구축 및 이행 조치) 법 제4조 제1항 제1호에 따른 조치의 구체적인 사항은 다음 각 호와 같다.

5. 산업안전보건법 제15조, 제16조 및 제62조에 따른 안전보건관리책임자, 관리감독자 및 안전보건총괄책임자(이하 이 조에서 "안전보건관리책임자등"이라한다)가 같은 조에서 규정한 각각의 업무를 각 사업장에서 충실히 수행할 수

있도록 다음 각 목의 조치를 할 것
가. 안전보건관리책임자등에게 해당 업무 수행에 필요한 권한과 예산을 줄 것
나. 안전보건관리책임자등이 해당 업무를 충실하게 수행하는지를 평가하는
    기준을 마련하고, 그 기준에 따라 반기 1회 이상 평가·관리할 것

---

1) 업무수행에 필요한 권한과 예산 부여

경영책임자가 안전보건관리책임자 등에게 산업안전보건법과 그 시행령
에서 규정한 대로의 업무를 부여하고, 업무수행에 필요한 예산을 지급하면
되므로 해당 사업체의 위임전결규정과 업무분장체계가 산업안전보건법령에
부합하는지 점검하여 바로잡도록 지시하면 족하다.

그 수행방법은 직접 수행이 아니라 안전보건관리책임자 등 전담직원에
게 지시하고 보고받고 승인하는 절차를 마련해 두면 충분하다. 업무관행에
젖어 자칫 점검을 소홀히 했다가는 중대재해가 발생했을 때 수사의 빌미를
제공하게 된다.

2) 안전보건관리책임자등에 대한 주기적 평가관리

중대재해처벌법에서 경영책임자의 손발은 안전보건관리(총괄)책임자와
관리감독자 및 전담조직이다.

전담조직을 통하여 안전보건관리(총괄)책임자와 관리감독자가 업무를 충
실하게 수행하고 있는지를 평가할 수 있는 객관적 평가기준을 마련하고 그
기준에 따라 반기 1회 이상 평가·관리를 하는 업무시스템을 만들어 운용하
라는 것이다.

객관적 평가기준이 무엇인지는 회사의 사정을 반영하고 중대재해 실무
경험이 풍부한 변호사 등 해당 분야 전문가의 조언을 받으면 된다. 그리고
평가결과를 인사고과에 반영하는 것은 제대로 된 관리임을 담보하는 증거이
므로 가급적 도입을 권고한다.

바. 정해진 수 이상의 안전관리자, 보건관리자, 안전보건관리담당자 및 산업보건의 배치

시행령 제4조(안전보건관리체계의 구축 및 이행 조치) 법 제4조 제1항 제1호에 따른 조치의 구체적인 사항은 다음 각 호와 같다.

6. 산업안전보건법 제17조부터 제19조까지 및 제22조에 따라 정해진 수 이상의 안전관리자, 보건관리자, 안전보건관리담당자 및 산업보건의를 배치할 것. 다만, 다른 법령에서 해당 인력의 배치에 대해 달리 정하고 있는 경우에는 그에 따르고, 배치해야 할 인력이 다른 업무를 겸직하는 경우에는 고용노동부장관이 정하여 고시하는 기준에 따라 안전·보건에 관한 업무 수행시간을 보장해야 한다.

1) 전문 인력의 배치

산업안전보건법 제17조, 제18조, 제19조, 제22조에서 규정하는 안전관리자, 보건관리자, 안전보건관리담당자, 산업보건의는 일정한 기술자격을 갖춘 사람들로서 사업주, 안전보건관리책임자, 관리감독자에 대한 기술적 조언과 지도를 담당한다.

경영책임자로서는 산업안전보건법 제17조~제19조, 제22조를 참조하여 규정한 대로 배치하면 된다.

그리고 전담조직과 안전보건관리책임자 등을 통하여 배치와 함께 자격요건 구비여부, 결원 등을 주기적으로 점검토록 지시하고 보고받으면 된다.

2) 업무수행 시간의 보장

다른 법령에서 해당 인력의 배치에 관하여 달리 정하고 있으면 그에 따라야 하고, 배치해야 할 인력이 다른 업무를 겸직하는 경우에는 고용노동부장관이 정하여 고시하는 기준에 따라 업무수행 시간을 보장하라는 것이다.

2022. 1. 27.부터 고용노동부 고시 제2022-14호「안전·보건에 관한 업무 수행시간의 기준 고시」가 시행되고 있다(1부 해설 편 설명 참조).

경영책임자로서는 전담조직과 안전보건관리책임자 등을 통하여 배치인

력의 안전·보건에 관한 업무수행 시간이 고용노동부장관의 고시에 부합하는
지 여부를 주기적으로 점검하도록 지시하고 그 결과를 보고받으면 된다.

사. 종사자의 의견을 듣는 절차

> 시행령 제4조(안전보건관리체계의 구축 및 이행 조치) 법 제4조 제1항 제1호에
> 따른 조치의 구체적인 사항은 다음 각 호와 같다.
> 7. 사업 또는 사업장의 안전·보건에 관한 사항에 대해 종사자의 의견을 듣는 절
>   차를 마련하고, 그 절차에 따라 의견을 들어 재해 예방에 필요하다고 인정하
>   는 경우에는 그에 대한 개선방안을 마련하여 이행하는지를 반기 1회 이상 점
>   검한 후 필요한 조치를 할 것. 다만, 「산업안전보건법」 제24조에 따른 산업안
>   전보건위원회 및 같은 법 제64조·제75조에 따른 안전 및 보건에 관한 협의체
>   에서 사업 또는 사업장의 안전·보건에 관하여 논의하거나 심의·의결한 경우
>   에는 해당 종사자의 의견을 들은 것으로 본다.

1) 의견을 들어야 할 종사자의 범위

안전보건체계를 구축함에 있어서, 반드시 종사자의 의견을 듣도록 한 것
은 유해·위험 요인을 가장 잘 아는 사람이 현장의 작업자이기 때문이다. 이
들을 통하여 숨은 위험을 찾아내서 이를 제거하고 개선하는 안전보건관리체
계를 구축하라는 의미이다.

여기서 의견을 들어야 하는 종사자는 중대재해처벌법 제2조 제7호에서
규정하고 있는 ① 근로기준법상의 근로자, ② 도급, 용역, 위탁 등 계약의 형
식에 관계없이 그 사업의 수행을 위하여 대가를 목적으로 노무를 제공하는
자, ③ 사업이 도급에 따라 행하여지는 경우에는 각 단계의 수급인, 수급인
의 근로자 및 수급인에게 대가를 목적으로 노무를 제공하는 자를 말한다.

2) 의견 청취의 방법과 주기

종사자에 대한 의견청취 절차를 마련하고, 그 절차대로 이행되는지를 반
기에 1회 이상 점검한 후 필요한 조치를 취하면 된다.

산업안전보건법 제24조의 규정에 의한 산업안전보건위원회 및 제64조·

제75조에 따른 안전 및 보건에 관한 협의체에서 사업 또는 사업장의 안전·보건에 관하여 논의하거나 심의·의결의 방법으로 종사자의 의견을 들을 수 있다. 사업체 마다의 특성을 반영하여 종사자의 의견을 청취하는 절차를 마련하면 된다. 반드시 고용노동부의 가이드북에서 제시하는 인트라넷이나 익명 게시판을 따를 필요는 없다.

　　매일매일 사람이 바뀌고 소속감도 없는 수급인 등 협력업체의 근로자와 일용직 종사자가 도급회사의 사내 인트라넷이나 익명 게시판을 통하여 의견을 제시하기를 바라는 것은 현실에서는 장식품[23]으로 그칠 소지가 있는 만큼 실질적으로 유해·위험요인을 발굴할 수 있는 의견청취 절차를 마련할 필요가 있다. 이 또한 경영책임자로서는 전담조직과 안전보건관리책임자 등을 통하여 의견청취 절차를 마련하고 주기적으로 의견을 반영할 것인지를 검토하여 보고하도록 하고 보완조치를 지시하는 방법으로 수행하면 충분하다.

아. 중대산업재해 발생에 대비한 대응조치 매뉴얼 마련 및 점검

시행령 제4조(안전보건관리체계의 구축 및 이행 조치) 법 제4조 제1항 제1호에 따른 조치의 구체적인 사항은 다음 각 호와 같다.
8. 사업 또는 사업장에 중대산업재해가 발생하거나 발생할 급박한 위험이 있을 경우를 대비하여 다음 각 목의 조치에 관한 매뉴얼을 마련하고, 해당 매뉴얼에 따라 조치하는지를 반기 1회 이상 점검할 것
　　가. 작업 중지, 근로자 대피, 위험요인 제거 등 대응조치
　　나. 중대산업재해를 입은 사람에 대한 구호조치
　　다. 추가 피해방지를 위한 조치

1) 대응조치 매뉴얼을 마련해야 할 비상상황의 의미

　　본 호를 제외한 중대재해처벌법 시행령 제4조 각호의 조치의무는 중대재해 예방을 위한 일반적 상황에 대한 규정인 반면 제8호는 중대재해가 발생

---

23 수사경험에 비추어 보면, 정작 중대재해가 발생하였을 때 게시판이나 인트라넷을 이용하여 게시했다고 주장하더라도 현장의 근로자와 종사자로부터는 종사자의 의견제시 절차가 있는 줄도 몰랐다는 진술에 대하여 속수무책일 수밖에 없을 것이다.

한 상황, 중대재해 발생이 임박한 급박한 상황에서의 대피와 구호 및 추가피해 방지조치를 마련하고 훈련함으로써 언제 비상상황이 발생하더라도 피해를 최소화할 것을 경영책임자에게 요구하는 것이다.

많은 근로자가 모여서 작업하는 공사장, 인체에 유독한 화학물질 등을 사용하는 산업현장은 물론 영화관 등 공중이용시설이나 지하철 등 공중교통수단의 경영책임자에게는 전시 방공훈련 수준의 비상조치계획의 수립과 훈련이 필요하다.

예컨대 세월호나 타이타닉호 침몰사고와 같은 사건이 발생하였는데 선원과 승객들에 대한 탈출 조치를 하지 않고 선장이 혼자서 구명정으로 탈출하여 다른 선원들과 승객들이 중대재해를 당한 경우를 상정해 보면, 사고 시 대피 등 비상조치 계획과 훈련의 부재에 대한 경영책임자의 책임의 중요성을 이해할 수 있을 것이다.

비상조치계획을 수립함에 있어서 구체적인 내용은 고용노동부와 한국산업안전보건공단의 안내에 따르면 되는데, 안내서로는 한국산업안전보건공단에서 2012. 7. 18. 공표한 「비상조치계획 수립에 관한 기술지침」, 고용노동부 2021. 12. 발간 「산업재해 예방을 위한 안전보건관리체계 가이드북」이 있다.

2) 고용노동부 안내 비상조치계획 실행전략

고용노동부는 가이드북에서 3단계의 실행전략을 다음과 같이 소개하고 있다.[24] 고용노동부 안내대로 비상계획을 수립하고 훈련을 통하여 전 종사자가 숙지하도록 업무절차를 마련하면 될 것이다.

다만 경영책임자가 비상조치계획의 수립과 훈련 미흡으로 중대재해가 확산된 경우에는 엄중한 책임을 부담하게 된다는 점을 유의하여야 한다.

실행전략 1. 위험요인을 바탕으로 '시나리오'를 작성
ⓐ 중대재해로 이어질 수 있는 재해요인을 파악

---

24 고용노동부, 2021. 12. 발간 「산업재해 예방을 위한 안전보건관리체계 가이드북」, pp. 66~77

ⓑ 사업장 단위로 재해 발생 시나리오를 작성

그 구체적 실행방법으로는 ㉠ 위험요인별로 어떤 재해가 발생할 수 있는지를 검토함, ㉡ 사망사고로 이어질 수 있는 중대한 위험요인은 '재해발생 시나리오'를 작성함, ㉢ 다수의 사업장을 봉한 기업은 사업장마다 발생 가능한 재해 상황이 다르므로 사업장별로 재해발생 시나리오를 작성함

실행전략 2. '재해 발생 시나리오'별 조치계획을 수립

ⓐ 재해 발생 시나리오별 조치계획을 구체적으로 작성

ⓑ 급박한 위험 등에 대비할 수 있도록 작업중지 권한을 명확화

그 구체적 실행방법으로는 ㉠ 작성된 재해 시나리오를 바탕으로 조치계획을 수립함, ㉡ 조치계획을 수립할 때는 모든 구성원의 의견을 적극적으로 수렴함, ㉢ 조치계획에는 상황보고·전파(내·외부), 임시적인 위험요인 제거방안, 근로자 대피방안, 추가피해 방지방안 등을 포함함, ㉣ 조치계획에 사업주의 작업중지 의무와 작업자의 작업중지권을 반영하며, 중간관리자에게도 작업중지권을 부여함

실행전략 3. 비상조치계획에 따라 주기적으로 훈련

비상조치계획을 이행하고 검증하며, 주기적으로 반복

그 구체적 실행방법은 ㉠ 비상조치계획에 따른 구성원별 역할과 대피방법을 교육함, ㉡ 비상조치계획 이행을 위한 장비를 확보하고 주기적으로 훈련함, ㉢ 사업장별 조치계획 훈련을 통해 실효성을 검증함, ㉣ 훈련과정에서 발견된 문제점을 검토하여 조치계획을 개선함

자. 수급인의 종사자의 안전·보건 확보를 위한 기준과 절차 마련 및 점검

시행령 제4조(안전보건관리체계의 구축 및 이행 조치)

법 제4조 제1항 제1호에 따른 조치의 구체적인 사항은 다음 각 호와 같다

9. 제3자에게 업무의 도급, 용역, 위탁 등을 하는 경우에는 종사자의 안전·보건을 확보하기 위해 다음 각 목의 기준과 절차를 마련하고, 그 기준과 절차에 따라 도급, 용역, 위탁 등이 이루어지는지를 반기 1회 이상 점검할 것

  가. 도급, 용역, 위탁 등을 받는 자의 산업재해 예방을 위한 조치 능력과 기술

> 에 관한 평가기준·절차
> 나. 도급, 용역, 위탁 등을 받는 자의 안전·보건을 위한 관리비용에 관한 기준
> 다. 건설업 및 조선업의 경우 도급, 용역, 위탁 등을 받는 자의 안전·보건을 위한 공사기간 또는 건조기간에 관한 기준

1) 고용노동부 안내 내용

본 호의 조치의무는 적격 수급인 선정의무 등 산업안전보건법 제5장 도급 시 산업재해 예방 관련 제1절 도급의 제한(제58~61조), 제2절 도급인의 안전조치 및 보건조치(제62~66조), 제3절 건설업 등의 산업재해 예방(제67~76조)에 관한 규정내용을 혼합하여 중대재해처벌법 시행령으로 옮겨놓은 것이다.

고용노동부는 안전보건관리체계는 소속 근로자뿐만 아니라, 사업장 내 모든 구성원[25]을 대상으로 구축하고 이행해야 한다며, 가이드북에서 2가지 실행전략을 제시하고 있다.

한 가지 특이한 것은 2021. 12. 발간한 위 가이드북에서 중대재해처벌 시행령 제4조 제9호의 조치의무와 중대재해처벌법 제5조의 조치의무를 혼합하여 안내하고 있다는 점이다. 가이드북의 내용을 그대로 소개하면 다음과 같다.[26]

> **실행전략 1. 산업재해 예방능력을 갖춘 사업주를 선정**
> ⓐ 계약에 앞서, 안전보건 수준을 평가
> ⓑ 계약을 할 때는 충분한 비용과 작업기간 등을 보장
> 그 구체적 실행방법으로는 ㉠ 도급·용역·위탁 등 계약을 할 때는 계약서에 사업장 안전보건 확보를 위해 필요한 조건 예컨대, 안전보건관리규정 제출, 표준작업계획·작업허가제 등 사내 작업절차 준수, 정기 순회점검 및 '작업 전 안전미팅 실시', 비상훈련 참여, 정기 안전보건교육 실시 등을 명시함, ㉡ 안전보건에 대한

---

25 2018년~2020년 산재사망사고 2,011건(2,041명)의 원인을 분석한 결과, 원청에서 1,248건(62.1%), 하청에서 763건(37.9%) 발생하였고, 건설업에서는 하청 비율이 더 높았다(총 1,015건 중 하청 560건, 55.2%).

26 고용노동부, 2021. 12. 발간 「산업재해 예방을 위한 안전보건관리체계 가이드북」, pp. 94~99

수준을 평가하여, 안전보건 확보가 어려울 것으로 보이는 경우에는 계약하지 않음, ⓒ '안전보건 확보를 위한 조건'을 이행하지 않는 경우에 대한 조치방안을 미리 마련해 놓음, ⓔ 도급·용역·위탁 등 계약을 할 때는 업종의 특성 등을 고려하여, 사업장 내 안전보건 확보를 위한 충분한 비용과 작업기간, 예컨대 건설업의 경우 건설공사기간에 관한 기준 등을 보장함, ⓜ 산업안전보건법 제58조의 규정에 의한 유해위험 작업의 도급금지, 같은 법 제59조의 도급의 승인, 같은 법 제60조의 도급의 승인시 하도급 금지, 같은 법 제61조의 적격 수급인 선정 의무 등을 준수해야 함

실행전략 2. 사업장 내 모든 구성원이 보호받을 수 있도록 안전보건관리체계를 구축·운영*

> * 고용노동부는 2021. 12. 발간 가이드북 제74쪽에서 다음과 같이 설명하고 있다.
>
> 〈해설서 알아둡시다! 중대재해처벌법에 따른 안전보건 확보의무〉
>
> 사업주 또는 경영책임자등은 사업주나 법인 또는 기관이 실질적으로 지배·운영·관리하는 사업 또는 사업장에서 종사자의 안전·보건상 유해 또는 위험을 방지하기 위하여, 안전보건관리체계 구축 및 이행에 관한 조치를 하여야 하고, 중대재해처벌법에 따른 "종사자"란 아래 중 어느 하나에 해당하는 자를 말함
>
> 가. 「근로기준법」상의 근로자
>
> 나. 도급, 용역, 위탁 등 계약의 형식에 관계없이 그 사업의 수행을 위하여 대가를 목적으로 노무를 제공하는 자
>
> 다. 사업이 여러 차례의 도급에 따라 행하여지는 경우에는 각 단계의 수급인 및 수급인과 가목 또는 나목의 관계가 있는 자

그 구체적 실행방법으로는 ⓐ 안전보건관리체계 구축 및 이행을 통해 소속 직원뿐만 아니라 사업장 내 모든 구성원에 대한 안전보건을 확보(사내 상주 협력업체 등이 아닌 공급업체 소속 직원 등의 실수로도 중대재해가 발생할 수 있음을 유의)해야 함, ⓑ 하청업체, 파견업체, 공급·판매업체(Suppliers and vendors)에게 안전보건 경영방침을 알림, ⓒ 안전보건 관련 정보제공, 공식절차(작업 전

안전미팅, 안전제안 활동) 등은 사업장 내 모든 구성원이 참여할 수 있도록 운영함, ㉣ 사업장 내 모든 위험요인을 파악해야 하며, 위험요인별 제거·대체 및 통제 방안은 사업장 내 모든 구성원을 보호할 수 있도록 마련함, ㉤ 비상조치계획의 수립 및 이에 따른 훈련에 사업장 내 모든 구성원이 참여할 수 있도록 함, ㉥ 사업장 내 위험요인이 제거·대체되었거나 통제되어 사업장 내 모든 구성원의 안전보건이 확보되고 있는지, 확인·평가하고 개선함, ㉦ 하청업체, 파견업체, 공급·판매업체 등에 안전보건관리체계 구축·이행에 필요한 정보를 제공하고, 소통 및 협력체계를 구성하고 운영함

[산업안전보건법의 이해]

도급인의 산재예방 조치 2019. 1. 산업안전보건법 전면개정 및 2021. 5. 산업안전보건법 일부개정으로 도급인의 산재예방 의무가 확대되었음, 도급인 사업장에서 관계수급인의 근로자가 작업하는 경우에는 아래 사항을 준수해야 함

1. (안전보건총괄책임자 지정) 사업장 내 산재예방 업무를 총괄하여 관리하는 '안전보건총괄책임자'를 지정해야 함(산안법 제62조)
2. (안전보건 조치) 안전보건시설 설치 등 필요한 안전보건조치(단, 보호구 착용 등 작업행동에 관한 직접적인 조치는 제외)를 해야 함(산안법 제63조)
3. (산업재해 예방조치) 도급인은 아래 사항을 이행해야 하며, 도급인 근로자 및 수급인 근로자와 함께 수시로 안전보건 점검을 실시해야 함(산안법 제64조) ① 도급인과 수급인을 구성원으로 하는 안전보건협의체 구성·운영, ② 작업장 순회점검, ③ 안전보건교육을 위한 장소·자료 제공 등 지원 및 안전보건교육 실시 확인, ④ 발파작업, 화재·폭발, 토사·구축물 등 붕괴, 지진 등에 대비한 경보체계 운영 및 대피방법 훈련, ⑤ 위생시설 설치 등을 위해 필요한 장소 제공(또는 도급인 시설 이용 협조), ⑥ 같은 장소에서 이루어지는 작업에 있어서 관계수급인 등의 작업시기·내용, 안전 및 보건 조치 등의 확인, ⑦ 위에 따른 확인 결과 작업혼재로 인해 화재·폭발 등 위험이 발생할 우려가 있는 경우 관계수급인 등의 작업시기·내용 등의 조정
4. (안전보건정보 제공) 아래 작업을 시작하기 전에 수급인에게 안전보건 정보를 문서로 제공해야 하며, 수급인이 이에 따라 필요한 안전보건조치를 했는지 확인해야 함(산안법 제65조)

① 폭발성·인화성·독성 등의 유해, 위험성이 있는 화학물질을 취급하는 설비를 개조·분해·해체·철거하는 작업, ② 위 작업에 따른 설비의 내부에서 이루어지는 작업, ③ 질식 또는 붕괴 위험이 있는 작업

2) 중대재해처벌법 제4조에 의한 도급, 용역, 위탁 관계에서의 안전 및 보건 확보의무(자신의 사업)와 같은 법 제5조에 의한 도급, 용역, 위탁 관계에서의 안전 및 보건 확보의무(타인의 사업)의 관계

중대재해처벌법 제4조는 경영책임자에게 자신의 근로자는 물론 종사자에 대한 안전 및 보건 확보의무를 부과하고 그 구체적인 사항은 대통령령으로 위임하였고, 한편 중대재해처벌법 제5조에서 도급, 용역, 위탁 등 관계에서도 실질적으로 지배·운영·관리하는 책임이 있는 시설, 장비, 장소 등에 대해서는 자신의 회사처럼 중대재해처벌법 제4조의 규정에 의한 안전 및 보건 확보의무를 부과하고 있다.

중대재해처벌법 제4조에 의한 안전 및 보건을 확보할 대상자는 종사자이기 때문에 개념규정인 같은 법 제2조 제7호에 의하면 자신의 사업을 위해 노무를 제공하는 모든 사람이 중대재해처벌법 제4조에 의한 안전 및 보건 확보 대상자이므로 중대재해처벌법 제5조는 같은 법 제4조가 적용되지 않는, 즉 도급·위탁·용역 등으로 타인의 사업 또는 사업장이지만 자신이 실질적으로 지배, 운영, 관리하는 책임이 있는 시설, 장비, 장소 등에 대하여는 노무를 제공하는 제3자의 종사자에 대하여 도급인 등의 경영책임자에게 중대재해처벌법 제4조의 안전 및 보건 확보의무를 부과한 것으로 해석된다. 이는 유해하거나 위험한 기계·기구에 대한 방호조치를 규정한 산업안전보건법 제80조, 제81조에서 착안하여 도입한 규정으로 시행령에서 제4조 제1항 제1호를 규정함에 있어서 세심한 주의가 필요했다고 생각된다.

중대재해처벌법 제5조에 의하여 도급·용역·위탁 등을 행한 사업주나 법인 또는 기관의 경영책임자는 자신의 사업 또는 사업장이 아니라도 그 시설, 장비, 장소 등에 대하여 **실질적으로 지배·운영·관리하는 책임이 있을 때** 중대재해처벌법 제4조의 조치를 할 의무를 부담한다는데, 법문 그대로 시행령

제4조 각호의 조치를 모두 하라는 것으로 해석하면 다른 회사의 경영에 간섭하라는 것이 되고, 시행령 제4조 제9호의 조치만 하라는 것으로 해석하면 중대재해처벌법 제5조는 있으나마나 한 규정이 되고 만다.

고용노동부는 위 가이드북에서도 '산업재해 예방능력을 갖춘 사업주를 선정하고, 안전보건관리체계 구축·운영 시 사업장 내 모든 구성원이 보호받을 수 있도록 한다'는 내용[27]으로만 도급·용역·위탁 시 안전 및 보건 확보의무를 안내하고, 2021. 11. 17. 발간 고용노동부 해설서 중 '중대재해처벌법 제5조에 대한 해설 부분[28]'에서도 중대재해처벌법 제4조의 조치의무가 있다고 설명할 뿐 그 구체적 조치의무를 규정한 시행령 제4조 각호의 조치 모두를 하라는 것인지에 대해서는 명확한 설명이 없다.

시행령의 내용 때문에 모법의 해석이 달라져서는 안됨은 굳이 설명이 필요하지 않다. 상위법이 우선하기 때문이다. 시행령 제4조 각호는 중대재해처벌법 제5조에 의하여 같은 법 제4조가 그대로 적용된다는 점을 생각하고 규정했어야 했으나 그렇지 못했고, 법 제2조 제7호의 종사자 개념을 제대로 고려하지 못했던 것 같다.

따라서 형사책임을 보다 확실하게 면하려면 법 제5조의 조치의무 이행은 자신의 사업체에서 시행령 제4조 각 호의 조치를 이행하고 타인의 사업 또는 사업장에서는 가능한 범위 내에서 시행령 제4조 제1호~제8호를 이행하여야 할 것으로 보인다.

3) 이행방법

도급 관련 중대재해처벌법과 그 시행령의 내용은 산업안전보건법 제5장의 내용과 다를 바 없고, 어차피 산업안전보건법상의 의무도 이행해야 하므로 경영책임자는 전담조직이나 안전보건관리책임자로 하여금 산업안전보건법과 중대재해처벌법에 대한 고용노동부의 안내에 따라 이행하면 된다.

참고로 도급인의 안전조치 및 보건조치를 규정하고 있는 산업안전보건

---

27 고용노동부, 2021. 12. 발간 「산업재해 예방을 위한 안전보건관리체계 가이드북」, pp. 72~77
28 고용노동부 2021. 11. 17. 발간 「중대재해처벌법 해설 - 중대산업재해 관련 -」, pp. 107~109

법 제62조~제66조는 제65조의 안전 및 보건에 관한 정보제공 등의 경우를 제외하고는 모두 '도급인의 사업장에서 작업을 하는 경우'를 전제로 도급인에게 자신의 근로자는 물론 수급인과 수급인의 근로자에 대한 안전보건 조치를 규정하고 있다.

반면에 중대재해처벌법은 제4조에서 도급인의 사업장이라는 장소적 제한 없이 실질적으로 지배·운영·관리하는 사업 또는 사업장에 대한 안전 및 보건 확보의무를 경영책임자에게 부과하고 있고, 제5조에서는 도급, 용역, 위탁 등 관계에서의 안전 및 보건 확보의무에 관하여 제4조와 달리 도급인 등의 사업 또는 사업장이 아닌 타인의 사업 또는 사업장이더라도 시설, 장비, 장소 등에 대하여 실질적으로 지배·운영·관리하는 책임이 있으면 도급인 등의 경영책임자가 중대재해처벌법 제4조의 조치를 해야 하는 것으로 규정하고 있으므로, 이러한 점들만 유의하면 될 것이다.

4) 건설공사발주자와 도급인의 구별
가) 개요

발주는 민법상 도급의 일종이다. 그러나 일반적으로 건설공사의 경우 발주자는 건축주, 시행자 등이 해당하고 발주자가 직접 공사를 하는 것이 아니므로 전문 공사업자에게 부탁한 주문자에 불과하다. 산업안전보건법은 제67조에서 건설공사발주자의 산업재해 예방 조치를 규정하고, 제69조에서 공기단축 및 공법변경을 금지하고, 제72조에서 산업안전보건관리비 계상의무를 규정하는 등 산업안전보건법 제3절「건설업 등의 산업재해 예방」편에서 건설공사발주자의 산업재해 예방 조치 등을 상세히 규정하고 있다. 대신 건설공사발주자는 산업안전보건법상의 도급인에 해당하지 아니하여 건설공사 수행과정에서 수급인의 근로자, 관계수급인과 그 종사자 등에 대한 안전·보건조치 의무에 관하여는 건설공사를 최초 도급받은 전문 공사업자가 도급인으로서의 책임을 부담한다. 여기서 도급인이 무엇이고, 건설공사발주자가 무엇인지 문제된다.

산업안전보건법 제2조(정의)는 제7호에서 "도급인"이란 물건의 제조·건설·수리 또는 서비스의 제공, 그 밖의 업무를 도급하는 사업주를 말한다고 하면서, 다만 건설공사발주자는 제외한다고 규정함으로써 건설공사발주자는 도급인에서 제외하였고, 같은 조 제10호는 "건설공사발주자"란 건설공사를 도급하는 자로서 건설공사의 시공을 주도하여 총괄·관리하지 아니하는 자를 말한다고 하면서, 다만 도급받은 건설공사를 다시 도급하는 자는 제외한다고 규정하였으며, 같은 조 제11호는 "건설공사"란 다음 각 목의 어느 하나에 해당하는 공사를 말한다고 하면서, 가.「건설산업기본법」제2조 제4호에 따른 건설공사, 나.「전기공사업법」제2조 제1호에 따른 전기공사, 다.「정보통신공사업법」제2조 제2호에 따른 정보통신공사, 라.「소방시설공사업법」에 따른 소방시설공사, 마.「문화재수리 등에 관한 법률」에 따른 문화재수리공사 등을 규정하고 있다.

그 결과 산업안전보건법상의 건설공사발주자에 해당하면 중대재해처벌법의 도급인에도 해당하지 않게 되어 도급인으로서의 안전 및 보건 확보의무가 면제되는지 문제된다.

나) 중대재해처벌법 제4조의 안전 및 보건 확보의무

자신의 사업장에서 건설공사를 발주한 사업체의 경영책임자는 산업안전보건법에 의하더라도 도급인에 해당되지 않으므로 건설공사를 발주받은 수급인의 근로자나 그 관계수급인의 종사자에 대하여 원칙적으로 안전·보건 조치에 관한 관리상의 책임을 부담하지 않는다.

그러나 수급인의 책임준공이 아니라 발주자가 공사업자를 실질적으로 지휘하는 관계에 있다면, 발주자는 건설공사발주자의 지위를 벗어나 그 경영책임자가 자신의 사업(장)에서 시공되는 건설공사에 대하여 중대재해처벌법 제4조의 조치에 관한 관리상의 책임을 부담한다고 할 것이다. 가사 실질적 지배·운영·관리의 책임까지 인정하기 어려운 경우에도 경우에 따라서는 공범책임을 부담할 수도 있으므로 별 생각 없이 중대재해처벌법에 밝은 법률가의 조언을 받지 않고 공기단축 요구 등 함부로 공사에 관여해서는 안 될 것으로 보인다.

다) 중대재해처벌법 제5조의 안전 및 보건 확보의무

타인의 사업 또는 사업장에 있는 시설, 장비, 장소 등에 대하여 실질적

지배·운영·관리의 책임이 있는 경우에는 건설공사발주자라 하더라도 중대
재해처벌법 제5조의 조치에 관한 관리상의 책임을 부담하게 된다는 점을 유
의하여야 한다.

　라) '실질적으로 지배·운영·관리'의 의미

　건설공사발주자는 감리업체를 통하여 그리고 본인 스스로 제대로 공사
가 진행되고 있는지 관심을 갖지 않을 수가 없다. 직원을 파견하고, 안전관리
에도 신경을 쓸 수밖에 없는데, 그 정도가 단순 발주자나 발주자의 안전관리
수준을 넘어 공사 자체를 주도하는 경우로 볼 수 있을 때에는 실질적으로 지
배·운영·관리로 평가되어 건설공사발주자가 아닌 도급인으로서의 책임을
부담하게 될 수 있다.

2. 재해 발생 시 재발방지 대책의 수립 및 그 이행에 관한 조치

중대재해처벌법 제4조(사업주와 경영책임자등의 안전 및 보건 확보의무) ① 사
업주 또는 경영책임자등은 사업주나 법인 또는 기관이 실질적으로 지배·운영·
관리하는 사업 또는 사업장에서 종사자의 안전·보건상 유해 또는 위험을 방지
하기 위하여 그 사업 또는 사업장의 특성 및 규모 등을 고려하여 다음 각 호에
따른 조치를 하여야 한다.
2. 재해 발생 시 재발방지 대책의 수립 및 그 이행에 관한 조치

가. 고용노동부 해석기준과 안내

　재발방지의 대책을 수립해야 하는 재해가 무엇인가에 대하여, 고용노동
부는 중대산업재해만 의미하는 것이 아니고 **경미하더라도 반복되는 산업재해도**
포함하는 개념이라고만 설명[29]하고 있다.

　따라서 수사를 피하려면 고용노동부의 해석지침에 따라 경미한 산업재
해라도 반복되는 것이면 모두 재발방지 대책을 수립하여야 한다.

---

29 고용노동부, 2021. 11. 17. 발간 「중대재해처벌법 해설 - 중대산업재해 관련 -」, p. 94

또 고용노동부는 ① 재해가 발생한 원인을 조사하게 하고, ② 그 결과를 분석하고 보고받아야 하며, ③ 향후 재발 방지를 위한 현장실무자와 안전·보건에 관한 전문가 등의 의견을 듣는 등의 절차를 거쳐야 하고, ④ 재해 원인의 근본적 해소를 위한 체계적 대응조치를 마련하여 실행하여야 한다고 방법론까지 제시하고 있으므로 그에 따라 업무절차를 제도화하면 될 것이다.[30]

나. 재발방지 대책이 필요한 재해의 기준 시점

중대재해처벌법은 2022. 1. 27.부터 시행되고 있다. 그렇다면 그 이후에 발생한 재해에 대하여만 재발방지 대책을 수립하여야 하는가? 죄형법정주의의 형벌불소급의 원칙에 의해 중대재해처벌법이 시행된 2022. 1. 27.부터 발생한 모든 산업재해에 대하여 적용되는 것은 당연하다.

그렇다면 2022. 1. 26. 이전에 발생했던 산업재해에 대하여는 재발방지 대책이 필요 없는가의 문제가 남게 되는데, 전혀 그렇지 않다고 보아야 한다.

시행령 제4조 제3호에서 "사업 또는 사업장의 특성에 따른 유해·위험요인을 확인하여 개선하는 업무절차를 마련하고, 해당 업무절차에 따라 유해·위험요인의 확인 및 개선이 이루어지는지를 반기 1회 이상 점검한 후 필요한 조치를 할 것. 다만, 「산업안전보건법」 제36조에 따른 위험성평가를 하는 절차를 마련하고, 그 절차에 따라 위험성 평가를 직접 실시하거나 실시하도록 하여 실시 결과를 보고받은 경우에는 해당 업무절차에 따라 유해·위험요인의 확인 및 개선에 대한 점검을 한 것으로 본다"라고 규정하고 있으므로 기존에 있었던 경미한 산업재해는 이미 그 유해·위험요인이 확인된 것으로 평가되므로 중대재해처벌법 제4조 제1항 제1호의 조치 의무 대상으로 볼 수 있기 때문이다.

따라서 중대재해처벌법 시행에 맞추어 해당 사업 및 사업장의 모든 재해에 대한 분석과 평가를 통한 유해·위험요인 제거·차단 등 개선대책을 마련할 것을 권고한다.

---

[30] 고용노동부, 2021. 11. 17. 발간 「중대재해처벌법 해설 - 중대산업재해 관련 -」, p. 94

그렇지 않고 있다가 중대재해가 발생하게 되면 중대재해처벌법 제4조 제1항 제1호의 안전보건관리체계의 구축의무 위반 책임을 물어 수사를 받게 될 것이기 때문이다. '아차사고'도 정작 중대재해 발생 후에는 드러났던, 그런데도 방치하고 있었던 유해·위험요인으로 간주되어 수사기관은 법 제4조 제1항 제1호의 안전보건관리체계의 구축을 이행하지 않았다고 평가할 것으로 보인다.

3. 중앙행정기관·지방자치단체가 관계 법령에 따라 개선, 시정 등을 명한 사항의 이행에 관한 조치

중대재해처벌법 제4조(사업주와 경영책임자등의 안전 및 보건 확보의무) ① 사업주 또는 경영책임자등은 사업주나 법인 또는 기관이 실질적으로 지배·운영·관리하는 사업 또는 사업장에서 종사자의 안전·보건상 유해 또는 위험을 방지하기 위하여 그 사업 또는 사업장의 특성 및 규모 등을 고려하여 다음 각 호에 따른 조치를 하여야 한다.
3. 중앙행정기관·지방자치단체가 관계 법령에 따라 개선, 시정 등을 명한 사항의 이행에 관한 조치

가. 고용노동부 안내

고용노동부 등 중앙행정기관 또는 지방자치단체가 종사자의 안전·보건상 유해 또는 위험을 방지하기 위해 관계 법령상의 개선 또는 시정을 명하였다면, 그 명령에 불복하지 않는 한 이를 이행하여야 한다.

중앙행정기관 또는 지방자치단체가 개선 또는 시정을 명한 사항이 이행되지 않은 경우에는 해당 법령에 따른 처분과는 별개로 개선·시정 명령의 불이행으로 인해 중대산업재해가 발생하였다면 경영책임자는 중대재해처벌법 제4조 제1항 제3호 위반으로 법 제6조에 의한 처벌을 받게 된다.[31]

---

31 고용노동부, 2021. 11. 17. 발간 「중대재해처벌법 해설 - 중대산업재해 관련 -」, p. 96

중앙행정기관 또는 지방자치단체가 관계 법령에 따라 시행한 개선·시정 명령은 행정처분을 의미하고, 행정지도나 권고·조언은 포함되지 않는다.

가장 대표적인 것이 산업안전보건법 제53조(고용노동부장관의 시정조치 등), 제55조(중대재해 발생 시 고용노동부장관의 작업중지 조치), 제56조(중대재해 원인조사 등) 등을 들 수 있다. 그 내용을 소개하면 다음과 같다.

산업안전보건법 제53조(고용노동부장관의 시정조치 등) ① 고용노동부장관은 사업주가 사업장의 건설물 또는 그 부속건설물 및 기계·기구·설비·원재료(이하 "기계·설비등"이라 한다)에 대하여 안전 및 보건에 관하여 고용노동부령으로 정하는 필요한 조치를 하지 아니하여 근로자에게 현저한 유해·위험이 초래될 우려가 있다고 판단될 때에는 해당 기계·설비등에 대하여 사용중지·대체·제거 또는 시설의 개선, 그 밖에 안전 및 보건에 관하여 고용노동부령으로 정하는 필요한 조치(이하 "시정조치"라 한다)를 명할 수 있다.

② 제1항에 따라 시정조치 명령을 받은 사업주는 해당 기계·설비 등에 대하여 시정조치를 완료할 때까지 시정조치 명령 사항을 사업장 내에 근로자가 쉽게 볼 수 있는 장소에 게시하여야 한다.

③ 고용노동부장관은 사업주가 해당 기계·설비등에 대한 시정조치 명령을 이행하지 아니하여 유해·위험 상태가 해소 또는 개선되지 아니하거나 근로자에 대한 유해·위험이 현저히 높아질 우려가 있는 경우에는 해당 기계·설비 등과 관련된 작업의 전부 또는 일부의 중지를 명할 수 있다.

④ 제1항에 따른 사용중지 명령 또는 제3항에 따른 작업중지 명령을 받은 사업주는 그 시정조치를 완료한 경우에는 고용노동부장관에게 제1항에 따른 사용중지 또는 제3항에 따른 작업중지의 해제를 요청할 수 있다.

⑤ 고용노동부장관은 제4항에 따른 해제 요청에 대하여 시정조치가 완료되었다고 판단될 때에는 제1항에 따른 사용중지 또는 제3항에 따른 작업중지를 해제하여야 한다.

제55조(중대재해 발생 시 고용노동부장관의 작업중지 조치) ① 고용노동부장관은 중대재해가 발생하였을 때 다음 각 호의 어느 하나에 해당하는 작업으로 인하여 해당 사업장에 산업재해가 다시 발생할 급박한 위험이 있다고 판단되는 경우에는 그 작업의 중지를 명할 수 있다.

1. 중대재해가 발생한 해당 작업

2. 중대재해가 발생한 작업과 동일한 작업

② 고용노동부장관은 토사·구축물의 붕괴, 화재·폭발, 유해하거나 위험한 물질의 누출 등으로 인하여 중대재해가 발생하여 그 재해가 발생한 장소 주변으로 산업재해가 확산될 수 있다고 판단되는 등 불가피한 경우에는 해당 사업장의 작업을 중지할 수 있다.

③ 고용노동부장관은 사업주가 제1항 또는 제2항에 따른 작업중지의 해제를 요청한 경우에는 작업중지 해제에 관한 전문가 등으로 구성된 심의위원회의 심의를 거쳐 고용노동부령³²으로 정하는 바에 따라 제1항 또는 제2항에 따른 작업중지를 해제하여야 한다.

④ 제3항에 따른 작업중지 해제의 요청 절차 및 방법, 심의위원회의 구성·운영, 그 밖에 필요한 사항은 고용노동부령으로 정한다.

제56조(중대재해 원인조사 등) ① 고용노동부장관은 중대재해가 발생하였을 때에는 그 원인 규명 또는 산업재해 예방대책 수립을 위하여 그 발생 원인을 조사할 수 있다.

② 고용노동부장관은 중대재해가 발생한 사업장의 사업주에게 안전보건개선계획의 수립·시행, 그 밖에 필요한 조치를 명할 수 있다.

나. 유의할 점

수행방안은 전담조직을 통하여 개선·시정 명령 사항과 그 이행여부를 주기적으로 점검하여 보고하도록 하고, 필요한 조치를 하지 않았으면 다시

---

32 산업안전보건법 시행규칙 제69조(작업중지의 해제) ① 법 제55조 제3항에 따라 사업주가 작업중지의 해제를 요청할 경우에는 별지 제29호서식에 따른 작업중지명령 해제신청서를 작성하여 사업장의 소재지를 관할하는 지방고용노동관서의 장에게 제출해야 한다.
② 제1항에 따라 사업주가 작업중지명령 해제신청서를 제출하는 경우에는 미리 유해·위험요인 개선내용에 대하여 중대재해가 발생한 해당작업 근로자의 의견을 들어야 한다.
③ 지방고용노동관서의 장은 제1항에 따라 작업중지명령 해제를 요청받은 경우에는 근로감독관으로 하여금 안전·보건을 위하여 필요한 조치를 확인하도록 하고, 천재지변 등 불가피한 경우를 제외하고는 해제요청일 다음 날부터 4일 이내(토요일과 공휴일을 포함하되, 토요일과 공휴일이 연속하는 경우에는 3일까지만 포함한다)에 법 제55조 제3항에 따른 작업중지해제 심의위원회(이하 "심의위원회"라 한다)를 개최하여 심의한 후 해당조치가 완료되었다고 판단될 경우에는 즉시 작업중지명령을 해제해야 한다.

하도록 인력·예산 등을 배정하고 이행이 완료될 때까지 점검하는 절차를 마련하면 된다. 여기서도 중대재해 예방을 위한 완벽한 업무절차를 마련하는 것 이상으로 경영책임자가 개입하는 역할이 누락되지 않도록 하는 것이 무엇보다 중요함을 잊지 말아야 한다.

다만 그 명령 내용이 이행 불가능하거나 불합리한 경우에는 그 효력을 다투어야 불완전 이행책임을 부담하지 않게 되니 필요한 경우에는 적극 행정기관의 명령을 다투어야 한다. 종전처럼 조업재개를 위하여 무조건 다 수용할 것이 아니다. 행정기관의 시정명령 등의 위법·부당성과 그 효력을 다투는 쟁송은 변호사의 조력을 받으면 된다.

4. 안전·보건 관계 법령에 따른 의무이행에 필요한 관리상 조치

중대재해처벌법 제4조(사업주와 경영책임자등의 안전 및 보건 확보의무) ① 사업주 또는 경영책임자등은 사업주나 법인 또는 기관이 실질적으로 지배·운영·관리하는 사업 또는 사업장에서 종사자의 안전·보건상 유해 또는 위험을 방지하기 위하여 그 사업 또는 사업장의 특성 및 규모등을 고려하여 다음 각 호에 따른 조치를 하여야 한다.

4. 안전·보건 관계 법령에 따른 의무이행에 필요한 관리상의 조치

② 제1항 제1호·제4호의 조치에 관한 구체적인 사항은 대통령령으로 정한다.

시행령 제5조(안전·보건 관계 법령에 따른 의무이행에 필요한 관리상의 조치)

① 법 제4조제1항제4호에서 "안전·보건 관계 법령"이란 해당 사업 또는 사업장에 적용되는 것으로서 종사자의 안전·보건을 확보하는 데 관련되는 법령을 말한다.

② 법 제4조제1항제4호에 따른 조치에 관한 구체적인 사항은 다음 각 호와 같다.

1. 안전·보건 관계 법령에 따른 의무를 이행했는지를 반기 1회 이상 점검(해당 안전·보건 관계 법령에 따라 중앙행정기관의 장이 지정한 기관 등에 위탁하여 점검하는 경우를 포함한다. 이하 이 호에서 같다)하고, 직접 점검하지 않은 경우에는 점검이 끝난 후 지체 없이 점검 결과를 보고받을 것

2. 제1호에 따른 점검 또는 보고 결과 안전·보건 관계 법령에 따른 의무가 이행되

> 지 않은 사실이 확인되는 경우에는 인력을 배치하거나 예산을 추가로 편성·집
> 행하도록 하는 등 해당 의무 이행에 필요한 조치를 할 것
> 3. 안전·보건 관계 법령에 따라 의무적으로 실시해야 하는 유해·위험한 작업에
>   관한 안전·보건에 관한 교육이 실시되었는지를 반기 1회 이상 점검하고, 직접
>   점검하지 않은 경우에는 점검이 끝난 후 지체 없이 점검 결과를 보고받을 것
> 4. 제3호에 따른 점검 또는 보고 결과 실시되지 않은 교육에 대해서는 지체 없
>   이 그 이행의 지시, 예산의 확보 등 교육 실시에 필요한 조치를 할 것

가. 안전·보건 관계 법령과 해당 법령상의 조치의무 파악

안전·보건 관계 법령이 무엇인지는 시행령에서 특정하지 않는 바람에
각자 자신의 사업 또는 사업장에 적용되는 안전·보건 관계 법령을 찾는 것
이 무엇보다도 중요하다.

고용노동부는 해설서에서 종사자의 안전·보건을 확보하는 데 그 목적을
두고 있는 산업안전보건법령을 중심으로 고려하되 이에 한정되는 것은 아니
며 종사자의 안전·보건에 관계되는 법령은 모두 포함된다고 한다.[33] 즉 고
용노동부조차도 고작 선원법 등 10개의 법률만 제시[34]하고 있을 뿐 어떤 법
률·명령·고시가 해당하는지에 대하여 책임지고 제시하지 못한다. 산업현장
에서도 「화재예방, 소방시설 설치·유지 및 안전관리에 관한 법률[35]」이 적용
되는 것조차 모르고 있는 것 아닌가 싶을 정도다.

수범자인 국민으로서는 위헌심판을 청구하는 것과는 별개로 고용노동부
등 정부 각 부처와 특별시·광역시 및 도, 시·군·구 등 지방자치단체를 상대
로 질의를 통하여 자신의 사업에 적용되는 안전·보건 관계 법령이 무엇이고,
이행해야 할 조치 의무가 무엇인지를 확인해 두는 것이 가장 현실적인 방법
이다.

---

33 고용노동부 2021. 11. 17. 발간 「중대재해처벌법 해설 - 중대산업재해 관련 」, p. 98
34 고용노동부 2021. 11. 17. 발간 「중대재해처벌법 해설 - 중대산업재해 관련 」, p. 104
35 2021. 11. 30. 전부개정에 따라 2024. 12. 1.부터 「소방시설 설치 및 관리에 관한 법률」과
「화재의 예방 및 안전관리에 관한 법률」로 분리되어 시행될 예정이다.

나. 고용노동부가 안내하는 점검 전담조직과 업무위탁 전문기관

고용노동부는 해설서에서 개인사업주 또는 경영책임자등은 종사자의 안전 및 보건 확보를 위해 안전·보건 관계 법령상 의무가 이행되도록 관리하여야 하고, 점검결과 안전·보건 관계 법령에 따른 의무가 이행되지 않은 사실이 확인되는 경우에는 인력의 배치, 예산의 추가 편성·집행 등 안전·보건 관계 법령상 의무 이행에 필요한 조치를 함으로써 안전·보건 관계 법령에 따른 의무이행이 실효적이고 실질적이 되도록 해야 한다고 하면서, 이를 위해서는 각 사업장의 안전·보건 관계 법령상 의무 이행 과정을 전반적으로 점검하고, 그 결과를 평가하는 조직과 절차 등 시스템을 마련하여 법적 의무 이행 여부는 물론 성과와 문제점 등을 객관적이고 심도 있게 점검하고, 그 결과에 대하여 보고받아야 하고, 이러한 업무를 처리하는 별도의 조직[36]을 두되 만약 자체역량이 부족하여 그 점검의 실효성을 기대하기 어렵다고 판단되면 전문기관에 위탁하여 점검하라고 안내한다.

고용노동부는 안전·보건 관계 법령에 따라 중앙행정기관의 장이 지정한 기관의 예로 안전관리전문기관(산업안전보건법 제17조), 보건관리전문기관(산업안전보건법 제18조), 안전보건진단기관(산업안전보건법 제47조) 및 건설재해예방전문지도기관(산업안전보건법 제73조)을 소개하고 있다.

다. 경영책임자가 부담하는 관리상의 조치 내용

1) 부실점검 방지 시스템

안전·보건 관계 법령에 따른 의무를 이행했는지를 반기 1회 이상 점검(해당 안전·보건 관계 법령에 따라 중앙행정기관의 장이 지정한 기관 등에 위탁하여 점검하는 경우를 포함)하고, 직접 점검하지 않은 경우에는 점검이 끝난 후 지체 없이 점검 결과를 보고받되, 해당 점검 및 보고가 형식적으로 이루어지는 부실 점검의 경우는 물론 경영책임자의 지시에도 불구하고 점검 또는 보고가

---

[36] 고용노동부 2021. 11. 17. 발간 「중대재해처벌법 해설 - 중대산업재해 관련 -」, p. 99 참조

이루어지지 않은 경우에는 의무가 이행된 것으로 볼 수 없고 그 불이행에 대한 최종적인 책임은 경영책임자에게 귀속[37]된다고 한다. 위탁 전문기관의 부실점검에 대해서도 중대재해처벌법상의 책임을 묻겠다는 것이나, 해설 편에서 설명했듯이 형사법의 법리상 경영책임자에게 고의에 의한 관리책임을 묻기는 쉽지 않을 것으로 보인다.

하지만 고용노동부가 제1차적 수사기관인 만큼 중대재해가 발생하였을 때 점검의무가 부적정하게 되었다며 관리상의 조치 미흡으로 의율할 것인 만큼 수사를 피하기 위해서는 전담조직을 통한 관리시스템을 확보하여야 할 것이다.

2) 인력 및 예산 등 미이행 조치 의무 이행에 필요한 추가 조치 시스템

시행령 제5조 제2항 제1호에 따른 점검 또는 위탁기관으로부터 보고받은 결과, 안전·보건 관계 법령에 따른 의무가 이행되지 않은 사실이 확인되는 경우에는, 사업을 대표하고 총괄하는 지위에 있는 사람으로서 경영책임자가 인력과 예산 등에 관한 결정 권한을 가지므로 인력과 예산의 어려움으로 법령상의 의무조차 실효적으로 이행되지 못하는 일이 발생하지 않도록 인력을 배치하거나 예산을 추가로 편성·집행하도록 하는 등 해당 의무 이행에 필요한 조치를 하라는 것이다.

업무처리 규정을 만들고 그 이행여부를 전담조직을 통하여 관리하면 될 것으로 보인다.

3) 유해·위험 작업에 관한 안전보건 교육의 실시여부 점검 및 실시되지 않은 유해·위험 작업에 관한 안전보건 교육의 지체 없는 실시에 필요한 예산확보 등 필요한 조치

유해·위험 작업에 관한 안전보건 교육의 실시는 시행령 제5조 제2항 제1호에 의하여 안전·보건 관계 법령에 따라 이행해야 할 의무에 포함되는 것

---

[37] 고용노동부 2021. 11. 17. 발간 「중대재해처벌법 해설 - 중대산업재해 관련 -」, p. 102 참조

이므로 굳이 중대재해처벌법 시행령 제5조 제2항 제3호에서 재차 규정할 이유가 없는 점은 해설 편에서 상술한 바 있다.

라. 도급 등 협력업체의 의무이행 여부에 대한 관리상의 조치

안전·보건 관계 법령에 따른 의무이행을 수급인 등 협력업체가 이행하고 있는지 여부를 관리하지 않는 사이에 중대재해가 발생하면 도급인의 경영책임자는 중대재해처벌법 제4조와 제5조 위반으로 형사처벌을 받으므로 어느 정도의 조치를 해야 안전·보건 관계 법령에 따른 의무이행에 필요한 관리상의 조치를 했는지 문제가 될 수밖에 없다.

고용노동부는 자신이 교육 의무가 없는 경우까지 직접 교육을 하여야 하는 것은 아니고, 안전·보건 관계 법령에 따라 노무를 제공하는 자에게 안전·보건교육을 해야 할 의무가 있는 자가 교육을 실시해야 한다면서, 다만 필요한 관리상의 조치의 하나로 교육을 받지 않은 종사자는 해당 작업에서 배제하는 조치 등을 취할 수 있다고 설명[38]하고 있다.

중대재해처벌법에 밝은 법률전문가로부터 자문을 받아 해당 사업(장)의 특성을 반영한 근로 부적합자의 작업배제 등 다양한 방법을 강구해 둘 필요가 있다.

5. 도급, 용역, 위탁 등 관계에서의 안전 및 보건 확보의무

> 중대재해처벌법 제5조(도급, 용역, 위탁 등 관계에서의 안전 및 보건 확보의무)
> 사업주 또는 경영책임자등은 사업주나 법인 또는 기관이 제3자에게 도급, 용역, 위탁 등을 행한 경우에는 제3자의 종사자에게 중대산업재해가 발생하지 아니하도록 제4조의 조치를 하여야 한다. 다만, 사업주나 법인 또는 기관이 그 시설, 장비, 장소 등에 대하여 실질적으로 지배·운영·관리하는 책임이 있는 경우에 한정한다.

---

[38] 고용노동부 2021. 11. 17. 발간 「중대재해처벌법 해설 - 중대산업재해 관련 -」, p. 106 참조

앞서 설명한 바와 같이 도급인의 안전조치 및 보건조치를 규정하고 있는 산업안전보건법 제62조~제66조는, 제65조의 안전 및 보건에 관한 정보제공 등의 경우를 제외하고는 모두 '도급인의 사업 또는 사업장에서 작업을 하는 경우'를 전제로 도급인에게 자신의 근로자는 물론 수급인과 수급인의 근로자 등에 대한 안전조치 및 보건조치를 규정하고 있다.

반면에 중대재해처벌법은 제4조에서 산업안전보건법과 달리 도급인의 사업장이라는 장소적 제한 없이 실질적으로 지배·운영·관리하는 사업 또는 사업장에 대한 안전 및 보건 확보의무를 경영책임자에게 부과하고 있고, 제5조에서는 도급, 용역, 위탁 등 관계에서의 안전 및 보건 확보의무에 관하여 제4조와는 달리 도급인 등의 사업 또는 사업장이 아니라 타인의 사업 또는 사업장에 있는 시설, 장비, 장소 등에 대하여 실질적으로 지배·운영·관리하는 책임이 있으면 도급인 등의 경영책임자가 제4조의 조치를 해야 하는 것으로 규정하고 있으므로, 이러한 점들에 유의하여 중대재해처벌법 제5조에 따른 관리상의 조치를 해야 할 것이다.

자세한 내용은 법 제4조 제1항 제1호, 시행령 제4조 제9호 관련 해설 편에 서술되어 있다.

제4장   중대시민재해에 대한 정부의 안전보건관리체계구축방안

1. 개관

가. 각 부처마다 안전 관련 법률로 다루어 오던 영역

중대산업재해는 그 개념 자체가 산업안전보건법에 이미 규정되어 있는 "산업재해"(산업안전보건법 제2조 제1호)와 "중대재해"(산업안전보건법 제2조 제2호) 개념을 합친 것이므로 기본적으로 근로자와 업무라는 개념을 전제로 한

다. 산업안전보건법은 산업재해 예방을 위한 조치의무를 사업주(법인인 경우
에는 법인이다)와 안전보건관리책임자에게 구체적·개별적으로 부과함에 반하
여, 중대재해처벌법은 개인 사업주와 법인의 경영책임자에게 인사, 예산권을
포함하여 포괄적·개괄적으로 관리하도록 규정하고 있다고 하지만 그 안전
및 보건 확보의무의 주체가 다를 뿐 그 뿌리는 같이 한다고 볼 수 있다.

　이에 반하여 중대시민재해는 중대재해처벌법에서 처음 도입된 법적개념
으로 소비자 내지 사용자와 그 사용대상을 전제로 하고 있다. 그러다 보니
중대산업재해와 달리, 균질적이지 않고, 전혀 다른 형태의 개념과 대상들을
입법자 의사로 집어넣을 수밖에 없어 어떤 논리를 바탕으로 체계적인 법률
을 입법하는 것은 매우 어려운 일이다. 중대재해처벌법 제안이유서의 입법목
적에 기술되어 있는 세월호 참사사건과 가습기 살균제 피해 사건은 그 적용
대상이 하나는 원료와 제조물이고, 다른 하나는 공중교통수단이다. 게다가
공중이용시설까지 포괄하는 입법인데, 그동안 방치하고 있었던 영역이 아니
라 이미 각 소관부처의 법률에서 각각 안전규정을 두고 관리하는 대상들이
다. 각각의 적용대상에 따라 안전보건 관리조치의 내용도 상이[39]한 만큼 이
를 포괄하는 중대시민재해라는 개념을 새로 만들기는 하였지만 대상과 조치
의무 내용이 매우 산만하지 않을 수 없다. 이런 점을 이해하고 각 부처의 법
률 중 어느 부처의 법률이 적용되는지 일일이 찾아서 대응방안을 마련해야
한다는 점에 유의하여야 한다.

　중대시민재해에 대한 중대재해처벌법 입법목적은 세월호 사고와 가습기
살균제 사건 같은 시민재해가 재발하지 않도록 하기 위함이고, 그 내용은 종
전에 개별법에서 규정한 법정형과는 별도로 위험한 원료와 제조물, 공중이용
시설, 공중교통수단을 운영하는 사업주와 경영책임자에게, 그 대상물로 인하

---

39 원료와 제조물, 공중이용시설, 공중교통수단은 전혀 다른 이질적 대상들이고, 그 대상을
　제조하거나 운용하는 사업주의 경우 작은 분식점 사장님으로터 대형 항공사에 이르기까
　지 매우 광범위하며, 아울러 위험한 원료나 제조물에 관한 법령에 그 위험성에 따라서
　개별적으로 입법화되어 있고, 공중이용시설도 화재예방, 공기질 개선 등 여러 목적으로
　다양한 법령이 이미 제정되어 있으며, 철도안전법이나 항공안전법과 같이 공중교통수단
　에 대하여도 이미 사고 예방을 위한 다양한 법령이 입법되어 있다. 다만, 산업안전보건
　법처럼, 근로자와 업무라는 개념을 매개로 통일적 법률이 없었을 뿐이었다.

여 사용자 등 시민이 인명피해를 입지 않도록 안전 및 보건 확보의무(법 제9
조)를 새롭게 부과하고, 이를 위반하여 중대시민재해가 발생하면 매우 무겁
게 처벌한다는 것이다. 실상 처벌의 대상이 개인사업주와 경영책임자이고,
조치의무의 내용이 사업주에게 부과되었던 안전조치의무가 제대로 이행될
수 있도록 관리상의 조치를 하라는 것이다.

나. 잘못 알려진 적용대상의 예외

중대산업재해는 상시 근로자 5명 미만의 사업 또는 사업장은 안전 및
보건확보 의무와 처벌 규정이 적용되지 않아 소규모 기업에는 아예 적용이
배제된다. 대부분의 국민들은 상시 근로자 5명 미만의 사업장에 중대시민재
해 규정도 적용되지 않는 것으로 알고 있고, 그래서 나와는 무관한 법률이라
고 생각하기 쉽다. 그러나 확실한 것은 부칙 제1조 단서에서, 개인사업자 또
는 상시 근로자 50명 미만 사업 또는 사업장(건설업의 경우에는 공사금액 50억
원 미만)에 대하여는 공포 후 3년이 경과한 날로부터 시행한다고 규정하여,
우선 50명 미만의 원료와 제조물, 공중이용시설, 공중교통수단 사업과 사업
장은 당장 이 법이 적용되지 않고, 2년 이후인 2023. 1. 27.부터 적용되게 된
다는 점뿐이다.

중대시민재해 중, 공중이용시설[40]만 소상공인 적용배제 규정이 있고, 원
료와 제조물 중 인체 유해성이 강한 시행령 별표 5 원료와 제조물[41]의 경우
에 일부 적용배제되는 부분이 있을 뿐 원칙적으로 원료와 제조물, 그 밖의
공중교통수단은 5명 미만 사업장이라도 적용배제 규정이 없다는 점을 알아
야 한다.

---

40 중대재해처벌법 제2조
4. "공중이용시설"이란 다음 각 목의 시설 중 시설의 규모나 면적 등을 고려하여 대통령
령으로 정하는 시설을 말한다. 다만, 「소상공인 보호 및 지원에 관한 법률」 제2조에 따른
소상공인의 사업 또는 사업장 및 이에 준하는 비영리시설과 「교육시설 등의 안전 및 유
지관리 등에 관한 법률」 제2조 제1호에 따른 교육시설은 제외한다.

41 중대재해처벌법 시행령 제8조
4. 제3호 각 목의 조치를 포함한 업무처리절차의 마련. 다만, 「소상공인기본법」 제2조에
따른 소상공인의 경우는 제외한다.

공중교통수단은 처음부터 소상공인이 할 사업이 아니라는 관점에서 소상공인 배제규정을 둘 필요가 없다고 보고 적용배제규정을 두지 않았고, 공중이용시설 중「소상공인 보호 및 지원에 관한 법률」제2조에 따른 소상공인의 사업 또는 사업장 및 이에 준하는 비영리시설과「교육시설 등의 안전 및 유지관리 등에 관한 법률」제2조 제1호에 따른 교육시설은 법 제2조 제4호 단서에 의하여 공중이용시설로 보지 아니하므로 중대재해처벌법의 적용이 배제된다.

원료와 제조물 사업자는 법에 적용배제 규정이 없으므로 법 제9조, 제10조, 제11조가 그대로 적용된다. 상시 근로자 5명 미만의 사업장이나 소상공인이라는 이유로 법 제9조의 조치의무에서 면제되지 않는다. 다만, 소상공인이 별표 5서 정하는 원료 또는 제조물 사업을 하는 경우에는 법 제9조 제1항 제1호에 따른 조치의 구체적 사항을 정하는 시행령 제8조의 5가지 사항 중 시행령 제8조 제3호와 제4호의 조치의무(유해·위험요인의 주기적 점검, 제보나 위험징후의 감지 등을 통해 발견된 유해·위험요인을 확인한 결과 중대시민재해 발생 우려가 있는 경우의 신고 및 조치, 중대시민재해가 발생한 경우의 보고, 신고 및 조치, 중대시민재해 원인조사에 따른 개선조치, 이상의 조치를 포함한 업무절차의 마련)만 면제될 뿐이다.

따라서 식품회사, 대규모 식당을 직영하는 사업체는 물론 먹는샘물 사업체, 분식집, 포장마차도 법 제9조 제1항의 원료나 제조물 사업자에 해당하므로 제9조 제1항 제2호 재해 발생 시 재발방지 대책의 수립 및 그 이행에 관한 조치와, 제3호 중앙행정기관·지방자치단체가 관계 법령에 따라 개선, 시정 등을 명한 사항의 이행에 관한 조치, 제4호 안전보건 관계 법령에 따른 의무이행에 필요한 관리상의 조치⁴²를 하여야 한다.

---

42 시행령 제9조(원료·제조물 관련 안전·보건 관계 법령에 따른 의무이행에 필요한 관리상의 조치) ① 법 제9조 제1항 제4호에서 "안전·보건 관계 법령"이란 해당 사업 또는 사업장에서 생산·제조·판매·유통 중인 원료나 제조물에 적용되는 것으로서 그 원료나 제조물이 사람의 생명·신체에 미칠 수 있는 유해·위험 요인을 예방하고 안전하게 관리하는 데 관련되는 법령을 말한다.
② 법 제9조 제1항 제4호에 따른 조치의 구체적인 사항은 다음 각 호와 같다.
1. 안전·보건 관계 법령에 따른 의무를 이행했는지를 반기 1회 이상 점검(해당 안전·보

다. 중대재해처벌법 실무연구회의 제시방향

실무연구회에서는 제2부 첫머리의 '중대재해처벌법이 요구하는 경영책임자의 역할 - 누가, 무엇을, 어떻게 하라는 것인가? - ' 부분에서 밝힌 바와 같이 정부 소관부처의 해설서와 가이드북을 바탕으로 중대시민재해 관련 중대재해처벌법 대응방안을 중심으로 설명하고, 그것만으로 중대재해처벌법이 요구하는 의무이행이 되지는 않을 것이므로 그 실질화 방안은 제5장에서 간략히 설명하고자 한다.

특히 내가 중대시민재해 관련 중대재해처벌법의 적용대상인지가 무엇보다도 중요하므로 실무연구회에서는 중대시민재해에 대한 대응방안으로 첫째, 자신의 사업이나 사업장이 중대시민재해 적용대상이 되는지 여부를 확인하고, 둘째, 그 사업이나 사업장의 규모와 형태 등에 따라 누가 사업주 또는 경영책임자로서 법적 의무와 처벌대상이 되는지를 확인한 후, 셋째, 이 법과 안전·보건 관계 법령에서 규정하는 의무를 확인하여 안전보건담당자로 하여금 그 의무를 이행하도록 하는 시스템을 만들어 관리할 것으로 대응방안을 구성하였다.

2. 중대시민재해 적용대상인지의 확인

중대시민재해는 원료와 제조물, 공중이용시설, 공중교통수단을 그 대상

건 관계 법령에 따라 중앙행정기관의 장이 지정한 기관 등에 위탁하여 점검하는 경우를 포함한다. 이하 이 호에서 같다)하고, 직접 점검하지 않은 경우에는 점검이 끝난 후 지체 없이 점검 결과를 보고받을 것

2. 제1호에 따른 점검 또는 보고 결과 안전·보건 관계 법령에 따른 의무가 이행되지 않은 사실이 확인되는 경우에는 인력을 배치하거나 예산을 추가로 편성·집행하도록 하는 등 해당 의무 이행에 필요한 조치를 할 것

3. 안전·보건 관계 법령에 따라 의무적으로 실시해야 하는 교육이 실시되는지를 반기 1회 이상 점검하고, 직접 점검하지 않은 경우에는 점검이 끝난 후 지체 없이 점검 결과를 보고받을 것

4. 제3호에 따른 점검 또는 보고 결과 실시되지 않은 교육에 대해서는 지체 없이 그 이행의 지시, 예산의 확보 등 교육 실시에 필요한 조치를 할 것

으로 하여 규율하고 있다.

가. 생산·제조·판매·유통 중인 원료와 제조물

1) 대상

원료와 제조물의 경우 제1부 해설 편에서 설명한 것처럼 중대재해처벌법은 제1조 목적 규정상 '**인체에 해로운**' 원료와 제조물을 취급하다가 생기는 인명피해를 없애기 위한 법률이므로, 인체에 해롭지 않은 원료와 제조물은 그 대상이 아니라고 해석함이 상당하다. 그러나 환경부는 법 제1조의 한정목적 조항을 무시하고 시행령 별표 5 식품을 원료나 제조물로 포함시켰다.

즉 정부의 입장은 시행령 별표 5에 인체 유해성이 강하여 중대시민재해의 우려가 높은 원료와 제조물을 별도로 규정함으로써, ① 인체 유해성이 강하여 중대시민재해 우려가 높은 원료와 제조물, ② 인체 유해성이 약하여 중대시민재해 우려가 높지 않은 원료와 제조물, ③ 인체 유해성이 전혀 없는 원료와 제조물로 구분될 수 있는 여지를 만들었고, 환경부 해설서를 통하여 인체에 무해한 식품 등 원료와 제조물에 대하여도 중대시민재해 예방을 위한 안전 및 보건확보 의무를 이행하여야 하도록 하였다. 법원의 판례가 확립되기 전까지는 수사기관은 법 제1조의 한정 목적조항을 인정하지 않고 중대재해처벌법을 적용할 것으로 예상되는 만큼 모든 원료와 제조물 관련 사업주 또는 경영책임자는 중대시민재해 적용대상으로 보고 대응방안을 마련하여야 할 것 같다.

한편 원료와 제조물의 생산자만이 문제되는 것이 아니라, 생산, 제조, 판매, 유통 중인 원료와 제조물이 모두 문제된다. 여기서 판매나 유통 중인 원료나 제조물의 범위 역시 간단하지 않다. 환경부 해설서에서 의료기기라는 제조물의 경우, 병원에서 사용 중에 제조의 결함으로 인하여 치료 중인 환자에게 중대시민재해가 발생된 경우, 그 병원은 의료기기를 구입하여 사용하는 최종 소비자이기 때문에 생산, 제조, 판매, 유통 과정이 종료되어 중대재해처벌법으로 처벌받지 않는다고 하나, 중대재해처벌법 제9조의 규정을 보면, 사업주 또는 법인이나 기관이 실질적으로 지배·운영·관리하는 사업 또는 사업장에서 생산·제조·판매·유통 중인 원료나 제조물의 설계, 제조, 관리상의 결함으로 인한 이용자 등의 안전을 위하여 조치를 하도록 규정하고 있어, 제조물의 관리상의 결함이 확인될 경우, 중대재해처벌법 위반이 될 수도 있다.

유통 중인 제조물이라는 부분의 해석과 관련하여, 병원이 의료기기를 구입하면 의료기기의 유통이 종료된 것으로 볼 수도 있지만, 그 의료기기의 최종 소비자는 병원이 아니라 환자라고 볼 경우, 여전히 유통 중인 제조물이 될 수 있다.

반대로, 코로나 백신과 같은 주사약제의 경우, 제약회사로부터 병원에서 구입하여 보관하다가 보관 방법의 잘못으로 환자에게 주사하였다가 인명피해가 발생된 경우에는 전형적으로 중대시민재해가 될 수 있을 것이다. 물론 제조자의 잘못이 전혀 없고, 구입하여 보관하던 병원에서 잘못한 것이 확인될 경우를 가정한 것이라서 단정하기가 쉽지 않지만, 최종 소비자의 입장에서 보면 주사약제나 의료기기가 최종 소비자를 환자라고 볼 수 있는 것이기도 하다.

유통이라는 말은 최종 소비자에게 전달되는 과정이므로 원료와 제조물의 최종 소비자는 그 이용자로 봄이 상당하다. 만일 의료기기와 같이 실질적 최종 소비자가 누구인지 다툼이 있을 수 있는 사안이라면 충분한 법률적 자문이나 소관 부처에 서면으로 질의를 통하여 유권해석을 받아두는 등 미리 점검하는 것이 필요해 보인다.

2) 설계, 제조, 관리상의 결함

중대재해처벌법 제9조 제1항은 생산, 제조, 판매, 유통 중인 원료나 제조물에 대한 설계, 제조, 관리상의 결함을 사고발생의 요건으로 하고 있다. 실제로 식중독 사건 중에는 냉장보관을 하지 않는 바람에 사고가 나는 관리상의 결함으로 인한 경우, 일정한 품질의 원료를 사용하고 원료들 간의 배합비가 정해져있는 레미콘이나 일정 강도의 재질을 사용하여 제조해야 기계의 부품은 제조상의 결함이 있는 원료나 부품으로 인한 경우, 처음부터 설계 자체에 결함이 있는 경우를 상정해 볼 수 있다.

중대재해처벌법 제9조 제1항은 생산, 제조, 판매, 유통 중인 원료나 제조물의 설계, 제조, 관리상의 결함으로 인한 피해 발생을 요건으로 하므로 인체 유해성이 강한 시행령 별표 5 해당하는 원료나 제조물 관련 사업인지, 설계, 제조, 관리상의 문제가 발생할 수 있는지 여부를 우선 검토하고 필요한 자문이나 유권해석을 받아두는 것은 매우 중요하다.

나. 공중이용시설 또는 공중교통수단

1) 대상

공중이용시설의 대상인지 여부는 실내공기질법, 시설물안전법, 다중이용업소법 등을 근간으로 하는데, 면적 등에 의하여 적용여부가 달라지므로, 각자 자신의 사업장에 대하여 건축대장 등의 공부상 자료들을 다시 점검해 볼 필요가 있다.

또한 실내공기질법과 시설물안전법 모두 건축법에 의한 일정 이상의 면적 대상 건축물을 그 대상으로 하는데, 면적의 차이에 따라 적용법령이 달라지므로 정확하게 파악해야 한다.

한편, 공중이용시설의 경우, 소상공인에 대하여는 적용이 배제되므로, '중소기업현황정보시스템' 등을 통하여 소상공인에 해당하여 중대재해처벌법의 적용을 면제받는지 여부를 점검할 필요가 있다. 매출규모나 상시 근로자 수만으로 단순히 분류되는 개념이 아닌 복잡한 개념이기 때문에 일반인으로서는 소상공인에 해당하는지를 알기가 매우 어렵다.

중대재해처벌법의 적용대상이 되는 공중이용시설과 공중교통수단이 무엇인지에 대하여는 이 책의 1부 해설 제2편 공중이용시설 및 공중교통수단 설명 부분에서 상술한 만큼 이를 참조하면 될 것이다.

2) 설계, 설치, 관리상의 결함

중대재해처벌법 제9조 제2항은 모든 결함이 아니라 설계, 설치, 관리상의 결함을 사고발생의 요건으로 하고 있다. 성수대교 붕괴사고에서 보듯이 중대시민재해 발생의 원인을 복수의 사업체가 제공한 경우에는 각자 자신의 잘못으로 인한 결함에 책임을 부담하여야 한다.

3. 중대재해처벌법 적용을 받는 사람: 사업주와 경영책임자

중대재해처벌법은 사업주와 경영책임자만 처벌하는 신분범이다. 사업주와 경영책임자등이 아니면 안전 및 보건확보 의무도 없고 형사처벌도 받지 않는다.

제1부 해설 편에서 사업주와 경영책임자등이 어떤 의미인지 설명하였으므로 이를 참조하면 되나, 경영책임자가 누구인지에 관하여 중대시민재해의 적용대상이 되는 원료와 제조물, 일정 규모 이상의 식당이나 술집 등의 공중이용시설, 그리고 공중교통수단을 운영하는 개인 사업주와 법인사업주의 대표, 그리고 기관의 장은 자신의 사업체나 기관에서 중대재해처벌법에서 규정하는 사업주와 경영책임자가 누구인지 미리 점검해 볼 것을 권한다. 결국은 해당 사업이 중대재해처벌법의 적용대상이 되는 원료나 제조물, 공중이용시설 또는 공중교통수단과 관련되는지 여부의 문제로 돌아간다고 할 수 있다.

4. 시민재해 예방을 위하여 사업주와 경영책임자가 해야 할 일

가. 개요

원료나 제조물 관련 중대시민재해에 대하여 중대재해처벌법 제9조는 재해예방에 필요한 인력·예산·점검 등 안전보건관리체계의 구축 및 그 이행에 관한 조치[43](법 제9조 제1항 제1호)와 재해 발생 시 재발방지 대책의 수립 및

---

[43] 제8조(원료·제조물 관련 안전보건관리체계의 구축 및 이행 조치) 법 제9조 제1항 제1호에 따른 조치의 구체적인 사항은 다음 각 호와 같다.
　1. 다음 각 목의 사항을 이행하는 데 필요한 인력을 갖추어 중대시민재해 예방을 위한 업무를 수행하도록 할 것
　　가. 법 제9조 제1항 제4호의 안전·보건 관계 법령에 따른 안전·보건 관리 업무의 수행
　　나. 유해·위험요인의 점검과 위험징후 발생 시 대응
　　다. 그 밖에 원료·제조물 관련 안전·보건 관리를 위해 환경부장관이 정하여 고시하는 사항

그 이행에 관한 조치(법 제9조 제1항 제2호), 중앙행정기관·지방자치단체가 관계 법령에 따라 개선, 시정 등을 명한 사항의 이행에 관한 조치(법 제9조 제1항 제3호), 안전·보건 관계 법령에 따른 의무이행에 필요한 관리상의 조치[44] (법 제9조 제1항 제4호)를 요구한다.

한편 공중이용시설 또는 공중교통수단 관련 중대시민재해에 대하여는

---

2. 다음 각 목의 사항을 이행하는 데 필요한 예산을 편성·집행할 것
   가. 법 제9조 제1항 제4호의 안전·보건 관계 법령에 따른 인력·시설 및 장비 등의 확보·유지
   나. 유해·위험요인의 점검과 위험징후 발생 시 대응
   다. 그 밖에 원료·제조물 관련 안전·보건 관리를 위해 환경부장관이 정하여 고시하는 사항
3. 별표 5서 정하는 원료 또는 제조물로 인한 중대시민재해를 예방하기 위해 다음 각 목의 조치를 할 것
   가. 유해·위험요인의 주기적인 점검
   나. 제보나 위험징후의 감지 등을 통해 발견된 유해·위험요인을 확인한 결과 중대시민재해의 발생 우려가 있는 경우의 신고 및 조치
   다. 중대시민재해가 발생한 경우의 보고, 신고 및 조치
   라. 중대시민재해 원인조사에 따른 개선조치
4. 제3호 각 목의 조치를 포함한 업무처리절차의 마련. 다만, 「소상공인기본법」 제2조에 따른 소상공인의 경우는 제외한다.
5. 제1호 및 제2호의 사항을 반기 1회 이상 점검하고, 점검 결과에 따라 인력을 배치하거나 예산을 추가로 편성·집행하도록 하는 등 중대시민재해 예방에 필요한 조치를 할 것

44 시행령 제9조(원료·제조물 관련 안전·보건 관계 법령에 따른 의무이행에 필요한 관리상의 조치) ① 법 제9조 제1항 제4호에서 "안전·보건 관계 법령"이란 해당 사업 또는 사업장에서 생산·제조·판매·유통 중인 원료나 제조물에 적용되는 것으로서 그 원료나 제조물이 사람의 생명·신체에 미칠 수 있는 유해·위험 요인을 예방하고 안전하게 관리하는 데 관련되는 법령을 말한다.
② 법 제9조 제1항 제4호에 따른 조치의 구체적인 사항은 다음 각 호와 같다.
1. 안전·보건 관계 법령에 따른 의무를 이행했는지를 반기 1회 이상 점검(해당 안전·보건 관계 법령에 따라 중앙행정기관의 장이 지정한 기관 등에 위탁하여 점검하는 경우를 포함한다. 이하 이 호에서 같다)하고, 직접 점검하지 않은 경우에는 점검이 끝난 후 지체 없이 점검 결과를 보고받을 것
2. 제1호에 따른 점검 또는 보고 결과 안전·보건 관계 법령에 따른 의무가 이행되지 않은 사실이 확인되는 경우에는 인력을 배치하거나 예산을 추가로 편성·집행하도록 하는 등 해당 의무 이행에 필요한 조치를 할 것
3. 안전·보건 관계 법령에 따라 의무적으로 실시해야 하는 교육이 실시되는지를 반기 1회 이상 점검하고, 직접 점검하지 않은 경우에는 점검이 끝난 후 지체 없이 점검 결과를 보고받을 것
4. 제3호에 따른 점검 또는 보고 결과 실시되지 않은 교육에 대해서는 지체 없이 그 이행의 지시, 예산의 확보 등 교육 실시에 필요한 조치를 할 것

재해예방에 필요한 인력·예산·점검 등 안전보건관리체계의 구축 및 그 이행
에 관한 조치45(법 제9조 제2항 제1호), 재해 발생 시 재발방지 대책의 수립 및

---

45 시행령 제10조(공중이용시설·공중교통수단 관련 안전보건관리체계 구축 및 이행에 관한
조치) 법 제9조 제2항 제1호에 따른 조치의 구체적인 사항은 다음 각 호와 같다.
  1. 다음 각 목의 사항을 이행하는 데 필요한 인력을 갖추어 중대시민재해 예방을 위한
     업무를 수행하도록 할 것
     가. 법 제9조 제2항 제4호의 안전·보건 관계 법령에 따른 안전관리 업무의 수행
     나. 제4호에 따라 수립된 안전계획의 이행
     다. 그 밖에 공중이용시설 또는 공중교통수단과 그 이용자나 그 밖의 사람의 안전에
        관하여 국토교통부장관이 정하여 고시하는 사항
  2. 다음 각 목의 사항을 이행하는 데 필요한 예산을 편성·집행할 것
     가. 법 제9조 제2항 제4호의 안전·보건 관계 법령에 따른 인력·시설 및 장비 등의 확
        보·유지와 안전점검 등의 실시
     나. 제4호에 따라 수립된 안전계획의 이행
     다. 그 밖에 공중이용시설 또는 공중교통수단과 그 이용자나 그 밖의 사람의 안전에
        관하여 국토교통부장관이 정하여 고시하는 사항
  3. 공중이용시설 또는 공중교통수단에 대한 법 제9조 제2항 제4호의 안전·보건 관계 법
     령에 따른 안전점검 등을 계획하여 수행되도록 할 것
  4. 공중이용시설 또는 공중교통수단에 대해 연 1회 이상 다음 각 목의 내용이 포함된 안
     전계획을 수립하게 하고, 충실히 이행하도록 할 것. 다만, 공중이용시설에 대해 「시설
     물의 안전 및 유지관리에 관한 특별법」 제6조에 따라 시설물에 대한 안전 및 유지관리
     계획을 수립·시행하거나 공중이용시설 또는 공중교통수단에 대해 철도운영자가 「철도
     안전법」 제6조에 따라 연차별 시행계획을 수립·추진하는 경우로서 사업주 또는 경영
     책임자등이 그 수립 여부 및 내용을 직접 확인하거나 보고받은 경우에는 안전계획을
     수립하여 이행한 것으로 본다.
     가. 공중이용시설 또는 공중교통수단의 안전과 유지관리를 위한 인력의 확보에 관한
        사항
     나. 공중이용시설의 안전점검 또는 정밀안전진단의 실시와 공중교통수단의 점검·정
        비(점검·정비에 필요한 장비를 확보하는 것을 포함한다)에 관한 사항
     다. 공중이용시설 또는 공중교통수단의 보수·보강 등 유지관리에 관한 사항
  5. 제1호부터 제4호까지에서 규정한 사항을 반기 1회 이상 점검하고, 직접 점검하지 않
     은 경우에는 점검이 끝난 후 지체 없이 점검 결과를 보고받을 것
  6. 제5호에 따른 점검 또는 보고 결과에 따라 인력을 배치하거나 예산을 추가로 편성·집
     행하도록 하는 등 중대시민재해 예방에 필요한 조치를 할 것
  7. 중대시민재해 예방을 위해 다음 각 목의 사항이 포함된 업무처리절차를 마련하여 이
     행할 것. 다만, 철도운영자가 「철도안전법」 제7조에 따라 비상대응계획을 포함한 철도
     안전관리체계를 수립하여 시행하거나 항공운송사업자가 「항공안전법」 제58조 제2항
     에 따라 위기대응계획을 포함한 항공안전관리시스템을 마련하여 운용한 경우로서 사
     업주 또는 경영책임자등이 그 수립 여부 및 내용을 직접 점검하거나 점검 결과를 보
     고받은 경우에는 업무처리절차를 마련하여 이행한 것으로 본다.
     가. 공중이용시설 또는 공중교통수단의 유해·위험요인의 확인·점검에 관한 사항
     나. 공중이용시설 또는 공중교통수단의 유해·위험요인을 발견한 경우 해당 사항의 신

그 이행에 관한 조치(법 제9조 제2항 제2호), 중앙행정기관·지방자치단체가 관계 법령에 따라 개선, 시정 등을 명한 사항의 이행에 관한 조치(법 제9조 제2항 제3호), 안전·보건 관계 법령에 따른 의무이행에 필요한 관리상의 조치[46] (법 제9조 제2항 제4호)를 요구한다.

공중이용시설 또는 공중교통수단과 관련하여 제3자에게 도급, 용역, 위탁 등을 행한 경우에는 그 이용자 또는 그 밖의 사람의 생명, 신체의 안전을 위하여 사업주 또는 경영책임자는 법 제9조 제2항의 조치를 하여야 한다. 다

고·조치요구, 이용 제한, 보수·보강 등 그 개선에 관한 사항
　　다. 중대시민재해가 발생한 경우 사상자 등에 대한 긴급구호조치, 공중이용시설 또는 공중교통수단에 대한 긴급안전점검, 위험표지 설치 등 추가 피해방지 조치, 관계 행정기관 등에 대한 신고와 원인조사에 따른 개선조치에 관한 사항
　　라. 공중교통수단 또는 「시설물의 안전 및 유지관리에 관한 특별법」 제7조 제1호의 제1종시설물에서 비상상황이나 위급상황 발생 시 대피훈련에 관한 사항
8. 제3자에게 공중이용시설 또는 공중교통수단의 운영·관리 업무의 도급, 용역, 위탁 등을 하는 경우 공중이용시설 또는 공중교통수단과 그 이용자나 그 밖의 사람의 안전을 확보하기 위해 다음 각 목에 따른 기준과 절차를 마련하고, 그 기준과 절차에 따라 도급, 용역, 위탁 등이 이루어지는지를 연 1회 이상 점검하고, 직접 점검하지 않은 경우에는 점검이 끝난 후 지체 없이 점검 결과를 보고받을 것
　　가. 중대시민재해 예방을 위한 조치능력 및 안전관리능력에 관한 평가기준·절차
　　나. 도급, 용역, 위탁 등의 업무 수행 시 중대시민재해 예방을 위해 필요한 비용에 관한 기준
46 시행령 제11조(공중이용시설·공중교통수단 관련 안전·보건 관계 법령에 따른 의무이행에 필요한 관리상의 조치) ① 법 제9조 제2항 제4호에서 "안전·보건 관계 법령"이란 해당 공중이용시설·공중교통수단에 적용되는 것으로서 이용자나 그 밖의 사람의 안전·보건을 확보하는 데 관련되는 법령을 말한다.
② 법 제9조 제2항 제4호에 따른 조치의 구체적인 사항은 다음 각 호와 같다.
1. 안전·보건 관계 법령에 따른 의무를 이행했는지를 연 1회 이상 점검(해당 안전·보건 관계 법령에 따라 중앙행정기관의 장이 지정한 기관 등에 위탁하여 점검하는 경우를 포함한다. 이하 이 호에서 같다)하고, 직접 점검하지 않은 경우에는 점검이 끝난 후 지체 없이 점검 결과를 보고받을 것
2. 제1호에 따른 점검 또는 보고 결과 안전·보건 관계 법령에 따른 의무가 이행되지 않은 사실이 확인되는 경우에는 인력을 배치하거나 예산을 추가로 편성·집행하도록 하는 등 해당 의무 이행에 필요한 조치를 할 것
3. 안전·보건 관계 법령에 따라 공중이용시설의 안전을 관리하는 자나 공중교통수단의 시설 및 설비를 정비·점검하는 종사자가 의무적으로 이수해야 하는 교육을 이수했는지를 연 1회 이상 점검하고, 직접 점검하지 않은 경우에는 점검이 끝난 후 지체 없이 점검 결과를 보고받을 것
4. 제3호에 따른 점검 또는 보고 결과 실시되지 않은 교육에 대해서는 지체 없이 그 이행의 지시 등 교육 실시에 필요한 조치를 할 것

만, 사업주나 법인 또는 기관이 그 시설, 장비, 장소 등에 대하여 실질적으로 지배·운영·관리하는 책임이 있는 경우에 한정한다(법 제9조 제3항).

나. 인력과 예산 확보

먼저, 시행령 제8조 제1호의 인력을 갖추어 중대시민재해 예방을 위한 업무를 수행하도록 하여야 한다. 또 시행령 제8조 제2호에서 규정하는 예산을 편성·집행하여야 한다.

필요한 인력은 개별 관계 법령에서 이미 안전보건 관리 인력의 자격과 필요한 인원을 규정하고 있을 것이므로 그에 따르면 된다. 기업활동 규제완화에 관한 특별조치법 등에 의하여 외부에 위탁할 수 있는 경우에는 직접 고용하지 않고 위탁할 수도 있을 것이다.

또 이미 산업안전보건법에 따라 인력이 배치된 경우에는 개별법에서 요구하는 자격을 갖추었으면 필요한 인력을 배치한 것이므로 중대산업재해 따로 중대시민재해 따로 인력을 배치할 필요는 없을 것으로 보인다. 중대산업재해 대응 부분에서 설명한 바와 같이 그 인력은 중대시재해 예방을 위한 업무를 수행하여야 하고, 다만 중대산업재해 전담인력은 특별한 자격을 요하지 않고 안전보건 확보를 위한 인력이므로 중대산업재해 예방업무를 수행하는 것이 허용되어야 한다고 보아야 할 것이다.

필요한 예산은 법 제9조 제1항 제4호의 안전·보건 관계 법령에 따른 인력·시설 및 장비 등의 확보·유지, 유해·위험요인의 점검과 위험징후 발생 시 대응, 그 밖에 원료·제조물 관련 안전·보건 관리를 위해 환경부장관[47]이 정하여 고시하는 사항을 이행하는 데 소요되는 예산이다. 다만 위험징후 발생 시 대응예산에는 예비비를 포함시킬 필요가 있다.

또 필요한 정도는 개별 법령에서 안전을 위한 시설, 장비 등을 확보·유

---

47 시행령 제8조의 원료와 제조물은 매우 다양하다. 특히 인체에 해로운 것으로 한정하지 않는 입장이라면 설계, 제조, 관리상의 결함으로 중대시민재해를 유발할 원료나 제조물은 농림수산식품부 소관의 식품도 있을 수 있고, 건설교통부 소관의 레미콘도 있을 수 있는데, 환경부장관이 이런 부분까지 고시할 권한이 있는지 의문이다.

지할 것을 요구하고 있을 것이므로 그에 맞게 편성하여 집행하면 될 것이다.

다. 유해·위험요인 주기적 점검의 내실화 및 제거·개선·통제

중대시민재해 예방을 위한 핵심 업무는 원료와 제조물이든 공중이용시설 또는 공중교통수단이든 설계, 제조/설치, 관리상의 유해·위험요인을 제대로 점검하는 것에서 출발하여야 한다. 안전보건 관계 개별 법령에서 유해·위험요인을 주기적으로 점검하도록 이미 규정하고 있고, 없다면 반기 1회 이상 수시 및 정기점검 계획을 세워 점검하고, 개선하면 된다.

중요한 것은 종전에 다소 형식적으로 이행하여 왔다면 이제부터는 유해위험요인의 발굴, 정기적인 점검 및 확인을 내실화하는 실질적인 안전보건관리체계 구축에 힘써야 할 것이다.

라. 시행령 별표 5 원료와 제조물 관련

원료와 제조물의 경우, 시행령 별표 5에 규정된 것은 인체 유해성이 강하여 중대시민재해 우려가 높다고 선언한 것으로 보아야 한다. 따라서 시행령 별표 5에 규정된 원료와 제조물로 인하여 중대시민재해가 발생하면, 엄청난 사회적 비난과 엄중한 처벌일 뒤따를 것으로 보이므로 보다 꼼꼼하고 충분한 조치의무 이행이 요구된다.

원료와 제조물을 생산이나 제조를 하지 않더라도 판매나 유통 등의 문제도 있으므로, 각 사업이나 사업장 및 기관에서는 위 별표 5 규정된 원료와 제조물을 보관, 관리하는지 여부도 점검해야 할 것이다. 다만, 식품위생법상 식품까지 별표 5에 규정됨으로써, 사실상 구내식당을 둔 기업, 병원, 대학교 등은 모두 이러한 의무를 부담한다고 해석할 수밖에 없고, 수사기관도 그렇게 운용할 것으로 보이는 만큼 이러한 사업체 또는 기관 등은 보다 철저한 대비가 필요하다.

마. 안전·보건 관계 법령의 점검

앞서 설명한 바와 같이 중대시민재해 적용대상이 원료와 제조물, 공중이용시설 및 공중교통수단의 위험성 제거와 안전성 확보를 위한 다양한 법률이 제정되어 있다.

자신의 사업장이나 기관에 중대시민재해 적용대상이 있다면 그 적용대상과 관련된 모든 안전·보건 관계 법령을 확보하고, 그 법령에 기재된 여러 의무들을 점검하여 리스트를 만든 후, 위험성의 점검이 내실 있게 이루어지도록 시스템을 구축해야 할 것이다.

그중에서 중요한 것이 소방 관련 법령이다. 대상의 종류를 불문하고 화재사고 위험을 예방하는 것이 중요하므로, 소방시설법(2022. 12. 1.부터는 화재예방법) 등의 소방 관련 법령에 대한 검토도 누락하면 안 될 것이다.

중대시민재해에 관한 사업주 및 경영책임자에 대한 안전 및 보건 확보의무에 대한 시행령에서는 안전·보건 관계 법령에 따른 안전·보건 관련 업무 수행이 반복적으로 강조되고 있다. 따라서 어떤 면에서는 안전 보건 관계 법령에서 규정하는 의무를 모두 이행하였다면, 사실상 중대시민재해 발생 우려가 매우 낮다고 할 수 있을 것이며, 그 의무를 모두 이행하였음을 증명한다면 수사기관에서도 중대재해처벌법위반이라고 판단하기 어려울 것이다.

따라서, 각 사업장이나 기관에서 원료와 제조물, 공중이용시설, 공중교통수단에 관한 안전·보건 관계 법령을 확인하고 그에 따른 각종 조치나 교육 등의 의무이행이 잘 이루어지도록 하는 것이 매우 중요하다.

바. 업무처리절차의 마련과 안전점검과 안전계획의 수립

원료와 제조물 중에서는 시행령 별표 5에 규정된 원료와 제조물, 그리고 공중이용시설과 공중교통수단에서 모두 필요하다. 특히, 당장 안전보건 담당자가 지정된다면 시급히 마련해야 할 업무인데, 시설물안전법이나 철도안전법 등 일부 공중이용시설이나 공중교통수단의 경우, 관련 법률에서 이미 시행하고 있으니, 제대로 이행하고 있어왔는지 점검이 필요할 것이다.

또한 국토교통부와 소방청 해설서에서는 일부 표준 안을 제시하고 있으니 이를 참조하면 된다. 중대시민재해 적용대상 여부 및 경영책임자가 확인되고, 그 대상에 대한 안전·보건 관계 법령이 확인되면 신속하게 업무처리

절차의 마련 등에 착수하여야 하고, 경영책임자는 그 준비가 잘 이루어지도록 지원과 지휘감독을 소홀히 해서는 안 된다.

사. 긴급상황 시 처리 방안

중대시민재해 적용대상의 위험성이나 규모, 운영하는 기업이나 기관의 규모, 상황에 따라 다르겠지만, 중대시민재해가 발생하였을 경우, 신고와 보고 등을 포함한 조치사항도 미리 점검하여 준비해 두어야 한다.

최근 발생한 KTX탈선 사고에서도 코레일은 긴급 조치반을 투입하여 사고발생 직후 필요한 조치를 하였다고 한다. 비록 중대시민재해에까지 이르지는 않았지만 사고 발생 시 당황하지 않고 신속하게 사고수습을 하려면 미리 충분한 점검과 준비가 있어야 한다. 세부적인 조치계획과 훈련은 중대산업재해 대응 부분을 참고할 필요가 있다.

아. 도급, 용역, 위탁에 대한 점검

중대시민재해의 경우, 공중이용시설과 공중교통수단에 대하여 운영 관리업무의 도급, 용역, 위탁 시 수탁업체의 재해예방 조치능력과 안전관리 능력의 평가기준과 절차를 마련해야 하고, 안전관리 비용에 관한 기준도 마련해야 한다.

중대산업재해와 마찬가지로, 도급 용역 위탁에 의한 사고에도 철저하게 대비가 필요하다. 중대재해처벌법 시행에 따라 도급, 용역, 위탁계약 체결시부터 사전 준비가 필요하다.

자. 소결

중대시민재해는 중대산업재해와 달리, 중대재해처벌법에서 새로 도입되었고, 사용자의 안전을 위한다는 개념에서 전혀 다른 대상들이 모여 있어 법령이 내용과 형식에서도 차이가 있다.

원료와 제조물, 공중이용시설, 공중교통수단 중, 특히 원료와 제조물 및 공중이용시설에 대하여는 각 사업장이나 기관에서 중대재해처벌법에 따른 조치의무 내용을 잘 파악하고, 또한 그 담당 사업주나 경영책임자등도 정확하게 파악하고 있어야 할 것이다.

상당 부분은 이미 대상 관련 법령에서 안전·보건의무를 규정하고 있을 것이므로 우선 그 안전·보건 관계 법령을 파악, 그 법령에 따른 교육 등의 조치의무를 점검한 다음, 그 조치의무를 이행하는 것을 관리할 인력과 지원예산을 마련하여 중대재해처벌법에서 규정하는 안전 및 보건 확보의무가 이행되도록 관리·감독해 나가는 것이 경영책임자의 중요한 책무이다.

아울러, 중대재해처벌법 적용대상은 아니지만, 산업안전보건법에 따른 안전보건관리책임자나, 또는 중대재해처벌법에 의하여 원료와 제조물, 공중이용시설, 그리고 공중교통수단의 안전보건 담당자로 지정된 사람도 과거와 달리 현장과 실무자로부터 사업주나 경영책임자를 연결하여 주는 핵심 중간 역할을 다 해야만 중대시민재해를 예방하고, 가사 사고가 발생하더라도 중대재해처벌법에서 규정한 책무를 다하였음이 소명되어 경영책임자와 안전보건관리책임자 모두 법적 책임에서 벗어날 수 있을 것이다.

제5장 안전보건관리체계 실질화 방안

1. 개요

중대재해처벌법은 2021. 1. 26. 공포되어 2022. 1. 27.부터 시행되었고, 그 시행령은 2021. 10. 5. 공포되어 2022. 1. 27.부터 시행되었다. 수범자인 사업주와 경영책임자가 무엇을 하지 않았을 때 발생한 중대재해에 대하여 형사책임을 부담할 것인지는 시행령 공포로 어렴풋이나마 알려졌으나, 그 내용이 포괄적이고 불명확하여 죄형법정주의의 명확성의 원칙에 반함은 물론 무엇을 어떻게 하라는 것인지 법과 시행령이 요구하는 내용과 수준의 정도를 알 수 없어 혼란을 초래하였다. 그렇지만 이미 법률은 시행되었고, 법시행 이틀 만에 중대산업재해가 발생하여 이제 사업주와 경영책임자에게 있어서는 남의 일이 아니게 되었다.

지난 1년, 아니 몇 달 동안 모든 기업과 기관에서 법령과 정부의 가이드 북에 충실하게 나름 열심히 중대재해 예방을 위한 준비를 한 것으로 알고 있다. 그러나 앞서 설명한 것처럼 대법원이 '예상 가능한 산업재해를 예방할 수 있을 정도의 **실질적인 안전조치에 이르지 못할 경우에는 안전보건규칙을 준수하였다고 볼 수 없다**'는 입장이고, 검찰과 고용노동부도 같은 태도를 보이고 있으므로 정부가 요구하는 안전보건관리체계를 구축한 것만으로는 부족하고 실제로 중대재해 예방에 실효적으로 작동하고 기능하지 않으면 중대재해처벌법위반죄로 기소될 소지가 높다는 점을 유의하여야 한다.

왜냐하면 외형상으로는 아무리 훌륭한 안전보건관리계도 현장에서 이행이 되지 않으면 장식품에 불과하고, 중대재해를 차단하는 기능을 수행할 수 없고, 종국에는 중대재해처벌법이 요구하는 안전보건관리체계를 구축하지 못하였다는 평가를 받게 될 것이므로 사업주와 경영책임자는 반드시 그 실질화를 추구해야 할 것이다.

참고로 실무경험에 비추어 본 안전보건관리체계의 이행실태는 의외로 생산현장에서는 제대로 지켜지지 않는 경우가 많았고, 심지어는 대표이사의 의지를 집행해야 할 생산책임자조차 무엇을 해야 하는지를 모르는 경우가 허다하다. 경영책임자의 의지와 달리 현장에서는 시스템이 작동되지 않는 것이 중대재해 사고의 주된 원인이고, 수사검사의 시각으로 볼 때 검찰의 사고 방지 시스템보다도 기업의 안전보건시스템이 훨씬 더 이행성이 떨어진다는 느낌을 갖게 된다면 기소를 면하기 어렵다고 보아야 할 것이다.

2. 실질적 위험예방 시스템

중대재해는 유해·위험성이 있는 곳에서 발생한다. 따라서 실질적 위험 예방 시스템은 위험을 놓치지 않고 확인하는 것이 핵심이다. 여기서 재해예방을 위한 조치내용과 필요한 인력과 예산이 결정되는 것이다. 공정의 변경이나 새로운 기계등으로 인한 위험도 있고, 숨은 위험도 있지만 이미 드러난 위험부터 차단하는 것이 중요하다.

재해로 이어질 유해·위험요인이 무엇인가? 산업현장 또는 공중교통수단이나 공중이용시설에서 발생하는 재해의 직접 원인은 추락, 끼임, 말림, 충돌, 전도, 협착, 맞음, 감전, 화재, 폭발, 질식, 중독, 감염 등이고 보면 그러한 상황을 초래할 가능성이 유해·위험요인이다. 유해·위험요인을 발굴하는 절차는 앞서 설명한 바와 같이 산업안전보건법 제36조에서 위험성평가의 실시와 그 결과에 따라 필요한 조치 의무를 규정하면서 자세한 평가의 방법, 절차 및 시기, 해당 근로자의 참여에 대하여 규정한 「사업장 위험성평가에 관한 지침」을 참조할 필요가 있다.

가. 법정 위험에 대한 파악

유해·위험이 높은 작업이나 기계·기구·장소, 그리고 작업내용이나 원료에 대하여는 법률에서 이미 파악하여 필요한 조치의무를 규정하고 있으니 이를 활용할 필요가 있다. 가장 대표적인 것이 산업안전보건기준에 관한 규칙이고, 안전·보건 관계 법령에서도 규정하고 있다. 따라서 경영책임자는 해당 사업과 관련하여 규정하고 있는 법정 위험들이 무엇인지 빠짐없이 파악하는 것이 무엇보다도 중요하고, 이를 게을리했다가 중대재해가 발생한 경우에는 변명의 여지가 없게 된다는 점을 유의하여야 한다.

나. 드러났던 기존 위험 분석

사고는 예기치 못한 곳에서 갑작스럽게 발생할 수도 있지만 이미 해당 사업(장)과 유사한 타 업체 사업(장)에서 발생한 사고들이 반복되어 발생하는 경우가 많다. 따라서 경미한 재해나, 사람이 다치지 아니한 '아차사고'도 언젠가는 중대재해로 이어질 수 있다면 이미 드러난 위험인 것이다.

자신의 사업장은 물론 동종 업종의 다른 기업에서 발생하는 사고를 수집하고 분석하는 작업을 통하여 장차 도래할 수 있는 유해·위험성을 발굴하는 데 철저를 기하여야 할 것이다.

다. 전사 차원의 숨은 위험 발굴

작업 공정에 숨겨져 있는 위험성을 가장 잘 아는 사람들은 해당 작업을 오래 수행했던 사람이다. 그런데 생산현장의 일선 책임자는 그 경험이 충분치 못한 경우가 많고, 실적에 쫓겨 안전을 신경 쓰지 못하는 경우도 있을 수 있다. 근로자 등 노무 제공자는 안전불감증으로 인하여 교육받은 사항조차 이행하지 않는 경우도 있을 수 있다. 이들을 감시해야 할 안전보건요원들은 생산 등 작업현장에 대하여 아는 것이 별로 없다. 게다가 숨은 위험을 발굴한다고 해서 어떤 포상이 있는 것도 아니다.

사정이 이와 같다 보니 숨은 위험은 발굴되지 않고 방심한 틈을 타서 재해로 이어지는 것이다. 관리직을 포함 생산부서의 근로자 등 노무제공자 모두 숨은 위험 발굴에 나서도록 독려하고, 인센티브를 주는 것도 하나의 방법이다. 한편으로는 오랜 경험을 쌓고 퇴직하는 근로자를 위험성 분석요원으로 재투입하여 전사 차원의 숨은 위험 발굴에 나설 필요도 있을 것이다.

3. 수급인 관리 시스템

가. 불필요한 위험의 헤징

중대재해처벌법의 시행으로 가장 많이 바뀐 것이 도급 등으로 인한 수급인과 수급인의 근로자나 종사자에 대하여도 도급인 경영책임자에게 안전 및 보건 확보의무가 부과되었다는 것인데, 현장을 보면 굳이 책임을 부담하지 않아도 될 도급 등 거래관계의 유지, 중대재해처벌법의 적용을 자초하는 계약내용에 대한 정비를 신경 쓰는 기업들을 많이 보지 못했다. 거의 무방비 상태라 할 수 있다.

많은 시간과 노력이 들어가겠지만 중대재해처벌법의 적용을 불러오지 않아도 될 부분을 파악하고 새로운 문구와 양식으로 불필요한 위험을 헤징하는 작업도 서둘러야 할 것이다.

나. 수급인 근로자와 종사자에 대한 관리

수급인 기업들은 대체로 영세하고, 인력 시장에서 그때그때 근로자를 채용하여 도급인의 사업장에 투입하거나 도급인 모르게 하도급을 주는 경우가 허다한 것이 현실이다. 위험한 생산공정에 투입될 직원은 사전에 충분한 교육이 필요하므로 도급인의 사업에 투입되는 수급인의 근로자와 종사자에 대한 철저한 관리에 나서야 한다.

도급계약 체결과정에서부터 해당 사업의 수급인의 근로자와 노무제공자 등이 어떻게 도급인 사업장에 투입되는지 잘 파악하여 도급인의 통제가 철저하게 이루어질 수 있도록 관리하고, 안전보건에 관하여 도급인이 개입할 여지를 확보해야 할 것이다.

4. 현장 ↔ 경영책임자 양극 중심 시스템

중대재해가 발생하면 수사기관은, 현장 근무자부터 안전보건관리책임자 등을 상대로 인과관계가 인정되는 중대재해 발생 원인이 무엇인지, 산업안전보건 관계 법령에서 규정한 조치의무 중 무엇이 불이행되었는지, 유해·위험성을 알면서도 필요한 조치를 하지 않은 이유가 무엇인지를 찾는 방식으로 수사를 진행하는데, 수사경험에 비추어 보면 현장의 작업자와 관리자는 어떤 조치를 했어야 했는지에 대하여 제대로 모르는 경우가 많고, 대표이사나 안전보건관리책임자는 구체적 세부작업에 대하여 관심을 둘 수가 없는데다가 위험성이 어디에 있고, 안전작업을 위한 내용이 무엇인지 모르는 경우가 대부분이었다.

그러나 중대재해처벌법의 시행으로 경영책임자는 안전보건 확보를 위한 관리상의 조치를 하여야 하므로 언제 어떤 작업에 이루어지는지는 모르더라도 사업 전반에 걸쳐 법이 요구하는 안전보건에 관한 관리상의 조치내용이 무엇인지 미리 알고 제때에 시행할 수 있어야 하고, 한편 현장 관계자는 해당 작업공정에서 발생할 수 있는 위험을 파악하고 필요한 안전조치를 확실하게 이행해야 한다. 그럴 때에만 사고 발생도 최소화하고, 가사 발생하는 사고가 있더라도 중대재해처벌법과 산업안전보건법의 적용을 최소화할 수 있게 된다.

가. 현장 중심의 안전보건관리체계

현장에서 최일선의 생산 관리자와 작업자들이 이행해야 할 조치와 준수사항이 빠짐없이 마련되어야 한다. 유해·위험요인이 끊임없이 발굴되고 종사자 등 모든 사람들의 의견을 들어 위험을 제거·개선·통제할 수 있는 현장 중심의 매뉴얼이 마련되어야 한다.

나. 경영책임자 중심의 안전보건관리체계

중대재해처벌법이 경영책임자에게 요구하는 역할의 핵심은 안전보건관리책임자와 전담직원에 대하여 지시하고, 보고받고, 승인하고, 개선이 이루어질 때까지 이러한 절차를 반복하는 순환시스템을 갖추는 것에 있다.

따라서 중대재해처벌법에 대비한 구체적 매뉴얼을 마련함에 있어서 중대재해 예방을 위한 완벽한 업무절차를 마련하는 것 이상으로 경영책임자가 개입하는 역할을 누락하지 않는 것이 무엇보다도 중요하다. 즉 경영책임자는 구체적 업무수행자가 아니라 관리책임을 부담하는 지시자이고, 그 업무 지시의 상대방은 안전보건관리책임자 등 전담 직원들이므로 경영책임자가 언제, 누구로부터, 무엇을 보고받고, 누구에게 어떤 지시를 할 것인지 그 역할을 알 수 있도록 경영책임자 중심의 안전보건관리체계가 마련되어야 할 것이다.

5. 이행강제 및 증거보전 시스템

가. 이행강제

이행 강제의 핵심은 두 가지라 할 수 있다.

그 첫 번째는 신상필벌 시스템이다. 안전보건에 관한 매뉴얼에 따라 자신이 수행하여야 할 역할을 이행하지 아니한 관리자와 근로자 모두에 대하여 징계와 작업배제 조치를 하는 것이 필요하다. 반대로 성실하게 맡겨진 역할을 이행한 사람이나 숨은 위험을 발굴해 낸 직원에게는 인센티브를 보장하여 사고예방에 전사차원의 노력이 모아질 수 있어야 한다.

두 번째는 현장에서 매뉴얼대로 이행되는지가 컨트롤타워에 작업 개시 전에 보고되고, 진행 중에도 체크될 수 있어야 한다. 만일 매뉴얼이 지켜지지 아니하면 즉각 작업을 중단시키고 불이행자에 대한 작업배제가 가능해야 한다.

나. 증거보전

중대재해처벌법 제13조는 중대산업재해와 중대시민재해에 관련된 조치 등의 이행에 관한 사항을 서면 또는 전자문서로 작성하여 5년간 보관할 것을 요구하고 있다. 이는 혹시 재해가 발생하여 수사가 개시되었을 때에는 필요한 조치를 했는지 여부에 대한 입증자료가 되지만 이행시스템과 동전의 양면으로 구축하는 것도 가능하다고 할 수 있다. 특히 작업 현장에 있는 최일선 관리자와 근로자들이 매뉴얼대로 이행하는지 여부에 대한 것을 포함시키면 명실상부한 이행강제 시스템 겸 증거보전 시스템으로 기능할 것으로 보인다. 구체적 방법은 각 사업체가 처한 현실에 맞게 추구할 수 있을 것으로 보인다.

참고자료

- 중대재해 처벌 등에 관한 법률(약칭: 중대재해처벌법)
- 중대재해 처벌 등에 관한 법률 시행령(약칭: 중대재해처벌법 시행령)

중대재해 처벌 등에 관한 법률
(약칭: 중대재해처벌법)

[시행 2022. 1. 27.] [법률 제17907호, 2021. 1. 26., 제정]
법무부(공공형사과) 02-2110-3539
환경부(화학물질정책과) 044-201-6775
고용노동부(중대산업재해감독과) 044-202-8955
산업통상자원부(산업일자리혁신과) 044-203-4224
국토교통부(시설안전과) 044-201-4848
공정거래위원회(소비자안전정보과) 044-200-4419

제1장 총 칙

제1조(목적) 이 법은 사업 또는 사업장, 공중이용시설 및 공중교통수단을 운영하거나 인체에 해로운 원료나 제조물을 취급하면서 안전·보건 조치의무를 위반하여 인명피해를 발생하게 한 사업주, 경영책임자, 공무원 및 법인의 처벌 등을 규정함으로써 중대재해를 예방하고 시민과 종사자의 생명과 신체를 보호함을 목적으로 한다.

제2조(정의) 이 법에서 사용하는 용어의 뜻은 다음과 같다.
1. "중대재해"란 "중대산업재해"와 "중대시민재해"를 말한다.
2. "중대산업재해"란 「산업안전보건법」 제2조제1호에 따른 산업재해 중 다음 각 목의 어느 하나에 해당하는 결과를 야기한 재해를 말한다.
   가. 사망자가 1명 이상 발생
   나. 동일한 사고로 6개월 이상 치료가 필요한 부상자가 2명 이상 발생
   다. 동일한 유해요인으로 급성중독 등 대통령령으로 정하는 직업성 질병자가 1년 이내에 3명 이상 발생
3. "중대시민재해"란 특정 원료 또는 제조물, 공중이용시설 또는 공중교통수단의 설계, 제조, 설치, 관리상의 결함을 원인으로 하여 발생한 재해로서 다음 각 목의 어느 하나에 해당하는 결과를 야기한 재해를 말한다. 다만, 중대산업재해에 해당하는 재해는 제외한다.
   가. 사망자가 1명 이상 발생

　　나. 동일한 사고로 2개월 이상 치료가 필요한 부상자가 10명 이상 발생

　　다. 동일한 원인으로 3개월 이상 치료가 필요한 질병자가 10명 이상 발생

4. "공중이용시설"이란 다음 각 목의 시설 중 시설의 규모나 면적 등을 고려하여 대통령령으로 정하는 시설을 말한다. 다만, 「소상공인 보호 및 지원에 관한 법률」 제2조에 따른 소상공인의 사업 또는 사업장 및 이에 준하는 비영리시설과 「교육시설 등의 안전 및 유지관리 등에 관한 법률」 제2조제1호에 따른 교육시설은 제외한다.

　　가. 「실내공기질 관리법」 제3조제1항의 시설(「다중이용업소의 안전관리에 관한 특별법」 제2조제1항제1호에 따른 영업장은 제외한다)

　　나. 「시설물의 안전 및 유지관리에 관한 특별법」 제2조제1호의 시설물(공동주택은 제외한다)

　　다. 「다중이용업소의 안전관리에 관한 특별법」 제2조제1항제1호에 따른 영업장 중 해당 영업에 사용하는 바닥면적(「건축법」 제84조에 따라 산정한 면적을 말한다)의 합계가 1천제곱미터 이상인 것

　　라. 그 밖에 가목부터 다목까지에 준하는 시설로서 재해 발생 시 생명·신체상의 피해가 발생할 우려가 높은 장소

5. "공중교통수단"이란 불특정다수인이 이용하는 다음 각 목의 어느 하나에 해당하는 시설을 말한다.

　　가. 「도시철도법」 제2조제2호에 따른 도시철도의 운행에 사용되는 도시철도차량

　　나. 「철도산업발전기본법」 제3조제4호에 따른 철도차량 중 동력차·객차(「철도사업법」 제2조제5호에 따른 전용철도에 사용되는 경우는 제외한다)

　　다. 「여객자동차 운수사업법 시행령」 제3조제1호라목에 따른 노선 여객자동차운송사업에 사용되는 승합자동차

　　라. 「해운법」 제2조제1호의2의 여객선

　　마. 「항공사업법」 제2조제7호에 따른 항공운송사업에 사용되는 항공기

6. "제조물"이란 제조되거나 가공된 동산(다른 동산이나 부동산의 일부를 구성하는 경우를 포함한다)을 말한다.

7. "종사자"란 다음 각 목의 어느 하나에 해당하는 자를 말한다.

　　가. 「근로기준법」상의 근로자

　　나. 도급, 용역, 위탁 등 계약의 형식에 관계없이 그 사업의 수행을 위하여 대가를 목적으로 노무를 제공하는 자

　　다. 사업이 여러 차례의 도급에 따라 행하여지는 경우에는 각 단계의 수급인

및 수급인과 가목 또는 나목의 관계가 있는 자

8. "사업주"란 자신의 사업을 영위하는 자, 타인의 노무를 제공받아 사업을 하는 자를 말한다.

9. "경영책임자등"이란 다음 각 목의 어느 하나에 해당하는 자를 말한다.

　가. 사업을 대표하고 사업을 총괄하는 권한과 책임이 있는 사람 또는 이에 준하여 안전보건에 관한 업무를 담당하는 사람

　나. 중앙행정기관의 장, 지방자치단체의 장, 「지방공기업법」에 따른 지방공기업의 장, 「공공기관의 운영에 관한 법률」 제4조부터 제6조까지의 규정에 따라 지정된 공공기관의 장

제2장 중대산업재해

제3조(적용범위) 상시 근로자가 5명 미만인 사업 또는 사업장의 사업주(개인사업주에 한정한다. 이하 같다) 또는 경영책임자등에게는 이 장의 규정을 적용하지 아니한다.

제4조(사업주와 경영책임자등의 안전 및 보건 확보의무) ① 사업주 또는 경영책임자등은 사업주나 법인 또는 기관이 실질적으로 지배·운영·관리하는 사업 또는 사업장에서 종사자의 안전·보건상 유해 또는 위험을 방지하기 위하여 그 사업 또는 사업장의 특성 및 규모 등을 고려하여 다음 각 호에 따른 조치를 하여야 한다.

1. 재해예방에 필요한 인력 및 예산 등 안전보건관리체계의 구축 및 그 이행에 관한 조치

2. 재해 발생 시 재발방지 대책의 수립 및 그 이행에 관한 조치

3. 중앙행정기관·지방자치단체가 관계 법령에 따라 개선, 시정 등을 명한 사항의 이행에 관한 조치

4. 안전·보건 관계 법령에 따른 의무이행에 필요한 관리상의 조치

② 제1항제1호·제4호의 조치에 관한 구체적인 사항은 대통령령으로 정한다.

제5조(도급, 용역, 위탁 등 관계에서의 안전 및 보건 확보의무) 사업주 또는 경영책임자등은 사업주나 법인 또는 기관이 제3자에게 도급, 용역, 위탁 등을 행한 경우에는 제3자의 종사자에게 중대산업재해가 발생하지 아니하도록 제4조의 조치를 하여야 한다. 다만, 사업주나 법인 또는 기관이 그 시설, 장비, 장소 등에 대하여 실질적으로 지배·운영·관리하는 책임이 있는 경우에 한정한다.

제6조(중대산업재해 사업주와 경영책임자등의 처벌) ① 제4조 또는 제5조를 위반하여 제2조제2호가목의 중대산업재해에 이르게 한 사업주 또는 경영책임자등은 1

년 이상의 징역 또는 10억원 이하의 벌금에 처한다. 이 경우 징역과 벌금을 병과할 수 있다.

② 제4조 또는 제5조를 위반하여 제2조제2호나목 또는 다목의 중대산업재해에 이르게 한 사업주 또는 경영책임자등은 7년 이하의 징역 또는 1억원 이하의 벌금에 처한다.

③ 제1항 또는 제2항의 죄로 형을 선고받고 그 형이 확정된 후 5년 이내에 다시 제1항 또는 제2항의 죄를 저지른 자는 각 항에서 정한 형의 2분의 1까지 가중한다.

제7조(중대산업재해의 양벌규정) 법인 또는 기관의 경영책임자등이 그 법인 또는 기관의 업무에 관하여 제6조에 해당하는 위반행위를 하면 그 행위자를 벌하는 외에 그 법인 또는 기관에 다음 각 호의 구분에 따른 벌금형을 과(科)한다. 다만, 법인 또는 기관이 그 위반행위를 방지하기 위하여 해당 업무에 관하여 상당한 주의와 감독을 게을리하지 아니한 경우에는 그러하지 아니하다.

　1. 제6조제1항의 경우: 50억원 이하의 벌금

　2. 제6조제2항의 경우: 10억원 이하의 벌금

제8조(안전보건교육의 수강) ① 중대산업재해가 발생한 법인 또는 기관의 경영책임자등은 대통령령으로 정하는 바에 따라 안전보건교육을 이수하여야 한다.

② 제1항의 안전보건교육을 정당한 사유 없이 이행하지 아니한 경우에는 5천만원 이하의 과태료를 부과한다.

③ 제2항에 따른 과태료는 대통령령으로 정하는 바에 따라 고용노동부장관이 부과·징수한다.

제3장 중대시민재해

제9조(사업주와 경영책임자등의 안전 및 보건 확보의무) ① 사업주 또는 경영책임자등은 사업주나 법인 또는 기관이 실질적으로 지배·운영·관리하는 사업 또는 사업장에서 생산·제조·판매·유통 중인 원료나 제조물의 설계, 제조, 관리상의 결함으로 인한 그 이용자 또는 그 밖의 사람의 생명, 신체의 안전을 위하여 다음 각 호에 따른 조치를 하여야 한다.

　1. 재해예방에 필요한 인력·예산·점검 등 안전보건관리체계의 구축 및 그 이행에 관한 조치

　2. 재해 발생 시 재발방지 대책의 수립 및 그 이행에 관한 조치

　3. 중앙행정기관·지방자치단체가 관계 법령에 따라 개선, 시정 등을 명한 사항의 이행에 관한 조치

　4. 안전·보건 관계 법령에 따른 의무이행에 필요한 관리상의 조치

② 사업주 또는 경영책임자등은 사업주나 법인 또는 기관이 실질적으로 지배·운영·관리하는 공중이용시설 또는 공중교통수단의 설계, 설치, 관리상의 결함으로 인한 그 이용자 또는 그 밖의 사람의 생명, 신체의 안전을 위하여 다음 각 호에 따른 조치를 하여야 한다.

　1. 재해예방에 필요한 인력·예산·점검 등 안전보건관리체계의 구축 및 그 이행에 관한 조치

　2. 재해 발생 시 재발방지 대책의 수립 및 그 이행에 관한 조치

　3. 중앙행정기관·지방자치단체가 관계 법령에 따라 개선, 시정 등을 명한 사항의 이행에 관한 조치

　4. 안전·보건 관계 법령에 따른 의무이행에 필요한 관리상의 조치

③ 사업주 또는 경영책임자등은 사업주나 법인 또는 기관이 공중이용시설 또는 공중교통수단과 관련하여 제3자에게 도급, 용역, 위탁 등을 행한 경우에는 그 이용자 또는 그 밖의 사람의 생명, 신체의 안전을 위하여 제2항의 조치를 하여야 한다. 다만, 사업주나 법인 또는 기관이 그 시설, 장비, 장소 등에 대하여 실질적으로 지배·운영·관리하는 책임이 있는 경우에 한정한다.

④ 제1항제1호·제4호 및 제2항제1호·제4호의 조치에 관한 구체적인 사항은 대통령령으로 정한다.

제10조(중대시민재해 사업주와 경영책임자등의 처벌) ① 제9조를 위반하여 제2조제3호가목의 중대시민재해에 이르게 한 사업주 또는 경영책임자등은 1년 이상의 징역 또는 10억원 이하의 벌금에 처한다. 이 경우 징역과 벌금을 병과할 수 있다.

② 제9조를 위반하여 제2조제3호나목 또는 다목의 중대시민재해에 이르게 한 사업주 또는 경영책임자등은 7년 이하의 징역 또는 1억원 이하의 벌금에 처한다.

제11조(중대시민재해의 양벌규정) 법인 또는 기관의 경영책임자등이 그 법인 또는 기관의 업무에 관하여 제10조에 해당하는 위반행위를 하면 그 행위자를 벌하는 외에 그 법인 또는 기관에게 다음 각 호의 구분에 따른 벌금형을 과(科)한다. 다만, 법인 또는 기관이 그 위반행위를 방지하기 위하여 해당 업무에 관하여 상당한 주의와 감독을 게을리하지 아니한 경우에는 그러하지 아니하다.

　1. 제10조제1항의 경우: 50억원 이하의 벌금

　2. 제10조제2항의 경우: 10억원 이하의 벌금

제4장 보칙

제12조(형 확정 사실의 통보) 법무부장관은 제6조, 제7조, 제10조 또는 제11조에

따른 범죄의 형이 확정되면 그 범죄사실을 관계 행정기관의 장에게 통보하여야 한다.

제13조(중대산업재해 발생사실 공표) ① 고용노동부장관은 제4조에 따른 의무를 위반하여 발생한 중대산업재해에 대하여 사업장의 명칭, 발생 일시와 장소, 재해의 내용 및 원인 등 그 발생사실을 공표할 수 있다.

② 제1항에 따른 공표의 방법, 기준 및 절차 등은 대통령령으로 정한다.

제14조(심리절차에 관한 특례) ① 이 법 위반 여부에 관한 형사재판에서 법원은 직권으로 「형사소송법」 제294조의2에 따라 피해자 또는 그 법정대리인(피해자가 사망하거나 진술할 수 없는 경우에는 그 배우자·직계친족·형제자매를 포함한다)을 증인으로 신문할 수 있다.

② 이 법 위반 여부에 관한 형사재판에서 법원은 검사, 피고인 또는 변호인의 신청이 있는 경우 특별한 사정이 없으면 해당 분야의 전문가를 전문심리위원으로 지정하여 소송절차에 참여하게 하여야 한다.

제15조(손해배상의 책임) ① 사업주 또는 경영책임자등이 고의 또는 중대한 과실로 이 법에서 정한 의무를 위반하여 중대재해를 발생하게 한 경우 해당 사업주, 법인 또는 기관이 중대재해로 손해를 입은 사람에 대하여 그 손해액의 5배를 넘지 아니하는 범위에서 배상책임을 진다. 다만, 법인 또는 기관이 해당 업무에 관하여 상당한 주의와 감독을 게을리하지 아니한 경우에는 그러하지 아니하다.

② 법원은 제1항의 배상액을 정할 때에는 다음 각 호의 사항을 고려하여야 한다.
  1. 고의 또는 중대한 과실의 정도
  2. 이 법에서 정한 의무위반행위의 종류 및 내용
  3. 이 법에서 정한 의무위반행위로 인하여 발생한 피해의 규모
  4. 이 법에서 정한 의무위반행위로 인하여 사업주나 법인 또는 기관이 취득한 경제적 이익
  5. 이 법에서 정한 의무위반행위의 기간·횟수 등
  6. 사업주나 법인 또는 기관의 재산상태
  7. 사업주나 법인 또는 기관의 피해구제 및 재발방지 노력의 정도

제16조(정부의 사업주 등에 대한 지원 및 보고) ① 정부는 중대재해를 예방하여 시민과 종사자의 안전과 건강을 확보하기 위하여 다음 각 호의 사항을 이행하여야 한다.
  1. 중대재해의 종합적인 예방대책의 수립·시행과 발생원인 분석
  2. 사업주, 법인 및 기관의 안전보건관리체계 구축을 위한 지원
  3. 사업주, 법인 및 기관의 중대재해 예방을 위한 기술 지원 및 지도

　4. 이 법의 목적 달성을 위한 교육 및 홍보의 시행

② 정부는 사업주, 법인 및 기관에 대하여 유해·위험 시설의 개선과 보호 장비의 구매, 종사자 건강진단 및 관리 등 중대재해 예방사업에 소요되는 비용의 전부 또는 일부를 예산의 범위에서 지원할 수 있다.

③ 정부는 제1항 및 제2항에 따른 중대재해 예방을 위한 조치 이행 등 상황 및 중대재해 예방사업 지원 현황을 반기별로 국회 소관 상임위원회에 보고하여야 한다. [시행일: 2021. 1. 26.] 제16조

부칙 〈제17907호, 2021. 1. 26.〉

제1조(시행일) ① 이 법은 공포 후 1년이 경과한 날부터 시행한다. 다만, 이 법 시행 당시 개인사업자 또는 상시 근로자가 50명 미만인 사업 또는 사업장(건설업의 경우에는 공사금액 50억원 미만의 공사)에 대해서는 공포 후 3년이 경과한 날부터 시행한다.

② 제1항에도 불구하고 제16조는 공포한 날부터 시행한다.

제2조(다른 법률의 개정) 법원조직법 중 일부를 다음과 같이 개정한다.

제32조제1항제3호에 아목을 다음과 같이 신설한다.

아. 「중대재해 처벌 등에 관한 법률」 제6조제1항·제3항 및 제10조제1항에 해당하는 사건

중대재해 처벌 등에 관한 법률 시행령

(약칭: 중대재해처벌법 시행령)

[시행 2022. 1. 27.] [대통령령 제32020호, 2021. 10. 5., 제정]
법무부(공공형사과) 02-2110-3539
산업통상자원부(산업일자리혁신과) 044-203-4224
환경부(화학물질정책과) 044-201-6775
고용노동부(중대산업재해감독과) 044-202-8955
국토교통부(시설안전과) 044-201-4848
공정거래위원회(소비자안전정보과) 044-200-4419

제1장 총 칙

제1조(목적) 이 영은 「중대재해 처벌 등에 관한 법률」에서 위임된 사항과 그 시행에 필요한 사항을 규정함을 목적으로 한다.

제2조(직업성 질병자) 「중대재해 처벌 등에 관한 법률」(이하 "법"이라 한다) 제2조제2호다목에서 "대통령령으로 정하는 직업성 질병자"란 별표 1에서 정하는 직업성 질병에 걸린 사람을 말한다.

제3조(공중이용시설) 법 제2조제4호 각 목 외의 부분 본문에서 "대통령령으로 정하는 시설"이란 다음 각 호의 시설을 말한다.

1. 법 제2조제4호가목의 시설 중 별표 2에서 정하는 시설

2. 법 제2조제4호나목의 시설물 중 별표 3에서 정하는 시설물. 다만, 다음 각 목의 건축물은 제외한다.

   가. 주택과 주택 외의 시설을 동일 건축물로 건축한 건축물

   나. 건축물의 주용도가 「건축법 시행령」 별표 1 제14호나목2)의 오피스텔인 건축물

3. 법 제2조제4호다목의 영업장

4. 법 제2조제4호라목의 시설 중 다음 각 목의 시설(제2호의 시설물은 제외한다)

   가. 「도로법」 제10조 각 호의 도로에 설치된 연장 20미터 이상인 도로교량 중 준공 후 10년이 지난 도로교량

   나. 「도로법」 제10조제4호부터 제7호까지에서 정한 지방도·시도·군도·구도의 도로터널과 「농어촌도로 정비법 시행령」 제2조제1호의 터널 중 준공

후 10년이 지난 도로터널

다. 「철도산업발전기본법」 제3조제2호의 철도시설 중 준공 후 10년이 지난 철도교량

라. 「철도산업발전기본법」 제3조제2호의 철도시설 중 준공 후 10년이 지난 철도터널(특별시 및 광역시 외의 지역에 있는 철도터널로 한정한다)

마. 다음의 시설 중 개별 사업장 면적이 2천제곱미터 이상인 시설

    1) 「석유 및 석유대체연료 사업법 시행령」 제2조제3호의 주유소

    2) 「액화석유가스의 안전관리 및 사업법」 제2조제4호의 액화석유가스 충전사업의 사업소

바. 「관광진흥법 시행령」 제2조제1항제5호가목의 종합유원시설업의 시설 중 같은 법 제33조제1항에 따른 안전성검사 대상인 유기시설 또는 유기기구

제2장 중대산업재해

제4조(안전보건관리체계의 구축 및 이행 조치) 법 제4조제1항제1호에 따른 조치의 구체적인 사항은 다음 각 호와 같다.

1. 사업 또는 사업장의 안전·보건에 관한 목표와 경영방침을 설정할 것

2. 「산업안전보건법」 제17조부터 제19조까지 및 제22조에 따라 두어야 하는 인력이 총 3명 이상이고 다음 각 목의 어느 하나에 해당하는 사업 또는 사업장인 경우에는 안전·보건에 관한 업무를 총괄·관리하는 전담 조직을 둘 것. 이 경우 나목에 해당하지 않던 건설사업자가 나목에 해당하게 된 경우에는 공시한 연도의 다음 연도 1월 1일까지 해당 조직을 두어야 한다.

가. 상시 근로자 수가 500명 이상인 사업 또는 사업장

나. 「건설산업기본법」 제8조 및 같은 법 시행령 별표 1에 따른 토목건축공사업에 대해 같은 법 제23조에 따라 평가하여 공시된 시공능력의 순위가 상위 200위 이내인 건설사업자

3. 사업 또는 사업장의 특성에 따른 유해·위험요인을 확인하여 개선하는 업무절차를 마련하고, 해당 업무절차에 따라 유해·위험요인의 확인 및 개선이 이루어지는지를 반기 1회 이상 점검한 후 필요한 조치를 할 것. 다만, 「산업안전보건법」 제36조에 따른 위험성평가를 하는 절차를 마련하고, 그 절차에 따라 위험성 평가를 직접 실시하거나 실시하도록 하여 실시 결과를 보고받은 경우에는 해당 업무절차에 따라 유해·위험요인의 확인 및 개선에 대한 점검을 한 것으로 본다.

4. 다음 각 목의 사항을 이행하는 데 필요한 예산을 편성하고 그 편성된 용도에 맞게 집행하도록 할 것
   가. 재해 예방을 위해 필요한 안전·보건에 관한 인력, 시설 및 장비의 구비
   나. 제3호에서 정한 유해·위험요인의 개선
   다. 그 밖에 안전보건관리체계 구축 등을 위해 필요한 사항으로서 고용노동 부장관이 정하여 고시하는 사항

5. 「산업안전보건법」 제15조, 제16조 및 제62조에 따른 안전보건관리책임자, 관리감독자 및 안전보건총괄책임자(이하 이 조에서 "안전보건관리책임자등"이라 한다)가 같은 조에서 규정한 각각의 업무를 각 사업장에서 충실히 수행할 수 있도록 다음 각 목의 조치를 할 것
   가. 안전보건관리책임자등에게 해당 업무 수행에 필요한 권한과 예산을 줄 것
   나. 안전보건관리책임자등이 해당 업무를 충실하게 수행하는지를 평가하는 기준을 마련하고, 그 기준에 따라 반기 1회 이상 평가·관리할 것

6. 「산업안전보건법」 제17조부터 제19조까지 및 제22조에 따라 정해진 수 이상의 안전관리자, 보건관리자, 안전보건관리담당자 및 산업보건의를 배치할 것. 다만, 다른 법령에서 해당 인력의 배치에 대해 달리 정하고 있는 경우에는 그에 따르고, 배치해야 할 인력이 다른 업무를 겸직하는 경우에는 고용노동부장관이 정하여 고시하는 기준에 따라 안전·보건에 관한 업무 수행시간을 보장해야 한다.

7. 사업 또는 사업장의 안전·보건에 관한 사항에 대해 종사자의 의견을 듣는 절차를 마련하고, 그 절차에 따라 의견을 들어 재해 예방에 필요하다고 인정하는 경우에는 그에 대한 개선방안을 마련하여 이행하는지를 반기 1회 이상 점검한 후 필요한 조치를 할 것. 다만, 「산업안전보건법」 제24조에 따른 산업안전보건위원회 및 같은 법 제64조·제75조에 따른 안전 및 보건에 관한 협의체에서 사업 또는 사업장의 안전·보건에 관하여 논의하거나 심의·의결한 경우에는 해당 종사자의 의견을 들은 것으로 본다.

8. 사업 또는 사업장에 중대산업재해가 발생하거나 발생할 급박한 위험이 있을 경우를 대비하여 다음 각 목의 조치에 관한 매뉴얼을 마련하고, 해당 매뉴얼에 따라 조치하는지를 반기 1회 이상 점검할 것
   가. 작업 중지, 근로자 대피, 위험요인 제거 등 대응조치
   나. 중대산업재해를 입은 사람에 대한 구호조치
   다. 추가 피해방지를 위한 조치

9. 제3자에게 업무의 도급, 용역, 위탁 등을 하는 경우에는 종사자의 안전·보건

을 확보하기 위해 다음 각 목의 기준과 절차를 마련하고, 그 기준과 절차에 따라 도급, 용역, 위탁 등이 이루어지는지를 반기 1회 이상 점검할 것

　　가. 도급, 용역, 위탁 등을 받는 자의 산업재해 예방을 위한 조치 능력과 기술에 관한 평가기준·절차

　　나. 도급, 용역, 위탁 등을 받는 자의 안전·보건을 위한 관리비용에 관한 기준

　　다. 건설업 및 조선업의 경우 도급, 용역, 위탁 등을 받는 자의 안전·보건을 위한 공사기간 또는 건조기간에 관한 기준

제5조(안전·보건 관계 법령에 따른 의무이행에 필요한 관리상의 조치) ① 법 제4조제1항제4호에서 "안전·보건 관계 법령"이란 해당 사업 또는 사업장에 적용되는 것으로서 종사자의 안전·보건을 확보하는 데 관련되는 법령을 말한다.

② 법 제4조제1항제4호에 따른 조치에 관한 구체적인 사항은 다음 각 호와 같다.

　1. 안전·보건 관계 법령에 따른 의무를 이행했는지를 반기 1회 이상 점검(해당 안전·보건 관계 법령에 따라 중앙행정기관의 장이 지정한 기관 등에 위탁하여 점검하는 경우를 포함한다. 이하 이 호에서 같다)하고, 직접 점검하지 않은 경우에는 점검이 끝난 후 지체 없이 점검 결과를 보고받을 것

　2. 제1호에 따른 점검 또는 보고 결과 안전·보건 관계 법령에 따른 의무가 이행되지 않은 사실이 확인되는 경우에는 인력을 배치하거나 예산을 추가로 편성·집행하도록 하는 등 해당 의무 이행에 필요한 조치를 할 것

　3. 안전·보건 관계 법령에 따라 의무적으로 실시해야 하는 유해·위험한 작업에 관한 안전·보건에 관한 교육이 실시되었는지를 반기 1회 이상 점검하고, 직접 점검하지 않은 경우에는 점검이 끝난 후 지체 없이 점검 결과를 보고받을 것

　4. 제3호에 따른 점검 또는 보고 결과 실시되지 않은 교육에 대해서는 지체 없이 그 이행의 지시, 예산의 확보 등 교육 실시에 필요한 조치를 할 것

제6조(안전보건교육의 실시 등) ① 법 제8조제1항에 따른 안전보건교육(이하 "안전보건교육"이라 한다)은 총 20시간의 범위에서 고용노동부장관이 정하는 바에 따라 이수해야 한다.

② 안전보건교육에는 다음 각 호의 사항이 포함되어야 한다.

　1. 안전보건관리체계의 구축 등 안전·보건에 관한 경영 방안

　2. 중대산업재해의 원인 분석과 재발 방지 방안

③ 고용노동부장관은 「한국산업안전보건공단법」에 따른 한국산업안전보건공단이나 「산업안전보건법」 제33조에 따라 등록된 안전보건교육기관(이하 "안전보건교육기관등"이라 한다)에 안전보건교육을 의뢰하여 실시할 수 있다.

④ 고용노동부장관은 분기별로 중대산업재해가 발생한 법인 또는 기관을 대상으

로 안전보건교육을 이수해야 할 교육대상자를 확정하고 안전보건교육 실시일 30일 전까지 다음 각 호의 사항을 해당 교육대상자에게 통보해야 한다.

  1. 안전보건교육을 실시하는 안전보건교육기관등

  2. 교육일정

  3. 그 밖에 안전보건교육의 실시에 필요한 사항

⑤ 제4항에 따른 통보를 받은 교육대상자는 해당 교육일정에 참여할 수 없는 정당한 사유가 있는 경우에는 안전보건교육 실시일 7일 전까지 고용노동부장관에게 안전보건교육의 연기를 한 번만 요청할 수 있다.

⑥ 고용노동부장관은 제5항에 따른 연기 요청을 받은 날부터 3일 이내에 연기 가능 여부를 교육대상자에게 통보해야 한다.

⑦ 안전보건교육을 연기하는 경우 교육일정 등의 통보에 관하여는 제4항을 준용한다.

⑧ 안전보건교육에 드는 비용은 안전보건교육기관등에서 수강하는 교육대상자가 부담한다.

⑨ 안전보건교육기관등은 안전보건교육을 실시한 경우에는 지체 없이 안전보건교육 이수자 명단을 고용노동부장관에게 통보해야 한다.

⑩ 안전보건교육을 이수한 교육대상자는 필요한 경우 안전보건교육이수확인서를 발급해 줄 것을 고용노동부장관에게 요청할 수 있다.

⑪ 제10항에 따른 요청을 받은 고용노동부장관은 고용노동부장관이 정하는 바에 따라 안전보건교육이수확인서를 지체 없이 내주어야 한다.

제7조(과태료의 부과기준) 법 제8조제2항에 따른 과태료의 부과기준은 별표 4와 같다.

제3장 중대시민재해

제8조(원료·제조물 관련 안전보건관리체계의 구축 및 이행 조치) 법 제9조제1항제1호에 따른 조치의 구체적인 사항은 다음 각 호와 같다.

  1. 다음 각 목의 사항을 이행하는 데 필요한 인력을 갖추어 중대시민재해 예방을 위한 업무를 수행하도록 할 것

    가. 법 제9조제1항제4호의 안전·보건 관계 법령에 따른 안전·보건 관리 업무의 수행

    나. 유해·위험요인의 점검과 위험징후 발생 시 대응

    다. 그 밖에 원료·제조물 관련 안전·보건 관리를 위해 환경부장관이 정하여

　　고시하는 사항
　2. 다음 각 목의 사항을 이행하는 데 필요한 예산을 편성·집행할 것
　　가. 법 제9조제1항제4호의 안전·보건 관계 법령에 따른 인력·시설 및 장비 등의 확보·유지
　　나. 유해·위험요인의 점검과 위험징후 발생 시 대응
　　다. 그 밖에 원료·제조물 관련 안전·보건 관리를 위해 환경부장관이 정하여 고시하는 사항
　3. 별표 5서 정하는 원료 또는 제조물로 인한 중대시민재해를 예방하기 위해 다음 각 목의 조치를 할 것
　　가. 유해·위험요인의 주기적인 점검
　　나. 제보나 위험징후의 감지 등을 통해 발견된 유해·위험요인을 확인한 결과 중대시민재해의 발생 우려가 있는 경우의 신고 및 조치
　　다. 중대시민재해가 발생한 경우의 보고, 신고 및 조치
　　라. 중대시민재해 원인조사에 따른 개선조치
　4. 제3호 각 목의 조치를 포함한 업무처리절차의 마련. 다만, 「소상공인기본법」 제2조에 따른 소상공인의 경우는 제외한다.
　5. 제1호 및 제2호의 사항을 반기 1회 이상 점검하고, 점검 결과에 따라 인력을 배치하거나 예산을 추가로 편성·집행하도록 하는 등 중대시민재해 예방에 필요한 조치를 할 것

제9조(원료·제조물 관련 안전·보건 관계 법령에 따른 의무이행에 필요한 관리상의 조치) ① 법 제9조제1항제4호에서 "안전·보건 관계 법령"이란 해당 사업 또는 사업장에서 생산·제조·판매·유통 중인 원료나 제조물에 적용되는 것으로서 그 원료나 제조물이 사람의 생명·신체에 미칠 수 있는 유해·위험 요인을 예방하고 안전하게 관리하는 데 관련되는 법령을 말한다.
② 법 제9조제1항제4호에 따른 조치의 구체적인 사항은 다음 각 호와 같다.
　1. 안전·보건 관계 법령에 따른 의무를 이행했는지를 반기 1회 이상 점검(해당 안전·보건 관계 법령에 따라 중앙행정기관의 장이 지정한 기관 등에 위탁하여 점검하는 경우를 포함한다. 이하 이 호에서 같다)하고, 직접 점검하지 않은 경우에는 점검이 끝난 후 지체 없이 점검 결과를 보고받을 것
　2. 제1호에 따른 점검 또는 보고 결과 안전·보건 관계 법령에 따른 의무가 이행되지 않은 사실이 확인되는 경우에는 인력을 배치하거나 예산을 추가로 편성·집행하도록 하는 등 해당 의무 이행에 필요한 조치를 할 것
　3. 안전·보건 관계 법령에 따라 의무적으로 실시해야 하는 교육이 실시되는지를

반기 1회 이상 점검하고, 직접 점검하지 않은 경우에는 점검이 끝난 후 지체 없이 점검 결과를 보고받을 것

4. 제3호에 따른 점검 또는 보고 결과 실시되지 않은 교육에 대해서는 지체 없이 그 이행의 지시, 예산의 확보 등 교육 실시에 필요한 조치를 할 것

제10조(공중이용시설·공중교통수단 관련 안전보건관리체계 구축 및 이행에 관한 조치) 법 제9조제2항제1호에 따른 조치의 구체적인 사항은 다음 각 호와 같다.

1. 다음 각 목의 사항을 이행하는 데 필요한 인력을 갖추어 중대시민재해 예방을 위한 업무를 수행하도록 할 것

   가. 법 제9조제2항제4호의 안전·보건 관계 법령에 따른 안전관리 업무의 수행

   나. 제4호에 따라 수립된 안전계획의 이행

   다. 그 밖에 공중이용시설 또는 공중교통수단과 그 이용자나 그 밖의 사람의 안전에 관하여 국토교통부장관이 정하여 고시하는 사항

2. 다음 각 목의 사항을 이행하는 데 필요한 예산을 편성·집행할 것

   가. 법 제9조제2항제4호의 안전·보건 관계 법령에 따른 인력·시설 및 장비 등의 확보·유지와 안전점검 등의 실시

   나. 제4호에 따라 수립된 안전계획의 이행

   다. 그 밖에 공중이용시설 또는 공중교통수단과 그 이용자나 그 밖의 사람의 안전에 관하여 국토교통부장관이 정하여 고시하는 사항

3. 공중이용시설 또는 공중교통수단에 대한 법 제9조제2항제4호의 안전·보건 관계 법령에 따른 안전점검 등을 계획하여 수행되도록 할 것

4. 공중이용시설 또는 공중교통수단에 대해 연 1회 이상 다음 각 목의 내용이 포함된 안전계획을 수립하게 하고, 충실히 이행하도록 할 것. 다만, 공중이용시설에 대해「시설물의 안전 및 유지관리에 관한 특별법」제6조에 따라 시설물에 대한 안전 및 유지관리계획을 수립·시행하거나 공중이용시설 또는 공중교통수단에 대해 철도운영자가「철도안전법」제6조에 따라 연차별 시행계획을 수립·추진하는 경우로서 사업주 또는 경영책임자등이 그 수립 여부 및 내용을 직접 확인하거나 보고받은 경우에는 안전계획을 수립하여 이행한 것으로 본다.

   가. 공중이용시설 또는 공중교통수단의 안전과 유지관리를 위한 인력의 확보에 관한 사항

   나. 공중이용시설의 안전점검 또는 정밀안전진단의 실시와 공중교통수단의 점검·정비(점검·정비에 필요한 장비를 확보하는 것을 포함한다)에 관한 사항

　　다. 공중이용시설 또는 공중교통수단의 보수·보강 등 유지관리에 관한 사항

5. 제1호부터 제4호까지에서 규정한 사항을 반기 1회 이상 점검하고, 직접 점검하지 않은 경우에는 점검이 끝난 후 지체 없이 점검 결과를 보고받을 것

6. 제5호에 따른 점검 또는 보고 결과에 따라 인력을 배치하거나 예산을 추가로 편성·집행하도록 하는 등 중대시민재해 예방에 필요한 조치를 할 것

7. 중대시민재해 예방을 위해 다음 각 목의 사항이 포함된 업무처리절차를 마련하여 이행할 것. 다만, 철도운영자가 「철도안전법」 제7조에 따라 비상대응계획을 포함한 철도안전관리체계를 수립하여 시행하거나 항공운송사업자가 「항공안전법」 제58조제2항에 따라 위기대응계획을 포함한 항공안전관리시스템을 마련하여 운용한 경우로서 사업주 또는 경영책임자등이 그 수립 여부 및 내용을 직접 점검하거나 점검 결과를 보고받은 경우에는 업무처리절차를 마련하여 이행한 것으로 본다.

　　가. 공중이용시설 또는 공중교통수단의 유해·위험요인의 확인·점검에 관한 사항

　　나. 공중이용시설 또는 공중교통수단의 유해·위험요인을 발견한 경우 해당 사항의 신고·조치요구, 이용 제한, 보수·보강 등 그 개선에 관한 사항

　　다. 중대시민재해가 발생한 경우 사상자 등에 대한 긴급구호조치, 공중이용시설 또는 공중교통수단에 대한 긴급안전점검, 위험표지 설치 등 추가 피해 방지 조치, 관계 행정기관 등에 대한 신고와 원인조사에 따른 개선조치에 관한 사항

　　라. 공중교통수단 또는 「시설물의 안전 및 유지관리에 관한 특별법」 제7조제1호의 제1종시설물에서 비상상황이나 위급상황 발생 시 대피훈련에 관한 사항

8. 제3자에게 공중이용시설 또는 공중교통수단의 운영·관리 업무의 도급, 용역, 위탁 등을 하는 경우 공중이용시설 또는 공중교통수단과 그 이용자나 그 밖의 사람의 안전을 확보하기 위해 다음 각 목에 따른 기준과 절차를 마련하고, 그 기준과 절차에 따라 도급, 용역, 위탁 등이 이루어지는지를 연 1회 이상 점검하고, 직접 점검하지 않은 경우에는 점검이 끝난 후 지체 없이 점검 결과를 보고받을 것

　　가. 중대시민재해 예방을 위한 조치능력 및 안전관리능력에 관한 평가기준·절차

　　나. 도급, 용역, 위탁 등의 업무 수행 시 중대시민재해 예방을 위해 필요한 비용에 관한 기준

제11조(공중이용시설·공중교통수단 관련 안전·보건 관계 법령에 따른 의무이행에 필요한 관리상의 조치) ① 법 제9조제2항제4호에서 "안전·보건 관계 법령"이란 해당 공중이용시설·공중교통수단에 적용되는 것으로서 이용자나 그 밖의 사람의 안전·보건을 확보하는 데 관련되는 법령을 말한다.

② 법 제9조제2항제4호에 따른 조치의 구체적인 사항은 다음 각 호와 같다.

1. 안전·보건 관계 법령에 따른 의무를 이행했는지를 연 1회 이상 점검(해당 안전·보건 관계 법령에 따라 중앙행정기관의 장이 지정한 기관 등에 위탁하여 점검하는 경우를 포함한다. 이하 이 호에서 같다)하고, 직접 점검하지 않은 경우에는 점검이 끝난 후 지체 없이 점검 결과를 보고받을 것

2. 제1호에 따른 점검 또는 보고 결과 안전·보건 관계 법령에 따른 의무가 이행되지 않은 사실이 확인되는 경우에는 인력을 배치하거나 예산을 추가로 편성·집행하도록 하는 등 해당 의무 이행에 필요한 조치를 할 것

3. 안전·보건 관계 법령에 따라 공중이용시설의 안전을 관리하는 자나 공중교통수단의 시설 및 설비를 정비·점검하는 종사자가 의무적으로 이수해야 하는 교육을 이수했는지를 연 1회 이상 점검하고, 직접 점검하지 않은 경우에는 점검이 끝난 후 지체 없이 점검 결과를 보고받을 것

4. 제3호에 따른 점검 또는 보고 결과 실시되지 않은 교육에 대해서는 지체 없이 그 이행의 지시 등 교육 실시에 필요한 조치를 할 것

제4장 보칙

제12조(중대산업재해 발생사실의 공표) ① 법 제13조제1항에 따른 공표(이하 이 조에서 "공표"라 한다)는 법 제4조에 따른 의무를 위반하여 발생한 중대산업재해로 법 제12조에 따라 범죄의 형이 확정되어 통보된 사업장을 대상으로 한다.

② 공표 내용은 다음 각 호의 사항으로 한다.

1. "중대산업재해 발생사실의 공표"라는 공표의 제목

2. 해당 사업장의 명칭

3. 중대산업재해가 발생한 일시·장소

4. 중대산업재해를 입은 사람의 수

5. 중대산업재해의 내용과 그 원인(사업주 또는 경영책임자등의 위반사항을 포함한다)

6. 해당 사업장에서 최근 5년 내 중대산업재해의 발생 여부

③ 고용노동부장관은 공표하기 전에 해당 사업장의 사업주 또는 경영책임자등에

게 공표하려는 내용을 통지하고 30일 이상의 기간을 정하여 그에 대해 소명자료를 제출하게 하거나 의견을 진술할 수 있는 기회를 주어야 한다.

④ 공표는 관보, 고용노동부나 「한국산업안전보건공단법」에 따른 한국산업안전보건공단의 홈페이지에 게시하는 방법으로 한다.

⑤ 제4항에 따라 홈페이지에 게시하는 방법으로 공표하는 경우 공표기간은 1년으로 한다.

제13조(조치 등의 이행사항에 관한 서면의 보관) 사업주 또는 경영책임자등(「소상공인기본법」 제2조에 따른 소상공인은 제외한다)은 제4조, 제5조 및 제8조부터 제11조까지의 규정에 따른 조치 등의 이행에 관한 사항을 서면(「전자문서 및 전자거래 기본법」 제2조제1호에 따른 전자문서를 포함한다)으로 작성하여 그 조치 등을 이행한 날부터 5년간 보관해야 한다.

부칙 〈제32020호, 2021. 10. 5.〉

이 영은 2022년 1월 27일부터 시행한다.

- **[별표 1] 직업성 질병(제2조 관련)**

1. 염화비닐·유기주석·메틸브로마이드(bromomethane)·일산화탄소에 노출되어 발생한 중추신경계장해 등의 급성중독
2. 납이나 그 화합물(유기납은 제외한다)에 노출되어 발생한 납 창백(蒼白), 복부 산통(産痛), 관절통 등의 급성중독
3. 수은이나 그 화합물에 노출되어 발생한 급성중독
4. 크롬이나 그 화합물에 노출되어 발생한 세뇨관 기능 손상, 급성 세뇨관 괴사, 급성신부전 등의 급성중독
5. 벤젠에 노출되어 발생한 경련, 급성 기질성 뇌증후군, 혼수상태 등의 급성중독
6. 톨루엔(toluene)·크실렌(xylene)·스티렌(styrene)·시클로헥산(cyclohexane)·노말헥산(n-hexane)·트리클로로에틸렌(trichloroethylene) 등 유기화합물에 노출되어 발생한 의식장해, 경련, 급성 기질성 뇌증후군, 부정맥 등의 급성중독
7. 이산화질소에 노출되어 발생한 메트헤모글로빈혈증(methemoglobinemia), 청색증(靑色症) 등의 급성중독
8. 황화수소에 노출되어 발생한 의식 소실(消失), 무호흡, 폐부종, 후각신경마비 등의 급성중독
9. 시안화수소나 그 화합물에 노출되어 발생한 급성중독

10. 불화수소·불산에 노출되어 발생한 화학적 화상, 청색증, 폐수종, 부정맥 등의 급성중독

11. 인[백린(白燐), 황린(黃燐) 등 금지물질에 해당하는 동소체(同素體)로 한정한다]이나 그 화합물에 노출되어 발생한 급성중독

12. 카드뮴이나 그 화합물에 노출되어 발생한 급성중독

13. 다음 각 목의 화학적 인자에 노출되어 발생한 급성중독

　가.「산업안전보건법」제125조제1항에 따른 작업환경측정 대상 유해인자 중 화학적 인자

　나.「산업안전보건법」제130조제1항제1호에 따른 특수건강진단 대상 유해인자 중 화학적 인자

14. 디이소시아네이트(diisocyanate), 염소, 염화수소 또는 염산에 노출되어 발생한 반응성 기도과민증후군

15. 트리클로로에틸렌에 노출(해당 물질에 노출되는 업무에 종사하지 않게 된 후 3개월이 지난 경우는 제외한다)되어 발생한 스티븐스존슨 증후군(stevens-johnson syndrome). 다만, 약물, 감염, 후천성면역결핍증, 악성 종양 등 다른 원인으로 발생한 스티븐스존슨 증후군은 제외한다.

16. 트리클로로에틸렌 또는 디메틸포름아미드(dimethylformamide)에 노출(해당 물질에 노출되는 업무에 종사하지 않게 된 후 3개월이 지난 경우는 제외한다)되어 발생한 독성 간염. 다만, 약물, 알코올, 과체중, 당뇨병 등 다른 원인으로 발생하거나 다른 질병이 원인이 되어 발생한 간염은 제외한다.

17. 보건의료 종사자에게 발생한 B형 간염, C형 간염, 매독 또는 후천성면역결핍증의 혈액전파성 질병

18. 근로자에게 건강장해를 일으킬 수 있는 습한 상태에서 하는 작업으로 발생한 렙토스피라증(leptospirosis)

19. 동물이나 그 사체, 짐승의 털·가죽, 그 밖의 동물성 물체를 취급하여 발생한 탄저, 단독(erysipelas) 또는 브루셀라증(brucellosis)

20. 오염된 냉각수로 발생한 레지오넬라증(legionellosis)

21. 고기압 또는 저기압에 노출되거나 중추신경계 산소 독성으로 발생한 건강장해, 감압병(잠수병) 또는 공기색전증(기포가 동맥이나 정맥을 따라 순환하다가 혈관을 막는 것)

22. 공기 중 산소농도가 부족한 장소에서 발생한 산소결핍증

23. 전리방사선(물질을 통과할 때 이온화를 일으키는 방사선)에 노출되어 발생한 급성 방사선증 또는 무형성 빈혈

24. 고열작업 또는 폭염에 노출되는 장소에서 하는 작업으로 발생한 심부체온상승

을 동반하는 열사병

- **[별표 2] 법 제2조제4호가목의 시설 중 공중이용시설(제3조제1호 관련)**

1. 모든 지하역사(출입통로·대합실·승강장 및 환승통로와 이에 딸린 시설을 포함한다)
2. 연면적 2천제곱미터 이상인 지하도상가(지상건물에 딸린 지하층의 시설을 포함한다. 이하 같다). 이 경우 연속되어 있는 둘 이상의 지하도상가의 연면적 합계가 2천 제곱미터 이상인 경우를 포함한다.
3. 철도역사의 시설 중 연면적 2천제곱미터 이상인 대합실
4. 「여객자동차 운수사업법」 제2조제5호의 여객자동차터미널 중 연면적 2천제곱미터 이상인 대합실
5. 「항만법」 제2조제5호의 항만시설 중 연면적 5천제곱미터 이상인 대합실
6. 「공항시설법」 제2조제7호의 공항시설 중 연면적 1천5백제곱미터 이상인 여객터미널
7. 「도서관법」 제2조제1호의 도서관 중 연면적 3천제곱미터 이상인 것
8. 「박물관 및 미술관 진흥법」 제2조제1호 및 제2호의 박물관 및 미술관 중 연면적 3천제곱미터 이상인 것
9. 「의료법」 제3조제2항의 의료기관 중 연면적 2천제곱미터 이상이거나 병상 수 100개 이상인 것
10. 「노인복지법」 제34조제1항제1호의 노인요양시설 중 연면적 1천제곱미터 이상인 것
11. 「영유아보육법」 제2조제3호의 어린이집 중 연면적 430제곱미터 이상인 것
12. 「어린이놀이시설 안전관리법」 제2조제2호의 어린이놀이시설 중 연면적 430제곱미터 이상인 실내 어린이놀이시설
13. 「유통산업발전법」 제2조제3호의 대규모점포. 다만, 「전통시장 및 상점가 육성을 위한 특별법」 제2조제1호의 전통시장은 제외한다.
14. 「장사 등에 관한 법률」 제29조에 따른 장례식장 중 지하에 위치한 시설로서 연면적 1천제곱미터 이상인 것
15. 「전시산업발전법」 제2조제4호의 전시시설 중 옥내시설로서 연면적 2천제곱미터 이상인 것
16. 「건축법」 제2조제2항제14호의 업무시설 중 연면적 3천제곱미터 이상인 것. 다만, 「건축법 시행령」 별표 1 제14호나목2)의 오피스텔은 제외한다.

17. 「건축법」 제2조제2항에 따라 구분된 용도 중 둘 이상의 용도에 사용되는 건축
물로서 연면적 2천제곱미터 이상인 것. 다만, 「건축법 시행령」 별표 1 제2호의
공동주택 또는 같은 표 제14호나목2)의 오피스텔이 포함된 경우는 제외한다.
18. 「공연법」 제2조제4호의 공연장 중 객석 수 1천석 이상인 실내 공연장
19. 「체육시설의 설치·이용에 관한 법률」 제2조제1호의 체육시설 중 관람석 수 1
천석 이상인 실내 체육시설

비고
둘 이상의 건축물로 이루어진 시설의 연면적은 개별 건축물의 연면적을 모두 합산한
면적으로 한다.

■ [별표 3] 법 제2조제4호나목의 시설물 중 공중이용시설(제3조제2호 관련)

1. 교량	
가. 도로교량	1) 상부구조형식이 현수교, 사장교, 아치교 및 트러스교인 교량 2) 최대 경간장 50미터 이상의 교량 3) 연장 100미터 이상의 교량 4) 폭 6미터 이상이고 연장 100미터 이상인 복개구조물
나. 철도교량	1) 고속철도 교량 2) 도시철도의 교량 및 고가교 3) 상부구조형식이 트러스교 및 아치교인 교량 4) 연장 100미터 이상의 교량
2. 터널	
가. 도로터널	1) 연장 1천미터 이상의 터널 2) 3차로 이상의 터널 3) 터널구간이 연장 100미터 이상인 지하차도 4) 고속국도, 일반국도, 특별시도 및 광역시도의 터널 5) 연장 300미터 이상의 지방도, 시도, 군도 및 구도의 터널
나. 철도터널	1) 고속철도 터널 2) 도시철도 터널 3) 연장 1천미터 이상의 터널 4) 특별시 또는 광역시에 있는 터널
3. 항만	
가. 방파제, 파제제(波除堤) 및 호안(護岸)	1) 연장 500미터 이상의 방파제 2) 연장 500미터 이상의 파제제 3) 방파제 기능을 하는 연장 500미터 이상의 호안
나. 계류시설	1) 1만톤급 이상의 원유부이식 계류시설(부대시설인 해저송유관을 포함한다)

	2) 1만톤급 이상의 말뚝구조의 계류시설 3) 1만톤급 이상의 중력식 계류시설
4. 댐	1) 다목적댐, 발전용댐, 홍수전용댐 2) 지방상수도전용댐 3) 총저수용량 1백만톤 이상의 용수전용댐
5. 건축물	1) 고속철도, 도시철도 및 광역철도 역 시설 2) 16층 이상이거나 연면적 3만제곱미터 이상의 건축물 3) 연면적 5천제곱미터 이상(각 용도별 시설의 합계를 말한다)의 문화·집회 시설, 종교시설, 판매시설, 운수시설 중 여객용 시설, 의료시설, 노유자시설, 수련시설, 운동시설, 숙박시설 중 관광숙박시설 및 관광휴게시설
6. 하천 　가. 하구둑	1) 하구둑 2) 포용조수량 1천만톤 이상의 방조제
나. 제방	국가하천의 제방[부속시설인 통관(通管) 및 호안(護岸)을 포함한다]
다. 보	국가하천에 설치된 다기능 보
7. 상하수도 　가. 상수도	1) 광역상수도 2) 공업용수도 3) 지방상수도
나. 하수도	공공하수처리시설 중 1일 최대처리용량 500톤 이상인 시설
8. 옹벽 및 절토사면(깎기비탈면)	1) 지면으로부터 노출된 높이가 5미터 이상인 부분의 합이 100미터 이상인 옹벽 2) 지면으로부터 연직(鉛直)높이(옹벽이 있는 경우 옹벽 상단으로부터의 높이를 말한다) 30미터 이상을 포함한 절토부(땅깎기를 한 부분을 말한다)로서 단일 수평연장 100미터 이상인 절토사면

비고
1. "도로"란 「도로법」 제10조의 도로를 말한다.
2. 교량의 "최대 경간장"이란 한 경간(徑間)에서 상부구조의 교각과 교각의 중심선 간의 거리를 경간장으로 정의할 때, 교량의 경간장 중에서 최댓값을 말한다. 한 경간 교량에 대해서는 교량 양측 교대의 흉벽 사이를 교량 중심선에 따라 측정한 거리를 말한다.
3. 교량의 "연장"이란 교량 양측 교대의 흉벽 사이를 교량 중심선에 따라 측정한 거리를 말한다.
4. 도로교량의 "복개구조물"이란 하천 등을 복개하여 도로의 용도로 사용하는 모든 구조물을 말한다.
5. 터널 및 지하차도의 "연장"이란 각 본체 구간과 하나의 구조로 연결된 구간을 포함한 거리를 말한다.

6. "방파제, 파제제 및 호안"이란 「항만법」 제2조제5호가목2)의 외곽시설을 말한다.

7. "계류시설"이란 「항만법」 제2조제5호가목4)의 계류시설을 말한다.

8. "댐"이란 「저수지·댐의 안전관리 및 재해예방에 관한 법률」 제2조제1호의 저수지·댐을 말한다.

9. 위 표 제4호의 지방상수도전용댐과 용수전용댐이 위 표 제7호가목의 광역상수도·공업용수도 또는 지방상수도의 수원지시설에 해당하는 경우에는 위 표 제7호의 상하수도시설로 본다.

10. 위 표의 건축물에는 그 부대시설인 옹벽과 절토사면을 포함하며, 건축설비, 소방설비, 승강기설비 및 전기설비는 포함하지 않는다.

11. 건축물의 연면적은 지하층을 포함한 동별로 계산한다. 다만, 2동 이상의 건축물이 하나의 구조로 연결된 경우와 둘 이상의 지하도상가가 연속되어 있는 경우에는 연면적의 합계로 한다.

12. 건축물의 층수에는 필로티나 그 밖에 이와 비슷한 구조로 된 층을 포함한다.

13. "건축물"은 「건축법 시행령」 별표 1에서 정한 용도별 분류를 따른다.

14. "운수시설 중 여객용 시설"이란 「건축법 시행령」 별표 1 제8호의 운수시설 중 여객자동차터미널, 일반철도역사, 공항청사, 항만여객터미널을 말한다.

15. "철도 역 시설"이란 「철도의 건설 및 철도시설 유지관리에 관한 법률」 제2조제6호가목의 역 시설(물류시설은 제외한다)을 말한다. 다만, 선하역사(시설이 선로 아래 설치되는 역사를 말한다)의 선로구간은 연속되는 교량시설물에 포함하고, 지하역사의 선로구간은 연속되는 터널시설물에 포함한다.

16. 하천시설물이 행정구역 경계에 있는 경우 상위 행정구역에 위치한 것으로 한다.

17. "포용조수량"이란 최고 만조(滿潮) 시 간척지에 유입될 조수(潮水)의 양을 말한다.

18. "방조제"란 「공유수면 관리 및 매립에 관한 법률」 제37조, 「농어촌정비법」 제2조제6호, 「방조제 관리법」 제2조제1호 및 「산업입지 및 개발에 관한 법률」 제20조제1항에 따라 설치한 방조제를 말한다.

19. 하천의 "통관"이란 제방을 관통하여 설치한 원형 단면의 문짝을 가진 구조물을 말한다.

20. 하천의 "다기능 보"란 용수 확보, 소수력 발전이나 도로(하천을 횡단하는 것으로 한정한다) 등 두 가지 이상의 기능을 갖는 보를 말한다.

21. 위 표 제7호의 상하수도의 광역상수도, 공업용수도 및 지방상수도에는 수원지시설, 도수관로·송수관로(터널을 포함한다) 및 취수시설을 포함하고, 정수장, 취수·가압펌프장, 배수지, 배수관로 및 급수시설은 제외한다.

■ **[별표 4] 과태료의 부과기준(제7조 관련)**

1. 일반기준

　가. 위반행위의 횟수에 따른 과태료의 가중된 부과기준은 최근 1년간 같은 위반행위로 과태료 부과처분을 받은 경우에 적용한다. 이 경우 기간의 계산은 위반행위에 대해 과태료 부과처분을 받은 날과 그 처분 후 다시 같은 위반행위를 하여 적발된 날을 기준으로 한다.

　나. 가목에 따라 가중된 부과처분을 하는 경우 가중처분의 적용 차수는 그 위반

행위 전 부과처분 차수(가목에 따른 기간 내에 과태료 부과처분이 둘 이상 있었던 경우에는 높은 차수를 말한다)의 다음 차수로 한다.

다. 부과권자는 다음의 어느 하나에 해당하는 경우에는 제3호의 개별기준에 따른 과태료(제2호에 따라 과태료 감경기준이 적용되는 사업 또는 사업장의 경우에는 같은 호에 따른 감경기준에 따라 산출한 금액을 말한다)의 2분의 1 범위에서 그 금액을 줄여 부과할 수 있다. 다만, 과태료를 체납하고 있는 위반행위자에 대해서는 그렇지 않다.

1) 위반행위자가 자연재해·화재 등으로 재산에 현저한 손실을 입었거나 사업여건의 악화로 사업이 중대한 위기에 처하는 등의 사정이 있는 경우
2) 위반행위가 사소한 부주의나 오류로 인한 것으로 인정되는 경우
3) 위반행위자가 법 위반상태를 시정하거나 해소하기 위해 노력한 것이 인정되는 경우
4) 그 밖에 위반행위의 정도, 위반행위의 동기와 그 결과 등을 고려하여 과태료 금액을 줄일 필요가 있다고 인정되는 경우

2. 사업·사업장의 규모나 공사 규모에 따른 과태료 감경기준

상시 근로자 수가 50명 미만인 사업 또는 사업장이거나 공사금액이 50억원 미만인 건설공사의 사업 또는 사업장인 경우에는 제3호의 개별기준에도 불구하고 그 과태료의 2분의 1 범위에서 감경할 수 있다.

3. 개별기준

위반행위	근거 법조문	과태료		
		1차 위반	2차 위반	3차 이상 위반
법 제8조제1항을 위반하여 경영책임자등이 안전보건교육을 정당한 사유없이 이행하지 않은 경우	법 제8조제2항	1천만원	3천만원	5천만원

■ [별표 5] 제8조제3호에 따른 조치 대상 원료 또는 제조물(제8조제3호 관련)

1. 「고압가스 안전관리법」 제28조제2항제13호의 독성가스
2. 「농약관리법」 제2조제1호, 제1호의2, 제3호 및 제3호의2의 농약, 천연식물보호제, 원제(原劑) 및 농약활용기자재
3. 「마약류 관리에 관한 법률」 제2조제1호의 마약류

4. 「비료관리법」 제2조제2호 및 제3호의 보통비료 및 부산물비료
5. 「생활화학제품 및 살생물제의 안전관리에 관한 법률」 제3조제7호 및 제8호의 살생물물질 및 살생물제품
6. 「식품위생법」 제2조제1호, 제2호, 제4호 및 제5호의 식품, 식품첨가물, 기구 및 용기·포장
7. 「약사법」 제2조제4호의 의약품, 같은 조 제7호의 의약외품(醫藥外品) 및 같은 법 제85조제1항의 동물용 의약품·의약외품
8. 「원자력안전법」 제2조제5호의 방사성물질
9. 「의료기기법」 제2조제1항의 의료기기
10. 「총포·도검·화약류 등의 안전관리에 관한 법률」 제2조제3항의 화약류
11. 「화학물질관리법」 제2조제7호의 유해화학물질
12. 그 밖에 제1호부터 제11호까지의 규정에 준하는 것으로서 관계 중앙행정기관의 장이 정하여 고시하는 생명·신체에 해로운 원료 또는 제조물

공저자 소개

송인택 변호사

▷ 사법시험 31회, 사법연수원 21기
▷ 학력 : 대전 충남고, 고려대 법학과 졸업
▷ 주요 경력
   - 수원지검, 부산지검, 서울중앙지검 등 근무
   - 법무부 특수법령과, 법무연수원 기획과장
   - 순천지청 부장검사, 안산지청 부장검사
   - 부천지청 차장검사, 전주지검 차장검사, 인천지검 차장검사
   - 남원지청장, 포항지청장, 천안지청장
   - 청주지검장, 전주지검장, 울산지검장
   - 현) 법무법인 무영 대표변호사

안병익 변호사

▷ 사법시험 32회, 사법연수원 22기
▷ 학력 : 원주고, 서울대 법학과 졸업
▷ 주요 경력
   - 수원지검, 서울중앙지검, 대전지검 등 근무
   - 법무부 법무과장, 대검찰청 감찰1과장
   - 울산지검 공안부장, 대전지검 공안부장, 서울중앙지검 공안2부장
   - 진주지청장, 인천지검 제1차장
   - 현) 법무법인 시안 대표변호사

이태승 변호사

▷ 사법시험 36회, 사법연수원 26기
▷ 학력 : 서울 서라벌고, 연세대 법학과 졸업
▷ 주요 경력
   - 인천지검, 울산지검, 서울중앙지검 등 근무
   - 헌법재판소 헌법연구관(파견 부부장검사), 법무부 국가송무과장
   - 울산지검 공안부장, 부산지검 공안부장, 수원지검 형사1부장
   - 마산지청장, 부천지청 차장검사
   - 현) 법무법인(유한) 평산 구성원변호사

정재욱 변호사

▷ 사법시험 39회, 사법연수원 29기
▷ 학력 : 인천 대건고, 서울대 법학과 졸업
▷ 주요 경력
   - 전주지검, 서울남부지검, 인천지검, 서울중앙지검 등 근무
   - 대검찰청 공안연구관
   - 수원지검 부부장검사
   - 현) 변호사 정재욱 법률사무소

윤상호 변호사

▷ 사법시험 39회, 사법연수원 29기
▷ 학력 : 서울 경기고, 서울대 법학과 및 동 대학원(석사) 졸업
▷ 주요 경력
  – 안산지청, 서울중앙지검, 서울남부지검 등 근무
  – 대검찰청 검찰연구관, 법무연수원 기획과장
  – 울산지검 공안부장, 인천지검 공안부장, 서울동부지검 형사3부장
  – 울산지검 '산업안전 수사실무' 공저
  – 현) 법무법인 율우 대표변호사

중대재해처벌법 해설과 대응

초판발행	2022년 3월 20일
중판발행	2022년 4월 22일

지은이	송인택·안병익·이태승·정재욱·윤상호
펴낸이	안종만·안상준

편 집	심성보
기획/마케팅	조성호
표지디자인	이영경
제 작	우인도·고철민·조영환

펴낸곳	(주) **박영사**
	서울특별시 금천구 가산디지털2로 53, 210호(가산동, 한라시그마밸리)
	등록 1959. 3. 11. 제300–1959–1호(倫)
전 화	02)733–6771
f a x	02)736–4818
e–mail	pys@pybook.co.kr
homepage	www.pybook.co.kr
ISBN	979–11–303–4175–0 93360

정 가   32,000원